中 国 国 家 标 准 汇 编

2005 年修订-20

中 国 标 准 出 版 社

2 0 0 6

图书在版编目（CIP）数据

中国国家标准汇编．20：2005年修订/中国标准出版社总编室编．—北京：中国标准出版社，2006
ISBN 7-5066-4269-7

Ⅰ．中… Ⅱ．中… Ⅲ．国家标准-汇编-中国-2005 Ⅳ．T-652.1

中国版本图书馆CIP数据核字（2006）第115583号

中国标准出版社出版发行
北京复兴门外三里河北街16号
邮政编码：100045
网址 www.spc.net.cn
电话：68523946 68517548
中国标准出版社秦皇岛印刷厂印刷
各地新华书店经销
*
开本 880×1230 1/16 印张 48.5 字数 1 340 千字
2006年11月第一版 2006年11月第一次印刷
*
定价 180.00 元

ISBN 7-5066-4269-7
9 787506 642699 >

出 版 说 明

1.《中国国家标准汇编》是一部大型综合性国家标准全集，自1983年起，按国家标准顺序号以精装本、平装本两种装帧形式陆续分册汇编出版。《汇编》在一定程度上反映了我国建国以来标准化事业发展的基本情况和主要成就，是各级标准化管理机构，工矿企事业单位，农林牧副渔系统，科研、设计、教学等部门必不可少的工具书。

2. 由于标准的动态性，每年有相当数量的国家标准被修订，这些国家标准的修订信息无法在已出版的《汇编》中得到反映。为此，自1995年起，新增出版在上一年度被修订的国家标准的汇编本。

3. 修订的国家标准汇编本的正书名、版本形式、装帧形式与《中国国家标准汇编》相同，视篇幅分设若干册，但不占总的分册号，仅在封面和书脊上注明“20××年修订-1，-2，-3，……”字样，作为对《中国国家标准汇编》的补充。读者配套购买则可收齐前一年新制定和修订的全部国家标准。

4. 修订的国家标准汇编本的各分册中的标准，仍按顺序号由小到大排列(不连续)；如有遗漏的，均在当年最后一分册中补齐。

5. 2005年度发布的修订国家标准分20册出版。本分册为“2005年修订-20”，收入新修订的国家标准61项。

中国标准出版社

2006年9月

目　录

GB/T 18364.2—2005　汽车用液化石油气加气口　第2部分:快插式 …… 1
GB/T 18385—2005　电动汽车　动力性能　试验方法 …… 9
GB/T 18386—2005　电动汽车　能量消耗率和续驶里程　试验方法 …… 23
GB/T 18388—2005　电动汽车　定型试验规程 …… 35
GB 18458.3—2005　专用输液器　第3部分:一次性使用避光输液器 …… 42
GB/T 18496.2—2005　电子设备用机电开关　第4-1部分:钮子(倒扳)开关　空白详细规范 …… 51
GB/T 18570.3—2005　涂覆涂料前钢材表面处理　表面清洁度的评定试验　第3部分:涂覆涂料前钢材表面的灰尘评定(压敏粘带法) …… 59
GB/T 18570.5—2005　涂覆涂料前钢材表面处理　表面清洁度的评定试验　第5部分:涂覆涂料前钢材表面的氯化物测定(离子探测管法) …… 69
GB/T 18570.6—2005　涂覆涂料前钢材表面处理　表面清洁度的评定试验　第6部分:可溶性杂质的取样　Bresle法 …… 75
GB/T 18570.8—2005　涂覆涂料前钢材表面处理　表面清洁度的评定试验　第8部分:湿气的现场折射测定法 …… 85
GB/T 18570.9—2005　涂覆涂料前钢材表面处理　表面清洁度的评定试验　第9部分:水溶性盐的现场电导率测定法 …… 93
GB/T 18570.10—2005　涂覆涂料前钢材表面处理　表面清洁度的评定试验　第10部分:水溶性氯化物的现场滴定测定法 …… 99
GB/T 18700.6—2005　远动设备和系统　第6-2部分:与ISO标准和ITU-T建议兼容的远动协议　OSI 1至4层基本标准的使用 …… 104
GB/Z 18700.7—2005　远动设备和系统　第6-505部分:与ISO标准和ITU-T建议兼容的远动协议　TASE.2用户指南 …… 134
GB/T 18700.8—2005　远动设备和系统　第6-601部分:与ISO标准和ITU-T建议兼容的远动协议　在通过永久接入分组交换数据网连接的端系统中提供基于连接传输服务的功能协议集 …… 194
GB/T 18784.2—2005　CAD/CAM数据质量保证方法 …… 203
GB 18796—2005　蜂蜜 …… 247
GB/T 18851.1—2005　无损检测　渗透检测　第1部分:总则 …… 257
GB/T 18851.2—2005　无损检测　渗透检测　第2部分:渗透材料的检验 …… 267
GB/T 18851.4—2005　无损检测　渗透检测　第4部分:设备 …… 289
GB/T 18851.5—2005　无损检测　渗透检测　第5部分:验证方法 …… 295
GB/T 18932.24—2005　蜂蜜中呋喃它酮、呋喃西林、呋喃妥因和呋喃唑酮代谢物残留量的测定方法　液相色谱-串联质谱法 …… 301
GB/T 18932.25—2005　蜂蜜中青霉素G、青霉素V、乙氧萘青霉素、苯唑青霉素、邻氯青霉素、双氯

青霉素残留量的测定方法　液相色谱-串联质谱法 …………………… 311
GB/T 18932.26—2005　蜂蜜中甲硝哒唑、洛硝哒唑、二甲硝咪唑残留量的测定方法　液相色谱法 …………………… 321
GB/T 18932.27—2005　蜂蜜中泰乐菌素残留量测定方法　酶联免疫法 …………………… 329
GB/T 18932.28—2005　蜂蜜中四环素族抗生素残留量测定方法　酶联免疫法 …………………… 335
GB/T 19016—2005　质量管理体系　项目质量管理指南 …………………… 342
GB/Z 19027—2005　GB/T 19001—2000 的统计技术指南 …………………… 367
GB/T 19042.2—2005　医用成像部门的评价及例行试验　第 3-2 部分:乳腺摄影 X 射线设备成像性能验收试验 …………………… 390
GB/T 19042.3—2005　医用成像部门的评价及例行试验　第 3-3 部分:数字减影血管造影(DSA) X 射线设备成像性能验收试验 …………………… 405
GB/T 19042.4—2005　医用成像部门的评价及例行试验　第 3-4 部分:牙科 X 射线设备成像性能验收试验 …………………… 422
GB 19079.2—2005　体育场所开放条件与技术要求　第 2 部分:卡丁车场所 …………………… 445
GB 19079.3—2005　体育场所开放条件与技术要求　第 3 部分:蹦极场所 …………………… 449
GB 19079.4—2005　体育场所开放条件与技术要求　第 4 部分:攀岩场所 …………………… 455
GB 19079.5—2005　体育场所开放条件与技术要求　第 5 部分:轮滑场所 …………………… 459
GB 19079.6—2005　体育场所开放条件与技术要求　第 6 部分:滑雪场所 …………………… 463
GB 19079.7—2005　体育场所开放条件与技术要求　第 7 部分:滑冰场所 …………………… 467
GB 19079.8—2005　体育场所开放条件与技术要求　第 8 部分:射击场所 …………………… 471
GB 19079.9—2005　体育场所开放条件与技术要求　第 9 部分:射箭场所 …………………… 477
GB 19079.10—2005　体育场所开放条件与技术要求　第 10 部分:潜水场所 …………………… 481
GB 19079.11—2005　体育场所开放条件与技术要求　第 11 部分:漂流场所 …………………… 487
GB 19079.12—2005　体育场所开放条件与技术要求　第 12 部分:滑翔伞场所 …………………… 493
GB 19079.13—2005　体育场所开放条件与技术要求　第 13 部分:热气球场所 …………………… 497
GB 19079.14—2005　体育场所开放条件与技术要求　第 14 部分:动力滑翔伞场所 …………………… 501
GB 19212.4—2005　电力变压器、电源装置和类似产品的安全　第 4 部分:燃气和燃油燃烧器点火变压器的特殊要求 …………………… 505
GB 19212.13—2005　电力变压器、电源装置和类似产品的安全　第 13 部分:恒压变压器的特殊要求 …………………… 518
GB 19212.16—2005　电力变压器、电源装置和类似产品的安全　第 16 部分:医疗场所供电用隔离变压器的特殊要求 …………………… 531
GB 19212.24—2005　电力变压器、电源装置和类似产品的安全　第 24 部分:建筑工地用变压器的特殊要求 …………………… 544
GB/T 19271.2—2005　雷电电磁脉冲的防护　第 2 部分:建筑物的屏蔽、内部等电位连接及接地 …………………… 557
GB/T 19271.3—2005　雷电电磁脉冲的防护　第 3 部分:对浪涌保护器的要求 …………………… 583
GB/T 19271.4—2005　雷电电磁脉冲的防护　第 4 部分:现有建筑物内设备的防护 …………………… 623
GB/T 19347.2—2005　特殊环境条件　轨道车辆结构用铝合金挤压型材 …………………… 639

GB 19510.2—2005　灯的控制装置　第2部分:启动装置(辉光启动器除外)的特殊要求 ………… 649
GB 19510.4—2005　灯的控制装置　第4部分:荧光灯用交流电子镇流器的特殊要求 …………… 665
GB 19510.5—2005　灯的控制装置　第5部分:普通照明用直流电子镇流器的特殊要求 ………… 681
GB 19510.6—2005　灯的控制装置　第6部分:公共交通运输工具照明用直流电子镇流器的特殊要求 …………………………………………………………………………… 691
GB 19510.7—2005　灯的控制装置　第7部分:航空器照明用直流电子镇流器的特殊要求 ……… 703
GB 19510.8—2005　灯的控制装置　第8部分:应急照明用直流电子镇流器的特殊要求 ………… 715
GB 19510.12—2005　灯的控制装置　第12部分:与灯具联用的杂类电子线路的特殊要求 ……… 731
GB 19521.11—2005　锂电池组危险货物危险特性检验安全规范 …………………………… 739
GB/T 27011—2005　合格评定　认可机构通用要求 …………………………………………… 747

ICS 43.060.40
T 13

中华人民共和国国家标准

GB/T 18364.2—2005

汽车用液化石油气加气口 第2部分:快插式

Filling receptacle of LPG vehicle—Part 2:Insert

2005-03-21 发布　　　　2005-08-01 实施

中华人民共和国国家质量监督检验检疫总局
中国国家标准化管理委员会　发布

前　言

GB/T 18364《汽车用液化石油气加气口》分为两部分，第 1 部分为 GB/T 18364.1—2001《汽车用液化石油气加气口(螺旋式)》，已颁布实施；本部分为第 2 部分。

本部分为首次制定。

本部分的附录 A 是规范性附录。

本部分由中国汽车工业协会提出。

本部分由全国汽车标准化技术委员会归口并负责解释。

本部分起草单位：中国汽车技术研究中心。

本部分主要起草人：顾严平、冯屹、刘桂彬、陈嵩、马宗华、张晓辉。

汽车用液化石油气加气口
第2部分：快插式

1 范围

本部分规定了液化石油气汽车加气口(快插式)的定义、型式、要求、试验方法、检验规则、标志、包装、出厂文件、运输及贮存。

本部分适用于使用符合GB 19159要求的汽车用液化石油气为工作介质，公称工作压力为2.2 MPa(本标准所述压力值均为表压)，工作环境温度为－40℃～60℃的液化石油气汽车加气口。

2 规范性引用文件

下列文件中的条款通过GB/T 18364的本部分的引用而成为本部分的条款。凡是注日期的引用文件，其随后所有的修改单(不包括勘误的内容)或修订版均不适用于本部分，然而，鼓励根据本部分达成协议的各方研究是否可使用这些文件的最新版本。凡是不注日期的引用文件，其最新版本适用于本部分。

GB 9969.1 工业产品使用说明书 总则

GB 10125 人造气氛腐蚀试验 盐雾试验(GB 10125—1997，eqv ISO 9227：1990)

GB/T 17895 天然气汽车和液化石油气汽车 词汇

GB 19159 车用液化石油气

GB/T 19239 液化石油气汽车专用装置的安装要求

CB/T 3764 金属镀层和化学覆盖层厚度系列及质量要求

3 术语和定义

GB/T 17895确立的以及下列术语和定义适用于本部分。

3.1

接口 receptacle

加气口与加气枪相连接的部件。

3.2

防尘盖 protective cap

防止灰尘和水进入接口的部件。

4 型式和型号

4.1 基本结构型式见附录A。

4.2 加气口型号由以下部分组成：

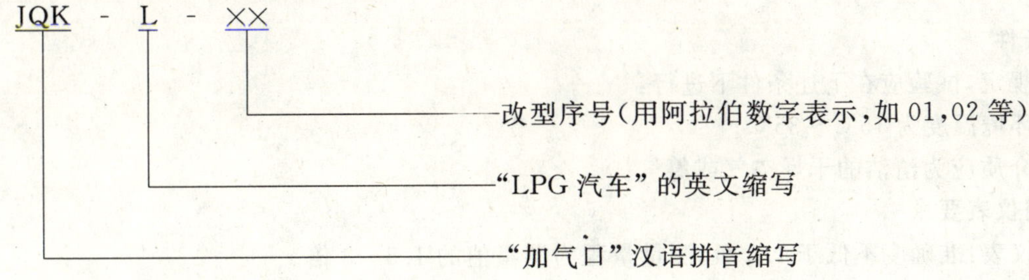

5 要求

5.1 一般要求

5.1.1 接口型式及尺寸应符合4.1的要求。

5.1.2 加气口中应有不少于1个的单向阀。

5.1.3 加气口应有防止水和灰尘进入接口并能防止接口损伤的防尘盖,应有防止防尘盖丢失的装置。

5.1.4 加气口在汽车上的安装应符合GB/T 19239的规定。

5.1.5 金属零件不应使用铸件或压铸件。

5.1.6 加气口中所有进行金属镀层和化学覆盖层处理部件的外观要求,应符合CB/T 3764中的有关规定。

5.2 性能要求

5.2.1 气密性

加气口的单向阀处于关闭状态时,在常温和0.05 MPa~3.3 MPa气压条件下,按6.3规定的方法进行气密性试验,用检漏液检查应无气泡产生、用检漏仪检测泄漏量应不大于2×10^{-6} m^3/h。

5.2.2 耐温性

加气口在工作环境温度为−40℃和60℃条件下,按6.4规定的方法进行耐温性试验后其气密性应符合5.2.1的要求。

5.2.3 相容性

加气口与液化石油气接触的非金属零件,按6.5规定的方法进行相容性试验后,其体积膨胀率应不大于25%,体积收缩率应不大于10%,质量变化率应不大于10%。

5.2.4 耐氧老化性

加气口与液化石油气接触的非金属零件,按6.6规定的方法进行耐氧老化性试验后,不应出现变形、变质、斑点及裂纹等现象。

5.2.5 耐腐蚀性

5.2.5.1 加气口的黄铜零件按6.7.1规定的方法进行耐腐蚀试验后,不应出现斑点、裂纹。

5.2.5.2 加气口按6.7.2规定的方法完成盐雾试验后,检查其气密性,应符合5.2.1的要求。

5.2.6 液静压强度

加气口的承压零件按6.8规定的方法进行液静压强度试验后,应不出现任何裂纹、永久变形。

5.2.7 耐振性

加气口按6.9规定的方法进行耐振性试验后,所有连接件不应松动,其气密性应符合5.2.1的要求。

5.2.8 耐用性

加气口的单向阀完成耐温性试验后,按6.10规定的方法再进行耐用性试验,试验后不应出现异常磨损,且应符合5.2.1气密性的要求。

6 试验方法

6.1 一般规定

6.1.1 试验条件

除非另有规定,试验应在下述条件下进行:

a) 试验环境温度为15℃~35℃;

b) 试验介质应为清洁的干燥空气或氮气。

6.1.2 试验用仪表要求

a) 压力仪表:准确度不低于1.5级,测量量程为测量值的1.5~3倍。

b) 流量仪表:准确度不低于1.5级,测量量程为测量值的1.5~3倍。

c) 温度仪表:准确度为±0.5℃,最小分辨率不大于准确度的2倍(即1℃)。

6.2 外观检验

用目测法对加气口进行外观检验。

6.3 气密性试验

加气口出口端通以压缩空气,压力从0缓慢升至3.3 MPa。分别在0.05 MPa和3.3MPa两种压力状态下进行试验,每个测量点持续时间不应少于3 min,用检漏液检查或检漏仪检测单向阀阀座的气密性。

6.4 耐温性试验

加气口的单向阀处于关闭状态,从加气口的出口端充入2.2 MPa的压缩空气或氮气,将其放入恒温箱内,温度从室温逐渐升至60℃±2℃,保温8 h;然后取出在空气中冷却至室温,再将其放入低温箱内,逐渐降温至-40℃±2℃保温8 h;最后取出待升温至室温后,按6.3所述方法进行气密性试验。

6.5 相容性试验

加气口与液化石油气接触的非金属零件应在23℃±2℃的正戊烷或正已烷中浸泡72 h后,在常温下放置48 h后,测量其体积变化率和质量变化率。

6.6 耐氧老化性试验

加气口与液化石油气接触的非金属零件,在温度为70℃±2℃、压力为2.1 MPa的氧气中放置96 h,目测其变化状态。

6.7 耐腐蚀性试验

6.7.1 加气口的黄铜零件,在氨水中浸泡24 h后,检查其腐蚀的程度。

6.7.2 将加气口出口封住并以水平位置,按GB 10125规定的中性盐雾试验方法进行96 h的盐雾试验。

6.8 液静压强度试验

将加气口的出口端密封,并通以5 MPa的水压,持续时间不应少于1 min。

6.9 耐振性试验

将试件可靠地固定在振动试验台上,调定振动频率为17 Hz、振幅为1.5 mm、在3个互相垂直的轴向上分别对试件振动2 h。

6.10 耐用性试验

加气口的入口端接通高压气源,试验压力从0升至2.2 MPa,使单向阀处于开启状态。然后,入口端泄压至为零,使单向阀承受2.2 MPa的压力并处于关闭状态,保持时间不少于2 s;再将出口端泄压为0。如此反复循环,使单向阀作周期性开启、闭合。单向阀反复开启、闭合循环频率不高于15次/分钟。循环试验总次数为30 000次。循环试验结束后应立即进行6.3的气密性试验。

7 检验规则

7.1 检验项目

检验项目按表1。

7.2 出厂检验

逐只检验外观、气密性,应符合5.1.6、5.2.1的要求。

7.3 抽查检验

7.3.1 抽查检验项目应按表1的规定进行。

7.3.2 抽查试件,应从近期生产、经出厂检验合格的批次中抽取,抽样基数不少于100件或根据需要突击随机抽样,抽样数量不少于3件。

7.4 型式检验

在下列情况之一，加气口必须按表1规定的项目进行型式检验。对新设计的产品还应按5.1的要求进行产品设计审查：

a） 新设计或设计参数、工艺、材料有重大变更时；

b） 停产半年以上，重新恢复生产；

c） 连续生产满1年。

表1 检验项目

序号	试验(检验)项目名称	试验(检验)方法	判定依据	出厂检验	抽查检验	型式检验
1	外观检验	6.2	5.1.6	√	√	√
2	气密性试验	6.3	5.2.1	√	√	√
3	耐温性试验	6.4	5.2.2			√
4	相容性试验	6.5	5.2.3			√
5	耐氧老化性试验	6.6	5.2.4			√
6	耐腐蚀性试验	6.7	5.2.5			√
7	液静压强度试验	6.8	5.2.6		√	√
8	耐振性试验	6.9	5.2.7			√
9	耐用性试验	6.10	5.2.8			√
注：“√”表示应检项目。						

7.5 其他

经检验或试验合格后的试件，若检验项目会影响其使用性能或使用寿命者，不能作为合格产品出厂。

8 标志、包装、运输及贮存

8.1 标志

加气口产品应有下列永久性标志：

a） 加气口型号规格；

b） 制造厂名或其标志；

c） 生产批号和日期。

8.2 包装

8.2.1 包装前产品必须干净、完好。

8.2.2 包装袋(或盒)应能防止腐蚀性介质侵入，并能防止运输过程中损伤产品。

8.2.3 外包装上应有下列标记：

a） 制造厂名；

b） 产品型号和编号；

c） 数量和重量；

d） 出厂日期；

e） 外形尺寸(长×宽×高)；

f） 搬运注意事项。

8.2.4 包装内应附有必要的装箱清单、产品合格证及产品使用说明书。

8.3 运输及贮存

8.3.1 产品装运过程应小心轻放，防止重压及碰撞，严防雨淋及化学品的浸蚀。

8.3.2 产品贮存在通风、干燥、清洁的室内。

9 出厂文件

出厂文件包括产品合格证、装箱清单及产品使用说明书。

9.1 产品合格证

产品合格证应注明以下内容：

a) 制造厂名和商标；

b) 产品型号和编号；

c) 检验部门的签章及检验日期。

9.2 装箱清单

当包装箱内有加气口以外的附件(如接头、专用工具等)时，应附装箱清单。

9.3 产品使用说明书

说明书的编写按 GB 9969.1 进行，并特别要说明以下内容：

a) 加气口的结构型式、功能介绍。

b) 使用过程中的故障判别及排除方法。

附 录 A
（规范性附录）
加气口结构型式

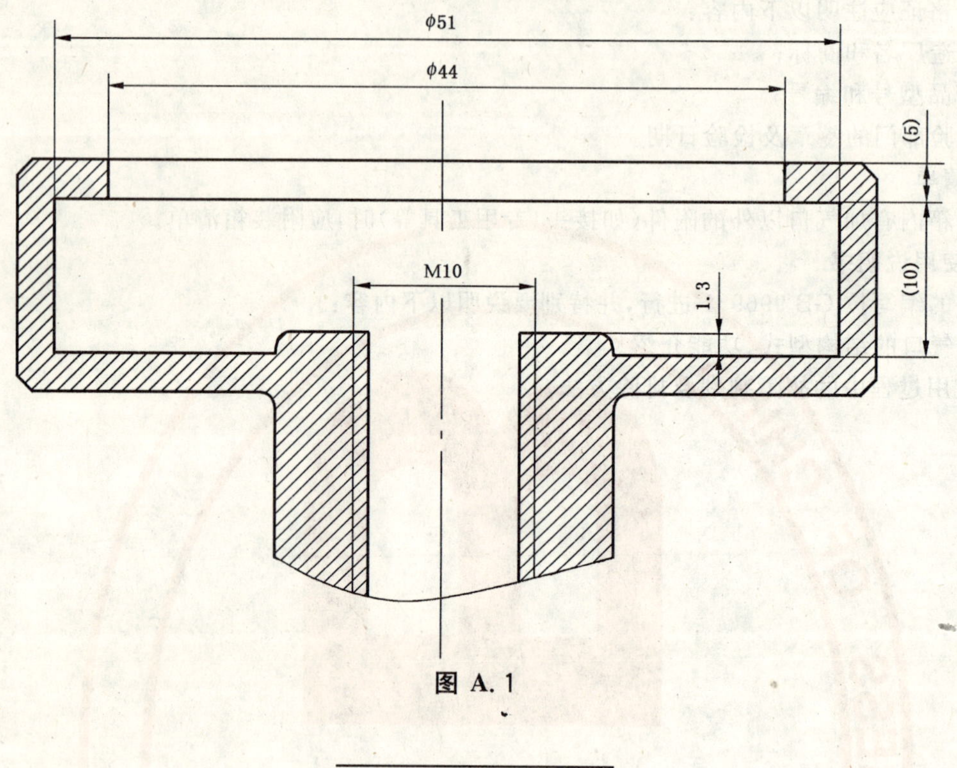

图 A.1

ICS 43.020
T 47

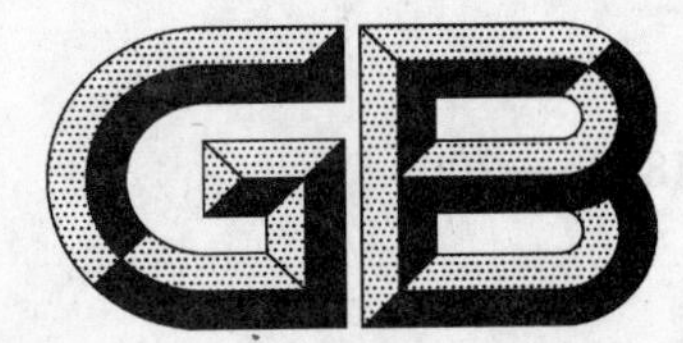

中华人民共和国国家标准

GB/T 18385—2005
代替 GB/T 18385—2001

电动汽车 动力性能 试验方法

Electric vehicles—Power performance—Test method

(ISO 8715:2001 Electric road vehicles—Road operating characteristics, MOD)

2005-07-13 发布　　2006-02-01 实施

中华人民共和国国家质量监督检验检疫总局
中国国家标准化管理委员会　发布

前言

本标准修改采用ISO 8715:2001《电动道路车辆　道路行驶特性》(英文版)。

标准格式按照GB/T 1.1—2000的要求进行编写,在附录B中给出了本标准章条号与ISO 8715:2001章条编号的对照一览表。

考虑到我国电动汽车开发的实际情况,在采用ISO 8715:2001时,本标准在技术内容上做了一些修改。有关技术性差异已编入正文,并在它们所涉及的条款的页边处用垂直单线标识。在附录C中给出了这些技术性差异及其原因的一览表以供参考。

本标准代替GB/T 18385—2001《电动汽车　动力性能　试验方法》。本标准与上一版本的主要差异:

——适用范围进行了修改,由适用于最大设计总质量不超过3 500 kg的电力驱动的电动汽车修改为适用于纯电动汽车。由于适用范围扩大,为适应3 500 kg以上的纯电动汽车的要求,标准的部分内容做了相应的修改。

——第3章中的术语动载半径及定义按照GB/T 6326修改为动负荷半径,定义直接引用GB/T 6326。

——试验记录表进行了适当的调整。

本标准的附录A、附录B和附录C均为资料性附录。

本标准由国家发展和改革委员会提出。

本标准由全国汽车标准化技术委员会归口。

本标准起草单位:中国汽车技术研究中心。

本标准主要起草人:赵静炜。

本标准首次发布于2001年,本次为第一次修订。

电动汽车　动力性能　试验方法

1　范围

本标准规定了纯电动汽车的加速特性、最高车速及爬坡能力等的试验方法。

本标准适用于纯电动汽车。

2　规范性引用文件

下列文件中的条款通过本标准的引用而成为本标准的条款。凡是注日期的引用文件，其随后所有的修改单(不包括勘误的内容)或修订版均不适用于本标准，然而，鼓励根据本标准达成协议的各方研究是否可使用这些文件的最新版本。凡是不注日期的引用文件，其最新版本适用于本标准。

GB/T 3730.2　道路车辆　质量　词汇和代码(idt ISO 1176:1990)

GB/T 6326　轮胎术语(GB/T 6326—1994,neq ISO 3877-1:1978)

GB/T 12548　汽车速度表、里程表检验校正方法

GB 18352.1—2001　轻型汽车污染物排放限值及测量方法(Ⅰ)

GB/T 19596—2004　电动汽车术语(ISO 8713:2002,NEQ)

3　术语和定义

下列术语和定义适用于本标准。

3.1

电动汽车整车整备质量　complete electric vehicle kerb mass

包括车载储能装置在内的整车整备质量[GB/T 19596—2004,3.1.3.4.1 定义]。

3.2

电动汽车试验质量　test mass of electric vehicle

电动汽车整车整备质量与一试验所需附加质量的和[GB/T 19596—2004,3.1.3.4.2 定义]。

附加质量分别为：

a)　如果最大允许装载质量小于或等于 180 kg，该质量为最大允许装载质量；

b)　如果最大允许装载质量大于 180 kg，但小于 360 kg，该质量为 180 kg；

c)　如果最大允许装载质量大于 360 kg，该质量为最大允许装载质量的一半。

注：最大允许装载质量包括驾驶员质量。

3.3

动负荷半径(轮胎)　dynamic loaded radius (tyre)

定义见 GB/T 6326。

3.4

最高车速(1 km)　maximum speed (1 km)

电动汽车能够往返各持续行驶 1 km 以上距离的最高车速的平均值[GB/T 19596—2004，3.1.3.1.5定义]。(试验程序见 7.3)

3.5

30 分钟最高车速　maximum 30 minutes speed

电动汽车能够持续行驶 30 min 以上的最高平均车速[GB/T 19596—2004，3.1.3.1.6 定义]。(试验程序见 7.1)

3.6

加速能力(V_1 到 V_2)　acceleration ability (V_1 to V_2)

电动汽车从速度 V_1 加速到速度 V_2 所需的最短时间[GB/T 19596—2004,3.1.3.1.7 定义]。(试验程序见 7.5)

3.7

爬坡车速　speed uphill

电动汽车在给定坡度的坡道上能够持续行驶 1 km 以上的最高平均车速[GB/T 19596—2004,3.1.3.1.10定义]。(试验程序见 7.6)

3.8

坡道起步能力　hill starting ability

电动汽车在坡道上能够起动且 1 min 内向上行驶至少 10 m 的最大坡度[GB/T 19596—2004,3.1.3.1.8定义]。(试验程序见 7.7)

4　试验条件

4.1　试验车辆状态

4.1.1　试验车辆应依据每项试验的技术要求加载。

4.1.2　在环境温度下,车辆轮胎气压应符合车辆制造厂的规定。

4.1.3　机械运动部件用润滑油黏度应符合制造厂的规定。

4.1.4　车上的照明、信号装置以及辅助设备应该关闭,除非试验和车辆白天运行对这些装置有要求。

4.1.5　除驱动用途外,所有的储能系统应充到制造厂规定的最大值(电能、液压、气压等)。

4.1.6　车辆应清洁,对于车辆和驱动系统的正常运行不是必须的车窗和通风口应该通过正常的操作关闭。

4.1.7　试验驾驶员应按车辆制造厂推荐的操作程序使蓄电池[1)]在正常运行温度下工作。

4.1.8　试验前 7 天内,试验车辆应至少用安装在试验车辆上的蓄电池行驶 300 km。

4.1.9　蓄电池应处于各项试验要求的充电状态。

4.2　环境条件

室外试验大气温度为 5℃～32℃;室内试验温度为 20℃～30℃;大气压力为 91 kPa～104 kPa。高于路面 0.7 m 处的平均风速小于 3 m/s,阵风风速小于 5 m/s。相对湿度小于 95%。试验不能在雨天和雾天进行。

4.3　试验仪器

4.3.1　如果使用电动汽车上安装的车速表、里程表测定车速和里程时,试验前必须按 GB/T 12548 进行误差校正。

4.3.2　测量的参数、单位和准确度

表 1 规定了测量的参数、单位、准确度。

表 1　测量的参数、单位及准确度

测量参数	单　位	准确度	分辨率
时间	s	±0.1	0.1
长度	m	±0.1%	1
温度	℃	±1	1
大气压力	kPa	±1	1

1) 没有特殊说明的情况下,本标准的蓄电池均指电动汽车用动力蓄电池。

表 1（续）

测量参数	单 位	准确度	分辨率
速度	km/h	±1%或±0.1 取大者	0.2
质量	kg	±0.5%	1

4.4 道路条件

4.4.1 一般条件

试验应该在干燥的直线跑道或环形跑道上进行。路面应坚硬、平整、干净且要有良好的附着系数。

4.4.2 直线跑道

测量区的长度至少 1 000 m。

加速区应足够长，以便在进入测量区前 200 m 内达到稳定的最高车速。测量区和加速区的后 200 m的纵向坡度均不超过 0.5%。加速区的纵向坡度不超过 4%。测量区的横向坡度不超过 3%。

为了减少试验误差，试验应在试验跑道的两个方向上进行，尽量使用相同的路径。当条件不允许在两个方向进行试验时，可按照 4.4.4 进行一个方向的试验。

4.4.3 环形跑道

环形跑道的长度应至少 1 000 m。环形跑道与完整的圆形不同，它由直线部分和近似环形的部分相接而成。弯道的曲率半径应不小于 200 m。

测量区的纵向坡度不超过 0.5%。为计算车速，行驶里程应为车辆被计时所驶过的里程。

4.4.4 单一方向试验

如果由于试验路面布置特点的原因，车辆不可能在两个方向达到最高车速，允许只在一个方向进行测量，但应该满足以下条件：

a) 试验跑道应满足 4.4.2 的要求；

b) 测量区内任何两点的高度差不能超过 1 m；

c) 试验应尽快重复进行两次；

d) 风速与试验道路平行方向的风速分量不能超过 2 m/s。

5 试验车辆准备

5.1 蓄电池充电

按照车辆制造厂规定的充电规程，使蓄电池达到完全充电状态，或按下列规程为蓄电池充电。

5.1.1 常规充电

在环境温度为(20～30)℃下，使用车载充电器(如果已安装)为蓄电池充电，或采用车辆制造厂推荐的外部充电器(应记录充电器的型号、规格)给蓄电池充电。

本规程不包括其他特殊类型的充电。例如蓄电池翻新或维修充电。

车辆制造厂应该保证试验过程中车辆没有进行特殊充电操作。

5.1.2 充电结束的标准

12 h 的充电即为充电结束的标准；如果标准仪器发出明显的信号提示驾驶员蓄电池没有充满，在这种情况下，最长充电时间为：

3×制造厂规定的蓄电池容量(kWh)/电网供电(kW)。

5.1.3 完全充电蓄电池

如果依据常规充电规程，达到充电结束标准，则认为蓄电池已全充满。

5.2 里程表的设定

试验车辆上的里程表应设置为 0，或记录里程表上的读数。

5.3 预热

试验车辆应以制造厂估计的 30 分钟最高车速的 80%速度行驶 5 000 m,使电机及传动系统预热。

6 试验顺序

按下列顺序安排试验,使所有的性能试验可以在 2 天内完成:

第 1 天:

· 车辆准备(见第 5 章)

· 30 分钟最高车速试验(见 7.1)

· 蓄电池完全放电(见 7.2)

第 2 天:(每项试验连续进行)

· 车辆准备(见第 5 章)

· 最高车速试验(见 7.3)

· 蓄电池 40%放电(见 7.4)

· 加速性能试验(见 7.5)

· 4%和 12%的爬坡车速试验(见 7.6)

· 坡道起步能力试验(见 7.7)

试验应按照上述试验顺序进行,每项试验开始时,蓄电池的荷电状态是前一项试验后的状态。

如果每项试验都单独进行,最高车速、30 分钟最高车速试验开始时,蓄电池应处于完全充电的 100%～90%。而加速性能、爬坡车速、坡道起步能力试验开始时,蓄电池应处于完全充电的 60%～50%。

7 试验方法

7.1 30 分钟最高车速试验

30 分钟最高车速的试验可以在环形跑道上进行,也可以在按照 GB 18352.1 设定的底盘测功机上进行。

7.1.1 将试验车辆加载到试验质量(见 3.2),增加的载荷应合理分布。

7.1.2 按第 5 章的规定对车辆进行准备。

7.1.3 使试验车辆以该车 30 分钟最高车速估计值±5%的车速行驶 30 min。试验中车速如有变化,可以通过踩加速踏板来补偿,从而使车速符合 30 分钟最高车速估计值±5%的要求。

7.1.4 如果试验中车速达不到 30 分钟最高车速估计值的 95%,试验应重做,车速可以是上述 30 分钟最高车速估计值或者是制造厂重新估计的 30 分钟最高车速。

7.1.5 测量车辆驶过的里程 S_1,单位:m。并按下式计算平均 30 分钟最高车速,V_{30},单位:km/h。

$$V_{30} = S_1/500$$

7.2 蓄电池完全放电

完成 V_{30} 试验之后,试验车辆停放 30 min,然后以 V_{30} 的 70%恢复行驶,直到车速下降到当加速踏板踩到底时,车速为(V_{30}±10) km/h 的 50%,或直到仪表板上的信号装置提示驾驶员停车,记录行驶里程。计算总的行驶里程 S_{tot},包括预热阶段的行驶里程、V_{30} 试验时的行驶里程、完全放电时的行驶里程。

7.3 最高车速试验

7.3.1 标准试验程序

7.3.1.1 将试验车辆加载到试验质量,增加的载荷应合理分布。

7.3.1.2 按第 5 章的规定对车辆进行准备。

7.3.1.3 在直线跑道或环形跑道上将试验车辆加速,使汽车在驶入测量区之前能够达到最高稳定车速,并且保持这个车速持续行驶 1 km(测量区的长度)。记录车辆持续行驶 1 km 的时间 t_1。

7.3.1.4 随即做一次反方向的试验，并记录通过的时间 t_2。

7.3.1.5 按下式计算试验结果：

$$V = 3\ 600/t$$

式中：

V——实际最高车速，单位为千米每小时(km/h)；

t——持续行驶 1 km 两次试验所测时间的算术平均值$(t_1+t_2)/2$，单位为秒(s)。

7.3.2 单一方向试验程序

当用 4.4.4 的试验路面进行试验时，两次试验的结果按下式计算，这里最高车速 V 是两次 V_i 的算术平均值。如果考虑风速，最高车速应该按下式修正：

$$V_i = V_r \pm V_v \times f$$

$$V_r = 3\ 600/t$$

式中：

如果风的水平分量与车辆行驶方向相反，选"+"；

如果风的水平分量与车辆行驶方向相同，选"−"。

V_r——每次测量的最高车速，单位为千米每小时(km/h)；

t——通过测量区的时间，单位为秒(s)；

V_v——风的水平分量，单位为米每秒(m/s)；

f——修正系数为 0.6。

7.4 蓄电池的 40%放电

将试验车辆以$(V_{30}\pm5)$ km/h 的 70%的恒定速度在试验跑道或测功机上行驶使蓄电池放电，直到行驶里程达到 S_{tot}的 40%为止。

7.5 加速性能试验

7.5.1 M_1、N_1 类纯电动汽车加速性能试验

7.5.1.1 (0～50) km/h 加速性能试验

7.5.1.1.1 将试验车辆加载到试验质量，增加的载荷应合理分布。

7.5.1.1.2 将试验车辆停放在试验道路的起始位置，并起动车辆。

7.5.1.1.3 将加速踏板快速踩到底，使车辆加速到(50±1) km/h。

7.5.1.1.4 如果装有离合器和变速器的话，将变速器置入该车的起步挡位，迅速起步，将加速踏板快速踩到底，换入适当挡位，使车辆加速到(50±1) km/h。

7.5.1.1.5 记录从踩下加速踏板到车速达到(50±1) km/h 的时间。

7.5.1.1.6 以相反方向行驶再做一次相同的试验。

7.5.1.1.7 (0～50) km/h 加速性能是两次测得时间的算术平均值(单位：s)。

7.5.1.2 (50～80) km/h 加速性能试验

7.5.1.2.1 将试验车辆加载到试验质量，增加的载荷应合理分布。

7.5.1.2.2 将试验车辆停放在试验道路的起始位置。

7.5.1.2.3 将试验车辆加速到(50±1) km/h，并保持这个车速行驶 0.5 km 以上。

7.5.1.2.4 将加速踏板踩到底，或使用离合器和变速杆(如果装有的话)将车辆加速到(80±1) km/h。

7.5.1.2.5 记录从踩下加速踏板到车速达到(80±1) km/h 的时间或如果最高车速小于 89 km/h，应达到最高车速的 90%，并应在报告中记录下最后的车速。

7.5.1.2.6 以相反方向行驶再做一次相同的试验。

7.5.1.2.7 (50～80) km/h 加速性能是两次测得时间的算术平均值(单位：s)。

7.5.2 M_2、M_3 类纯电动汽车加速性能试验（M、N_1 类车以外的纯电动汽车可参照执行）

7.5.2.1 （0～30）km/h 加速性能试验

7.5.2.1.1 将试验车辆加载到试验质量，增加的载荷应均匀分布。

7.5.2.1.2 将试验车辆停放在试验道路的起始位置，并起动车辆。

7.5.2.1.3 将加速踏板快速踩到底，使车辆加速到(30±1) km/h。

7.5.2.1.4 如果装有离合器和变速器的话，将变速器置入该车的起步挡位，迅速起步，将加速踏板快速踩到底，换入适当挡位，使车辆加速到(30±1) km/h。

7.5.2.1.5 记录从踩下加速踏板到车速达到(30±1) km/h 的时间。

7.5.2.1.6 以相反方向行驶再做一次相同的试验。

7.5.2.1.7 (0～30) km/h 加速性能是两次测得时间的算术平均值(单位：s)。

7.5.2.2 （30～50）km/h 加速性能试验

7.5.2.2.1 将试验车辆加载到试验质量，增加的载荷应合理分布。

7.5.2.2.2 将试验车辆停放在试验道路的起始位置。

7.5.2.2.3 将试验车辆加速到(30±1) km/h，并保持这个车速行驶 0.5 km 以上。

7.5.2.2.4 将加速踏板踩到底，或使用离合器和变速杆（如果装有的话）将车辆加速到(50±1) km/h。

7.5.2.2.5 记录从踩下加速踏板到车速达到(50±1) km/h 的时间，或如果最高车速小于 56 km/h，应达到最高车速的 90%，并应在报告中记录下最后的车速。

7.5.2.2.6 以相反方向行驶再做一次相同的试验。

7.5.2.2.7 (30～50) km/h 加速性能是两次测得时间的算术平均值(单位：s)。

7.6 爬坡车速试验（M_1、M_2、N_1 类以外的纯电动汽车可不做此项）

7.6.1 将试验车辆加载到最大设计总质量，增加的载荷应合理分布。

7.6.2 将试验车辆置于测功机上，并对测功机进行必要的调整使其适合试验车辆最大设计总质量值。

7.6.3 调整测功机使其增加一个相当于 4% 坡度的附加载荷。

7.6.4 将加速踏板踩到底使试验车辆加速或使用适当变速挡位使车辆加速。

7.6.5 确定试验车辆能够达到并能持续行驶 1 km 的最高稳定车速，同时，记录持续行驶 1 km 的时间 t。

7.6.6 调整测功机使其增加一个相当于 12% 坡度的附加载荷。

7.6.7 重复 7.6.4 至 7.6.5 的试验。

7.6.8 试验完成后，停车检查各部位有无异常现象发生，并详细记录。

7.6.9 用下式计算试验结果：

$$V = 3\ 600/t$$

式中：

V——实际爬坡最高车速，单位为千米每小时(km/h)；

t——持续行驶 1 km 所测时间，单位为秒(s)。

7.7 坡道起步能力试验

7.7.1 原则

坡道起步能力应在有一定坡度角 α_1 的道路上进行。该坡度角 α_1 应近似于制造厂技术条件规定的最大爬坡度对应的角 α_0。实际坡度和厂定坡度之差，应通过增减质量 ΔM 来调整。当不知 α_0 时，制造厂可用 7.7.3 中的公式来计算。

7.7.2 试验规程

7.7.2.1 将试验车辆加载到最大设计总质量。

7.7.2.2 选定的坡道应有 10 m 的测量区，测量区前应提供起步区域。将试验车辆放置在起步区域。选定的坡度角尽可能地近似于 α_0。如果该坡道坡度与厂定最大爬坡度对应的坡度有差别，可根据下列公式通过增减装载质量的方法进行试验：

$$\Delta M = M \times \frac{(\sin\alpha_0 - \sin\alpha_1)}{(\sin\alpha_1 + R)}$$

式中：

M——试验时的车辆最大设计总质量(按 GB/T 3730.2 定义)，单位为千克(kg)；

R——滚动阻尼系数，一般为 0.01；

α_1——实际试验坡道所对应的坡度角；

α_0——制造厂技术条件规定的最大爬坡度对应的坡度角。

ΔM 应该均布于乘客室和货箱中。

7.7.2.3 以每分钟至少行驶 10 m 的速度，通过测量区。如果车辆装有离合器和变速器的话，应用最低挡起动车辆并以每分钟至少行驶 10 m 的速度，通过测量区。

7.7.3 α_0的计算

已知最大动力轴转矩，计算车轮的转矩：

$$C_r = C_a \times T \times \eta_\tau$$

已知轮胎动载半径，计算平衡力：

$$F_t = C_r / r = M \times g \times (\sin\alpha_0 + R)$$

从上式中可计算出 α_0，最大爬坡能力用 $\tan\alpha_0 \times 100\%$ 表示。

式中：

C_r——车轮转矩；

C_a——最大动力轴转矩；

T——总的齿轮传动比；

η_τ——齿轮传动效率；

F_t——平衡车辆载荷所要的牵引力矩，单位为牛米(N·m)；

r——轮胎动负荷半径，单位为米(m)；

g——重力加速度，单位为米每秒平方(m/s^2)；

$\tan\alpha_0 \times 100$——爬坡能力，单位为(%)。

附　录　A
（资料性附录）
试验记录表

试验车辆____________ 整车整备质量__________ kg 动力蓄电池类型__________

表 A.1　30 分钟最高车速试验

试验日期____________ 试验场地____________ 天气____________ 气压____________ kPa
风向____________ 风速____________ m/s 气温____________ ℃ 跑道坡度____________ %
轮胎规格____________ 轮胎气压　:前____________ kPa 后____________ kPa
蓄电池荷电状态(开始)____________ 加载质量____________ 试验开始里程表读数____________
试验员____________ 驾驶员____________

V_{30}的估计值/(km/h)	V_{30}行驶里程 S_1/m	实际 V_{30}/(km/h)	总行驶里程 S_{tot}/m			
			预热里程	V_{30}行驶里程	放电里程	总计 S_{tot}

表 A.2　最高车速试验

试验日期____________ 试验场地____________ 天气____________ 气压____________ kPa
风向____________ 风速____________ m/s 气温____________ ℃ 跑道坡度____________ %
轮胎规格____________ 轮胎气压：前____________ kPa 后____________ kPa
蓄电池荷电状态(开始)____________ (结束)____________ 加载质量____________
试验开始里程表读数____________ 试验员____________ 驾驶员____________

试验序号	行驶方向	持续行驶里程/m	持续行驶时间/s		实际最高车速/(km/h)
			实测值	平均值	
1		1 000			
2		1 000			

表 A.3　(0～50)(50～80) km/h 或(0～30)(30～50) km/h 加速性能试验

试验日期____________ 试验场地____________ 天气____________ 气压____________ kPa
风向____________ 风速____________ m/s 气温____________ ℃ 跑道坡度____________ %
轮胎规格____________ 轮胎气压：前____________ kPa 后____________ kPa
蓄电池荷电状态(开始)____________ (结束)____________ 加载质量____________ 行驶方向____________
试验开始里程表读数____________ 试验员____________ 驾驶员____________

试验次数	行驶方向	0～50(或 0～30)加速时间/s		50～80(或 30～50)加速时间/s	
		实测值	平均值	实测值	平均值
第 1 次					
第 2 次					

表 A.4 爬坡车速试验

试验日期________ 试验场地________ 气压________kPa 气温________℃
轮胎规格________ 轮胎气压： 前________kPa 后________kPa
蓄电池荷电状态(开始)________ (结束)________ 最大设计总质量________
试验开始里程表读数________ 试验员________ 驾驶员________

4%坡道最高车速/(km/h)			12%坡道最高车速/(km/h)		
持续行驶里程/m	时间/s	坡道最高车速/(km/h)	持续行驶里程/m	时间/s	坡道最高车速/(km/h)
1 000			1 000		

表 A.5 坡道起步能力试验

试验日期________ 试验场地________ 天气________ 气压________kPa
风向________ 风速________m/s 气温________℃ 跑道坡度________%
轮胎规格________ 轮胎气压： 前________kPa 后________kPa
蓄电池荷电状态(开始)________ (结束)________ 最大设计总质量________
试验开始里程表读数________ 试验员________ 驾驶员________

厂定坡度	实际坡度	增减装载质量

附 录 B
（资料性附录）
本标准章条编号与 ISO 8715:2001 章条编号的对照表

本标准章条编号	对应的国际标准章条编号
1～3	1～3
3.1	3.1
—	3.2
3.2～3.8	3.3～3.9
4	6
4.1～4.2	6.1～6.2
4.3	5
4.4	6.3
5	7
5.1～5.3	7.1～7.3
6	8、4
7	9
7.1～7.4	9.1～9.4
7.5	—
7.5.1	—
7.5.1.1～7.5.1.2	9.5～9.6
7.5.2	—
7.5.2.1～7.5.2.2	—
7.6～7.7	9.7～9.8
附录 A	—
附录 B	—
附录 C	—
7.1 中引用 GB 18352.1—2001 中的底盘测功机设定方法	附录 A

附 录 C
（资料性附录）
本标准与 ISO 8715:2001 的技术性差异及其原因

本标准的章条编号	技 术 性 差 异	原 因
1	将“适用于最大设计总质量不超过 3 500 kg 的纯电动汽车。”修改为“适用于纯电动乘用车和纯电动客车，纯电动载货车可参照执行。”	为了满足我国纯电动客车产品对标准的需求
2	1) 删除了第 2 章中的 ISO 1176:1990;ISO 8714:—引用标准。 2) 增加 GB/T 6326,GB/T 12548,GB 18352.1—2001,GB/T 19596—2004	1) 本标准中涉及 ISO 1176 的内容直接采用。ISO 8714标准正文中未出现，故删除。 2) 根据标准内容增加相应的引用标准
3	1) 删除了术语和定义 3.2。 2) 本标准 3.3 术语的定义直接引用现有国家标准	1) 术语和定义 3.2 是使用普遍的基础术语，在本标准中不再重复。 2) 现有国家标准已有该术语，不再重复定义
4.3.1	增加了对安装在车上的速度表、里程表进行校正的要求	保证车用速度表、里程表的准确
5.1	增加了“蓄电池应按车辆制造厂规定的充电程序，使蓄电池达到全充满状态”	采用车辆制造厂推荐的充电规程给蓄电池充电，可以使试验效果更好
7.1	ISO 8715:2001 中 9.1 中“也可以在根据附录 A 所设定的底盘测功机上进行。”本标准将其中的“附录 A”修改为“GB 18352.1”	GB 18352.1 中底盘测功机的设定与 ISO 8715 的附录 A 的内容基本一致，直接引用 GB 18352.1 内容
7.3	由记录“最高车速”修改为“记录时间和行驶距离”求最高车速	可操作性强，数值准确
7.5.2.1	增加了“0 km～30 km 加速性能试验”	考虑最高车速较低的电动客车的适用性
7.5.2.2	增加了“30 km～50 km 加速性能试验”	考虑最高车速较低的电动客车的适用性
7.6	由记录“爬坡车速”修改为“记录时间”，用行驶距离和时间求爬坡最高车速	可操作性强，数值准确
7.6	增加了“(M_1、M_2、N_1 类以外的汽车可不做此项。)”	考虑用于大车的底盘测功机目前国内还不普及，试验不方便进行，大型的电动汽车可不做此项。有条件的可按该试验方法进行
—	删除了 ISO 8715:2001 中的附录 A	直接引用 GB 18352.1—2001，引用的内容与 ISO 8715:2001 的附录 A 基本一致
附录 A	增加附录 A	附录 A 为试验记录表，便于试验数据记录

ICS 43.020
T 47

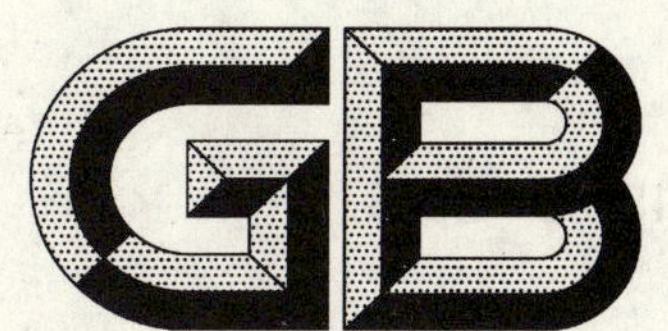

中华人民共和国国家标准

GB/T 18386—2005
代替 GB/T 18386—2001

电动汽车 能量消耗率和续驶里程试验方法

Electric vehicles—Energy consumption and range—Test procedures

(ISO 8714:2002 Electric road vehicles—Reference energy consumption and range—Test procedures for passenger cars and light commercial vehicles, MOD)

2005-07-13 发布　　　　2006-02-01 实施

中华人民共和国国家质量监督检验检疫总局
中国国家标准化管理委员会　发布

前　言

本标准修改采用ISO 8714:2002《电动道路车辆　能量消耗率和续驶里程　乘用车和轻型商用车》(英文版)。

标准格式按照GB/T 1.1—2000的要求进行编写,在附录B中给出了本标准章条号与ISO 8714:2002章条编号的对照一览表。

考虑到我国电动汽车开发的实际情况,在采用ISO 8714:2002时,本标准在技术内容上做了一些修改。有关技术性差异已编入正文,并在它们所涉及的条款的页边处用垂直单线标识。在附录C中给出了这些技术性差异及其原因的一览表以供参考。

本标准代替GB/T 18386—2001《电动汽车　能量消耗率　试验方法》。

本标准与GB/T 18386—2001的主要差异:

——将标准的适用范围进行了修改,由适用于最大设计总质量不超过3 500 kg的电力驱动的电动汽车修改为适用于纯电动汽车。由于适用范围扩大,为适应3 500 kg以上的纯电动车辆的要求,标准的部分内容作了相应的修改。

——标准的编排顺序作了一些调整,如:将上一版中A2.3的内容调整到正文4.4.2。

——本标准中工况法适用于M_1、N_1类车;等速法分为M_1、N_1类车采用(60±2) km/h等速试验和M_1、N_1类车以外车辆采用(40±2) km/h等速试验两种,将上一版等速法(4.4.4.3)按车辆类别不同进行了细化。同时,删除了上一版中"按照制造厂要求选择试验速度进行试验"的规定。

本标准的附录A为规范性附录;附录B和附录C为资料性附录。

本标准由国家发展和改革委员会提出。

本标准由全国汽车标准化技术委员会归口。

本标准起草单位:中国汽车技术研究中心、清华大学。

本标准主要起草人:赵静炜、孙惠、陈全世。

本标准首次发布于2001年,本次为第一次修订。

电动汽车　能量消耗率和续驶里程试验方法

1　范围

本标准规定了纯电动汽车的能量消耗率和续驶里程的试验方法。

本标准适用于纯电动汽车。电动正三轮摩托车可参照执行。

2　规范性引用文件

下列文件中的条款通过本标准的引用而成为本标准的条款。凡是注日期的引用文件，其随后所有的修改单(不包括勘误的内容)或修订版均不适用于本标准，然而，鼓励根据本标准达成协议的各方研究是否可使用这些文件的最新版本。凡是不注日期的引用文件，其最新版本适用于本标准。

GB/T 17883　0.2S 级和 0.5S 级静止式交流有功电度表(GB/T 17883—1999，eqv IEC 60678：1992)

GB 18352.1　轻型汽车污染排放限值及测量方法(Ⅰ)

GB/T 18385—2005　电动汽车　动力性能　试验方法(ISO 8715:2001，MOD)

GB/T 19596—2004　电动汽车术语(ISO 8713:2002，NEQ)

3　术语和定义

下列术语和定义适用于本标准。

3.1

电动汽车整车整备质量　complete electric vehicle kerb mass

包括车载储能装置在内的整车整备质量［GB/T 19596—2004，3.1.3.4.1 定义］。

3.2

电动汽车试验质量　test mass of electric vehicle

电动汽车整车整备质量与一试验所需附加质量的和［GB/T 19596—2004，3.1.3.4.2 定义］。附加质量分别为：

a)　如果最大允许装载质量小于或等于 180 kg，该质量为最大允许装载质量；

b)　如果最大允许装载质量大于 180 kg，但小于 360 kg，该质量为 180 kg；

c)　如果最大允许装载质量大于 360 kg，该质量为最大允许装载质量的一半。

注：最大允许装载质量包括驾驶员质量。

3.3

能量消耗率　reference energy consumption

电动汽车经过规定的试验循环后对动力蓄电池重新充电至试验前的容量，从电网上得到的电能除以行驶里程所得的值，单位为 Wh/ km［GB/T 19596—2004，3.1.3.1.4 定义］。

3.4

续驶里程　range

电动汽车在动力蓄电池完全充电状态下，以一定的行驶工况，能连续行驶的最大距离，单位为 km［GB/T 19596—2004，3.1.3.1.3 定义］。

4 续驶里程和能量消耗率的试验方法

4.1 总则

以下方法描述了用 km 表示的续驶里程和用 Wh/km 表示的从电网上得到的能量消耗率的试验方法。

4.2 测量参数、单位和准确度

表 1 规定了试验测量的参数、单位和准确度。

表 1 测量参数、单位和准确度的要求

测量参数	单位	准确度	分辨率
时间	s	±0.1	0.1
距离	m	±0.1%	1
温度	℃	±1	1
速度	km/h	±1%	0.2
质量	kg	±0.5%	1
能量	Wh	0.2S(根据 GB/T 17883)	0.2S(根据 GB/T 17883)

4.3 试验条件

4.3.1 车辆条件

试验车辆应依据每项试验的技术要求加载。

在环境温度下,试验(在环形跑道上或在底盘测功机上)车辆轮胎气压应符合车辆制造厂的规定。

机械运动部件用润滑油黏度应符合制造厂的规定。

车上的照明、信号装置以及辅助设备应该关闭,除非试验和车辆白天运行对这些装置有要求。

除驱动用途外,所有的储能系统应充到制造厂规定的最大值(电能、液压、气压等)。

试验驾驶员应按车辆制造厂推荐的操作程序使动力蓄电池在正常运行温度下工作。

试验前,试验车辆应至少用安装在试验车辆上的动力蓄电池行驶 300 km。

4.3.2 环境温度条件

在(5~32)℃环境温度下进行室外试验。

在(20~30)℃室温下进行室内试验。

4.4 试验程序

4.4.1 总则

确定能量消耗率和续驶里程应该使用相同的试验程序,试验程序包括以下 4 个步骤:

a) 对动力蓄电池进行初次充电(见 4.4.4),测量来自电网的能量;

b) 进行工况或等速条件下的续驶里程试验(见 4.4.5);

c) 试验后再次为动力蓄电池充电,测量来自电网的能量(见 4.4.6);

d) 计算能量消耗率(见 4.4.7)。

在每两个步骤执行之间,如果车辆需要移动,不允许使用车上的动力将车辆移动到下一个试验地点(不允许使用制动能量回收)。

4.4.2 公差

试验循环上的速度公差和时间公差应该满足图 1 给出的公差和基准曲线的要求。

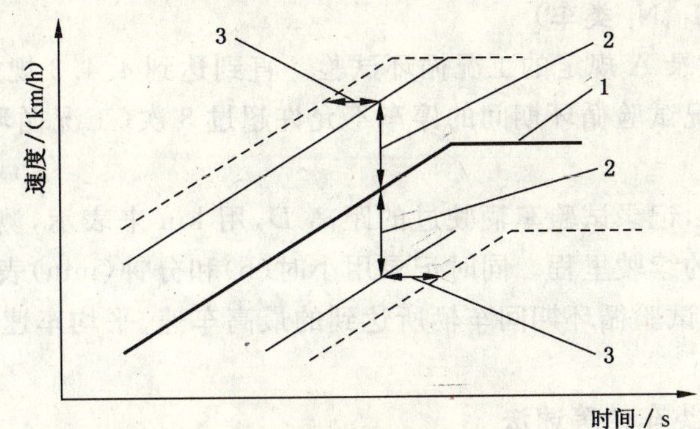

图中：1——基准曲线；

2——速度公差，单位为千米每小时(km/h)；

3——时间公差，单位为秒(s)

图 1 基准曲线和公差

图 1 中的每一个点给出的速度公差为±2 km/h，时间公差为±1 s。

在每个行驶循环中，允许存在超出这些公差范围，总时间应不超过 4 s。

在试验报告中应注明超出公差的总时间。

4.4.3 结束试验循环的标准

——当车载仪器给出驾驶员停车指示时，应停止试验；或

——进行 4.4.5.2 规定的工况试验循环，在车速小于等于 70 km/h 时，不能满足 4.4.2 所规定的公差要求时，应停止试验；在车速大于 70 km/h 时，将加速踏板踩到底，允许超出 4.4.2 规定的公差范围，但要满足 4.4.2 的相应要求。

——进行 4.4.5.3 规定的等速试验时，当车辆的行驶速度达不到 54 km/h(M_1、N_1 类车)或 36 km/h(M_1、N_1 类以外的纯电动汽车)时停止试验。

4.4.4 动力蓄电池的初次充电

4.4.4.1 总则

除非车辆制造厂或动力蓄电池制造厂有其他的规定，动力蓄电池的初次充电可以按照下面规定进行。

动力蓄电池的初次充电指接收车辆以后的动力蓄电池的第一次充电。如果所规定的几个试验或测量连续进行，第一次充电可认为是初次充电。

动力蓄电池的充电按 4.4.4.2 和 4.4.4.3 的规定进行。

4.4.4.2 动力蓄电池的放电

首先，试验车辆以 30 分钟最高车速的 70%±5%的稳定车速(在环形跑道或测功机上)行驶，使车辆的动力蓄电池放电。

放电在下列条件下结束：

——车速不能达到 30 分钟最高车速的 65%时，或

——车辆制造厂安装在车上的仪器提醒驾驶员将车辆停止时。

4.4.4.3 动力蓄电池的充电

车辆按照 GB/T 18385 规定的充电程序为动力蓄电池充电，使蓄电池达到全充满。

4.4.5 续驶里程试验

在动力蓄电池充电结束时记录该时刻。在此之后 4 h 之内开始按照规定的试验程序进行试验。

4.4.5.1 车辆道路负荷的设定

在进行试验前，底盘测功机应该按照 GB 18352.1 中的规定设定车辆道路负荷，并在底盘测功机上模拟。

4.4.5.2 **工况法(适用于 M_1、N_1 类车)**

在底盘测功机上进行附录 A 规定的工况循环试验。直到达到 4.4.3 规定的结束标准时停车。

除非有其他的规定,工况试验循环期间的停车不允许超过 3 次(工况循环外停车),总的停车时间累计不超过 15 min。

在工况试验循环结束时,记录试验车辆驶过的距离 D,用 km 来表示,测量值按四舍五入圆整到整数,该距离即为工况法测量的续驶里程。同时记录用小时(h)和分钟(min)表示的所用时间。

应该在报告中给出工况试验循环期间车辆所达到的最高车速、平均车速和行驶时间(h 和 min)。

4.4.5.3 **等速法**

4.4.5.3.1 **适用于 M_1、N_1 类车的等速法**

试验条件应符合 GB/T 18385—2005 中 4.1、4.2 和 4.3 的规定。在道路上进行(60±2) km/h 的等速试验。试验过程中允许停车两次,每次停车时间不允许超过 2 min,当车辆的行驶速度达到 4.4.3 规定的要求时停止试验。

记录试验期间试验车辆的停车次数和停车时间。试验结束后,记录试验车辆驶过的距离 D,用 km 来表示,测量值按四舍五入圆整到整数,该距离即为等速法测量的续驶里程。同时记录用小时(h)和分钟(min)表示的所用时间。

4.4.5.3.2 **适用于 M_1、N_1 类以外的纯电动汽车的等速法**

试验条件应符合 GB/T 18385—2005 中 4.1、4.2 和 4.3 的规定。在道路上进行(40±2) km/h 的等速试验。试验过程中允许停车两次,每次停车时间不允许超过 2 min,当车辆的行驶速度达到 4.4.3 规定的停车要求时停止试验。

记录试验期间试验车辆的停车次数和停车时间。试验结束后,记录试验车辆驶过的距离 D,用 km 来表示,测量值按四舍五入圆整到整数,该距离即为等速法测量的续驶里程。同时记录用小时(h)和分钟(min)表示的所用时间。

4.4.6 **动力蓄电池充电和能量测量**

完成 4.4.5.2 或 4.4.5.3 规定的试验后,在 2 h 之内将车辆与电网连接,按照 GB/T 18385 规定的充电规程为车辆的动力蓄电池充满电。在电网与车辆充电器之间连接能量测量装置,在充电期间测量来自电网的用 Wh 表示的能量 E。

注:如果电网断电,其断开的时间应该根据停电时间,适当延长相应时间。车辆制造厂和认证试验室的技术服务部门应该探讨充电的有效性。

4.4.7 **能量消耗率的计算**

应该使用下式计算能量消耗率 C,用 Wh/km 表示,并圆整到整数:

$$C=\frac{E}{D}$$

式中:

E——充电期间来自电网的能量,单位为瓦时(Wh);

D——试验期间行驶的总距离即续驶里程,单位为千米(km)。

附 录 A
(规范性附录)
试验用行驶工况

A.1 范围

本附录描述了试验循环,并且给出了工况试验所采用的基准曲线。

A.2 试验循环

A.2.1 总则

试验循环由4个市区循环和1个市郊循环程序组成,理论试验距离为11.022 km,时间为19 min 40 s。另外,允许只采用市区循环进行试验。所采用的试验循环应在试验报告中说明。图A.1给出了试验循环的组成。

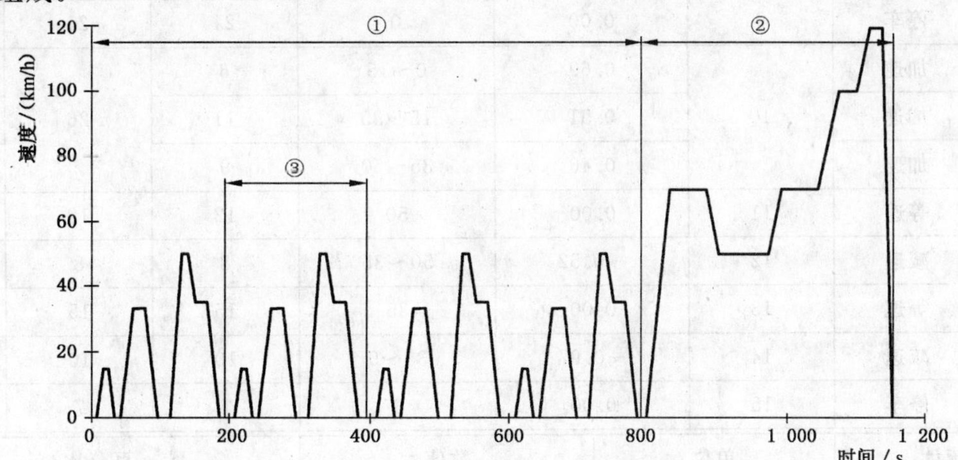

图中:①——市区循环;
②——市郊循环;
③——基本的市区循环

图 A.1 试验循环的组成

说明:该试验循环与GB 18352.1中规定的试验循环一致。

A.2.2 市区循环

市区循环(见图A.1)由图A.2显示的和表A.1中给出的4个基本的市区循环组成。

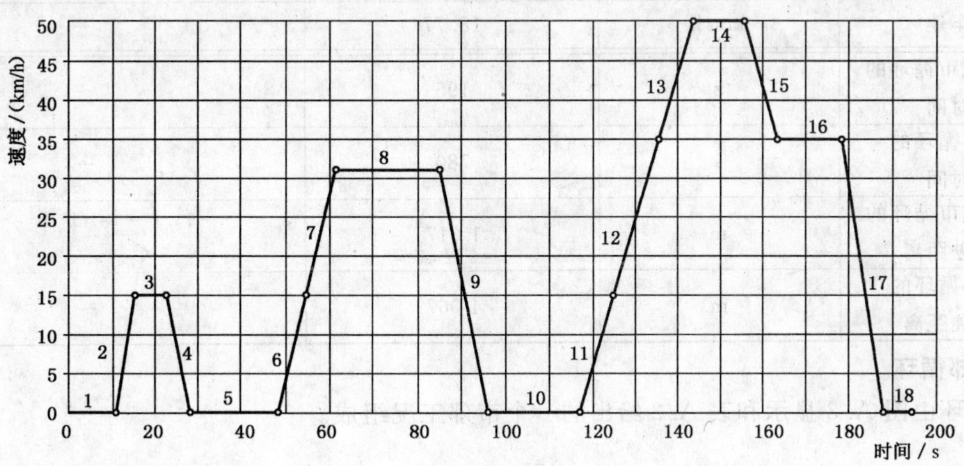

注:图中序号为表A.1中给出的运转次序号。

图 A.2 基本市区循环

表 A.1 基本市区循环

运转次序	操作状态	工况序号	加速度/(m/s²)	速度/(km/h)	操作时间/s	工况时间/s	累计时间/s
1	停车	1	0.00	0	11	11	11
2	加速	2	1.04	0～15	4	4	15
3	等速	3	0.00	15	8	8	23
4	减速	4	−0.83	15～0	5	5	28
5	停车	5	0.00	0	21	21	49
6	加速	6	0.69	0～15	6	12	55
7	加速		0.79	15～32	6		61
8	等速	7	0.00	32	24	24	85
9	减速	8	−0.81	32～0	11	11	96
10	停车	9	0.00	0	21	21	117
11	加速	10	0.69	0～15	6	26	123
12	加速		0.51	15～35	11		134
13	加速		0.46	35～50	9		143
14	等速	11	0.00	50	12	12	155
15	减速	12	−0.52	50～35	8	8	163
16	等速	13	0.00	35	15	15	178
17	减速	14	−0.97	35～0	10	10	188
18	停车	15	0.00	0	7	7	195

工况统计	单位	数值	百分比/%
停车	s	60	30.77
加速	s	42	21.54
等速	s	59	30.26
减速	s	34	17.44
总时间	s	195	100.00
平均车速	km/h	18.77	—
一个基本城市循环的工作时间	s	195	—
一个城市循环的工作时间	s	780	—
一个基本城市循环的理论行驶距离	m	1 017	—
一个城市循环的理论行驶距离	m	4 067	—

A.2.3 市郊循环

市郊循环由图 A.3 显示和表 A.2 给出的一个市郊工况组成。

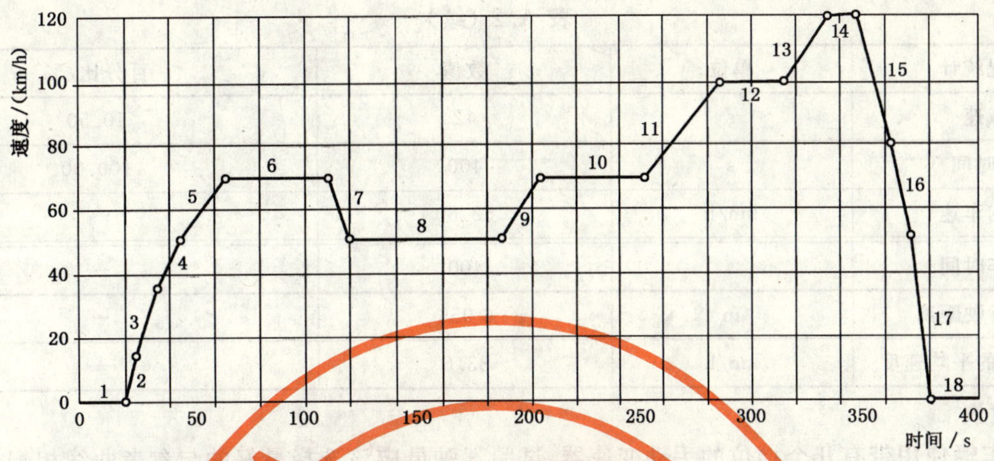

注 1：图中数字为运转次序。

注 2：当车辆不能满足这个曲线要求时，所采用的循环应满足 4.4.2 中列出的规定。

图 A.3　市郊循环

表 A.2　市郊循环

运转次序	操作状态	工况序号	加速度/(m/s²)	速度/(km/h)	操作时间/s	工况时间/s	累计时间/s
1	停车	1	0.00	0	20	20	20
2	加速	2	0.69	0～15	6	41	26
3	加速		0.51	15～35	11		37
4	加速		0.42	35～50	10		47
5	加速		0.40	50～70	14		61
6	等速	3	0.00	70	50	50	111
7	减速	4	−0.69	70～50	8	8	119
8	等速	5	0.00	50	69	69	188
9	加速	6	0.43	50～70	13	13	201
10	等速	7	0.00	70	50	50	251
11	加速	8	0.24	70～100	35	35	286
12	等速	9	0.00	100	30	30	316
13	加速	10	0.28	100～120	20	20	336
14	等速	11	0.00	120	10	10	346
15	减速	12	−0.69	120～80	16	34	362
16	减速		−1.04	80～50	8		370
17	减速		−1.39	50～0	10		380
18	停车	13	0.00	0	20	20	400

工况统计	单位	数值	百分比/%
停车	s	40	10.00
加速	s	109	27.25
等速	s	209	52.25

表 A.2(续)

工况统计	单位	数值	百分比/%
减速	s	42	10.50
总时间	s	400	100.00
平均车速	km/h	62.60	—
工作时间	s	400	—
理论行驶距离	m	6 956	—
整个循环的平均速度	km/h	33.6	—

A.2.4 建议

如果车辆使用带有几个挡位的手动变速器,试验驾驶员应该选择最好的与参考曲线相配合的挡位。

如果试验驾驶员能够选择车辆上的几种运行模式(运动型、舒适型、经济型等),那么应该寻找最好的与参考曲线相配合的挡位(见图 A.1 和图 1)。

附 录 B
（资料性附录）
本标准章条编号与 ISO 8714:2002 章条编号的对照表

本标准章条编号	对应的国际标准章条编号
1～3	1～3
—	4
4	7
4.1～4.3	7.1～7.3
4.3.1～4.3.2	7.3.1～7.3.2
4.4	7.4
4.4.1	7.4.1
4.4.2	5
4.4.3	C.2
4.4.4	7.4.2
4.4.4.1～4.4.4.3	7.4.2.1～7.4.2.3
4.4.5，4.4.5.1，4.4.5.2	7.4.3
4.4.5.3	—
4.4.6	7.4.4
4.4.7	7.4.5
附录 A	附录 A
附录 B	—
附录 C	—
—	附录 B
—	附录 C

附 录 C
（资料性附录）
本标准与 ISO 8714:2002 的技术性差异及其原因

本标准的章条编号	技术性差异	原　因
1	将 ISO 8714“适用于最大设计总质量不超过 3 500 kg，最高车速大于等于 70 km/h 的纯电动汽车。”修改为“适用于纯电动汽车，正三轮电动摩托车可参照执行。”	为了满足我国纯电动客车产品对标准的需求，提高标准的适用性
2	(1) 删除了 ISO 8714 第 2 章中的 ISO 1176：1990；ISO 10521：1992；ECE R83；CFR40；TRIAS 5-3—1996 (2) 增加了 GB 18352.1—2001	(1) 本标准涉及 ISO 1176 的内容直接采用，而不引用；ISO 10521 修改为 GB 18352.1； CFR 40；TRIAS 5-3—1996 为选择内容，不适用于我国，删除；ECE R83 的内容直接采用
4	增加了 4.4.5.3 等速法的要求，对应 4.4.5.3 内容在 4.4.3 中加入适当的要求	为试验方便及客车的要求
附录	删除了 ISO 8714 附录 B 和附录 C，本标准新增加附录 B 和附录 C	ISO 8714 的附录 B 和附录 C 为选择内容，不适用我国。 按 GB/T 1.1 要求新增附录 B 和附录 C

ICS 43.080.01
T 47

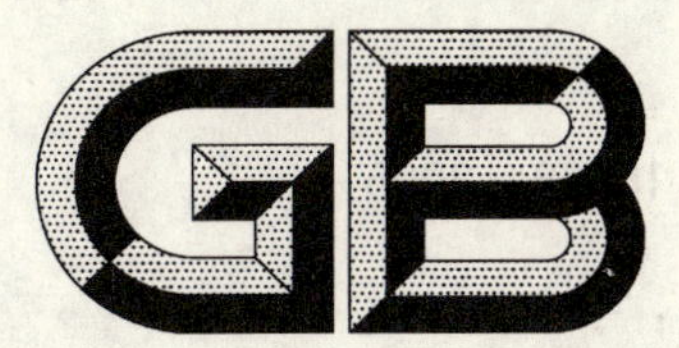

中华人民共和国国家标准

GB/T 18388—2005
代替 GB/T 18388—2001

电动汽车 定型试验规程

Electric vehicles—Engineering approval evaluation program

2005-05-23 发布 2005-10-01 实施

中华人民共和国国家质量监督检验检疫总局
中国国家标准化管理委员会 发布

前言

本标准代替GB/T 18388—2001《电动汽车定型试验规程》。

本标准与GB/T 18388—2001相比，主要变化如下：

——增加了电动汽车在做车外噪声试验时，参照GB 1495—2002《汽车加速行驶车外噪声限值及测量方法》的规定。（见4.1.1）

——增加了电动汽车在做风窗玻璃除雾系统试验时，参照GB 11555—1994《汽车风窗玻璃除雾系统的性能要求及试验方法》的规定。（见4.1.2）

——增加了电动汽车在做风窗玻璃除霜系统试验时，参照GB 11556—1994《汽车风窗玻璃除霜系统的性能要求及试验方法》的规定。（见4.1.3）

——修改了4.3行驶试验的内容，重新安排了行驶里程。可靠性行驶试验的总里程为相应燃油车辆定型试验规程中规定的可靠性行驶总里程的50%；总里程若小于5 000 km，按5 000 km执行。里程分配比例坏路占35%，平路和高速占65%。

本标准的附录A为规范性附录。

本标准由全国汽车标准化技术委员会提出。

本标准由全国汽车标准化技术委员会归口。

本标准起草单位：中国汽车技术研究中心。

本标准主要起草人：刘桂彬、陈嵩、何云堂、赵静炜。

本标准代替历次版本情况：GB/T 18388—2001。

电动汽车　定型试验规程

1　范围

本标准规定了纯电动汽车新产品设计定型试验的实施条件、试验项目、试验方法、判定依据和试验报告的内容。

本标准适用于纯电动汽车。

2　规范性引用文件

下列文件中的条款通过本标准的引用而成为本标准的条款。凡是注日期的引用文件，其随后所有的修改单(不包括勘误的内容)或修订版均不适用于本标准，然而，鼓励根据本标准达成协议的各方研究是否可使用这些文件的最新版本。凡是不注日期的引用文件，其最新版本适用于本标准。

GB/T 18384.1　电动汽车　安全要求　第1部分：车载储能装置

GB/T 18384.2　电动汽车　安全要求　第2部分：功能安全和故障防护

GB/T 18384.3　电动汽车　安全要求　第3部分：人员触电防护

GB/T 18385　电动汽车　动力性能　试验方法

GB/T 18386　电动汽车　能量消耗率和续驶里程　试验方法

GB/T 18387　电动车辆的电磁场辐射强度的限值和测量方法　宽带 9 kHz～30 MHz

本标准引用的强制性标准见附录A。

3　实施条件

3.1　试验前应提供下列文件：

a)　产品技术条件和技术规范；

b)　使用维护说明书；

c)　能够证明试验样车符合国家已颁发的强制性标准检测要求的试验报告或技术文件；

d)　车辆主要总成(电池系统、电机及其控制系统、车载充电系统等)相关试验报告；

e)　其他认为需要的资料和技术文件。

3.2　试验车辆应符合设计图样和技术文件的要求。

3.3　供定型试验的样车数量：1辆。

3.4　制造厂在具备上述条件后，可向有关部门提出定型试验的申请，并由国家授权的定型试验单位进行定型试验。定型试验单位应按本标准编写试验大纲。在试验过程中发现下列情况之一时，试验单位应终止试验。

a)　需要做较大变更方能符合强制性标准(见附录A)检测项目的要求；

b)　转向、制动系统的效能不能确保行车安全；

c)　样车性能指标与产品技术条件差距较大；

d)　车架、车身及其承载系统出现断裂或开裂，试验无法进行；

e)　电池系统、电机及其控制系统、车载充电系统出现严重问题无法试验；

f)　试验单位认为必须终止试验的其他情况。

3.5　试验过程中，应按使用说明书的规定进行操作，并维护和保养。

3.6　试验完成后，由试验单位按第5章的规定内容提供试验报告。

4 试验项目、试验方法和评定依据

试验项目由强制性标准检验、整车性能试验和整车试验场可靠性行驶试验3部分组成。

改装车的试验项目应根据具体变化确定具体的试验项目，凡因改装而引起变化的项目都应该进行试(检)验。

4.1 强制性标准检验

强制性标准的检测项目见附录A。其中车外噪声、风窗玻璃除霜、除雾3项试验方法见4.1.1～4.1.3。

4.1.1 电动汽车在做车外噪声试验时在参照GB 1495—2002《汽车加速行驶车外噪声限值及测量方法》的同时做如下变动：

如果电动汽车装有手动变速器，试验车辆由生产厂家自行决定入线挡位，入线速度为50 km/h。如果电动汽车装有自动变速器，自动变速器装有手动选挡器，则应使选挡器处于制造厂为正常行驶而推荐的位置来进行测量，入线速度为50 km/h。无级变速的电动汽车入线速度为50 km/h。

4.1.2 电动汽车在做风窗玻璃除雾系统试验时，参照GB 11555—1994《汽车风窗玻璃除雾系统的性能要求及试验方法》，只要求打开主电路开关，动力电机不工作。

4.1.3 电动汽车在做风窗玻璃除霜系统试验时，参照GB 11556—1994《汽车风窗玻璃除霜系统的性能要求及试验方法》，只要求打开主电路开关，动力电机不工作。

4.2 整车性能试验

电动汽车的整车性能试验应在国家授权的试验场地内进行，试验项目按照产品技术条件进行评定。

4.2.1 整车基本参数和主要性能参数测量。

4.2.2 电动汽车专项性能试验

4.2.2.1 电动汽车的车辆安全结构应按GB/T 18384.1、GB/T 18384.2、GB/T 18384.3的规定进行测量。

4.2.2.2 电动汽车的动力性能应按GB/T 18385的规定进行测量。

4.2.2.3 电动汽车的能量消耗率和续驶里程应按GB/T 18386的规定进行测量。

4.2.2.4 电动汽车的电场和磁场应按GB/T 18387的规定进行测量。

4.3 可靠性行驶试验

电动汽车的可靠性行驶试验应在国家授权的试验场地内进行。

4.3.1 可靠性行驶试验的总里程为相应燃油车辆定型试验规程中规定的可靠性行驶总里程的50%；总里程若小于5 000 km，按5 000 km执行。

4.3.2 里程分配比例坏路占35%，平路和高速占65%。

5 试验程序

5.1 接收检查试验样车，并进行登记。

5.2 按照制造厂规定进行磨合行驶。

5.3 进行强制性标准检验、整车性能和可靠性行驶试验。

5.4 编写试验报告。

6 试验报告

试验报告主要应该包括以下内容：

a) 任务来源；

b) 试验目的；

c) 试验方案的确定依据；

d） 试验依据的主要标准；

e） 试验条件；

f） 试验对象；

g） 试验结果；

h） 结论。

附 录 A
(规范性附录)
强制性标准

下列文件中的条款通过本标准的引用而成为本标准的条款。凡是注日期的引用文件，其随后所有的修改单(不包括勘误的内容)或修订版均不适用于本标准，然而，鼓励根据本标准达成协议的各方研究是否可使用这些文件的最新版本。凡是不注日期的引用文件，其最新版本适用于本标准。

GB 1495 汽车加速行驶车外噪声限值及测量方法
GB 1589 道路车辆外廓尺寸、轴荷及质量限值
GB 4094 汽车操纵件、指示器及信号装置的标志
GB 4599 汽车前照灯配光性能
GB 4660 汽车前雾灯配光性能
GB 4785 汽车及挂车外部照明和信号装置的安装规定
GB 5920 汽车及挂车前位灯、后位灯、示廓灯和制动灯配光性能
GB 7063 汽车护轮板
GB 7258 机动车运行安全技术条件
GB 8410 汽车内饰材料的燃烧特性
GB 9656 汽车安全玻璃
GB 9743 轿车轮胎
GB 9744 载重汽车轮胎
GB 11550 汽车座椅头枕性能要求和试验方法
GB 11552 轿车内部凸出物
GB 11554 汽车及挂车后雾灯配光性能
GB 11555 汽车风窗玻璃除雾系统的性能要求及试验方法
GB 11556 汽车风窗玻璃除霜系统的性能要求及试验方法
GB 11557 防止汽车转向机构对驾驶员伤害的规定
GB 11562 汽车驾驶员前方视野要求及测量方法
GB 11564 机动车回复反射器
GB 11566 轿车外部凸出物
GB 11567.1 汽车和挂车侧面防护要求
GB 11567.2 汽车和挂车后下部防护要求
GB 12676 汽车制动系统 结构、性能和试验方法
GB 13057 客车座椅及其车辆固定件的强度
GB 13094 客车结构安全要求
GB 14023 车辆、机动船和由火花点火发动机驱动的装置的无线电骚扰特性的限值和测量方法
GB 14166 机动车成年乘员用安全带和约束系统
GB 14167 汽车安全带安装固定点
GB 15082 汽车用车速表
GB 15083 汽车座椅系统强度要求及试验方法
GB 15084 汽车后视镜的性能和安装要求
GB 15085 汽车风窗玻璃刮水器、洗涤器的性能要求及试验方法
GB 15086 汽车门锁及门铰链的性能要求和试验方法

GB 15235 汽车倒车灯配光性能
GB 15740 汽车防盗装置性能要求
GB 15741 汽车和挂车号牌板(架)及其位置
GB 15742 机动车用喇叭的性能要求及试验方法
GB 15743 轿车侧门强度
GB 15766.1 道路机动车辆灯丝灯泡 尺寸、光电性能要求
GB 16735 道路车辆 车辆识别代号(VIN)
GB 16897 制动软管
GB 17354 汽车前、后端保护装置
GB 17509 汽车和挂车转向信号灯配光性能
GB 17675 汽车转向系 基本要求
GB 18099 汽车及挂车侧标志灯配光性能
GB 18409 汽车驻车灯配光性能
GB 18655 用于保护车载接收机的无线电骚扰特性的限值和测量方法
GB 18986 轻型客车结构安全要求
GB 19151 机动车用三角警告牌

ICS 11.040.20
C 31

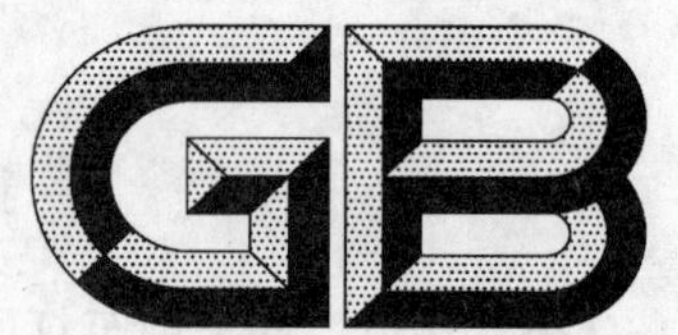

中华人民共和国国家标准

GB 18458.3—2005

专用输液器 第3部分：一次性使用避光输液器

Special infusion sets—Part 3: Light-resistant infusion sets for single use

2005-07-21 发布　　2005-12-01 实施

中华人民共和国国家质量监督检验检疫总局
中国国家标准化管理委员会　发布

前　言

GB 18458 的本部分是在 GB 8368—2005《一次性使用输液器　重力输液式》的基础上增加了输液器的透光率和脱色性能。其他物理要求、化学要求、生物要求均符合 GB 8368 的要求。

GB 18458 总标题为《专用输液器》,包括以下部分:

——第 1 部分:一次性使用精密过滤输液器

——第 2 部分:一次性使用滴定管式输液器

——第 3 部分:一次性使用避光输液器

本部分为 GB 18458 的第 3 部分。

本标准的其他部分将陆续制定。

本部分的附录 A、附录 B、附录 C 是规范性附录。

本部分由国家食品药品监督管理局提出。

本部分由全国医用输液器具标准化技术委员会归口。

本部分起草单位:天津哈娜好医材有限公司、北京伏尔特技术有限公司、武汉智迅创源科技发展有限公司。

本部分主要起草人:陈勇、张小滔、晏绍军。

引　言

临床中有些药物需要在避光条件下输液，如硝普钠、硝酸甘油、维生素 B_2 等，GB 8368 所规定的输液器就不能满足这一输液要求，因此，需要使用 GB 18458.3 的本部分所规定的避光输液器。

避光输液器与药液接触的各部件（包括配套供应的静脉输液针）都应具有避光性能，GB 18458.3 的本部分只对滴斗和管路部分规定了避光性能，其他部件由于受其外形尺寸所限，因此未对其提出避光性要求，制造商应自行控制。

GB 18458.3 的本部分附录 C 规定的脱色比色试验方法只是评价药物相容性的一般方法，最直接的方法应是用临床使用药物进行评价。由于临床药物配伍的复杂性，要在标准中对各种药物的相容性都进行评价是不切合实际的。鼓励制造商开展这方面的研究。

专用输液器 第3部分：一次性使用避光输液器

1 范围

GB 18458 的本部分规定了一次性使用、避光重力输液式输液器的要求。

本部分的还为避光输液器所用材料的性能及其质量规范提供了指南。

2 规范性引用文件

下列文件中的条款通过 GB 18458 的本部分的引用而成为本部分的条款。凡是注日期的引用文件，其随后所有的修改单(不包括勘误的内容)或修订版均不适用于本部分，然而，鼓励根据本部分达成协议的各方研究是否可使用这些文件的最新版本。凡是不注日期的引用文件，其最新版本适用于本部分。

GB/T 601—2002 化学试剂 标准滴定溶液的制备

GB 8368—2005 一次性使用输液器 重力输液式(ISO 8536-4:2004,MOD)

3 通用要求

GB 8368—2005 第 3 章规定的要求适用。

4 标记

符合 GB 18458 的本部分要求的避光输液器(IS)的标记为：

输液器 GB 18458.3-IS-G

5 材料

制造第 3 章给出的输液器及其组件的材料应满足第 6 章的要求。输液器与溶液接触的组件，其材料还应符合第 7 章和第 8 章规定的要求。

6 物理要求

6.1 总则

输液器的物理要求应符合 GB 8368—2005 第 6 章的要求。

6.2 避光性

按附录 A 试验时，输液器对 290 nm～450 nm 波长范围内的透光率符合表 1 规定。

表 1 各部件透光率限量

部 件	透光率/(%)
滴斗	≤35
管路	≤15

6.3 脱色

6.3.1 按附录 B 试验时，避光输液器应不掉色。

6.3.2 按附录 C 试验时，避光输液器浸提液 S_1 应不深于空白液 S_{01}，浸提液 S_2 应不深于空白液 S_{02}。

7 化学要求

输液器化学要求应符合 GB 8368—2005 第 7 章的要求。

8 生物要求

应符合 GB 8368—2005 第 8 章的要求。

9 标志

应符合 GB 8368—2005 第 9 章的要求。
还应标明输液器避光指标。

10 包装

应符合 GB 8368—2005 第 10 章的要求。

11 检验规则

GB 8368—2005 中第 NA.12 章的规定适用。

附 录 A
（规范性附录）
透光率的测定

A.1 原理

应用一台具有适当灵敏度和精度的、适宜测量透明或半透明塑料材料透光性能的分光光度计。对于透明塑料，使用一台具有测量和记录透光量的灵敏度和精度的分光光度计：对于半透明塑料，使用上述分光光度计，还应能测量透光的散射光和平行光。用空气作参比，测量 290 nm～450 nm 波长范围内的光的透过率。

A.2 仪器

A.2.1 分光光度计，能在 290 nm～450 nm 范围内扫描。

A.2.2 样品夹持器，如图 A.1 所示。表面平整无毛刺，外形尺寸以能垂直放入分光光度计的比色池中为宜。

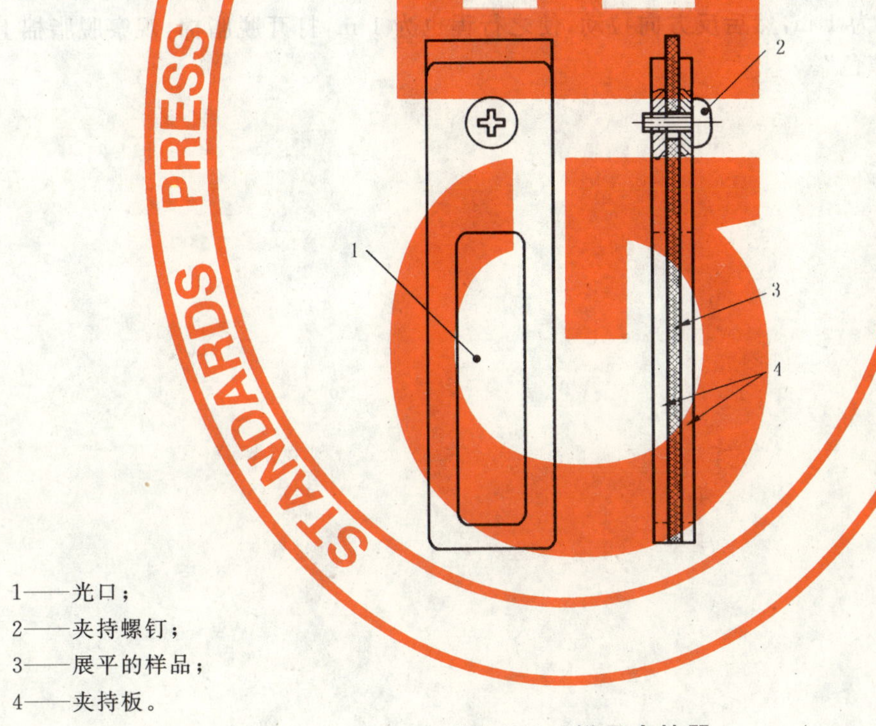

1——光口；
2——夹持螺钉；
3——展平的样品；
4——夹持板。

图 A.1 样品夹持器

A.3 样品制备

应用适宜的工具分别将输液器的滴斗、管路切开。选择有代表性的平均壁厚，并修整成合适片状，以便安装于样品夹持器中。切割完成后，进行清洗、干燥，避免表面擦伤。如果样品太小不能覆盖样品夹持器的光口，用适当的纸或带折住未覆盖部分，样品的长度须大于狭缝长度。样品放入夹持器之后，用镜头纸轻轻擦拭，避免光通过的地方留下手印或其他污痕。

A.4 试验步骤

将装有样品的夹持器放于分光光度计（凹面朝光源），使样品的柱轴平行于狭缝，并尽量放于狭缝中心，应使放好后的试样光束能正常通过试片表面，并使光束反射损失最小。

以空气为参比，测量试片在 290 nm～450 nm 范围内连续波长的透光率。

附 录 B
（规范性附录）
脱色试验——物理法

B.1 原理

将避光输液器放入高温下加快颜色析出速度，使用脱脂棉擦拭，观察掉色状况。

B.2 试验方法

B.2.1 将避光输液器放入(60±5)℃恒温箱中，放置 24 h，取出后保持输液器洁净，放至常温待用。

B.2.2 展开输液器，取一块脱脂棉(约 0.2 g)包裹输液器一段管路，手指捏压该处，直至内部管壁相接触，然后拉动管路使之行程为 1 m，然后反方向拉动，使之行程也为 1 m，打开脱脂棉，观察脱脂棉上色斑，以无明显的色斑为“不掉色”。

附 录 C
（规范性附录）
脱色吸光度试验——化学法

C.1 溶液的配制

a) c[HCl]＝0.1 mol/L 盐酸溶液：按 GB/T 601—2002 中 4.2 的规定配制 1 000 mL；

b) c[NaOH]＝0.1 mol/L 氢氧化钠溶液：称取 4.000 g 氢氧化钠，加水稀释至 1 000 mL。

C.2 浸提液和空白液的制备

C.2.1 盐酸浸提液 S_1

将三套灭菌后的输液器和容量为 300 mL 的硅硼玻璃烧瓶连成一封闭循环系统。烧瓶置于加热器上使烧瓶中的液体温度保持在(37±1)℃，加入 c[HCl]＝0.1 mol/L 盐酸溶液 250 mL，以 1 L/h 的速度循环 2 h。比如用一蠕动泵作用在一段尽可能短的硅橡胶管上，收集全部液体并冷却。

C.2.2 氢氧化钠浸提液 S_2

按 C.2.1 步骤制备氢氧化钠浸提液 S_2。

C.2.3 空白液

分别按浸提液步骤制备盐酸空白液 S_{01} 和氢氧化钠空白液 S_{02}，回路上不装输液器。

C.3 试验步骤

取盐酸浸提液 S_1 于 50 mL 纳氏比色管中，另取一支 50 mL 纳氏比色管，加入 50 mL 盐酸空白液 S_{01}，置白色背景下从上方观察，比较颜色深浅。

同法用氢氧化钠浸提液 S_2 和氢氧化钠空白液 S_{02} 进行比色。

ICS 31.220.20
L 22

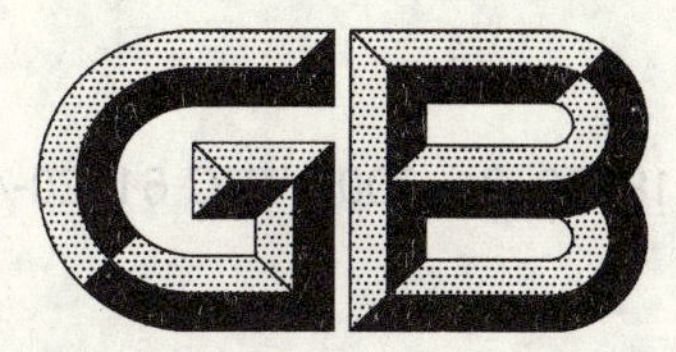

中华人民共和国国家标准

GB/T 18496.2—2005/IEC 61020-4-1:1991

电子设备用机电开关 第4-1部分：钮子(倒扳)开关 空白详细规范

Electromechanical switches for use in electronic equipment—Part 4-1:Sectional specification for lever (toggle) switches—Blank detail specification

(IEC 61020-4-1:1991, Electromechanical switches for use in electronic equipment—Part 4:Section specification for lever (toggle) switches—Section 1:Blank detail specification, IDT)

2005-01-18 发布 2005-08-01 实施

中华人民共和国国家质量监督检验检疫总局
中国国家标准化管理委员会 发布

前　言

电子设备用机电钮子(倒扳)开关系列标准由以下部分组成:

——GB/T 18496—2001 《电子设备用机电开关　第4部分:钮子(倒扳)开关分规范》

——GB/T 18496.2—2005 《电子设备用机电开关　第4-1部分:钮子(倒扳)开关　空白详细规范》

——《电子设备用机电开关　第4-2部分:交流电压最大值277 V,直流电压最大值30 V,电流最大值20 A的单刀、双刀、四刀、密封操动杆》。

本部分等同采用IEC 61020-4-1:1991《电子设备用机电开关　第4部分　钮子(倒扳)开关　第1节:空白详细规范》,需与GB/T 9536—1995《电子设备用机电开关　第1部分:总规范》(idt IEC 61020-1:1991)和GB/T 18496—2001《电子设备用机电开关　第4部分:钮子(倒扳)开关分规范》(idt IEC 61020-4:1991)配合使用,并可作为电子元件质量评定体系(IECQ)评定用标准。

本标准由中国电器工业协会提出。

本标准由全国电器附件标准化技术委员会器具开关分会归口。

本标准起草单位:上海电动工具研究所。

本标准主要起草人:张玮昌、刘江。

电子设备用机电开关
第4-1部分:钮子(倒扳)开关 空白详细规范

引言

空白详细规范是分规范的一种补充性文件,并规定详细规范的格式、编排和最少内容的要求。不符合这些要求的详细规范,是不允许的,也不能作为符合电子元件质量评定体系要求的标准。

钮子(倒扳)开关的整体要求应符合本详细规范以及GB/T 9536—1995《电子设备用机电开关 第1部分:总规范》和GB/T 18496—2001《电子设备用机电开关 第4部分:钮子(倒扳)开关》(idt IEC 61020-4-1:1991)的要求。

制定详细规范时,应考虑GB/T 18496—2001中1.5的内容。

本部分下表中提供了详细规范的构架,通过填入所需内容使其完整。

首页括号内的数字对应的下列内容,应填入下表数字标注的位置上。

详细规范的识别

[1] 授权起草本部分的机构:IEC或国家标准机构。

[2] IEC或国家标准的详细规范编号、出版日期以及国家体系的有关资料。

[3] IEC或国家标准的总规范编号及其版本号。

[4] IEC空白详细规范编号及其版本号。

开关的识别

[5] 钮子(倒扳)开关类型的简短说明,应包括列入合格产品目录所需的最少内容。

[6] 电路图或电路的简短说明。

[7] 可互换的重要尺寸。当空间允许时,图样也可包括详细尺寸。图的要求应符合GB/T 18496—2001中1.5.1的要求。

[8] 典型结构的资料(当适用时)。

[9] 评定水平。

额定值和特性

[10] 开关的基本特性。

GB/T 9536—1995《电子设备用机电开关 第1部分:总规范》和GB/T 18496—2001《电子设备用机电开关 第4部分:钮子(倒扳)开关》中的试验的适用部分应提供到本部分1.2中。

应规定下述额定值和特性值,并是强制性的:

——电气耐久性(寿命);

——电气额定值;

——功能动作;

——耐电压。

当下列条件存在时(适用时是强制性的),对下列特性值应在本部分1.2中规定:

——说明海拔高度额定值时的低气压值;

——说明逻辑电平额定值时的逻辑电平寿命;

——说明低电平额定值时的低电平寿命；
——说明面板密封或壳体密封时的密封类型；
——操动件强度；
——安装轴套强度；
——安装螺纹强度；
——接线端头强度；
——说明接线端子焊接能力时的可焊性；
——说明接线端子焊接能力时的耐焊接热；
——当开关是热耗散型样品时的温升。

<table>
<tr><td>[1]</td><td>详细规范编号 [2]</td></tr>
<tr><td>总规范编号
电子元件质量评定按： [3]</td><td>空白详细规范编号 [4]</td></tr>
<tr><td rowspan="4">外形图——最大壳体尺寸
（投影角度……）

[7]

注：
1 所有尺寸要求见图□；
2 尺寸表示如下：$\frac{0.0=\text{mm}}{0.000=\text{in}}$；
3 详细尺寸见□；
4 在规定的尺寸范围内，外形是任意的。</td><td>产品说明 [5]</td></tr>
<tr><td>电路图 [6]</td></tr>
<tr><td>结构简述 [8]</td></tr>
<tr><td>评定水平 [9]</td></tr>
<tr><td colspan="2">在鉴定合格产品目录中给出了按本部分鉴定合格元件的有效数据。</td></tr>
</table>

1 一般数据

1.1 尺寸

(见引言中[7],对于其中一些内容可以方便地列表说明。)

1.2 额定值和特性

1.2.1 电气额定值

功率	__V,__A(填入数值)
逻辑电平	(填入“5 V,10 mA”或“不适用”)
低电平	(填入“30 mV,10 mA”或“不适用”)

1.2.2 环境额定值

气候类别	__/__/__(按 GB/T 2423《电工电子产品基本环境试验》填入数据)
低气压	(填入试验电压值和气压值或“不适用”)
温度急变	(填入“适用”或“不适用”)
盐雾腐蚀	(填入试验持续时间或“不适用”)
冲击	(填入加速度(__g)和持续时间或“不适用”)
振动	(填入加速度和频率范围或“不适用”)

1.2.3 机械特性

功能动作	(如适用,填入特定电路和制动特性)
清洗液中浸渍	(填入“适用”或“不适用”)
质量	(如适用,填入最大值)
动作特性	(填入施加力的值和/或运动特性)
密封	(按 GB/T 9536—1995 中的 4.14 或 4.15 填入密封类型或“不适用”)
驱动件强度	(填入力或扭矩值)
安装轴套强度	(填入扭矩值或“不适用”)
安装螺纹强度	(填入扭矩值或“不适用”)
接线端头强度	(如适用,填入“22.5°”或“45°”)
可焊性	(按 GB/T 9536—1995 中 4.13 填入试验类型或“不适用”)

1.2.4 电气特性

电容	(填入最大值或“不适用”)
触点回跳	(填入最长持续时间或“不适用”)
触点抖动	(填入“适用”或“不适用”)
接触电阻(填入型式)	(填入最大__Ω 或“不适用”)
电过负载	(填入“适用”或“不适用”)
耐久性(寿命):	
电气耐久性(电寿命)(填入试验类型)	(填入动作循环数和其他要求的试验细节)
逻辑电平寿命	(填入动作循环数或“不适用”)
低电平寿命	(填入动作循环数或“不适用”)
机械寿命(填入试验类型)	(填入动作循环数或“不适用”)
绝缘电阻	(填入最小绝缘电阻或“不适用”)
温升	(填入“最高 45 K”或“不适用”)
耐压	(填入试验电压值)

1.3 IEC 开关型号

本详细规范包括的开关应按下列所示顺序命名：

a) 本详细规范 IEC 出版物编号；

b) （根据要求填入和说明附加的类别）。

IEC 开关型号的举例：61020-4-×（填入附加类别）

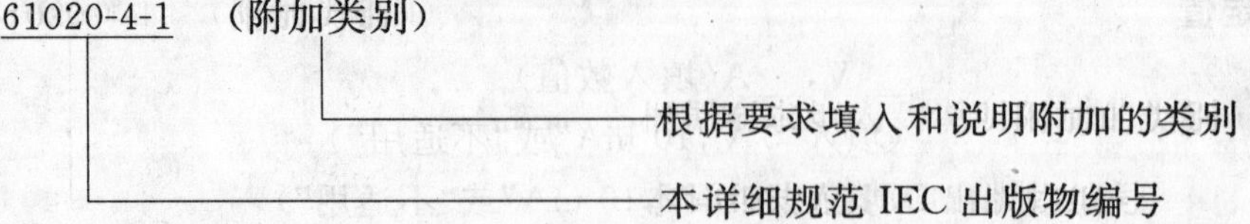

1.4 标志

开关及包装的标志应符合 GB/T 9536—1995 中 2.5 的要求（填入开关及包装上的标志细节，包括一些特殊的标志细节）。

1.5 订货资料

本部分所包括开关的订货单应至少包括下列内容：

a) 根据 1.3 规定的适用型号；

b) “根据 IEC 61020-4-(×)，(×)版”（填入本详细规范的编号和版本号）；

c) 当要求放行批证明记录时，包括“要求证明记录”。

1.6 放行批证明记录

填入 GB/T 9536—1995 中 3.5.1 要求的内容。

1.7 附加内容（不作检验用途）

1.7.1 安全性

用户应考虑开关用于设备上时有关任何安全要求的适用性。

1.8 提高严酷度或要求

对总规范和（或）分规范而言，这些规定是附加的。

注：仅当必要时，才规定附加或提高严酷度要求。

1.9 共同特性

2 检验要求

2.1 结构类似元件

填写该类型开关覆盖的结构类似的规则。

2.2 预处理

2.3 鉴定批准检验

鉴定批准检验要求应按 GB/T 18496—2001 中表 1 规定，其所有细节和要求应从本详细规范的表 1 和表 2 中获得。

2.4 质量一致性检验

质量一致性检验的逐批检验按表 1 的规定，周期检验按表 2 的规定。

关于外观检查，重缺陷和轻缺陷的特征应为如下（填入缺陷说明）。

2.5 抽样程序详细说明

表 1 逐批检验的试验顺序一览表

试验条款号和试验项目 (见注 1)	破坏性 D 或 非破坏性 ND	评定水平	
		IL	AQL
A 组(非破坏性)			
4.3.1 外观检查	ND	Ⅱ	1%
4.4.2 接触电阻(见注 3)	ND	Ⅱ	1%
4.3.5 功能动作	ND	Ⅱ	1%
4.4.4 绝缘电阻	ND	S-2	1%
4.5.1 耐压	ND	S-2	1%
4.3.6 动作特性	ND	S-2	1%

注 1:试验条款号和试验要求,参照 GB/T 9536—1995 和本部分中规定的补充要求。

注 2:表中:

D 为破坏性;

ND 为非破坏性;

IL 为检查水平;

AQL 为合格质量水平。

注 3:相应的试验方法应由详细规范规定。

表 2 周期检验的试验顺序一览表

试验条款号和试验项目 (见注 1)	M,MA 或 WS	试验条件 (见注 1)	样品数和合格判定 (见注 2)				性能要求 (见注 1)
			p	*n*	*td*	*e*	
B 组(破坏性)				3		1	
4.13 可焊性(见注 3)	MA						
C 组(破坏性)			12	10		1	
4.10 电寿命 (见注 3)	M	__次循环, __V,__A, __负载			1		每__个循环粘结/脱开≤__次
4.6.1 温升	WS				1		≤45 K
4.4.2 接触电阻(见注 3)	M	__V,__A			1		*R*≤__ mΩ
4.4.4 绝缘电阻	WS	__V			1		*R*≥__ MΩ
4.5.1 耐压	M	__V			1		泄漏电流≤__ μA
4.3.6 动作特性	WS				1		在限值范围内
4.14 面板密封(见注 3)	MA				0		无水侵入
4.15 壳体密封(见注 3)	MA				0		泄漏率≤__
D 组(破坏性)			36				
按 GB/T 18496—2001 中表 1 重复鉴定							

注 1:试验条款号和试验要求,参照 GB/T 9536—1995 和本部分中规定的补充要求。

注 2:每组中所有样品应承受所规定的试验,并且所有试验应按所示顺序进行。

注 3:相应的试验方法应由详细规范规定。

注 4:表中:

M——试验是强制性的;

MA——如果(开关设计上)适用,试验是强制性的;

WS——详细规范规定时,试验是强制性的;

n 样品数;

td——试验合格判定数(每项试验允许的不合格品数);

c——组的合格判定数(每组样品允许的不合格品数);

p——周期数(月);

NA——不适用。

注 5:详细规范包括附加试验时,可以增加附加的试验组。

ICS 25.220.10
A 29

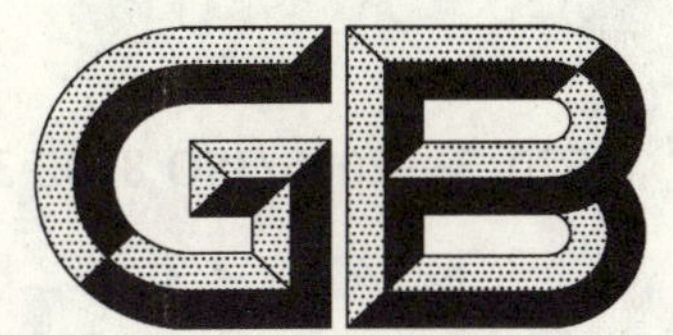

中华人民共和国国家标准

GB/T 18570.3—2005/ISO 8502-3:1992

涂覆涂料前钢材表面处理 表面清洁度的评定试验 第3部分:涂覆涂料前钢材表面的灰尘评定（压敏粘带法）

Preparation of steel substrates before application of paints and related products—Tests for the assessment of surface cleanliness—Part 3:Assessment of dust on steel surface prepared for painting (pressure-sensitive tape method)

(ISO 8502-3:1992,IDT)

2005-09-14 发布　　2006-04-01 实施

中华人民共和国国家质量监督检验检疫总局
中国国家标准化管理委员会　发布

前　言

GB/T 18570《涂覆涂料前钢材表面处理　表面清洁度的评定试验》分为下列几部分：

——第1部分：可溶性铁的腐蚀产物的现场试验(技术报告)；

——第2部分：清理过的表面上氯化物的实验室测定；

——第3部分：涂覆涂料前钢材表面的灰尘评定(压敏粘带法)；

——第4部分：涂覆涂料前凝露可能性的评定导则；

——第5部分：涂覆涂料前钢材表面的氯化物测定(离子探测管法)；

——第6部分：可溶性杂质的取样　Bresle法；

——第7部分：油和脂类的现场测定法；

——第8部分：湿气的现场折射测定法；

——第9部分：水溶性盐的现场电导率测定法；

——第10部分：水溶性氯化物的现场滴定测定法；

——第11部分：水溶性硫化物的现场浊度测定法；

——第12部分：水溶性铁离子的现场滴定测定法；

——第13部分：可溶性盐的现场电导率测定法。

本部分为GB/T 18570的第3部分。

本部分等同采用ISO 8502-3:1992《涂覆涂料前钢材表面处理　表面清洁度的评定试验　第3部分：涂覆涂料前钢材表面的灰尘评定(压敏粘带法)》(英文版)。

本部分等同翻译ISO 8502-3:1992。

为便于使用，本部分作了下列编辑性修改：

a) “本国际标准”一词改为“本部分”；

b) 用小数点“.”代替作为小数点的逗号“,”；

c) 用顿号“、”代替作为分述的逗号“,”；

d) 删除国际标准的前言和引言。

本部分的附录A为资料性附录。

本部分由中国船舶工业集团公司提出。

本部分由全国涂料和颜料标准化技术委员会涂漆前金属表面处理及涂漆工艺分技术委员会归口。

本部分起草单位：中国船舶工业综合技术经济研究院、中国船舶工业第十一研究所。

本部分主要起草人：苗宏仁、宋艳媛、刘冰杨、傅建华。

涂覆涂料前钢材表面处理
表面清洁度的评定试验
第3部分:涂覆涂料前钢材表面的灰尘评定
(压敏粘带法)

1 范围

1.1 GB/T 18570的本部分规定了涂覆涂料前钢材表面的灰尘评定法。本方法提供了评定灰尘平均数量等级的图示,也提供了评定灰尘颗粒平均尺寸的等级。

注:GB/T 18570的本部分参考的数量等级和尺寸等级引自于ISO 4628-1:2003[1)]《色漆和清漆 漆膜老化的评定 普通类型缺陷的程度、数量和尺寸的规定 第1部分:总则和等级表》。

1.2 任选下面一种方法进行试验:

a) "通过/失败"试验,参照规定限值,评定试验表面的灰尘数量和平均颗粒尺寸;

b) 通过粘贴压敏粘带,持久记录试验表面上的灰尘,用压敏粘带在相应对比色的磁片、卡片或纸上进行试验。

1.3 本方法适用于清理后钢材表面残留灰尘的评定,钢材表面清理前应符合ISO 8501-1规定的锈蚀等级A、B或C。因为压敏粘带的弹性有限,不可能深入钢材表面清理后的深凹坑内,所以不适用于初始锈蚀等级为D的钢材表面。

1.4 尽管以拇指加压压敏粘带来进行试验操作带有主观性,但通常这已足够满足要求,尤其适用于要求表面无灰尘的情况。若有争议,除涉及锈蚀等级C或D外,可使用弹簧加载滚筒来对压敏粘带的背面加压。

2 规范性引用文件

下列文件中的条款通过GB/T 18570的本部分的引用而成为本部分的条款。凡是注日期的引用文件,其随后所有的修改单(不包括勘误的内容)或修订版均不适用于本部分,然而,鼓励根据本部分达成协议的各方研究是否可使用这些文件的最新版本。凡是不注日期的引用文件,其最新版本适用于本部分。

ISO 8501-1:1988[2)] 涂覆涂料前钢材表面处理 表面清洁度的目视评定 第1部分:未涂覆过的钢材和全面清除原有涂层后的钢材的锈蚀等级和除锈等级

IEC 454-2:1994[3)] 电工用压敏粘带规范 第2部分:试验方法

3 定义

下列定义适用于GB/T 18570的本部分。

3.1

灰尘 dust

预处理后涂覆涂料前钢材表面上松散的微粒物质。这些微粒物质来自于喷射清理或其他的表面预

1) 在ISO 8502-3:1992中,此标准为ISO 4628-1:1982。

2) GB/T 8923—1988为修改采用ISO 8501-1:1988。

3) 在ISO 8502-3:1992中,此标准为IEC 454-2:1974。

处理过程,或由环境作用造成。

4 原理

把压敏粘带压贴在涂覆涂料前的钢材表面上,取下粘有灰尘的压敏粘带,放到一块与灰尘颜色有反差的单色显示板上,目视检查,评定粘在压敏粘带上的灰尘数量和颗粒尺寸。

5 仪器和材料

5.1 压敏粘带

压敏粘带宽 25 mm,无色、透明,带有滚筒,可自粘贴。按 IEC 454-2 规定的 180°剥离试验方法进行试验,所测得的剥离强度每米宽至少为 190 N。

注:剥离试验以(300±30) mm/min 的剥离速率从钢材表面进行 180°剥离。

5.2 显示板

使用与灰尘颜色有反差的显示板作为背景。例如玻璃、白釉或黑釉制的磁片、卡片及纸张等。

5.3 弹簧加载滚筒

弹簧加载滚筒(参见附录 A)具有可施加 4 kgf~5 kgf(39.2 N~49.0 N)载荷的能力。

5.4 放大镜

放大镜的放大倍数为 10 倍。

6 步骤

6.1 每次系列试验开始前,将拉出的前 3 圈压敏粘带废弃,再拉出约 200 mm 长备用。

6.2 仅在两端接触粘贴面,将新拉出的压敏粘带中约 150 mm 长压实在试验表面上。参考 1.4,任选下面一种方法进行试验:

a) 拇指横放在压敏粘带的一端,移动拇指并保持压实力,以一个恒定的速率沿压敏粘带来回压实。每一个方向压实 3 遍,每一遍时间为 5 s~6 s。再从试验表面取下压敏粘带,放在适当的显示板(5.2)上,然后用拇指按下使之粘到板上。

b) 采用标定过的弹簧加载滚筒(5.3),将其中心横过压敏粘带的一端,移动滚筒,使朝下的载荷重量在 4 kgf~5 kgf(39.2 N~49.0 N)之间。以一个恒定的速率沿压敏粘带的每个方向滚动 3 遍,每一遍时间为 5 s~6 s。然后从试验表面取下压敏粘带,放在适当的显示板(5.2)上,用拇指按下使之粘到板上。

6.3 将压敏粘带的一个区域与图 1 规定的等尺寸区域进行目视比较,评定压敏粘带上的灰尘数量,记录与之最为相似的参考图上的等级。

注 1:若要求提出更详尽的报告,则允许使用中间的半级值。

应报告任何达到数量等级 5、尺寸等级 1 的完全变色情况。

注 2:试验后,通常会发现压敏粘带完全变色,为红灰色或黑色,有时还有可见的离散颗粒存在,这与使用的磨料类型有关。这种变色是由试验表面上的微观灰尘引起的,会对涂料的附着产生严重影响。

6.4 对照表 1 来评定压敏粘带上最显著的灰尘颗粒尺寸,表 1 规定了 6 种灰尘颗粒的尺寸等级,分别标为 0、1、2、3、4 和 5 级。

注 1:若要求提出更详尽的报告,则允许使用中间的半级值。

应报告任何达到尺寸等级 1 的完全变色情况(见 6.3 注 2)。

注 2:微观灰尘引起的变色通常由直径小于 50 μm 的微粒构成。

6.5 应进行足够次数的试验以了解试验表面的特征。

对每一种特定类型和外观的表面,应进行不少于 3 次的独立试验。若试验结果不是分布在一个或一个以下的数量等级上,应至少再进行 2 次试验,取平均值。

6.6 试验完成后，钢材表面涂装之前，应去除所有压敏粘带或残留在试验表面上的粘附物。

图1 与灰尘数量等级1,2,3,4和5对应的参考图

表1 灰尘尺寸等级

等级	灰尘微粒描述
0	用10倍放大镜看不见的微粒
1	微粒用10倍放大镜可见，但以正常或校正视力看不见(通常微粒直径小于50 μm)
2	以正常或校正视力刚刚可见(通常微粒直径在50 μm至100 μm之间)
3	以正常或校正视力清楚可见(微粒直径可达0.5 mm)
4	微粒直径在0.5 mm到2.5 mm之间
5	微粒直径大于2.5 mm

7 试验报告

试验报告至少应包括下列内容：

a) 标识试验表面必要的所有细节；

b) 本部分标准号(GB/T 18570.3—2005);
c) 标识压敏粘带必要的所有细节;
d) 标识压敏粘带显示背景用底材必要的所有细节;
e) 每个试验表面的具体特征,例如:凸起部、横梁、腹板或缘板面、装配式槽以及试验区位置情况(例如:垂直、水平面朝上或朝下等);
f) 每个试验表面的灰尘数量等级和灰尘尺寸等级(对普通钢结构物而言,如果经有关双方同意,可以保存试验用压敏粘带本身作为试验记录);
g) 与规定步骤的差异;
h) 试验日期;若有要求,应加注每次试验的时间。

附　录　A
（资料性附录）
弹簧加载滚筒

本附录仅举例说明适用的一种滚筒的设计方案。详细剖视图参见图A.1、图A.2和图A.3，图A.4给出滚筒的标定说明。

单位为毫米

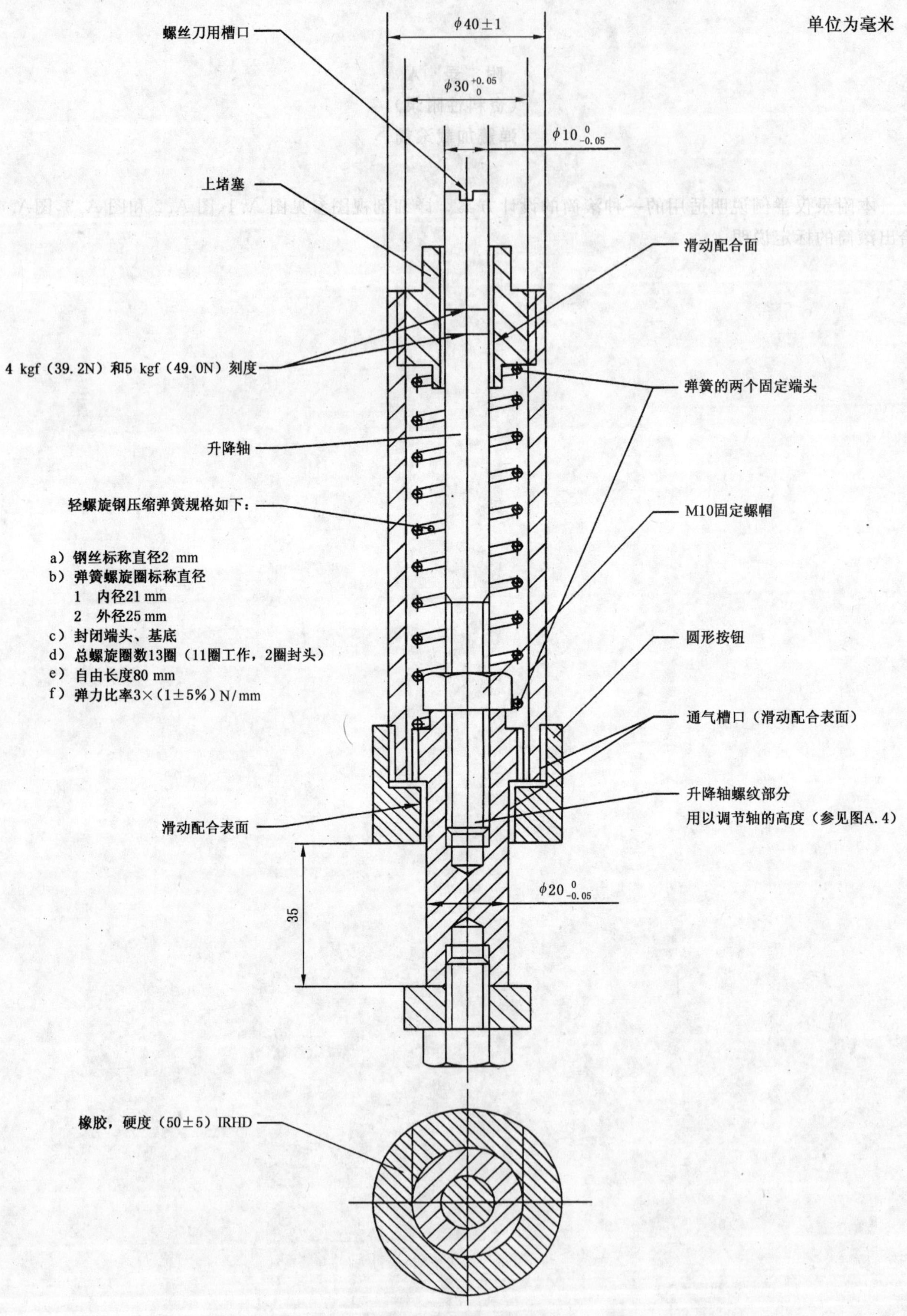

图 A.1 侧视剖面图

图 A.2 可调高度轴和上堵头的俯视图

图 A.3 滚筒下部正视剖面图

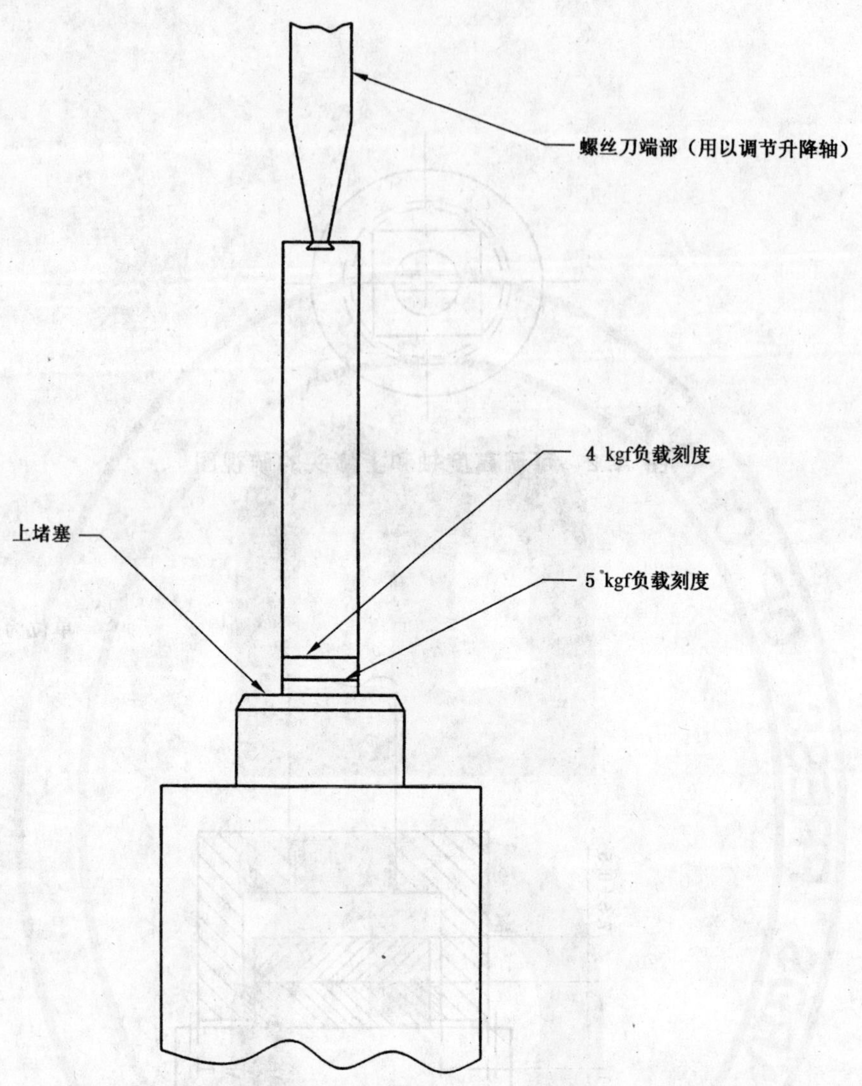

注：为设定施加的滚筒压力，垂直握住滚筒外壳使之竖起来，将滚筒压在称重的秤盘上，使滚筒的作用力按要求等于 4 kgf 或 5 kgf 砝码的重量。用螺丝刀调节升降轴的高度，使轴上 4 kgf 或 5 kgf 刻度与上堵塞的顶部处于同一高度。使用紧固螺帽固定升降轴的位置。

图 A.4　在 4 kgf 和 5 kgf 刻度处标定

ICS 25.220.10
A 29

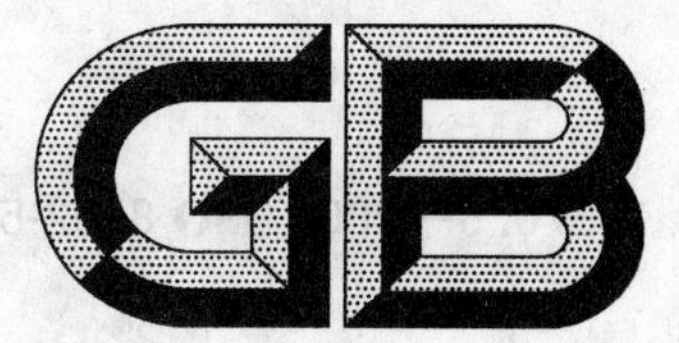

中华人民共和国国家标准

GB/T 18570.5—2005/ISO 8502-5:1998

涂覆涂料前钢材表面处理 表面清洁度的评定试验 第5部分:涂覆涂料前钢材表面的氯化物测定(离子探测管法)

Preparation of steel substrates before application of paints and related products—Tests for the assessment of surface cleanliness—Part 5:Measurement of chloride on surfaces prepared for painting (ion detection tube method)

(ISO 8502-5:1998,IDT)

2005-09-14 发布

2006-04-01 实施

中华人民共和国国家质量监督检验检疫总局
中国国家标准化管理委员会 发布

前　言

GB/T 18570《涂覆涂料前钢材表面处理　表面清洁度的评定试验》分为下列几部分：

——第1部分：可溶性铁的腐蚀产物的现场试验(技术报告)；

——第2部分：清理过的表面上氯化物的实验室测定；

——第3部分：涂覆涂料前钢材表面的灰尘评定(压敏粘带法)；

——第4部分：涂覆涂料前凝露可能性的评定导则；

——第5部分：涂覆涂料前钢材表面的氯化物测定(离子探测管法)；

——第6部分：可溶性杂质的取样　Bresle法；

——第7部分：油和脂类的现场测定法；

——第8部分：湿气的现场折射测定法；

——第9部分：水溶性盐的现场电导率测定法；

——第10部分：水溶性氯化物的现场滴定测定法；

——第11部分：水溶性硫化物的现场浊度测定法；

——第12部分：水溶性铁离子的现场滴定测定法；

——第13部分：可溶性盐的现场电导率测定法。

本部分为GB/T 18570的第5部分。

本部分等同采用ISO 8502-5:1998《涂覆涂料前钢材表面处理　表面清洁度的评定试验　第5部分：涂覆涂料前钢材表面的氯化物测定(离子探测管法)》(英文版)。

本部分等同翻译ISO 8502-5:1998。

为便于使用，本部分作了下列编辑性修改：

a)　“本国际标准”一词改为“本部分”；

b)　用小数点“.”代替作为小数点的逗号“,”；

c)　用顿号“、”代替作为分述的逗号“,”；

d)　删除国际标准的前言。

本部分由中国船舶工业集团公司提出。

本部分由全国涂料和颜料标准化技术委员会涂漆前金属表面处理及涂漆工艺分技术委员会归口。

本部分起草单位：中国船舶工业综合技术经济研究院、中国船舶工业第十一研究所。

本部分主要起草人：苗宏仁、宋艳媛、刘冰杨、傅建华。

涂覆涂料前钢材表面处理 表面清洁度的评定试验 第5部分:涂覆涂料前钢材表面的氯化物测定 (离子探测管法)

1 范围

GB/T 18570的本部分规定了以专用探测管测定氯离子的现场试验方法。

本方法适用于清理前后的钢材表面以及涂装过程中的涂层表面。

本方法利用适当的表面抽样技术进行测定。

注:ISO 8502-2[1]《涂覆涂料前钢材表面处理 表面清洁度的评定试验 第2部分:清理过的表面上氯化物的实验室测定》规定了测定表面氯化物的实验室方法。

2 规范性引用文件

下列文件中的条款通过GB/T 18570的本部分的引用而成为本部分的条款。凡是注日期的引用文件,其随后所有的修改单(不包括勘误的内容)或修订版均不适用于本部分,然而,鼓励根据本部分达成协议的各方研究是否可使用这些文件的最新版本。凡是不注日期的引用文件,其最新版本适用于本部分。

ISO 3696:1987[2] 分析实验室用水 规格和试验方法

3 原理

用定量水洗涤或浸泡,移取试验表面的水溶性氯化物,分析收集到的洗涤液。通过含有铬酸银的探测管中颜色的变化测定氯离子的浓度。

4 仪器和材料

4.1 水

至少应为ISO 3696:1987规定的3级纯度的水。

4.2 离子探测管

4.2.1 设计

探测管应为一根硅酸硼玻璃管,玻璃管长为140 mm~150 mm,内径为2 mm~3 mm,管内的硅砂载体含有5%(质量百分比)分析级的铬酸银试剂。硅砂颗粒尺寸范围为177 μm~250 μm。将铬酸盐和硅砂的混合物装在玻璃管内,在两端塞入棉毛塞,再装入玻璃粉。熔融管子两端,密封探测管。

注:若管子设计合理,棉毛不会燃烧。

4.2.2 标定

制作完成一批探测管后,选择若干个,用玻璃切割机(4.3)将两端切断,然后将每个探测管的一端垂直浸入含有不同氯离子浓度的溶液中。记下每根管内颜色发生变化的最高点,以毫克每升(mg/L)为刻

1) GB/T 18570.2—2001为修改采用ISO 8502-2:1992。

2) GB/T 6682—1992为非等效于ISO 3696:1987。

度单位对这批试验管进行标记。

注：可利用商用探测管测定不同范围的氯化物浓度。每个试验选择适当的探测管。

未用过的探测管应贮存于冷藏室，贮存期不超过 2 年。

4.3 切割机

切割机用来切断探测管的端口。

4.4 量筒

量筒容积为 250 mL。

4.5 烧杯

烧杯容积 100 mL 的 1 个，容积 250 mL 的 2 个。

4.6 玻璃搅拌棒

玻璃搅拌棒 1 根。

4.7 棉纱布

棉纱布无氯化物，尺寸约为 300 mm×300 mm。

4.8 手套

塑料或橡胶手套若干。

4.9 粘带

粘带若干。

4.10 量尺

量尺 1 根。

5 步骤

5.1 清洗试验区域

下面的试验描述了一个详细的清洁试验区域的擦拭步骤。当愿意时，可采用各种可控的适当清洁方法。清洗过程中，应戴上干净的塑料或橡胶手套(4.8)，确保不会污染清洗用水。

清洗操作前，选择一块涂覆涂料前的钢材表面作为试验区域。用量尺(4.10)和粘带(4.9)标记出一块实际的试验区域，尺寸为 0.5 m×0.5 m 或者总面积为 0.25 m^2。试验区域的形状取决于钢材表面的形状和尺寸。

将 130 mL 的水(4.1)倒入第一个 250 mL 烧杯中，20 mL 的水倒入 100 mL 烧杯中(4.5)。将棉纱布(4.7)浸泡在第一个大烧杯的水中，然后用手轻轻的将棉纱布里面的水挤出。用棉纱布彻底擦拭整个试验区域，尽可能少的让水从棉纱布上滴落或流出试验区域。用棉纱布移取试验表面的水，挤到第二个 250 mL 烧杯中。然后重复擦拭过程 4 次(总共 5 次)。每一次应改变擦拭方向。因为在清洗过程的最后阶段，仅可用非常少量的水来清洗手套，所以建议操作者用指尖拿棉纱布。

完成第五次擦拭步骤后，将棉纱布放入第二个大烧杯中，在小烧杯的水中很小心地洗涤手套的指尖部分，然后把洗后的水倒入第二个大烧杯中，用玻璃搅拌棒(4.6)搅拌，使其混合。

注：通过离子探测管法的分析，若测得的表面氯化物浓度高于 100 mg/m^2(10 μg/cm^2)，也可用 GB/T 18570.6—2005(ISO 8502-6:1995,IDT)规定的 Bresle 法提取化合物中的氯化物。

5.2 试验溶液中氯化物浓度的测定

用切割机(4.3)切断探测管的两端，将探测管的一端浸入溶液中，垂直握住探测管，使其底端接触或靠近烧杯底部。当溶液升至顶端塞子时，通过铬酸盐与溶液中氯化物接触所引起的轻微颜色变化的指示，从刻度上读出试验溶液中的氯化物浓度，单位为毫克每升(mg/L)。

若 5 min 之内，溶液未能升至探测管顶端，丢弃该探测管，用另一根新管重复以上操作。

总共用 5 根新探测管进行 5 次测定。记录每次单独的测定结果，即可得到 3 个中间测定值的平均值。

若试验在5℃～80℃之间进行，则不必进行温度校正。本试验不应在低于5℃的温度下进行。

注：溴离子、碘离子或氰离子的存在会导致读数略高。硫酸根离子、硝酸根离子或铁离子可影响读数最高达10%。溶液的pH值在4～13之间的变化不会影响读数。

操作过程中，避免溶液受到手、手套和擦拭用棉纱布上氯化物的污染。可用空白试验测定上述污染量。

5.3 校准试验

为校准探测管的刻度，每批产品中取3根探测管，用其来测量一种已知氯化物浓度的溶液，该溶液中氯化物浓度接近试验溶液的浓度。取其中最接近的两个数值的平均值作为校准试验的结果，所获溶液浓度平均值的准确度应在±15%内。

试验溶液中氯离子浓度应在50 mg/L～100 mg/L范围内。

6 结果的表述

氯化物浓度 N，以每平方米表面上氯化钠的毫克含量表示。按公式(1)计算：

$$N = V \times \rho_{Cl} \times [M_r(NaCl)/A_r(Cl)] \times 1/A \quad \cdots\cdots (1)$$

式中：

V——所用水的体积的数值，单位为升(L)；

ρ_{Cl}——大烧杯中氯离子的浓度的数值，单位为毫克/升(mg/L)；

$M_r(NaCl)$——氯化钠分子量(等于58.5)；

$A_r(Cl)$——氯的原子量(等于35.5)；

A——试验面积的数值，单位为平方米(m^2)(等于0.25 m^2)。

7 试验报告

试验报告至少应包括下列内容：

a) 标识试验表面必需的所有细节；

b) 本部分标准号(GB/T 18570.5—2005)；

c) 所用探测管的制造商、批量和型号；

d) 探测管校准试验结果；

e) 试验溶液的氯离子浓度，表示如下：

   1) 5根探测管单独所测数值；

   2) 其3个中间数值的平均值。

f) 第6章中所得出的试验结果；

g) 与规定步骤的差异，尤其指所用的其他清洗方法的细节；

h) 试验日期。

ICS 25.220.10
A 29

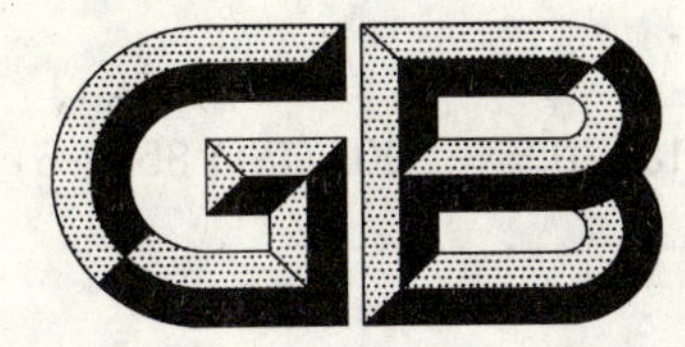

中华人民共和国国家标准

GB/T 18570.6—2005/ISO 8502-6:1995

涂覆涂料前钢材表面处理 表面清洁度的评定试验 第6部分:可溶性杂质的取样 Bresle法

Preparation of steel substrates before application of paints and related products—Tests for the assessment of surface cleanliness—Part 6: Extraction of soluble contaminants for analysis—The Bresle method

(ISO 8502-6:1995,IDT)

2005-09-14 发布　　2006-04-01 实施

中华人民共和国国家质量监督检验检疫总局
中国国家标准化管理委员会　发布

前言

GB/T 18570《涂覆涂料前钢材表面处理　表面清洁度的评定试验》分为下列几部分：

——第 1 部分：可溶性铁的腐蚀产物的现场试验(技术报告)；

——第 2 部分：清理过的表面上氯化物的实验室测定；

——第 3 部分：涂覆涂料前钢材表面的灰尘评定(压敏粘带法)；

——第 4 部分：涂覆涂料前凝露可能性的评定导则；

——第 5 部分：涂覆涂料前钢材表面的氯化物测定(离子探测管法)；

——第 6 部分：可溶性杂质的取样　Bresle 法；

——第 7 部分：油和脂类的现场测定法；

——第 8 部分：湿气的现场折射测定法；

——第 9 部分：水溶性盐的现场电导率测定法；

——第 10 部分：水溶性氯化物的现场滴定测定法；

——第 11 部分：水溶性硫化物的现场浊度测定法；

——第 12 部分：水溶性铁离子的现场滴定测定法；

——第 13 部分：可溶性盐的现场电导率测定法。

本部分为 GB/T 18570 的第 6 部分。

本部分等同采用 ISO 8502-6:1995《涂覆涂料前钢材表面处理　表面清洁度的评定试验　第 6 部分：可溶性杂质的取样　Bresle 法》(英文版)。

本部分等同翻译 ISO 8502-6:1995。

为便于使用，本部分作了下列编辑性修改：

a)　“本国际标准”一词改为“本部分”；

b)　用小数点“.”代替作为小数点的逗号“,”；

c)　用顿号“、”代替作为分述的逗号“,”；

d)　删除国际标准的前言和引言。

本部分的附录 A 为规范性附录。

本部分由中国船舶工业集团公司提出。

本部分由全国涂料和颜料标准化技术委员会涂漆前金属表面处理及涂漆工艺分技术委员会归口。

本部分起草单位：中国船舶工业综合技术经济研究院、中国船舶工业第十一研究所。

本部分主要起草人：苗宏仁、宋艳媛、刘冰杨、傅建华。

涂覆涂料前钢材表面处理
表面清洁度的评定试验
第6部分:可溶性杂质的取样 Bresle法

1 范围

GB/T 18570的本部分规定了从钢材表面上提取可溶性杂质的方法。

本方法利用了能粘贴在任何形状(平的或弯曲的)和任意方向(包括向下的)表面上的柔性胶贴袋。

本方法适用于涂覆涂料前钢材表面上的可溶性杂质的现场取样。

GB/T 18570的本部分不包括对可溶性杂质的分析,现场分析方法在GB/T 18570其他部分中规定。

2 规范性引用文件

下列文件中的条款通过GB/T 18570的本部分的引用而成为本部分的条款。凡是注日期的引用文件,其随后所有的修改单(不包括勘误的内容)或修订版均不适用于本部分,然而,鼓励根据本部分达成协议的各方研究是否可使用这些文件的最新版本。凡是不注日期的引用文件,其最新版本适用于本部分。

ISO 554:1976 调节和/或试验用标准大气 分类

ISO 8501-1:1988[1] 涂覆涂料前钢材表面处理 表面清洁度的目视评定 第1部分:未涂覆过的钢材和全面清除原有涂层后的钢材的锈蚀等级和除锈等级

ISO 8503-2:1988[2] 涂覆涂料前钢材表面处理 喷射清理过的钢材表面粗糙度特征 第2部分:磨料喷射清理后的钢材表面粗糙度等级的测定方法 比较样块法

ISO/IEC 指南2:1996[3] 与标准化及其相关活动有关的一般术语和定义

3 原理

将具有可容纳溶剂的中空的胶贴袋粘贴在欲移取可溶性杂质的表面上,用注射器将溶剂注入空腔内,然后抽回到注射器内。重复该操作步骤若干次,然后将该溶剂(已含有从试验表面溶解的可溶性杂质)转移到一个适当容器内,进行分析。

4 仪器和材料

4.1 胶贴袋

胶贴袋由具有封闭气孔的耐老化、柔韧性材料组成,例如聚乙烯泡沫,胶贴袋为中空。未使用前空腔处的材料应保留不动。胶贴袋的一面涂有一层弹性薄膜,另一面涂有粘性物质并覆盖一层可去除的保护纸。

注:胶贴袋的空腔和外边缘可为任意形状,例如圆形、长方形和椭圆形等。

1) GB/T 8923—1988为修改采用ISO 8501-1:1988。

2) ISO 8503:1985于1991年被非等效转化为GB/T 13288—1991。ISO 8503于1988年修订后分为4部分。

3) 在ISO 8502-6:1995中,此标准为ISO/IEC指南2:1991。GB/T 20000.1—2002修改采用了ISO/IEC指南2:1996。

胶贴袋的厚度应为1.5 mm±0.3 mm,胶贴袋外边缘与空腔之间黏性环带的宽度至少应为5 mm,具有表1规定的标准空腔尺寸的胶贴袋称为标准胶贴袋。胶贴袋应为密封的,为此开发了一种简易的典型测漏试验方法(见附录A)。当测试12个相同型号的胶贴袋时,至少应有8个通过测试。测漏试验应在被认可的实验室进行,结果记录在试验报告上。这方面的术语和定义见ISO/IEC指南2:1996。

表1 标准胶贴袋

胶贴袋型号	空腔面积/mm^2
A-0155	155±2
A-0310	310±3
A-0625	625±6
A-1250	1250±13
A-2500	2500±25

4.2 可重复使用的注射器

最大针筒容积:8 mL

最大针头直径:1 mm

最大针头长度:50 mm

4.3 溶剂

用于测量表面杂质。测量水溶性盐或其他水溶性杂质时,用蒸馏水或去离子水作为溶剂。

4.4 接触式温度计

准确度为0.5℃,刻度间隔为0.5℃。

5 试验步骤

5.1 取一片适当尺寸(见表1)的胶贴袋(4.1),去除保护纸和开空腔的材料,见图1。

5.2 在测试表面上挤压胶贴袋黏性边,尽量挤出胶贴袋空腔内的空气,见图2。

5.3 将注射器(4.2)抽满溶剂(4.3),见图3。

注:注入胶贴袋空腔内的溶剂体积与空腔的面积成正比,常用数量为2.6×10^{-3} mL/mm^2±0.6×10^{-3} mL/mm^2。

5.4 靠近测试表面,以约30°角将注射器的针头通过黏性泡沫环带插入由测试表面与弹性薄膜构成的空腔内,见图4。

若注射器针头难以插入胶贴袋空腔内,可视需要弯曲针头。

5.5 注入溶剂,确保润湿全部测试表面,见图4。

若需避免空气残留于胶贴袋空腔内,按下列两步进行注射:

先注入一半溶剂,通过反向操作将空气吸入注射器。然后将针头移出胶贴袋,针尖向上持住注射器,排空空气,之后再次将针头插入空腔内并注入剩余的溶剂。

5.6 经过有关各方约定的时间,抽回溶剂,见图5。

注:在喷射处理后的无凹坑表面,10 min可达到满意效果,因为到那时,超过90%的可溶性盐已经溶解。

5.7 在保持注射器针头不移出胶贴袋的情况下,再次将溶剂注入空腔内,然后抽回到注射器针筒内。重复注入、抽回循环步骤至少4遍。

5.8 在最后一次循环终止时,从空腔内尽可能多的收回溶剂,转移到一个适当的容器中用以分析,见图6。

注:大多数情况下,通过5.3～5.8步骤的操作,应有约95%的表面可溶性杂质被移取。再取溶剂重复上述步骤,几乎所有剩下的5%也可移取。

5.9 在5.3～5.8过程中,胶贴袋或注射器中应无溶剂损失。若有溶剂损失,应弃用获得的溶液。

5.10 完成5.8后,清理并洗涤注射器以使其可再次使用。弯曲的针头若无必要弄直或更弯,最好保持原样。

5.11　用接触式温度计(4.4)记录钢材表面的温度,精确到0.5℃。

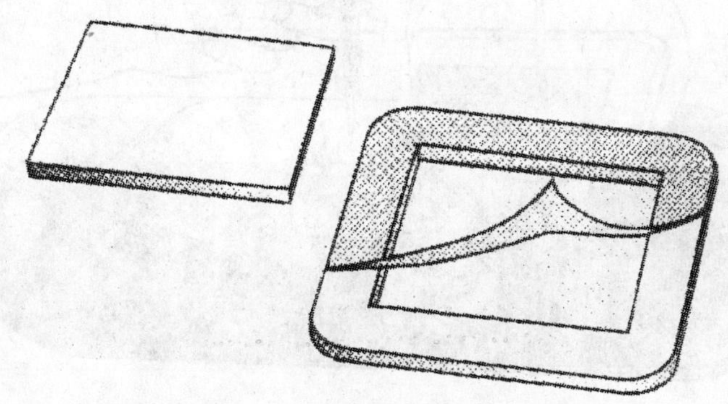

图1　去除保护纸和开空腔的材料

图2　将胶贴袋粘贴到试验表面

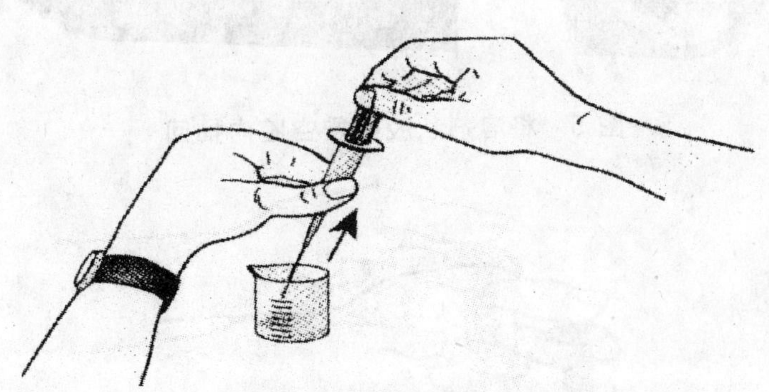

图3　将注射器内抽满溶剂

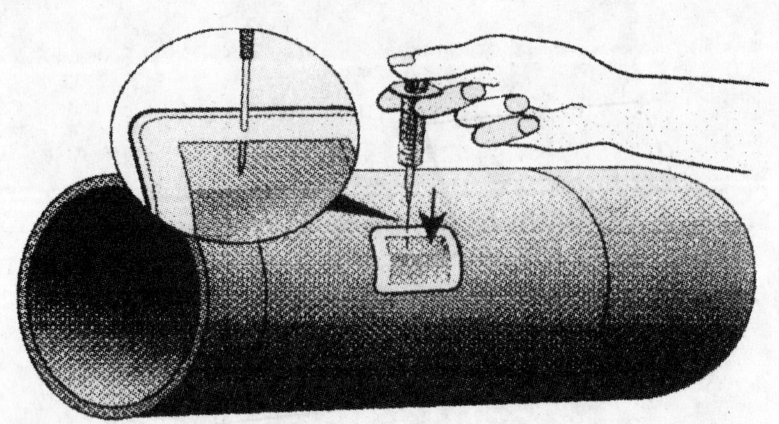

图 4 将溶剂注入到胶贴袋空腔

(按照5.4的规定进行操作)

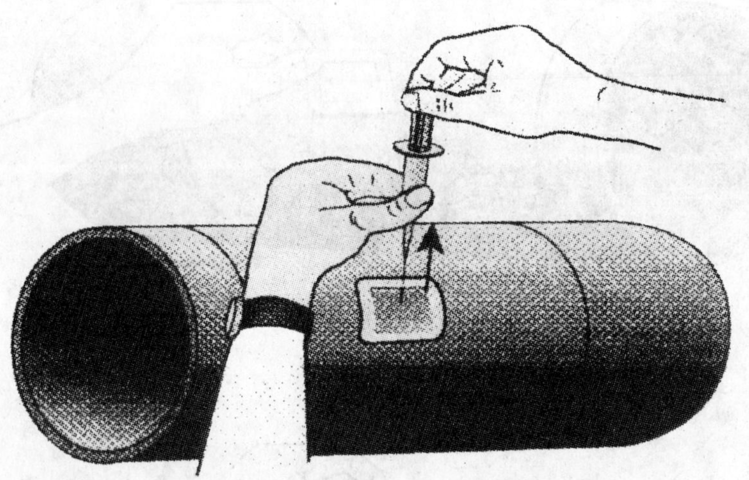

图 5 将溶剂从胶贴袋空腔内抽回

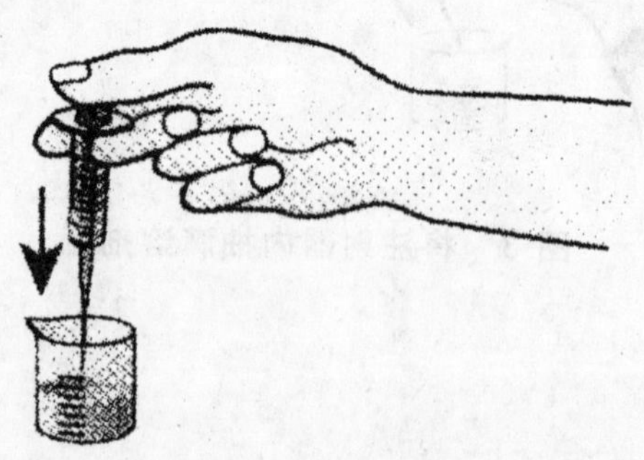

图 6 将溶剂转移到一个适当的容器内进行分析

6 试验报告

试验报告至少应包括下列内容：

a) 本部分标准号(GB/T 18570.6—2005)；

b) 所用溶剂；

c) 注射用溶剂的体积；

d) 溶剂和钢材表面接触总时间，即在5.6停留的时间乘以总循环次数；

e) 步骤5.3～5.8之间的温度；

f) 试验日期。

附 录 A
(规范性附录)
典型测漏试验方法

A.1 通则

钢材表面上的杂质移取量,很大程度上取决于胶贴袋的不泄漏性,包括胶贴袋与钢材表面的结合程度。

当钢材表面不清洁(如覆盖有灰尘或湿气)或粗糙(如喷射清理后仍残留有凹坑)时,更有可能发生溶剂泄漏。

当胶贴袋的内部压力很大且持续时间很长时,也可能发生泄漏。

在下述测漏试验中,影响泄漏的上述方面都有意地被放大,以便于对具有橡胶弹性薄膜的胶贴袋进行典型测试。

注:本试验方法也可用于此类胶贴袋的生产检验和交付检验,另外,本方法还可用于比较和预测分离不可溶杂质过程中可能遇到的困难(第5章)。但是,虽然如此,通过了该测试也不能保证每一个胶贴袋在所有情况下都能满足要求。

A.2 原理

将一片胶贴袋粘到已知粗糙度的清洁钢板上,将水注入空腔内,以产生内部压力来挤压胶贴袋,经过规定时间后,检查胶贴袋是否泄漏。

A.3 仪器和材料

A.3.1 胶贴袋

见4.1。

A.3.2 目视清洁钢板

尺寸适当,如150 mm×150 mm,初始锈蚀等级D,预处理后达到ISO 8501-1规定的DSa $2\frac{1}{2}$,二次粗糙度为ISO 8503-2规定的"棱角状"、等级为"粗粗"。

A.3.3 注射器

见4.2。

A.3.4 水

蒸馏水或去离子水。

A.3.5 计时器

A.4 步骤

试验在ISO 554规定的较宽允差的23/50条件下完成。

注:数值23和50分别指摄氏温度和以百分计的相对湿度。

A.4.1 将胶贴袋(A.3.1)粘贴到钢板(A.3.2)上,然后,按表A.1规定,用注射器(A.3.3)注入一定体积的水(A.3.4)。

表 A.1

胶贴袋型号	注入水的体积/mL
A-0155	0.8±0.1
A-0310	3.7±0.1
A-0625	5.5±0.1
A-1250	14.9±0.1
A-2500	39.5±0.1

A.4.2 启动计时器(A.3.5)。

A.4.3 检查有无泄漏。试验(A.4.2)开始后至少每 5 min 重复一遍检查,20 min 后停止。

A.4.4 若 20 min 内发生了泄漏,记录泄漏时间并在胶贴袋泄漏点作记号。

A.4.5 若 20 min 内没有泄漏,则胶贴袋通过了测漏测试。

A.5 试验报告

试验报告至少应包括下列内容:

a) 受测胶贴袋的型号和尺寸;

b) 注入水的体积;

c) 20 min 内,泄漏发生的时间;

d) 泄漏点;

e) 试验日期。

ICS 25.220.10
A 29

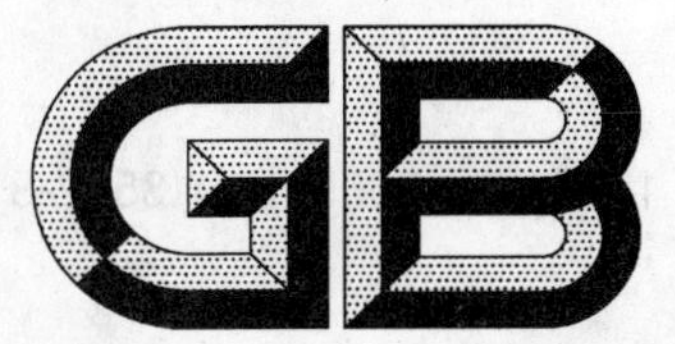

中华人民共和国国家标准

GB/T 18570.8—2005/ISO 8502-8:2001

涂覆涂料前钢材表面处理 表面清洁度的评定试验 第8部分:湿气的现场折射测定法

Preparation of steel substrates before application of paints and related products—Tests for the assessment of surface cleanliness—Part 8:Field method for the refractometric determination of moisture

(ISO 8502-8:2001,IDT)

2005-09-14 发布

2006-04-01 实施

中华人民共和国国家质量监督检验检疫总局
中国国家标准化管理委员会 发布

前　言

GB/T 18570《涂覆涂料前钢材表面处理　表面清洁度的评定试验》分为下列几部分：

——第1部分：可溶性铁的腐蚀产物的现场试验(技术报告)；

——第2部分：清理过的表面上氯化物的实验室测定；

——第3部分：涂覆涂料前钢材表面的灰尘评定(压敏粘带法)；

——第4部分：涂覆涂料前凝露可能性的评定导则；

——第5部分：涂覆涂料前钢材表面的氯化物测定(离子探测管法)；

——第6部分：可溶性杂质的取样　Bresle法；

——第7部分：油和脂类的现场测定法；

——第8部分：湿气的现场折射测定法；

——第9部分：水溶性盐的现场电导率测定法；

——第10部分：水溶性氯化物的现场滴定测定法；

——第11部分：水溶性硫化物的现场浊度测定法；

——第12部分：水溶性铁离子的现场滴定测定法；

——第13部分：可溶性盐的现场电导率测定法。

本部分为GB/T 18570的第8部分。

本部分等同采用ISO 8502-8:2001《涂覆涂料前钢材表面处理　表面清洁度的评定试验　第8部分：湿气的现场折射测定法》(英文版)。

本部分等同翻译ISO 8502-8:2001。

为便于使用，本部分作了下列编辑性修改：

a) “本国际标准”一词改为“本部分”；

b) 用小数点“.”代替作为小数点的逗号“,”；

c) 用顿号“、”代替作为分述的逗号“,”；

d) 删除国际标准的目录、前言和引言。

本部分由中国船舶工业集团公司提出。

本部分由全国涂料和颜料标准化技术委员会涂漆前金属表面处理及涂漆工艺分技术委员会归口。

本部分起草单位：中国船舶工业综合技术经济研究院、中国船舶工业第十一研究所。

本部分主要起草人：苗宏仁、宋艳媛、刘冰杨、傅建华。

涂覆涂料前钢材表面处理 表面清洁度的评定试验 第8部分:湿气的现场折射测定法

1 范围

GB/T 18570 的本部分规定了涂覆涂料前钢材表面因水的凝结而形成湿气的现场评定法。

本方法适用于平的或稍弯曲的水平面和垂直面,不适用于暴露在如雨水或凝露等滴水的表面。

本方法可检测到的最低表面湿气(水)的密度为 4 g/m^2。显著低于这个密度的准确测定见第8章。

2 规范性引用文件

下列文件中的条款通过 GB/T 18570 的本部分的引用而成为本部分的条款。凡是注日期的引用文件,其随后所有的修改单(不包括勘误的内容)或修订版均不适用于本部分,然而,鼓励根据本部分达成协议的各方研究是否可使用这些文件的最新版本。凡是不注日期的引用文件,其最新版本适用于本部分。

GB/T 18570.6—2005 涂覆涂料前钢材表面处理 表面清洁度的评定试验 第6部分:可溶性杂质的取样 Bresle 法(ISO 8502-6:1995,IDT)

ISO 3696:1987[1] 分析实验室用水 规格和试验方法

3 原理

在钢材表面某一部分,以乙二醇和水的混合物为溶剂,用 Bresle 法(见 GB/T 18570.6—2005)从表面移取湿气(通常由空气中的水分凝结而成)。移取前后,用折射仪测量乙二醇与水的混合物中乙二醇的折射值,计算出表面湿气(水)的密度。

4 试剂

4.1 水

至少应为 ISO 3696:1987 规定的3级纯度的水。

4.2 乙二醇

乙二醇为分析纯。

5 仪器

5.1 玻璃瓶

玻璃瓶容积为 50 mL,具有磨口玻璃塞。

5.2 胶贴袋

若无其他要求,胶贴带取 GB/T 18570.6—2005 中 4.1 规定的型号 A-1250。

5.3 磁性板

磁性板与胶贴袋(5.2)中空腔形状相同。

5.4 塑料刷

塑料刷为钉子型或其他相似类型。

1) GB/T 6682—1992 为非等效于 ISO 3696:1987。

5.5 有刻度的注射器

若无其他要求，注射器容积为 1 mL。

5.6 便携式折射仪

折射仪具有测量范围的刻度，用来测量溶液中指定成分的含量。

本部分规定的试验步骤中，使用了一种称为 Brix 仪的常规仪器，该仪器用来测量水溶液中的蔗糖浓度，最小刻度间隔应与不超过 0.2% 的蔗糖浓度值一致，其量程至少应覆盖 30%～50% 浓度值的范围。

当在非蔗糖水溶液中使用时，如本试验，Brix 仪会显示一个与被测溶液浓度成正比的读数，即为水中乙二醇的浓度。

通常，该型号折射仪的刻度用 Brix 单位，1Brix 单位相当于溶液中蔗糖含量 1%。Brix 单位不是国际单位制单位。

6 步骤

6.1 试样面的制备

6.1.1 选择一块试验区域，若所选钢材表面足够清洁，能确保胶贴袋粘贴牢固，则不需进行 6.1.2～6.1.4的操作。

6.1.2 将磁性板放入钢材表面试验区域的被选范围。

注：为避免磁片从表面吸收湿气，宜使用一种带边的磁片（约与试验面积相同），其边缘只覆盖试验表面的很小部分（约 20%）。由于本方法的精密度要求，上述覆盖对评定的结果影响很小。

6.1.3 用塑料刷(5.4)刷去磁性板周围试验表面松散的杂质（灰尘、锈迹等），清理出一块约 12 mm 宽的区域。

6.1.4 移去磁性板。

6.1.5 去除胶贴袋的保护纸和开空腔的材料。

6.1.6 在钢材表面上压紧胶贴袋，使胶贴袋的空腔恰好覆盖在磁性板覆盖过的试验面上。将胶贴袋的黏性边粘贴到干净区域，确保粘贴牢固。

6.2 溶剂的制备

将适当体积的水（如 10 mL）和适当体积的乙二醇(4.2)（如 20 mL）倒入玻璃瓶(5.1)中来制备溶剂。塞上瓶塞，摇晃，使其混合。

注：建议比例综合权衡而定，若乙二醇多，将提高溶剂粘度，若水量多，将降低灵敏度。

6.3 折射仪准备

每次测量前，检查折射仪的棱镜是否清洁和干燥。

从瓶中（见 6.2）移取约 3 滴溶剂到折射仪上，记录其读数 n_0，单位为百分数(%)。此读数与溶剂中乙二醇的初始浓度成正比。

6.4 从钢材表面移取湿气（水）

将溶剂（见 6.2）抽入注射器(5.5)中，然后注回玻璃瓶，重复此操作 2 遍，总共 3 次。

若无其他要求，将 1 mL 溶剂抽入注射器。

将注射器针头插入弹性薄膜和钢材表面的空腔内，注意使针头仅穿过弹性泡沫体并且仅从胶贴袋的上边缘插入。按 GB/T 18570.6—2005 的规定将溶剂注入空腔内。

保持注射器针头呈插入状态 5 min，每 1 min 内至少注入抽回 2 遍。最后，将含有所移取湿气的溶剂抽回注射器中。

6.5 折射仪测定

将抽回到注射器中的溶液约 3 滴滴到折射仪上，并记录读数 n_1，单位为百分数(%)，此读数与溶液中乙二醇的最终浓度成正比。

7 结果表述

经过6.5的测量,表面湿气(水)的密度ρ_A,单位为克每平方米(g/m^2),按公式(1)计算:

注:公式中带入转化后的数值,即每一个数量都应该表示为数值乘以相应单位的形式,不是国际单位制单位,转化为国际单位制单位。

$$\rho_A = m/A \quad \cdots\cdots(1)$$

式中:

m——从胶贴袋空腔覆盖的表面移取的湿气(水)的质量的数值,单位为克(g);

A——试验面积的数值,单位为平方米(m^2)。

公式(1)中的m按公式(2)计算:

$$m = 1\,000 \times \rho_{H_2O} \times \Delta V \quad \cdots\cdots(2)$$

式中:

ρ_{H_2O}——湿气(水)的密度(等于1 000 kg/m^3);

ΔV——6.4中从表面移取湿气(水)的体积的数值,单位为立方米(m^3)。

按6.3规定,折射仪的读数与乙二醇的浓度成正比。得出公式(3):

$$\frac{n_0}{n_1} = \frac{V + \Delta V}{V} \quad \text{即} \quad \Delta V = V \times \frac{n_0 - n_1}{n_1} \quad \cdots\cdots(3)$$

式中:

V——6.4中使用的溶剂体积的数值,单位为立方米(m^3);

n_0——6.3中折射仪的读数;

n_1——6.5中折射仪的读数。

由公式(1)、公式(2)、公式(3),得到ρ_A,单位为千克每平方米(kg/m^2),按公式(4)计算:

$$\rho_A = \frac{1\,000V}{A} \times \frac{n_0 - n_1}{n_1} \quad \cdots\cdots(4)$$

示例:若V=1 mL(见6.4),A=1 250 mm^2(见5.2),则按公式(5)计算:

$$\rho_A = 0.8 \times \frac{n_0 - n_1}{n_1} \quad \cdots\cdots(5)$$

式中ρ_A的单位为千克每平方米(kg/m^2)(国际单位制单位)。

公式(5)得出的数值乘以10^3,得出以克每平方米(g/m^2)为单位的ρ_A。

公式(5)得出的数值乘以10^2,得出以毫克每平方厘米(mg/cm^2)为单位的ρ_A。

若取不同体积的溶剂,则在公式(4)中代入不同的V值,得出类似公式(5)的公式。

图1绘出按3个不同计算公式得到的3条直线。

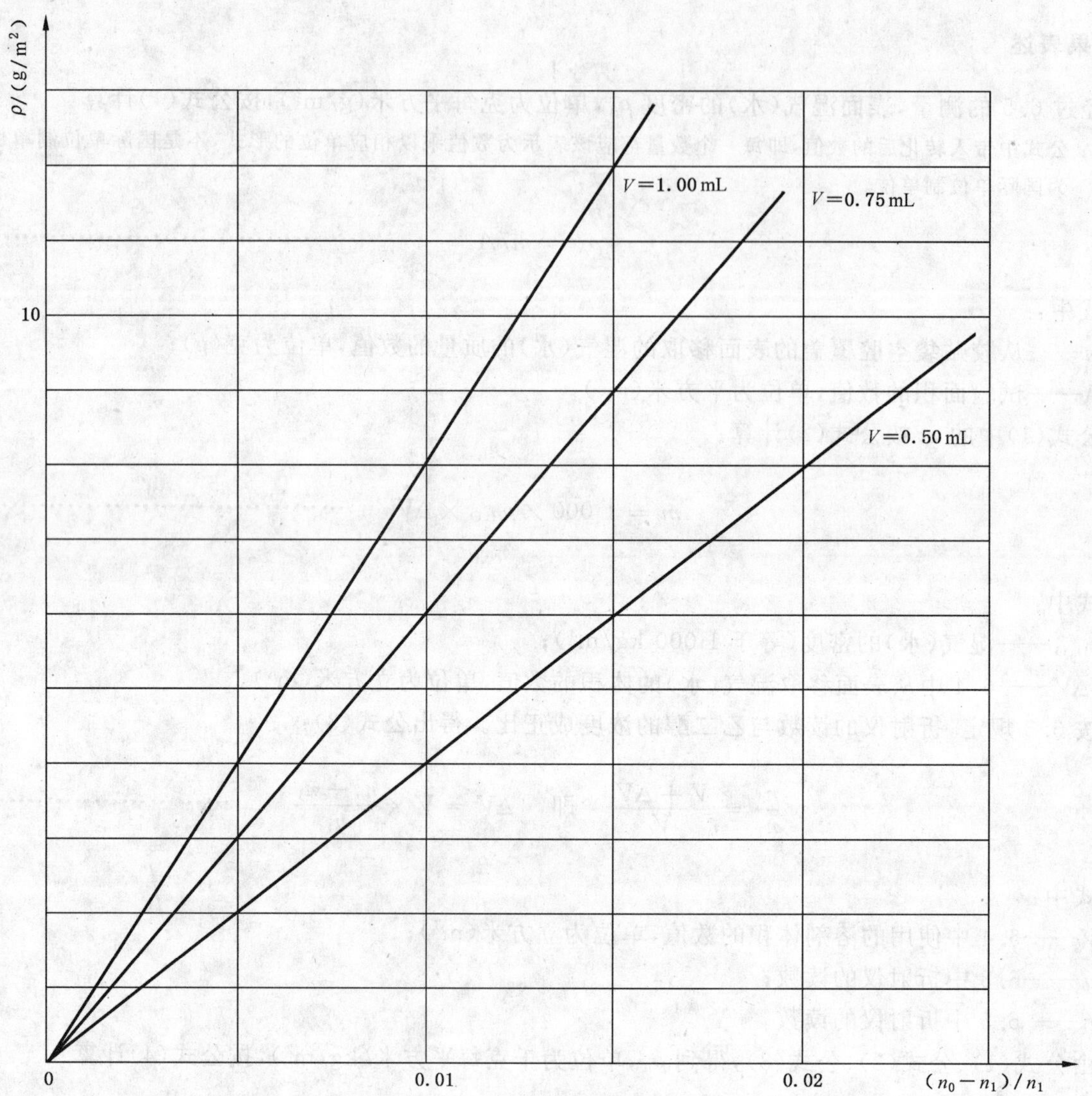

注：每条直线代表注射器中溶剂的不同体积。每次所用的胶贴袋型号均为符合 GB/T 18570.6—2005 要求的 A-1250。

图 1　胶贴袋型号为 A-1250 时表面湿气(水)密度 ρ_A 与 $(n_0-n_1)/n_1$ 的比例图

8　精密度

测定的准确度取决于几个因素，如温度的变化或所用溶剂中存在的可溶性杂质。不溶性杂质不会明显影响折射仪的读数，若有，也非常小，且已标明。然而，实践经验表明，除折射仪的分辨率外，大多数参数的变化对总体准确度的影响可忽略不计[2)]。

显然，Brix 仪的分辨率等于或高于其刻度间隔，即 n_0 和 n_1 读数的偏差不大于±0.1%。因此，可确定 n_0-n_1 的偏差不大于±0.2%。使用特定的溶剂(见 6.2)和通常情况下遇到的表面湿气量，即 $\rho_A\leqslant 60$ g/m²，经验显示，$n_1\approx 40$。按公式(4)，可计算出 ρ_A，其值在±4 g/m² 之间。

此准确度意味着当使用 1 mL 溶剂和型号为 A-1250 的胶贴袋做试验时，可确定的最低表面湿气(水)的密度为 4 g/m²。

若使用一半溶剂(0.5 mL)和双倍尺寸的胶贴袋(A-2500)时，可测定的最低表面湿气(水)的密度为

2) BRESLE, A., Field determination of moisture on metal surfaces. *Industrial Corrosion*, February/Marh 1994, 2, pp. 20-21.

$\rho_A = 1\ g/m^2$。使用比普通Brix仪(5.6)准确度更高的折射仪，例如：具有数码显示功能的折射仪和另外一种与6.2中所备溶剂相比本质上能更大程度地降低其折射指数的已知湿气(水)含量的溶剂，可测定更低的湿气(水)的密度。

9 试验报告

试验报告至少应包括下列内容：

a) 本部分标准号(GB/T 18570.8—2005)；

b) 试验面积；

c) 溶剂成分；

d) 注入胶贴袋空腔内的溶剂体积；

e) 6.3和6.5中的读数；

f) 第7章中公式(4)所确定的表面湿气(水)的密度；

g) 试验日期。

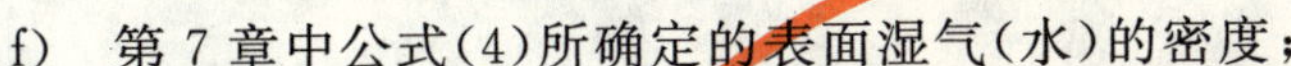

ICS 25.220.10
A 29

中华人民共和国国家标准

GB/T 18570.9—2005/ISO 8502-9:1999

涂覆涂料前钢材表面处理 表面清洁度的评定试验 第9部分:水溶性盐的现场电导率测定法

Preparation of steel substrates before application of paints and related products—Tests for the assessment of surface cleanliness—Part 9:Field method for the conductometric determination of water-soluble salts

(ISO 8502-9:1999,IDT)

2005-09-14 发布　　　　2006-04-01 实施

中华人民共和国国家质量监督检验检疫总局
中国国家标准化管理委员会　发布

前 言

GB/T 18570《涂覆涂料前钢材表面处理　表面清洁度的评定试验》分为下列几部分：

——第1部分：可溶性铁的腐蚀产物的现场试验(技术报告)；

——第2部分：清理过的表面上氯化物的实验室测定；

——第3部分：涂覆涂料前钢材表面的灰尘评定(压敏粘带法)；

——第4部分：涂覆涂料前凝露可能性的评定导则；

——第5部分：涂覆涂料前钢材表面的氯化物测定(离子探测管法)；

——第6部分：可溶性杂质的取样　Bresle法；

——第7部分：油和脂类的现场测定法；

——第8部分：湿气的现场折射测定法；

——第9部分：水溶性盐的现场电导率测定法；

——第10部分：水溶性氯化物的现场滴定测定法；

——第11部分：水溶性硫化物的现场浊度测定法；

——第12部分：水溶性铁离子的现场滴定测定法；

——第13部分：可溶性盐的现场电导率测定法。

本部分为GB/T 18570的第9部分。

本部分等同采用ISO 8502-9:1999《涂覆涂料前钢材表面处理　表面清洁度的评定试验　第9部分：水溶性盐的现场电导率测定法》(英文版)。

本部分等同翻译ISO 8502-9:1999。

为便于使用，本部分作了下列编辑性修改：

a)“本国际标准”一词改为“本部分”；

b)　用小数点“.”代替作为小数点的逗号“,”；

c)　用顿号“、”代替作为分述的逗号“,”；

d)　删除国际标准的前言和引言。

本部分由中国船舶工业集团公司提出。

本部分由全国涂料和颜料标准化技术委员会涂漆前金属表面处理及涂漆工艺分技术委员会归口。

本部分起草单位：中国船舶工业第十一研究所、中国船舶工业综合技术经济研究院。

本部分主要起草人：傅建华、刘冰扬、宋艳媛、苗宏仁。

涂覆涂料前钢材表面处理
表面清洁度的评定试验
第9部分:水溶性盐的现场电导率测定法

1 范围

GB/T 18570的本部分规定了在表面预处理前后,钢材表面各种水溶性盐(主要是氯化物和硫酸盐)的总表面浓度的现场评定法。

本方法不适用于测定单独的氯化物或硫酸盐等的表面浓度。

本方法仅适用于评定代表大部分杂质的离子性杂质。

2 规范性引用文件

下列文件中的条款通过GB/T 18570的本部分的引用而成为本部分的条款。凡是注日期的引用文件,其随后所有的修改单(不包括勘误的内容)或修订版均不适用于本部分,然而,鼓励根据本部分达成协议的各方研究是否可使用这些文件的最新版本。凡是不注日期的引用文件,其最新版本适用于本部分。

GB/T 18570.6—2005 涂覆涂料前钢材表面处理 表面清洁度的评定试验 第6部分:可溶性杂质的取样 Bresle法(ISO 8502-6:1995,IDT)

ISO 3696:1987[1] 分析实验室用水 规格和试验方法

3 原理

用Bresle法(见GB/T 18570.6—2005),以水为溶剂溶解钢材表面给定面积的盐。测量所得溶液的电导率。然后用一简单但足够准确的公式计算该面积上盐的总表面浓度。

4 溶剂

至少应为ISO 3696:1987规定的3级纯度的水。

注:一般电导率不大于0.5 mS/m(5 μS/cm)的蒸馏水或去离子水符合此要求。

5 仪器和材料

5.1 电导仪

电导仪具有温度补偿和足够的量程。例如:从0 mS/m(0 μS/cm)到200 mS/m(2 000 μS/cm)。

5.2 玻璃烧杯

玻璃烧杯具有合适的尺寸和形状,测量时足够放置电导仪(5.1)的电极。

5.3 标准胶贴袋

标准胶贴袋符合GB/T 18570.6—2005中4.1的规定,例如型号A-1250。

注:胶贴袋不应污染提取液,确保现用胶贴袋产生的离子污染小于7 mg/m²。如果不能满足或需要提高准确度则推荐做空白试验。

5.4 注射器

注射器按GB/T 18570.6—2005中4.2的规定。

1) GB/T 6682—1992为非等效于ISO 3696:1987。

6 步骤

6.1 水的准备和空白试验

6.1.1 向烧杯(5.2)中倒入足量的水(4),水量应满足电导仪(5.1)的使用要求,通常需 10 mL～20 mL。做下述空白试验以避免烧杯内、注射器内和电极上的外来杂质影响测量结果。

6.1.2 用注射器(5.4)从烧杯中抽满水,然后全部注回烧杯。

6.1.3 将电导仪的电极完全浸入烧杯的水中,缓慢搅动,记录电导率(γ_1)及其单位,例如 μS/cm。

6.2 钢材表面盐的移取

6.2.1 按照 GB/T 18570.6—2005 中第 5 章规定的步骤,并应以下列要求为条件进行操作。

6.2.2 抽入注射器里的水约为烧杯中 1/4 体积的水。

6.2.3 将水抽回注射器针筒内应在 1 min 后(见 GB/T 18570.6—2005 中 5.6)。

6.2.4 不要拔掉胶贴袋上的注射器针头,再将水注入胶贴袋空腔,然后再抽回到注射器针筒。重复注入、抽出循环步骤 10 遍。(见 GB/T 18570.6—2005 中 5.7)。

6.2.5 在最后一次循环终止后,从胶贴袋空腔内尽可能多地收回溶液,转移到烧杯(5.2)中,由此使溶液接近 6.1.1 中的原体积(见 GB/T 18570.6—2005 中 5.8)。

6.3 电导率测量

将电导仪的电极完全浸入在烧杯内已含有杂质的溶液中,记录电导率(γ_2),单位同 6.1.3。

7 结果的表述

所测盐的总表面浓度 ρ_A 按公式(1)计算:

$$\rho_A = m/A \qquad (1)$$

式中:

m——胶贴袋空腔所覆盖的面积上溶解的盐的质量,单位为千克(kg);

A——胶贴袋空腔所覆盖的面积,单位为平方米(m^2)。

其中,m 按公式(2)计算:

$$m = c \cdot V \cdot \Delta\gamma \qquad (2)$$

式中:

c——经验常数,约等于 5 $kg \cdot m^{-2} \cdot S^{-1}$(见第 8 章);

V——烧杯中水的原体积(见 6.1.1),单位为毫升(mL);

$\Delta\gamma$——电导率变化,即在 6.3 测量的 γ_2 与 6.1.3 测量的 γ_1 之间的电导率之差,单位为毫西门子每米(mS/m)。

由公式(1)和公式(2)导出公式(3):

$$\rho_A = \frac{c \cdot V \cdot \Delta\gamma}{A} \qquad (3)$$

由于 c=5 $kg \cdot m^{-2} \cdot S^{-1}$,如果 V=10 mL(6.1.1)、A=1 250 mm^2(5.3),则得出公式(4):

$$\rho_A = \Delta\gamma \cdot 40 \cdot 10^{-3} kg \cdot m^{-1} \cdot S^{-1} \qquad (4)$$

按公式(4)计算出以国际单位制单位千克每平方米(kg/m^2)表示的 ρ_A。

公式(4)得出的数值乘以 10^6,得出以毫克每平方米(mg/m^2)为单位的 ρ_A。

公式(4)得出的数值乘以 10^5,得出以微克每平方厘米($\mu g/cm^2$)为单位的 ρ_A。

若取不同体积的水,则在公式(3)中代入不同的 V 值,得出类似公式(4)的公式。

图 1 绘出按 3 个不同计算公式得到的 3 条直线。

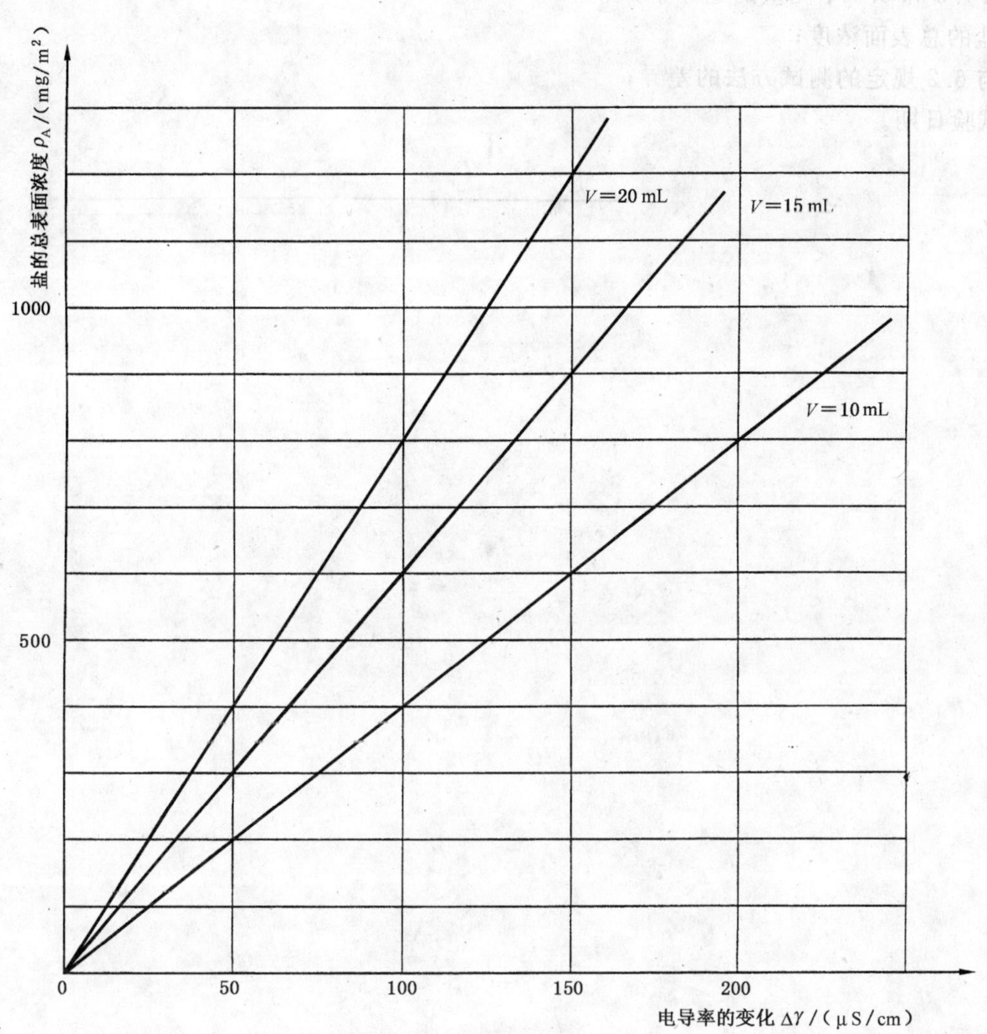

注：每条直线代表烧杯中水的不同体积。每次所用的胶贴袋型号均为符合 GB/T 18570.6—2005 要求的 A-1250。

图 1　盐的总表面浓度 ρ_A 为电导率变化 $\Delta\gamma$ 的函数

8　准确度

准确度取决于公式(3)中经验常数 c 的准确度和在公式中能被测定的变量的准确度。其他因素也对准确度有影响，例如温度的变化。然而，实践经验表明，大多数变化对准确度的影响是非常小的，除了常数 c 之外，变化取决于在 6.2 的水中溶解的盐的类型。

大多数情况下，水中的离子主要为：Cl^-、$SO_4{}^{2-}$、$HCO_3{}^-$、Na^+、Ca^{2+} 和 Fe^{2+}，其他类型的离子也可能存在。然而，通常它们对常数 c 的影响可忽略不计。

在第 7 章中给出的常数 c 值(5 kg·m^{-2}·S^{-1})是常规条件下的值，是从 10 个锈蚀钢试样中抽取的单一离子电导率的总和计算为基础的。若外界条件较恶劣，例如由于附近某一实际工业污染的存在，常数 c 的变化范围可达约±12%。此结论通过每类离子的已知电导率计算得出。

9　试验报告

试验报告至少应包括下列内容：

a)　本部分标准号(GB/T 18570.9—2005)；

b)　5.1 规定的电导仪测量范围；

c) 6.1.3 和 6.3 中测量的电导率；

d) 盐的总表面浓度；

e) 与 6.2 规定的测试方法的差异；

f) 试验日期。

ICS 25.220.10
A 29

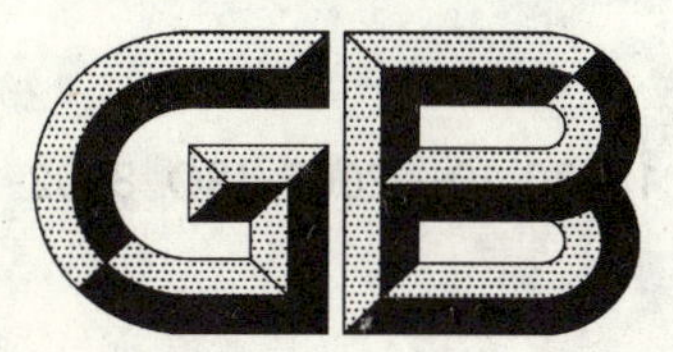

中华人民共和国国家标准

GB/T 18570.10—2005/ISO 8502-10:1999

涂覆涂料前钢材表面处理 表面清洁度的评定试验 第10部分:水溶性氯化物的现场滴定测定法

Preparation of steel substrates before application of paints and related products—Tests for the assessment of surface cleanliness—Part 10:Field method for the titrimetric determination of water-soluble chloride

(ISO 8502-10:1999,IDT)

2005-09-14 发布　　2006-04-01 实施

中华人民共和国国家质量监督检验检疫总局
中国国家标准化管理委员会　发布

前 言

GB/T 18570《涂覆涂料前钢材表面处理　表面清洁度的评定试验》分为下列几部分：

——第1部分：可溶性铁的腐蚀产物的现场试验(技术报告)；

——第2部分：清理过的表面上氯化物的实验室测定；

——第3部分：涂覆涂料前钢材表面的灰尘评定(压敏粘带法)；

——第4部分：涂覆涂料前凝露可能性的评定导则；

——第5部分：涂覆涂料前钢材表面的氯化物测定(离子探测管法)；

——第6部分：可溶性杂质的取样　Bresle法；

——第7部分：油和脂类的现场测定法；

——第8部分：湿气的现场折射测定法；

——第9部分：水溶性盐的现场电导率测定法；

——第10部分：水溶性氯化物的现场滴定测定法；

——第11部分：水溶性硫化物的现场浊度测定法；

——第12部分：水溶性铁离子的现场滴定测定法；

——第13部分：可溶性盐的现场电导率测定法。

本部分为GB/T 18570的第10部分。

本部分等同采用ISO 8502-10:1999《涂覆涂料前钢材表面处理　表面清洁度的评定试验　第10部分：水溶性氯化物的现场滴定测定法》(英文版)。

本部分等同翻译ISO 8502-10:1999。

为便于使用，本部分作了下列编辑性修改：

a)　“本国际标准”一词改为“本部分”；

b)　用小数点“.”代替作为小数点的逗号“,”；

c)　用顿号“、”代替作为分述的逗号“,”；

d)　删除国际标准的前言和引言。

本部分由中国船舶工业集团公司提出。

本部分由全国涂料和颜料标准化技术委员会涂漆前金属表面处理及涂漆工艺分技术委员会归口。

本部分起草单位：中国船舶工业第十一研究所、中国船舶工业综合技术经济研究院。

本部分主要起草人：刘冰扬、傅建华、宋艳媛、苗宏仁。

涂覆涂料前钢材表面处理 表面清洁度的评定试验 第10部分:水溶性氯化物的现场滴定测定法

警告:GB/T 18570 的本部分规定的方法需要用硝酸汞溶液进行滴定。虽然这种滴定液的小耗量和低浓度都不足以使其构成危害(如摄取时),但从法规的角度衡量,该滴定液可能会污染环境。因此,本部分规定了对滴定废液进行安全处置的要求。

本方法也涉及到氟化氢的使用,该试剂具有危险性,操作时应特别小心。

1 范围

GB/T 18570 的本部分规定了水溶性氯化物的现场滴定测定法。

本方法主要适用于表面杂质的评定,易于非专业人员操作,准确度能满足大多数实用目的。

2 规范性引用文件

下列文件中的条款通过 GB/T 18570 的本部分的引用而成为本部分的条款。凡是注日期的引用文件,其随后所有的修改单(不包括勘误的内容)或修订版均不适用于本部分,然而,鼓励根据本部分达成协议的各方研究是否可使用这些文件的最新版本。凡是不注日期的引用文件,其最新版本适用于本部分。

GB/T 18570.6—2005 涂覆涂料前钢材表面处理 表面清洁度的评定试验 第6部分:可溶性杂质的取样 Bresle 法。(ISO 8502-6:1995,IDT)

ISO 8502-2:1992[1)] 涂覆涂料前钢材表面处理 表面清洁度的评定试验 第2部分:清理过的表面上氯化物的实验室测定

3 原理

试验表面的水溶性杂质可用 Bresle 法(见 GB/T 18570.6—2005)或其他常规方法从钢材表面移取。以含有氟化钠和氟化氢的水作为溶剂,以硝酸汞溶液为滴定液,以二苯卡巴腙和溴酚蓝为指示剂,对溶液中的氯化物浓度进行滴定测定。

选择滴定液的浓度、滴定液滴的大小和试验表面的面积(通常为 1 250 mm^2),将滴定时的液滴数乘以一个简单的转换系数即可得到氯化物的表面浓度。

4 反应

在 pH 值为 3.0±0.3 的试验溶液中进行滴定。当滴定液中的汞离子滴加到试验溶液中时,与氯离子反应生成氯化汞沉淀。当全部氯离子被滴定反应消耗后,过量的汞离子与指示剂二苯卡巴腙反应生成紫色,达到滴定终点。

5 试剂与材料

5.1 塑料烧杯

塑料烧杯容积适当,约为 20 mL。

1) GB/T 18570.2—2001 为修改采用 ISO 8502-2:1992。

5.2 溶剂

溶剂为含有1 g/L氟化钠(NaF)和0.8 g/L氟化氢(HF)的蒸馏水或去离子水。

警告:操作氟化氢时,应特别小心。

5.3 A瓶

A瓶容积约为20 mL,装有ISO 8502-2:1999中规定的1%二苯卡巴腙和溴酚蓝乙醇溶液,以及1个可逐滴滴定溶液(指示剂A)、每滴约0.04 mL的装置。应保证指示剂A不失效。每年需用含氯溶液,例如用普通自来水,滴定检查1次。

5.4 B瓶

B瓶容积约为20 mL,装有0.5 mol/L硝酸溶液和1个可逐滴滴定溶液(缓冲剂B)、每滴约0.05 mL的装置。

5.5 C瓶

C瓶容积约为20 mL,装有0.036 mol/L硝酸汞溶液和1个可逐滴滴定溶液(滴定液C)、每滴(0.050±0.002)mL的装置。

5.6 D瓶

D瓶容积约为20 mL,装有0.007 2 mol/L硝酸汞溶液和1个可逐滴滴定溶液(滴定液D)、每滴(0.050±0.002)mL的装置。

注:滴定液C的浓度是滴定液D的5倍。

5.7 废液容器

废液容器的容积约为250 mL,装废液用,内置一小块纯锌片(可为条形,重约5 g),以借助汞齐化作用吸收废液中的汞。

6 钢材表面水溶性杂质的移取

6.1 用Bresle法(见GB/T 18570.6—2005)或其他常规方法移取钢材表面的水溶性杂质。

6.2 用Bresle法时,若无其他要求,采用型号为A-1250的胶贴袋(空腔面积为1 250 mm^2)。无论胶贴袋的尺寸大小如何,注入胶贴袋空腔内的溶剂(5.2)体积与空腔的面积成正比,为(3.5±0.5)$\mu L/mm^2$。

7 滴定测定

7.1 将待分析的含有可溶性杂质的溶液收集在塑料烧杯中(5.1)。

7.2 加入2滴指示剂A(见5.3),小心摇晃烧杯直至溶液的颜色变为均匀蓝色。

7.3 加入2滴或可使溶液变为黄色所需滴数的缓冲剂B(见5.4)。

7.4 缓慢、逐滴加入滴定液C(见5.5),每滴加完后应小心摇晃烧杯,直至溶液的颜色由黄变蓝。记录改变颜色所需的滴数。

如果只需1滴滴定液C,且需更精确的结果,则用滴定液D(见5.6)代替滴定液C,并重复7.1~7.4的步骤。

7.5 滴定结束后,将塑料烧杯中的溶液倒入废液容器(5.7)中。

警告:废液容器装满时,其中的溶液不含汞,可任意处理。但是,通过汞齐化作用从滴定液C和滴定液D中吸有汞的锌片则不能任意处理。根据这套分析装置(5.1~5.7)的使用率,锌片(5.7)每1 a~10 a更换1次。更换锌片时,对旧锌片的处理应符合法规和现行惯例,通常可参照牙科含汞废弃物的处理方法。

8 结果表达

8.1 如果用A-1250型胶贴袋,表1给出了7.4规定的滴定液滴数与氯化物表面浓度之间的关系。若滴定中使用的是滴定液C,转换系数为100;若使用的是滴定液D,则转换系数为20。

8.2 将表1中的数值除以10,得出以微克每平方厘米($\mu g/cm^2$)为单位的表面浓度。

若实际使用的胶贴袋的空腔面积不是1 250 mm^2,则将8.1中得到的结果与1250和实际使用的胶贴袋空腔面积(单位为mm^2)的比值相乘。

9 精密度

本方法的精密度体现在最大值和最小值的差距上。由表1可知,精密度不受氯化物表面浓度的影响,只受滴定液浓度的影响。

表1 滴定结果

滴定滴数	氯化物的表面浓度/(mg/m^2)			
	溶液C		溶液D	
	最小值	最大值	最小值	最大值
1	0	100	0	20
2	100	200	20	40
3	200	300	40	60
4	300	400	60	80
5	400	500	80	100

10 试验报告

试验报告至少应包括下列内容:

a) 本部分标准号(GB/T 18570.10—2005);

b) 从钢材表面移取可溶性杂质的方法;

c) 试验表面的面积;

d) 使用的滴定液(C或D);

e) 按8.1和8.2测定的氯化物表面浓度;

f) 试验日期。

ICS 33.200
F 21

中华人民共和国国家标准

GB/T 18700.6—2005/IEC 60870-6-2:1995

远动设备和系统 第6-2部分：与ISO标准和ITU-T建议兼容的远动协议 OSI 1至4层基本标准的使用

Telecontrol equipment and systems—Part 6-2: Telecontrol protocols compatible with ISO standards and ITU-T recommendations—Use of basic standards (OSI layers 1-4)

(IEC 60870-6-2:1995,IDT)

2005-02-06 发布 2005-12-01 实施

中华人民共和国国家质量监督检验检疫总局
中国国家标准化管理委员会 发布

前　言

随着网络通信技术的发展，电力系统远动实时数据传输也逐渐向网络化发展。IEC 57 技术委员会编制的 IEC 60870-6 系列标准《远动设备及系统　第 6 部分：与 ISO 标准和 ITU-T 建议兼容的远动协议》是为适应这一发展需要制定的。

为促进我国远动实时数据通信进一步发展，实现与国际标准接轨，我们采用该标准系列中的有关部分制定国家标准 GB/T(GB/Z) 18700《远动设备和系统　第 6 部分：与 ISO 标准和 ITU-T 建议兼容的远动协议》。该标准包括以下 8 部分：

GB/T 18700.1—2002　远动设备和系统　第 6 部分：与 ISO 标准和 ITU-T 建议兼容的远动协议　第 503 篇：TASE.2 服务和协议(IEC 60870-6-503：1997，IDT)

GB/T 18700.2—2002　远动设备和系统　第 6 部分：与 ISO 标准和 ITU-T 建议兼容的远动协议　第 802 篇：TASE.2 对象模型(IEC 60870-6-802：1997，IDT)

GB/T 18700.3—2002　远动设备和系统　第 6-702 部分：与 ISO 标准和 ITU-T 建议兼容的远动协议　在端系统中提供 TASE.2 应用服务的功能协议子集(IEC 60870-6-702：1998，IDT)

GB/Z 18700.4—2002　远动设备和系统　第 6-602 部分：与 ISO 标准和 ITU-T 建议兼容的远动协议　TASE 传输协议子集(IEC TS 60870-6-602：2001，IDT)

GB/Z 18700.5—2003　远动设备和系统　第 6-1 部分：与 ISO 标准和 ITU-T 建议兼容的远动协议标准的应用环境和结构(IEC 60870-6-1：1995，IDT)

GB/T 18700.6—2005　远动设备和系统　第 6-2 部分：与 ISO 标准和 ITU-T 建议兼容的远动协议　OSI 1 至 4 层基本标准的使用(IEC 60870-6-2：1995，IDT)

GB/Z 18700.7—2005　远动设备和系统　第 6-505 部分：与 ISO 标准和 ITU-T 建议兼容的远动协议　TASE.2 用户指南(IEC TR 60870-6-505：2002，IDT)

GB/T 18700.8—2005　远动设备和系统　第 6-601 部分：与 ISO 标准和 ITU-T 建议兼容的远动协议　在通过永久接入分组交换数据网连接的端系统中提供基于连接传输服务的功能协议集(IEC 60870-6-601：1994，IDT)

本部分等同采用 IEC 60870-6-2：1995《远动设备和系统　第 6-2 部分：与 ISO 标准和 ITU-T 建议兼容的远动协议　OSI 1 至 4 层基本标准的使用》。

本部分的附录 A、附录 B 是规范性附录。

本部分由中国电力企业联合会提出。

本部分由全国电力系统控制及其通信标准化技术委员会归口。

本部分起草单位：国家电力调度通信中心、华中电力调度通信中心、国电自动化研究院、中国电力科学研究院、华东电力调度通信中心、福建省电力调度通信中心。

本部分主要起草人：韩水保、姚和平、杨秋恒、陶洪铸、南贵林、李根蔚、邓兆云。

引 言

IEC 60870《远动设备和系统》由六个部分组成,其中第 6 部分,即本系列标准,是“与 ISO 标准和 ITU-T 建议兼容的远动协议”。本系列标准的目标是将用于电力系统的功能协议子集标准化。这些功能协议子集为端到端的通信和互连提供了如何规定完整的、连贯的、工作的系统的方法。

GB/Z 18700.5—2003(IEC 60870-6-1: 1995, IDT)建立了本系列标准的总体应用环境,确切描述了它应包含的内容、组成以及适用范围,包括文档结构、范围、要求、基本通信网络解决方案以及将要开发标准的格式等。这些是本部分的基本前提。

远动设备和系统　第6-2部分：与ISO标准和ITU-T建议兼容的远动协议 OSI 1至4层基本标准的使用

1　范围

本部分着重考虑与OSI参考模型第1至第4层有关的标准，具体目标如下：

——描述每层所起的作用与实现的功能；

——列出有关的ISO基本标准；

——对在本系列标准应用环境里使用的标准给出基本考虑和建议。

本部分描述在端系统(ES)和中介系统(IS)应用中使用的标准。ES包含所有OSI七层参考模型以及应用过程。IS是子网之间中介通信系统。ES和IS在IEC 60870-1-4和GB/Z 18700.5中考虑。

对每层执行的功能描述力求完整，但并非详尽无遗，更详细的资料请查阅GB/T 9387有关篇章以及ISO基本标准的列表。

其次，所列出的ISO标准是与每层有关的基本标准，同样，该列表也并非详尽无遗。

最后，其基本考虑和建议是试图表达标准应用中包含的基本问题以及制定使用这些标准的基本方法。目的是为了规范其基本规则，这些规则是为了产生定义功能协议子集时所必需的明确、完整、详细的选择。功能协议子集是IEC 60870-6-5部分以及以后部分考虑的主题。

本部分是按OSI的层结构来组织的。

因为在下三层中协议的选择有很强的相互依赖性，因此将这3层编入本部分的相应章条中。这些章条是按传输网的类型组织的。

每一层包含内容如下：

——概述：简略说明层的功能以及在全部通信过程中的任务。

——参考文献。

——服务：

- 标准中包含的服务和QoS参数列表。
- 选择和使用服务的指导和建议。

——协议：

- 有关标准中包含的协议分类、子集等列表。
- 选择和使用协议的指导和建议。

2　规范性引用文件

下列文件中的条款通过本部分的引用而成为本部分的条款。凡是注日期的引用文件，其随后所有的修改单(不包括勘误的内容)或修订版均不适用于本部分，然而，鼓励根据本部分达成协议的各方研究是否可使用这些文件的最新版本。凡是不注日期的引用文件，其最新版本适用于本部分。

GB/T 9387.1—1998　信息技术　开放系统互连　基本参考模式　第1部分：基本模型(idt ISO/IEC 7498-1:1994)

GB/T 11593—2001　公用数据网上同步工作的数据终端设备(DTE)和数据电路终接设备(DCE)间的接口(eqv ITU-T X.21:1992)

GB/T 14399—1993　信息处理技术　数据通信　高级数据链路控制规程　与X.25 LAPB兼容的

DTE 数据链路规程的描述(idt ISO 7776:1986)

GB/Z 14429—2005 远动设备及系统 第1-3部分:总则 术语(IEC 60870-1-3:1997,IDT)

GB/T 15125—1994 信息技术 数据通信 25插针 DTE/DCE 接口连接器及接触件号分配(idt ISO 2110:1989)

GB/T 16506.3—1996 信息技术 系统间的远程通信和信息交换 提供和支持 OSI 网络服务的协议组合 第3部分:提供和支持无连接方式的网络服务(idt ISO/IEC 8880-3:1990)

GB/T 16974—1997 信息技术 数据通信 数据终端设备用 X.25 包层协议(idt ISO/IEC 8208:1995)

GB/T 16976—1997 信息技术 系统间远程通信和信息交换 使用 X.25 提供 OSI 连接方式网络服务(idt ISO/IEC 8878:1992)

GB/T 17179.1—1997 信息技术 提供无连接方式网络服务的协议 第1部分:协议规范(idt ISO/IEC 8473-1:1994)

GB/Z 18700.5—2003 远动设备和系统 第6-1部分:与ISO标准和ITU-T建议兼容的远动协议标准的应用环境和结构(IEC 60870-6-1:1995,IDT)

IEC 60050(371):1984 国际电工词汇(IEV) 371章:远动

IEC 60050(721):1991 国际电工词汇(IEV) 721章:电信技术,传真和数据通信

ISO/IEC 3309:1993 信息技术 系统间远程通信和信息交换 高级数据链路控制(HDLC)规程 帧结构

ISO/IEC 4335:1993 信息技术 系统间远程通信和信息交换 高级数据链路控制(HDLC)规程 规程要素

ISO 4903:1989 信息技术 数据通信 15插针 DTE/DCE 接口连接器和插针分配

ISO/IEC 7809:1993 信息技术 系统间远程通信和信息交换 高级数据链路控制(HDLC)规程 规程分类

ISO/IEC 8072:1994 信息技术 开放系统互连 传输服务定义

ISO/IEC 8073:1992 信息技术 系统间远程通信和信息交换 开放系统互连 提供连接模式传输服务的协议

ISO/IEC 8348:1993 信息技术 开放系统互连 网络服务定义

ISO 2382-9:1984 数据处理词汇 09部分:数据通信

ISO 8602:1987 信息处理系统 开放系统互连 提供无连接模式传输服务的协议

ISO 8648:1988 信息处理系统 开放系统互连 网络层内部结构

ISO 8802-2:1989 信息处理系统 局域网 第2部分:逻辑连接控制

ISO/IEC 8880-2:1992 信息技术 系统间远程通信和信息交换 提供和支持 OSI 网络服务的协议组合 第2部分:提供和支持连接方式的网络服务

ISO/IEC 8886:1992 信息技术 系统间远程通信和信息交换 开放系统互连 数据链路服务定义

ISO/IEC 10022:1990 信息技术 开放系统互连 物理服务定义

ISO/IEC TR 10172 信息技术 系统间远程通信和信息交换 网络传输协议交互工作规范

ITU-T T.5009:1992 国际参考字母

ITU-T V.10:1993 标称数据信号最高运行速率为100 kbit/s的不平衡双流电路的电气特性

ITU-T V.11:1993 数据信号运行速率最高为10 Mbit/s的不平衡双流接口电路的电气特性

ITU-T V.21:1988 在普通交换电话网中使用的标准化的300 bit/s速率的双工调制解调器

ITU-T V.22:1988 在普通交换电话网中使用的标准化的1 200 bit/s速率的双工调制解调器

ITU-T V.22bis:1988 在普通交换电话网和点对点2线租用电话类型电路上,使用标准频分技术

的 2 400 bit/s 速率的双工调制解调器

ITU-T V.23:1988　在普通交换电话网中使用的标准化的 600/1 200 波特调制解调器

ITU-T V.24:1993　数据终端设备(DTE)和数据电路设备(DCE)之间的接口电路定义表

ITU-T V.25:1988　在普通交换电话网中的自动呼叫和/或并行自动应答设备,其中包括在人工和自动建立呼叫时使用回波抑制器停止工作的设备

ITU-T V.25bis:1988　在普通交换电话网中使用 100 系列接口电路的自动呼叫和/或自动应答设备

ITU-T V.26bis:1988　在普通交换电话网中所使用的标准化的 2 400/1 200 bit/s 速率的调制解调器

ITU-T V.26ter:1988　在普通交换电话网和点对点 2 线租用电话类型电路上使用回波抵消技术的标准化的 2 400 bit/s 多路复用调制解调器

ITU-T V.27:1988　在租用电话型电路上使用的标准化的带人工均衡器的 4 800 bit/s 的调制解调器

ITU-T V.28:1993　不平衡双流接口电路的电气特性

ITU-T V.31:1988　使用接点闭合控制的单流接口电路的电气特性

ITU-T V.31bis:1988　使用光合器控制的单流接口电路的电气特性

ITU-T V.32:1993　使用在普通交换电话网中和租用电话型电路上,操作数据率达到 9 600/bit/s 的 2 线系列的双工调制解调器

ITU-T X.4:1988　在公共数据网上数据传输用的国际 5 号电码表电码信号的一般结构

ITU-T X.21bis:1998　在公共数据网中与 V 系列同步调制解调器相接口的 DTE 的使用

ITU-T X.24:1988　在公共数据网 DTE 和 DCE 之间的接口电路定义表

ITU-T X.25:1993　运行在分组模式通过专用电路接入公共数据网的终端所使用的 DTE 和 DCE 之间的接口

ITU-T X.26:1988　在数据通信领域里通常同集成电路设备一起使用的不平衡双流接口电路的电气特性

ITU-T X.27:1988　在数据通信领域里通常同集成电路设备一起使用的平衡双流接口电路的电气特性

ITU-T X.75:1993　在公共网间提供数据传输服务的分组交换信号系统

ITU-T X.211:1988　对 ITU-T 应用,开放系统互连的物理服务定义

ITU-T X.212:1988　对 ITU-T 应用,开放系统互连的数据链路服务定义

ITU-T X.213:1992　信息技术　开放系统互连的网络服务定义

CEPT T/CD 01-12　用户数据信号运行速率为 2 400 bit/s 的 3 种插入式 DCE 的工程要求规范

CEPT T/CD 01-14　数据传输设备的设备实践规范

3　定义

以下定义适用于本部分。本章定义 IEC 60050(371)和 GB/Z 14429 中未收入的术语。

3.1

呼叫控制过程　call control procedure

建立和释放呼叫所必需的特定协议集合。

3.2

呼叫建立　call establishment

建立数据连接的事件序列(见 IEC 60870-1-4)。

3.3

呼叫　calling

为了在数据站之间建立连接而传输选择信号的过程。

[ISO 2389-9/09.06.08]

3.4

呼叫释放　call release

释放数据连接的事件序列(见 IEC 60870-1-4)。

3.5

电路交换网　circuit switched network

各种专用(时分或空分)交换设施,以提供基于电路交换方法的远程通信服务。它们可能是电路交换数据网或电话交换网(见 IEC 60870-1-4)。

3.6

电路交换公共数据网　circuit switched public data network (CSPDN)

见电路交换网。

3.7

电路交换　circuit switching

根据需要接通两个或多个数据终端设备,并允许这些终端独占它们之间的数据电路,直到这种连接被释放为止的过程。

[ISO 2382-9/09.05.09]

3.8

代码透明数据通信　code-transparent data communication

使用与数据源采用的比特序列结构无关的面向比特协议的数据通信模式。

[ISO 2382-9/09.05.05]

3.9

连接模式　connection-mode (CO)

在连接模式中,通信路径建立以后才开始传输数据。

3.10

无连接模式　connectionless-mode (CL)

在无连接模式中,数据在一个包含足够信息的单个独立实体中被逐步传送到目的地,无需建立呼叫,也无需任何类型的网络确认和返回分组。

3.11

数据传输阶段　data transfer phase

在一个呼叫中在网络互连的数据终端设备之间可以传送用户数据的阶段。

3.12

数据报　datagram

在分组交换中,一个带有足够的路由信息、与其他分组无关的独立分组。此分组从源数据终端设备(DTE)逐步传送到目的数据终端设备时,不依赖数据终端设备和网络之间以前的交换。

[ISO 2382-9/09.06.28]

3.13

数据报服务　datagram service

分组交换中的一种服务。这种服务发送数据报到数据报地址域中指明的目的地,网络不必参照其他数据报。

[ISO 2382-9/09.05.15]

注:数据报可以不按照数据报进入网络的次序传递到目的地址。

3.14

数字数据电路 digital data circuit

数字数据电路由 CSDN 或串接电路交换数据网(CSDN)提供,数字数据电路可以是交换的也可以是永久的。

[ENV 41 107]

注:一些 ISDN 或以前的 ISDN 通过一个 X.21 接口提供电路交换服务。这些服务与 CSDN 提供的服务相同,因此在这种情况下相应的功能标准是可用的。

3.15

端系统 end system

端系统这个术语取自 OSI 参考模型并且用一个抽象形式表示通信系统的功能,与实际物理实现无关。因此作为一个实例,在现实世界术语中的端系统,可能是一个简单的独立系统,也可能是作为一个整体的一组互连的主计算机系统。所有的端系统均包含传输层实体的功能。

[ENV 41 107]

3.16

封装 envelope

以 n 比特的位组构成的二进制数组合,增加一些附加位,这些附加位是数据网络运行所要求的。

[IEV 721-19-25]

3.17

快速选择 fast select

虚拟呼叫机制的一个选项,它允许呼叫建立和呼叫清除分组里包含数据。

[ISO 2382-9/09.05.16]

3.18

流控 flow control

在数据通信中,实际传输率的控制。

3.19

高级数据链路控制协议 high level data link control protocol(HDLC)

由 ISO/IEC 3309、ISO/IEC 4334 和 ISO/IEC 7809 定义的数据链路协议规范。HDLC 是为编码透明的同步数据传输设计的。

3.20

中介系统 intermediate system

提供网络中继功能的一个实际系统的抽象。

[ISO 8648-3.3-5]

3.21

多点连接 multipoint connection

为了数据传送,在二个以上站之间建立连接。

[ISO 2382-9/09.04.03]

3.22

开放系统互连(OSI) 基本参考模型 Open System Interconnection(OSI),basic reference model

OSI 基本参考模型是一个与具体实现无关的信息交换系统模型。它由 7 个功能层组成。参考模型作为定义服务和协议的框架,适用于已经建立的边界内。

开放系统互连的国际标准参考模型的目的是为协调用于系统互连的各项标准的开发提供共同基础,同时使已有的标准置入总的参考模型中。

开放系统互连(OSI)术语限定那些在系统之间交换信息的标准,这些系统由于共同使用合适的标准,实现对另一个系统“开放”的目的。

实际上,系统是“开放”的并不意味着任何特定系统的实施、互连方法和技术,但涉及对适用标准的共同承认和支持(见 GB/T 9387.1)。

3.23

分组　packet

按特定的格式排列的比特序列,包含控制信息和可能的用户数据,作为一个整体传输和交换。

[ISO 2382-9/09.06.26,已修正]

3.24

分组交换数据网　packet switch data network(PSDN)

基于分组交换方式,提供远程通信服务,具有专用交换功能的多个设施。

3.25

分组交换公共数据网　packet switch public data network(PSPDN)

见分组交换数据网。

3.26

服务质量　quality of service(QoS)

一组由服务质量参数所描述的连接特性,通常由对等实体商定。

3.27

中继系统　relay system

对构成交互工作单元设备的抽象。

[ISO 8648-3.3-6]

3.28

路由选择　routing

层内的一种功能,该功能把某实体标题或服务访问点地址转换成能够达到该实体的一条通路。

[GB/T 9387.1—1989,5.4.1.4]

3.29

子网　sub-network

现实子网的抽象。

[ISO 8648-3.3-2]

注:现实子网是设备和物理介质的集合,它形成自治整体,并用于互连现实系统以达到通信的目的(见 ISO 8648)。

3.30

子网接入协议　sub-network access protocol (SNAcP)

SNAcP 是在子网的网络实体与端系统的网络实体之间运行的协议(一个 DTE-DCE 协议)。在端系统中的 SNAcP 实体直接使用子网的服务且执行数据传送、连接管理和服务质量选择功能。

3.31

与子网有关的汇聚协议　sub-network dependent convergence protocol (SNDCP)

SNDCP 对子网接入协议所提供的服务进行向上和向下的调整。因此,既可为与子网无关汇聚协议提供它所采用的服务,又可以直接提供网络服务。

3.32

与子网无关的汇聚协议　sub-network independent convergence protocol (SNICP)

SNICP 用于在明确定义的下层能力集合上(即子网的能力)构造网络服务。

3.33

传输线路　transmission line

外接数据电路终端设备(DCE)的数据电路部分,用于连接 DCE 与数据交换机(DSE)、DCE 与一个或多个其他的 DCE、DSE 与另一个 DSE。

[ISO 2382-9/09.04.04]

3.34

透明码/面向比特码 transparent code/bit oriented code

在符号组合上无限制的码(见 IEC 60870-1-4)。

3.35

虚连接 virtual connection(VC)

两个网络实体间的逻辑连接。通常分为建立、数据传送和撤消阶段。它按顺序向用户无重复、无丢失地传输分组。

3.36

窗口尺寸 window size

窗口尺寸描述协议一次可处理未完成服务的数量。它用于数据链路层和传输层(见 IEC 60870-1-4)。

4 缩略语

CLNS	Connectionless-mode Network Service	无连接模式网络服务
CLTS	Connectionless-mode Transport Service	无连接模式传输服务
CONS	Connection-mode Network Service	连接模式网络服务
COTS	Connection-mode Transport Service	连接模式传输服务
CSDN	Circuit switched data network	电路交换数据网
CSPDN	Circuit switched public data network	电路交换公共数据网
HDLC	High Level Data Link Control	高级数据链路控制
ISDN	Integrated Services Digital Network	综合业务数字网
LAN	Local Area Network	局域网
MLP	Multi Link Procedure	多路链接过程
NC	Network Connection	网络连接
NPDU	Network Protocol Data Unit	网络协议数据单元
NSAP	Network Service Access Point	网络服务访问点
NSDU	Network Service Data Unit	网络服务数据单元
PLP	Packet Level Protocol	分组层协议
PSDN	Packet Switched Data Network	分组交换数据网
PSPDN	Packet Switched Public Data Network	分组交换公共数据网
PSTN	Public Switched Telephone Network	公共电话交换网
QoS	Quality of Service	服务质量
SLP	Single Link Procedure	单链路过程
SNAcP	Sub-network Access Protocol	子网接入协议
SNDCP	Sub-Network Dependent Convergence Protocol	与子网有关的汇聚协议
SNICP	Sub-Network Independent Convergence Protocol	与子网无关的汇聚协议
STE	Signal Terminating Equipment	信号终端设备
STN	Switched Telephone Network	电话交换网
TC	Transport Connection	传输连接
TPDU	Transport Protocol Data Unit	传输协议数据单元
TSDU	Transport Service Data Unit	传输服务数据单元

5 传输层

5.1 传输层介绍

5.1.1 概述

传输层是OSI参考模式的第4层(见ISO/IEC 7498-1)。它是OSI参考模型中的高层即面向应用的部分(5,6,7)和低层网络有关部分(1,2,3)之间的边界。

传输层主要用途就是为面向应用的高层提供具有规定服务质量的透明、可靠、高效的端到端信息传输。传输层的目标是提供与使用网络无关的(可靠信息传送)服务。

5.1.2 传输层的功能

传输层的功能是:

——将传输地址映射到网络地址。

——建立或释放端到端的传输连接。

——端到端流控和顺序控制。

——在单个网络连接上,复接/分接传输连接。

——拆分和组合:单一传输连接上使用多个网络连接的功能。

——差错检测、恢复和监视服务质量。

——分片和重组、成块和分块:使传输服务数据单元(TSDU)长度适应传输协议数据单元(TPDU)(例如,由会话层提交报文)长度的功能。一个TSDU可以分成几个TPDU或者几个TSDU可以组成一个TPDU。

——紧急数据传送:用于避开正常数据流控,传输特定数据的功能。

——组合和分离:使TPDU长度适应网络服务数据单元(NSDU)长度的功能。根据给定网络NSDU的长度(如:X.25分组长度),不同的TPDU可以组合到单个NSDU中。

——监视功能。

——紧急TSDU传输。

5.2 传输服务

5.2.1 连接模式/无连接模式的传输服务

连接模式(COTS)和无连接模式传输服务(CLTS)两者都包含在国际标准(ISO,ITU-T)中,然而,无连接模式传输服务不适用于远动应用需求(比如,端对端确认服务、QoS的协商、流控只在COTS中存在)。

基于CONS(连接模式网络服务)的COTS实现远距离远动传输,或者基于CLNS(无连接模式网络服务)的COTS实现局域网传输,这都是基本需求。

5.2.2 参考标准集

传输服务在ISO/IEC 8072中定义。

5.2.3 传输层提供的服务列表

——传输连接(TC)建立(仅用于COTS)。

——数据传输。

——TC释放(仅用于COTS)。

5.2.4 对远动的建议

服务质量(QoS)

应检查定义服务质量(见ISO/IEC 8072)的下列参数:

——TC建立的时延;

——TC建立失败概率;

——吞吐率;

——传输时延；
——残留差错率；
——传输失败概率；
——TC 释放时延；
——TC 释放失败概率；
——TC 保护；
——TC 优先级；
——TC 恢复能力。

对 OSI，TC 优先级从以下几个方面规定 TC 的相对重要性：

——如有必要，按优先级次序，降低 TC 的 QoS 级别；
——如有必要，按优先级次序，中断 TC 以恢复资源。

优先级别是有限制的（比如 4 级：低、中、高、最高）。

5.2.5 紧急数据传输服务

这个服务的使用应进行检验。紧急数据传送时没有编号和流控。即使有其他“正常”数据传送正在进行，紧急数据也总是首先传送。

具有传输协议类选择的网络紧急数据传输服务的适宜性应严格检查。

5.2.6 传输层的中继能力

在 OSI 参考模型中可能提供的实现中继功能的方法之一是使用传输层。

这涉及传输层本身 LAN 和 WAN 之间的中继。参考配置参见 GB/Z 18700.5—2003 的 2.1。子网互连通过基于无连接网络服务（如：LAN）的传输连接与基于面向连接网络服务（如：WAN）的传输连接之间的关联和中继实现。在二个传输连接之间发生中继。这个解决方案无需在 WAN 上传送互连协议报头（特别是互联地址）。中继能力在 MAP-TOP 用户组的文章中介绍并称作 MSDSG（多系统分布式系统网关）。

虽然中继类型没有遵循当前的 OSI 模型，但它是 ISO 技术报告（ISO/IEC TR 10172）的主题。

5.3 传输协议

5.3.1 参考标准集

——ISO/IEC 8073；
——ISO 8602。

5.3.2 建议使用的传输协议

（分类或子集、选项的选择、参考值范围）

过程元素

在 OSI 传输协议中（见 ISO/IEC 8073）定义了 23 个过程，这些过程在附录 A 中给出。

协议分类

使用不同的过程元素组合，ISO 定义了 5 个传输协议类型。在附录 B 里描述。

类型的选择（0、1、2、3、4）依赖于网络的分类（未检出差错率等），需要明确和 ISO 的“A”、“B”、“C” 3 类型的分类相关性。

传输协议类型的选择通常根据过程元素项的功能协议子集的需要（比如：多路复用、流控等）。

在远动应用中，通常建议类型 4。

类型协商

类型协商的规则意味着没有它，双方就不能进行通信。比如：设备 A 只提供类型 N，而 B 设备只提供类型 M ＜ N。为了与 B 设备通信建立一个传输连接，A 设备也须支持 B 设备的类型 M。

这意味着，如果我们考虑 3 种类型：0、2 和 4，就有 3 种类型设备。

——只支持 0 类型设备；

——支持 0、2 类型设备；

——支持 0、2、4 类型设备。

类型协商机制是强制的，除非整个系统选择同一类型。

QoS 参数

——如果使用 QoS 参数的协商是有用的，则传输服务应该提供在"目标(target)"和"最小量(minimum)"方面的 QoS(优先级、吞吐量、传送延时等)参数的可见度。这些参数的访问对第 4 层的管理也是有用的。

——传输连接之间相对优先级的标记在 ISO/IEC 8072:1994 中 10.10 定义。

——优先级层次的编码应被确定(在 ISO/IEC 8073 中，只给出编码格式并且是整数，没有值规定)。

选项

——在远动应用中推荐使用第 4 层的校验和 (第 4 类型)。

——紧急数据的使用(与子网可能发生的事物的关系，传输协议类型等)。

参数

传输协议数据单元(TPDU)的最大长度应当固定(比如，1024 个八位位组)。

网络层的使用

将传输连接指派到网络连接在 ISO/IEC 8073:1992 中 6.1.1 中描述。

5.3.3 附加建议

针对远动应用，在标准集使用的某些方面，需要强调和附加一些信息，比如：

——传输实体的寻址；

——在网络层选择的因果关系 (如 ISO/IEC 8878 所指出的 NSAP 的传输、中继等)。

对于远动应用，一些特殊问题应研究，以检查在 OSI 传输协议中所描述的标准机制的适宜性。

例如，所需的 TC 恢复能力和传输连接及网络连接有因果关系。

6 网络层

6.1 网络层介绍

6.1.1 概述

网络层处于 OSI 参考模型(见 GB/T 9387.1)的第 3 层，网络层的目标是在两个传输实体之间提供透明数据传输。网络层管理与一个特定的网络连接有关的路由功能和转发功能，而该网络连接是通过一个或多个子网的。

在 OSI 中定义了两种网络服务类型：

——连接模式网络服务(CONS) 一般用于广域网。

——无连接模式网络服务(CLNS) 一般用于局域网。

6.1.2 子网

OSI 定义：子网是一个或多个中介系统的集合，它们提供转发功能，端系统可以通过子网建立网络连接。

子网是诸如公网、专网、局域网等现实网络的抽象表示。

着重考虑的子网有：

——分组交换网；

——电路交换网；

——固定线路；

——局域网。

6.1.3 参考标准集

基本

网络层的内部结构在 ISO 8648 中定义。

服务

——CONS 在 ISO/IEC 8348 中定义。

——CLNS 在 ISO/IEC 8348 中定义。

——网络层寻址在 ISO/IEC 8348 中定义。

协议

——CONS：目前唯一支持 CONS 的网络协议为 GB/T 16974 和 ITU-T X.25。

为了提供 CONS,利用 X.25 分组层协议提供 CONS 时应遵守 GB/T 16976 给定的规则。

提供和支持 CONS 的协议规范在 ISO/IEC 8880-2 中描述。

——CLNS：提供和支持 CLNS 的协议规范在 GB/T 16503.3 中描述。

6.1.4 网络层的内部结构

按照 ISO 8648 中规定的网络层内部结构,网络层由三个角色构成：

——与子网无关汇聚协议(SNICP)角色；

——与子网有关汇聚协议(SNDCP)角色；

——子网接入协议(SNAcP)角色。

SNAcP 提供和数据链路层的接口,实现 SNAcP 任务的协议在明确说明的特定子网特性约束下工作。提供子网服务的 SNAcP 操作被认为是与子网有关的。

SNDCP 向上和向下调整 SNAcP 提供的服务。同时,用于提供 SNICP 设定的服务或者直接提供网络服务。

SNICP 在一组明确定义的下层能力(如:子网)的基础上构造网络服务。通过其他网络层协议的运行或链路层直接提供的链路服务使得这些下层能力成为可用的能力。

一种网络层协议可以实现一个或全部角色,标识“SNAcP”、“SNDCP”、“SNICP”仅用来区分实现每一角色的离散协议。当只有单一网络层协议提供网络服务时,可以说它实现了所有三个角色。

6.2 网络服务

6.2.1 CONS 或 CLNS 的选择

对于远动应用,通信互连功能所使用的 OSI 网络服务不是 CONS 就是 CLNS。

当下层子网是面向连接的,而且是相同类型时(例如:每个子网都使用相同的 SNAcP),CONS 是通常的选择。当所有的子网都为 X.25 或固定线路时,CONS 是最普遍惯用的网络服务。

当下层子网是不同类型(例如:多于一个 SNAcP 被采用),使用非连接或混合使用面向连接和非连接时,CLNS 是正确的选择。当由网络层完成中继时,CLNS 可用于 LAN 和 WAN 的连接、两个或多个远程的 LAN 通过 WAN 的连接、或者用于连接两个不同类型的子网。

6.2.2 连接模式提供的服务表

本表引自 GB/T 9387.1。

——网络连接(NC)的建立；

——数据传输；

——接受确认；

——服务质量参数；

——紧急数据传送；

——差错通知；

——顺序；

——流控；

——NC 复位；

——NC 释放。

6.2.3 无连接模式下网络层提供的服务表

CLNS 只定义一种服务：数据传输。

6.2.4 远动附加建议

CONS 的服务质量(QoS)

应检查定义 CONS 服务质量的下列参数：

——NC 建立时延；

——NC 建立失败概率；

——吞吐率；

——传输时延；

——残留差错率；

——传输失败概率；

——NC 释放时延；

——NC 释放失败概率；

——NC 保护；

——NC 优先级；

——最大可接受成本。

CLNS 的服务质量(QoS)

应检查定义 CLNS 服务质量的下列参数：

——吞吐率；

——传输时延；

——残留差错率；

——传输失败概率；

——最大可接受成本。

CONS 的 QoS 参数协商

在 ISO/IEC 8348，三个参数可协商：吞吐率、传输时延和优先级。

网络连接一旦建立，贯穿其生命周期，已协商过的 QoS 值并不能随意重新协商，同时不保证维持其初始值。

更进一步说，QoS 的降低并不通知用户。

对于远动应用，希望通过管理功能去通知用户。

QoS 参数的协商机制在 ISO 标准中描述。

其余的 QoS 参数(非协商)由管理功能或由协定决定。

在 OSI 中，NC 优先级从以下几个方面规定 NC 的相对重要性：

——如有必要，按优先级的顺序，降低 NC 的 QoS；

——如有必要，按优先级的顺序，中断 NC 以恢复资源。

优先级的数量是有限的(例如，四个级别：低、中、高、最高)。

对远动所需求的 QoS 优先级概念的适应性的检查是必需的。

CLNS 的 QoS 参数协商

CLNS 没有需协商的参数。

紧急数据传输服务

应对本服务的使用进行检查：它可有效地用于解决拥塞问题和辅助信息管理。

紧急数据传输服务不是解决远动数据优先级问题的手段。

更进一步说,本服务的使用对子网类型的适应性应进行严密检查。

寻址

网络服务访问点(NSAP)的语法由ISO/IEC 8348给出。

NSDU最大长度

网络服务数据单元的最大长度应当是固定的(例如:1024个八位位组)

其他

——网络服务应当提供在“目标”、“最小”方面QoS参数的可见性,“目标”、“最小”在ISO/IEC 8348中描述。

——服务提供商和两端用户之间的QoS参数协商应遵循ISO/IEC 8348:1993的12.2.7中描述的规则。

——在ISO/IEC 8348:1993的10.2.11中,网络服务描述了网络连接的相对优先级标记。

——不同的传输设施(具有不同的性能)的选择依赖于参数“吞吐率”、“传输时延”的值。

6.3 网络协议

网络协议遵循6.1.3中描述的标准。

6.3.1 与子网无关的汇聚协议(SNICP)

连接模式网络服务(CONS)实现时使用X.25分组层协议(见GB/T 16974),这是目前唯一支持CONS的协议。这个协议实现CONS网络层的所有三种角色,因此没有一种仅实现SNICP角色的单独离散协议。提供CONS的X.25协议的使用应该遵循GB/T 16976给定的规则。

无连接模式网络服务(CLNS)实现时使用互连协议GB/T 17179.1作为SNICP,直接为传输层提供网络层服务。整个协议都被使用,但有以下例外:

——不使用内部子网通信的不活动子集;

——不使用无分段子集;

——利用当地的系统管理可以去选择“检查和”的使用;

——支持所有的类型1功能;

——生命周期参数(和PDU的生命周期控制功能有关)按GB/T 17179.1中的规定使用;

——初始化的PDU在重新组装点的重新组装时间(和重新装配PDU功能有关)不大于任何派生PDU的生命周期参数中的最大值。

还有其他的协议功能需要研究,包括:安全参数、部分路由记录的使用和源路由。路由和中继事宜也需要处理。

6.3.2 与子网有关的汇聚协议(SNDCP)

GB/T 17179.1定义与子网有关的汇聚功能(SNDCF)集,或定义子网提供的服务与GB/T 17179.1所采用的抽象底层服务之间的关联规则。SNDCF不是附加协议,适当的SNDCF适用于ISO PDU从源NSAP向目的NSAP传输所经过的每个子网。

GB/T 17179.1规定CLNS在子网上的操作,该子网使用GB/T 16974中定义的X.25分组层协议或8802-2中定义的逻辑链路控制过程。

GB/T 17179.1规定CLNS在提供OSI数据链路服务的子网上的操作。对于电路交换子网,无论是传统型的还是ISDN,通信开始之前,在两端之间先要建立电路。

CONS没有单独的SNDCP。

6.3.3 子网接入协议(SNAcP)

通过GB/T 16974中定义的X.25分组层协议访问下层子网(例如:分组交换子网或固定线路)时,X.25 PLP充当SNAcP角色。

下层子网是ISO 8802-2 LAN或者是HDLC干线(例如:子网提供OSI数据链路服务)时,如上所述,GB/T 17179.1中定义的SNDCP充当SNAcP角色。

6.3.4 附加建议

优先级

X.25 协议“优先级”编码规则正在 ISO 考虑之中。目前,已形成 ISO/IEC 8208 第二版的工作草案 JTC1/SC6 N5039。

注:ITU-T X.25 建议在附录 G 中定义一些功能(包括编码)支持 OSI 网络服务。它们在分组的“功能域”中传输,用于连接建立阶段(呼叫请求分组、呼入分组、呼叫接收分组、呼叫连接分组)。

ITU_T X.25 建议在“优先级功能”中定义三种类型的优先级:

——与报文有关:在连接上的数据优先级;

——与连接有关:获得一个连接的优先级,或

保持一个连接的优先级。

有 255 个可能的优先级。

优先级参数按“目标”值、“可用”值及“选定”值协商。

ITU-T X.25 建议定义和网络连接有关的优先级编码和协商。但 X.25 的目标不是描述用于管理 X.25 网络优先级的机制。

——QoS 参数的处理和传输在 GB/T 16976—1997 的 6.2.5 中定义。

——NASP 地址的处理和传输在 GB/T 16976—1997 的 6.2.2 中定义。

——对于远动应用,一些特殊的问题应加以研究,以检查在 OSI 协议中所描述的标准化机制的适应性。例如:端系统需要管理在网络层中用于连接两个不同传输接入点的数据链路。

——一些特殊点需要进一步检查,以便在远动中使用这些标准集合。例如:

- 寻址;
- NASP 传输;
- 中继。

7 子网

本章以概要地介绍数据链路层和物理层作开始。其余部分着重考虑 OSI 1 至 3 层基本部分的使用。由于在范围一章所述理由,本章按子网类型组织。

涉及的子网类型有:

——分组交换;

——电路交换;

——ISDN;

——固定线路;

——局域网。

任一子网可以和诸如计算机、RTU 等端系统直接接口,也可以和子网之间的中介系统接口,如 LAN 和 PSDN 之间的网关。

每个子网的描述包括第 1 层物理层,第 2 层数据链路层和第 3 层网络层,直至 SNDCP 角色。在本部分第 6 章描述的网络层 SNICP 角色一般情况下适用于每个子网,第 4 层至第 7 层和下层子网类型无关,不包括在下述的子网描述之中。

本章不考虑子网和互联网互连的情况,这些情况将在随后的功能性协议子集中处理。

数据链路层和物理层

数据链路层是 OSI 参考模型的第 2 层,提供穿越物理层的可靠信息传输。它处理通信介质及用户的需求。

本层提供功能性和过程性的方法以实现，在网络实体之间建立、维护、释放可靠数据链路连接以及传输链路数据服务数据单元。数据链路层检测和尽可能纠正在物理层可能发生的差错。

数据链路层使网络层能够控制物理层中的数据电路互连。

数据链路层实现以下功能：

——数据链路连接建立和释放；

——数据链路服务数据单元的映射；

——数据链路连接的分割；

——定界和同步；

——顺序控制；

——差错检测和恢复；

——流控；

——标识和参数交换；

——数据电路互连控制；

——数据链路层管理。

物理层提供机械、电气、功能性和程序性的手段以激活、维持、释放数据链路实体之间为比特传输而建立的物理连接。一个物理连接可以包含在物理层中转发比特传输的中介开放系统。实体间的连接借助于物理介质。

物理层提供比特流的透明传输，以相同的顺序在穿过物理连接的数据链路实体之间递交。

7.1 分组交换网

分组交换网见图1。

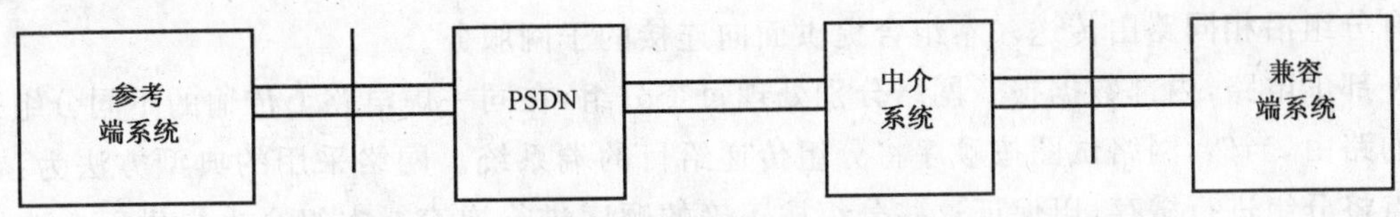

图1 分组交换数据网的场景描述

7.1.1 引言

分组交换子网，下面也称作分组交换数据网(PSDN)，是一种由计算机化的分组交换节点组成的数据传输网络。报文进入网络时被源端系统分割成数据分组(如：受最大长度限制的小报文)以便穿越网络进行传输。分组按中继节点的路由算法所决定的路径从一个节点到另一个节点逐跳穿越网络。在目的端系统报文被重新组装后递交给上层网络。

参考端系统通过 PSDN(或者串接 PSDN)及可能有的中介系统与相兼容的端系统通信。

典型的 PSDN 包含通信链路和分组交换节点，端系统可以是控制中心的计算机和/或局域网、RTU 或终端。

这类网络的基本特性如下：

——共享传输资源。所有的端系统动态共享链路和节点，一个分组仅占用一个链路的一短瞬，时间为毫秒级。

——使用任意拓扑结构。尽管全网格状网络为端系统提供了极大的便利，使得由一个节点到网络中其他任意节点至少有两条不同的路由，但 PSDN 可以在任意拓扑结构中实现，包括环形、星形、层次形树状网络。

——对网络变化情况自动适应。拓扑变化(由链路/节点故障或链路/节点增加引起的变化)或流量模式和强度发生变化而导致分组自动重新选择路由,或者其他自动变化以减少传输时延和数据丢失,而无需人工干预。

——端系统完全互连。和网络相连的任意一对端系统之间均可以通信。虽然如后文所描述的现有PSDN没有多播和广播的能力,但任何一个端系统能够和多个端系统进行通信。

是否使用虚电路或数据报是分组交换网络的重要特性之一,这两种类型的分组交换描述如下:

——虚电路分组交换。类似于电路交换,在数据能够经过网络进行传输之前,需要在端系统之间建立连接。然而,对于虚电路分组交换,建立一个逻辑连接以替代物理连接。

主叫端系统发送一个呼叫请求分组给被叫端系统以建立虚电路连接,如果被叫端系统准备接受连接,则接着用一个呼叫接受分组进行响应。最后,其中一个端系统使用清除请求分组终止连接。

——数据报分组交换。类似报文交换,每个分组单独处理。发送分组之前没有呼叫建立。每个分组依据分组头部的地址域中的地址在网络中向前传送。

在PSDN中,虚电路和数据报的使用有两个层次或范围,外部使用和内部使用。对于外部使用,PSDN在端系统和PSDN节点间(即:X.25的DTE和DCE之间)的接口上提供虚电路(即:面向连接)服务或者提供数据报(即:无连接)服务。使用虚电路接口时,端系统执行呼叫请求以建立虚电路,并且利用序号来实行流控制和差错控制,网络试图按序号传递分组。使用数据报接口时,网络只适合独立处理分组,分组可能以任意的顺序到达目的端系统。

对于内部使用,网络可以在端点间实际构造一条固定的路径(虚电路),也可以不构造。PSDN的内部操作不是由提供给端系统且位于端系统和PSDN之间接口的服务所支配。可能的组合如下:

——外部虚电路,内部虚电路。当端系统申请一条虚电路时,构造了一条穿越网络的固定路由,所有分组沿相同路由传送。本组合提供面向连接的子网服务。

——外部虚电路,内部数据报。网络分别处理每个分组,在同一虚电路上传输的不同分组采用不同的路由,当然,网络试图按顺序将分组传递给目的端系统。网络采用的典型方法为:在目标节点将分组进行缓存,以保证这些分组按正确的顺序进行递交。本组合也提供面向连接的子网服务。

——外部数据报,内部数据报。从端系统和网络两个方面来看,都是独立处理每个分组。因此,每个分组经过不同的路由到达端系统,同时也以任意的顺序递交给端系统,本组合提供无连接的子网服务。

在任何情况下,PSDN的内部协议的标准化都超出了GB/T 18700的范围。

对远动应用而言,仅建议使用提供外部虚电路的PSDN(如:CONS),虽然内部数据报协议似乎比内部虚电路服务优越,但这个课题还需要进一步研究。

7.1.2 参考标准集

1991年8月,CIGRE-SC35-WG03题为“专门针对远动的分组交换网需求和特性”的报告收集了远动使用各种PSDN的数据(见图2)。

GB/T 16974(也参见ITU-T X.25建议)是现阶段PSDN方面唯一的ISO标准。

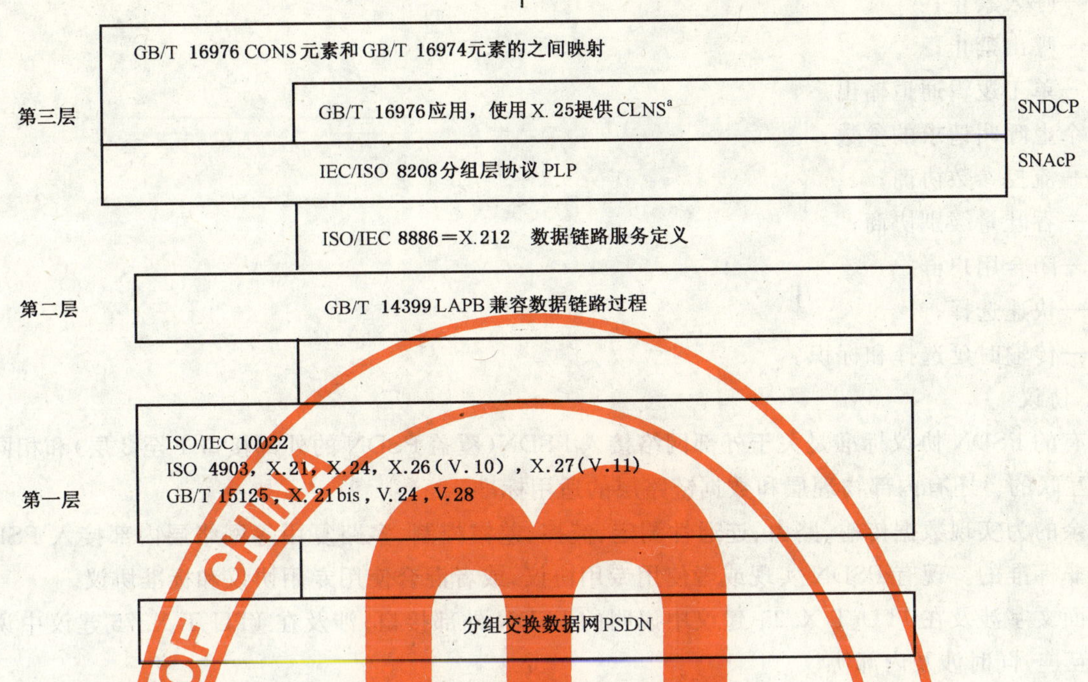

[a] 仅对 ISO/IEC 8208:1980 版而言。

图 2 分组交换数据网络模型描述

7.1.3 功能

ITU-T X.25 建议提供面向访问协议的 PSDN 虚电路，虚电路既可以供网络层的 SNICP 子层使用(当一种协议如 ISO/IEC 8475-1IP 用于提供 CLNS 时)，也可直接被传输层用来提供 CONS。虚电路是在一对逻辑或物理端口之间的双向，透明、带流控的路径。三种类型的虚电路规定如下：

——交换虚电路或虚呼叫：处于两个 DTE 的两个进程之间的临时连接，初始化使用呼叫建立过程，停止则使用呼叫清除过程。

——永久虚电路：两个进程之间的永久联接，在系统初始化时建立，不需要使用“呼叫建立”分组。

——快速选择：短期交换虚电路，每个方向包括一个分组交换。初始化分组包含带可选数据的呼叫请求，返回分组包含带可选数据的呼叫清除。

提供以下特定服务：

——呼叫建立和清除；

——数据传输和中断；

——多路复用；

——流控；

——复位与重启；

——快速选择功能；

——用户功能。

用户功能分为两个类别，描述如下：

合同期内给定的参数：

——流控参数协商；

——吞吐量级别协商；

——闭合用户群；
——快速选择接受；
——呼入禁止；
——呼出禁止；
——单工逻辑通道输出。

每个虚呼叫请求的参数：

——流控参数协商；
——吞吐量级别协商；
——闭合用户群；
——快速选择；
——传输时延选择和标识。

7.1.4 协议

仅有的PSDN协议标准是关于外部网络接入PSDN(覆盖PSDN的外部接口1至3层)和相同类型PSDN互联的。还有内部物理层和数据链路层的适用标准。

其余的为实现数据传输、路由、连通性测定、流控、差错控制、多路复用等网络层内部接入PSDN的功能是非标准的。现有PSDN实现或者使用专用协议，或者混合使用专用协议和标准协议。

下面文字涉及在ITU-T X.25建议中说明的PSDN外部接口；涉及在ITU-T X.75建议中说明的PSDN互连；同时涉及内部协议。

物理层1

物理层提供实现比特传输的物理电路的机械、电气、功能性及过程性的特性，以实现在DTE和DCE之间(网络访问时)、STP之间(PSDN互连时)、在使用内部协议的交换节点之间的物理电路的激活、维持、释放。

DTE是端系统或使用PSDN的中介系统，DCE就是PSDN节点。STE充当连接两个PSDN的DCE级网关。

X.21(也可选X.21bis,类似ITU-T X.24建议)指定为网络访问协议的物理层所使用。

链路层2

链路层提供功能性和过程性方法以建立、维持、释放可靠数据链路连接，并且传输链路数据服务数据单元。使用窗口技术以提供流控过程；因为编码和帧技术能够诊断和恢复线路差错、侦测重包和丢包以及同步发送者和接收者，因此可以通过编码和帧技术恢复通信线路故障。

对于网络接入，X.25定义单链路过程(SLP)，X.75定义一个允许接口在多条线路上运行的多链路过程(MLP)。SLP被规定为LAPB(GB/T 14399)，为HDLC异步平衡模式的一个子集。

当DTE和DCE之间、STE之间存在多链路时，每个链路由SLP LAPB管理。

虽然HDLC是普遍使用的标准，但没有规定内部链路层协议。

网络层3

SNAcP

本子层提供一些方法以建立、维持、终止网络连接和过程，而这个过程是在网络连接之上建立的两个传输连接之间交换网络数据服务单元(如：分组)的过程。

为本子层指定的网络访问协议为ITU-T X.25分组层协议(PLP)，此协议在GB/T 16974中定义。

没有内部网络操作所使用的分组层协议标准。可是本层所使用的所有协议应实现某种算法，其目的是为传输层提供独立性，即提供与指定网络连接的建立和操作有关的路由和中继的无关性。

包括以下算法：

——路由和中继算法　此算法应提供分组通过网络从源节点到目标节点的路径选择。此过程自动完成，而且能够动态适应部分或全部网络条件变化。如：线路或节点故障，流量模式或拥塞状况发生变化。

对于使用内部虚电路的 PSDN，此算法仅在呼叫建立时使用；对于使用内部数据报的 PSDN，当分组到达每个分组交换节点时，此算法用于决定在一个网络连接中每个分组的路由。

——可达或连通算法　此算法可以标识网络中的失效节点或与网络相连的外部节点。

——流控　此算法为了防止过多的数据进入网络。

SNDCP

对于 1984 版或最近的 X.25 协议，这个子层是空的。但 CONS 元素和 X.25 PLP 元素之间的映射关系在 GB/T 16976 被规定。

对于 1980 版 X.25 PLP，GB/T 16976 规定了 SNDCP 过程，用于克服 1980 版 X.25 PLP 在传输支持 OSI 网络连接建立和释放所需的一些参数信息方面的缺陷。

GB/T 18700 不推荐修订的 X.25 1980 版，因为 X.25 1980 版中许多有用的用户功能都不能提供，因此更倾向推荐 X.25 1984 版和 1988 版。

7.2　电路交换网

7.2.1　引言

电路交换子网是基于电路交换方法，具有专用(时分或空分)交换功能，提供远程通信服务的设施，可以是电路交换数据网络，或者是电话交换网。

特别应该注意到，电路交换子网不只是一个用于将两个远动工作站连接在一起(OSI 意义中的端系统)的交换网络(OSI 意义中的子网)，同时电路交换子网也是出现在一条连接路径中的串接通信信道(模拟或数字)和/或交换设备(模拟或数字)。

电路交换网也可以用于访问分组交换数据网(PSDN)。

另外，交换网既可以是公网，也可以是专用网(如：来自电力系统本身)。

对于公网，应符合 ITU-T 建议，按惯例专网也遵循那些建议。

存在两种类型的电路交换网：

电路交换数据网(CSDN，CSPDN)

两个用户间穿过电路交换数据网的数据传输在数字信道上进行。

电话交换网(PSTN，STN)

可能的各种交换设备列举如下：

——基于机电空分系统，使用分布式控制的模拟交换电话设备。

——基于存储式程序控制(SPC)，带交换中继及电子交叉点的模拟交换电话设备。

——基于存储式程序控制(SPC)，带 ISDN 特性及数字用户设备的数字交换电话设备。提供的服务和 ISDN 等同。

用户交换设备间及交换设备间可能的传输信道如下：

——模拟语音通道。

——音频(overvoice)通道(如：使用脉幅调制 PAM)。

——多路复用通道(欧洲：PCM 30/32，美国：PCM 24)。

除电路交换，还存在两种交换网络：

——永久电路(不必呼叫)。

——半永久电路，也称“牢固连接”(只可能是一个对相同的对侧或端系统的连接)。

7.2.2　电路交换数据网

参考端系统通过 CSDN(或串接 CSDN)及可能存在的中介系统和兼容的端系统进行通信(见图 3)。

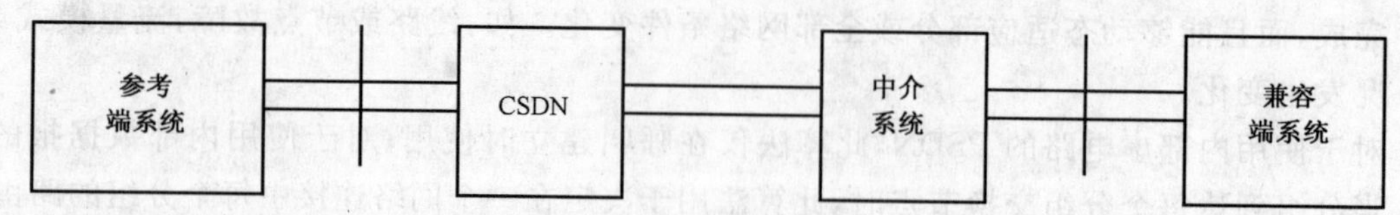

图 3 电路交换数据网场景描述

首先,需要区分一下呼叫控制阶段和数据传输阶段。

呼叫控制阶段由连接建立和连接释放组成。连接建立为两步过程,首先利用 X.21 过程产生电路建立,接着是利用 OSI 规则建立虚呼叫。

在数据传输阶段,X.21 过程对用户是透明的,数据传输阶段使用 GB/T 14399 LAPB 兼容的数据链路过程(见图 4)。

X.25 分组层协议(GB/T 16974)的使用

本标准规定了在分组层遵循 X.25 的为 DTE 操作所用的过程、格式、用户可选功能。还包括两个 DTE 通过专用路径或交换电路连接直接进行通信时所需的附加分组层过程。

7.2.2.1 功能

在呼叫控制阶段,依照 X.21 所提供的功能。

在数据传输阶段,提供依照进行透明数据传输的 X.21 和依照 GB/T 16974 PLP 的功能,例如:逻辑通道分配,分组层窗口,分组尺寸,吞吐量级别和快速选择。

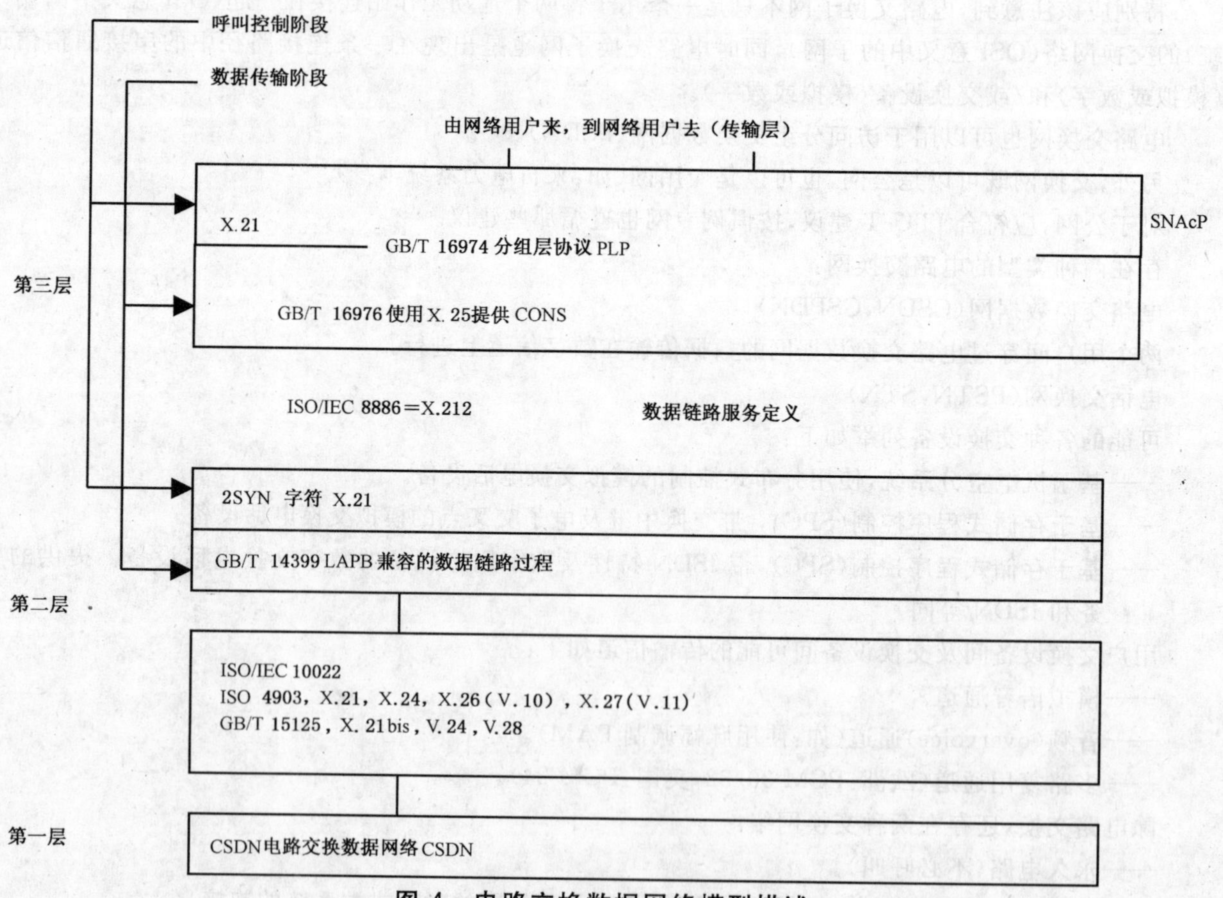

图 4 电路交换数据网络模型描述

注：因为结构化编码帧的限制(IA≠5 应使用),不考虑作为启/停传输服务(X.20)的电路交换数据网络。

7.2.2.2 协议

第一层

本条定义用于端系统和数据电路间连接的物理接口，为了达到这个目的，考虑采用在ITU-T建议中定义的DTE和DCE间的接口。

——物理接口：

可能的接口在X.21(物理层)或V系列标准中定义，V系列接口的使用在X.21 bis中描述。

并不是每一个数据网络都支持所有的物理接口，进一步说，网络提供商也准许使用在CEPT建议T/CD 01-12和T/CD 01-14中定义的插件式和内置式DCE。

——数据信号速率：

可能的数据速率范围从600 bit/s到64 000 bit/s，在一致性声明中应明确规定。并非每一个的数据网络均支持所有可能的数据速率。

——DTE/DCE机械接口：

接口的选择依赖于网络提供商所提供的DTE/DCE接口，有关附加条件信息各国自行考虑。

第二层

考虑DTE/DCE操作模式的实现遵照GB/T 14399。

在X.21建议或X.21bis建议中的数据阶段，通过单一的物理电路交换数据时应该使用链路层过程。这个过程是在GB/T 14399中所定义的单一的链路过程LAPB，并和X.25及X.75兼容。

第三层

与子网无关的汇聚协议(SNICP)角色

这一子层的任务就是提供在ISO/IEC 8348和X.213中所定义的OSI网络服务，ISO/IEC 8348和X.213在连接建立和连接释放原语中关于用户数据方面的差异没有被涉及。

子网有关的汇集协议(SNDCP)和子网接入协议(SNAcP)的作用

在交换情况下，X.21中定义的协议用来建立和清除数据电路，GB/T 16974中定义的协议(分组层协议PLP)用来建立虚呼叫(VC)、在VC上传输数据和清除VC。这意味着连接建立和连接释放都是两步过程。

X.25中定义的分组层协议PLP和GB/T 16974中的定义非常相近。因为GB/T 16974包含DTE/DTE，故引用GB/T 16974。

GB/T 16976定义的特性(使用X.25提供CONS)用于建立ISO/IEC 8348的网络服务和GB/T 16974分组层协议间的映射。例如：网络实体可以使用网络服务用户的QoS参数，建立用于NPDU传输的网络连接之间的优先级。

——连接建立阶段。

数字数据电路建立

在收到N-CONNECT请求原语后，如若数字数据电路不可用，数字数据电路应该被建立。被叫和主叫的网络地址从N-CONNECT请求原语的被叫和主叫NSAP地址中得到。数字数据电路的建立并不一定意味对N-CONNECT原语的调用。连接的产生在下文的“虚电路建立”中描述。

如果一个适合的数字数据电路已经是可用的，且也满足吞吐量的要求，则网络连接如下文的“虚电路建立”中所描述的那样被建立起来。

虚呼叫建立

根据OSI网络服务定义要求，主叫、被叫和应答的NSAP地址需要由X.25的呼叫建立分组和清除分组传输。

网络层编址、语义、抽象语法、首选的NSAP地址编码原则在ISO/IEC 8348中定义。

分组层协议特性

分组层协议遵循GB/T 16974。

——数据传输阶段

数据传输阶段按 GB/T 16976 描述的方式实现。

协议遵循 GB/T 16974。

——连接释放阶段

本阶段按 GB/T 16976 描述的方式实现,协议遵循 GB/T 16974。如果数字数据电路不支持其他的网络连接(如虚电路),使用 X. 21 清除阶段。创建数字数据电路的端系统负责清除数字数据电路,当然,另一端系统也可以完成此功能。

7.2.3 电话交换网

参考端系统通过 PSTN(或串接 PSTN)及可能有的中介系统和兼容的端系统通信(见图 5)。

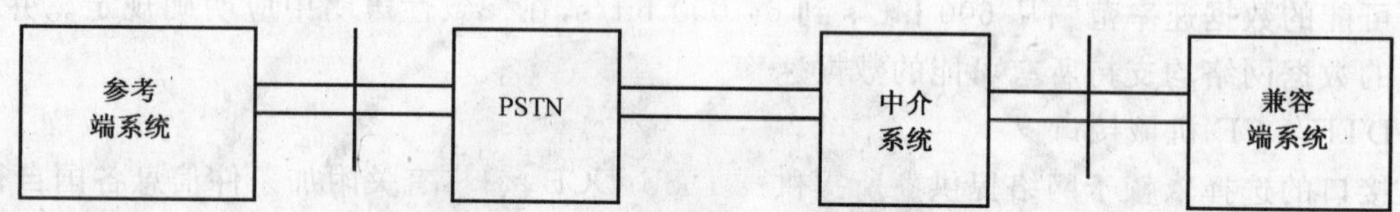

图 5 电话交换数据网场景描述

首先,需要区分一下呼叫控制阶段和数据传输阶段。

呼叫控制阶段由连接建立和连接释放阶段组成。连接建立为两步过程,首先利用 X. 21 过程产生电路建立,接着是利用 OSI 规则建立虚呼叫。

在数据传输阶段,V. 25 或 V. 25bis 过程对用户是透明的。在数据传输阶段使用 GB/T 14399 LAPB 兼容的数据链路过程(见图 6)。

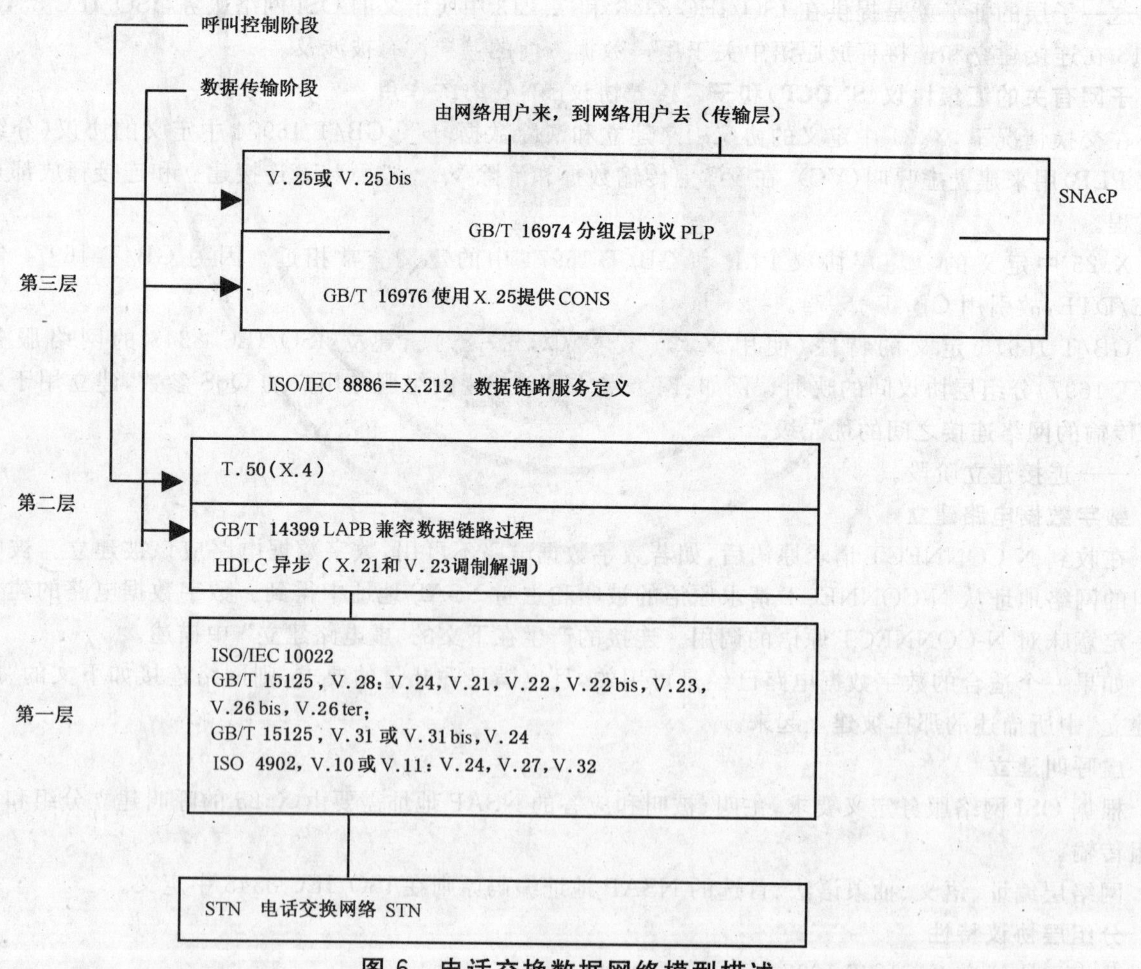

图 6 电话交换数据网络模型描述

X.25 分组层协议(GB/T 16974)的使用

本标准规定了在分组层遵循 X.25 的为 DTE 操作所用的过程、格式、用户可选功能。还包括两个 DTE 直接通过专用路径或交换电路连接进行通信时所需的附加分组层过程。

7.2.3.1 功能

在呼叫控制阶段,遵循 V.25(或 V.25bis)提供的功能。

在数据传输阶段,提供依照进行透明数据传输的 V.25(或 V.25bis)的功能,和提供依照 ISO/IEC 8208 PLP的用户功能,例如:逻辑通道分配,分组层窗口,分组尺寸,吞吐量级别和快速选择。

7.2.3.2 协议

第一层

本节定义用于端系统和数据电路间连接的物理接口,为了达到这个目的,考虑采用在 ITU-T 建议中定义的 DTE 和 DCE 间的接口。

——物理接口:

可能的接口在 V.24、V.10、V.11、V.28、V.31 和 V.31bis 中定义。

每一数据网络可以不支持所有的物理接口。此外,网络提供商也准许使用插件式和内置式 DCE。

——数据信号速率:

可能的数据速率范围从 600 bit/s 到 9 600 bit/s,在一致性声明中应明确规定。并非每一个数据网络均支持所有可能的数据速率。

——DTE/DCE 机械接口:

接口的选择依赖于网络提供者所提供的 DTE/DCE 接口,有关附加条件信息各国自行考虑。

第二层

考虑 DTE/DTE 操作模式的实现遵照 GB/T 14399。

——连接建立阶段:

用 T.50/X.4 的 IA $\neq$ 5 与 MODEM 对话。

——数据传输阶段:

在 V.25 或 V.25 bis 建议的数据阶段,通过单一的物理电路交换数据时使用链路层过程。这个过程是在 GB/T 14399 中定义的单一的链路过程 LAPB,和 X.25 及 X.75 兼容。

第三层

与子网无关的汇聚协议(SNICP)的作用

这一子层的主要任务就是提供 ISO/IEC 8348 和 X.213 中定义的 OSI 网络服务,ISO/IEC 8348 和 X.213 在连接建立和连接释放原语中关于用户数据方面的差异没有被涉及。

与子网有关的汇集协议(SNDCP)和子网接入协议(SNAcP)的作用

在交换情况下,在 V.25 或 V.25bis 中定义的协议用来建立和清除数据电路,在 GB/T 16974 中定义的协议(分组层协议 PLP)用来建立虚呼叫(VC)、在 VC 上传输数据和清除 VC。这意味着连接建立和连接释放都是两步过程。

在 X.25 中定义的分组层协议 PLP 和 GB/T 16974 中的定义非常相近。因为 GB/T 16974 包含 DTE/DTE,故引用 GB/T 16974。

定义于 GB/T 16976 中的特性(使用 X.25 提供 CONS),用于建立 ISO/IEC 8348 中的网络服务和 GB/T 16974 中分组层协议间的映射。网络实体可以使用网络服务用户的 QoS 参数,例如建立用于 NPDU 传输的连接间的优先级。

——连接建立阶段

模拟数据电路的建立

在收到 N-CONNECT 请求原语后,如模拟数据电路不可用,该电路将被建立。被叫和主叫网络地址从 N-CONNECT 请求原语的被叫和主叫 NSAP 地址中得到。模拟数据电路的建立并不一定意味对 N-CONNECT 原语的调用。连接的产生在下文的“虚电路建立”中描述。

假如合适的模拟数据电路可用,而且满足流量要求,网络连接的被创建应该如下文“虚电路建立”中所描述的。

虚呼叫的建立

根据 OSI 网络服务定义所要求,主叫、被叫和响应的 NSAP 地址需要由 X.25 的呼叫建立分组和清除分组传输。

网络层编址、语义、抽象语法、首选的 NSAP 地址编码的原则在 ISO/IEC 8348 中定义。

分组层协议特性

分组层协议遵循 GB/T 16974。

——数据传输阶段

数据传输阶段按 GB/T 16976 描述的方式实现。

协议遵循 GB/T 16974。

——连接释放阶段

本阶段按 GB/T 16976 描述的方式实现,协议遵循 GB/T 16974。如果模拟数据电路不支持其他的网络连接(如虚电路),则使用 V.25 或 V.25bis 的清除阶段。创建模拟数据电路的端系统负责清除该电路,当然,另一端系统也可以完成此功能。

附 录 A
（规范性附录）
传输协议——过程元素

——从 T-连接到 N-连接的分配(所有类型)。
——TPDU 传输(所有类型)。
——分段与重新组装(所有类型)。
——串联与分离(类型 1、2、3、4)。
——连接建立(所有情况)。
——连接拒绝(所有情况)。
——正常释放(在类型 0 为隐含变量,类型 1、2、3、4 为显式变量)。
——差错释放(类型 0 和类型 2)。
——TPDU 与 T-连接的关联(所有类型)。
——数据 TPDU 编号(类型 1,2,4,和选择显式流控时的类型 2)。
——紧急数据传输(类型 1,2,3 为网络正常数据变量,类型 1 为网络紧急数据变量)。
——故障后重分配(类型 1,3)。
——保持直到 TPDU 被确认(类型 1,3,4)。
——再同步(类型 1,3)。
——复用与分离(类型 2,3,4)。
——显式流控(类型 2,3,4)。
——校验和(类型 4)。
——冻结引用(类型 1,3,4)。
——超时重发(类型 4)。
——重排序(类型 4)。
——静止控制(类型 4)。
——协议差错的处理(所有类型)。
——拆分和重组(类型 4)。

附 录 B
(规范性附录)
传输协议——协议类型

类型 0:简单类型

类型 0 仅提供带协商的连接建立、具有分段和协议差错报告的数据传输所需功能。流控基于网络层流控。

类型 1:基本的差错恢复类型

类型 1 提供类型 0 的功能加上在网络服务所告知的故障发生之后的恢复能力,此恢复过程不涉及传输服务的用户。

类型 1 提供具有流控的传输连接,此流控基于网络层流控。

它提供差错恢复、紧急数据传输、连接解除及支持 N-连接之上的连续 T-连接的能力。

类型 2:多路复用类型

类型 2 具有将多路传输连接复用到单路网络连接的能力。提供具有或不具有单独流控的传输连接,不提供差错检测或差错恢复功能。

在网络复位或解除连接时,传输连接的被终止无需传输释放过程,但向传输服务用户报告。

当使用显式流控时,定义了信任机制。

类型 3:差错恢复和多路复用类型

类型 3 提供类型 2 的功能(使用显式流控)加上被网络服务所告知的故障发生之后的恢复能力,此恢复过程不涉及传输服务用户。

类型 4:差错检测和恢复类型

类型 4 提供类型 3 的功能加上对丢失、重复、错序 TPDU 的检测和恢复能力,此恢复过程不涉及传输服务用户。

通过对类型 2,3 数据 TPDU 编号方式的扩展使用,同时使用超时机制、额外过程进行差错检测。

类型 4 能够检测具有信号指示和没有信号指示的网络故障,并通过使用超时机制恢复故障。同时也使用校验和的机制检测和恢复被破坏的 TPDU。校验和的使用须遵从协商时的约定。

类型 4 提供额外的适应性以应对网络故障,并且允许一个传输连接使用多个网络连接。

参 考 文 献

IEC 870-1-4:1994, Telecontrol equipment and systems - Part 1: General considerations - Section 4: Basic aspects of telecontrol data transmission and organization of standards IEC 870-5 and IEC 870-6

IEC 870-5: Telecontrol equipment and system - Part 5: Transmission protocols

ISO 4902: 1989 Information technology - Data communication - 37-pole DTE/DCE interface connect and contact number assignments telephone network

ITU_T X. 20:1988, Interface between data terminal equipment (DTE) and data circuit terminating equipment(DCE) for start-stop transmission services on public data networks

ITU-T X. 32: 1993, Interface between data terminal equipment (DTE) and data circuit terminating equipment (DCE) for terminals operating in the packet mode and accessing a packet switched public data network through a public switched telephone network or an integrated services digital network or a circuit switched public data network

CIGRE - Rep. 62, Requirements and Performance of Packet Switching Network with Special Reference to Telecontrol (Working Group 03 of Study committee 35, Aug. 1991)

ICS 33.20
F 21

中华人民共和国国家标准化指导性技术文件

GB/Z 18700.7—2005/IEC TR 60870-6-505:2002

远动设备和系统　第6-505部分：与ISO标准和ITU-T建议兼容的远动协议　TASE.2用户指南

Telecontrol equipment and systems—Part 6-505: Telecontrol protocols compatible with ISO standards and ITU-T recommendations—TASE.2 user guide

(IEC TR 60870-6-505:2002,IDT)

2005-02-06 发布　　2005-12-01 实施

中华人民共和国国家质量监督检验检疫总局
中国国家标准化管理委员会　发布

前　言

本指导性技术文件仅供参考。有关对指导性技术文件的建议和意见向标准化行政主管部门反映。

随着网络通信技术的发展,电力系统远动实时数据传输也逐渐向网络化发展。IEC TC57 技术委员会编制的 IEC 60870-6 系列标准《远动设备和系统　第 6 部分:与 ISO 标准和 ITU-T 建议兼容的远动协议》是为适应这一发展需要制定的。

为促进我国远动实时数据通信进一步发展,实现与国际标准接轨,我们采用该标准系列中有关部分制定国家标准 GB/T(GB/Z) 18700《远动设备和系统　第 6 部分:与 ISO 标准和 ITU-T 建议兼容的远动协议》。本标准包括以下 8 部分:

GB/T 18700.1—2002　远动设备和系统　第 6 部分:与 ISO 标准和 ITU-T 建议兼容的远动协议　第 503 篇:TASE.2 服务和协议(IEC 60870-6-503:1997,IDT)

GB/T 18700.2—2002　远动设备和系统　第 6 部分:与 ISO 标准和 ITU-T 建议兼容的远动协议　第 802 篇:TASE.2 对象模型(IEC 60870-6-802:1997,IDT)

GB/T 18700.3—2002　远动设备和系统　第 6-702 部分:与 ISO 标准和 ITU-T 建议兼容的远动协议　在端系统中提供 TASE.2 应用服务的功能协议子集(IEC 60870-6-702:1998,IDT)

GB/Z 18700.4—2002　远动设备和系统　第 6-602 部分:与 ISO 标准和 ITU-T 建议兼容的远动协议　TASE 传输协议子集(IEC 60870-6-602:2001,IDT)

GB/Z 18700.5—2003　远动设备和系统　第 6-1 部分:与 ISO 标准和 ITU-T 建议兼容的远动协议标准的应用环境和结构(IEC 60870-6-1:1995,IDT)

GB/T18700.6—2005　远动设备和系统　第 6-2 部分:与 ISO 标准和 ITU-T 建议兼容的远动协议　OSI 1 至 4 层基本标准的使用(IEC 60870-6-2:1995,IDT)

GB/Z 18700.7—2005　远动设备和系统　第 6-505 部分:与 ISO 标准和 ITU-T 建议兼容的远动协议　TASE.2 用户指南(IEC TR 60870-6-505:2002,IDT)

GB/T 18700.8—2005　远动设备和系统　第 6-601 部分:与 ISO 标准和 ITU-T 建议兼容的远动协议　在通过永久接入分组交换数据网连接的端系统中提供基于连接传输服务的功能协议集(IEC 60870-6-601:1994,IDT)

本部分等同采用 IEC TR 60870-6-505:2002《远动设备和系统　第 6-505 部分:与 ISO 标准和 ITU-T 建议兼容的远动协议　TASE.2 用户指南》及其修改单 Amend 1:2003 附录 A 和附录 B,Amend 2:2004 附录 C。

在本部分编制过程中发现并修改了原文编辑性错误共 7 处,以脚注形式说明了这些修改。

本部分的附录 A、附录 B 和附录 C 都是资料性附录。

本部分由中国电力企业联合会提出。

本部分由全国电力系统控制及其通信标准化技术委员会归口并负责解释。

本部分起草单位:国家电力调度通信中心、华东电力调度通信中心、国电自动化研究院、福建省电力公司电力调度通信中心、中国电力科学研究院、华中电力调度通信中心。

本部分主要起草人:李根蔚、姚和平、南贵林、邓兆云、杨秋恒、韩水保、陶洪铸。

引　言

很多电力企业正在使用进行实时数据通信的国际标准即“远动应用服务元素”(Telecontrol Application Service Element,简称 TASE.2)。TASE.2 对所有电力企业提供了一种交换数据的通用方法,交换不仅在控制中心之间,而且在控制中心与电厂和变电站之间进行。TASE.2 的采用已使价格竞争的多家公司生产的基于 TASE.2 的通信产品得以实用,其价格只是专用系统的几分之一。

GB/T(GB/Z) 18700 的本部分为电力企业的用户提供了评价、采购、设置 TASE.2 的指导,为厂家提供了采用 TASE.2 的帮助。本部分对规范交叉引用,描述了组成 TASE.2 的各个服务器对象和数据对象,以通报形式向读者提供了使用 TASE.2 规范的必需的基本知识,陈述了由于使用 TASE.2 引起的实际问题。

远动设备和系统　第 6-505 部分：与 ISO 标准和 ITU-T 建议兼容的远动协议　TASE.2 用户指南

1　范围

GB/T(GB/Z) 18700 的本部分提供了一系列使用以下 TASE.2 国家标准的指南：

GB/T 18700.1—2002　TASE.2 服务和协议

GB/T 18700.2—2002　TASE.2 对象模型

GB/T 18700.3—2002　在端系统中提供 TASE.2 应用服务的功能协议子集

这些标准规定了交换有严格时间要求的控制中心数据的方法，交换是通过使用完全遵从 ISO 协议栈的广域网或局域网进行的。它们包含了支持集中和分布式体系结构的规定。这些标准包含实时信号量交换、控制操作、时间序列数据、计划和账目信息、非结构 ASCII 或二进制文件、远程程序控制和事件通知。

然而，TASE.2 标准的风格使有些人阅读该标准稍微有些困难，因为这些人不太熟悉描述协议所使用的语言的严谨文法或不了解开发这些标准的整个背景。此外，某些类型的信息对于 TASE.2 的用户是很有用的，但对说明 TASE.2 的协议和提供的服务是不必要的，因此在标准中被忽略了，因而需要本用户指南进行补充说明。

1.1　预期读者

本部分适用的读者很广泛，从试图判定 TASE.2 是否适合他们数据传送需要的最终用户到计划实现 TASE.2 功能提供 TASE.2 产品的生产厂商。具体讲，本指南有助于下列人员：

——最终用户，例如一个电力企业，该企业需要与另一个电力企业或多个电力企业或本企业的其他控制中心之间传送实时数据，该用户正在评估哪个通信协议是最适合的；

——最终用户，已经决定使用 TASE.2，他们需要得到购买 TASE.2 产品的指导；

——最终用户，已经购买了 TASE.2 产品，他们关注如何正确地映射他们实际数据到 TASE.2 数据对象的指南；

——最终用户，他们正在寻找有关配置 TASE.2 软件和网络这些实际问题的答案和约定；

——厂商，他有一个实施 TASE.2 规范的工程项目，TASE.2 规范可作为项目专用去实施或者提供一个标准产品去实施。

1.2　本部分的结构

本部分首先介绍 TASE.2 的概念和背景，以提供理解 TASE.2 规范的框架，然后描述组成TASE.2 的各服务器对象和数据对象以及它们在规范中的交叉引用。在 1 至 8 章中读者将获得所有必要的基础理解，以便巧妙地使用 TASE.2 规范。指南的其余部分(9 至 20 章)陈述使用 TASE.2 出现的有关实际问题。

1.3　TASE.2 版本

本部分是为使用 TASE.2 标准的第 2 版编制的，该 TASE.2 标准是 2000 年的版本。

2　规范性引用文件

下列文件中的条款通过 GB/T(GB/Z) 18700 的本部分的引用而构成为本部分的条款。凡是注日期的引用文件，其随后所有的修改单(不包括勘误的内容)或修订版均不适用于本部分，然而，鼓励根据本部分达成协议的各方研究是否可使用这些文件的最新版本。凡是不注日期的引用文件,其最新版本适用于本部分。

GB/T 18700.1—2002　远动设备和系统　第6部分:与ISO标准和ITU-T建议兼容的远动协议　第503篇:TASE.2服务和协议　(IEC 60870-6-503:1997,IDT)

GB/T 18700.2—2002　远动设备和系统　第6部分:与ISO标准和ITU-T建议兼容的远动协议　第802篇:TASE.2对象模型(IEC 60870-6-802:1997,IDT)

GB/T 18700.3—2002　远动设备和系统　第6-702部分:与ISO标准和ITU-T建议兼容的远动协议　在端系统中提供TASE.2应用服务的功能协议子集(IEC 60870-6-702:1998,IDT)

DL/T 634.5101—2002　远动设备及系统　第5部分:传输规约　第101篇:基本远动任务配套标准(idt IEC 60870-5-101(57/566/CDV:2002))

ISO/IEC 8802-2:1998　信息技术　系统之间的远程通信和信息交换　局域网和城域网　规范要求　第2部分:逻辑链路控制

ISO/IEC 9506(所有部分)　工业自动化系统　制造报文规范

3　术语和定义

以下术语和定义适用于本部分。

3.1

动作　action

由TASE.2服务器执行的一种活动,而这种活动是由一些本地预定义的触发或某些规定的环境所激发的。

3.2

结算信息　accounting information

电力企业描述其结算账目的一种信息集合。详见GB/T 18700.2—2002。

3.3

双边协定　bilateral agreement

两个控制中心之间的协定,该协定标识可访问的数据元素和对象以及允许访问的程度。

3.4

双边表　bilateral table

双边协定的一种计算机表示法。所使用的具体表示方法由当地确定。

3.5

客户　client

一种TASE.2用户,它对作为服务器的另一种TASE.2用户所拥有的服务和对象进行请求。客户是一种通信实体,它经过一次或多次TASE.2服务请求,在关联的生存期使用VCC。

3.6

数据集　data set

一种对象,它提供组合数据值服务,供TASE.2用户进行单一操作时使用。

3.7

数据值　data value

数据值是一种对象,表示一些字母数字(alphanumeric)量,此量对TASE.2用户而言是可视的,是虚拟控制中心(VCC)的一部分。数据值作为控制中心实现的一部分而存在,并代表某电力企业内的任一真实的实体,例如电流,或代表控制中心内计算出来的一些派生值。数据值对象包括存取和管理它们的服务。

3.8

实例　instance

TASE.2 的一种实现,它既可作为客户运行,也可作为服务器运行。

3.9

交换计划　interchange schedule

说明电能如何由一个系统输送到另一个系统的信息集合。详见 GB/T 18700.2—2002。

3.10

对象　object

一种抽象实体,它用来实现 TASE.2 协议和表示数据,以及提供访问 VCC 中的数据服务。

3.11

对象模型　object model

一种抽象表示,它用于表示实际数据、设备、操作员工作站、程序、事件条件和事件登记等。

3.12

操作　operation

由 TASE.2 服务器执行的一种活动,它是应 TASE.2 客户的请求而进行的。

3.13

服务器　server

一种 TASE.2 用户,它是数据源并且提供访问数据服务。在关联的生命期内 TASE.2 服务器起 VCC 的作用。

3.14

服务　service

一种活动,可能是 TASE.2 的动作,也可能是它的操作。

3.15

带标记　tagged

这术语是从实际引伸出来的。当某设备关机退出服务或者闭锁网络访问时,作为一种安全措施,往往要在设备上加一个物理标签。TASE.2 就是用"带标记"向 TASE.2 用户通知这样一种状态的。

3.16

时间系列　time series

某一给定元素的一组数值,这些值取得于时间间隔相等的不同时间。时间系列是通过本规范规定的传送设定机制实现的。

3.17

传送账目　transfer account

一组信息,将交换计划信息和小时数据或轮廓曲线数据关联起来。

3.18

传送条件　transfer condition

一些事件,或环境,根据这些事件或环境,TASE.2 服务器报告数据集的值、时间序列值或报告全部传送账目信息。

3.19

传送设定　transfer set

一种对象,将数据值与传送参数(例如时间间隔)关联起来并以此控制数据交换。有四种类型的传送设定:数据集传送设定、时间序列传送设定、传送账目传送设定和消息报文传送设定。

3.20

用户 user

TASE.2 的一种实现,可作为客户运行也可作为服务器运行。

3.21

虚拟控制中心 Virtual Control Center(VCC)

一种真实控制中心的抽象表示法,叙述了与通信和数据管理功能以及限制条件有关的一系列行为。VCC 是取自基础 MMS 服务的一种概念。

4 缩略语

以下缩略语适用于本部分:

ACSE	Association Control Service Element	关联控制服务元素
API	Application Program Interface	应用程序接口
BCD	Binary Coded Decimal	二-十进制
COV	Change Of Value	值的变化
DIS	Draft International Standard	国际标准草案
EPRI	Electrical Power Research Institute	美国电力研究院
HLO	Hot Line Order	热线命令
ICC	Inter-Control Center	控制中心间
ICCP	Inter-Control Center Communications Protocol	控制中心间通信协议
IDEC	Inter-utility Data Exchange Consortium	公用事业数据交换协会
IP	Internet Protocol	网际协议
KQH	Kilovar hour readings	无功小时电量
KWH	Koilo Watt Hour readings	有功小时电量
LFC	Load Frequency Control	负荷频率控制
MMS	Manufactutring Messaging Specification	制造业报文规范
MOD	Motor Operated Disconnect	运行电机断开
PDU	Protocol Data Unit	协议数据单元
QOS	Quality Of Service	服务质量
RBE	Report By Exception	异常报告
ROSE	Remote Operation Service Element	远程操作服务元素
TAL	Time Allowed to Live	允许生存期
TASE	Telecontrol Application Service Element	远动应用服务元素(IEC 指定的电力企业数据交换的国际标准协议)
TASE.1		基于 ELCOM-90 协议的 TASE
TASE.2		基于 ICCP 协议的 TASE
TCP	Transmission Control Protocol	传输控制协议
TLE	Time Limit for Excution	执行的时间限制
TOD	Time Of Day	一天的时间
UCA	Utility Communication Architecture	公用事业通信体系结构
UCS	Utility Communication Specification	公用事业通信规范

UDP	User Datagram Protocol	用户数据报协议
VCC	Virtual Control Center	虚拟控制中心
VMD	Virtual Manufacturing Device	虚拟制造设备
WSCC	Western System Coordinating Council	西部电力系统协调委员会
WEICG		WSCC能量管理系统的互联电力企业通信指南

5 TASE.2背景

在电力工业，对于互联系统的操作，电力企业之间实时数据交换已经变得很重要了。在控制区域边界内或边界外交换电力系统数据的能力提供了扰动检测和重构的可视性，并通过未来安全控制中心或独立的系统操作员改进建模能力和提高操作水平。

在历史上，电力企业依赖内部专有的非国际标准协议进行实时数据交换，例如使用WSCC(西部电力系统协调委员会)、ELCOM、IDEC(互联电力企业数据交换协会)开发的协议。TASE.2是由多个电力企业、上述主要数据交换协议支持团体、美国EPRI、顾问、若干SCADA/EMS和协议供应商发起开发的一个综合电力工业实时数据交换的国际标准。

通过向所有感兴趣的参与者给予提需求和参与协议定义过程的机会，以此期望最终产品既满足电力工业需求又能被电力行业所接受。为了达到这个目的，电力企业通信规范(UCS)工作组在1991年9月成立，致力于：

1) 开发协议规范；

2) 开发一个原型实现，用于测试协议规范；

3) 提交标准的规范；

4) 在开发厂商之间进行互操作性测试。

UCS工作组向IEC 57技术委员会WG 07(第7工作组)提交TASE.2作为一个建议的协议标准。WG 07也考虑另一个基于ELCOM-90在远程操作服务元素(ROSE)上的建议标准。57技术委员会作出多标准的处理决定：(1)快速实现一个协议以满足1992年欧共体市场的需要；(2)以较长时间开发一个更全面的协议。

第一个协议称为TASE.1(远动应用服务元素1)。第二个协议在MMS之上基于ICCP，称为TASE.2[1)]。

在SCADA/EMS控制中心之间首先成功实现TASE.2，使其进一步扩展允许在控制中心与发电厂之间进行通信。这个扩展不影响基本服务，但是导致了专用发电厂对象的开发。这些对象现已并入TASE.2。类似地，通过增加保护事件数据对象而支持变电站通信。TASE.2标准的第2版还包含两个新对象，一个是交换通用数据报告的对象，另一个是用来发送复合数据对象的确认信息。

6 TASE.2概述

6.1 TASE.2概念

6.1.1 协议体系结构

TASE.2尽可能采用OSI参考模型里所有层的标准协议，直至包括第7层中较低层的协议。这样做的优点是，TASE.2新协议只需开发第7层中较高子层。

1) 这里原文为“based on TASE.2 over MMS”，应为“based on ICCP over MMS”。

应用层	ICCP GB/T 18700.1/GB/T 18700.2 MMS ACSE
表示层	ISO/OSI 表示层
会话层	ISO/OSI 会话层
传输层	ISO/OSI 传输第 4 类 |TCP
网络层	ISO/OSI CLNP |IP
数据链路层	ISO 8802.2 LLC、FDDI、FR、ISDN 等
物理层	Ethernet LAN、WAN、点到点电路、ATM、SDH 等

图 1 TASE.2 协议体系结构

TASE.2 使用的协议栈如图 1 所示。其高三层遵从标准的七层 OSI 协议栈，而且控制中心的应用位于协议栈的顶端。TASE.2 规定了第 7 层上 TASE.2 报文服务所需要的 MMS 的使用。MMS 规定了命名、列表、和寻址变量的技术细节以及报文控制和解释的技术细节，而 TASE.2 正是规定上述技术细节作为控制中心对象的格式和方法，用来进行数据请求和报告的。不同控制中心的应用可能由不同厂商提供，但都遵守这些技术规定、格式和方式，可以进行互操作以共享数据、控制电力企业设备、输出消息报文或进行远程定义和远程执行。TASE.2 还使用第 7 层的关联控制服务元素(ACSE)建立和管理现场之间的逻辑关联或连接。TASE.2 还依赖 OSI 第 6 层的表示层和第 5 层的会话层。

因为这个协议体系结构，所以 TASE.2 是独立于低层的，因而低层发展新协议时，TASE.2 只需改变配置就可以在这些协议上运行。这样，只要保持 OSI 的 5-7 层，TASE.2 就可以在遵从 OSI 的传输层上运行，也可以在 TCP/IP 传输服务上运行。

GB/T 18700.3 是协议实现一致性声明(PICS)[2]，提供了 5-7 层中每一个协议的详细要求。这些信息对协议栈的提供者是特别重要的。

6.1.2 应用程序接口(API)

应用程序接口不在 TASE.2 规范里规定，TASE.2 规范只规定协议和服务的定义，这是标准化的主题。每个实现 TASE.2 的厂商可以根据他们的产品和他们预期的用户自由选择 API。图 2 说明了这个概念。

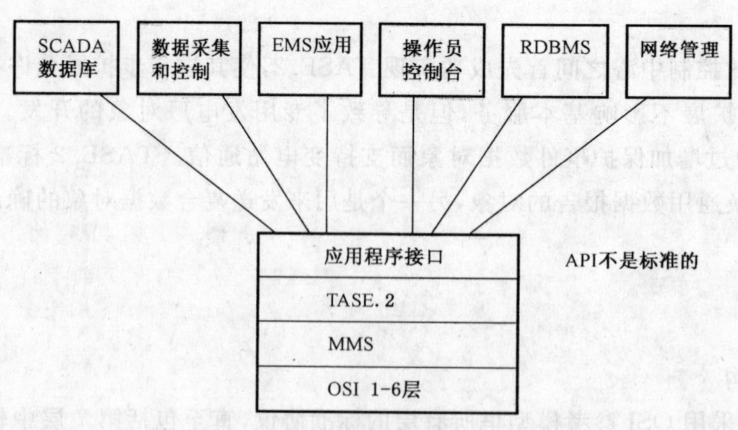

图 2 应用程序接口(API)

2) 这里原文为"Protocol Conformance Protocol Specification(PICS)"，应为"Protocol Implementation Conformance Statement(PICS)"。

例如,一个 EMS/SCADA 厂商为了与几个不同类型的应用进行接口连接,可选择提供一些最佳的 API,例如:

——专用实时 SCADA 数据库,它按周期变化或值变化进行检索和存储电力系统实时信息,诸如模拟量、状态量和累计量值;

——关系数据库管理系统(RDBMS),为了存储和检索历史或其他非实时数据,存储和检索块 8 的传送账目数据对象或设备停运数据对象;

——计划和结算的应用发送,例如:1)一小时或一天发送一次交换计划;2)发送包含结算数据电子表格的二进制文件;

——调度控制台的操作员消息应用和/或告警处理应用,发送 ASCII 文本消息到另一个控制中心的调度控制台显示器上显示。

这只是一些 EMS/SCADA 厂商对他们的 TASE.2 产品所提供众多类型 API 的几个例子。只要根据规范实现协议服务,保证不同 TASE.2 厂商产品的互操作性,至于 API 如何实现,则在 TASE.2 规范里是作为一个本地实现问题考虑的。

6.1.3 客户/服务器模型

TASE.2 是基于客户服务器概念的。所有数据传送都是由一个控制中心(客户)向另一个拥有并管理这些数据的控制中心(服务器)发的请求所引起。例如:控制中心 X 的应用需要得到控制中心 Y 的 SCADA 数据库数据,则控制中心 X(作为一个客户)可以请求控制中心 Y(作为服务器)按照客户规定的条件发送数据。

根据请求的类型,TASE.2 可以提供多种服务去完成数据传送。例如,当客户发出一次性请求,服务器则以请求的响应返回数据。然而,当用户请求周期性地传送数据或只在数据发生变化时传送,则客户首先要与服务器建立一个报告机制(即规定报告的条件,例如周期传送的周期,或异常事件报告的触发条件),然后服务器会在报告条件满足的任何时刻,以一个自发的报告发送数据。

控制中心既可以作为客户运行,也可作为服务器运行。

6.1.4 多路关联和现场

TASE.2 使用 ISO ACSE 建立逻辑关联。一个客户可以与多个不同控制中心服务器建立多个关联。虽然 TASE.2 可运行在点对点的链路上,但可预想大多数建立的关联将运行在基于路由器的广域网上。正如前面提及,TASE.2 是独立于下层的传输网络,所以,任何子网组合可以是广域网,以及现场的 LAN。

为提供具有不同服务质量(QOS)的关联,对同一个控制中心也可以建立多个关联。则 TASE.2 客户将使用具有与被执行的操作相适应的 QOS 关联。例如为了保证实时数据不被非实时数据的传送所延时,可以建立高优先级和低优先级的两个关联,每一个关联对应各自的报文队列。在处理低优先级报文队列之前,TASE.2 将检查高优先级报文队列,并为该队列的任何报文进行服务。这样就允许高优先级 SCADA 数据传送和低优先级信息报文传送共享同一条公共数据链路。

图 3 说明了为四个电力企业服务的 TASE.2 网络。如图所示,电力企业 A 对服务器 C 是一个客户(关联 C1),但也是一个有四个关联的服务器:两个到客户 C(关联 A1,A2),一个到客户 B(关联 A3),一个到客户 D(关联 A4)。到客户 B 的关联(A3)可以是经过电力企业 C 的一个路由器实现的。然而,如果一个 WAN 提供所有电力企业进行互联,则沿着任何路径都将是可用的。图上的其他每一个电力企业均建立类似的关联以满足各自的需要。电力企业 D 只是作为一个客户运行。电力企业 B 和 C 既可作为客户运行又可作为服务器运行。图 3 说明通过配置 TASE.2 的软件,TASE.2 可提供任何所需互联类型。

TASE.2 只允许客户发起建立关联。当一个关联两端的 TASE.2 用户均既可是客户又可是服务器时,由哪一端发起建立关联是一个系统配置的问题。

TASE.2 允许在现场的客户应用或服务器应用随意地使用一个已建立的关联,而不管关联是如何建立的。在任何实际 TASE.2 配置中,关联是如何实际地起动和使用,对每个特定的 TASE.2 安装而言,是一个系统配置问题。然而,如果一个现场可以利用一个关联为客户-服务器两个方向所用(即,双重使用),若它试图与一个不支持双重使用的现场建立关联,它有责任将双重使用关联降为单向使用关联。

6.1.5 通过双边表的访问控制

为了提供访问控制,服务器检查每一个客户的请求以保证特定客户具有对数据的访问权限或具有所请求的能力。通过为每个 TASE.2 客户定义双边表(BLT)提供访问控制,这些客户与一个 TASE.2 服务器有一个或多个关联。对一个客户所请求的每一项(包括数据值,设备和程序),BLT 提供执行、读写、只读或不能访问的权限。

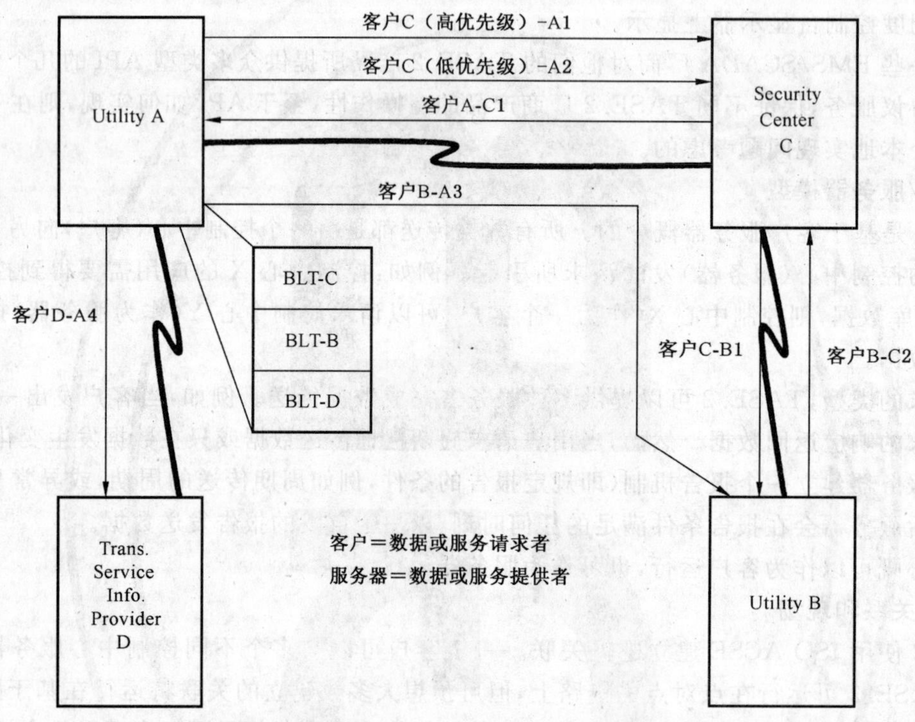

图 3 多关联的 TASE.2 客户/服务器模型

一个 BLT 是两个控制中心建立的一个计算机版的双边协定。作为服务器的控制中心为每个作为客户的控制中心规定了哪些对象是可用的,以及每个可用对象的哪些类型访问是被支持的。只有服务器需要在线维护 BLT,BLT 作为一种可用数据对象的"购物清单",客户可以从这个清单中选择可用的 TASE.2 协议服务。例如:如图 3 所示,作为服务器的电力企业 A 为每个作为客户的电力企业(例如电力企业 B-D)维护各自的 BLT,为每个作为客户的电力企业提供不同的访问权限。

一旦一个关联建立,在任何其他操作之前,TASE.2 客户读取保持在服务器里的 BLT 版本属性和 TASE.2 版本属性。然后,客户用它自己版本值与返回的值进行比较,如果发现任一版本值属性不匹配,客户则请求结束关联直到不匹配得到解决为止。另外,在关联建立以后,对于 TASE.2 客户在任何数据对象上执行的任何操作,如果 TASE.2 服务器使用访问控制机制,它应执行一般合法性检查,以保证在上述操作中所有被引用标识是合法且记录在双边表里。

如果在一个适用于特定关联的双边表里检测到不一致,TASE.2 客户可以使用下面 7.2 描述的"取数据值名"操作,以获取一个该客户可以访问的所有数据值对象名的列表(就如 TASE.2 服务器上 BLT 定义的)。然后,这些列表与客户确信可以在服务器上被访问的对象列表进行比较,任何被检测出的差别应由网络管理员进行处理和解决,以保证在客户端和服务器端有相同的 BLT 记录。

6.1.6 对象模型的使用

在 TASE.2 中,用两种不同的方法使用对象模型概念。图 4 说明了这些概念。

6.1.6.1 **TASE.2 服务器对象**

所有 TASE.2 服务是通过 TASE.2 服务器对象提供的，这些对象可以认为是具有数据属性和方法的传统对象，就如在面向对象设计方法学中所定义的。在 TASE.2 中有二类基本的方法，称之为"操作"和"动作"。"操作"是由客户对服务器的一个"请求"发起的，紧接着该服务器发回一个"响应"。而"动作"是服务器发起的功能。"动作"的一个例子，作为对定时器到时或发生一些其他外部事件的响应，服务器端通过"报告"向客户传送数据，例如断路器状态的变化。

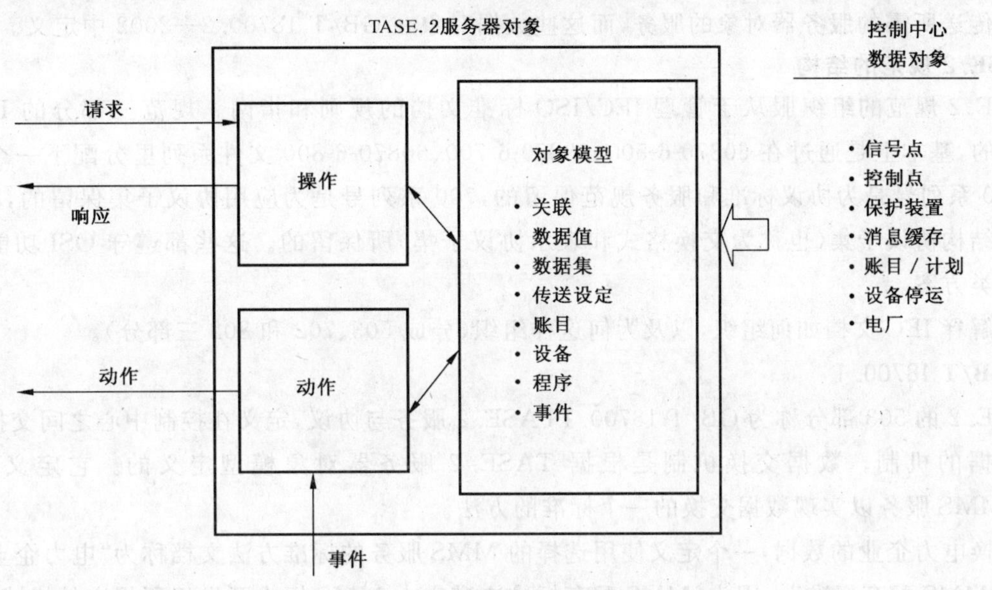

图 4 **TASE.2 对象模型**

GB/T 18700.1—2002 包含所有 TASE.2 服务器对象的定义。实现 TASE.2 的协议需要这些对象，因此有时称为"内部"对象。这些对象的解释包含在本指南的"TASE.2 服务器对象"章节中。

6.1.6.2 **TASE.2 数据对象**

在控制中心之间典型地进行交换的所有其他数据和控制元素被定义为"数据对象"，其数据范围由简单的数据结构到复合的数据结构。与"服务器对象"相反，不要求这些对象实现 TASE.2 协议，因此有时称为"外部"对象。

标准的控制中心数据对象在 GB/T 18700.2—2002 中定义，它们也在本指南的"一致性块"章节中描述。支持的数据类型包括控制报文、状态量、模拟量、质量码、计划、文本和简单文件。此外，TASE.2 用户可以定义附加的数据对象，还可以用已有的 TASE.2 服务器对象传送，而不用改变 GB/T 18700.1—2002 中包含的 TASE.2 协议软件。定义新数据对象的方法在本指南第 10 章（"定义新数据对象"）中描述。

6.1.6.3 **对象模型表示法**

TASE.2 规范使用描述对象的正式方法。第一层次称为抽象对象模型。这个模型包括一个模型名，紧接着是属性的列表，一个打头的属性称为关键属性。在有些情况里，一个属性实际上是该新对象模型继承的另一个对象模型的属性。在正式对象模型定义后，应提供每个属性的含义。

有些对象模型包含限制，特别是那些用来描述控制中心数据对象的模型。在个别对象模型里，这些限制提供了可供选择的属性列表。于是，这些限制提供了如何使用这些对象的灵活性。

在规范里首先描述所有的抽象模型。然而抽象模型应映射到具有分量的具体数据结构。每一个分量映射到一个数据类型，服务映射到 MMS 服务。应规定每个 TASE.2 的实现者使用相同的数据结构和 MMS 服务去实现抽象模型，以保证与其他厂商的产品进行互操作。

第 7 章详细描述 TASE.2 规范的组织和这些模型的使用。

6.1.7 一致性块和服务

在 GB/T 18700.1—2002 第 9 章里定义了 TASE.2 服务器对象的一致性块，作为组合 TASE.2 对象的一个方法，以提供基本的服务类型。一个厂商不需要实现所有定义的一致性块(全部为 9 块)，然而声称遵从 TASE.2 的任何实现应完全地支持块 1，如第 8 章定义的。同样，一个 TASE.2 最终用户不需要购买所有 TASE.2 一致性块，实际上只需购买满足用户数据传送所需要的一致性块。

在 GB/T 18700.2—2002 的第 9 章里也为数据对象定义了一致性块，作为一种方法，规定了每一个数据对象传送所需的服务器对象的服务，而这些数据对象在 GB/T 18700.2—2002 中定义。

6.2 TASE.2 规范的结构

TASE.2 规范的组织服从于管理 IEC/ISO 标准文档的规则和指南。规范三部分的 IEC 编号是 IEC 分配的，基本上是通过在 60870-6-500、60870-6-700、60870-6-800 文件系列里分配下一个可用的顺序号。500 系列号是为协议标准和服务规范保留的，700 系列号是为应用协议子集保留的，800 系列号是为报文结构协议子集(也称为交换格式和表示协议子集)所保留的。这些都遵守 OSI 功能协议子集采用的分类方案。

本条解释 IEC 文档如何组织，以及为何这样组织(分成 503、702 和 802 三部分)。

6.2.1 GB/T 18700.1

TASE.2 的 503 部分称为 GB/T 18700.1TASE.2 服务与协议，定义在控制中心之间交换有严格时间要求数据的机制。数据交换机制是根据 TASE.2 服务器对象模型定义的。它定义使用 ISO/IEC9506MMS 服务以实现数据交换的一个标准的方法。

为交换电力企业的数据，一个定义使用选择的 MMS 服务的标准方法文档称为“电力企业进行数据交换用的 MMS 配套标准”。因为，MMS 配套标准应遵守由 MMS 标准开发组所规定的格式，因此在构成 GB/T 18700.1 时，在很大程度上遵从了为 MMS 配套标准所制定的指导方针。这意味着为了遵守这些指导方针，有时要牺牲标准的可读性。

在文档中信息的介绍遵循剥洋葱皮的次序，也就是读这个文档就象剥多层的洋葱皮，随着每一个新层，使读者进入到标准规范的更深的一层。这就意味着同一个模型在整个标准规范的不同层次进行讨论，讨论数次。其次序如下：

第 1 层：

5.1：非正式 TASE.2 模型描述　非正式 TASE.2 模型用通俗易懂的语言描述了电力企业控制环境里各种 TASE.2 服务器对象。

第 2 层：

5.2：正式 TASE.2 模型描述　正式 TASE.2 模型包含了与 5.1 节里同样的范围，只是这里介绍更正式。尤其，配有与数据交换有关软件应用的整个控制中心被表示为由几个对象模型构成的虚拟控制中心(VCC)。在该节介绍正式的抽象模型与属性。一些模型是用层次对象模型表示的，逐层介绍。定义每个对象模型的每个属性。再次详细描述每一个操作和动作。

第 3 层：

本层主要包含三章：

第 6 章：映射 TASE.2 对象模型到 MMS 对象模型　本章再次介绍抽象对象模型，只是这次介绍每个属性直接映射到一个基本 MMS 属性上，或是映射到第 8 章里定义的更复杂的 TASE.2 数据类型，以便实际的数据传送能够使用标准的 MMS 协议。例如，在 5.2 里数据集对象模型的“数据集名”属性被定义为“唯一标识数据集名的属性”。在第 6 章，“数据集名”属性描述为“这个属性应用 MMS 变量列表名属性”。

第 7 章：映射 TASE.2 的操作和动作到 MMS 服务　本章着重操作和动作，而第 6 章着重属性。它映射操作和动作到MMS服务，客户和服务器两者描述都非常详细，以至软件厂商可以按这样方式实现每一个服务就能保证与其他厂商TASE.2产品互操作。

许多TASE.2操作使用MMS读和写服务，这些服务有相应能力可以每次读和写一个或多个MMS变量。如虚拟制造设备(VMD)可以接收MMS服务请求，则由服务器向客户发送一个肯定的MMS读和写服务响应，并且：

a) 如是MMS读服务请求，VMD设法确定在请求里每个MMS变量值；

b) 如是MMS写服务请求，VMD设法用请求中提供的值置换每个指定MMS变量的值；

由此，从服务器返回肯定的MMS服务响应，但是该响应要指出在对任何或全部的MMS变量进行读写的失败。甚至在MMS读和写服务请求里只指定一个MMS变量时也应如此。

第8章：标准化应用特定的对象　本章详细说明在第6章中使用的一些TASE.2对象和复合数据类型，并将它们映射到MMS标准对象和基本MMS数据类型。本章只处理TASE.2内部要求使用的对象，它们与控制中心的数据对象不同。控制中心的数据对象是GB/T 18700.2的课题。

GB/T 18700.1最后部分第9章定义了一致性块，这在本指南的另外条款里描述。

6.2.2　**GB/T 18700.2**

TASE.2 802部分称为GB/T 18700.2 TASE.2对象模型，定义控制中心数据对象，描述控制中心之间实际交换的控制中心数据。文件结构风格类似于GB/T 18700.1，但只有两层。

第1层：

第5章：对象模型　为与TASE.2交换数据，本章定义标准的抽象数据对象模型。它使用在GB/T 18700.1中用的描述TASE.2服务器对象模型的同样方法定义每个模型的属性。通过浏览或阅读本章以确定是否有满足一个特定电力企业数据交换需求的适用标准对象。本章的结构基于控制中心之间典型的交换数据种类，次序是SCADA(数据采集和监视控制)对象、传送账目对象、设备停运对象、信息缓存区对象和电厂对象。

第2层：

本层由两章组成。

第6章：对象交换的MMS类型　本章定义交换标准对象使用的数据类别，包括基本的数据类型，例如将Data_Discrete定义为integer{width 32}，也包括复合数据类型。它们是基于第5章定义的抽象模型。每个抽象模型应映射到一个或多个具体对象类型，按照带有分量的结构进行定义。例如包含质量和时间标识(但没有“值变化计数器”)模拟量的一个信号点对象映射到Data_DiscreteQTimeTag类型，是一个复合类型，具有分量Value、TimeStamp和Flags的结构。每个分量也映射到一个数据类型，在这个例子里是映射到相应的Data_Discrete，Data_TimeStamp和Data_Flags。在所有这些情况里，为了数据交换，每一个数据类型向下映射到一个MMS支持的数据类型。

本章包含基本和复合数据类型，次序与第5章相同。矩阵数据类型是一个例外，几个不同对象使用这种数据类型，如本指南第7章所述。

第7章：对象模型映射到MMS类型　本章定义每个对象属性的映射关系，即从第5章的每个对象属性映射到第6章中定义的一个或多个TASE.2类型。

除这两层外，GB/T 18700.2还有：

第8章：监控对象的使用　提供监控对象使用示例，其目的是介绍某些约定，将含义赋予一些属性，这些属性实质上是基本的。

第9章：一致性　为提供交换在GB/T 18700.2里描述的每个数据对象所必需的服务，而确定GB/T 18700.1要求的一致性块。

6.2.3 GB/T 18700.3

本文件是协议实现一致性声明(PICS)[3],定义了使用 TASE.2 时的应用功能协议子集(5 至 7 层)。实现支持 TASE.2 应用层协议栈的厂商需要该文件,而大多数 TASE.2 用户不关心这个规范。因此本指南不特别涉及 GB/T 18700.3。

7 TASE.2 服务器对象

7.1 关联

在两个 TASE.2 实例之间使用关联对象,建立一个关联或逻辑连接。只要两个 TASE.2 实例在运行之中并且下层通信连接被保持,这样关联将长期运行并保持。

为关联对象定义三种操作:

1) 关联(associate)——用于客户与服务器建立关联。
2) 结束(conclude)——用于客户或服务器有序地结束一个关联(例如,一些预先安排的维护、发现 BLT(双边表)或 TASE.2 版本不匹配)。
3) 中止(abort)——用于客户或服务器非正常结束一个关联(当发现下层通信机制失败时)。

在关联对象里没有定义动作。

7.2 数据值

数据值对象表示控制中心数据元素的值,包括 SCADA 点、如模拟测量值和数字状态或数据结构。任何用单一的 MMS 命名变量(具有持久性)唯一标识的数据元素或数据对象,都能够通过数据值对象表示。然而,当前定义为数据值对象的只是信号点,保护装置事件对象和标记值(见注 1)。

注 1:TASE.2 第 2 版为各数据值对象增加了标记值。

为数据值对象定义四种操作:

1) 取数据值(Get DataValue)——能够用来请求单个 SCADA 点值。
2) 设置数据值(Set DataValue)——其目的是,允许远方控制中心将一个数据值写入,或设置到本地控制中心。在实践中,很少有厂商或电力企业实际上允许一个 TASE.2 客户具有设置能力,因为这要求客户与数据拥有者一起具有改变数据的能力,(数据拥有者是 TASE.2 服务器)。注意,下面定义的设备对象其目的是允许远方监视控制操作。
3) 取数据值名(Get DataValue Names)——允许客户获取在远方控制中心中允许客户读取的(经由 BLT 检查)所有数据值对象名的列表。使用这个操作,客户可以确定那些点可以被观察,以此作为定义数据集或一次性请求数据的辅助,如后面所述。
4) 取数据值类型(Get DataValue Type)——允许客户获取数据值对象的类型属性。

数据值对象没有定义动作。

7.3 数据集

数据集对象是 TASE.2 服务器维护的数据值对象的有序列表(见注 2)。这个对象使客户能够通过 TASE.2 远方定义数据集。例如,客户可以使用数据集对象远方定义一个 SCADA 点的列表,作为一个组进行报告。若希望的话,一个特定数据值对象可以包含在多个数据集里。报告规则的建立和实际数据值的传送是通过使用传送设定对象完成的,将在下面描述。

注 2:因为标记值在 TASE.2 第 2 版已加到数据值对象中,所以标记值也能以数据集方式报告,无论它们是周期报告或是变化时间的报告。这样做比通过查询来请求各个标记值的当前值(使用设备对象里定义的 Get Tag 操作)办法要好,后者只是 TASE.2 第 1 版提供的机制。

为数据集对象定义了六种操作:

1) 生成数据集(Create Data Set)——允许客户在远方的服务器端生成一个数据集对象。除了指

---

3) 这里原文为“Protocol Implementation Conformance Specification(PICS)”,应改为“Protocol Implementation Conformance Statement(PICS)”。

定在该数据集里的数据值对象列表以外，客户还可以指定下列某些参数(称为特殊传送对象)包含在含实际数据值的传送报告中：

——传送设定名——标识产生报告的传送设定对象。

——检出的数据集条件(Data Set Conditions Detected)——标识触发报告发送的事件，可能的触发事件是：

——时间间隔超时；

——对象发生变化；

——操作员请求；

——完整性超时；

——其他外部事件；

——检出的事件码(Event Code Detected)——当其他外部事件触发时，标识事件码；

——传送设定时间标记(Transfer Set Time Stamp)——说明在服务器产生传送报告的时间。

2) 删除数据集(Delete Data Set)——允许客户删除以前所定义的数据集对象。

3) 取数据集元素值(Get Data Set Element Values)——允许客户获取包含在所指定的数据集对象里每个数据值对象的值。这个操作允许一次性请求(one-shot request)获取包含在所指定的数据集里的数据值对象列表所对应的全部值。

4) 设置数据集元素值(Set Data Set Element Values)——允许客户设置包含在数据集对象里的每个数据值对象的值。在实践中，该操作通常是不允许的。

5) 取数据集名(Get Data Set Names)——允许客户获取当前在服务器里所定义的所有数据集对象的名称。

6) 取数据集元素名(Get Data Set Element Names)——允许客户获取当前在服务器里包含的一个特定数据集对象中的所有数据值对象名的列表。

数据集对象没有定义动作。

典型的使用

与一个EMS/SCADA系统上的SCADA实时数据库传送SCADA数据。

7.4 传送设定

TASE.2客户使用驻留在TASE.2服务器侧的传送设定对象去建立一个数据值的实际传送。当数据值对象能够被单个请求，其通过一个一次性请求并接收在响应中的被请求值，而复合数据的传送要求使用传送设定。特别是，在数据集对象里定义的数据组的传送，要求使用一个传送设定。在TASE.2里几乎所有其他数据的交换，都首先请求建立一个传送设定。

传送设定对象允许数据按周期交换，或根据状态变化、值变化交换，或作为对一个特别服务器事件的响应，或根据一个操作员要求进行交换。传送设定对象提供一些操作，客户通过这些必需的操作，为每个希望的数据交换建立传送设定的实例。

7.4.1 四种传送设定对象模型

因为控制中心之间传送不同类型数据的特别需要，TASE.2提供四种类型的传送设定对象。

1) 数据集传送设定(DataSetTransferSet)——用来建立数据集的传送，数据集是使用数据集对象来定义和建立的。

2) 时间序列传送设定(TimeSeriesTransferSet)——用来传送相同时间增量的单个数据值对象的数据值序列。

3) 传送账目传送设定(Transfer Account Transfer Set)——用来传送多种类型的数据对象。在TASE.2里，一个传送账目是应用于全部数据对象的基本术语，用来表示计划、账目、设备停用、曲线等信息和表示其他控制中心所使用的实体的信息。在这里只有一点是相同的，即使用复合数据结构表示数据。最初，预想的数据类型是账目和计划数据，它表示从一个电力企业到另一个电力企业间,基于一个时间周期所传送的能量总和,由此命名账目或传送账目。正如当前在GB/T 18700.1—2002里所定义的,使用这个传送设定传送在"块8对象"所定义的任何数据对象。包含如下:

——传送账目(Transfer Account)——这是一个容器类型对象,可用来交换控制中心的能量计划、账目,或监视应用的任何周期数据或轮廓曲线数据。

——通用数据报告(General Data Report)——这是另外一个容器类型对象,可以与控制中心交换报告数据[4])。设计这个对象是为了发送一个或多个矩阵数据,每个矩阵可以包含一个或多个用户定义的列的表头及一行或多行数据。与传送账目对象不同的是,在行之间没有时间的关系。

——通用数据响应(General Data Response)——使用这个对象发送对块8通用数据报告对象的响应,或者发送对任何其他需要确认的块8对象的响应。它进一步支持涉及多数据传送(multiple data transfers)的事务。

——设备停运(Device Outage)——这个数据对象设计为交换设备停用的信息,或是计划停用,或是实际停用。设备可以包括电力系统的任何物理部件,而设备当前状态被例行地进行监视。

——可用性报告(Availability Report)——这是在GB/T 18700.2—2002里标识电厂对象数据类的五个数据对象的第一个。其目的是为电厂控制中心或GCS周期报告发电机组的预期可用性和/或计划停用。它类似于设备停运对象,但不同的是,它具有更多的关于机组和电厂特有的属性,并且不包括实际状态报告(这些由下一个实时状态数据对象处理)。

——实时状态(Real Time Status)——电厂使用这个对象实时地报告发电机组的实际运行状态。

——预测计划(Forecast Schedule)——这个对象的目的是由EMS或GCS用来递送一个厂发电机组的预测计划。与传送账目数据对象相类似,这是另外一个容器类型对象,具有用户可定义矩阵,指定一个矩阵里列号和每列的含义。行是通过用户选择时间增量分隔的。

——曲线(Curve)——电厂使用该对象报告各种类型的曲线数据。例如热效率、IO、热微耗增率、MVAR容量、烟气不透明性等曲线,以及硫氧化物(SO_x)、氮氧化物(NO_x)和二氧化碳(CO_2)的排放曲线。曲线用一系列曲线段表示,每一段按一个多项式定义。

——电力系统动态特性——这是电厂和GCS或EMS之间需要交换的数据元素的集合(不是实际对象模型)。这是一些标量,并可以用数据值对象分别表示。

这些对象将在本指南的"一致性块和相关的对象"一章里"块8"标题下详细描述。

4) 消息报文传送设定(Information Message Transfer Set)——用来传送在GB/T 18700.2—2002里定义的信息缓存器数据对象。信息缓存器(Information Buffer)是用来发送非结构的ASCII文本或二进制数据。它也可用来发送XML文件或其他编码文件。

传送设定对象定义了四种操作:

a) 启动传送(Start Transfer)——允许客户请求服务器按客户在该操作所规定的条件下启动传送数据。每一种传送设定类型所提供的能力在许多方面都不相同。

——对于数据集传送设定,客户提供数据集对象名来组合数据值进行传送。对每个所关心的数据集,使用分别的传送设定,并允许具有不同的传送条件。数据集传送参数对象用来规定传送条件,包括:开始时间、周期报告或异常报告、周期传送报告之间的间隔时间、异常报告的缓存时间(当第一个对象发生变化时启动该缓存时间)、是否认为传送是"紧急的",如果是,则成功接收该传送报告后就要返回一个确认。TASE.2的第2版增加了请求报告一个特定数据值对象中所有变化的能力,而不只是报告最后的变化。报告数据集条件(Data Set Conditions Reported)对象允许客户请求将这些触发传送的条件也包含在报

4) 这里原文为"to exchange report data with control",应改为"to exchange report data with control center"。

告中。

——对于时间系列传送设定,客户指定他所关心的数据值对象。

——对于传送账目传送设定,客户只能使在双边表里定义的所有账目对象能够传送。也就是在同一组条件下的所有"块 8"对象可以同时变为使能。

——对于消息报文传送设定,类似于传送账目传送设定,客户只能使同一组条件下的所有消息报文传送使能。

b) 停止传送(Stop Transfer)——客户用来停止一个数据传送操作(即不允许传送)。再次进行传送需要一个新的启动传送操作。

c) 获取下个数据集传送设定值(Get Next Data Set Transfer Set Value)——客户用来作为启动一个数据集数据传送的第一步。服务器为客户维护一个现在可用的数据集传送设定的"池"。客户应获取下一个可用的传送设定的名,然后使用这个名执行启动传送操作,实际启动一个传送。于是可以认为启动传送操作是客户写传送设定变量值到服务器。停止传送操作实际上是释放这个传送设定,返回到服务器的可用传送设定名"池"中。

d) 获取下个时间序列传送设定值(Get Next Time Series Transfer Set Value)——类似于获取下个数据集传送设定值操作,只是本操作用来启动同一个数据值对象的序列值报告。

注:没有对传送账目(即,块 8 对象)或消息报文对象"取下个传送设定值"的操作,因为客户只能分别地启动或停止所有块 8 对象或消息报文对象的传送。

传送设定(Transfer Set)定义了两种动作:

a) 条件监视(Condition Monitoring)——只要通过启动传送操作将传送设定使能,服务器就执行对每个使能传送的条件监视。服务器监视在启动传送操作时所请求的所有条件,直到客户执行一个停止传送操作。(注意:对于消息报文传送设定对象,使用的条件仅仅是本地定义的,不能通过启动传送操作进行规定。

b) 传送报告(Transfer Report)——只要已使能的传送设定由客户规定的条件发生了,就产生传送报告。传送报告实际上是服务器向客户传送数据,是一个动作。服务器用适合于传送设定类型的数据编排报告和发送报告。

数据集传送报告里可以是在数据集生成操作时规定的四个特定传送对象中任何一个,都可以转送有关传送报告产生过程的信息。如果传送设定使数据集传送参数(DSTransmission Pars)的异常报告属性(RBE)设为"真",则这些特定传送对象可以包含在传送报告中:

——传送设定名(Transfer Set Name)——引起产生传送报告的传送设定对象的名;

——传送设定条件(Transfer Set Conditions)——一个位串,指示哪些传送条件触发了传送;

——传送设定时标(Transfer Set Time Stamp)——传送报告产生的时间;

——传送设定事件码(Transfer Set Event Code)——如果其他外部事件条件被监视,指示引起传送报告发送的外部事件。

7.5 账目

传送账目对象(即"块 8"对象)通常是通过传送账目传送设定对象传送的。然而,账目对象提供一个查询操作(Query Operation),该操作允许客户请求一个基于账目引用号和可选起始时间以及时段的一个特定账目对象。

7.6 设备

设备(Device)对象表示现场实际的物理设备,用来提供一些服务,使客户可以远程控制它们。有两种设备:联锁(即:操作之前选择的)设备和非联锁设备。

设备对象定义了四种操作:

1) 选择(Select)——客户只用来请求选择一个互锁设备。如果成功,服务器改变设备状态,从IDLE到 ARMED。

2) 操作(Operate)——客户用来发送命令到设备对象去执行功能。对于互锁设备,此时的设备状态应是 ARMED。

3) 设置标记(Set Tag)——客户用来设置设备对象的标记属性。

4) 取标记值(Get Tag Value)——客户用来获取设备对象标记属性的当前状态(见注 3)。

注 3:标记属性的当前状态也可以通过一个数据集里包含的标记值对象而获得。

设备对象定义了四种动作:

1) 超时(Time-out)——经过一个选择操作使设备设置为 ARMED 之后,但却没有操作,而导致超时。这个动作使得设备状态返回到 IDLE。

2) 本地复位(Local Reset)——在服务器侧通过本地动作进行复位,使设备状态从 ARMED 到 IDLE。这也可能引起标记属性变化。

3) 成功(Success)——告诉客户,一个操作已成功完成。

4) 失败(Failure)——告诉客户,一个操作已经失败。

这些动作与客户进行直接通信所要求使用的事件对象将在下面的 7.8 中说明。

7.7 程序

程序(Program)对象向客户提供远程操作服务器现场程序的功能。那些实际可控制的程序是服务器现场的任何应用程序。

实际上,程序对象在电力企业与电力企业连接中是不使用的,而可以使用更为通用的方式,即服务器现场使用一些接收事件(例如数据值变化或状态变化),代为客户去触发相应的程序执行,这样服务器现场的程序维护控制胜于由一个远方客户去进行程序控制。

然而,有这种情况,一个无人值班现场是由同一个电力企业所拥有和操作的,需要该远方控制功能,这就是该对象的预期使用。

程序对象定义了六种操作:

1) 启动(Start)——启动一个处于 IDLE 态的程序。

2) 停止(Stop)——停止一个处于 RUNNING 态的程序。

3) 恢复(Resume)——启动一个处于 STOPPED 态的程序。

4) 复位(Reset)——将一个处于 STOPPED 态的程序变为 IDLE 态。

5) 中止(Kill)——使得一个程序处于 UNRUNNABLE 态。

6) 取程序属性(Get Program Attributes)——获取一个处于 RUNNING 态程序的信息。

在程序对象上没有定义动作。

7.8 事件

事件:对象表示服务器现场的一个系统事件,例如设备状态的变化,或错误数据的出现。事件对象为客户提供一种方法,用以向客户通知在服务器上的系统事件。有两个实际的对象与事件有关:事件登记对象和事件条件对象。在 TASE.2 规范里只有很少关于这些对象的描述,并且用同样名字直接映射到 MMS 服务。

客户为了接收而进行登记的事件类型,定义在 GB/T 18700.1—2002 的 8.5,而这些事件是被事件条件对象所支持的。它们是与存取违法、数据错误有关,或与操作之前选择(SBO)设备操作事件(当使用 7.6 描述的设备对象时)有关。

7.8.1 事件登记

事件登记(Event Enrollment)允许客户对特定事件发生时能够得到通知表示关心,而事件是在服务器现场发生的。三种操作与事件登记对象有关:

1) 创建事件登记(Create Event Enrollment)——创建一个事件登记对象,该对象规定所关心的事件以及规定哪些条件应进行报告。通过规定一个事件条件对象名作为创建事件登记对象的一部分。

2) 删除事件登记(Delete Event Enrollment)——删除一个事件登记对象。

3) 获取事件登记属性(Get Event Enrollment Attributes)——获取现存的事件登记的属性。

对事件登记对象没有定义动作。

7.8.2 事件条件

可以在一个服务器中为所有系统事件预定义事件条件(Event Condition)对象,而客户可以用这些系统事件进行登记。

事件条件对象中只有一个动作:

1) 事件通知(Event Notification)——用户创建了事件登记对象,而事件登记对象指定特定的事件条件对象,只要这些事件发生就通知上述所有用户。

应注意:事件条件对象所监视的设备状态变化事件也可以通过 SCADA 数据点变化报告给客户,所以没有必要使用事件对象。然而,事件对象可对不能以别的方式报告给客户的某些事件提供一个报告机制。

事件条件对象没有定义操作。

8 一致性块和相关的对象

本章说明准备使用的每个一致性块和对象。与每个一致性块相关的对象以及有关的服务和协议在 GB/T 18700.1—2002 里讨论。用户对象在 GB/T 18700.2—2002 里描述。每块描述的开始都有位置引用,它指向了在 GB/T 18700.1—2002 或 GB/T 18700.2—2002 里的讨论或描述。

TASE.2 设计从开始就是按模块制定的。每个一致性块表示一个电力企业希望实现的一个特定功能或一组功能。为了交换实时数据而实现 TASE.2 的电力企业只需要购买块 1。其他的块可以单独增加。例如,一个电力企业若希望通过异常事件交换电力系统数据以及交换账目数据,只需购买块 1,块 2 和块 8。

每个块都有与该块有关的特定用户对象。哪些对象与哪些一致性块相关联的映射可在 GB/T 18700.2—2002 的第 9 章里找到。当用户决定购买一个特定块时,他们应规定哪些对象是供应商在该块里应支持的。

8.1 块 1(周期电力系统数据)

块 1 与其他块有些不同,是开发者应实现的最少部分,也是用户应购买的最少部分。块 1 包含应提供的一些系统服务。实际上块 1 包含下列对象:

——关联(Association);

——数据值(Data Value);

——数据集(Data Set);

——数据集传送设定(Data Set Transfer Set)。

一旦这些对象和有关的服务在块 1 里提供,它们就可以被使用,不管是否附加其他的一致性块。

用这些系统服务,块 1 提供电力系统数据的周期传送。电力系统数据是现场设备的状态(即:断路器、MOD、HLO 灯、变电站门等)、模拟量(即:兆瓦、兆乏、电压、变压器抽头设定位置、相移角等)、累加值(KWH、KQH)等的数据库表达。每个数据项可以有一个质量码,提供有关数据本身可靠性的信息。

在块 1 里用来传送电力系统数据的数据对象是信号点对象(Indication Point Object)。在块 1 里有两个可选的被传送的数据对象,如下所述:

——保护事件(Protection Event)对象;

——标记值(Tag Value)对象。

这些对象在下面条款里描述。

8.1.1 信号点对象

信号点对象(Indication Point Obiect)是用来传送有关状态点(用 STATE 或 DISCRETE 数据类型

表示)、模拟点(用 REAL 数据类型表示)和计数值(用 DISCRETE 数据类型表示)的信息。

信号点对象的正式描述见 GB/T 18700.2—2002 的 5.1.1。

8.1.1.1 状态点

状态点(Status Points)基本类别(如 Data_State 和 Data_Discreate)的描述见 GB/T 18700.2—2002 的 6.1.1。

用户应决定传送状态点是用 STATE 还是用 DISCRETE。使用 STATE 对每个设备最多可以描述四种状态。大多数电力系统设备有 2 个或 3 个状态(开,关,过渡态)。选择 STATE 允许更有效传送状态信息,使用二位对设备状态进行编码。整个设备状态和质量是用一个八位位组传送的。

然而,在 SCADA/EMS 数据库有多状态设备和伪状态点,它们具有 4 个以上的状态。为了传送这些状态点必需使用 DISCRETE。虽然效率低了一些,但 DISCRETE 允许使用 32 位整数,它的每一个值可以表示一个不同的状态。使用 DISCRETE 传送状态需要一个 32 位整数表示设备状态和一个附加的八位位组表示相关的质量码。

为了促进互操作,建议使用 STATE 类型表示 1 比特位和 2 比特位状态值,使用 DISCRETE 类型表示 2 位以上的状态值。

信号点对象用来表示状态是基本的用法,实际上多个类型的设备能用这些对象模型表示。GB/T 18700.2—2002 的第 8 章提供使用这些对象模型表示实际设备的允许用法。这就意味着使用 STATE (00,01,10,11)的值和 DISCRETE(0,1,2,3)的值都是规范的,至于它们用于所列出的设备,其语义也都是规范的。这就是,如果设备有两种状态 OFF 和 ON,则该标准要求,对于类别 STATE 则赋予的相应值是 01 或 10,而对于类别 DISCRETE 则赋予的相应值是 1 和 2。

应承认设备列表不可能是无遗漏的。如果将来定义一个新设备则要求不同的语义(即解释),它们不能映射到现在已有的列表里。然而,实现者可以增加一个新的语义,只要新增的语义不与本章已存在的赋值语义相冲突即可。例如,一个新的设备要求表明五个状态,OFF,LOW,MEDIUM,HIGT 和 OVERLIMIT,这些不能映射到现已存在的值和语义,于是允许增加一些新的值和语义。

8.1.1.2 模拟点

模拟量输入可以表示为 Real 类型或 Discrete 类型。类型 Discrete 用来表示模拟量的生数据值,该值还没有经过标度转换。实数类型用来表示已经转换到工程单位的模拟量值(即标度转换和规格化处理在 TASE.2 服务器里已经完成)。

实数模拟点(Real Analog Points)基本类型的描述见 GB/T 18700.2—2002 的 6.1.1,如 Data_Real。

模拟点的值是以 32 位的 IEEE 格式的浮点数值进行传送的。每个模拟量值可以有相关的质量码提供有关值本身的可靠性信息。传送模拟量信息则要求一个 32 位的整数表示模拟量值以及一个附加有关质量码的八位位组。

8.1.1.3 质量码

TASE.2 向用户提供的质量码定性描述见 GB/T 18700.2—2002 的 5.1.1,如 Validity。质量码基本类型的描述见 GB/T 18700.2—2002 的 6.1.1,如 Data_Flags。

质量码来源于当前 SCADA/EMS 计算机系统的能力,即确定已存储在 SCADA/EMS 数据库里的一个状态点、模拟点或累加点的可靠性能力。

一个在合理性范围内的遥测值在最新的一次扫描中成功地更新了 SCADA/EMS 数据库,就认为它具有最高的质量。它的质量是这样得出的,即它的值既精确且是当前的。一些数据点其质量也可以认为是高的,虽然不是当前的,而是被调度员、操作员人工输入的或是由程序输入的。因为作了一个“有意识”的判定而赋予一个点以特定的值,从而认为该值是“好”的或高质量的。

TASE.2 传送每个数据点有关的质量码,然而,在接收者的 SCADA/EMS 数据库里的本地质量码与 TASE.2 质量码之间的映射是一个本地实现的问题。因为每个 SCADA/EMS 有它自已用于显示数据质量的符号,因此每个用户应确定自己的处理层次以及映射到他们自己的质量符号。

8.1.1.4 时标

时标基本类型描述见 GB/T 18700.2—2002 的 6.1.1,如 Data_TimeStamp 和 Data_TimeStampExtemded。

时标属性是用来评定在传送中的数据值的流通。由于多种原因,数据可能会是"旧"的:在源 SCADA/EMS 输出队列上的延时、跨网传送的延时、由于网络拥塞和重传引起的延时,以及在接收的 SCADA/EMS 侧输入队列上的延时。由于所有这些原因,在源 SCADA/EMS 的数据需要打上一个由现场设备开始收集数据的最早时间的时标;通过从 SCADA/EMS 其他值进行计算而得到的值,应打上这些值存储到 SCADA/EMS 数据库时的时标。然而,用于时标中的实际时间如何确定,是本地实现的问题。

TASE.2 第 1 版提供一个时标类型 Data_TimeStamp,该类型提供 1 s 分辨率,对于大多数 SCADA 数据传送是足够用了。然而,TASE.2 第 2 版本增加一个新时标类别 Data_TimeStampExtended。新增加类型是一个选项,在需要 1 ms 分辨率时使用。这种情况会遇到,例如,当与变电站或电厂通信时,发送 SOE 数据要使用这种时标;或者当使用 TASE.2 从一个控制中心到另一个控制中心转发 SOE 数据时,也要求使用这种时标。

8.1.1.5 值变化计数器

值变化基本类型的描述见 GB/T 18700.2—2002 的 6.1.1,如 COV_Counter。

一个传送状态和模拟值的周期消息报告,通常传送的只是数据点当前值(即如果自上次报告以后接收多个值的话,只报告在消息报告之前接收的最后值)(见注 4)。接收侧的控制中心可能想了解在消息报告之间该点是否已经变化过,且又变回来。例如,自动重合闸的操作可能会在消息报告之间发生,但在接收侧却没有记录。而值变化计数器就能满足这种要求[5)]。每当某一信号点的拥有者设定该信号点一个新值时,则对应的 COV 计数器就加 1。

注 4:TASE.2 的第 2 版增加一个使用 COV 计数器的选项,它传送自上一次报告之后一个数据值对象已发生的多个变化。新的可选的数据传送方式,容许报告自从上一次消息报告以来所有的变化,如果要求的话,包括每次变化的时标。

8.1.1.6 建立复合数据类型

通过组合基本数据类烈而生成复合的数据类型。实现者选择什么样的复合数据类别是一种效率和信息扩展(接收现场所请求传送值的附加信息扩展)之间的权衡。例如,如果一个客户要求接收具有质量码和时标的状态时,客户应使用在 GB/T 18700.2—2002[6)] 的 6.1.1 里规定的 Data_StateQTimeTag 复合类型。

8.1.2 保护装置事件对象

保护装置事件对象定义见 GB/T 18700.2—2002 的 5.1.3。

当变电站发生事件时,当地继电器动作去保护设备。

这些事件可能是相对相、相对地、过电流、过电压、低电压或其他继电保护方案。保护装置事件对象模型表示在保护装置操作中产生的事件。启动事件是在保护装置检测出故障时产生的。当保护装置决定跳开回路断路器时,它产生跳闸事件上报送到输出回路的命令。这两个事件均是暂态的消息。保护事件模型是基于 IEC60870-5 101 的。

除了事件名,保护装置对象还报告:

1) 消息质量。下划线的值表示对问题的肯定回答。

---

5) 为使上下文通顺,"而值变化计数器就能满足这种要求"是编写时增加的。

6) 这里原文为"60870-6-503",应改为"60870-6-802"。

ElaspsedTimeValidity	有关的时间正确获得吗?	VALID INVALD
Blocked	在传送和可靠保存之前消息是否闭锁不更新?	NOTBLOCKED BLOCKED
Substituted	消息是人工输入的或是由自动源输入的?	NONSUBSTITUTED SUBSTITUTED
Topical	最近消息的更新是否成功完成?	NONTOPICAL TOPICAL
EventValidity	在最近一次更新期间,是否检测到消息源异常?	VALID INVALID

2) 事件类型(SINGLE 或 PACKED)和事件有关消息

一个 SINGLE 事件有它的 EventState、EventDuration 和 EventTime 报告。

一个 PACKED 事件不是报告引起事件的原因以及涉及的装置(在事件 START 中)就是报告发生采取的动作(在 TRIP 事件中跳闸)。

START 事件包含下列消息,下划线的值表示对问题的肯定回答。

StartGeneral	是总(general)动作启动吗?	START NOSTART
StartPhasel	是 A 相启动吗?	START NOSTART
StartPhase2	是 B 相启动吗?	START NOSTART
StartPhase3	是 C 相启动吗?	START NOSTART
StartEarth	是接地电流启动吗?	START NOSTART
StartReverse	是反向电流启动吗?	START NOSTART
DurationTime	用毫秒计的持续期间	
StartTime	保护装置动作的开始时间	

TRIP 事件包含下列信息,下划线的值表示对问题的肯定回答。

TripGeneral	是总跳闸动作吗?	TRIP NOTRIP
TripPhase1	是 A 相跳闸控制动作吗?	TRIP NOTRIP
TripPhase2	是 B 相跳闸控制动作吗?	TRIP NOTRIP
TripPhase3	是 C 相跳闸控制动作吗?	TRIP NOTRIP
OperatngTime	表示自动作开始到第一个命令发出到输出控制回路的时间,以毫秒为单位	
TripTime	动作启动的时间	

8.1.3 标记值对象

标记值(Tag Value)对象的描述见 GB/T 18700.2—2002 的 5.1.2,6.1.2 和 7.1.2。

这个对象源于块 5 里使用设备控制的控制点对象模型,有关块 5 的设备控制在本用户指南的 8.5 里描述。特别,标记值对象源于在 GB/T 18700.2—2002 的 5.1.2 里作为控制点的一部分所定义的标记和原因属性。它指示一个控制点是否被标记,如果标记,标记的级别是什么。标记属性可以取 NO-TAG,OPEN-AND-CLOSE-INHIBIT,CLOSE-ONLY-INHIB 等值,并以原因属性给出标记的原因。标记值结构在 GB/T 18700.2—2002 的 6.1.2 里定义。

8.2 块 2(扩充数据集条件监视)

数据集条件监视的描述见 GB/T 18700.1—2002 的 5.2.9.1.1 和 5.2.9.1.2。

使用块 2 能提供除周期报告以外的传送电力系统数据的方法。一个周期报告(块 1)简便并且容易建立,但有欠缺,因为它每次产生的报告均向客户报告每一个值,没有充分利用带宽的效率。块 2 也称为异常报告,即 RBE。

异常报告允许客户规定哪些电力系统对象将被报告,这些对象只在检测到一个变化或者执行一致性检查时才报告。TASE.2 实现这些功能是通过服务器监视若干条件,当一个或多个条件发生变化时,那些变化的数据被发送到客户。客户在服务器的传送设定里设置了传送监视的条件。

能够进行监视的条件如下:

——正常的报告周期到时(IntervalTimeOut),这与块 1 监视的条件相同;

——一个数据值的值、状态或质量码发生变化(ObiectChange);

——服务器侧的操作员请求向客户发送数据值(OperatorRequest);

——一个发送到客户的所有值的周期报告,以保证两侧的数据库同步,即自最后一次一致性检查以来发生变化的数据不丢失(IntegrityTimeOut);

——其他,没有规定但可以被监视的其他条件(OtherExternalEvents)。

一旦服务器决定报告一个异常信息报告,服务器则应确定客户是要求作为通常 MMS 命名变量还是作为块数据进行报告(参见下节)。

8.3 块 3(块数据传送)

块数据的编码规则描述见 GB/T 18700.1—2002 的 7.1.4.4.2。

以异常报告方式进行的块数据传送,在某些条件下可以是一个有效的传送机制。它为一个 TASE.2服务器提供以较少的字节数传送电力系统数据到客户的可能性,其传送的字节数少于在块 1 和块 2 中以整个 ASN.1 编码方式传送所要求的字节数。由于低的数据传送速率或数据报告的短周期(即高频率)使得带宽稀缺而珍贵时造成带宽不足,此时分块就可能起作用。然而分块的结果是,在一个传送报告里需要对数据进行适当编码的信息,传送报告里包括的不完全是报告本身的内容。

块 3 使用两个机制以提高效率。第一个是为每一个报告的数据值去掉标记域和长度域。第二个是生成基于索引的标记方案以代替使用一个或两个字节数的变量名。块 3 提供 3 种编码规则。适当规则的选择取决于,数据是周期地全部发送还是作为异常报告传送,以及有多少数据值需要发送。这些机制和规则描述如下。

实际上分块是很少用到,大多数是因为带宽已不再是主要考虑因素,而且分块所带来的长期的维护与比不分块传送技术相比有较多的问题。而且,在一些情况下,为了得到 ASN.1 编码技术的某些类型的效益,分块实际上会增加传送上的比特流的数量。

8.3.1 使用八位位组串的 MMS 变量

代替发送标记与每个数据值长度,就如在第 6 层里 ASN.1 基本编码规则所要求的,TASE.2 服务器代而使用一个单长度的八位位组串的 MMS 变量去传送所有的数据值变量。这就要求所有原语型数据类别(以及任何基于这些数据类别的集合体)使用该类别所许可的全长度进行编码,其目的是避免加入长度域。因此变量长度域应延长到最大长度。为了使客户接收和使用这些数据,客户对八位位组串里每一个值的类型和位置应预先了解。同样，为了去掉标记，就要求客户了解这些类型的域。

然而，当数据以块1的方式发送时（即不是异常报告），数据根据规则0进行编码为八位位组串，如下所示：

Rule0:[rule#,total length,$value_i$...]

其结果，可能少传送几个字节，因为每一个变量的标记和长度域没有传送。短数据变量工作效率最高，其每个数据值的值只要求一个字节。然而，对长数据类型，可能没有任何节省的情况。例如，传送一个值等于0的32位整数，则需要一个MMS PDU，其编码使用3个字节的基本编码规则（标记，长度，和值各占一个字节），然而分块应扩展该整数为4个字节，实际上，浪费一个字节。因此，在设想通过省略标记域和长度域来节省几个字节的传送量以前，应考虑考虑。

8.3.2 基于索引的标记

块数据和异常报告可以组合而产生一个更有效的数据传送。如果规定数据块和异常报告，则服务器有两个可用规则用来构造发送到客户的报文。在每一个规则里，数据库的点通过在相应的命名变量列表的索引而标识，紧接着是该点的当前值。用一个或两个字节的索引号来代替变量名具有很好效果，典型的变量名有好几个字节。

使用规则1，报文头由规则号[1]以及紧接着表示整个报文的长度的八位位组所组成。报文体是一个八位位组索引（在命名的变量表里标识符的相对位置），紧接着是被标识的值。“索引和数据值对”继续直到报文结束。

Rule1:{rule#,total length,$index_i$(1-octet),$value_i$...}

除了报文使用两个八位位组的索引外，规则2与规则1一样，使用两个八位位组报文可以提供大于255的索引-数据值对。

Rule2:{rule#,total length,$index_i$(2-octet),$value_i$...}

于是分块与异常报告组合为数据传送提供了效率的保证，但效率是通过牺牲包含对报文中含有数据编码需要的信息，以及需要产生一个数据维护任务而获得的。如果报文格式很少变化，这可能是一个好折衷。然而，如果带宽不是一个主要的问题或不使用异常报告，并且客户希望更灵活使用TASE.2协议机制改变报文的内容，而不要服务器侧的操作员干预，则分块将是不需要的。

8.4 块4（消息报文）

块4提供一个常规的报文传送机制，也包括传送ASCII文本或二进制文件的能力（经过双方的同意）。块4将相关的消息缓存器数据对象增加到消息报文传送设定服务器对象。

这些服务的一种用途是，一个电力企业在一个事件发生时通知与它互联的另一些电力企业，而这个事件要比以简单电力系统数据值表示的事件更复杂。例如：

——通告实现一个在互联范围内进行更正时间错误行动的决定；

——通告在一个扰动时各个标识的电力岛边界；

——请求电力企业备用容量紧急启用。

这些报文可以是简单地将SCADA/EMS数据合成到报文体而构成的ASCII文本格式报文。这些可能用作为报警文本，或作为一个接收端操作员在控制台上进行显示的报告文本，或作为记录文本。

消息缓存器（InformationBuffer）对象提供一个唯一的标识（InfoReference）和一个本地标识（LocalReference）。Messageld标识一个报文的特定实例。Size属性是以八位位组为单位的实际被传送数据长度。

该对象也提供简单的、小的二进制文件使用的传送机制。这些传送的尺寸是受MMS的最大PDU尺寸所限制，这个最大尺寸在建立关联时商定。InfoReference和LocalReference属性可以用来标识一个进程，该进程接收二进制信息缓存并将其存储在本地的一个文件里。通过协商，信息也可存为Excel文件或Word Perfect文件里，以供客户或服务器以后进行访问。这个被传送文件的各单独实例（6月，7月或8月）将由Messageld属性来区分。

另一种可能的使用是发送用 XML(Extensible Markup Language)文件格式表示的文件，它是 ASCII 文本但具有在 XML 标准里定义的标记结构。

消息报文的非正式描述可见 GB/T 18700.1—2002 的 5.1.6，正式描述可见 5.2.8。消息缓存器对象的描述见 GB/T 18700.2—2002 的 5.4，类型描述见 6.4，对 MMS 的映射见 7.4。

8.5 块 5(设备控制)

块 5 增加设备(Device)服务器对象和相关的控制点(Control Point)数据对象。

块 5 提供从一个 TASE.2 实现到另一个 TASE.2 实现传送“操作设备请求”的机制。TASE.2 不直接控制设备，而是传达客户的“操作设备请求”给服务器。

TASE.2 保留 RTU 设备控制的一些重要特性。尤其是，联锁设备操作前的选择及验证，以及被选设备“为执行而待命”的模式。

控制点对象用来传送请求。该对象区分设备操作(COMMAND)和数据值设定传送(SETPOINT)操作，数据值传送操作不是浮点数(SetpointRealValue)就是一个整数(SetpointDiscreteValue)。

一个控制请求可以适合于互联(INTERLOCKED)设备，也可适合于非联锁(NONINTERLOCKED)设备。设定点操作和命令操作二者都可以是联锁的或非联锁的。非联锁控制是不需要操作前选择确认的控制操作。这些可能包括变压器的抽头改变、升降操作和数字值设定点类型的操作。另一方面，联锁控制要求对重要操作在操作前选择的确认，例如断路器的跳闸合闸、自动重合闸的合断、HLO 灯的合断。

对联锁控制操作，客户向服务器发送一个“指定操作设备”的请求。在检查设备对象是否存在以及根据双边表进行访问控制以后，服务器接着执行一个本地验证以确认该设备是可以操作的。服务器实际所执行的验证检查是一个本地实现问题。服务器设定设备状态为 SELECTED，并向客户提供一个以前已认同的 CheckBackName，以确认已经选择了正确的设备。服务器向客户报告一个超时周期，在此给定时间间隔中服务器将保持设备处于被选择态。

TASE.2 为服务器提供一个机制，可以向客户报告其所请求的控制点是否被标记。服务器报告：

0 设备没有被标记；

1 设备标记为打开且禁止关闭；

2 设备只是标记为禁止关闭。

如客户已经接收设备可操作性的验证和设备已选择的证实，则发送一个最终请求，或要求服务器操作设备或者撤消请求操作。

如果命令被端设备成功接收，则服务器完成请求控制操作并且通知客户。确定操作是否成功完成的方法，可以是(1)扫描在 EMS 电力系统模型里与控制点有关的信号点(本地实现的问题)；或者是(2)需要注册接收在块 7 中事件对象的 SBO 动作成功或失败的事件。在实践中，通常使用一个有关的信号点来提供最可靠的成功或失败指示。要准备在这处理过程的任何时间客户或服务器能以一个合法理由结束操作。

就性质上来说控制点对象是基本的，多种类型的设备均可以用这个对象模型进行控制。GB/T 18700.2—2002 的 8.2 提供表示特定设备开关命令所允许使用的对象模型。这就意味着对于所列出的所有设备，其 COMMMAND(0,1)所使用的值是规范的，其语义也是规范的。例如，赋予一个开关的 TRIP 和 CLOSE 分别为 0 和 1。

然而，其实设备列表是不可能详尽的。如果将来有一个新设备被定义，它要求不同语义(即解释)，而且不能映射到现有的设备列表里，于是，TASE.2 的实现者可以增加一个新的语义，新的语义不能与这节里赋予值的现有语义相冲突。

设备控制非正式描述见 GB/T 18700.1—2002 的 5.1.10，正式描述见 5.2.11。设备对象模则的映射见 6.15。包含一系列设备控制顺序流程的设备操作和动作对 MMS 的映射可见 7.1.6.1。控制点对象描述见 GB/T 18700.2—2002 的 5.1.2，类型描述见 6.1.2，对 MMS 的映射见 7.1.2。

8.6 块6(程序控制)

块6增加程序服务器对象和有关服务。

块6为TASE.2客户提供一个机制,它可以对一个服务器TASE.2实现现场实行程序控制。程序控制只在任何两个预先协商同意的TASE.2现场之间使用进行。

程序控制的实现是非常直接的,这是因为MMS提供了作为其基本服务的一部分的程序调用和控制。这样,TASE.2可以使用这些服务和对SCADA/EMS系统的适当接口去执行远方的程序控制。没有任何与程序控制有关的用户对象。程序控制信息的非正式描述见GB/T 18700.1—2002的5.1.11,正式描述见5.2.1.2。程序控制对象模型的映射见6.16。程序操作和动作对MMS的映射见7.17。

8.7 块7(事件报告)

块7增加事件登记和事件条件对象。块7对其他块而言,并不是必需的,而代替提供对发生在远方现场(也就是TASE.2服务器)标准系统事件的扩充报告,如GB/T 18700.1—2002的8.5定义的那样。

块7对TASE.2客户提供两个功能。

1) 允许TASE.2客户登记三种类型的事件:

a) 根据设备对象SBO动作,通知服务器动作的结果:

i) 超时;

ii) 失败;

iii) 本地复位;

iv) 成功。

b) 访问违例。

c) 数据传送失败。

2) 允许TASE.2客户接收有关那些被客户登记且使能的事件的信息。

非正式事件报告和事件条件的描述见GB/T 18700.1—2002的5.1.12和5.1.13,正式描述见5.2.13和5.2.14。事件登记和事件条件对象模型的映射见6.17和6.18。事件登记操作的映射和事件条件动作对MMS的映射见7.1.8和7.1.9。

8.8 块8(附加用户对象)

为了传送块8数据对象,块8增加传送账目传送设定服务器对象。传送设定对象和服务的非正式描述见GB/T 18700.1—2002的5.1.7,正式描述见5.2.9.3,传送账目传送设定对象模型映射的描述见6.9.3,传送账目传送设定操作和动作对MMS映射的描述见7.1.4。

为了请求块8数据对象,块8还增加账目服务器对象。通过这个服务器对象支持的查询操作,TASE.2客户可以确定:

——消息返回账目的传送账目引用号;

——数据开始时间;

——自开始起的数据持续秒计时间;

——RequestID,这是服务器允许客户用规定请求匹配入境数据的返回响应;

——TACondition标识请求的数据类型。

通过使用TASE.2第2版的通用数据响应对象,可获得已收到一个块8对象的肯定确认(见本指南的8.8.5)。

账目对象和服务的非正式描述见GB/T 18700.1—2002的5.1.5,正式描述见5.2.7。账目对象模型映射的描述见6.7。账目操作和动作对MMS映射的描述见7.1.5。而查询操作包含的详细属性见GB/T 18700.2—2002的5.2.4。

块8向电力企业提供一系列附加数据对象,这些对象与传送计划、账目信息、设备停运信息以及电厂信息是有关的。一个提供商可提供块8中一个或多个数据对象。这些对象信息在下面所述TASE.2规范GB/T 18700.2—2002的位置里:

	对象模型	MMS 类型	对象映射到 MMS
计划和账目			
传送账目	5.2.1	6.2.1	7.2.1
传送段	5.2.2	6.2.2	7.2.2
轮廓曲线值	5.2.3	6.2.3	7.2.3
账目请求	5.2.4	6.2.4	7.2.4
设备停运	5.3	6.3	7.3
电厂			
可用性	5.5.1	6.5.1	7.5.1
实时状态	5.5.2	6.5.2	7.5.2
预测计划	5.5.3	6.5.3	7.5.3
曲线映射	5.5.4	6.5.4	7.5.4
通用数据报告[a]	5.6	6.8	7.6
通用数据响应[a]	5.7	6.9	7.7

[a] 这两个数据对象是在 TASE.2 第 2 版里增加的。

下列各条更详细地描述这些 TASE.2 数据对象。

8.8.1 传送账目数据对象(Transfer Account Data Object)

在 TASE.2 实现之间传送计划和账目信息是 TASE.2 的关键特性。客户由此可建立传送设定,允许服务器发送预测计划、下个小时的计划、小时中的变化、小时后实际和历史信息。TASE.2 扩展这种传送能力,允许任何以小时(或其他周期)为基础收集的数据传送,包括发电机计划、交换计划、上游水位和尾水水位、每小时平均总负荷限值和真实潮流、报价信息、供给点负荷等。

随时间变化质量或值的轮廓曲线也能用这个对象发送。值可以是能量、容量、价格和/或其他信息。它用一系列的轮廓曲线值对象表示,每个规定一个目标值,爬坡启动时间和爬坡率。周期报告和轮廓曲线报告的传送能力是通过传送账目数据对象完成。

周期报告对象的灵活性是通过使用一个矩阵数据类型实现,这个矩阵具有用户对每个要传送类型定义的行和列号。除此以外列头含义也由用户定义,所以这标准数据对象可以用来传送许多不同类型的计划和账目。

TASE.2 一个重要特性是,客户计划员或调度员能对查询数据规定时间帧并且使服务器返回对应时间帧规定的信息。客户是通过下述 TACondition 对象规定这些的。

传送账目对象定义见 GB/T 18700.2—2002 的 5.2。传送账目的例子见 GB/T 18700.2—2002 的附录 A。

8.8.1.1 传送账目条件(TACondition)的含义和使用

传送账目条件是用来让客户在服务器里设置规定账目的条件监视。在电力企业事务里,计划和账目信息的传送是非常依赖时间的。为了说明这种时间依赖性,电力企业可能要求下面计划和账目的时间帧：

——预先计划应在使用前一天的 16 点完成；

——下个小时计划应在将要使用小时前 20 min 完成；

——小时中的变化可以在当前或已经确定的小时里任何时刻发生；

——小时后其实是刚过去的上个小时之后 10 min 内完成的；

——前一天所有 24 h 上游历史水位需要在当天午夜 10 min 后传送。

在实践上，客户使用传送账目条件请求一个对应时间帧的确定类型传送账目。然而，实际时间帧的使用是本地实现的事。因为传送账目数据对象的精确格式是用户定义的，所以，对应每个传送账目条件的数据可能有不同的格式。传送账目引用号能用来进一步标识传送报告的格式。

8.8.1.2 传送账目结构

电力企业存储的计划和账目数据实际上是一个矩阵结构。TASE.2 推出矩阵概念，并加以推广，允许用户定义列的含义。浮点和整数矩阵两种都可传送。这实质上允许 TASE.2 客户和服务器交换除了计划和账目数据以外任何类型的矩阵格式数据。

通常讲，用来传送一个传送账目数据对象的实际传送报告标识要传送的账目、传送账目条件、发送和接收的电力企业、开始时间（如果传送小时的计划和账目信息，以小时结束作为时间参照）和使用周期的时间间隔（典型为 1 h）。然后，报文指明是否是转运（wheeling）事务，如果是，标识转运段数。对每一个段，标识浮点（或整数）值数和周期数（这些值形成信息的矩阵）。

在传送一个消息矩阵事件里客户已规定了含义，一个本地引用列表可以被确定，用于向客户系统提供矩阵的列头信息。

8.8.1.3 示例

图 5 说明了这个对象的结构，在一个传送账目对象里最多可以有一个浮点矩阵和一个整数矩阵发送。图 6 显示这个对象在一个小时里每 15 min 间隔发送两个数据矩阵的使用。

传送账目对象使用的更详细例子见 GB/T 18700.2—2002 的附录 A。

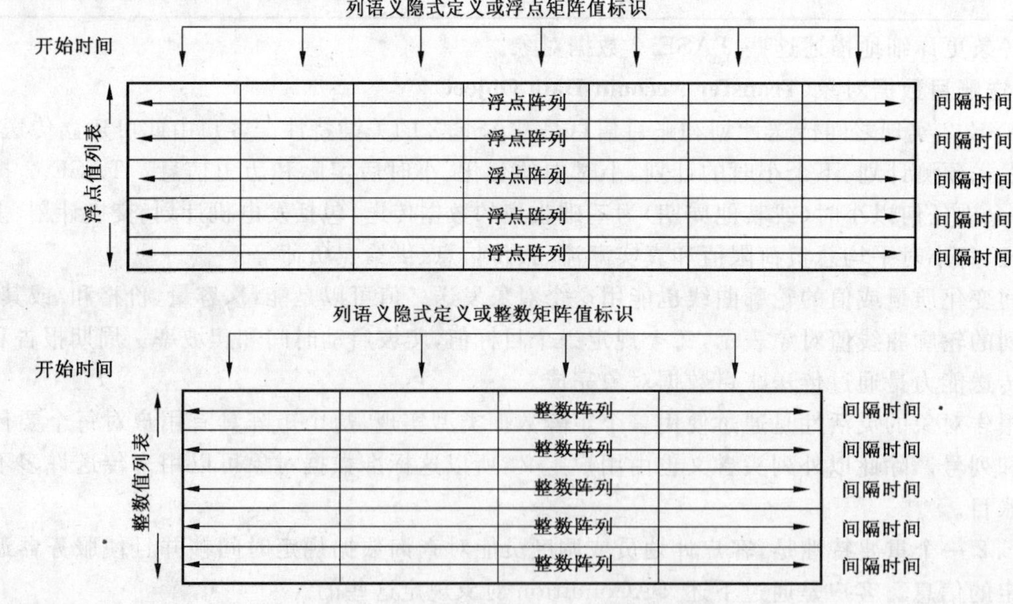

图 5 传送账目数据对象模型结构

开始时间：10：00AM

间隔时间：00：00：00：15：00

列语义：由传送账目引用列表暗示

浮点矩阵

	卖方成本	买方成本	紧急成本	税值	征税	免税	节省
10:00AM							
10:15AM							
10:30AM							
10:45AM							

整数矩阵

	MWH	紧急 MWH	区域负荷
10:00AM			
10:15AM			
10:30AM			
10:45AM			

图 6　使用传送账目数据对象的例子

8.8.2　设备停运

电力企业处理两种类型的设备停运,计划的和非计划的。为了维修,发电机组、传输线和线路设备的计划停运;由于系统故障,导致电力传输中断、部分或全部缩减传输为非计划停运。TASE.2 提供一个对象传送停运消息。

设备停运对象标识设备位置(站名)、设备(设备类型)和有关设备的信息(设备名,设备类型和设备额定值)。如果停运是计划的,则对象消息可以用于建立一个新的停运或修正一个现有的计划停运。两种情况都提供退出服务和恢复服务日期和时间。停运类别可以分类,并且当停运导致部分缩减时,新的操作上限和下限可以规定。

如果停运是一个在电力系统中引起甩负荷的非计划设备操作的实际停运,则动作类型被分类,以及提供服务中断时负荷总量。

设备停运对象定义见 GB/T 18700.2—2002 的 5.3。

8.8.3　电厂对象

TASE.2 已经扩充包含 SCADA/EMS 和电厂之间的通信。电厂的特定要求形成了特定的对象。这些对象吸收现有基本 TASE.2 服务中的优点,例如异常报告和条件监视。

8.8.3.1　电厂可用性报告对象

使用电厂可用性对象允许发电站通知控制中心,现场一个机组已知或计划的可用性。这个对象也能用来确定一个机组停运或者缩减时间。如果报告一个机组缩减,报告缩减期间新的操作限制。

该对象标识发电站的位置和在报告里涉及的特定机组。也标识机组启动和停止时间,以及提供机组状态变化期限,其状态不是 AVAILABLE 就是 UNAVAILABLE。一个缩减是具有操作限制变化的 AVAILABLE 处理。

如果机组是 AVAILABLE,报告允许发电站说明可用性的期限(duration):

——新的价格。

——新的包含上升和下降的最大爬坡率。

——新的最大和最小总容量。

——新的最大和最小的净容量。

——机组是备用还是在线:

　　——如果机组在线,是否可用于负荷跟踪;

　　——如果机组在线,但不可用于负荷跟踪,原因(STARTUP、UNSTABLE)。

——如果机组是 UNAVAILABLE,不可用的原因(FORCED、SCHEDULED、TESTING)。

发报告的发电站也能报告机组是否提供备用，以及多达256字符的用户注释。

电厂可用性报告对象定义见GB/T 18700.2—2002的5.5.1。

8.8.3.2 电厂实时状态对象

使用电厂状态对象允许一个发电站将电厂和现场每个机组的当前状态告诉控制中心。

如果电厂是AVAILABLE，报告允许发电站报告当前每个机组运行特性：

——包含上升和下降的最大爬坡率。

——最大和最小总容量。

——最大和最小的净容量。

——机组是备用还是在线。

——如果机组在线，是否可用于负荷跟踪；

——如果机组在线，但不可用于负荷跟踪，原因(STARTUP、UNSTABLE)。

——机组是外部上限闭锁或不是。

——机组是外部下限闭锁或不是。

——如果机组是UNAVAILABLE，不可用的原因(FORCED、SCHEDULED、TESTING，EQUIPMENT)。

电厂实时数据状态对象定义见GB/T 18700.2—2002的5.5.2。

8.8.3.3 电厂预测计划对象

有些电厂和机组以预测计划基本点运行。这些机组不是用于负荷跟踪或者是采用预定义的负荷跟踪周期。这个对象允许基本点和运行方式传送到发电站。用户可以在负荷跟踪或非负荷跟踪不足以描述所要求方式时，在事件里定义运行方式。

一个基本点兆瓦值应用的预定周期可以在该对象里规定。通常使用一小时(整点)，但是，用户可以定义其他预定周期长度。唯一的限制是所有引用周期应是相同的长度。

电厂预测计划对象描述见GB/T 18700.2—2002的5.5.3。

8.8.3.4 电厂曲线对象

电厂可能希望以两维曲线的形式传送数据。这些曲线可以是热耗微增率特性、效率-水头曲线、成本曲线或与电厂有关的其他曲线。

曲线定义为n阶多项式。在曲线里所有段是同样阶次。曲线的每一个线段由一个开始段，一个结束段以及数学n阶多项式：$A_0+A_1X+A_2X^2+\cdots A_nX^n$表示。在表示每一个段多项式中，只是传送系数$A_0+A_1\cdots A_n$。知道多项式的阶次和这些系数，客户可以重组曲线。

电厂曲线对象定义见GB/T 18700.2—2002的5.5.4。

8.8.4 通用数据报告对象

TASE.2第1版出版后，明显要求在块8中增加一个更通用的容器对象。这个对象适应浮点、整数和文本值，行之间没有时间关系，就象传送账目对象要求的那样。

这对象在报告时的灵活性是通过使用矩阵数据类型实现的，这个矩阵的行列号是由用户对每个需要传送的类型定义的。除此以外，列头的含义也由用户定义。这样，这个标准的数据对象可以用来传送许多不同类型的报告。

通用数据报告对象设计为可以传送一个或多个数据矩阵。这个对象允许在一个对象里传送多达两个不同整数、浮点或文本矩阵。每种类别的两个矩阵可以是值的列数不同。这允许报告对每类矩阵有一级嵌套。报告的格式基于矩阵内容，由接收者定义并且每个接收者可以有不同定义，决定于本地的喜好。

通过使用一个命名为事务码的新属性，通用数据报告对象也支持跨越多样交换的事务概念。在当前报告上，这事务码所提供的状态如下：

事务码	说　　明
NEW	新提交报告或新申请计划
REQUESTED	通过账目请求操作来请求报告或计划
REVISED	先前发送计划或报告的修改版本
CONFIRMED	计划或报告已经安排在实际执行，但没有提出进一步批准手续。在这步以后，缩减、停止、修改或删除，则要求发送一个新的计划或报告
DELETED	计划或报告的组织者可以在任何时间撤消事务(例如，由于设备故障)

通用数据报告对象定义见 GB/T 18700.2—2002 的 5.6。

8.8.4.1 通用数据报告示例

一个独立系统操作员(ISO)可能希望发送一个 AGC 调整容量报告(Regulation Capacity Report)到公司的一个成员。这是一个仅要求 1 个整数矩阵的简单示例(见图 7)。

——整数矩阵，列数为 5；

——MatrixID1＝UnitID；

——MatrixID2＝Regulation Type(A＝1，B＝2)；

——MatrixID3＝Assigned Regulation Class(Ⅰ＝1，Ⅱ＝2，Ⅲ＝3，Ⅳ＝4)；

——MatrixID4＝Assingned Amount(MW)；

——MatrixID5＝Additional Amount(MW)。

整数矩阵

UnitID	Regulation Type	Assigned Regulation Class	Assigned Amount (MW)	Additional Amount(MW)

图 7　使用通用数据报告对象的 AGC 调节容量报告示例

8.8.5 通用数据响应对象

在 TASE.2 的第 1 版里，块 8 不能确认一个块 8 对象的接收，例如，传送账目对象。这就带来涉及包括几个报文传送的多状态事务管理问题。这可以由块 8 计划(例如，能量或停用计划)传递所引起。例如，一个控制部门可以向一个电力联营单位提交一个计划，电力联营单位需要确认接收，接着表示采纳/拒绝。于是，控制部门可能需要提交一个修正计划，再次进行上述批准/拒绝过程。

TASE.2 的第 2 版增加了一个通用数据响应对象，提供块 8 对象的确认。这个对象也提供一个命名为响应码的属性，标识块 8 对象事务状态。响应码是与响应有关的数字响应编码。相对通用数据报告对象里事务码定义的允许响应，有相应的值，显示如下：

响应码	说　　明
RECEIVED	确认计划或报告已成功接收
APPROVED	确认计划或报告已获批准
REJECTED	确认计划或报告已在 CONFIRMATION 前遭拒绝
CURTAILED	为保证电网可靠性或出于某些运行上的考虑，一个 CONFIRMED 的计划在执行之前被安全部门撤消了
HALT	为保证电网可靠性或出于某些运行上的考虑，一个已开始执行并在进行中的 CONFIRMED 计划，被安全部门撤消了

通用数据响应对象定义见 GB/T 18700.2—2002 的 5.7。

8.9 块 9(时间序列数据)

块 9 增加时间序列传送设定服务器对象。

块 9 提供 TASE.2 客户具有接收时间序列数据的能力。时间序列数据能够是这样的数据,这些数据要求的采样时间太快以致于在 TASE.2 实现之间不便于连续传送,并且这样实时性在客户现场并不需要。这种数据类型的例子是在一个故障期间,能够以 200 ms 频度采样主干传输线路上的关键模拟量。一旦收集到这些值,则可作为历史数据传送到故障分析中心。为了更有效使用通讯带宽,具有较长报告周期的实时趋势数据是另外可能的时间序列数据应用。

在设置时间序列数据传送时,客户确定开始时间和结束时间。开始时间和结束时间都可以是过去的,在这种情况下,服务器立即产生一个基于规定时间帧的历史值报告。如果开始时间是当前时间或0,服务器立即开始收集数据直到结束时间。在指定的结束时间,服务器停止收集数据,并为客户产生一个报告。如果结束时间是当前时间或 0,服务器假定当前时间就是结束时间,停止收集数据,并产生相应报告。对计划将来的数值收集,客户可以规定将来的开始时间和结束时间。

为了尽可能有效收集和传送信息,应规定两个时间间隔。采样间隔规定在服务器收集数据的频率;报告间隔规定两个报告之间的时间。

有几个选项有助于更好地调整服务器报告功能。因为结束时间可能并不精确地在一个报告的周期边界,所以,可以指示服务器在规定的结束时间产生报告。同样地,可以在传送设定刚生效时和每一个报告周期,指示服务器产生一个报告。此外,还允许在服务器系统的操作员要求传送自最后报告周期以来收集的时间序列数据。

时间序列传送设定对象模型描述见 GB/T 18700.1—2002 的 5.2.9.2。时间序列传送设定对象模型映射描述见 6.9.2。

9 映射电力企业数据到一致性块和控制中心数据对象

打算使用 TASE.2 的电力企业在正确了解哪个一致性块能满足它的需求前,应完成几个任务。下列问题需要说明:

1) 传送的数据需要选定,性能需要确定。这将决定需要哪些 TASE.2 服务,从而可知道哪些 TASE.2 对象和一致性块是需要的。例如,需要传送 SCADA 数据、计划/账目数据和文本数据,则要求一致性块 1,2,4 和 8。
2) 对传送数据的分析也将识别哪些数据对象是需要的。例如,除了计划/账目数据外,计划停运和报告停运是需要的,因而得知,设备停运对象或可用性和实时状态组合对象也许是需要的。
3) 每一个数据元素需要映射到一个 TASE.2 对象属性。这映射需要形成文档。所有想法都应对应到 TASE.2 规范规定的标准对象,因为这样才能保证与其他 TASE.2 厂商产品互操作性而不需要另外开发软件。
4) 有些数据报告类型不能 1:1 映射到标准 TASE.2 对象,可采用下列方法:
   a) 强行配合(Force fit),就是将不同含义的一个数据元素强行对应到一个属性。这可避免更改 TASE.2 软件,但容易引起属性二义性的发生。
   b) 对标准对象增加一个新属性,然后使用该属性。如果没有新的数据类型引入,这引起的改变将为最小,但应保证没有二义性。这普遍使用最终可能导致对标准对象的修改。
   c) 产生一个新的完整数据对象。有时,这是唯一的选择。这个过程在下一节说明。
5) 所做选择都需要形成文档。一个网络接口控制文档(NICD)通常起这个作用。这个文档没有任何规定,因为它已经超出 TASE.2 的规范,但根据通常实践,它包括映射、赋值号或引用数码的常规约定、任何新数据对象的定义等等。对于使用矩阵数据类型的数据对象,该对象在不同用途下列头的意义以及使用的行数也将在这里形成文档。

10 定义新数据对象

随着时间推移,会要求 TASE.2 设计增加新对象。最初设计时不可能考虑到 TASE.2 的全部应用。如果实际数据映射到上述的 TASE.2 对象的过程需要一个新的对象时,这过程描述如下。

产生新数据对象的过程如下:

1) 开发一个抽象数据模型,产生一个对象名并决定需要的属性以及每个属性的定义。在 TASE.2规范里对象模型定义提供如何产生一个新数据对象的例子。这只要有一点或没有 MMS 知识的最终用户就可以完成。

2) 抽象模型需要由分量映射到具体结构。过程的这部分是对每个属性指定数据类型,其目的是利用在 TASE.2 规范里已定义数据类型,这样产生新对象最省事。

11 使用 PICS

GB/T 18700.1—2002 的 9.2 包含协议接口一致性规范(PICS)表,该表列出 TASE.2 已经定义的所有一致性要求(即模型定义和属性,操作和动作)。这些要求分成两类:强制类与选用类。这些要求根据 TASE.2 服务器对象分组。厂商应实现一个对象的所有强制特性并可以实现选用特性。

当购买或实现一个 TASE.2 实例时,最终用户需要指定选用特性。这些通常应详细规定在 TASE.2 软件功能规范书里。

12 双边表

TASE.2 通过使用双边表规定访问控制。双边表的功能要求见 GB/T 18700.1—2002。通过这些表定义每个 TASE.2 数据对象存取类型,然而,实施则是留给本地实现的问题。这包括这些表的处理和维护。结果,由每个厂商各自决定实现双边表功能的方法,包括提供什么样操作员接口。这意味着实际物理表并不是必需的,只要按 TASE.2 规范实现功能即可。

终端用户的通常要求是能作为一个 TASE.2 客户查看在 TASE.2 服务器中的双边表,确定哪些对象能存取和及时得知双边表的更新。TASE.2 规范没有规定实现这些功能的方法,虽然在 TASE.2 里有数据值操作、取数据值名操作(TASE.2 客户能使用这些操作,获得客户可以存取的所有数据值对象列表)。浏览功能对作为 TASE.2 客户的用户是非常有用的,它使客户查看那些能存取的对象,然后简单点击想要接收的对象。通过点击,功能部分可以产生数据集,这样可以最大限度减少操作人员输入数据值错误的可能性。在任何情况里,这些方法都可能引起大量数据传送,这将暂时淹没没有充分估计这些流量的网络。这就可能引起共享带宽的其他关联的连接失败。因此,在计划这种功能时,要仔细考虑。

另外一个方法是为电力企业创建一个可供其他电力企业共享数据值的表格,然后将表格邮寄或发邮件到其他相关的电力企业,每逢变化更新表格内容。

有些用户可能不想使用双边表提供的安全机制,例如,TASE.2 是在同一个电力企业的两个区域控制中心间使用。处理这种情况一个方法不过是 VCC 中所有控制中心对象对任何客户提供相同访问。然而,在 TASE.2 规范中规定协议操作和动作仍要保证实现互操作性。

13 用户接口

TASE.2 规范没有规定处理和维护 TASE.2 的用户接口。这是留给本地实现的又一个问题。每个厂商可自由选择适当的接口。

下列范围可能需要用户接口:

——显示 TASE.2 性能数据,例如每个关联和数据链路的状态、最近错误检测、流量统计等;

——数据链路关联、数据集以及其他 TASE.2 对象所选择使能或去能的能力;

——创建和编辑双边表；

——创建和编辑数据集；

——实现一致性块4时，设置和处理消息报文广播组。因为TASE.2不提供广播能力，因此，通过指定接收消息报文的目的地组(即其他TASE.2现场或操作员控制台)而产生广播组是很有用。

14 其他本地实现问题

TASE.2是一个标准实时数据交换协议。它为数据传递、值的监视、程序和设备的控制提供了许多特性。确保不同厂商产品互操作性所需的所有协议规定包含在该规范中。

然而，TASE.2规范不打算规定其他范围，这些范围是TASE.2软件产品中需要实现但不影响互操作性的部分。这些问题在规范里是作为本地实现的问题。TASE.2实现者有采用不同方法处理这些问题的自由，并由此产生不同产品。例如，一个厂商提供用户图形接口允许通过点击操作来产生数据集或控制TASE.2数据连接，而另一个厂商提供用户的只是一个编辑工具完成这些任务。

在规范里包含但不限制的本地实现问题如下：

——本地应用与TASE.2发送或接收数据接口的API；

——为用户管理TASE.2数据连路的TASE.2用户接口；

——为监视和控制TASE.2数据连路的管理功能；

——为满足紧急可用性要求的冗余TASE.2服务器故障处理策略，典型例子类似EMS/SCADA系统环境中的情况；

——本地SCADA/EMS如何响应由TASE.2数据连路接收的请求，控制和管理数据、程序以及设备。

这些任务分到SCADA/EMS厂商和实施的电力企业。本章准备说明一些情况。这些已在TASE.2规范里特别标识为本地实现问题，而在本指南里还未提及。

14.1 客户服务器关联管理

客户总是发起与TASE.2服务器关联建立过程。单个TASE.2现场可以对一个或多个TASE.2现场，可以兼任客户和服务器。同时，也能对其他现场仅作为客户或服务器。在与其他现场既当客户又当服务器的情况里，两个现场之间关联的使用是本地实现问题。一个方法是，每个客户与它的服务器使用不同的关联。另一方法是，双向的“客户—服务器对”使用同一的关联。ICCP规范要求支持单独使用关联。关联的双重使用是选项。如果一个可以在两个客户—服务器方向使用一个关联(双重使用)的现场企图与另一不支持双重使用的现场建立关联，则双重使用的现场降到单独使用关联。

数据链路上的中断，例如物理层或低层的失败将引起低层协议层向客户和服务器的TASE.2层发送一个异常报告。这将引起客户或服务器中止。

每当关联结束或中止，其他已经建立的关联将保持运作，最少影响在其他关联或与其他客户的数据交换。在这种情况下，拆开所有关联是不符合TASE.2标准的精神，虽然这仍符合协议标准，但是应避免。这些原则在线配置时也使用，在线配置时可能改变数据库的一个数据，这只影响在MMS域里ICC特定范围的一个远程控制中心，不会断开与其他控制中心建立的关联。

14.2 本地实现设置问题

当实现TASE.2的电力企业加入一个现有网络或开始与其他TASE.2实现通信时，在数据交换成员之间有一系列问题要确定：

——允许最大关联数；

——同意数据交换最大频率，以免一个SCADA/EMS由数据请求超负荷；

——规定哪个数据类型为紧急数据；

——重发计数器的使用和规定；

——最多数据对象使用的消息引用号的值分配；

——信号点对象使用的分量结构,质量、时标、值变化计数器的使用是选项,不是所有厂商支持标准文档里定义的所有结构;

——状态点的 STATE 或 DISCRETE 选择;

——所有信号点对象或 RBE 的周期报告选择;

——选择报告一个信号点对象的所有变化,或只报告从上次报告以来多个变化中的最近变化。

14.3 一致性块

TASE.2 里各个一致性块已经明确了用户需要考虑的问题。有些问题是电力企业本地问题,有些问题应在购买一个 TASE.2 实现前,与 TASE.2 和 EMS/SCADA 厂商讨论决定。

14.3.1 块 1(数据集定义管理)

TASE.2 用户关心的一个问题是如何保证在客户和服务器二边现场数据集定义同步。

14.3.1.1 数据集定义

TASE.2 采取方法是客户每次关联时产生所有数据集,客户与另外 TASE.2 服务器建立关联是为了传送数据集里定义数据。这就至少保证不管什么原因,一个关联断开以后,每次关联恢复时,数据集定义是同步的。这意味着与远程客户关联断开以后,TASE.2 服务器不保留任何数据集定义。这方法主要欠缺是,对有大量数据的现场,在任何数据实际传送前,产生所有数据集需要时间,但如果要保证互操作性,就应使用这个方法。

如果遵循这种方法,则建议提供处理中止后"数据集定义"状态更大的灵活性,"数据集定义"状态在中断后形成一个配置参数。这样可以保持数据集定义,而在中止后重建一个新关联时重新使用。

第二个可接收方法是,不管服务器与一个 TASE.2 客户的关联是否存在,服务器总是保留数据集定义。于是,它可以定期地,或在服务器请求验证定义时和客户更新。可能使用取数据值名或取数据集元素操作比较服务器上数据值对象列表和客户侧已知的列表。然而,数据集定义同步要求仍需在客户和服务器进行操作之前完成,避免客户和服务器在不同数据集定义下操作的可能性。

在任何情况下,因为客户不知道服务器在一个关联由某些原因断开后可能有的数据集定义,所以,客户总是应在每次建立关联时,验证服务器上定义与客户定义是否匹配。至于如何实现是本地的问题。

14.3.1.2 数据集更新

为了检测服务器上可用数据值对象列表的变化,TASE.2 提供 BLT 版本号,客户在试图建立一个关联时检查这个版本号。如果 BLT 版本已经改变,则关联结束。在 TASE.2 里没有其他协议机制通知客户这样的变化,更没有方法指出什么变化,尤其是增加一个新对象时。如果一个客户在一个数据集里定义数据值对象目前不再可用,于是当客户试图产生数据集时,服务器就返回一个错误信息,表示有些数据值不再可访问或不再被定义,但是,这将依赖客户确定哪些对象受影响。

因此,建议在 TASE.2 外定义一些方法通知客户确定的变化。最简单的方法是,允许 TASE.2 服务器现场操作员用邮件、电话或 FAX 通知影响客户的任何变化(即增加、删除或修改一个点)。变化或许会作为由块 1-2 里定义为虚点的报警或在块 4 里的报警信息发送。

14.3.2 块 2(扩展数据集条件监视)

当使用异常报告时,总存在不是客户就是服务器系统故障或通信问题的极端偶然性,使得两个数据库不一致。TASE.2 使用全扫描(类似 RTU 全扫描)再同步数据库。全扫描的使用以及频度由已经实现块 2 数据交换的成员确定。然后协商同意值作为 Start DS 传送设定属性,由客户发送该请求,发起数据传送。

对模拟值使用异常报告时,为了减少微小变化而产生的多余传送使用了死区,死区的使用和规定,应由数据交换的成员决定。

TASE.2 实现者和电力企业之间讨论的一个问题是:模拟量死区和状态点数据库状态的监视是由 SCADA/EMS 负责还是由 TASE.2 实现负责。

14.3.3 块4(消息报文)

14.3.3.1 操作员报文

块4用来发送操作员报文。TASE.2实现收到一个操作员报文后,为了呈递调度员或操作员,应传送给SCADA/EMS。SCADA/EMS应如何显示、存储、检索和清理结果报文文件?

14.3.3.2 二进制文件传送

块4允许传送小的二进制文件。需将这些文件存储在SCADA/EMS目录中,并通知终端用户文件已经接收,包括下列处理:已自动将存在文件覆盖;本地SCADA/EMS用版本信息自动复制产生的文件;如何通知终端用户;用怎样的约定表示二进制文件,例如EXCEL、MS-Word、Word Perfect等。

14.3.3.3 请求消息报文对象

TASE.2不支持规定消息报文或对象的请求。

然而,当需要时,一些电力企业通过建立消息引用号使用约定解决这个问题。这个消息引用号是32位整数。这个数可分成9个信息组或字段。每个信息组(或2个或更多信息组的组合)能赋予一个含义。其中一个信息组保留表示消息报文是否是一个规定消息报文对象请求或者是否是一个实际对象请求。例如,信息组4可以按如下编码:

1) 消息报文数据对象;

2) 消息引用号的其余部分标识消息报文对象的请求。

如消息引用号其余部分保持不变,所请求的信息流属性是空的。

14.3.3.4 分段的长消息报文

消息报文长度符合MMS PDU的最大长度,这是客户和服务器在MMS协议层建立一个关联时约定的。典型的最大值是32 000字节,最小是8 000字节。如果长度大于约定值的报文需要传送,则建议使用标准文件传送协议,例如FTP或FTAM。TASE.2不提供将一个长报文分段成短报文然后在客户端依正确次序重新组合起来的功能。

14.3.4 块5(设备控制)

在设备控制操作期间,服务器向客户提供一个CheckBackName,允许客户验证服务器已经选择所要求的设备。CheckBackName的内容由双边商定。

服务器接收了客户选择请求后,要求作本地的检查,确认设备是可操作的。检查事项(例如:设备可通信性,设备状态是当前,设备无闭锁或禁止标记等等)是由服务器实现决定。

这里需要能够获得一个控制动作完成的肯定标识。控制点写不提供确认。定义TASE.2设备控制时,肯定确认是设想通过监视由EMS/SCADA系统里电力系统模型确定的该控制点相关的适当信号点,而间接获得。如果这方法不可行,则建议使用块7事件来反馈肯定的控制动作。

14.3.5 块6(程序控制)

TASE.2客户请求的程序调用使用其他SCADA/EMS服务来初始和控制程序。本地实现问题包括程序调度、预定程序执行监视、执行优先级、哪个处理器执行程序以及异常和中止的处理。

14.3.6 块8(传送账目)

14.3.6.1 **TAConditions的含义**

TAConditions涉及通常在控制中心使用的计划生效前、生效期间、失效后的整个时间周期。然而,所有共享计划和账目数据的部门需要同意与每个TAConditions有关的规定含义,还需要同意每个条件下报告的数据格式。一些电力企业可选择使用的方法是,仅当对象结果改变或操作员请求时才使所有传送发生。同意发送这种类型的报告并且赋予专用传送账目引用号。于是,当每个报告类型的数据可用(或改变)时用适当号发送,以便客户能解释包含的数据。

14.3.6.2 块8对象接收确认

TASE.2依靠传输层提交一个无差错报文或将其透明传到应用层的TASE.2。如果不能,传输层将断开连接,从而通知出问题的TASE.2客户和服务器。否则,TASE.2假定报文接收无差错。在实现这种能力的 TASE.2 上应用因而也可以保持所有发送报文的记录,保证数据不丢失。

一些系统使用 TASE.2 发送块 8 对象需要一个肯定确认,即目的地应用成功接收对象。因为块 8 对象作为消息报告发送,TASE.2 和 MMS 不提供确认。即使提供,也不能确定目的地应用实际上接收了报文。因此,TASE.2 第 2 版增加一条规定,为目的地应用通过通用数据响应对象返回一个肯定确认,如 8.8.5 所描述。这个新对象能提供所有块 8 对象的肯定确认。

14.3.6.3 复杂计划传送

对许多电力企业而言,一个计划或数据报告的传送只是一次更为复杂的事务。例如,一个电力联营公司的一个成员公司可能提交一个计划提案到联营公司操作员,该操作员首先确认接受,然后审查并决定是采纳还是拒绝。如果被拒绝,则这个成员公司此后需要提交一个修正计划。如果被采纳,则这成员公司此后需要获准确认。

为了支持这种事务能力,在 TASE.2 第 2 版里,传送账目数据对象,通用数据报告对象和通用数据响应对象包含一个新的事务码属性,这个属性可用来表示一个多个传送主体的计划或报告的状态。例如,由计划传送(如:能量或停用计划)发生的事务能力需要包含下列步骤:

——一个控制部门最初可提交一个计划到一个电力联营公司;

——电力联营公司需要用通用数据响应对象确认这最初提交的接收;

——随后电力联营公司发送一个通用数据响应对象表示拒绝这最初计划;

——于是,控制部门发送一个修正计划到电力联营公司;

——之后,电力联营公司发送一个通用数据响应对象表示采纳修正计划;

——控制部门发送计划表示获准;

——以后,控制部门可以发送一个删除码,例如,由于一个装置失败;

事务码在此期间报告上提供状态如下:

事务码	说　　明
NEW	新提交报告或新申请计划
REQUESTED	通过账目请求操作来请求报告或计划
REVISED	先前发送计划或报告的修正版
CONFIRMED	计划或报告已经安排在实际执行,但没有经过进一步批准手续。在这步以后、缩减、停止、修改或删除,则要求发送一个新的计划或报告
DELETED	计划或报告的组织者可以在任何时间撤消事务(例如,用于设备故障)

TASE.2 本身不具备维持每一步事务的"记忆"。这样的"记忆"需要在 TASE.2API 上的应用实现。于是,该应用需要用恰当事务码值初始适当数据对象的传送。TASE.2 只提供机制和传递事务码的变量。换句话说,当 TASE.2 提供与事务另一端应用通信的管道时,需要应用编程来确保正确的事务顺序。

14.3.7 块 9(时间序列数据)

为了在规定采样间隔收集一个特定点,可以使用一个时间序列数据请求。然后,报告的请求可以期满或被终止。随后对同一点数据请求,可以从包含先前采样时间历史数据的开始时间,规定不同采样间隔。这样新采样间隔对所有报告数据是同样的,于是,历史数据应外推。至于服务器如何外推历史数据(线性的、最佳适应等等)是服务器系统实现问题。

15 网络配置

一个 TASE.2 潜在用户首先要说明问题是将 TASE.2 通信处理器集成到 SCADA/EMS LAN 还是作为一个单独网关处理器。现存老系统大多喜欢作为独立处理器,两种配置各有优缺点。

在集成处理器的情况下,对 SCADA 数据库的访问是直接的,没有任何中间协议。如果 TASE.2

客户和服务器要直接访问SCADA数据库和操作系统，这种方式容易实现TASE.2提供的功能。诸如程序初始化、异常报告数据库点的监视、控制操作和操作员消息等功能，都因直接存取而简单化。然而，这里安全变得更为关注，处理器在与SCADA/EMS控制环境外系统通信处，提供了一个潜在访问通路。在与其他系统实体连接处，防火墙和其他安全措施可能是需要的，因为那些系统对互连网或其他外界网络可能是开放的。

考虑使用TASE.2用户需要决定如何获取TASE.2软件。厂商以下列三种方式之一提供TASE.2商业产品：

1) 作为EMS/SCADA系统的一个原产协议

这类TASE.2产品典型地由EMS/SCADA厂商提供，作为与他们标准EMS/SCADA系统有关的一个标准产品(所以这里使用“原产(native)”)。软件运行在一个其他EMS/SCADA应用使用的硬件/软件标准平台上，这样就可考虑紧密集成到SCADA/EMS操作环境。典型地，这种TASE.2软件为其他EMS/SCADA应用展示同样的API。这种方法有时归为集成处理器的方法。

实际上，不是所有EMS/SCADA系统厂商使用这种方法提供TASE.2。有些提供一个网关处理器(后面描述)。

这种方法的优点是：

——所有EMS/SCADA应用直接存取TASE.2 API，对它们提供所有功能并且性能好，用这种方式可以简单实现操作员消息和设备控制；

——SCADA可以直接从实时SCADA数据库检索(或存放)，直接监视和通知SCADA数据的变化；

——不需要单独相关的数据库缓存数据，可以直接使用与EMS/SCADA系统关联的相关数据库；

——系统管理和维护使用熟悉的标准EMS/SCADA系统/网络管理工具；

——用户接口界面有与其他的EMS/SCADA用户接口界面相同的外观和感觉；

——因为与SCADA/EMS应用平台相同，通用服务在TASE.2和其他应用之间可共享，这也有助于备用和维护。

这种方法的缺点是：

——这种方式可能不适用现存老系统；

——如使用专用API，它可能妨碍EMS/SCADA环境外TASE.2其他可能用户的开放访问；

——安全可能是一个值得关注的问题，处理器在与SCADA/EMS控制环境外系统通信处，提供了一个潜在访问通路。在与其他系统实体连接处，路由器、防火墙和其他安全措施可能是需要的，因为那些系统对互连网或其他外界网络可能是开放的。

2) 作为第三方提供的工具集

这种方法典型地在一个独立平台(如PC上的Windows NT)上提供TASE.2软件，并且对EMS/SCADA系统或其他具有TCP/IP、NETBIOS、DDE、SQL或其他工业标准通信网络能力的控制中心计算机，提供一个全功能的API。

这种方法的优点是：

——为那些厂商不提供原产TASE.2实现的EMS/SCADA系统，提供和原产TASE.2实现相同(或接近相同)的功能；

——提供一个使其他控制中心用户能够开放存取TASE.2报文服务的更为开放的API；

——低成本方案。

这种方法的缺点：

——可能与原先用户接口界面的外观和感觉不同；

——可能不能使用 EMS/SCADA 系统同样的网络管理工具；

——可能需要用户开发与 EMS/SCADA 系统的接口。

3) 作为独立网关处理器或通信节点处理器(CNP)

这种方法对网络通信能力不强的现存老系统提供 TASE.2 使用是有效的。有些 EMS 厂商也会使用这种方式提供一个网络处理单独平台。典型地，允许在串行线或 LAN 上连接，用 TCP/IP 作为传输协议。一些典型提供的报文协议如下：

——IDEC 主机对通信节点处理器(Host-to-CNP)协议，为实现 IDEC 协议的 CNP 开发的同一应用程序。这是一个简单块传送协议，已经有几个厂商实现。要求现存老 EMS/SCADA 系统也有实现该 Host-to-CNP 协议的运行软件；

——FTP 要求传送的数据格式为一个直接文件。在主机和 TASE.2 网关两边需要用户解析软件。如果只是有限 SCADA 数据(即：模拟量和状态)低频度传送，这可能是一种可以接受的方法；

——仿真一个现存老系统协议，例如 WSCC 或一些现有专用协议。这将不影响主机系统，但在 TASE.2 网关需要定制仿真软件。然而，一些厂商已经提供 WSCC 和 IDEC 仿真软件。其他情况是，提供 TASE.2 网关对自己特有的现存老系统，仿真其中一个现有专用 EMS 数据链路协议；

——在网关与现存老系统间定制新协议。这种方式对 TASE.2 的有限使用是可以接受的，但要使用所有 TASE.2 功能，则可能需要过多的开发工作。

这个对现存老系统的方法优点是：

——可能是现存老系统实现 TASE.2 的唯一方式；

——可能对现存老系统主机计算机影响最小；

——可能提供额外的安全性。

这个方法对 EMS 厂商的优点是：

——从 EMS 主机分离所有网络处理负荷；

——TASE.2 通信量从 EMSLAN 上分离；

——EMS 或 TASE.2 的失败互不影响。

这个方法缺点是：

——在网关和主机计算机间要求第二个协议；

——经过有限的主机对网关协议和串行连接，限制了 TASE.2 功能。实现对象传送、控制操作、账目信息传送和操作员消息，跨越一个中间协议，要求维护两个数据库，并且增加应用实现 TASE.2 功能对 SCADA/EMS 的全程支持；

——在 TASE.2 网关处理器上需要单独的数据库存储和缓存 TASE.2 数据，这数据库可能与 SCADA/EMS 系统上数据库不同，带来培训和维护问题；

——可能是不同的操作系统和处理器硬件，需要不同的系统/网络管理、额外的许可证和备件；

——在传送数据时，较大时延的低性能和低吞吐量是很可能的。

16 安全性

TASE.2 通过关联操作建立关联提供访问控制。客户应向服务器标识自己。服务器应为客户安置一个双边表并且双边表的版本要匹配。否则，服务器应结束关联。如前所述，双边表标识客户授权访问的所有对象和赋予每个对象的访问级别。

TASE.2 不提供认证或加密机制，这些通常由低层协议提供[7]。

7) IEC 57 技术委员会 WG 15(第 15 工作组)已在考虑 TASE.2 的安全问题。

17 协议子集

17.1 OSI

作为早期规定，TASE.2 原先设计是在遵循 ISO/OSI 协议上运转的。到目前为止，仍是厂商实现遵循的规则。IEC 60870-6TASE.2 规范采用一个完全遵循 OSI 协议栈。

17.2 TCP/IP

根据厂商提供的 TASE.2，可能运转在 TCP/IP 上。实际上，目前许多实现是在 TCP/IP 上运转的。UCA2.0 版本为实现这些提供两个可能提案：

1） 包含 TASE.2 OSI 的 5 至 7 层直接在 TCP/IP 上。这个方法在 TCP/IP 上用 TP0 代替 3 至 4 层里的 ISOTP4/CLNS。这个方法在 RFC1006 里规定，并且得到协议厂商广泛支持。然而，TCP/IP 上 TP0 没有像 TP4 有关 QOS 的参数和通过“保持激活”消息自动检测探知一个数据链路是否断开的相同能力。在实践中，一些 TCP/IP 栈能以其他方式提供这种能力。为了提供相等能力，使用 TASE.2 的应用层需要产生一个周期测试消息。在实践中这可能不是问题，因为大多数 TASE.2 连接是预期支持周期的 SCADA 数据传送，通常以 4 秒频度，所以，任何企图在故障链路上发送数据将在适当时间里得到报告。

一个没有解决的标识问题是从传输层来的错误信息报告。不清楚 MMS 是否映射来自 TCP 和 TP4 的错误消息到同样错误码报告 TASE.2。如果不是，传输层对 TASE.2 则不是真透明，而不同错误码的处理将是本地实现问题。

2） 包含 TASE.2OSI 的 5 至 7 层直接在 TCP/IP 上。这方式在 RFC2126 中规定并且计划代替 RFC1006。这方法也用 TCP/IP 上 TP0 代替 3 至 4 层里 ISOTP4/CLNS，但与 RFC1006 不同在于，提供嵌入在 TCP 的面向流服务中的面向分组服务，这样提供了可靠传递和故障链路的检测。

3） OSI 的 3 至 7 层封装在 UDP/IP 报文里。这方法使用 RFC1070。保持 QOS 和停用自动检测，但实现需要维护两个地址空间（即 ISO CLNS 网络层地址和 TCP/IP 层地址）。

一致认为 TASE.2 和 MMS 在传输层应尽可能地透明，以便可以使用 TP4/CLNS 或 TP0/TCP/IP。使用 TCP 的观点是，如果一个电力企业已经使用 TCP/IP，则它可能更愿意在 TCP 上使用 TASE.2，而不愿仅为 TASE.2 引入一个完整的 OSI 栈。然而，没有理由阻止一个电力企业平行运行两个栈。电力企业的产品供应厂商应考虑决定实际可能的选择。

18 TASE.2 的购买

因为电力行业接受 TASE.2，因此在市场上有许多 TASE.2 产品。这些产品可以从 EMS 或 SCADA 厂商以及各种硬件平台和操作系统的第三方供货商获得。结果，虽然 TASE.2 产品与已存在老系统需要一个新的软件接口，但作为 TASE.2 的用户不需要开发新软件实现 TASE.2 协议。虽然数据连接测试是作为验收测试部分明确要求的，因为广泛互操作性测试不是完成就是即将进行，这些产品的互操作性不是很成问题。

然而，整个 TASE.2 规范和本指南中有许多标识地方，被当做本地实现问题，为厂商提供各种处理方法的自由。那里也有其他系统考虑和需要明确规定的配置问题。因此，建议编制购买规范，收集这些方面所有需求。

本章用于指导预期用户编制这样的购买规范。

18.1 购买规范的内容

购买规范的内容如下：

1） 展示 TASE.2 节点间所有组网需求的网络图；

2） 每个 TASE.2 节点的系统结构，表明从 SCADA 数据库、RDBMS、电力应用或操作员控制台到每个 TASE.2 服务器的所有计算机系统接口界面；

3) 系统的要求，例如大小、性能、可用性、备份和恢复(包括是否需要冗余 TASE.2 服务器和必需的故障恢复机制)，以及一些共同标准。

4) 功能要求，例如，需要哪个 TASE.2 一致性块、规定需要的 TASE.2 数据对象、为解决必要的数据传送而定义任何新的数据对象、API 要求、安全要求、关联数和每个的使用目的、用户接口(例如，双边表的创建和编辑、数据集的创建和编辑以及网络的管理)。

5) 硬件要求，例如，使用规定的平台、路由器、LANHUB 技术等。

6) 支持软件要求，例如，允许标准、操作系统、编程语言、编辑器和程序开发支持工具等。

7) 工程实现要求，例如，工程交付、用户和提供商的责任、工程管理指导、质量保证提供、测试、委托、担保、维护支持、文档和培训。

18.2 网络接口控制文档

除了购买规范(记录所有对 TASE.2 厂商特殊要求)外，通常还需要称为网络接口控制的文件(NICD)。需要 NICD 记录有关下列问题的协商和约定：

1) 映射规定数据到 TASE.2 对象和属性；

2) 变量名，如 SCADA 点名；

3) 关键属性定义，用于唯一标识 TASE.2 对象实例，例如消息报文的消息引用号或传送账目对象的事务引用号；

4) 定义任何特定应用开发要求，处理超出 TASE.2 规范的专用报文，例如，涉及几个 TASE.2 报文传送的复杂事务，长于 8000 字节消息报文的分段，或任何新数据对象的创建；

5) 所有连接到同一个 TASE.2 网络的多个参与方之间的任何其他协定。

19 TASE.2 网络的管理

在 IEC 规范里涉及 TASE.2 网络的管理很少。本章说明使用 TASE.2 的用户将面临的普通问题。TASE.2 软件提供的实际能力与供应厂商有关。

19.1 配置管理

19.1.1 数据值对象命名

数据值对象的命名是本地的事。选择的名在所有 TASE.2 客户和服务器都有意义。如果TASE.2 是使用在单个电力企业内部的控制中心之间，则所有现场可使用同样的本地名。这些名字能当作命名 TASE.2 对象维护。

然而，如果 TASE.2 在一个电力联营公司设施里使用，则一个电力企业里的名字不必要被其他电力企业使用，即使是同一个变电站(例如在两个电力企业之间的变电站，因此两个电力企业都有许多监视点)。在这种情况下，有两个选择：

1) 每一个点定义一个全局网络名供所有使用方使用。每个电力企业映射这名到本地名。

2) 数据拥有者(源/服务器)使用的名供所有使用方使用。这是一个通用的方法并且维护方便。如果需要，在这方式里一个选项是，在客户端提供一个从服务器端的名到客户端的名的映射。这方法的缺点是，数据拥有者/服务器的任何本地名的变化都会要求在每一个客户端变化。

19.1.2 数据集的产生

数据集的创建是作为一个客户功能在 GB/T 18700.1—2002 里描述。然而，该文件不规定如何创建或提供什么工具。这些是本地实现的事，决定于 TASE.2 供应厂商。特殊要求在购买规范里规定。

至少，厂商应提供一个编辑器，允许操作员定义每个数据集的内容并且命名它。如果操作员能浏览服务器现场允许客户观看和访问的数据值对象列表，将是很有用的。这个列表可以通过取数据值名操作获得。这就有可能要求用户开发超出 TASE.2 厂商标准提供的软件。

注：使用取数据值名而获得的大量数据会在带宽有限网络上产生不利影响。

一个选择的方法是，根据客户对每个 TASE.2 服务器期望的数据值对象相同的列表，自动定义和命名数据集。

19.1.3 关联管理

TASE.2 假定关联是在 TASE.2 软件里实现的初始过程部分。而详细的使用方法是本地实现的事。此外，TASE.2 假设关联是长期存在，一旦建立就保持运行，直到数据链路丢失。

因此，任何操作员控制关联和/或数据链路的能力(即，使能/去能一个关联或数据链路)是由厂商定义的。如果需要特定能力，应包含在一个 TASE.2 购买规范里。

19.2 参数管理

TASE.2 规范不说明 TASE.2 数据链路性能的监视。TASE.2 用户要求的任何特性应单独规定。

19.3 失败管理

TASE.2 假设一个用来传送数据的无差错传送机制是可用的，除非从低层协议接收一个错误消息。因此，TASE.2 没有规定测试能力和失败管理能力。

结果，任何错误统计或丢失连接维护以及这些特性的操作员显示考虑为本地实现问题，并且提交给厂商决定，什么能力、是否包含在它的标准 TASE.2 产品里。如果特定能力是需要的，则应包含在购买规范里。

20 互操作性

任何成功协议的一个关键特性是能快速和容易地在不同制造厂家之间互操作。这互操作性也应能延伸到以后的版本。TASE.2 从开始设计就考虑互操作性。实现互操作关键包括：

——电力企业需求的及早确定；

——在设计和测试项上关键厂商的投入；

——国际标准组织(ISO)的及早投入；

——TASE.2 规范和厂商实现 TASE.2 协议的平行开发；

——四个早期 TASE.2 开发商之间非正式连通性测试的鼓励；

——四个 TASE.2 厂商之间互操作测试的正式集的性能；

——八个 TASE.2 厂商之间互操作测试第二次正式集的性能。

真实互操作性的最好实际测试是，组织开发者在一起，在一个控制环境里，对适当定义的互操作性测试的综合集，经历所有可能配对，并由公平的协议专家监视测试。

1995 年 2 月，电力企业通信标准工作组(UCSWG)在四个厂商之间进行一系列的互操作性测试。第二次互操作性测试在八个厂商之间于 1997 年 2 月进行。引用 1 是第二次互操作性测试的报告，包括测试的配置以及测试的详细结果。第二次测试在 Fort Collins Colorado USA 进行了两周。

20.1 互操作性测试总结

TASE.2 一致性测试包括块 1，2，4，5 和 8。测试目的是：

1) 在一个控制和目标环境里，多个厂商之间达到多个厂商互操作性，证明 TASE.2 标准的成功；
2) 展示参与厂商在成功实现 TASE.2 标准上取得的进步；
3) 通过在测试期间厂商获得返回的信息，消除含糊、增加清晰、更新规范、提高 TASE.2 标准质量。

基于 ISO 8802.3 10Mbit/s 以太网的一个 LAN 网络结构用来互连厂商 TASE.2 实现。TASE.2 软件运行在全 ISO 支持的 OSI 的 7 层协议栈。每项测试由一个公正的观察员作证并记录结果。

有关参加测试的各种软件一些重要情况如下：

——八个 TASE.2 厂商参与；

——三个不同的硬件平台：DECAlpha、IBMRS-6000 和几种 PC 机，包含来自不同厂商的便携机或台式机；

——四个不同的操纵系统:UNIX(1BMAIX)、DEC OpenVMS、WindowsNT 和 WINDOWS95;

——三个不同的 MMS/OSI 协议栈厂商:Cycle 软件、ONE 和 SISCO。

为测试 TASE.2 互操作性,31 个测试在每对测试者之间轮流进行,由每个 TASE.2 实现者作为客户或服务器,然后变换角色。在有些测试中,系统作为服务器和作为客户,结果是不一样的。另外,实施了包括所有厂商同步操作可用性测试。

测试结果明显地表示,TASE.2 在跨多厂商平台上互操作性已达到最初目的。另外,促进 TASE.2 规范到 IEC 标准化的重要目标也已实现。个别存在的没有解释或不同解释的地方被揭示和修改,并提供标准文档。

20.2 版本兼容

版本控制在 GB/T 18700.1—2002 的 7.1.1.1.1 讨论,那里描述在关联操作和动作中的客户角色。版本控制对象定义见 8.1.9 的 TASE.2 版本类型。

TASE.2 将不断增加新对象和需要的新服务。TASE.2 预见这样的需求,使协议有序升级。

在验证双边表 ids 合法以后,TASE.2 实现的客户应从服务器取得 TASE.2 版本对象并与本地版本比较。如果不匹配,通过结束操作,关联立即中断。没有进一步的关联可以建立,直到版本匹配。然而,为了与早期 TASE.2 版本兼容,厂商对以前的版本采用仿真软件来执行 TASE.2 的早期版本。

20.3 用户对象兼容

TASE.2 由系统对象(见 GB/T 18700.1—2002)和用户对象(见 GB/T 18700.2—2002)组成。描述用户对象的文档已分离成单独文档,使得该文档的进化与很少变动的服务文档分离。

TASE.2 用户对象的分类描述见 GB/T 18700.2—2002,它们之间不同实现块表示在第 9 章。

一个公司购买一个特定的实现块,应确定公司需要购买的那些功能有关的对象已由预期厂商实现。任何特定实现块要求的服务可以实现,但没有必要提供用户该块里所有的对象。

参考文献

EPRI Inter-Operability Report: TASE.2 Interoperability Test 2 Report, TASE.2 Version 6.1, IEC 870-6 TASE.2, Version 1996-08, Final Report, May 28, 1997.

附 录 A
（资料性附录）
使用 TASE.2 连接的电力系统模型的交换

本附录定义了电力系统模型交换中电力系统模型和 TASE.2 模型的关系。

概要：

TASE.2 连接中测量量的电力系统模型交换是使用 IEC 61970（CIM）的 Measurement，MeasurementValue 和 MeasurementValueSource 三个类来实现的。

MeasurementValueSource 类定义提供 TASE.2 数据的控制中心。Name 属性设置为“CCLINK”，pathName 保存提供数据的控制中心名。MeasurementValue 类规定 TASE.2 ObjectID，aliasName 属性保存 TASE.2 Object ID，Name 属性保存 SCADA 点名。

每个经 TASE.2 提供的 Measurement Value 也应与一个 MeasurementValueSource 关联。每个 MeasurementValue 与一个 Measurement 关联。

参与者：

名　　字	角　色　描　述
EMSA 的数据工程师	维护 EMSA 电力系统模型，增加 TASE.2 连接数据到电力系统模型
EMSB 的数据工程师	维护 EMSB 电力系统模型，在接收模型中的 TASE.2ObjectID 和经 TASE.2 连接接收的测量量之间建立映射关系

可能参与系统：

系　　统	提供的服务或信息
EMSA	把一个电力系统模型内部描述转换成 CIM XML 格式发送给 EMSB。并且通过一个 TASE.2 连接把实时的 TASE.2SCADA 点发送到 EMSB
EMSB	从 EMSA 接收 CIM XML 文件格式的电力系统模型，并且转换为 EMSB 内部模型表示。此外还通过 TASE.2 连接从 EMSA 接收实时测量量数据

前提条件：

1）　包含在从 EMSA 传送到 EMSB 的电力系统模型里唯一当地 SCADAReferenceID 已经由 EMSA 数据工程师当地分配到每个测量量值。

2）　一个 TASE.2 连接已经建立，并且一些可传送到指定接收者的测量量值已经分配到 TASE.2 Object ID。

3）　在 EMSA 和 EMSB 二边，存在电力系统模型的 CIM 兼容表示。

4）　为了 EMSB 接收，在 EMSA 已经建立可用 SCADA 点的双边表。

设想/设计考虑：

这种连接的典型使用是区域输电公司从地方成员公司收集数据。有了 TASE.2 Object ID，软件可以自动定义 TASE.2 到电力系统模型的连接,与 TASE.2 客户端向 TASE.2 服务器扫描请求 Obiect ID 的功能结合使用,利用它们之间(TASE.2 Object ID 与电力系统模型)的映射可以减少手工定义数据的要求。

这些功能在后台执行,作为数据建模工作的一部分。

这些功能不是经常动作,只是在电力系统模型变化和 TASE.2 对象影响数据交换时起作用。通常是初始建立系统时的主要任务,然后可能一个月或一个星期当重要变化发生时执行此任务。

数据交换的的尺寸应是已有 CIM XML 数据交换的一个较小扩展,可不作重点考虑。

正常步骤:

使用步骤	说明
第 1 步	EMS A 的数据工程师在电力系统模型里对每个可以传送到 EMS B 的测量量增加 TASE.2 Object ID。该 TASE.2 ObjectID 应与用于通过 TASE.2 连接实时数据传送的 TASE.2 Object ID 严格相同。 在 CIMMeasurementValue 类里: a) SCADAID 保存在 MeasurementValue.Name 属性里。 b) TASE.2 ObjectID 保存在 MeasurementValue.aliasName 属性里。 在 CIMMeasurementValueSource 类里: a) "CCLINK"保存在 MeasurementValueSource.name 里,表示数据是 TASE.2 连接提供的。 b) "EMS A"保存在 MeasurementValueSource.path.Name 里,指出提供 TASE.2 数据的控制中心的特定实例
第 2 步	EMSA 转换电力系统模型到 CIM XML 格式并且传送文件给 EMS B
第 3 步	EMSB 接收 EMSA 以 CIM XML 格式表示的电力系统模型并且转换为内部模型格式
第 4 步	EMS B 数据工程师把 EMS A 电力系统模裂合并到 EMS B 电力系统模型中。这要求对 EMS B 软件进行配置以便把 EMS A 电力系统模型的每个测量量和通过 TASE.2 连接接收的实时 SCADA 点相互关联起来。 推荐:使用 CIM SCADA 包,从 EMS A 接收的 MeasurementValue 和 MeasurementValueSource 实例作为远程测量值存在 EMS B 里。这将把 EMS A 控制中心定义为 RemoteUnit,所有 MeasurementValue 定义为 RemotePoints。做到这点需做下列映射: a) MeasurementValueSource.name 映射为 RemoteUnit.name。 b) MeasurementValueSource.path.Name 映射为 RemotePoints.name。 c) MeasurementValue.name 映射为 RemotePoints.name。 d) MeasurementValue.alais.Name 映射为 RemotePoints.aliasnName

例外或选用步骤:

1) 一个通过 TASE.2 连接的 TASE.2SCADA 可用点,在 CIM 电力系统模型里没有相应的测量值。这需要人工干预修改对应点的电力系统模型 TASE.2 连接数据,并且有可能重新发送电力系统模型(或者增量更新)。

2) 相反,在 CIM 模型有一个具有 TASE.2 Source 和 TASE.2 Object ID 的测量值,但是TASE.2 Object 不在 EMS A 发送 EMS B 的双边表里。这不是一个重要问题。作为 TASE.2 客户 EMS B 可以请求来自 EMS A 的所有可用数据。也可以要求修订双边表。

补充说明:

在 EMS B 上应对接收的每一个 TASE.2 Object ID 和它内部的电力系统模型测量值之间建立映射。为了运行电力系统潮流和状态估计应用,或为了显示实时值,建立映射是必要的。

注意:一个完整的环形传送可能是需要的,模型从 EMS A 经过 EMSB 返回到 EMS A,EMS B 增加了 RemoteUnit 和 RemotePoint 模型信息,这样 EMS A 可以确认数据传送的完整性和正确性。

使用实例流程图:

点线表示存在的实例情况,实线表示使用实例。

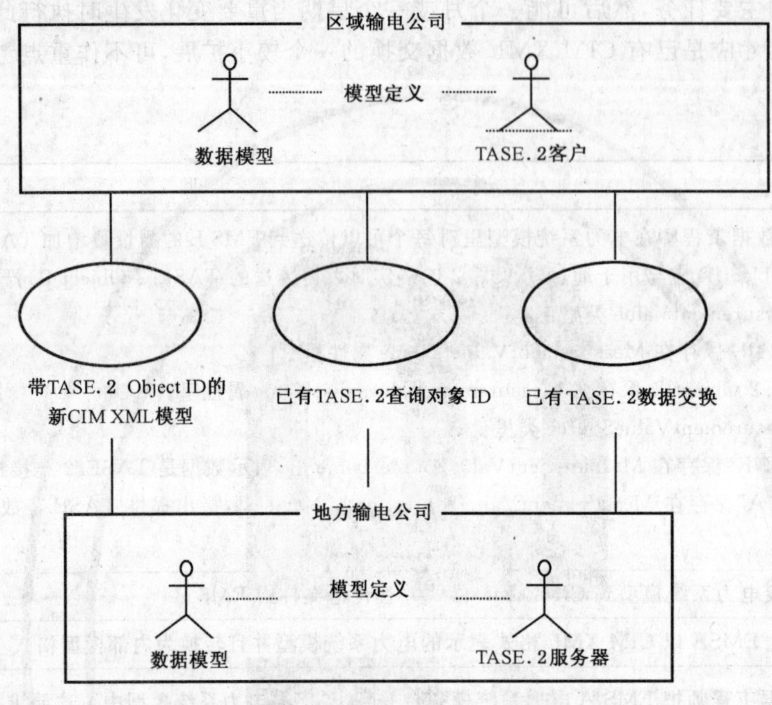

参考文献

CPSM Minimum Data Requirements in Terms of the EPRI CIM Version 1.8 April 18, 2002 Prepared by Joe Evans and Kurt Hunter

附 录 B
(资料性附录)
TASE.2 安全建议

B.1 范围

本附录对下列 TASE.2 国家标准的使用提供安全指导。

GB/T 18700.1—2002 TASE.2 服务和协议

GB/T 18700.2—2002 TASE.2 对象模型

GB/T 18700.4—2002 在端系统中提供 TASE.2 应用服务的功能协议子集

这些标准规定了交换有严格时间要求的控制中心数据的方法,交换是通过使用完全遵从 ISO 协议栈的广域网或局域网进行的。它们包含了支持集中和分布式体系结构的规定。这些标准包含实时信号量交换、控制操作、时间序列数据、计划和账目信息、非结构 ASCII 或二进制文件、远程程序控制和事件通知。

本附录只涉及影响 TASE.2 标准使用和实现有关范围的安全问题。本附录不是标准,只对最终用户提供建议。

B.1.1 预期的读者

本附录适用的读者很广泛,从试图判定 TASE.2 是否适合他们数据传送需要的最终用户到计划实现 TASE.2 功能提供 TASE.2 产品的生产厂商。具体讲,本指南有助于下列人员:

——最终用户,例如一个电力企业,该企业需要与另一个电力企业或多个电力企业或本企业的其他控制中心之间传送实时数据,该用户正在评估哪个通信协议是最适合的;

——最终用户,已经决定使用 TASE.2,他们需要得到购买 TASE.2 产品的指导;

——最终用户,已经购买了 TASE.2 产品,他们关注如何正确地映射他们实际数据到 TASE.2 数据对象的指南;

——最终用户,他们正在寻找有关配置 TASE.2 软件和网络这些实际问题的答案和约定;

——厂商,他有一个实施 TASE.2 规范的工程项目,TASE.2 规范可作为项目专用去实施或者提供一个标准产品去实施。

B.1.2 附录的结构

本附录首先介绍 TASE.2 安全的背景和 ISOIECTC 57WG15 正式提出的 TASE.2 安全问题。附录的其余部分论述协议范围内安全问题建议解决方案并描述用户须评估而在上述列出标准里没有包含的安全问题。

B.2 规范性引用文件

下列文件中的条款通过本附录的引用而构成为本附录的条款。凡是注日期的引用文件,其随后所有的修改单(不包括勘误的内容)或修订版均不适用于本附录,然而,鼓励根据本部分达成协议的各方研究是否可使用这些文件的最新版本。凡是不注日期的引用文件,其最新版本适用于本附录。

GB/T 18700.1—2002 远动设备和系统 第 6 部分:与 ISO 标准和 ITU-T 建议兼容的远动协议 第 503 篇:TASE.2 服务和协议 (idt IEC 60870-6-503:1997)

GB/T 18700.2—2002 远动设备和系统 第 6 部分:与 ISO 标准和 ITU-T 建议兼容的远动协议 第 802 篇:TASE.2 对象模型(idt IEC 60870-6-802:1997)

GB/T 18700.4—2002 远动设备和系统 第6-702部分:与ISO标准和ITU-T建议兼容的远动协议 在端系统中提供TASE.2应用服务的功能协议子集(idt IEC60870-6-702:1998)

本文件对应于TASE.2第2版,但以下信息仍适用于现用的TASE.2第1版。

B.3 定义

本附录采用下列定义:

违反授权 authorisation violation	为了某一目的使用的系统一个授权项被另外没有授权目的使用。
可用性 availability	信息交换是可能的。
旁路控制 bypassing controls	系统缺陷或安全弱点受到有意攻击。
数据合法性 data validity	后台系统或数据库提供的数据是合法的并能代表当前状态。
拒绝服务 denial of service	授权的通信流或交换被阻止。
窃听 eavesdropping	通过监视通信往来,信息泄露给没有授权的人员。
非法使用 illegitmate use	为了能执行一个动作、控制或获取信息,需要一个独立的授权,但却被没有授权的完成了。
随意泄露 indiscretion	授权用户把得到的信息非故意泄露给了非授权实体。
信息泄露 information leakage	未授权实体获取了限制信息。本术语典型是指非窃听获取的信息(例如:通过其他泄露方法)。
完整性违反 integrity violation	未授权实体生成或修改的信息。
拦截/改变 intercept/alter	通信包被拦截,修改然后再继续往前传送好像是未修改原包一样。这是典型的人工介入情况。
伪装 masquerade	未授权实体企图伪装成一个授权实体的标识。
重放 replay	通信包被记录下来并在不适当时间重新传送。
否定 repudiation	信息交换发生,但是,后来交换信息的任一方否认发生过信息交换。
欺骗 spoof	本攻击是窃听、信息泄露、完整性违反或拦截/改变与伪装的组合威胁之一。

B.4 缩略语

ACSE	Association Control Service Element	关联控制服务元素
API	Application Program Interface	应用程序接口
DIS	Draft International Standard	国际标准草案
EPRI	Electrical Power Research Institute	美国电力研究院
ICCP	Inter-Control Center Communications Protocol	控制中心间通信协议
IEC	International Electrotechnical Commission	国际电工委员会
IETF	Internet Engineering Task force	互联工程任务组
IP	Internet Protocol	网际协议
MMS	Manufactutring Messaging Specification	制造业报文规范
QOS	Quality Of Service	服务质量
TASE	Telecontrol Application Service Element	远动应用服务元素(IEC指定的电力企业数据交换的国际标准协议)

TASE. 2		基于 ICCP 协议的 TASE
TCP	Transmission Control Protocol	传输控制协议
TLS	Transport Layer Security	传输层安全
UCA	Utility Communication Architecture	公用事业通信体系结构
UDP	User Datagram Protocol	用户数据报协议
VCC	Virtual Control Center	虚拟控制中心
VMD	Virtual Manufacturing Device	虚拟制造设备

B.5 TASE.2 安全问题

下表列出与 TASE. 2 有关的前 10 个安全问题，这些问题是 ISO IEC TC57 WG15 提出的。这表不是一个完整的问题列表，但按优先级列出。ISO IEC TC57 WG7 在下表的第 1 列评价这些安全问题，即列出的安全问题是不是 TASE. 2 协议问题或者是 TASE. 2 的间接问题。

TASE. 2 问题	优先级	使用时应考虑的内容	
		非安全协议子集	整组安全协议子集建议
Yes	1	旁路控制	旁路控制
Yes	2a	完整性违反	无意泄露
No	2b	违反授权	非法使用
No	3	无意泄露	信息泄露
Yes	4	拦截或改变	可用性
No	5	非法使用	数据违反
No	6	信息泄露	性能
Yes	7	欺骗	当地安全管理和过程
Yes	8	伪装	远程安全过程
Yes	9	可用性(例如拒绝服务)	认证和授权管理
Yes	10	窃听(例如数据保密性)	认证授权保密和安全过程

B.6 TASE.2 安全问题评估

本安全问题的评价是基于节点到节点协议影响。包含控制中心应用和 TASE. 2(客户或服务器)交互，称为“端到端”的安全问题超出本附录的范围。更多的说明参见 IEC 60870-6-503 版本 2 的“图 6 TASE. 2 和实时控制中心之间的关系”。

B.6.1 旁路控制

传输层(节点到节点)授权是 TASE. 2 安全协议问题，建议使用 TLS 来解决这个问题。入侵的检测不是 TASE. 2 安全协议问题。

加强应用认证能是 TASE. 2 安全协议问题。这个问题的明确定义还在研究。

B.6.2 完整性违反

完整性违反是 TASE. 2 协议安全问题。具有适当哈希算法即信息加密的 TLS 可以解决这个问题，并建议使用这个方法。

B.6.3 违反授权

这不是 TASE. 2 规定的问题。为了某个目的使用的系统一个授权项为另外没有授权的目的使用不是协议问题。

B.6.4 随意泄露

这不是TASE.2规定的问题。授权人员泄露不是协议问题。

B.6.5 拦截/改变

这是TASE.2安全问题。具有适当哈希算法即信息加密的TLS可以解决这个问题,建议使用这方法。

B.6.6 使用非法

这不是TASE.2的特殊问题。策略、过程和审核不是协议问题。

B.6.7 信息泄露

这不是TASE.2的特殊问题。政策,过程和审核不是协议问题。WG 7不相信性能与信息泄露有关。

B.6.8 欺骗

这是TASE.2安全问题。具有适当哈希算法即信息加密的TLS可以解决这个问题,建议使用这方法。

B.6.9 伪装

这是TASE.2协议安全问题。具有适当哈希算法即信息加密的TLS可以解决这个问题,建议使用这方法。

B.6.10 可用性

这是TASE.2协议安全问题。当前实施使用TASE.2参数限制客户性能影响服务器。其他拒绝服务问题超出TASE.2(这个可能需要入侵检测系统)也超出本附录范围。

B.6.11 窃听

这是TASE.2协议安全问题。具有适当哈希算法即信息加密的TLS可以解决这个问题,推荐使用这方法。

B.7 建议解决方案

TASE.2问题	优先级	使用时关心的问题	建议解决方案
Yes	1	旁路控制	建议具有适当安全策略的TLS
Yes	2a	完整性违反	建议具有适当安全策略的TLS
No	2b	违反授权	无建议
No	3	随意泄露	无建议
Yes	4	截取/改变	建议具有适当安全策略的TLS
No	5	非法使用	无建议
No	6	信息泄露	无建议
Yes	7	欺骗	建议具有适当安全策略的TLS
Yes	8	伪装	建议具有适当安全策略的TLS
Yes	9	可用性(例如:拒绝服务)	无建议
Yes	10	窃听(例如:数据保密性)	建议具有适当安全策略的TLS

B.8 安全管理

TASE.2 规范不规定一个安全策略或一个规定的数字认证管理和维护过程。这些留作另外“当地实施问题”。

根据用户的要求,需要解决下列问题:

——在建立连接过程(an association-by-association basis),应知道哪些连接操作在安全模式哪些操作在非安全模式:

——在建立联接过程,非安全关联和新安全关联同时互操作;

——在建立联接过程,通过事先相互协商为了调试目的允许或阻止一个关联单方面退出(或返回)安全模式;

——允许新的关联以安全或非安全模式提交不用请求 TASE.2 完整的重启;

——在建立联接过程,允许协商证书等级;

——应支持多数字证书。

B.9 双边表问题

双边表问题包含在正式标准和 TASE.2 用户指南里。双边表概念用于数据访问控制。

B.10 用户接口问题

TASE.2 规范对于 TASE.2 管理和维护没有规定用户接口。这是留下的另一个“当地实施问题”。每个厂商有选择接口的自由。本附录不论述这样的用户接口安全问题。

下列方面可能需要一个用户接口:

——显示关联是安全或不安全的;

——安全连接到不安全状态转变的操作通知;

——数字证书到期的操作通知;

——数字证书即将到期的操作通知。

B.11 网络协议集

下面图 B.1 描述了标准 TASE.2 网络协议集,图 B.2 描述了安全 TASE.2 网络协议集。

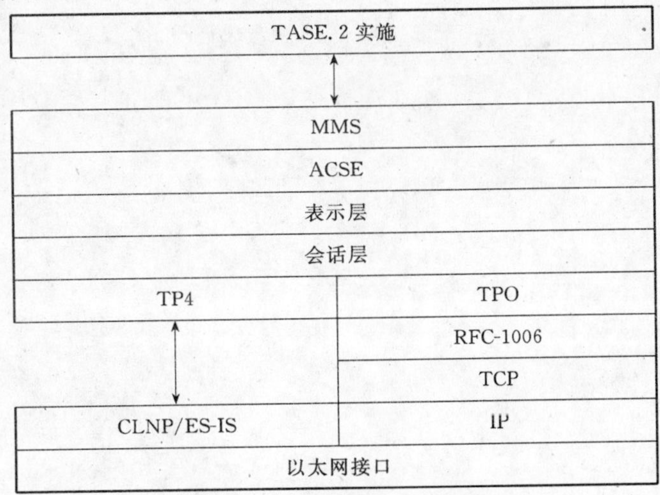

图 B.1 TASE.2 标准协议

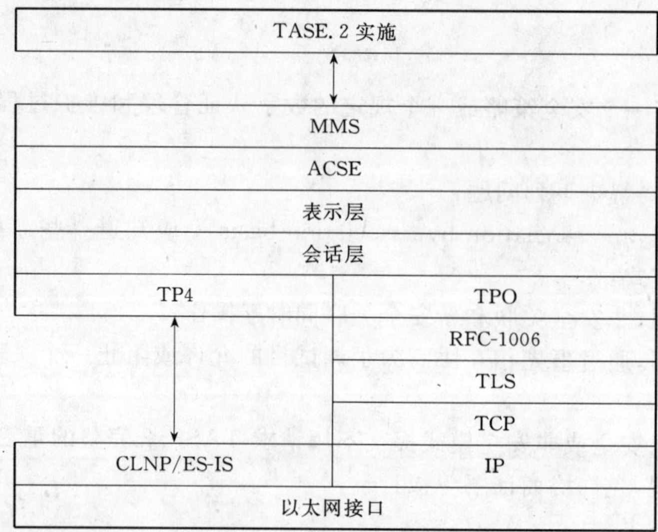

图 B.2 TASE.2 安全协议集

B.12 参考文献

ICCP（TASE.2）Security Enhancements Volumel, EPRI Palo Alto, CA2002.1001642.

SSL and TLS Essentials—Securing the Web, Wiley Computer Publishing, John Wiley & Sons, Inc., NY, NY. Stephen A. Thomas

Request For Comment 2246, The TLS Protocol Version 1.0 January 1999, Internet Engineering Task Force

附 录 C
(资料性附录)
TASE.2 用户指南实施建议

C.1 范围

本附录就下列 TASE.2 国家标准的使用提供一些实现建议。

GB/T 18700.1—2002 TASE.2 服务和协议

GB/T 18700.2—2002 TASE.2 对象模型

GB/T 18700.3—2002 TASE.2 应用协议子集

这些标准规定了使用一个完全遵从 OSI 协议栈通过广域网或局域网,交换有严格时间要求控制中心数据的方法,它们支持集中和分布的两种结构。这些标准包含实时信号量交换、控制操作、时间序列数据、计划和记账信息、非结构 ASCII 的或二进制文件、远程程序控制、和事件通知。

本附录不是标准,只对最终用户提供建议。

C.1.1 预期的读者

本附录适用的读者很广泛,从试图判定 TASE.2 是否适合他们数据传送需要的最终用户到计划实现 TASE.2 功能提供 TASE.2 产品的生产厂商。具体讲,本指南有助于下列人员:

——最终用户,例如一个电力企业,该企业需要与另一个电力企业或多个电力企业或本企业的其他控制中心之间传送实时数据,该用户正在评估哪个通信协议是最适合的;

——最终用户,已经决定使用 TASE.2,他们需要得到购买 TASE.2 产品的指导;

——最终用户,已经购买了 TASE.2 产品,他们关注如何正确地映射他们实际数据到 TASE.2 数据对象的指南;

——最终用户,他们正在寻找有关配置 TASE.2 软件和网络这些实际问题的答案和约定;

——厂商,他有一个实施 TASE.2 规范的工程项目,TASE.2 规范可作为项目专用去实施或者提供一个标准产品去实施。

C.1.2 附录的结构

本附录首先介绍 ISO IEC TC 57WG 07 正式提出的问题和背景,附录的其余部分论述了解决在协议范围内问题的建议,并描述不包含在上面列出的标准里的用户评定的其他问题。

C.2 规范性引用文件

下列文件中的条款通过本附录的引用而构成为本附录的条款。凡是注日期的引用文件,其随后所有的修改单(不包括勘误的内容)或修订版均不适用于本附录,然而,鼓励根据本部分达成协议的各方研究是否可使用这些文件的最新版本。凡是不注日期的引用文件,其最新版本适用于本附录。

GB/T 18700.1—2002 远动设备和系统 第 6 部分:与 ISO 标准和 ITU-T 建议兼容的远动协议 第 503 篇:TASE.2 服务和协议(idt IEC 60870-6-503:1997)

GB/T 18700.2—2002 远动设备和系统 第 6 部分:与 ISO 标准和 ITU-T 建议兼容的远动协议 第 802 篇:TASE.2 对象模型(idt IEC 60870-6-802:1997)

GB/T 18700.3—2002 远动设备和系统 第 6-702 部分:与 ISO 标准和 ITU-T 建议兼容的远动协议 在端系统中提供 TASE.2 应用服务的功能协议子集(idt IEC 60870-6-702:1998)

本附录对应于 TASE.2 的第 2 版，但以下的信息同样适用于仍然在用的 TASE.2 的第 1 版。

C.3 定义

本附录采用 GB/Z 18700.7 里的定义。

C.4 缩略语

本附录采用 GB/Z 18700.7 里的缩略语。

C.5 实现问题

本附录包含下列 4 个实现问题：

——支持发电机升降的脉冲控制；

——值变化计数器的使用；

——质量码编码规则；

——TASE.2 关联和数据集报警。

C.5.1 支持发电机升降脉冲控制

在现有的 TASE.2 数据对象中不提供一般的发电机升降脉冲能力。这个功能高度依赖硬件并且在新生产的发电机调速机组里已不是常用的。下列的实现来自典型的 RTU 协议实现的模型并且假设 TASE.2 服务器将配置一个数据集以周期组的形式传送下列值。目的是产生传送用于周期自动发电控制功能的数据集的能力。

为实现发电机升降控制，下列 4 个值应能在控制中心之间传递。

1) 控制码(control code)的离散值，表示要完成的控制功能，控制码的适用性决定于最终设备使用的硬件类型。

2) 次数(count)的离散值，这值表示可以连续执行控制的次数。

3) 投入时间(on-time)的离散值，规定了数字“合(on)”输出的持续时间时间。本值可能不适用于所有的控制类型。

4) 断开时间(off-time)的离散值，规定了数字“分(off)”输出的持续时间。本值可能不适用于所有的控制类型。

下列建议不需要修改已有的 TASE.2 实施或实施的扩展。这样做的目的是对已有的系统不产生副作用。

为了实现基本的脉冲升降服务，一个 TASE.2 服务器周期数据集应配置上面描述的 4 个命名变量，分别表示控制码、次数、投入时间和断开时间。在这个数据集里的所有对象数据类型是 Data_Discrete-inter(width{32})。然后，客户端可以建立包含请求的 4 个元素的周期数据集。4 个值的实际使用是一个当地的实施问题，这个建议目的是为了标准传递数据和值，实现该功能的互操作。

C.5.2 值变化计数器的使用

如果值变化计数器的实现如果没有加以协调可能发生互操作问题。COVCounter 定义为“COVCounter 属性，表示 IndicationPoint(属性 PointRealValue，PointStateValue，PointDiscreteValue)发生变化的次数。只要该 IndicationPoint 数据拥有一个新值，它就增 1。”

COVCounter 应特别地定义为一个循环增加计数值。如果不是这样，服务器不得不有多个 COVCounter 实例，每一个客户联接一个实例。对服务器来说是不可管理的，因为服务器事先不知道将需要多少实例，这些实例是否需要，是否是 RBF，它的周期等等。

这个循环增加计数值由 IndicationPoint 报告。当计数溢出翻转(累加越出)，报告 0 值。当联接中断和重启动时，增加计数 NOT 复位，服务器只简单地在数据点发生变化时保持更新。当联接重建时，最新的增加计数值送到客户。如果需要的话，客户能使用这个(和联接中断前收到的值)来计算任何 MCD 事件。

在服务器的软件重启，计数值丢失等情况下，0 被送到客户。客户要能在任何时间处理接收到的 0 值。

C.5.3 质量码译码规则

TASE.2 协议提供在控制中心或电力企业之间交换数据的标准格式。在 TASE.2 标准里 SCADA 系统的一个点信息是存储在数据值对象里的。如果在 TASE.2 接收和发送现场已经约定和配置一个点的质量状态信息，这个质量状态信息可以作为数据值对象的质量与该点值一起发送，就如 TASE.2 标准定义的。在通过 TASE.2 协议发送数据之前，SCADA 的质量状态需要解释或转换为 TASE.2 质量属性。这对接收端理解该质量码是很重要的，就如接收的数据值对象 TASE.2 的质量属性在发送现场存在一样。如果 SCADA 质量状态与 TASE.2 质量属性映射不被接收端透彻理解，接收端就不能正确解释接收到的 TASE.2 质量属性。

C.5.3.1 转换指南

本条提供转换 SCADA 质量码到 TASE.2 质量码的指导建议。目的是在所有 TASE.2 系统中，都按建议以一致的方式进行转换。

这些指南也适合 TASE.2 厂商和控制中心的人员，为 TASE.2 软件还没有集成到 SCADA 系统的系统开发 SCADA 系统和独立 TASE.2 服务器之间的接口。

请注意本附录提供的指南只是转换 SCADA 质量状态到 TASE.2 质量属性，而不是反过来。由于下列原因在本附录不论述 TASE.2 质量属性到 SCADA 质量码的转换：

——系统与系统之间的质量码实施是很不同的(特别是由不同厂商提供的系统)；

——在一个系统里，TASE.2 质量属性到系统里 SCADA 质量码的转换，除本地系统外不影响其他系统(TASE.2 关联的另一端的系统)。这是一个当地实施的问题；

实际上，内部 SCADA 质量码设置应是这样的，就是当值通过 TASE.2 再发送时，在再发送时 TASE.2 质量属性会与原来发送的完全一样。

C.5.3.2 推荐转换过程

下列是在 TASE.2 标准里质量码(数据值对象的)定义：

1) 有效性 Vality—这个属性可是下列值之一：

——VALID；

——HELD(本附录没有使用)；

——SUSPECT；

—— NOT VALID。

2) 当前源 Current Source—这个属性可是下列值之一：

——TELEMTERED；

——ENTERED；

——CALCULATED；

—— ESTIMATED。

3) 正常值 NormalValue—这个属性可是下列值之一：

——NORMAL；

—— ABNORMAL。

根据一个 SCADA 点的状态，为设置上述 3 类 TASE.2 质量属性，推荐的算法在下面几页的流程图里提供。在每一种情况里，注意图里对每一个质量限定操作意思的解释。

C.5.3.2.1 有效性的转换过程

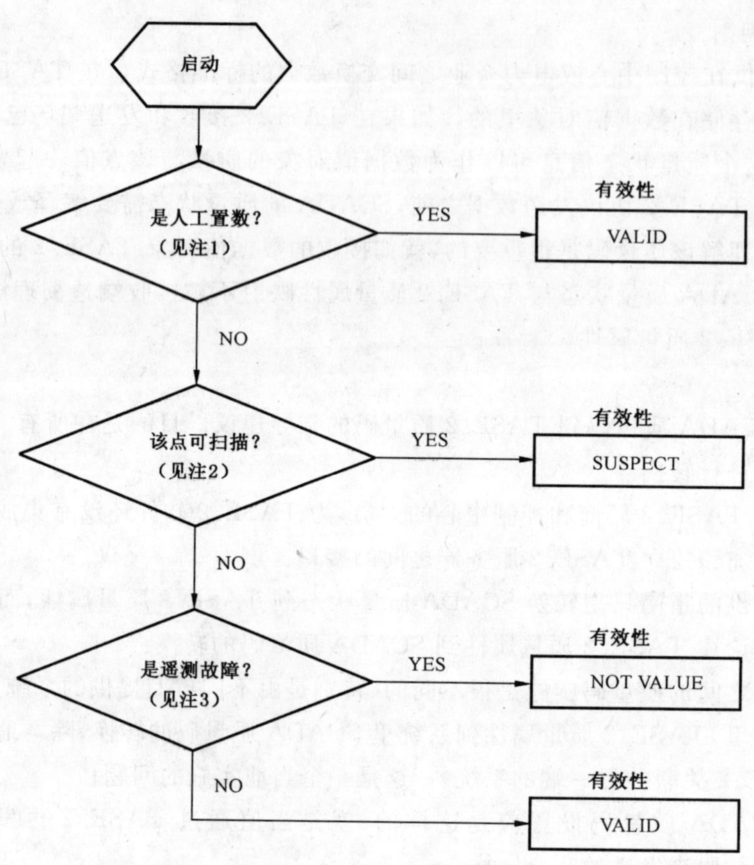

注1：当后续的遥测将被锁定时，操作员直接输入一个值或者采用已存在的某值就被认为是人工替代。

注2：停止扫描是指调度员或操作员手工地把某点退出扫描。而当该点所属的RTU或扫描组退出扫描时，该点并不认为是停止扫描。

注3：如果满足下列一个或多个条件，就认为遥测故障：

——点所属RTU退出扫描；

——点所属扫描组（在RTU里）退出扫描；

——点的值超出合理性范围；

——EMS系统（或它的前置处理器）不能完成扫描该点或RTU，比如在通信问题、RTU出错、MODEM问题或通信线路问题等情况下。

图C.1 设置TASE.2合法性质量属性流

如果挑选的点是一个计算点，它的质量是组成计算点里的所有点的最低质量级别。质量的排列如下（从高到低）：

1） VALID；

2） SUSPECT；

3） NOT VALID。

C.5.3.2.2 当前源转换处理

注1:如果一个点的值是从一个现场设备正常产生,例如一个RTU或一个可编程控制器,或者是一个类似设备提供替代数据,这点认为是遥测值。如果一点是操作员人工地输入或者是数据库定义时设定的缺省值,这点则认为是ENTERED。

图C.2 设置TASE.2当前源质量属性流程图

C.5.3.2.3 正常值转换处理

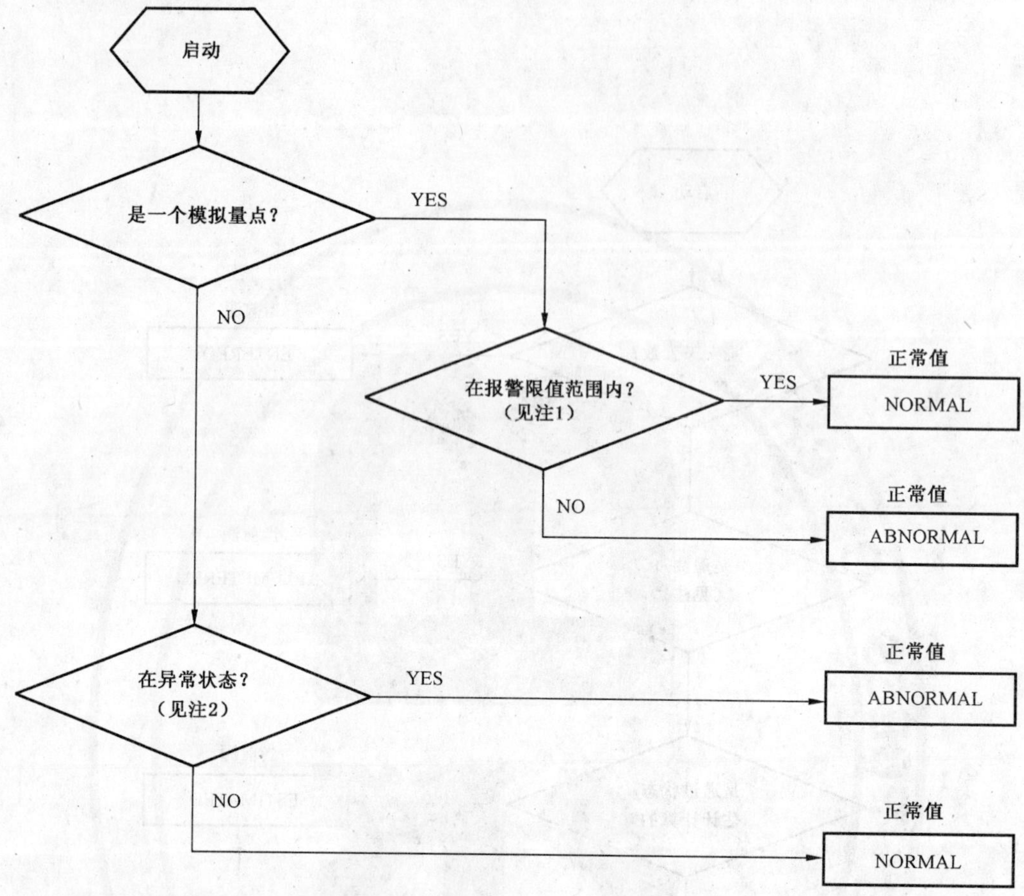

注1：对于一个模拟量，信号点可以有多级的报警限制(包括合理性)。如果信号点值超出这些报告限制的任一个值就认为异常

注2：对于数字(状态)量，在一点可以(允许)定义一个或多个异常状态。如果这点在定义的异常状态，就认为是异常。

图C.3 设置TASE.2正常值质量属性流程图

C.5.4 TASE.2关联和数据集告警

现在，在电力企业里TASE.2数据交换承担着许多关键功能，包括可见的协调切换、电力系统建模、机组协联控制和直接AGC控制。对TASE.2数据传送这样的依靠，要求在联接或数据集丢失时电力系统的调度员能立即知道。对于延迟到达或没有到达的数据，标志数据未更新的处理措施是需要直接对调度员补充报警。

这里讨论的专用报警应遵从一般SCADA报警的控制操作。例如：

——告警禁止；

——事件禁止；

——告警优先级分类；

——告警分区；

——音响告警抑制和禁止；

——告警确认和删除。

C.5.4.1 关联告警

在关联丢失(对双向使用关联的任意方向)事件中，系统应提供报警点，每个方向可以各自配置。没有接收到数据与没有发送数据的告警优先级可能是不同的。

告警将按逐个关联的原则提供，并至少包含下列信息：

——远程电力企业；

——数据的方向；

——关联丢失的时间(恢复)；

——告警优先级的指示。

C.5.4.2 数据集告警

在宽限期数据集没到达的事件里，系统应提供报警点，数据集的输入与输出方向可以各自配置。没有接到数据与没有发出数据的告警优先级可能是不同的。

告警应按逐个数据集的原则提供告警，并最少带有以下信息：

——远程电力企业；

——数据的方向；

——关联丢失的时间(恢复)；

——告警优先级的指示。

C.5.4.3 告警关系

在关联丢失的事件中，厂商应提供一种机制，对相关数据集告警进行抑制选择。

ICS 33.200
F 21

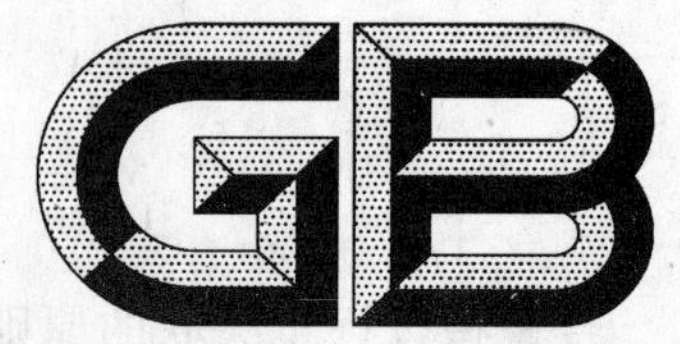

中华人民共和国国家标准

GB/T 18700.8—2005/IEC 60870-6-601:1994

远动设备和系统 第6-601部分：与ISO标准和ITU-T建议兼容的远动协议 在通过永久接入分组交换数据网连接的端系统中提供基于连接传输服务的功能协议集

Telecontrol equipment and systems—Part 6-601: Telecontrol protocols compatible with ISO standards and ITU-T recommendations—Functional profile for providing the connection-oriented transport service in an end system connected via permanent access to a packet switched data network

(IEC 60870-6-601:1994,IDT)

2005-02-06 发布　　2005-12-01 实施

中华人民共和国国家质量监督检验检疫总局
中国国家标准化管理委员会　发布

前 言

随着网络通信技术的发展，电力系统远动实时数据传输也逐渐向网络化发展。IEC 57 技术委员会编制的 IEC 60870-6 系列标准《远动设备及系统　第 6 部分：与 ISO 标准和 ITU-T 建议兼容的远动协议》是为适应这一发展需要制定的。

为促进我国远动实时数据通信进一步发展，实现与国际标准接轨，我们采用该标准系列中有关部分制定国家标准系列 GB/T(GB/Z) 18700《远动设备和系统　第 6 部分：与 ISO 标准和 ITU-T 建议兼容的远动协议》。本标准包括以下 8 部分：

GB/T 18700.1—2002　远动设备和系统　第 6 部分：与 ISO 标准和 ITU-T 建议兼容的远动协议　第 503 篇：TASE.2 服务和协议(IEC 60870-6-503:1997,IDT)

GB/T 18700.2—2002　远动设备和系统　第 6 部分：与 ISO 标准和 ITU-T 建议兼容的远动协议　第 802 篇：TASE.2 对象模型(IEC 60870-6-802:1997,IDT)

GB/T 18700.3—2002　远动设备和系统　第 6-702 部分：与 ISO 标准和 ITU-T 建议兼容的远动协议　在端系统中提供 TASE.2 应用服务的功能协议子集(IEC 60870-6-702:1998,IDT)

GB/Z 18700.4—2002　远动设备和系统　第 6-602 部分：与 ISO 标准和 ITU-T 建议兼容的远动协议 TASE 传输协议子集(IEC TS 60870-6-602:2001,IDT)

GB/Z 18700.5—2003　远动设备和系统　第 6-1 部分：与 ISO 标准和 ITU-T 建议兼容的远动协议标准的应用环境和结构(IEC 60870-6-1:1995,IDT)

GB/T 18700.6—2005　远动设备和系统　第 6-2 部分：与 ISO 标准和 ITU-T 建议兼容的远动协议　OSI 1 至 4 层基本标准的使用(IEC 60870-6-2:1995,IDT)

GB/Z 18700.7—2005　远动设备和系统　第 6-505 部分：与 ISO 标准和 ITU-T 建议兼容的远动协议 TASE.2 用户指南(IEC TR 60870-6-505:2002,IDT)

GB/T 18700.8—2005　远动设备和系统　第 6-601 部分：与 ISO 标准和 ITU-T 建议兼容的远动协议　在通过永久接入分组交换数据网连接的端系统中提供基于连接传输服务的功能协议集(IEC 60870-6-601:1994,IDT)

本部分等同采用国际标准 IEC 60870-6-601:1994《远动设备和系统　第 6 部分：与 ISO 标准和 ITU-T 建议兼容的远动协议　第 601 篇：在通过永久接入分组交换数据网连接的端系统中提供基于连接传输服务的功能协议集》。

本部分由中国电力企业联合会提出。

本部分由全国电力系统控制及其通信标准化技术委员会归口并负责解释。

本部分起草单位：国家电力调度通信中心、福建省电力公司电力调度通信中心、华东电力调度通信中心、中国电力科学研究院、国电自动化研究院、华中电力调度通信中心。

本部分主要起草人：邓兆云、南贵林、李根蔚、杨秋恒、姚和平、韩水保、陶洪铸。

引　言

GB/T(GB/Z) 18700 标准定义用于电力系统通信网络的功能协议集。它在很大程度上是基于已有的 ISO/IEC 国际标准和国际标准协议子集(ISP)。

功能协议集的概念是 IEC 60870-6 构架的基础。功能协议集的描述、分类方法和定义方式见 GB/T 18700.5。

本部分描述在以永久接入分组交换数据网(PSDN)的特定情况下,在连接模式网络服务(CONS)上提供连接模式传输服务(COTS)传输类型的协议集。

在 ISP 10609 中 ISO 定义了几种 ISP 以规范 CONS 或 CLNS 上的 COTS 协议子集。

在 ISO 的分类中,用模拟方式永久接入 PSDN 时对应于传输协议子集 TB1111,数字方式的永久接入 PSDN 对应于 TB1121。

本部分要参见国际标准协议子集 ISO/IEC ISP 10609-1、ISO/IEC ISP 10609-5 和 ISO/IEC ISP 10609-9。

远动设备和系统 第6-601部分:与ISO标准和ITU-T建议兼容的远动协议 在通过永久接入分组交换数据网连接的端系统中提供基于连接传输服务的功能协议集

1 范围

本部分(功能协议集,FP)定义在使用永久模拟或数字电路接入分组交换数据网(PSDN)的端系统(参考端系统)与另一个可使用永久或交换方式接入的端系统(兼容端系统)间OSI连接模式传输服务的条款。它们可能直接通过同一PSDN或通过OSI连接模式网络服务间接地连接在一起。

本功能协议集也定义参考端系统和兼容端系统间使用X.25子网连接到PSDN时的OSI连接模式网络服务的条款。

本功能协议集适用于支持OSI网络服务的环境。

在ISO分类中定义了传输协议类型的四组可选功能:

TB组:包含传输协议类型0,2和4;

TC组:包含传输协议类型0,和2;

TD组:包含传输协议类型0;

TE组:包含传输协议类型2。

TD组的实现(仅类型0)要求端系统不执行传输协议过程的任何复杂类型(类型2,3或4)操作。这类端系统仅与也实现类型0的传输协议过程的端系统交互工作。在一个端系统中其他组的实现(TB、TC或TE组)允许它与任何遵从ISO 8073的端系统交互工作。

本功能协议集建议在端系统中实现类型0、2和4。在ISO分类中的端系统可以参照协议子集TB1111(模拟访问)或TB1121(数字访问)以永久方式访问PSDN。

注:功能协议集规定了一组用于参考端系统的协议以实现上面定义的功能,但不规定端系统的全部能力。GB/T(GB/Z) 18700的本部分对端系统的要求只是操作这些协议所必需的。

本部分的格式和ISO/IEC ISP中的一种契合。

这些ISP以多种方式定义。例如:在定义协议子集TB1111和TB1121时,本部分引用了第2章中三种不同的ISO/IEC ISP。

应按照ISO/IEC ISP 10609-1、ISO/IEC ISP 10609-5和ISO/IEC ISP 10609-9使用本部分。本部分定义了对ISP 10609的一些补充规定。这些补充规定主要与优先级管理和传输类型协商有关。

2 规范性引用文件

下列文件中的条款通过GB/T(GB/Z) 18700的本部分的引用而成为本部分的条款。凡是注日期的引用文件,其随后所有的修改单(不包括勘误的内容)或修订版均不适用于本部分。然而,鼓励根据本部分达成协议的各方研究是否可使用这些文件的最新版本。凡是不注日期的引用文件,其最新版本适用于本部分。

GB/T 12453—1990 信息处理系统 开放系统互连 运输服务定义(idt ISO 8072:1986)

GB/T 14399—1993 信息处理系统 数据通信 高级数据链路控制规程 与X.25 LAPB兼容的DTE数据链路规程的描述(idt ISO 7776:1985)

GB/T 16976—1997 信息技术 系统间远程通信和信息交换 使用X.25提供OSI连接方式网

络服务(idt ISO/IEC 8878:1992)

GB/T 18700.6—2005 远动设备和系统 第6-2部分:与ISO标准和ITU-T建议兼容的远动协议 OSI 1至4层基本标准的使用(IEC 60870-6-2:1995,IDT)

ISO/IEC 8073:1992 信息技术 系统间的通信和信息交换 开放系统互连 提供连接模式传输服务的协议

ISO/IEC 8208:1990 信息技术 数据通信 数据终端设备的X.25分组层协议 修改单3:1991,一致性要求

ISO/IEC 8348:1993 信息技术 开放系统互连 网络服务定义

ITU-T X.21:1988 在公共数据网(PDN)上同步操作时数据终端设备(DTE)和数据电路设备(DCE)间的接口

ITU-T X.21 bis:1988 同步V系列调制解调器接口DTE的PDN上的使用

ITU-T X.25:1988 用专用电路连接到公用数据网上的分组式数据终端(DTE)和数据电路终端设备(DCE)间的接口

ISO DIS 10732:1992 信息技术 系统间的通信和信息交换 在电话网上使用X.25分组层协议提供OSI连接模式网络服务

ISO DIS 10588:1992 信息技术 系统间的通信和信息交换 使用X.25分组层协议和X.21/X.21 bis提供OSI连接模式网络服务

ISO/IEC TR 10029:1989 信息技术 系统间的通信和信息交换 X.25交互单元的操作

ISO/IEC ISP 10609-1:1992 信息技术 国际标准协议子集TB、TC、TD和TE在连接模式网络服务上的连接模式传输服务 第1部分:TB组与子网类型无关的要求

ISO/IEC ISP 10609-5:1992 信息技术 国际标准协议子集TB、TC、TD和TE 在连接模式网络服务上的连接模式传输服务 第5部分:协议子集TB1111/TB1121的定义

ISO/IEC ISP 10609-9:1992 信息技术 国际标准协议子集TB、TC、TD和TE在连接模式网络服务上的连接模式传输服务 第9部分:使用虚呼叫永久接入分组交换数据网时和子网类型相关的网络层、数据链路层和物理层要求

3 术语、定义和缩略语

3.1 术语、定义

3.1.1

端系统 end system

本术语来自OSI模型术语。它以抽象形式说明通信系统功能与其物理的实现无关。现实中的端系统,作为一个例子,可以是一个简单的自包含系统或者一组连接在一起的大型计算机整体。所有端系统都包含传输层实体功能。

3.1.2

数据终端设备 data terminal equipment

ITU-T使用本术语定义连接到公共数据网络的用户设备或PSTN中的调制解调器。

注1:一般情况下DTE不必包括传输层实体功能。因为FP只涉及包含传输层实体的设备。所以术语DTE和端系统可以交替使用。

注2:这里不拟对NSAP地址的应用以及它们和子网地址的关系加以任何限制。

3.2 缩略语

DCE	Data Circuit Terminating Equipment	数据电路终接设备
DTE	Data Terminal Equipment	数据终端设备
ES	End System	端系统

ISP	International Standardized Profile	国际标准协议子集
FP	Functional Profile	功能协议集
NC	Network Connection	网络连接
NSAP	Network Service Access Point	网络服务访问点
OSI	Open System Interconnection	开放系统互连
PSDN	Packet Switched Data Network	分组交换数据网
PSTN	Public Switched Telephone Network	公共电话交换网
QoS	Quality Of Service	服务质量
TC	Transport Connection	传输连接
VC	Virtual Circuit	虚电路

4 场景说明

参考端系统和兼容端系统通过分组交换数据网(PSDN)进行通信。参考端系统通过电话(PSTN专线:TB1111)或永久数字电路(TB1121)连接到PSDN。兼容端系统可能采用同样访问方法或遵从其他功能标准。

本场景的图示见ISO/IEC ISP 10609-5:1992的1.3。

5 标准集的协议栈

ISO/IEC ISP 10609-5:1992的1.3中表1和表2列出了参考端系统在OSI模型中的术语和使用的ISO标准。

在ISO分类中对PSDN定义了两种不同的访问,因此也为端系统定义了两个传输标准集:

——PSDN的模拟永久接入(TB1111);

——PSDN的数字永久接入(TB1121)。

注:对应传输标准集TB1111/TB1121,ISP 10609中有三部分直接可用,即ISO/IEC ISP 10609-1,ISO/IEC ISP 10609-5和ISO/IEC ISP 10609-9。

6 一致性要求

为和本功能协议集一致,以永久方式访问PSDN的实现应:

——遵守ISO/IEC ISP 10609-5定义的标准集TB1111/TB1121的要求;

——满足以下各条对1到4层描述的补充要求。

本章描述了协商建立每个传输连接(6.1)和网络连接(6.2)时的选择和参数值,以及数据链路层(6.3)实现的选择和物理接口的规定(6.4)。

6.1 传输层

本条描述了协商建立每个传输连接时的选择和参数值。其中,以下选择和参数值对于传输服务用户应是可见的:

——协商的优先级;

——协商的协议类型。这参数对于传输服务用户的可见性在本标准集不是强制的,只是选项。

提供的传输服务在GB/T 12453中描述。传输协议过程应符合ISO 8073的描述。

端系统应满足ISO/IEC ISP 10609 1的定义TB组传输层的要求和后面列举的补充要求。这些附加的要求可能修改了ISO/IEC ISP 10609的一些条款。

6.1.1 协议类型

如ISO/IEC ISP 10609-1:1992第1章和5.2的描述,端系统中实现的传输协议类型为0、2和4。

6.1.2 协议类型的协商

a) 如果端系统是传输连接(TC)的起始端,则:

——如果在一个以前没有其他 TC 的网络连接(NC)上建立 TC 时,则“优选类型”应是类型 4,“可选类型”为类型 0。

——如果在一个已有其他 TC 的网络连接(NC)上建立 TC 时,则“优选类型”应是类型 4,按 ISO 8073的规定,“可选类型”为类型 2。

b) 如果端系统对一个 TC 请求响应,则选择的类型应是 ISO 8073:1992(见 ISO 8073 的 6.5.4 和表 3)有效类型中性能高的一种。[a]

6.1.3 校验和

在参考端系统中,应可设置是否在 TPDU CR(连接请求)和 CC(连接确认)的协商中使用校验和。本部分建议使用校验和。

6.1.4 拆分

应可以不使用拆分。

6.1.5 优先级管理

优先级是服务质量(QoS)中的一个参数,在 GB/T 12453—1990 的 10.10 中定义。

应按 ISO 8073:1992 的 6.5.4 协商。

不同优先级的代码应符合 ISO 8073:1992(13.2.4 中 n 项)的规定,仅保留 4 级,这些值为:

——低优先级: 14 (0000 0000 0000 1110);

——平均优先级: 10 (0000 0000 0000 1010);

——高优先级: 5 (0000 0000 0000 0101);

——最高优先级: 0 (0000 0000 0000 0000)。

接收时,大于 10 的值应解释为低优先级;6 到 10 为平均优先级;1 到 5 为高优先级。

如优先级参数没有传输,隐含的优先级为通信系统当地预设置的优先级,在没有预设置的优先级时,为低优先级。

通过这里的优先级参数对 ISO/IEC ISP 10609-1:1992 做了一些修正:

——表 A.2.3.3,“协议集特性”表的“状态”栏:

1) I2 CR 15 项:优先级参数的“状态”改为“m”;

2) I2 CC 14 项:优先级参数的“状态”改为“m”。

——表 A.2.3.4,“协议集特性”表的“状态”栏:

1) I4 CR 15 项:优先级参数的“状态”改为“m”;

2) I4 CC 14 项:优先级参数的“状态”改为“m”。

6.2 网络层

OSI 的网络服务应按 GB/T 16976—1997(不包括附录 A)描述的提供。端系统采用的协议为 ISO 8208中描述的 X.25。

端系统应满足 ISO/IEC ISP 10609-9:1992 第 5 章和 A.2 定义的网络层要求和以下附加要求。

6.2.1 地址编排

本 FP 不对地址编排加以限制,支持所有符合 ISO 8348 的地址编排。

网络层编址原则、语义、抽象语法以及 NSAP 地址的首选编码都按 ISO 8348 的定义。

NSAP 地址的 DSP 部分(见 ISO 8348)应按照二进制抽象语法编码。

如 OSI 网络服务定义要求那样,主叫、被叫以及响应 NSAP 地址应由 X.25 的呼叫建立和分组清除来传递。

地址和地址扩展域中的 NSAP 的地址编码在 GB/T 16976 中规定。

6.2.2 优先级管理

优先级是服务质量参数中的一个。

---

[a] 类型 4 的性能优于类型 2,类型 2 的性能优于类型 0。

依照 ISO 8348,网络服务应保证优先级参数中“数据优先级”参数的可见性。

优先级参数的协商应按照 ISO 8348:1993 中 12.2.7 处理。

目标值是来自传输层。

可接受的最低质量的值为“未指定”。

隐含的优先级为通信系统当地预配置的优先级,在没有预配置的优先级时,为低优先级。

ISO 8348 中定义的优先级参数到 X.25 对应域的映射应符合 GB/T 16976(ISO 8878/Add.1)。

按 ISO 8208:1990 的 15.3.2.5 有 4 个优先级:

——低优先级: 0 (0000 0000 0000 0000);

——平均优先级: 5 (0000 0000 0000 0101);

——高优先级: 10 (0000 0000 0000 1010);

——最高优先级: 14 (0000 0000 0000 1110)。

接收时,小于或等于 4 的值为低优先级;5 到 9 为平均优先级;10 到 13 为高优先级。

通过优先级参数对 ISO/IEC ISP 10609-9 做了一些修正(见 ISO/IEC ISP 10609-9:1992 的 A.2.1)。

基本标准特性				标准集特性	
项	协议特性	参考	状态	ISP 参考	状态
Ec/8	支持什么环境? DTE/DCE(1988)		0.2		m

6.3 数据链路层

链路层的协议为 GB/T 14399 定义的 LAPB。扩展帧序列号不包含在本 FP 中,因此不予支持。

端系统应按照 ISO/IEC ISP 10609-9:1992 中第 6 章和 A.3 中定义的链路层规范。

6.4 物理层

端系统应满足 ISO/IEC ISP 10609-9:1992 中第 7 章和 A.4 中定义的物理层要求。

参 考 文 献

ISO/IEC TR 10000-1:1992, *Information technology—Framework and taxonomy of International Standardized Profiles—Part 1:Framework*

ISO/IEC TR 10000-2:1992, *Information technology—Framework and taxonomy of International Standardized Profiles—Part 2:Taxonomy of Profiles*

ICS 35.240.50
L 67

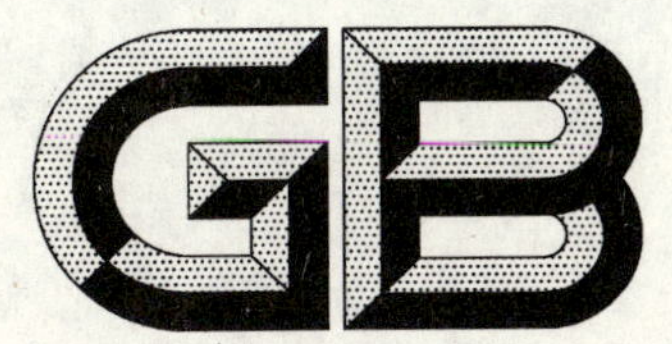

中华人民共和国国家标准

GB/T 18784.2—2005

CAD/CAM数据质量保证方法

Assurance method of CAD/CAM data quality

2005-09-09发布 2006-04-01实施

中华人民共和国国家质量监督检验检疫总局
中国国家标准化管理委员会 发布

前　言

GB/T 18784 的本部分的主要技术内容参考了欧洲远程传送数据交换组织(ODETTE)发布的技术文献 ODG11CQ9504，仅对技术内容做了部分编辑性调整，在编排格式上执行 GB/T 1.1—2000 的规定。

本部分的附录 A、附录 B 和附录 C 均为资料性附录。

本部分由中国标准化研究院提出并归口。

本部分起草单位：中国标准化研究院。

本部分主要起草人：詹俊峰、王平。

引　言

随着制造业信息技术的发展和普及，制造商及供应商广泛采用了CAD/CAM系统，用于产品开发过程。在使用这些信息系统时，传统的图纸和物理模型已无法胜任，三维CAD数字化模型，例如曲面和实体特征等产品模型，已成为先进制造技术中必不可少的信息表达方式。由于要实现各种不同CAD/CAM系统之间的信息共享和模型数据交换，因此要求在交换CAD/CAM模型数据时对模型信息的质量水平达成共同的理解和协议，并约定可靠的质量保证方法。

本部分中的数据质量是指对数据的精确性和适合程度的一种度量，这些数据应当适时提供给数据需求的各方。本标准的内容主要是为了满足CAD/CAM几何数据的质量保证需求。

本部分描述了数据交换过程中CAD/CAM数据质量保证的一般方法。

本部分的技术内容与GB/T 18784—2002 CAD/CAM数据质量标准的内容有关联，可以与之配套使用。

本部分的使用者包括企业中CAD/CAM数据质量的负责人员、CAD/CAM软件开发人员、质量保证软件的开发人员以及CAD/CAM软件系统的其他最终用户。

CAD/CAM 数据质量保证方法

1 范围

GB/T 18784 的本部分描述了 CAD/CAM 数据质量保证方法的一般要求。

本部分适用于保证企业内部及企业间 CAD/CAM 数据交换的质量，以及作为 CAD/CAM 软件或 CAD/CAM 数据质量检测软件的质量保证依据。

2 规范性引用文件

下列文件中的条款通过 GB/T 18784 的本部分的引用而成为本部分的条款。凡是注日期的引用文件，其随后所有的修改单(不包括勘误的内容)或修订版均不适用于本部分，然而，鼓励根据本部分达成协议的各方研究是否可使用这些文件的最新版本。凡是不注日期的引用文件，其最新版本适用于本部分。

GB/T 19001—2000 质量管理体系 要求 (idt ISO 9001：2000)

GB/T 18784—2002 CAD/CAM 数据质量

3 术语和定义

下列术语和定义适用于本标准。

3.1

边界 boundary

包含在 R^m 空间中的域 X 内的数学点 x 的集合，该集合在 R^m 中有一个包含 x 的开球 U，使 U 与 X 之交 $U \cap X$ 与闭的 d 维半空间 R_+^d (对于 d 小于或等于 m) 中的一个开集合同胚，其中该同胚将 X 移至 R_+^d 中的原点。

注 1：R_+^d 定义为在 R^d 中的全部数学点 $(X_1, X_2, \cdots, X_d)$ 的集合，且 $X_1 \geqslant 0$。

注 2：在此，“开”字具有通常的数学意义，它与本标准中其他处定义的“开曲面”无关。

[GB/T 16656.42—1998，定义 3.1.4]

3.2

曲线 curve

一个数学点的集合，它是在实线(R^1)连通子集上定义的一个连续函数在 2 维或 3 维空间中的图像，但不是一个简单点。

[GB/T 16656.42—1998，定义 3.1.13]

3.3

重叠 overlap

当两个实体具有共同的壳、面、边或顶点时，称该两实体为重叠。

[GB/T 16656.42—1998，定义 3.1.36]

3.4

自相交 self-intersect

如果在曲线或曲面域中的一个数学点是在该对象参数范围内至少两个点的图像，且这两个点的一个位于参数范围的内部，则该曲线或曲面是自相交的。对于顶点、边或面的自相交定义同上。

注：如果曲线或曲面是封闭的，则它们不被认为是自相交的。

[GB/T 16656.42—1998，定义 3.1.40]

3.5

曲面 surface

一个数学点的集合，它是在平面(R^2)的一个连通子集上定义的连续函数的图像。

[GB/T 16656.42—1998，定义 3.1.44]

4 缩略语

本标准采用如下缩略语：

B-Rep 边界表达 Boundary Representation

CAD 计算机辅助设计 Computer Aided Design

CAM 计算机辅助制造 Computer Aided Manufacturing

IGES 初始图形交换规范 Initial Graphics Exchange Specification

NURBS 非均匀有理B样条 Non-Uniform Rational B-Splines

ODETTE 欧洲远程传送数据交换组织 Organisation for Data Exchange by TeleTransmission in Europe

SLA 光固化成形，激光成型或立体光刻 Stereo Lithography Apparatus

STEP 产品数据表达与交换 Product data representation and exchange

VDA 德国汽车制造商协会 German Motor Manufacturers Association

VDAFS VDA曲面数据接口格式 VDA Surface Data Interface Format

VDAIS VDA定义的IGES子集 VDA IGES Subset

5 质量保证方法

5.1 方法说明

本标准建议使用者根据本标准的内容以及相关规范达成协议，协议可以是只针对一个特定零件，也可以是针对项目中的一组零件。

协议有关各方应遵守以下规定：

——数据发送方和接收方应根据“CAD/CAM数据质量协议表”(见附录B)，确认质量级别，并作为业务合同内容的组成部分；

——数据发送方对CAD模型的内容和质量负责；

——数据接收方应确认收到的数据符合协议规定的质量要求；

——如果出现偏差或错误，应通知发送方，重新发送修正的数据。

5.2 协议表填写说明

可参考以下步骤：

——填写“工作组”、“项目/零件”和“限制”(即：模型文件大小的最大允许值等)；

——填写使用的“模型类型”，以及说明当前状态的“有效性”；

——填写“附加信息”，描述诸如所使用的图样类型等信息。

确认有效的示例：

——工程；

——包装；

——分析；

——测量；

——加工制造。

有效性说明规定了在什么样的应用条件下模型是有效的，因为不同的使用条件对模型质量的要求也不同。在该表“协议”一栏下面的最左列选择框中，可以标识某种模型和/或模型有效性的重要特征。

建议采用推荐值或协议约定偏差。在协议表中“未能实现”一列的选择框中,应当注明偏差。

5.3 CAD/CAM 数据交换协议

通常在达成数据质量协议之前要先签订数据交换协议,数据交换协议对于保证数据交换过程的质量具有非常重要的作用,因为数据交换质量对接收 CAD 模型的质量有很大的影响。CAD 模型交换的管理应遵照 GB/T 19001—2000 标准,因此要遵守文档可追溯性等的规定,此外还必须符合协议各方制定的与 CAD/CAM 数据交换有关的规范要求,具体可参见附录 A 中的内容。

6 质量要求

本章规定了对 CAD/CAM 数据交换所期望或要求的质量进行明确说明的基本准则,以便规范数据发送方和接收方之间达成的协议。经实例检验,本章推荐的参数取值是有效的。CAD/CAM 质量协议表中记录了双方协议确定的推荐值,数据发送方(经检查后)要确认或拒绝。

CAD 软件系统和接口的数据处理精度应按要求调整,确保达到所需的数据质量,避免数据交换中发生问题。所选择的技术——数学取值应当能够使 CAD 信息在整个产品开发过程链中得到成功应用,在企业自己的工作规程中可以参考附录 C 中描述的 CAD 应用原则。

6.1 基本原则

产品描述:产品开发过程链中的工作基础是 CAD 模型,而不是传统的二维图样。CAD 模型描述了产品的每个阶段的状况和要求。产品设计的各种表现形式(图样、物理模型、分析模型和其他技术文档等)都应由 CAD 模型导出,并包含对 CAD 模型的引用(系统名称、版本号等)。本标准不对相关的法律责任问题作详细解释,这些问题是合作伙伴所签合同的组成部分。

连续性:一旦过程链开始启动,则不允许中断。

工程变更:工程变更必须及时在 CAD 模型上得到反映,有效的版本应当是可识别的和可理解的。

表达形式:CAD 模型描述了具有真实尺寸大小的产品,它应当与其他附属的表达形式(例如图样)一一对应。(标准件和表格图例外。)

简洁明了:CAD 模型不应包含重合的元素。

文档结构:CAD 模型结构及其文档是基本的质量判定依据。

内容要求:需要交换的 CAD/CAM 模型的大小应满足过程链中每一步的要求。

术语说明:

a) u、v 参数与参数方向:

所有多项式曲线和多项式曲面都可以表达为一个或两个独立参变量 u 和 v 的函数,对大多数曲线表达来说,独立变量的取值区间是 0 到 1,一条曲线的起点处 $u=0$,终点处 $u=1$。参数方向是指曲线上沿 u 值增加的方向。

b) 曲线与曲线段、曲面与曲面片:

一条曲线可以由多个曲线段构成,每个曲线段都可用一个方程来描述。这些曲线段相互之间可具有不同程度的相关性,最弱的相关性形式是简单的逻辑关联,最高的相关性是高阶连续性。类似的关系也适用于曲面和曲面片。

c) 模型空间大小:

模型空间是指在给定的参数条件下,系统所能描述的空间立方体的尺寸大小。模型空间采用的尺寸比例越小,则表示推荐值的精度就越高。本标准中的推荐值都基于以下模型空间大小:5 000 mm×5 000 mm ×5 000 mm。

d) 模型的度量单位:

本标准中所有 CAD 模型采用的单位都是毫米(mm)。

6.2 曲线

6.2.1 多项式次数

多项式次数应尽可能低，以便限制数据交换时所需的近似值处理。

建议：曲线多项式次数小于或等于5。

某一段曲线多项式方程的次数决定了方程的系数的数量。多项式次数越高，能表示的曲线复杂程度越高。

曲线多项式的次数越高，设计人员使曲线穿过一组设定点所具有的自由度也越大。另一方面，高阶多项式曲线可能会趋于振荡，存储曲线的内存需求量也会随着次数的增加而提高。但对于连续性要求较高的情况，高阶多项式还是必需的。

低阶多项式（小于或等于5）可以产生光滑、简单的曲线，生成速度快、存储空间合理、计算时间短。

很多CAD系统在创建曲线时，就可以确定曲线多项式的最大许可次数。有些系统还提供工具，检查选定几何的多项式次数。如图1所示。

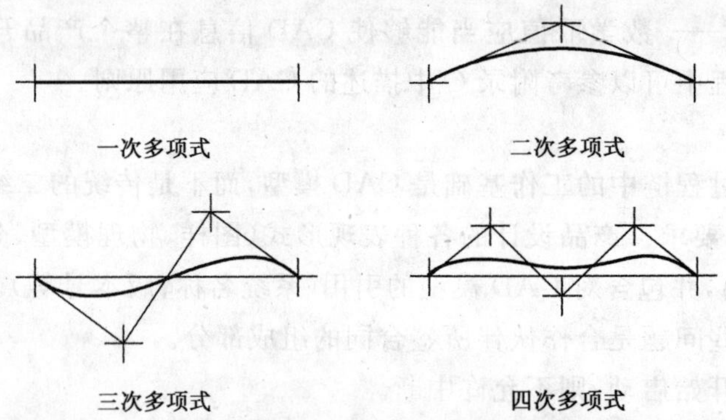

图1 不同次数的单段多项式曲线

6.2.2 G^0-非连续性（间隙或重叠）

对于间隙或重叠的限定值，可采用以下推荐值。

推荐值：G^0-非连续性小于或等于0.01 mm。

几何（G^0）连续性表示相联的两曲线段，其起点和终点有一个是公共的。对于复合曲线中相联的两个曲线段，有些系统允许这两段之间存在间隙（贝塞尔曲线），而使用其他数学表达的系统（B样条）要求同一条曲线中的曲线段之间至少满足绝对几何连续性要求。如图2所示。

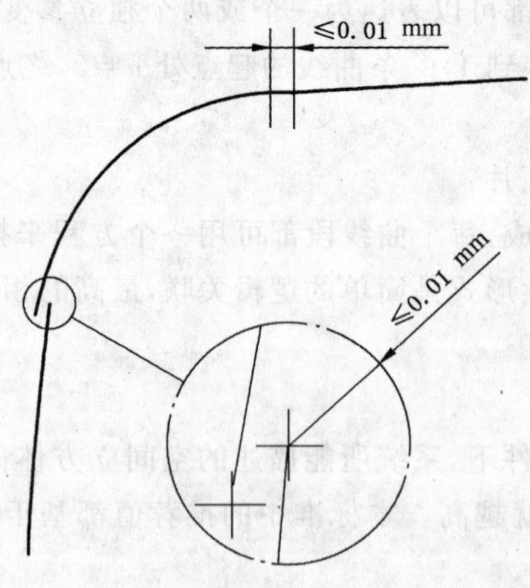

图2 曲线段之间最大许可非连续性

当曲线用于生成曲面,以及具有不同数学表达的系统之间进行数据交换时(例如 IGES 交换等),则曲线间隙将产生问题。

通过规定最大间隙/重叠误差,数据接收方的系统可以避免大量耗时的问题。

有些系统提供了分析工具,可以检查给定曲线的非连续性。而其他系统则需要采用较原始的度量方法。

6.2.3 G^1-非连续性(切矢夹角)

曲线段之间切矢夹角非连续性的限定值,可采用以下推荐值。

推荐值:G^1-非连续性小于或等于 1°。

G^1-连续性是指两条曲线的连接点处两个曲线切矢间夹角的约束条件。理论上的 G^1-连续性不允许存在角度误差。由于大多数系统的数值精度都是有限的,存在小的角度误差是允许的。如图 3 所示。

图 3 曲线段间最大许可 G^1-非连续性

两段曲线之间的 G^1-非连续性会造成偏置曲线产生大的间隙/重叠,如果用这种 G^1-非连续性曲线作为曲面的生成曲线,则曲面会产生更大、更明显的不连续性。

检查 G^1-连续性的好方法是产生一组偏移间距较大(例如,100 mm ~200 mm)的偏置曲线。

6.2.4 G^2-非连续性(曲率非连续性)

曲线段之间的曲率非连续性限定值,可采用以下推荐值。

$$\frac{2\parallel R_l - R_r \parallel}{\parallel R_l \parallel + \parallel R_r \parallel} \leqslant 0.1$$

式中:R_l 和 R_r 分别是两曲线连接点左侧和右侧的曲率半径。

推荐值:G^2-非连续性小于或等于 10%。

两条曲线的 G^2-连续性是指两曲线在连接点处曲率半径的约束条件。理论上的 G^2-连续性要求连接点处的曲率半径相等并且曲率圆位于同一平面上。由于大多数系统的数值精度是有限的,允许有小误差存在。如图 4 所示。

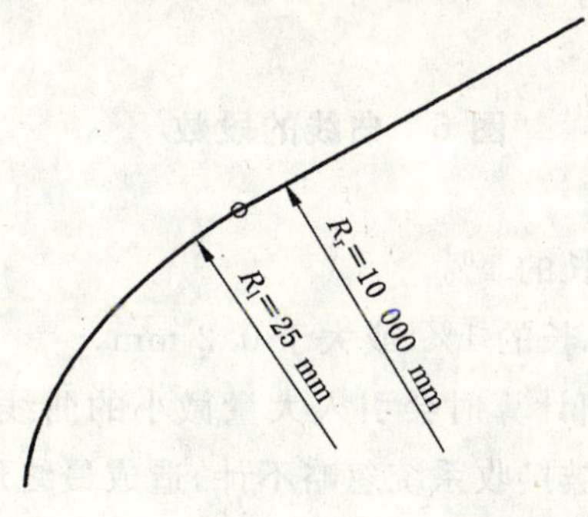

图 4 曲线段之间的 G^2-非连续性

对于用这种曲线造型的曲面来说，G^2-连续性非常重要。建议使用特定的工具检查曲线的 G^2-连续性。

6.2.5 解析曲线(圆锥曲线)

解析曲线(例如圆、抛物线等)应采用解析式方法创建和交换。否则，近似处理会产生精度误差。

建议：优先采用解析定义。

如果采用解析式方法表达几何图素，则所交换的信息就可避免近似处理，并能获得较小的存储空间。如图 5 所示。

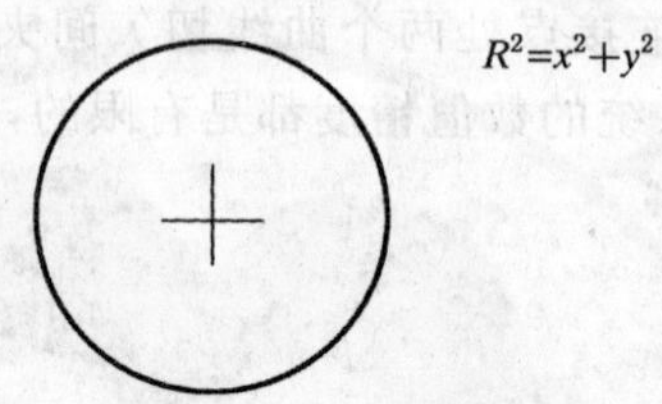

图 5 圆的解析表达

有些交换语法不允许用解析式方法表达所有几何图素，这种特殊情况是允许出现的。如果这种几何类型作为 NURBS 来交换，则建议增加解析式表达作为几何实体的属性。

6.2.6 曲线段数

参与数据交换的各方必须对一条曲线的最大段数取得一致。

建议：在协议中确定最大段数。

从几何学的角度看，当把几何从一个基于 B 样条表达的系统转换到一个基于 Bezier(贝赛尔)表达的系统中时，B 样条表达的一个曲线段将被转换成一条单独的 Bezier 曲线，从而导致孤立的曲线段元素数量的大量增加，这会使用户和系统对模型中元素的总数量有限制时发生问题。因此应当对 B 样条曲线段的数量进行限定。如图 6 所示。

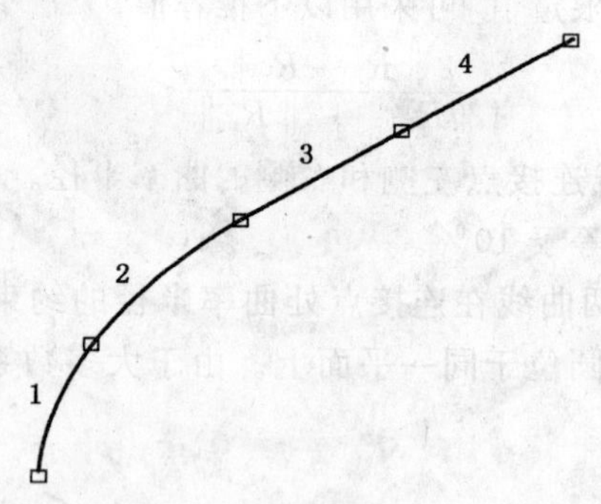

图 6 曲线的段数

6.2.7 曲线段的最小长度

曲线段的最小长度应大于曲线总长的 1%。

建议：最小曲线段长度大于曲线总长的 1% 或大于 0.2 mm。

当采用 B 样条算法时，系统在几何计算时会引入大量微小的曲线段(长度小于 0.1 mm)。这些微小曲线段由于小于特定的公差而可能被接收系统忽略不计，造成最终形成的曲线包含大量的微小、几乎不可见的间隙。这些间隙导致数控加工的刀具路径计算错误，并且经常难以发现这些错误。如图 7 所示。

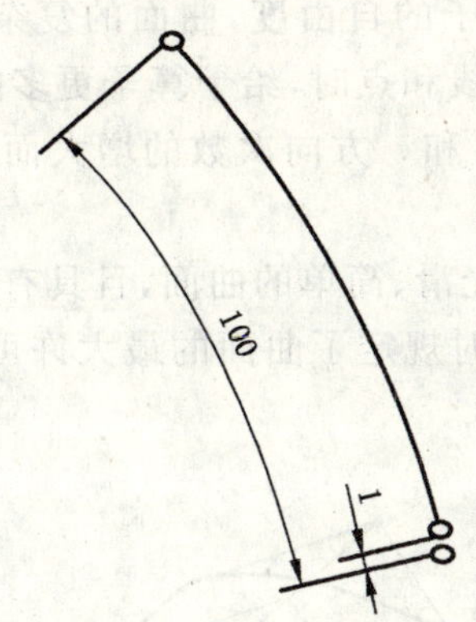

图7　单个曲线段与曲线总长的最小关系

用含有间隙和微小曲线段的曲线生成曲面时,需要耗用大量存储空间,并且操作过程非常复杂。包含大量微小曲线段的曲线由于占用额外的内存空间,经常造成系统不稳定。

曲线段的最小长度建议值取决于曲线的长度和模型的尺寸。

6.2.8　**曲线段的定向**

在复合曲线中,所有曲线段的方向必须一致。

建议:相邻连续。

在复合曲线中,所有曲线段应具有相同的参数方向,一个曲线段的终点应当在公差允许范围内与相邻曲线段的起点相联。如果曲线段的方向不一致,则产生的曲面将发生扭曲。此外,这还会造成有些系统在产生数控加工的刀具轨迹时出现方向问题。

大多数情况下,系统自动采用统一的方法处理参数方向,无需用户干预。只有在把已定义的几何曲线组合成复合曲线时,才需要用户考虑曲线段之间的方向一致性问题。通常情况下,错误的方向会给几何模型的接收方或其他用户造成困难。如图8所示。

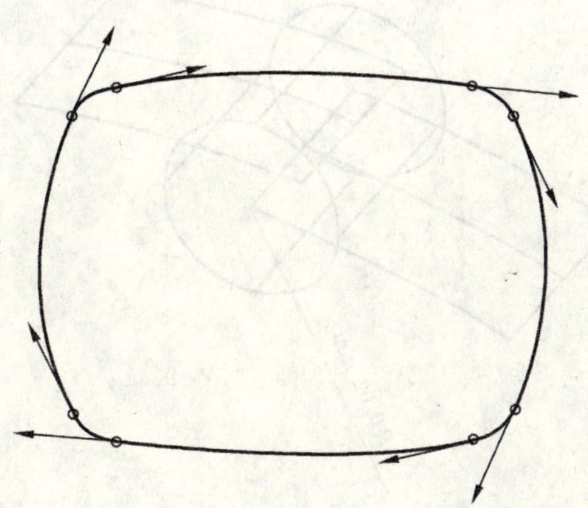

图8　复合曲线的曲线段必须具有相同的参数方向

有些系统在曲线生成过程中会自动生成曲线的方向,而有些系统则必须采用专用的分析软件来产生。

6.3　**曲面**

6.3.1　**曲面多项式次数**

多项式次数应尽可能低,以限制数据交换时的近似计算。

建议:曲面多项式次数小于或等于5×5。

曲面多项式方程的次数决定了曲面算子的自由度，曲面的复杂程度越高，所需的多项式次数也越大。高次曲面使曲面在通过一组给定的曲线和点时，给予算子更多的自由度，但多项式次数高也会使曲面趋向波动，曲面所需的内存空间也随着 u 和 v 方向次数的增大而显著增加。但是由于曲面连续性的要求，有时高次曲面是必要的。

低阶多项式(小于或等于5)可以给出光滑、简单的曲面，且具有生成速度快、需要的存储空间合理、计算速度快等特点。多数系统在生成曲面时规定了曲面的最大许可次数，有些系统还提供软件工具来检查特定几何的次数。如图9所示。

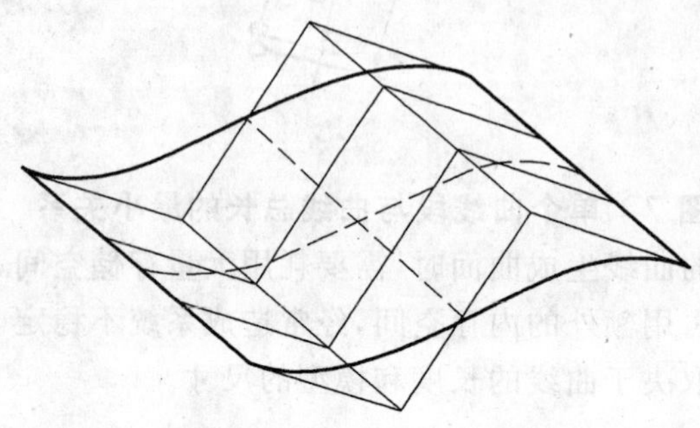

图9　单片多项式曲面的次数：3×3

6.3.2　G^0-非连续性(间隙和/或重叠)

针对曲面集合中曲面间的间隙/重叠限定值，给出以下建议。

建议：G^0-非连续性小于或等于0.02 mm。

几何(G^0)连续性表示相联曲面片间具有公共的边界曲线。有些系统允许复合曲面(采用Bezier算法)的两个曲面片之间存在间隙，而采用其他算法(B样条算法)的系统则要求同一曲面上的相联曲面片至少应绝对满足 G^0-连续性。如图10所示。

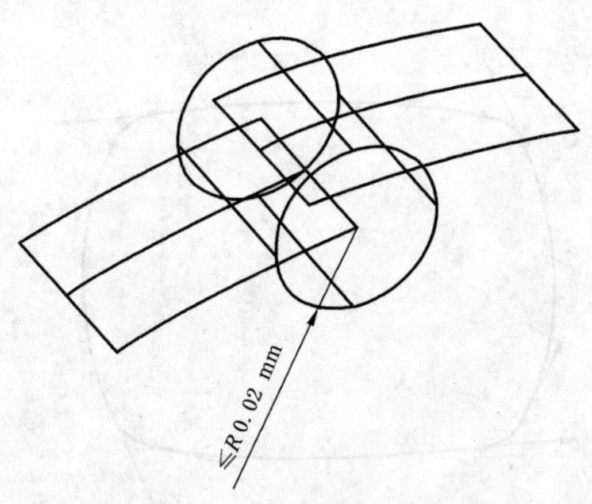

图10　曲面片之间最大推荐间隙/重叠

如果复合曲面的曲面片之间有间隙存在，则当该曲面被其他曲面裁剪时，或者在进行CAD/CAM系统专用格式与中性表达格式(例如STEP、IGES)的交换时，会产生问题。通过规定最大间隙/重叠公差，接收系统可以避免很多诸如数控刀具无法加工曲面、实体泄漏等耗时问题。

有些系统配置有分析软件，可检查给定曲面的不连续性。其他系统中用户只能使用原始的检查工具。

6.3.3　G^1-非连续性(法矢夹角)

给出曲面法线矢量非连续性的推荐限定值。

建议:G^1-非连续性小于或等于 1°。

两曲面间的 G^1-连续性是指沿曲面片公共边界上各点两曲面切平面的法矢方向相同。理论上的 G^1-连续性不允许两者之间存在角度误差。由于系统数值精度有限,实际允许存在微小的角度误差。

两个曲面间的 G^1-非连续性将导致等距面中产生较大的间隙/重叠。当曲面的 G^1-非连续性大于推荐值时,则曲面上会产生明显的皱褶或折痕。如图 11 所示。

检查 G^1-连续性的推荐方法是生成大间距(例如 100 mm ～200 mm 的偏移距)的等距面。如图 12 所示。

图 11 推荐的最大 G^1-非连续性

图 12 从 G^1-非连续性曲面生成等距面的示例

6.3.4 G^2-非连续性(曲率)

给出曲率非连续性的推荐限定值:

$$\frac{2\|R_l - R_r\|}{\|R_l\| + \|R_r\|} \leqslant 0.1$$

建议:G^2-非连续性小于或等于 10%。

式中:R_l 和 R_r 分别是两曲面公共边界线左侧和右侧的曲率半径。

两曲面的 G^2-连续性是指沿曲面公共边界上各点两个曲面的曲率半径是否相等。理论上的 G^2-连续性要求两个半径必须相等。由于大多数系统的数值精度有限,允许存在微小的误差。如图 13 所示。

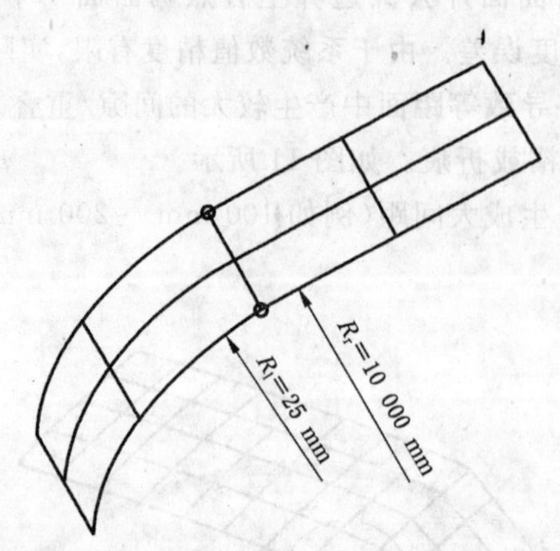

图 13 G²-非连续性的曲率半径示例

对于曲面造型来说，G²-连续性非常重要，曲面的外观形象几乎完全取决于 G²-连续性。如图 14 所示。

检查 G²-连续性必须使用专用的检查软件，例如能生成反射曲线的软件。

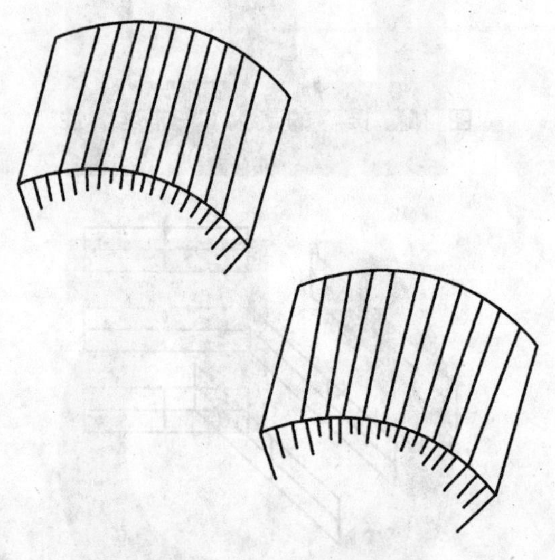

图 14 通过显示曲率半径观察曲面片边的曲率半径连续性好坏的变化

6.3.5 解析曲面

解析曲面(例如球形面、规则曲面等)应尽量采用解析方式创建和交换，否则，近似计算会造成精度下降。

建议：优先采用解析表达。

如果采用几何图素(例如球、规则曲面等)的解析表达，交换信息就可避免近似计算，并可采用更简易的存储方式。如图 15 所示。

有些交换规则不允许所有的几何图素采用解析方式表达，这种例外是允许的。

如果这种类型的几何被转换成 NURBS，则建议添加解析类型作为 NURBS 实体的属性。

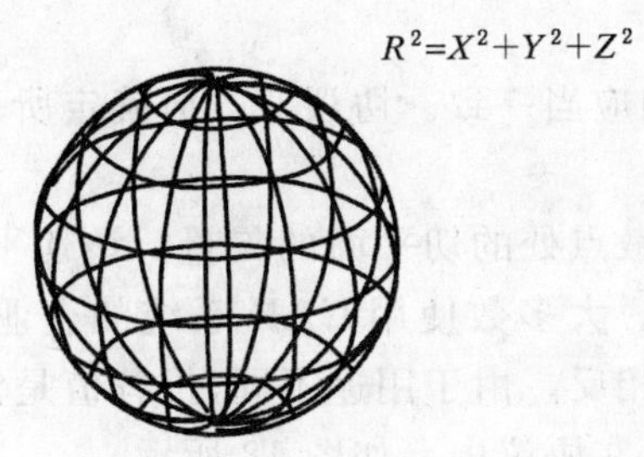

图 15　球面的解析表达式

6.3.6　曲面中曲面片的数量

在协议中确定曲面片的最大数量。

建议：曲面片数在 u 和 v 两个方向均应小于或等于 20。

当曲面几何从基于 B 样条的系统转换到基于 Bezier 的系统中时，B 样条曲面中的曲面片将被转换成单独的 Bezier 曲面。在接收方系统对模型元素总数有限制时，由此产生的大量独立元素将造成各种问题。如图 16 所示。

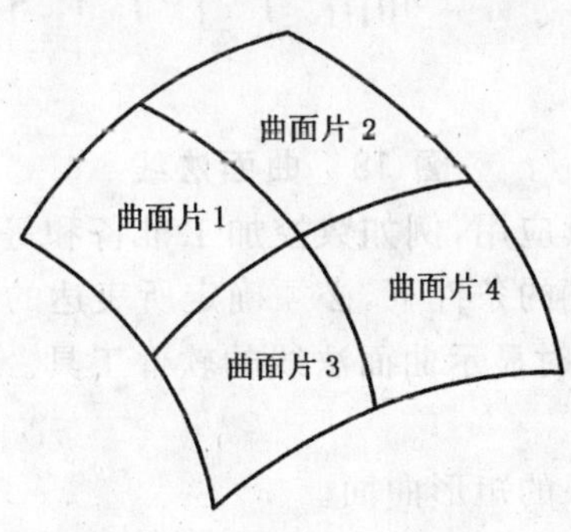

图 16　曲面中曲面片的数量

6.3.7　曲面片尺寸

在每个参数方向上，曲面片的尺寸大小都应大于该方向上曲面尺寸的 1%。

建议：最小曲面片边长大于曲面长度的 1%或大于 0.2 mm。

当采用 B 样条算法时，系统会引入大量微小的曲面片，其边长小于 0.1 mm。如果边长小于某一特定公差，则接收系统将忽略这些微小曲面片，从而使得最终形成的曲面含有小而不可见的间隙。这些间隙难以发现并可能破坏数控加工操作中刀具的轨迹。

包含大量微小曲面片的曲面还会浪费存储空间，造成系统不稳定。

推荐的最小曲面片边长取决于曲线长度和模型大小。如图 17 所示。

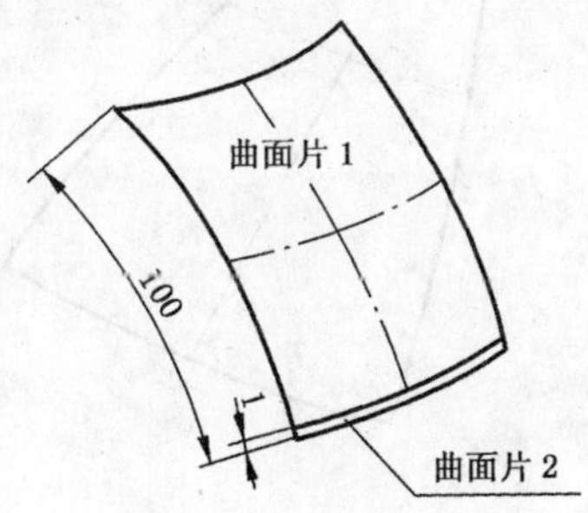

图 17　曲面片边的最小尺寸

6.3.8　曲面法线

在一组曲面中,法线矢量的方向应当一致。协议双方应确定所采用的曲面法线方向。

建议:相同方向。

曲面法线定义为垂直于曲面离散点处的切平面的矢量。该切平面由 u 和 v 方向的两个切矢定义,曲面法线矢量是这两个切矢的叉积。大多数使用 CAD 系统的企业遵照内部惯例,模型曲面的法线方向都保持一致,或者指向材料,或者相反。由于用途不同,推荐值是针对某个特定模型的,应当采用相同的保持法线方向一致的惯例,并记录在协议中。如图 18 所示。

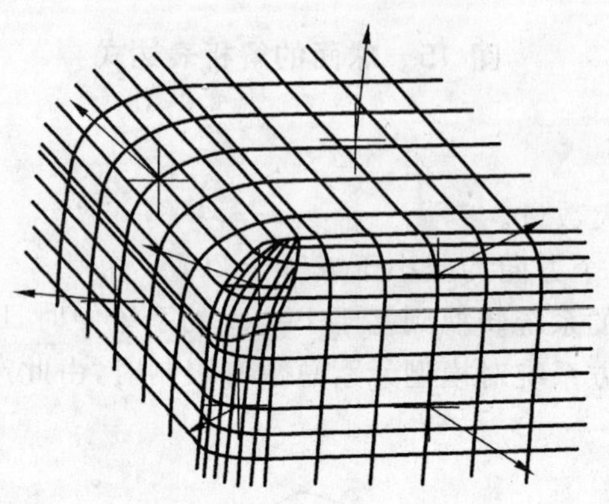

图 18　曲面法线

这一要求是因为许多模型的后续应用,例如数控加工准备和等距面生成等都取决于已定义好的法线方向。在模型只表达了实体某一侧的条件下,必须确定所表达的是哪一侧。

目前多数 CAD 系统都提供了临时显示曲面法线的软件工具。

6.3.9　曲面片边(三角形曲面片)

每个三角形曲面必须定义为有限的矩形曲面。

建议:最短的曲面片边长(角)大于或等于 0.2 mm。

能够表达理论上的三角形曲面片的 CAD 系统很少。每个曲面片都是用 4 条边定义的。用户常试图用很短的边来表达退化的矩形曲面片,此时用户应注意对短边的限制。可以用一般的分析软件测量短边的长度。如图 19、图 20 所示。

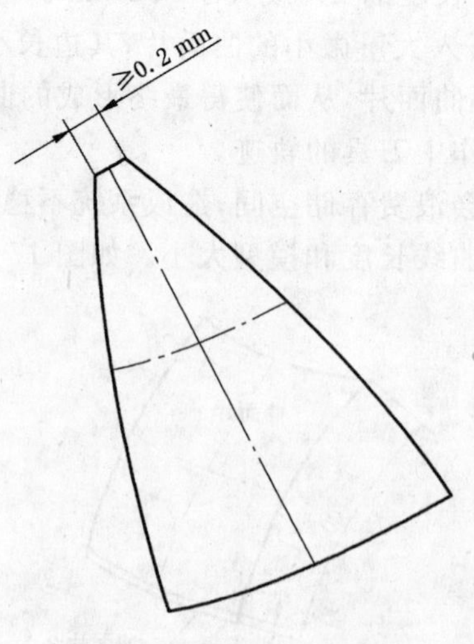

图 19　曲面的最短边

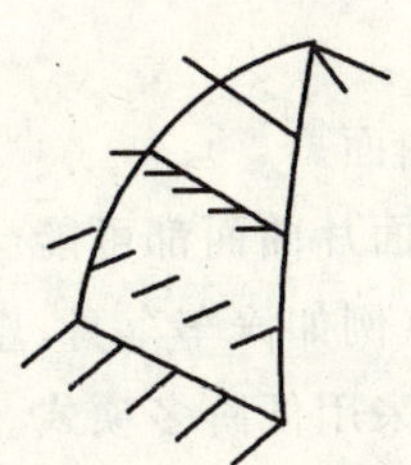

图 20　曲面退化边的结果

短边会产生很多问题，例如曲面法线方向出现随意性、由于系统分辨率的问题造成短边丢失以及数控加工刀具的路径在曲面的两边发生变换等。

6.3.10　曲面片角点的角度

曲面片上角点的定义应确保边界曲线在该点相交时不要近似等于0°或180°。

建议：角度大于或等于2°且小于或等于178°。

如果由几条边所定义的曲面不明确，则曲面算法给出的曲面法线定义也不确定。因此所有曲面片上任何两条边之间的夹角必须正确定义。

检查是否存在不明确定义的角的最好办法是沿法线方向生成等距面，有时在小网格模式或显示曲面法线时会发现这种现象。

如果不满足“最小曲面片边”和“曲面片角点的角度”推荐值，则曲面法线会失去控制，经常发生法线方向变化，甚至反向的情形。如图21、图22所示。

图 21　非裁剪曲面中角点的角度

图 22　在非裁剪曲面中的不明确边

6.3.11 曲面波动

应避免曲面异常波动。

建议：采用低次多项式曲面。

高次多项式曲面和多曲面片曲面都可能会引起异常的波动，由于波动很小，直观上一般难以发现。消除波动对于提高造型质量（例如汽车车身、塑性零件等）非常重要，波动严重影响着外观质量。避免异常波动的最好方法是尽可能采用低阶多项式。如图23所示。

要确定异常波动，需借助专用软件。

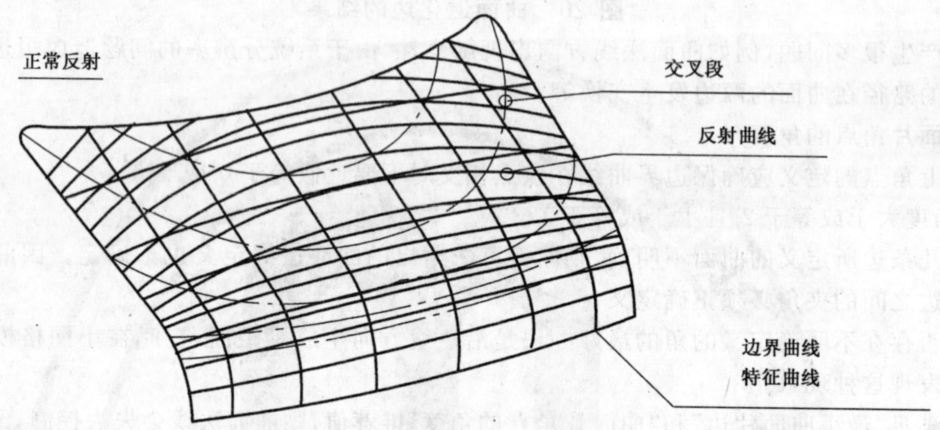

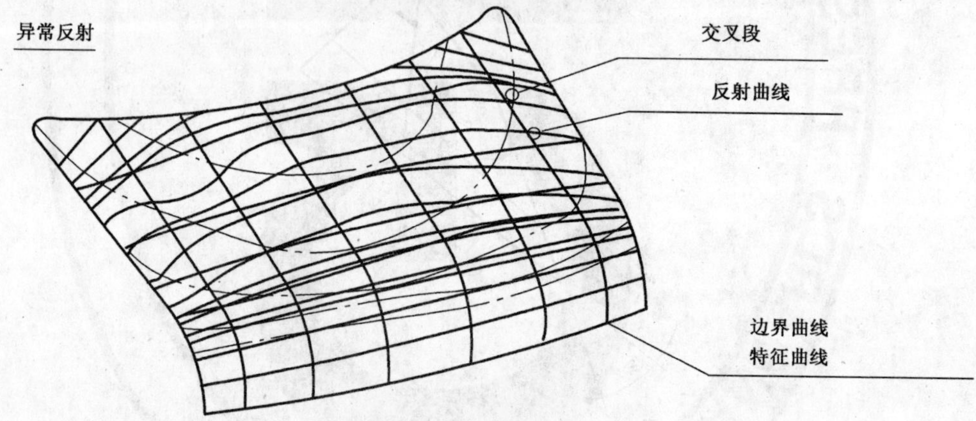

图23 正常和异常反射

6.3.12 曲面的自相交

应避免曲面的自相交。

建议：禁止曲面自相交。

自相交曲面无法正确定义曲面的内侧和外侧。由于无法定义曲面的内外侧和法线，常常给数控加工刀具路径的准备以及其他计算带来困难。

曲面自相交有时可能是由边界曲线的错误参数化造成的。

利用大间距（例如100 mm～200 mm）的等距面可以发现自相交曲面。如图24所示。

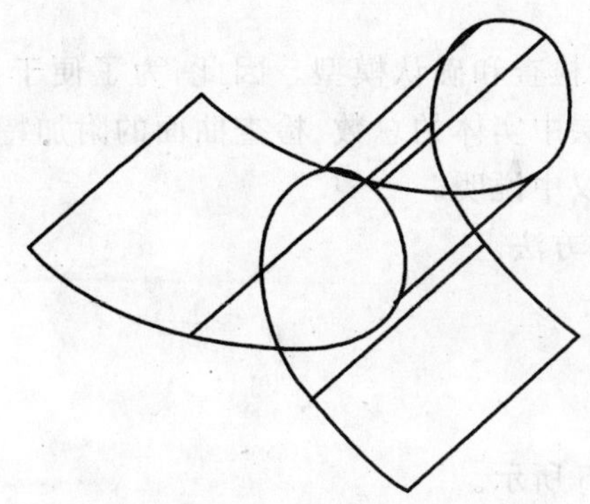

图 24 可通过等距面查看的自相交曲面

6.3.13 裁剪曲面的边界曲线间隙

裁剪曲面内外边界的 u—v 曲线定义，应保证两个连续的曲线段，其起点和终点有一个是公共的，两点间的最大间隙/重叠小于 0.001 mm(该值取决于发送方 CAD 系统的多个参数)。

6.3.14 与曲面边关联的边界曲线

靠近曲面边的边界曲线不允许有波动，边界曲线应落在曲面定义域内，与曲面边之间保持至少 0.001 mm(u—v 空间)的间隙。

6.4 实体几何

由于现有的部分中性标准格式(例如 IGES)不能表达 B-rep 实体，因此有关实体几何的质量规则将在本标准今后的修订版中增加。

实体几何在被转换成中性格式保存时，有时会被分解成有界曲面表达，这样得到的曲面质量往往很差，此时应遵守与曲面表达相同的规定。

6.5 附加要求

每个处理过程提供的信息应当是准确且有具体目的的，信息的结构必须满足目的需要。

接收方必须对交换的信息有足够的了解，以避免错误解释信息。

6.5.1 多重表达

只有定义产品的几何信息才是被交换的几何元素，设计过程中为了构造模型往往使用“辅助几何元素”，这些几何元素是不可见的，它们常常是导致数据交换和传输错误的来源。

接收方看到的是这些额外信息所产生的令人迷惑的模型视图，而且辅助几何元素的信息与理论上的产品几何信息很难区分开来。

因此，必须在交换前删除所有会导致二义性的非产品几何信息。

建议：模型中的几何元素不允许有多重表达。

6.5.2 接口一致

必须规定中性交换格式的类型和版本。

建议：规定中性数据交换格式的类型和版本。

6.5.3 模型的结构

为了理解 CAD 模型，必须提供模型结构说明。保证交换更快、更安全，并将交换的数据量减少到最少。

建议：模型结构的内容应经过协商并记录在文档中。

6.5.4 工程变更

应传递工程变更的描述信息，并标明修改之处，并保证交换它们时采用标准接口。

建议：工程变更的检查方法应经过协商并记录在文档中。

6.5.5 接收方的模型验证

接收方在收到模型后，首先应当检查和确认模型。因此，为了便于接收方确认交换后的模型，发送方应提供相应的检查信息。例如每层中实体的总数、检查曲面的附加特殊点等。

验收通过的准则必须预先在协议中说明。

建议：必须在协议中确定验证的方法。

6.6 CAD/CAM 数据质量要求示例

6.6.1 示例 1：草图研究

以过程链活动“草图研究”为例。

目的：汽车大灯的预研。如图 25 所示。

任务：采用适当的形式将大灯的 CAD 模型提交给汽车制造商做预研。

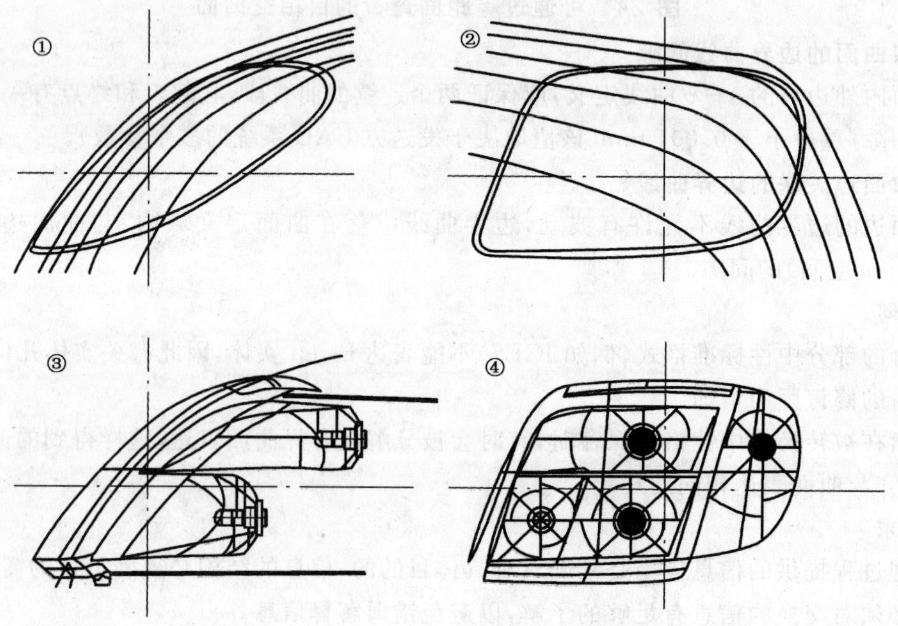

图 25 汽车大灯的 CAD 模型

示例条件：设计人员和 CAD 系统已发生变化。

数据质量和数据结构要求：

—— 散射镜和反射器必须用曲面模型设计；

—— 灯罩的轮廓线必须显示在 2D 剖视图中；

—— 从曲面映射的 2D 剖视图必须满足 G^0-连续性。

6.6.2 示例 2：安装和维护研究

以过程链活动“安装和维护研究”为例。

目的：发动机电器盒的初步装配与后期维护服务的可行性研究。如图 26 所示。

任务：电器盒周围的曲面数据交换到其他 CAD 系统中，交换后的实体数据用于其他 CAD 系统进行安装和装配的可行性研究。

示例条件：设计人员和 CAD 系统已发生变化。

数据质量和数据结构的要求：

—— 由曲面数据生成实体的适用性；

—— 数据量的限定(传输效率、性能和系统限制)；

—— 模型结构(便于数据选择和数据简化)；

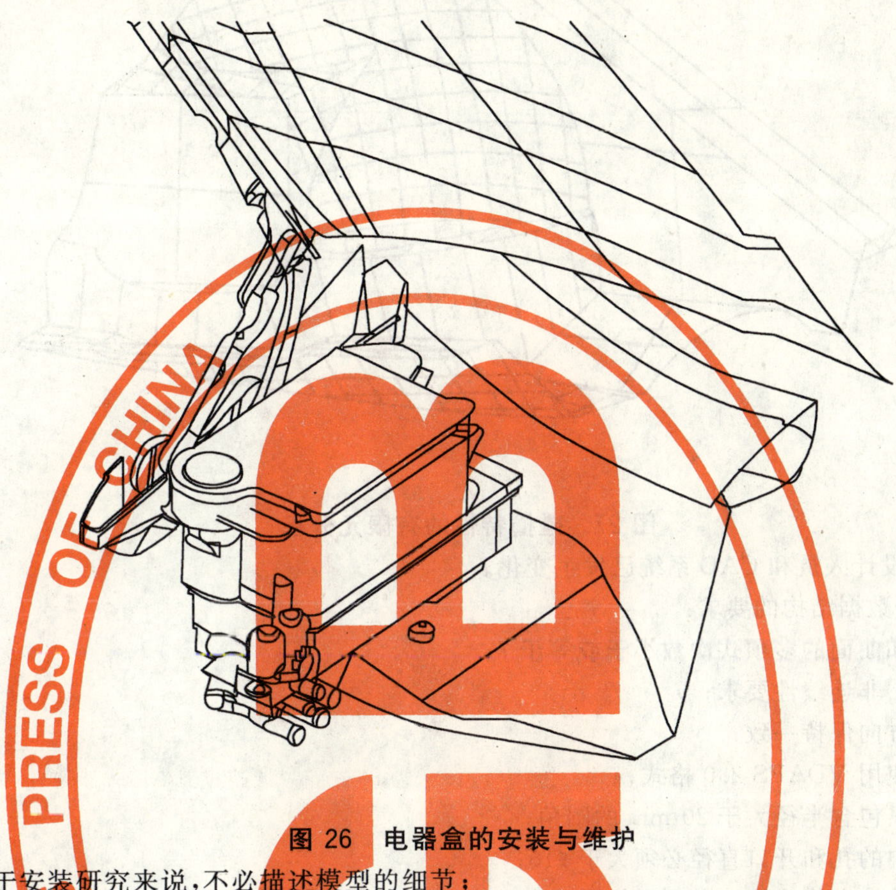

图 26 电器盒的安装与维护

—— 对于安装研究来说，不必描述模型的细节；

—— 无图样。

6.6.3 示例 3：立体平面印刷

以过程链活动“立体平面印刷”为例。

目的：采用立体平面印刷生成汇流管的功能原型，以验证程序处理开发步骤。

任务：汇流管的 CAD 模型转换成适当的形式以便生成 SLA 数据。

示例条件：设计人员和 CAD 系统已发生变化。

数据质量和数据结构的要求：

—— 零件和相应几何之间的最小差异；

—— 避免小曲面片和重复的实体；

—— 避免某一参数方向上曲面过长；

—— 调整系统参数，特别是模型公差；

—— 采用完整的描述(外表面和入口部分)；

—— 将孔用曲面模型表达；

—— 不允许圆角半径小于或等于 3 mm；

—— 删除铸件草图的角度和剖面线。

6.6.4 示例 4：有限元分析

以过程链活动“有限元分析”为例。

目的：碰撞特性的有限元分析。如图 27 所示。

任务：将车身钣金件的 CAD 模型交换到有限元分析系统中。

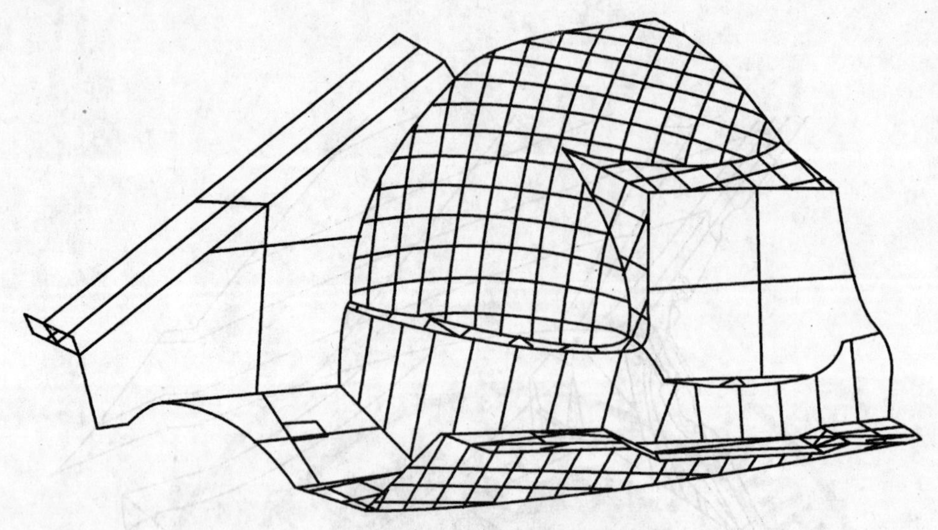

图 27 碰撞特性的有限元分析

示例条件:设计人员和 CAD 系统已发生变化。

数据质量和数据结构的要求:

—— 曲线和曲面的多项式次数小于或等于 7;

—— G^0/G^1 非连续性要求;

—— 法线方向保持一致;

—— 适合使用 VDAFS 2.0 格式;

—— 模型只包含半径大于 20 mm 的圆角;

—— 模型中的孔和开口直径必须大于 $\phi15$;

—— 模型结构和修改级别必须详细说明。

6.6.5 示例 5:电火花线切割加工

以过程链活动"电火花线切割加工"为例。

目的:齿轮轮廓线的电火花线切割加工。如图 28 所示。

任务:为准备数控加工生成和传递齿轮轮廓线,考虑数据交换和编程要求。

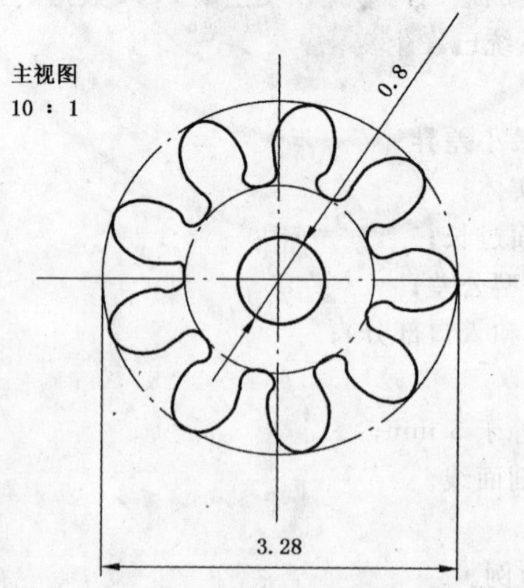

图 28 电火花线切割加工的齿轮主视图

示例条件：设计人员和CAD系统已经改变。电火花线切割机床的精度是0.001 mm，齿轮齿形是渐开线，由组合的圆弧确定。相邻圆弧之间的角度不连续性和圆弧夹角不应大于0.1°。

数据质量和数据结构的要求：

—— 只允许包含圆和圆弧；

—— 轮廓线元素之间的最大间隙不得大于EDM机的精度；

—— 不允许轮廓线元素之间重叠；

—— 必须满足连续轮廓线元素之间0.1°的G^1-连续性；

—— 不允许通过复制来生成元素。

6.6.6 示例6：数控编程

以过程链活动"数控编程"为例。

目的：生成深拉伸模具。

任务：车体覆盖件钣金零件的CAD模型用于模具加工的数控编程。如图29所示。

示例条件：设计人员和CAD系统已经改变。采用VDAIS进行数据交换，交换接口的当前版本号记录在文档中并已经过检查。

数据质量和数据结构的要求：

不含错误的3D曲面模型是数控编程的基本要求，即：

—— 曲线和曲面的多项式次数小于5；

—— 曲线和曲面满足0.02 mm的G^0-连续性和小于或等于0.1°的G^1-连续性要求；

—— 满足G^2-连续性；

—— 多边形和曲面法线的方向应保持一致；

—— 曲线或曲面中不存在文档中指出的转折点或波动；

—— VDAIS适用；

—— 不存在重叠的几何，不存在自相交；

—— 根据工厂标准的要求，模型结构记录在254层上；

—— 为了与工厂标准保持一致，版本修订级别记录在254层中；

—— 描述了零部件材料的模型；

—— 几何包含所有半径大于3 mm的倒角；

—— 从3D曲面模型中导出满足工厂标准要求的简化图样。

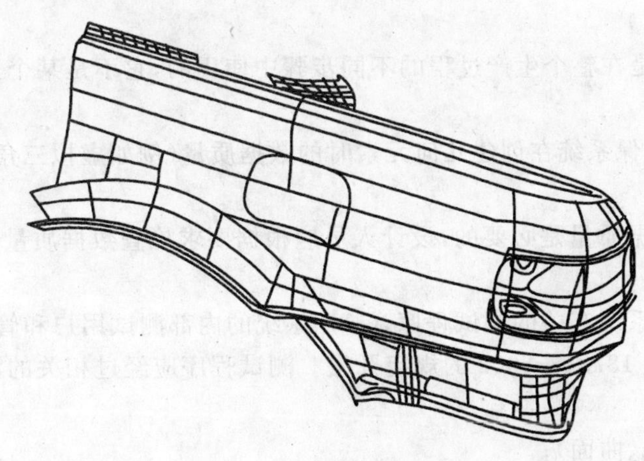

图29 车体覆盖件钣金件的CAD模型

6.6.7 示例7：测量机的质量控制

以过程链活动"测量机的质量控制"为例。

目的:汽车大灯质量控制。如图30所示。

任务:将大灯反射器的CAD模型转换成适当的形式,以便对测量机进行离线编程。

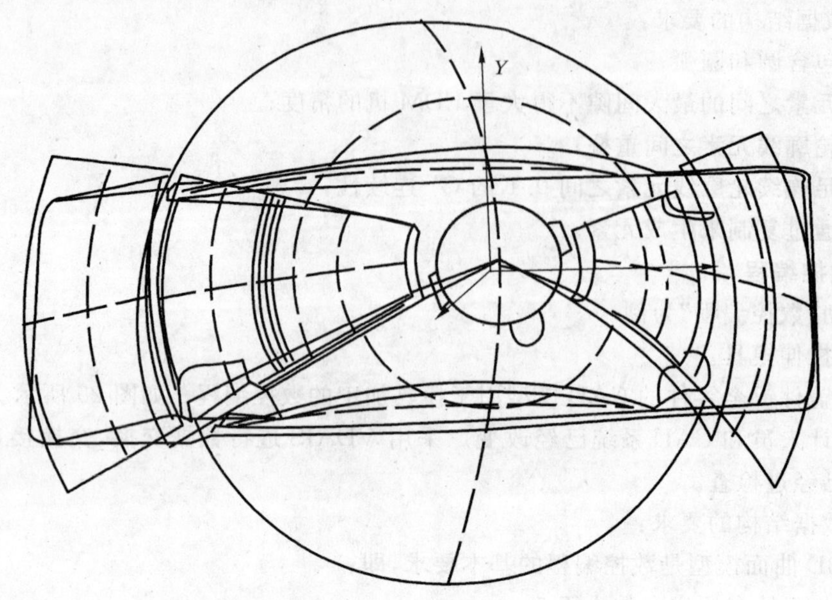

图30 汽车大灯和反射器的质量控制

示例条件:设计人员已经改变,但CAD系统未变。

数据质量和数据结构的要求:

—— 反射器的3D曲面模型必须包含主曲面及其边界曲线;

—— 反射器构件的轮廓线;

—— 不允许有重复的实体;

—— 必须明确说明版本修订级别。

7 软件工具

CAD数据质量主要应在CAD模型创建时得到保证,而不仅仅是靠事后的检查。在对CAD系统用户进行培训时,不仅要包括CAD系统软件功能的培训,还包括工作技能的培训和提高,以便保证达到所需的数据质量要求。

应当明确,CAD数据是在整个生产过程的不同步骤中使用的,它不是某个人的私有数据,而应当是整个企业拥有的数据。

CAD软件开发商应确保系统在创建几何元素时的数据质量(例如虚拟三角形曲面片上法线矢量的方向)。

测试程序对于检查数据质量是必要的,设计人员应根据要求检查数据质量,而且检查应尽早进行并定期实施。

为了在短期内开发与系统有关的测试程序,CAD系统的内部测试用户和管理员应当共同收集和分析现有的程序,根据GB/T 18784—2002的规定开发。测试程序应经过相关的测试和认证。

需要测试的内容包括:

——多项式次数(曲线、曲面);

——间隙/重叠;

——法矢夹角;

——波动(检查拐点、高斯曲率);

——曲线段、曲面片的数量;

——曲面中曲面片的数量；
——曲面法线；
——曲面片的边；
——曲面片角点的角度；
——边界条件；
——法线矢量的方向一致性；
——曲线段、曲面片的尺寸；
——歧义的或多重实体；
——自相交；
——实体的接口能力；
——模型结构；
——其他。

测试结果必须：
——采用图形化表示(例如，使用彩色图形或用户友好界面和表单)；
——在数据交换和CAD用户改变时，满足与数据质量有关的双边协议或相关的国家标准；
——采用统一的显示方式，在系统间具有可比性，并作为CAD模型的附件。

附 录 A
（资料性附录）
CAD/CAM 数据交换协议

A.1 业务协议

CAD/CAM 数据交换应当作为合作方之间开展技术和业务信息交换的组成部分，因此建议在业务协议中也应当考虑 CAD/CAM 数据交换问题。协议中不仅要考虑本标准的相关内容，还需要妥善处理其他诸如保密性和产权等问题。

A.2 CAD/CAM 数据交换的组织要素

A.2.1 要求

数据交换双方应当拥有能够满足交换数据质量要求的 CAD/CAM 系统，如果双方使用 CAD/CAM 系统相同，则可以采用系统专用格式交换，否则，应当采用中性文件格式，例如 STEP、IGES、VDAFS、SET 等交换数据。

建议相关各方分别指派各领域的负责人（例如采购、技术、工程计算、CAD/CAM 系统等），参与有关数据表达、质量和交换等工作的组织和落实。这些人员应当相互协作，解决交换过程中存在的问题。

在正式运行前，通过开展数据交换的试运行，建立优化的数据交换规程是非常必要的。在数据交换试验中，应记录下数据交换的协议、所采用的系统、软件版本和问题的特点。只有在解决了所有会产生影响的问题后，才可以开始正式的数据交换。

A.2.2 协议

建议相关各方的协议中应当包括以下内容：

- CAD/CAM 数据交换协调员的姓名；
- 数据交换的目的；
- CAD 模型的内容；
- CAD 系统、接口及其功能特点；
- 数据结构和质量；
- 存储介质；
- 测试运行结果的总结；
- 数据交换的频率或数量；
- 数据规模；
- 准备和传输的日期与时间；
- CAD/CAM 配置管理数据；
- 错误处理；
- 保密性；
- 额外的成本。

A.2.3 交换过程

数据交换的某一方在更换 CAD/CAM 系统和处理软件时，必须通知其他相关各方，并保证数据和传输质量不变。

数据的传输、接收记录以及数据归档都是企业整个质量政策的组成部分，应当与企业质量手册或类似文档中的内容保持一致。

A.2.4　工程更改单

设计过程中工程更改是不可避免的，建议相关各方就此问题制定专门的处理方法，并考虑以下方面的问题：

- 逐步传输与一次性全面传输；
- 软件修改内容的一致性，特别是逐步传输情况；
- 指明所作的变更。

A.3　经济影响

A.3.1　附加劳动

CAD/CAM技术给设计人员提供了很大的帮助，但不同系统之间进行数据交换之前和之后，都可能需要做额外的工作。因为：

——不同的系统具有不同的数据质量或数据精度；

——合作伙伴之间的设计规范不同，例如数据的类型、结构和组织等；

——CAD/CAM系统的安装和用户环境不同，系统和交换接口的不完善会给数据传输造成困难。

A.3.2　附加成本

数据交换各方应当就如何增加和分配额外的劳动、协议、系统时间和传输成本等问题达成一致。

不同阶段都会需要CAD/CAM数据交换协议，表A.1列出了三个不同的阶段，即框架协议（例如签订合同前的准备工作）、项目协议或单个交换协议。在表中对应的地方应标明所处的阶段，如果暂时不考虑其中一个阶段时（例如一个合同项目的工作需暂时延缓框架协议），则可能要使用多个类似表。

表A.1　CAD/CAM数据交换协议

文档引用标识		
业务标识		
创建日期		
有限性		
文档级别：		
框架	□	
项目	□	
——框架协议引用		
单个交换	□	
——框架协议引用		
——项目协议引用		
基本表		
表A.1 CAD/CAM数据交换协议		□
表A.2 合作方标识		□
表A.3 接口协议		□
表A.4 质量协议		□
表A.5 介质协议		□
可选表		
表A.6 测试		□

表 A.1(续)

表 A.7 数据交换频率与规模	□
表 A.8 库	□
表 A.9 其他问题	□
预备表	
表 A.10 可用的 CAD/CAM 系统与接口	□
附件	
表 A.11 CAD 系统的实体	□
表 A.12 等价实体	□
表 A.13 交换报告	□
表 A.14 数据结构	□
表 A.15 功能目的清单	□
表 A.16 CAD 模型内容清单	□

表 A.2a 合作方标识(第 1 方)

单位名称	
部门	
地址	
姓名	
电话号码	
传真号码	
电子邮箱	
CAD/CAM 数据交换协调员	
部门	
地址	
姓名	
电话号码	
传真号码	
电子邮箱	

表 A.2b 合作方标识（第 2 方）

单位名称	
部门	
地址	
姓名	
电话号码	
传真号码	
电子邮箱	
CAD/CAM 数据交换协调员	
部门	
地址	
姓名	
电话号码	
传真号码	
电子邮箱	

表 A.2c 合作方标识（协调方）

单位名称	
部门	
地址	
姓名	
电话号码	
传真号码	
电子邮箱	
CAD/CAM 数据交换协调员	
部门	

表 A.2c(续)

地址	
姓名	
电话号码	
传真号码	
电子邮箱	

表 A.3 接口协议

功能目的 (见表 A.15 功能目的清单)
CAD 模型内容 (见表 A.16 CAD 模型内容清单)

注:如果有多个功能目的,则可以另外附加。

第 1 方系统	第 2 方系统
CAD/CAM 系统	CAD/CAM 系统
硬件平台	硬件平台
操作系统	操作系统
版本	版本

第 1 方系统接口	第 2 方系统接口
□ 系统专用格式参数	□ 系统专用格式参数
□ STEP	□ STEP
□ IGES 版本	□ IGES 版本
□ SET 版本	□ SET 版本
□ VDAFS 版本	□ VDAFS 版本
□ DXF	□ DXF
□ 其他	□ 其他

表 A.4 质量协议

对第一方的要求 所引用的指南用于： ☐ 软件特点(最大自由度等)…… ☐ 图样规范(层、字体等)…… ☐ 公差(几何公差和数学逼近容差)…… ☐ 其他…… ☐ 附相关的指南
对第二方的要求 所引用的指南用于： ☐ 软件特点(最大自由度等)…… ☐ 图样规范(层、字体等)…… ☐ 公差(几何公差和数学近似误差)…… ☐ 其他…… ☐ 附相关的指南

表 A.5 介质协议

物理介质： ☐ USB 闪存盘 容量 ☐ ☐ CD-ROM 光盘 容量 ☐ ☐ 1/2 英寸磁带 磁带容量 ☐ ☐ 移动硬盘 硬盘容量 ☐ ☐ 其他介质…… ☐ 返回介质 ☐ 销毁介质
交换协议引用…… ☐

表 A.6 测试

评估交换 CAD/CAM 数据的能力 在开始与外部合作方交换数据之前，有必要进行一些验证测试，以确认系统应用的公共领域，验证传输过程。在每个软件系统或接口的版本发生变化时，都必须重复这一系列的测试。为了建立用户规范(质量、方法等)，在第一阶段测试后，还应当做补充测试。 这些测试结果应当引起软件供应方和交换双方采购部门的注意。

表 A.6(续)

测试

不要求 □

在下列条件下需要：

——CAD/CAM 系统版本变更 □

—— 接口版本变更 □

测试结果引用：

测试报告：

□ 完全成功

□ 需要重新测试 ....

....

□ 附详细的测试报告

表 A.7 数据交换频率与规模

交换频率预估	交换规模预估
□ 一次	□ 兆字节(MB)
□ 按照需要	□ 兆字节(MB)/项目
□ 次数	□ 兆字节(MB)/模型
□ 每个项目的交换次数	□ 其他 ....
□ 每种模型的交换次数	
□ 其他	

日期和时间：

□ 数据准备时间 .... 人天

□ 传输时间 .... 分钟、小时、天

□ 控制/目标时间 .... 天

□ 按照项目计划的日期

表 A.8　库

第 1 方	第 2 方
CAD/CAM 库	CAD/CAM 库
附加的软件库	附加的软件库

表 A.9　其他问题

保密性
□ 保密级别 …………
□ 根据商业协议的保密要求 …………
数据保存
□ 数据必须存档，直到 …………
□ 数据必须被删除，在...之后 …………
□ 其他 …………
附加文档
□ 不包含文档 …………
□ 硬拷贝 …………
□ 图样 …………
□ 其他 …………

表 A.10　可用的 CAD/CAM 系统与接口

第 1 方的系统

CAD/CAM 系统	
版本与发放	
硬件平台	
操作系统	
版本与发放	

第 1 方的接口

- ☐ 系统专用格式
- ☐ STEP ……
- ☐ IGES 版本 ……
- ☐ SET 版本 ……
- ☐ VDAFS 版本 ……
- ☐ DXF ……
- ☐ 其他 ……

第 2 方的系统

CAD/CAM 系统	
版本与发放	
硬件平台	
操作系统	
版本与发放	

第 2 方的接口

- ☐ 系统专用格式
- ☐ STEP ……
- ☐ IGES 版本 ……
- ☐ SET 版本 ……
- ☐ VDAFS 版本 ……
- ☐ DXF ……
- ☐ 其他 ……

表 A.11 CAD系统的实体

CAD系统实体	实体模型	曲面模型	线框模型	图样模型

表 A.12 等价实体

实体模型	
....系统	....系统
曲面模型	
....系统	....系统
线框模型	
....系统	....系统
图样模型	
....系统	....系统

表 A.13 交换报告

交换
□ 完全成功
□ 不完全成功，并带有部分数据丢失
说明 …………
□ 不成功
□ 介质不可读
□ 数据编码出错
□ 其他问题 …………

表 A.14 数据结构

注：在本表中填写用于存储 CAD/CAM 数据的文件类型和结构说明，例如 STEP 文件(后缀名为.p21)或 IGES 文件(后缀名为.igs)等。

表 A.15 功能目的清单

参考信息
初始草图
设计基础
报价要求
要求提供
碰撞检验
仿真
数控编程
加工制造
其他目的

表 A.16 CAD 模型内容清单

技术制图
- 2D-几何模型
- 3D-线框模型
- 3D-曲面模型
- 3D-实体模型
    - CSG
    - B-rep
    - 小平面

刀具轨迹

FEM 网格

FEM 载荷

FEM 结果

质量控制要素

其他内容

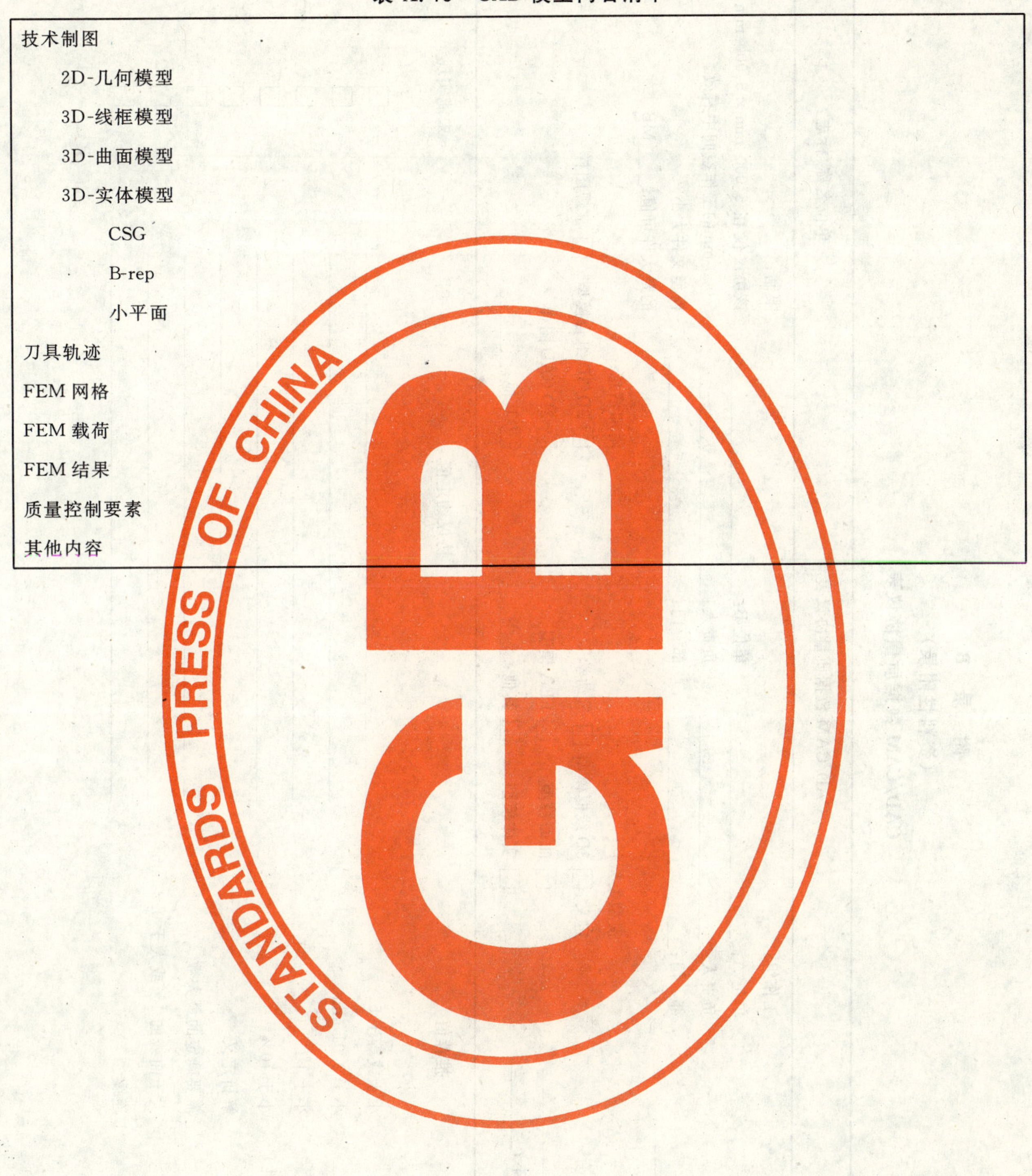

附　录　B
（资料性附录）
CAD/CAM 数据质量协议表

日期：　年　月　日	CAD/CAM 数据质量协议表	单位名称/标志：

有效性：
☐ 工程　☐ 测量　分析
☐ 封装　☐ 加工根据
☐ 其他：________ 注释：________

工作组：
单位 A：________　单位 B：________
负责人：________　负责人：________
部　门：________　部　门：________

限制：
该协议仅在 5 000 mm×5 000 mm×5 000 mm的工作空间中有效。
模型文件大小的最大许可值：____ MB

项目/零件：
协议对以下项目/零件有效：
项目名称：________
零件编号：________ 版本：________

模型类型：
定义：☐ 3D 线框模型　☐ 运动学
☐ 曲面模型　☐ FEA 模型
☐ 实体模型　☐ 其他：________

附加信息：
☐ 2D/3D 组合模型　☐ 常规图样
☐ 2D CAD 图样
☐ 其他：________

协议项	推荐值	协议约定值	未能实现
曲线：			
☐ 多项式次数	小于或等于 5	________	☐
☐ 间隙/重叠(G^0-不连续性)	小于 0.01 mm	________	☐
☐ 法矢夹角(G^1-不连续性)	小于 1°	________	☐
☐ 曲率不连续性(G^2-不连续性)	小于 10%	________	☐
☐ 解析曲线	解析定义	________	☐
☐ 曲线段的数量	需要确定的最大数	________	☐
☐ 曲线段的段长	大于曲线的 1%或大于 0.2 mm	________	☐
☐ 曲线段的定位	连续	________	☐

协议项	推荐值	协议约定值	未能实现
曲线：			
□ 多项式次数	小于或等于 5	________	□
□ 间隙/重叠(G^0-不连续性)	小于 0.02 mm	________	□
□ 法矢夹角(G^1-不连续性)	小于 1°	________	□
□ 曲率不连续性(G^2-不连续性)	小于 10%	________	□
□ 解析曲面	解析定义	________	□
□ 曲面片的数量	需要确定的最大数	________	□
□ 曲面片的尺寸	大于整个曲面的 1%或大于 0.2 mm	________	□
□ 曲面法矢	连续方向	________	□
□ 曲面片的边(三角形曲面片)	大于 0.2 mm	________	□
□ 曲面片角点的角度	大于或等于 2°且小于或等于 178°	________	□
□ 反射模式	常规值	________	□
□ 曲面的自相交	不允许	________	□
其他：			
□ 多重表达	无	________	□
□ 接口规范	必须规定(例如:VDAFS v2)	________	□
□ 模型结构	必须记录	________	□
□ 工程变更/修改	协议要求	________	□
□ 接收模型的确认	协议方法	________	□

附　录　C
（资料性附录）
CAD 应用原则

C.1　一般原则

C.1.1　全局坐标系

为了保证清楚、无歧义地理解空间位置，创建 CAD 几何必须以一个公共的坐标系为参照物，该坐标系是 X-Y-Z 右手参考系。例如对于汽车来说，坐标原点应位于汽车中心平面与前轮轴线的交点处，这个汽车坐标系是固定的标准参照物，其他坐标系（例如，发动机零部件、CAM 中的数控加工等）由双方根据协议确定。

建议：任何一个几何体如果要转换到上述坐标系中去，则必须详细记录它相对汽车坐标系的位置。

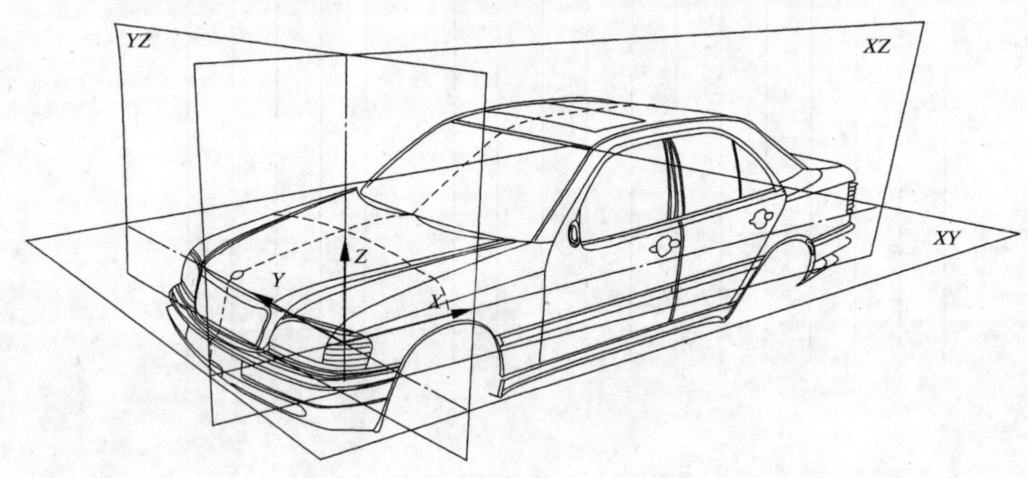

图 C.1　汽车的全局坐标系示例

C.1.2　对称零件

对于具有对称特征的零件，合作伙伴之间可以相互协商只需对零件的一侧进行建模。

建议：对于部分对称的零件，两侧都应该建模。

C.1.3　材料区、内侧和外侧的表达

在有些汽车及零部件设计部门，所有的零件侧边都未进行定义（例如在处理等厚度钣金件时）。对于非等厚部分，两边都需要建模。

建议：合作各方必须就材料的设计区达成协议。

在这种条件下，材料到设计曲面的方向要在合适的地方用曲面的法线标示出来。此外，在预定的地方还要说明厚度。

C.1.4　圆角和倒角

在曲面建模中，可创建对造型或功能有影响的所有圆角。

附加规则是：

——对于车身，只创建半径大于或等于 4 mm 的圆角；

——对于其他零部件，只创建半径大于或等于 1 mm 的圆角。

具有可变半径的圆角，要进行完整定义。

与圆角类似的是倒角（或槽），可对大于 1 mm 的倒角定义。（CAD 图样中的所有半径都要精确

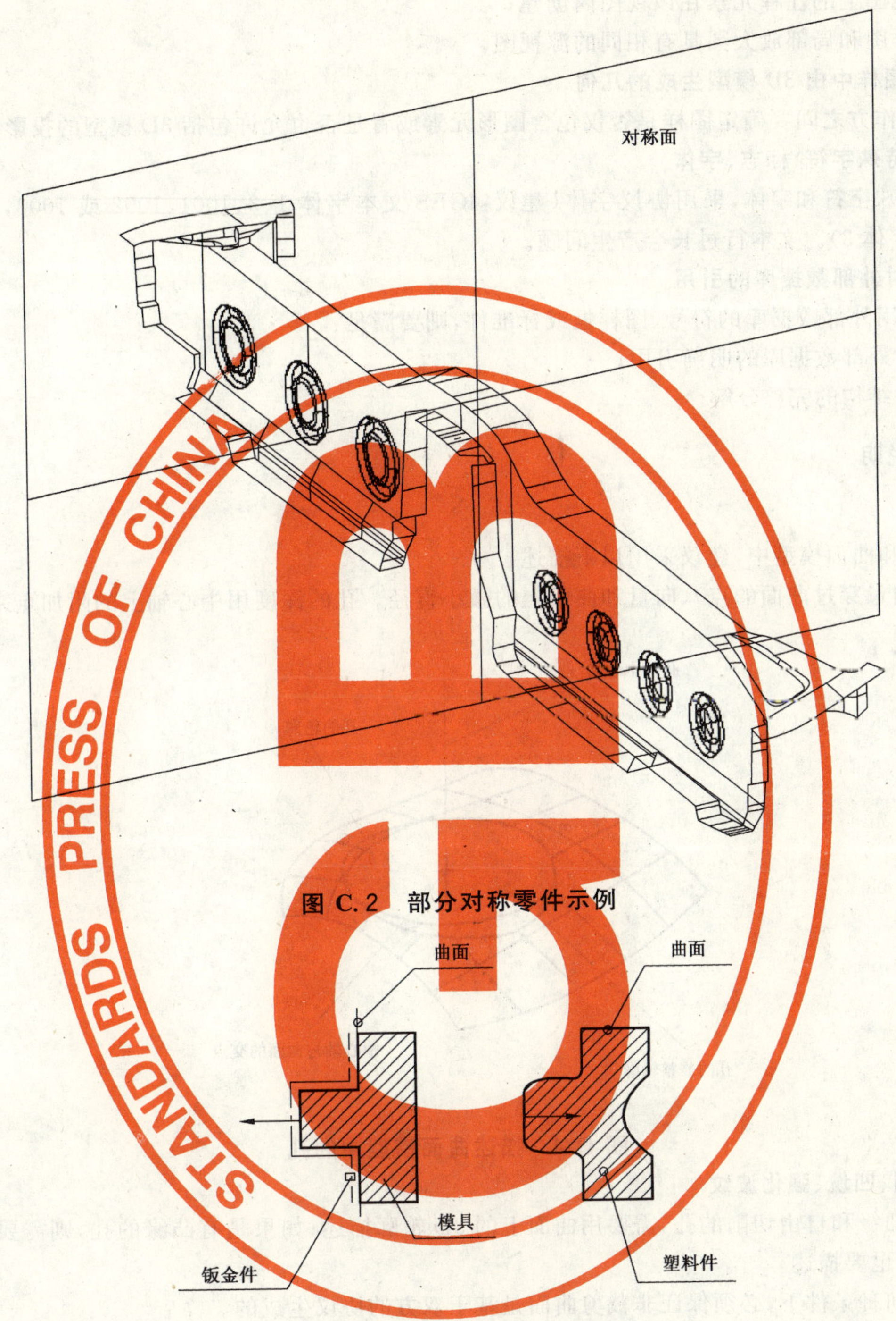

图 C.2 部分对称零件示例

图 C.3 钣金件和塑料件描述示例
(法线指向零件材料的方向)

定义。)

C.1.5 图样

图样包含了对 CAD 系统的引用(系统名称、版本等)。以下各条描述了与作为技术文档的 CAD 图样生成准则有关的内容。

C.1.5.1 视图

裁剪框的表达采用如下准则:

—— 视图外框位于图样边框内;

—— 视图上的注释元素在该视图内创建；

—— 详图和局部放大图具有相同的源视图。

C.1.5.2 图样中由3D模型生成的几何

项目合作方之间要确定图样是否仅包含图形元素或者是否也允许包括3D模型的投影图。

C.1.5.3 特殊字符、标志、字体

对于特殊字符和字体，采用协议字体(建议：IGES文本字体1、3、1001、1002或1003，对于高亮字体，可使用字体3)。文本行过长会产生问题。

C.1.5.4 对外部数据库的引用

如果使用外部数据库的符号、图样框或标准件，则要满足：

—— 对外部数据库的明确引用；

—— 对结构的完整分解。

C.2 示例说明

C.2.1 孔

在线框和曲面模型中，建议采用以下描述：

中心(向量穿过曲面的点)、向量和曲面上的微小直径。孔的深度用中心轴上的附加点来描述。

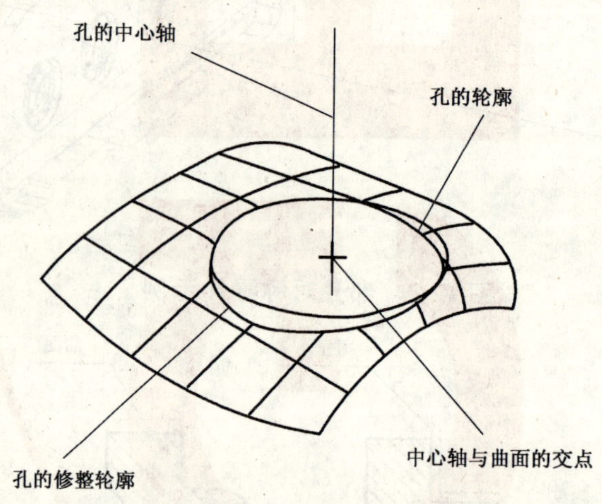

图 C.4 描述曲面模型中的孔

C.2.2 孔洞、凹坑、强化波纹

对于无凸缘和自由切削的孔，需要用曲面上的3D轮廓描述；如果是有凸缘的孔，则需要描述凸缘；若是凹痕，则也要描述。

不论在何种条件下，必须保证非裁剪曲面是基于双方的协议生成的。

C.2.3 凸缘区、法兰盘

在整个曲面模型中，凸缘区、法兰盘要同曲面一起描述。

C.3 其他协议

C.3.1 CAD模型的技术信息

这些信息可能与材料、表面粗糙度、质量、公差和装配有关。技术信息(例如形状与位置公差、测试区域、曲面信息等)是CAD模型的组成部分。

如果这些信息没有与几何直接相关，则可在图样或文本文件中描述。

C.3.2 CAD 系统参数

合作伙伴的 CAD 系统参数在项目开始时，要保持相似。

如果使用的是相同的 CAD 系统，则建议交换 CAD 系统的参数配置信息。

模型的公差一般总是对 CAD 系统的数学算法有影响，因此几何元素基本的逻辑属性包括：

——标识；

——接触/G-非连续性。

C.3.3 数据规模

数据交换的双方协商确定最大的文件大小(MB)和数据保存介质的选择，并记录在交换协议中。

参 考 文 献

[1] GB/T 16656.42—1998 工业自动化系统和集成 产品数据表达与交换 第42部分:集成通用资源:几何与拓扑表达(idt ISO 10303-42:1994)

[2] ODETTE ODG11EA9212 CAD/CAM数据交换协议指南

[3] ODETTE ODG11CQ9504 CAD/CAM数据质量保证方法

[4] 参考网址:

www.odette.org(ODETTE主页)

www.vda.de(VDA主页)

ICS 67.180.10
X 31

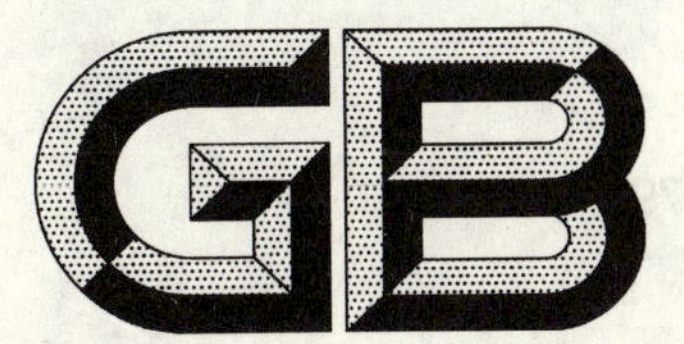

中华人民共和国国家标准

GB 18796—2005
代替 GB/T 18796—2002

蜂蜜

Honey

2005-10-26 发布

2006-03-01 实施

中华人民共和国国家质量监督检验检疫总局
中国国家标准化管理委员会 发布

前　言

本标准的第4章(除4.1、4.3.2外)、第6章、第7章是强制性的,其余是推荐性的。

本标准发布后,生产企业自2006年3月1日起实施,流通领域自2006年11月1日起实施。

本标准对应于食品法典委员会(CAC) CODEX STAN 12—1981 Rev.2(2001)《蜂蜜》(英文版),与它的一致性程度为非等效。主要差异是:

——增加了蜂蜜的感官要求;

——由于缺乏国内蜂蜜产品的试验数据,本标准未规定不溶于水的固形物指标;

——同样由于缺乏国内蜂蜜产品的试验数据,本标准未规定电导率指标;

——考虑到目前国内蜂蜜产品生产的特点,以及鼓励生产成熟蜂蜜的要求,增加了等级划分;

——根据我国蜂蜜产品的自然、地理条件规定理化品质要求;

——增加了常见单一花种蜂蜜的感官特性描述;

——采用我国国家标准、行业标准规定的试验方法;

——增加了包装、标志、贮存、运输要求。

本标准代替GB/T 18796—2002《蜂蜜》。

本标准与GB/T 18796—2002相比主要变化如下:

——由推荐性标准改为条文强制性标准;

——对不同的品种提出不同的蔗糖含量要求;

——增加了蜂蜜的真实性要求;

——规定了仲裁试验的方法;

——修改、增补了常见单一花种蜂蜜的感官特性。

本标准的附录A是规范性附录。

本标准由中华全国供销合作总社提出并归口。

本标准起草单位:南京老山药业股份有限公司、中华全国供销合作总社蜜蜂产品标准化技术委员会秘书处、中国蜂产品协会蜂蜜专业委员会。

本标准主要起草人:李子健、管春华、李晓栋、杨寒冰、陈明虎。

本标准历次版本发布情况为:GB/T 18796—2002。

蜂　　蜜

1　范围

本标准规定了蜂蜜的定义及其被从巢脾中分离出来后的品质、包装、标志、运输、贮存要求。

本标准适用于所有的蜂蜜，包括各种直接食用的蜂蜜。

除了巢脾蜂蜜（巢蜜）以外，其他以蜂蜜作为产品名称或产品名称主词的产品均应符合本标准。

2　规范性引用文件

下列文件中的条款通过本标准的引用而成为本标准的条款。凡是注日期的引用文件，其随后所有的修改单（不包括勘误的内容）或修订版均不适用于本标准，然而，鼓励根据本标准达成协议的各方研究是否可使用这些文件的最新版本。凡是不注日期的引用文件，其最新版本适用于本标准。

GB/T 191　包装储运图示标志（GB/T 191—2000，eqv ISO 780:1997）

GB/T 5009.4　食品中灰分的测定

GB 7718　预包装食品标签通则

GB 14963　蜂蜜卫生标准

GB/T 18932.1　蜂蜜中碳-4植物糖含量测定方法　稳定碳同位素比率法

GB/T 18932.16　蜂蜜中淀粉酶值的测定方法　分光光度法

GB/T 18932.18　蜂蜜中羟甲基糠醛含量的测定方法　液相色谱-紫外检测法

GB/T 18932.22　蜂蜜中果糖、葡萄糖、蔗糖、麦芽糖含量的测定方法　液相色谱示差折光检测法

GH/T 1015—1999　蜂蜜包装钢桶

SN/T 0852—2000　进出口蜂蜜检验方法

3　术语和定义

GB 7718确立的以及下列术语和定义适用于本标准。

3.1

蜂蜜　honey；bee honey

蜜　honey；bee honey

蜜蜂采集植物的花蜜、分泌物或蜜露，与自身分泌物结合后，经充分酿造而成的天然甜物质。

注：蜂蜜含有多种糖，主要是果糖和葡萄糖。此外还含有有机酸、酶和来源于蜜蜂采集的固体颗粒物如植物花粉等。蜂蜜的气味和色泽随蜜源的不同而不同。色泽是水白色，琥珀色或深色。蜂蜜在通常情况下呈粘稠流体状，贮存时间较长或温度较低时可形成部分或全部结晶。

3.2

〈蜂蜜〉酿造　make

（与蜜蜂分泌物结合后的）花蜜、植物分泌物或蜜露在巢脾内转化、脱水、贮存至成熟的过程。

3.3

单一花种蜂蜜　unifloral honey，monofloral honey

单一植物蜂蜜　unifloral honey，monofloral honey

单花种蜂蜜　unifloral honey，monofloral honey

蜜蜂主要采集一种蜜源植物的花蜜或分泌物酿造的蜂蜜。

3.4

多花种(混合)蜂蜜　multifloral honey

多种植物(混合)蜂蜜　multifloral honey

杂花蜂蜜　multifloral honey

杂花蜜　multifloral honey

蜜蜂采集两种或两种以上蜜源植物的花蜜或分泌物酿造的蜂蜜,以及两种或两种以上单一植物蜂蜜的混合物。

3.5

蜜露　honeydew

甘露　honeydew

吮吸植物汁液的昆虫排出的甜物质。

3.6

蜜露蜂蜜　honeydew honey

甘露蜂蜜　honeydew honey

蜜露蜜　honeydew honey

甘露蜜　honeydew honey

蜜蜂采集蜜露,与自身分泌物结合后,经充分酿造而成的天然甜物质。

注:蜂蜜的一个品种。

4　要求

4.1　感官要求

4.1.1　色泽

依蜜源品种不同,由水白色(几乎无色)、白色、特浅琥珀色、浅琥珀色、琥珀色至深色(暗褐色)。常见单一花种蜂蜜的色泽见附录A。

4.1.2　气味

有蜜源植物的花的气味。单一花种蜂蜜有该种蜜源植物的花的气味。没有酸或酒的挥发性气味和其他异味。

4.1.3　滋味

依蜜源品种不同,甜、甜润或甜腻。某些品种有微苦、涩等刺激味道。常见单一花种蜂蜜的滋味见附录A。

注:甜润指感觉舒适的甜味感,甜腻指感觉过于甜的甜味感。

4.1.4　状态

a)　常温下呈粘稠流体状,或部分及全部结晶;

b)　不含蜜蜂肢体、幼虫、蜡屑及其他肉眼可见杂物;

c)　没有发酵征状。

4.2　等级

依理化品质不同,分为一级品和二级品两个等级。

在合同条件下,可以对不符合一级品要求、但符合二级品要求的蜂蜜依据理化品质、感官特征差别细分出若干级差。但本条款仅限于在合同双方之间采用。

4.3　理化要求

4.3.1　强制性理化要求

强制性理化要求见表1。

表 1 强制性理化要求

项　目		一级品	二级品
水分/(%)	≤		
除下款以外的品种		20	24
荔枝蜂蜜、龙眼蜂蜜、柑橘蜂蜜、鹅掌柴蜂蜜、乌桕蜂蜜		23	26
果糖和葡萄糖含量/(%)	≥	60	
蔗糖含量/(%)	≤		
除下款以外的品种		5	
桉树蜂蜜、柑橘蜂蜜、紫苜蓿蜂蜜		10	

4.3.2　**推荐性理化要求**

推荐性理化要求见表 2。这些要求是生产方(加工方)自愿采用或合同双方协商规定的要求,不作为政府或官方机构强制性要求。但鼓励生产方(加工方)采用这些要求。

表 2　推荐性理化要求

项　目		一级品	二级品
酸度(1 mol/L 氢氧化钠)/(mL/kg)	≤	40	
羟甲基糠醛/(mg/kg)	≤	40	
淀粉酶活性(1%淀粉溶液)/[mL/(g·h)]	≥		
除下款以外的品种		4	
荔枝蜂蜜、龙眼蜂蜜、柑橘蜂蜜、鹅掌柴蜂蜜		2	
灰分/(%)	≤	0.4	

4.4　**安全卫生要求**

应符合 GB 14963 和相关法律、法规、规章及有关标准的要求。

4.5　**真实性要求**

4.5.1　不得添加或混入任何淀粉类、糖类、代糖类物质。

采用 GB/T 18932.1 的方法试验时,试验结果 X(蜂蜜中碳-4 植物糖的百分含量)不得大于 7。

4.5.2　不得添加或混入任何防腐剂、澄清剂、增稠剂等异物。

4.5.3　如果在蜂蜜中添加其他矿物、生物或其提取物、分泌物、工业生产物质,不应以“蜂蜜”或“蜜”作为产品名称或名称主词。

4.6　**产品名称要求**

应选用下列名称:

a)　符合本标准定义的产品方可称为“蜂蜜”或简称为“蜜”;

b)　采用过滤工艺除去了花粉的蜂蜜应称为“过滤蜂蜜”;

c)　可以在“蜂蜜”前加上表示色泽的形容词;

示例:白色蜂蜜。

d)　如果蜂蜜主要产自一种植物或花,并具有此种蜂蜜的物理、化学和微观特性,可以在“蜂蜜”前加上这种植物或花的名称;

注:常见单一花种蜂蜜的产品名称见附录 A。

示例:刺槐蜂蜜。

e)　可以采用“液态蜂蜜”、“结晶蜂蜜”名称,表明物理状态;

f)　按前款 b)、c)、d)、e)组合方式命名;

g) 如果蜂蜜是一种蜜蜂酿造,可以在产品名称前加上这种蜜蜂的名称,写在括号内;

示例:(东北黑蜂)蜂蜜。

h) 本标准 3.1、3.3、3.4 和 3.6 术语可以作为产品名称。

4.7 特殊限制要求

不应使用化学或生化处理方法改变蜂蜜的结晶变化。

加热处理时温度不能过高,防止蜂蜜基本成分发生变化,造成质量损害。

5 试验方法

5.1 总则

本章规定的试验方法是仲裁采用的方法。本标准 5.9 规定了两个等效的方法。

5.2 试样制备

试验方法标准有规定的,按标准规定制备。没有规定的,按 SN/T 0852—2000 中 3.1 制备。

5.3 水分

采用 SN/T 0852—2000 中 3.4 规定的方法。

5.4 果糖和葡萄糖、蔗糖

采用 GB/T 18932.22 规定的方法。

5.5 灰分

采用 GB/T 5009.4 规定的方法。

5.6 真实性要求

采用 GB/T 18932.1 规定的方法。

5.7 酸度

采用 SN/T 0852—2000 中 3.5 规定的方法。试验结果换算成以(1 mol/L 氢氧化钠)mL/kg 为单位。

5.8 羟甲基糠醛

采用 GB/T 18932.18 规定的方法。

5.9 淀粉酶活性

采用 GB/T 18932.16 规定的方法。

也可采用 SN/T 0852—2000 中 3.6 规定的方法。该方法中 3.6.2.1.5"准确称取适量淀粉(相当于干态 1 g)于 250 mL 高型烧杯中"改为"准确称取适量淀粉(相当于干态 2 g)于 250 mL 高型烧杯中",其他规定不变。

5.10 色泽

采用 SN/T 0852—2000 中 3.2 规定的方法。

6 包装

6.1 非零售包装

6.1.1 非零售包装的包装钢桶应符合 GH/T 1015 要求。投入使用的这种包装钢桶其桶龄自出厂日期起,不得超过五年。

临时周转可使用其他带盖的食品包装容器。

不应使用镀锌桶或盛装过药品、燃料油、食用油或其他化工产品的包装容器。

6.1.2 包装容器在使用前应清洗干净,并吹干或晾干。

6.1.3 包装场地应清洁卫生,并远离污染源。

6.1.4 灌装人员在操作前应洗手消毒,并穿戴洁净的工作衣帽。

6.1.5 容器内应保留适当空隙,防止蜂蜜受热溢出。灌装后应立即盖好桶盖。

6.2 预包装

6.2.1 接触蜂蜜的包装容器和材料应符合国家食品安全卫生要求。

6.2.2 包装应严密。应采取可靠的方式,使其他人员能够识别该容器在包装后是否曾被开启。

7 标志

7.1 非零售包装的标志

在包装上应标明产品名称、生产日期或批号、生产者(加工者或包装者)的名称和地址。

7.2 预包装的标签

7.2.1 应符合 GB 7718 的要求。

7.2.2 产品名称应符合本标准 4.6 的要求;

7.2.3 产品标准号:符合本标准强制性要求和推荐性要求的,应标示为:"符合 GB 18796 要求";仅符合本标准强制性要求的,应标示为:"符合 GB 18796 的强制性要求"。

标示企业标准号的,应按前款要求一并标示"符合 GB 18796 要求"或"符合 GB 18796 的强制性要求"。

7.2.4 非零售包装上应标示产品名称、规格、数量、生产日期或批号、生产者(加工者或经销者)的名称和地址。

图示标志应符合 GB/T 191 的规定。

8 贮存

8.1 贮存场所应清洁卫生,防高温,防风雨,远离污染源。

8.2 不得与有毒、有害、有腐蚀性、有异味、易挥发的物品同场所贮存。

9 运输

9.1 运输工具应清洁卫生。

9.2 不得与有毒、有害、有腐蚀性、有异味、易挥发的货物混装运输。

9.3 防曝晒、防风雨。

附 录 A
(规范性附录)
常见单一花种蜂蜜的感官特性

表 A.1

产品名称	蜜源植物	色泽	气味/滋味	结晶状态
桉树蜂蜜	桃金娘科 桉属 大叶桉 *Eucalyptus robusta* Smith	琥珀色、深色	有桉醇味。甜,微涩	易结晶,结晶暗黄色,粒粗
	桃金娘科 桉属 隆缘桉 *Eucalyptus exserta* F. Muell	琥珀色、深色	有桉醇味。甜,微酸	易结晶,结晶暗黄色,粒粗
	桃金娘科 桉属 柠檬桉 *Eucalyptus citriodora* Hook. f.	琥珀色、深色	有柠檬香味。甜,微涩	易结晶,结晶暗黄色,粒粗
白刺花蜂蜜	豆科 白刺花 *Sophora viciifolia* Hance	浅琥珀色	清香。甜润	结晶乳白,细腻
草木樨蜂蜜	豆科 黄香草木樨 *Melilotus officinalis* (L) Desr.	浅琥珀色	清香。甜润	结晶乳白,细腻
	豆科 白香草木樨 *Melilotus albus* Desr.	水白色、白色	清香。甜润	结晶乳白,细腻
刺槐蜂蜜(洋槐蜂蜜)	豆科 刺槐 *Robinia pseudoacacia* L.	水白色,白色	清香。甜润	不易结晶,偶有结晶乳白细腻
椴树蜂蜜	椴树科 紫椴 *Tilia amurensis* Rupr.	特浅琥珀色	香味浓。甜润	易结晶,结晶乳白,细腻
	椴树科 糠椴 *Tilia mandschurica* Rupr et Maxin.	特浅琥珀色	甜润	易结晶,结晶乳白,细腻
鹅掌柴蜂蜜(鸭脚木蜂蜜)	五加科 鹅掌柴 *Schefflera octophylla* Harms.	浅琥珀色、琥珀色	甜,微苦	易结晶,结晶乳白,细腻
柑橘蜂蜜(柑桔蜂蜜)	芸香科 柑橘 *Citrus reticulata* Blanco.	浅琥珀色	香味浓。甜润	易结晶,结晶乳白细腻
胡枝子蜂蜜	豆科 胡枝子 *Lespedeza bicolor* Turcz.	浅琥珀色	略香。甜润	易结晶,结晶乳白,细腻
荆条蜂蜜(荆花蜂蜜)	马鞭草科 荆条 *Vitex negundo* var. *heterophylla* (Franch.) Rehd.	浅琥珀色	略香。甜润	易结晶,结晶乳白,细腻
老瓜头蜂蜜	萝摩科 老瓜头 *Cynanchum romarovii* Al. Iljinski	浅琥珀色	有香味。甜腻	结晶乳白色
荔枝蜂蜜	无患子科 荔枝 *Litchi chinensis* Sonn.	浅琥珀色	香味浓。甜润	易结晶,结晶乳白,粒细

表 A.1(续)

产品名称	蜜源植物	色泽	气味/滋味	结晶状态
柃属蜂蜜(野桂花蜂蜜)	山茶科 柃属 *Eurya*	水白色、白色	清香。甜润	不易结晶，偶有结晶乳白细腻
龙眼蜂蜜	无患子科 龙眼 *Dimocarpus longan* Lour.	琥珀色	有香味。甜润	不易结晶，偶有结晶琥珀色，颗粒略粗
密花香薷蜂蜜(野藿香蜂蜜)	唇形科 密花香薷 *Elsholtzia densa* Benth.	浅琥珀色	有香味。甜	结晶粒细
棉花蜂蜜	锦葵科 陆地棉 *Gossypium hirsutum* L.	浅琥珀色、琥珀色	无香味。甜	易结晶，结晶乳白，粒细、硬
	锦葵科 海岛棉 *Gossypium barbadense* L.	浅琥珀色、琥珀色	无香味。甜	易结晶，结晶乳白，粒细、硬
枇杷蜂蜜	蔷薇科 枇杷 *Friobotrya japonica*(Thunb.) Lindl.	浅琥珀色	有香味。甜润	结晶乳白，颗粒略粗
荞麦蜂蜜	蓼科 荞麦 *Fagopyrum esculentum* Moen-Ch.	深琥珀色	有刺激味。甜腻	易结晶，结晶琥珀色，粒粗
乌桕蜂蜜	大戟科 乌桕 *Sapium sebiferum* (L.) Roxb.	琥珀色	甜味略淡，微酸	易结晶，结晶暗黄，粒粗
	大戟科 山乌桕 *Sapium discolor* (Champ.) Muell. -Arg	琥珀色	甜味略淡	易结晶，结晶微黄，粒粗
向日葵蜂蜜(葵花蜂蜜)	菊科 向日葵 *Helianthus annuus* L.	浅琥珀色、琥珀色	有香味。甜润	易结晶，结晶微黄
野坝子蜂蜜	唇形科 野坝子 *Elsholtzia rugulosa* Hemsl.	浅琥珀色，略带绿色	有香味。甜	极易结晶，结晶分粗细两种，细腻的质硬
野豌豆蜂蜜(苕子蜂蜜)	豆科 广布野豌豆 *Vicia sativa* L.	浅琥珀色	清香。甜润	结晶细腻
	豆科 长柔毛野豌豆 *Vicia villosa* Roth.	特浅琥珀色	清香。甜润	结晶细腻
油菜蜂蜜	十字花科 油菜 *Brassica campestris* L.	琥珀色	甜，略有辛辣或草青味	极易结晶，结晶乳白、细腻
枣树蜂蜜(枣花蜂蜜)	鼠李科 枣 *Zizyphus jujuba* Mill. var. *inermis*(Bunge.)Rehd.	浅琥珀色、琥珀色、深色	甜腻	不易结晶
芝麻蜂蜜	胡麻科 芝麻 *Sesamum orientale* L.	浅琥珀色、琥珀色	有香味。甜，略酸	结晶乳白色
紫花木樨蜂蜜	豆科 紫花木樨 *Medicago sativa* L.	浅琥珀色	有香味。甜	易结晶，结晶乳白，粒粗
紫云英蜂蜜	豆科 紫云英 *Astragalus sinius* L.	白色、特浅琥珀色	清香。甜腻	不易结晶，偶有结晶乳白、细腻
注：色泽的描述采用 SN/T 0852—2000 中 3.2 用词。依水分含量不同，色泽、气味和滋味略有差异。				

ICS 19.100
J 04

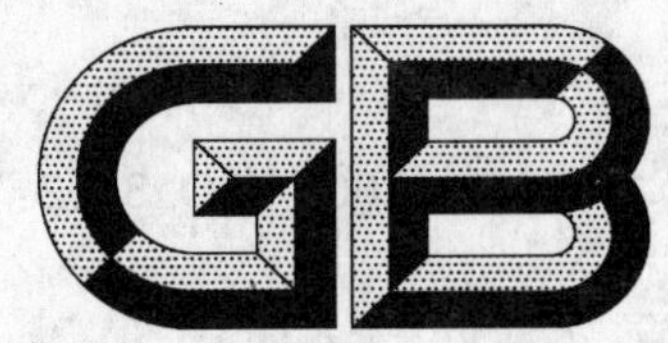

中华人民共和国国家标准

GB/T 18851.1—2005/ISO 3452:1984

无损检测 渗透检测
第1部分:总则

Non-destructive testing—Penetrant testing—
Part 1:General principles

(ISO 3452:1984,IDT)

2005-06-08 发布 2005-12-01 实施

中华人民共和国国家质量监督检验检疫总局
中国国家标准化管理委员会 发布

前言

GB/T 18851《无损检测 渗透检测》分为5个部分：

——第1部分：总则；

——第2部分：渗透材料的检验；

——第3部分：参考试块；

——第4部分：设备；

——第5部分：验证方法。

其中“第3部分：参考试块”发布时的标准编号和名称为GB/T 18851—2002《无损检测 渗透检验 标准试块》，经修改单的修改，标准编号和名称改为GB/T 18851.3—2002《无损检测 渗透检测 第3部分：参考试块》，修改后的该国家标准的技术内容不变。

本部分为GB/T 18851的第1部分，等同采用ISO 3452:1984《无损检测 渗透检测 总则》(英文版)。

本部分等同翻译ISO 3453:1984。

为便于使用，本部分做了下列编辑性修改：

a) “本国际标准”一词改为“本部分”或“GB/T 18851的本部分”；

b) 删除国际标准的前言；

c) 在第2章中插入GB/T 1.1—2000规定的引导语。

本部分的附录A、附录B和附录C为规范性附录。

本部分由中国机械工业联合会提出。

本部分由全国无损检测标准化技术委员会(SAC/TC 56)归口。

本部分起草单位：上海材料研究所、苏州美柯达探伤器材有限公司。

本部分主要起草人：金宇飞、宓中玉。

无损检测 渗透检测
第1部分:总则

1 范围

1.1 GB/T 18851 的本部分规定了材料和工件在加工过程中和使用中实施渗透检测的方法通则,例如现场检测。

1.2 本部分不涉及验收或拒收的等级,它们宜在另外的标准或有关各方的协议中规定。

1.3 渗透检测适用于确定材料或工件的表面开口的不连续——例如重叠、折叠、裂纹(龟裂)、孔洞和裂缝等的位置。

渗透技术能适用于任何物理性质的材料,仅规定其表面对渗透过程是正常的非吸收体和相容的;参见6.1。

1.4 在实施渗透检测时,若需对其进行验证,宜参照 GB/T 18851.5。

注:GB/T 18851 的本部分所适用的术语和定义由 GB/T 12604.3—2005/ISO 12706:2000《无损检测 术语 渗透检测》给出。

2 规范性引用文件

下列文件中的条款通过 GB/T 18851 的本部分的引用而成为本部分的条款。凡是注明日期的引用文件,其随后所有的修改单(不包括勘误的内容)或修订版均不适用于本部分,然而,鼓励根据本部分达成协议的各方研究是否可使用这些文件的最新版本。凡是不注明日期的引用文件,其最新版本适用于本部分。

GB/T 5097 黑光源的间接评定方法(GB/T 5097—1985,eqv ISO 3059:1974)[1)]

GB/T 18851.5 无损检测 渗透检测 第5部分:验证方法(ISO 3453:1984,IDT)

3 原则

渗透检测有下述基本操作顺序:

a) 对材料或工件的表面进行预清洗和清除油污以作检测准备;

b) 将渗透剂施加在准备好的表面,并停留一段时间,让渗透剂渗入该表面上开口的不连续;

c) 去除多余的渗透剂,但其方法必须确保渗透剂能滞留在不连续内;

d) 将显像剂施加在该表面,目的是为了吸出不连续内的渗透剂,以得到一个放大了的不连续的显示;

e) 在适当的观察条件下进行目视检测和评价;

f) 对检测过的表面进行清洗,如有必要,附加防腐蚀处理。

宜注意的是,检测时的温度若与该渗透检测材料的规定不同,可能会导致错误的结果。

4 安全提示

4.1 渗透检测技术可允许使用有毒的、易燃的和易挥发的材料,因而应遵循所用各种材料相关的适用

1) GB/T 5097—1985 与 ISO 3059:1974 相比,除了在文本结构方面存在差异外,两者所述的技术要求和方法是完全相同的。因此本文引用 GB/T 5097 与引用 ISO 3059 在技术上是等同的。另,ISO 3059:1974 目前已被 ISO 3059:2001所代替,而 GB/T 5097—1985 也将被 GB/T 5097—2005/ISO 3059:2001 代替。

范围和预防措施。工作区域应充分通风和远离热源、明火和燃烧物。

4.2 应注意养成这样的习惯，即保证不用眼睛直接对准未被过滤的来自紫外辐射源的辐射。应始终在安全的条件下工作，即紫外辐射源，无论是灯的整体还是分体部分都要经过过滤。（参照 GB/T 5097）

4.3 应按制造商提供的使用说明书来使用渗透检测材料和设备。

5 渗透检测材料的分类

5.1 概述

渗透检测材料是根据被检材料或工件及其表面条件，以及根据所实施检测的条件等情况进行配制或选择的。

用于特定用途的互相相容的材料构成了组（称之为“系统”，见附录 A），每组包括（部分或全部）：

——渗透剂；

——去除剂；

——显像剂。

并以配方表中给出的数据表征（见附录 B）。

注 1：构成一组渗透检测的材料不宜对被检材料或工件产生有害的影响。

注 2：用于表面预清洗的材料不把它看作是渗透检测材料。

5.2 渗透剂

本部分适用的渗透剂，分为：

a） 荧光渗透剂；

b） 着色渗透剂；

c） 两用（荧光/着色）渗透剂；

d） 特殊用途渗透剂。

5.3 去除剂

去除剂分成：

a） 水。

b） 乳化剂：

  1） 亲油性乳化剂；

  2） 亲水性乳化剂。

c） 液体状溶剂。

5.4 显像剂

显像剂有：

a） 干粉。

b） 悬浮或溶解于水中：

  1） 水悬浮；

  2） 水溶性。

c） 悬浮于非水挥发性溶剂中：

  1） 不可燃的；

  2） 可燃的。

5.5 渗透系统的分类

本部分将渗透系统分为：

——按检测的方法分：

- 荧光渗透检测；
- 着色渗透检测；

• 两用(荧光/着色)渗透检测。

——按渗透剂的类型(去除多余渗透剂的方法)分：

• 水洗型；

• 后乳化型；

• 溶剂去除型。

注1：不宜推论到同类型的各种渗透检测材料，对于一种方法必须要完全可互换或有类似的灵敏度，不推荐将不同制造商生产的材料混合使用。当选择渗透材料时宜注意其功效，从而确保它们互相之间是相容的并可有效使用。

注2：荧光渗透检测不宜在着色渗透检测之后进行，除非该步骤是事先经鉴定认可的。

注3：建议制造商和用户双方都采用相同的分类系统。

6 检测条件

6.1 材料的相容性

6.1.1 对于被检材料，各种渗透检测材料应是相容的，另外特别要注意长期腐蚀问题。

6.1.2 为了检验相容性，可能需要实施一项特别的检验，检验的性质视被检材料而定。

6.1.3 对于渗透检测材料，在有燃料、润滑油、水压液体等污染物的地方可能会产生有害影响，因此应特别注意检测后的清洗操作，参见11.1。

6.1.4 在预清洗、清除油污和干燥等操作中应当心，以确保不影响检测结果。

6.2 预清洗和表面准备

6.2.1 所有的清洗材料及其工序与渗透检测材料以及被检材料等应是相容的。为了去除防护性的涂层，如油漆层，宜采用化学方法进行处理，以避免装饰物进入到表面的不连续中。

6.2.2 应清洗表面及其上面的不连续，使其没有污染物。表面的整洁和粗糙情况宜符合规定要求。

注1：化学方法更适合于去除污染物，可以很容易地去除任何位置的污染物。物理方法主要去除表面和一般的污染物，不能去除在表面不连续里面的污染物。物理清洗方法，如喷丸，会使金属表面产生塑性变形，可能会完全或部分地封堵住不连续，以至于阻碍或限制渗透剂的渗入。

注2：若有可能，在使用了物理方法之后，推荐再用浸蚀法去除污染物。作为建议，预清洗剂的使用可以提高检测灵敏度，尤其是对曾经受压过的不连续更是如此。为使渗透剂的性能不产生有害影响，残留的浸蚀液经化学中和以及进行后续去除是必要的。

6.3 清除油污

施加渗透剂前，应对被检表面进行油污清除，并且所用的除油剂不存在不相容现象。清除油污后，应作短时检验，以确认温度与7.1.1所规定的相一致，然后再施加渗透液。

6.4 干燥

被检表面经清洗后，必须给予彻底地干燥，以免水或溶剂滞留在不连续的里面或上面而阻碍渗透剂的渗入。为减少干燥时间，可慢慢地在其上面局部区域加热，或用暖空气吹(见7.1.1)。

7 检测步骤

7.1 施加渗透剂

7.1.1 施加的温度

通常，被检表面和渗透检测材料的温度不宜超过所使用的这组材料说明书中所标明的范围(见附录A)。其他温度条件时，若得到制造商的认可，则可在该条件下使用其材料。

7.1.2 施加的方法

渗透剂应彻底地和均匀地润湿被检表面。渗透剂可以用刷、喷雾或用静电喷射、浇注、浸没等方法进行施加。

7.1.3 渗透时间

渗透时间与渗透剂的性能、检测时温度、被检材料和具体的缺陷等有关。在渗透时间内，渗透剂不应干燥；如果需要，应使用渗透剂反复润湿被检表面。渗透剂在表面停留并完全润湿的时间不应低于该渗透剂制造商所推荐的渗透时间；渗透时间长不会降低灵敏度，但通常，较长的渗透时间可以使不连续有较清晰的显示。

7.2 施加乳化剂

7.2.1 对于某些有特别要求的渗透剂类型，在过了渗透时间之后，应在被检表面上施加相应的乳化剂，施加方法可用浸没、浇注或喷射等。

7.2.2 乳化时间是关键的，其与当时的条件、表面结构以及所要寻找的不连续的类型等有关。因此，应遵循制造商的指导。通常，乳化时间应充足，以便被检表面可有效地进行水洗，但也不应过分，那样可能会乳化掉不连续中的渗透剂。

7.3 多余渗透剂的去除

7.3.1 概述

经过适当的渗透时间(如果有的话也包括乳化时间)之后，应去除表面一层渗透剂和乳化剂。不充分的去除将留下一个背景，从而影响以后的不连续的显示，容易产生错误显示。但也应避免过分的清洗，因为这将去除掉一些较大的表面不连续中的渗透剂。对于荧光渗透检测，应在紫外辐射下控制清洗。对于着色渗透检测，应持续地进行清洗，直至看不到有渗透剂颜色的痕迹滞留在被检表面上为止。

7.3.2 溶剂去除型渗透剂

分两个阶段进行去除更为可取：

a) 用清洁、干燥、吸湿的无绒毛的布或纸巾擦去大部分渗透剂；

b) 再用相应的溶剂略微地沾湿无绒毛的布或纸巾，擦去滞留在表面的渗透剂薄层，直至多余渗透剂的滞留痕迹都被去除掉为止。

不排斥使用其他的去除方法，但对于各种情况，应注意尽可能少地去除不连续中的渗透剂。

7.3.3 水洗型和后乳化型渗透剂

应用水冲洗、擦洗或喷洒来去除。推荐使用温水，但其温度不应超过渗透剂制造商推荐的范围。对于荧光渗透剂，冲洗应在紫外辐射下进行，以确保充分清洗所有表面(见8.1)。

对于着色渗透剂，冲洗应进行至看不到有渗透剂颜色的痕迹滞留在被检表面上为止(见8.2)。

如果某一部分不能完全被水洗掉，那是因为渗透剂的乳化不足，则该部分宜重做，即干燥、重新清洗、再施加渗透剂和乳化剂。

7.4 干燥

7.4.1 在去除多余渗透剂之后和施加显像剂之前，应选择下列之一种方法对表面进行干燥：

a) 清洁、干燥、无绒毛的布或纸巾；

b) 清洁、干燥、经过滤的压缩空气；

c) 强制循环暖空气；

d) 循环热空气烘箱。

注：通常，被检表面和空气的温度不宜超过所用的这组材料说明书中所标明的范围(见附录A)。其他温度条件时，若得到制造商的认可，则可在该条件下使用其材料。

7.4.2 若使用干粉或非水湿式显像剂，干燥应采用特定的方法进行。当表面潮湿开始消失，才接近显示所要求的干燥度。

7.4.3 为防止不连续中的渗透剂被蒸发掉，应避免干燥时间过长或温度和气压过高。

7.4.4 若同一类型的溶剂去除型和水洗型渗透剂与溶剂型和水基型湿式显像剂连同使用，则不需要干燥。

7.5 施加显像剂

7.5.1 干粉显像剂

被检表面经干燥后，应立即把与渗透剂相容的显像剂均匀地施加到被检表面上。应采用可使被检表面呈现外观为粉末和无成团粉末的均匀薄层的方法进行施加，例如用静电喷射。

7.5.2 液体显像剂

经干燥后，在不超过制造商推荐的间隔期内，与渗透剂相容的显像剂应均匀地施加到被检表面上。按制造商的推荐，显像剂的施加能用喷雾、静电喷射、飘拂技术或浸没等方法。使用前，应剧烈地摇动液体显像剂，以确保载液中的固体粉末均匀分散。应避免液体显像剂形成郁积和厚层，这种结果可能会掩盖显示。应确定在干燥后需要得到一均匀的白色的表面覆盖层的显像条件和显像剂量。

注：显像剂干后，在被检表面上留下一层粉末。显像剂液体是悬浮液，通常有良好的渗透性能，故在显像剂被稳定在被检表面上之前，可能偶尔会去除不连续(尤其是开口较大的不连续)中的渗透剂。其结果就是渗透剂在被检表面上蔓延，引起模糊显示。可采取这样一种施加显像剂的方法来防止这种事情发生，即当显像剂到达被检表面时它已经快干了。这是可以做到的，如增大喷射距离或选择在允许范围上限以内的温度环境中操作。

7.6 显像时间

施加显像剂后(如果是液体的，应允许进行干燥)，被检工件应等待足够的时间(显像时间)，以便出现显示。这个时间与所使用的检测介质、被检材料和缺陷显示的种类等有关。不管怎样，通常对细微的不连续，它大约是渗透时间(见7.1.3)的50%直到整个渗透时间。标准的最大显像时间通常是两倍的渗透时间。过长的显像时间可能会引起较大的、深的不连续中渗透剂的回渗，由此会产生宽而模糊的显示。

8 观察条件

8.1 荧光渗透剂

当使用荧光渗透剂时，检测室或现场应布置得较暗，但可以用一盏暗淡的琥珀色灯照明，被检表面的检测应在320 nm至400 nm波长之间的紫外辐射下进行。检测之前，应确认紫外线灯能得到极其明亮的荧光。检测前，至少应有5 min时间让眼睛适应变化的光线环境。检测时被检表面上的紫外辐射强度不应低于GB/T 5097中的要求，并且以米制的千瓦每平方厘米为单位。

8.2 着色渗透剂

当使用着色渗透剂时，检测现场宜使用照度不低于500 lx[2)]的日光或灯光进行照明，以便能够恰当地评定被检表面所呈现出来的显示。上述观察条件应避开眩目闪耀的光线。

8.3 辅助观察

如有必要，宜提供放大和反差眼镜。该眼镜用钠玻璃透镜制成，它使荧光渗透剂产生一个增强反差，还可遮挡对人不利的紫外线或蓝色光线，特别适用于检测具有高反射率表面的工件。戴眼镜人员通常可用夹子夹镜片的方式戴着。

注1：宜事先考虑到由于操作疲劳会引起的检测效率降低。

注2：不宜将光敏校准透镜用于荧光渗透检测。

9 检测和解释

9.1 检测

显像时间过了之后(见7.6)，被检表面应在适当的观察条件下进行观察(见第8章)。如果背景不利于显示的解释，该被检表面应全部重新检测(见10.1)。有显示的位置应做标记，对有关的不连续应按约定的验收等级进行评定。

注：特别情况下，在显像期间以及在此之后的较长时间内连续地观察被检表面上的显示有无变化，这是一种较适宜

---

2) 作为指导，这相当于用80 W荧光灯管照射在距离大约1 m处之所得。

的检测。

9.2 结果解释

不连续所显示出的点或线，随显像时间而不断增大。显示的特征（如迅速地显像以及形成的最终形状和尺寸），提供了揭示不连续性质的信息。有问题或可疑的显示区域应重新检测（见10.1），以确认不连续是否真的存在。

10 进一步检测

10.1 重新检测

如果需要重新检测，应重复整个步骤，即使用相同的材料并包括相同的清洗过程（见6.2）。如果重新检测是在第一次检测后过一段时间再进行，应特别注意进行特定的清洗，因为先前检测时留在不连续中的残余渗透剂，会阻碍新的渗透剂进入。

10.2 后续检测

如果在后续检测中使用的是不同的渗透剂，检测步骤应包括一个确保完全去除那些先前用过防腐剂和最初用过渗透剂的不连续的清洗过程。宜注意的是，残余的着色渗透剂会与荧光渗透剂起化学反应，这将导致荧光全部或部分地熄灭。

11 检测后的清洗

11.1 检测后，若有碍后续工序或使用要求，渗透剂和显像剂的去除将是必要的。如果残留的检测材料与使用中的其他因素互相影响可能产生腐蚀作用，因此检测后的清洗是特别重要的。对于水基型液体显像剂，推荐的做法是在检测后当场进行清洗，这样可以很容易地去除掉显像剂。

11.2 显像剂和渗透剂去除之后，被检工件应进行干燥，如有必要，再附加防腐处理。

12 检测的灵敏度

12.1 渗透检测过程的灵敏度是很高的，例如能显示只有 10^{-6} m 宽的微小裂纹。通常，越是周密的检测技术工艺，越能检测出更细或更小的不连续。总之，渗透剂常被用来快速和可靠地确定不连续的位置，尽管用眼睛即可见，但如有必要，也可使用光学辅助器材来确定不连续的位置，当然这需要增加时间和劳动。

12.2 灵敏度根据特定材料上一个特定类型的不连续的性质而定，例如细裂纹或开口裂纹，深裂纹或浅裂纹。特定的渗透剂和技术工艺将必然得到一个特定的灵敏度。在实际操作中，常使用人工制造的参考试块或对比试块，即含有符合要求的人工缺陷和自然缺陷——通常是裂纹状的试样。

13 结果报告

13.1 数据表述

若需要出具渗透检测报告，则应包括如下信息：

a) 检测项目所引用的标准；

b) 检测的日期；

c) 检测负责人的资格和签名；

d) 技术工艺、环境温度和所用的渗透检测材料及制造商的名称；

e) 所有相关显示的形状和位置（附带一个相应的草图）和采取的措施。

13.2 工艺卡

实施渗透检测的每项具体操作（连同其他所有相关数据）应表述在工艺卡上。渗透检测工艺卡宜为A4纸大小，宜至少包含有附录C中的条目。工艺卡具体的编排宜得到有关各方的认可。工艺卡上的附加说明栏中所要表述的内容，通常包括有关渗透剂、去除剂、显像剂的数据。

附 录 A
(规范性附录)
一组渗透检测材料的说明书

名 称			
使用对象和条件	被检材料和(或)工件的说明		
	表面粗糙度参数		
	温度范围		
	其他数据		
渗透检测材料			
数 据	渗透剂	去除剂	显像剂
型 号 (参照 5.2、5.3、5.4)			
制造商的标识			
包装方式 (气雾罐或其他)			
制造商			
相关的标准			

附 录 B
(规范性附录)
渗透检测材料配方表

渗透检测材料	
(渗透剂、去除剂、显像剂)	型号(参照 5.2、5.3、5.4)
制造商 (名称、地址)	制造商的标识
成分(例如质量和体积的比例): 1 ________ (相关的标准) 2 ________ (相关的标准) 3 ________ (相关的标准) 4 ________ (相关的标准) 5 ________ (相关的标准)	
制备和贮存说明:	
使用说明:	
安全提示:	

附 录 C
（规范性附录）
渗透检测工艺卡（示例）

公司名称和地址

渗透检测工艺卡	第____页 共____页	工艺卡编号：
工件： 制造商： 交付地点：		工件号：
检测目的： 被检部位： 验收标准：		工件材料的规格：
有关文件：[a]	制定：	日期：
	批准：	日期：
渗透剂	去除剂	显像剂

操作	步骤	要求	说明
1	预清洗		
2	清除油污		溶剂
3	冷却		
4	施加渗透剂		渗透时间
5	水洗		
6	施加去除剂		接触时间
7	水洗		
8	干燥		
9	施加显像剂		显像时间
10	检测		放大率要求
11	清洗		
12	防护		

特别预防措施
附加说明
a 国际标准、国家标准和(或)行业标准。

ICS 19.100
J 04

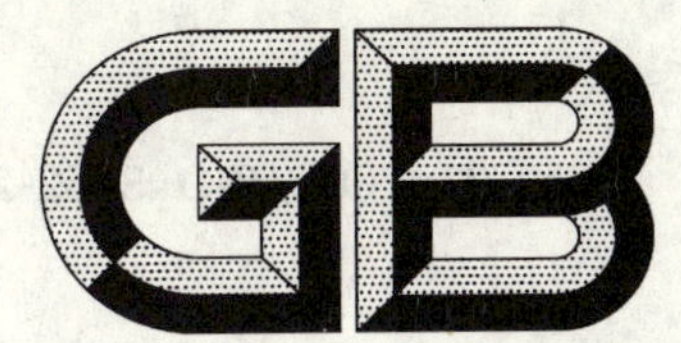

中华人民共和国国家标准

GB/T 18851.2—2005/ISO 3452-2:2000

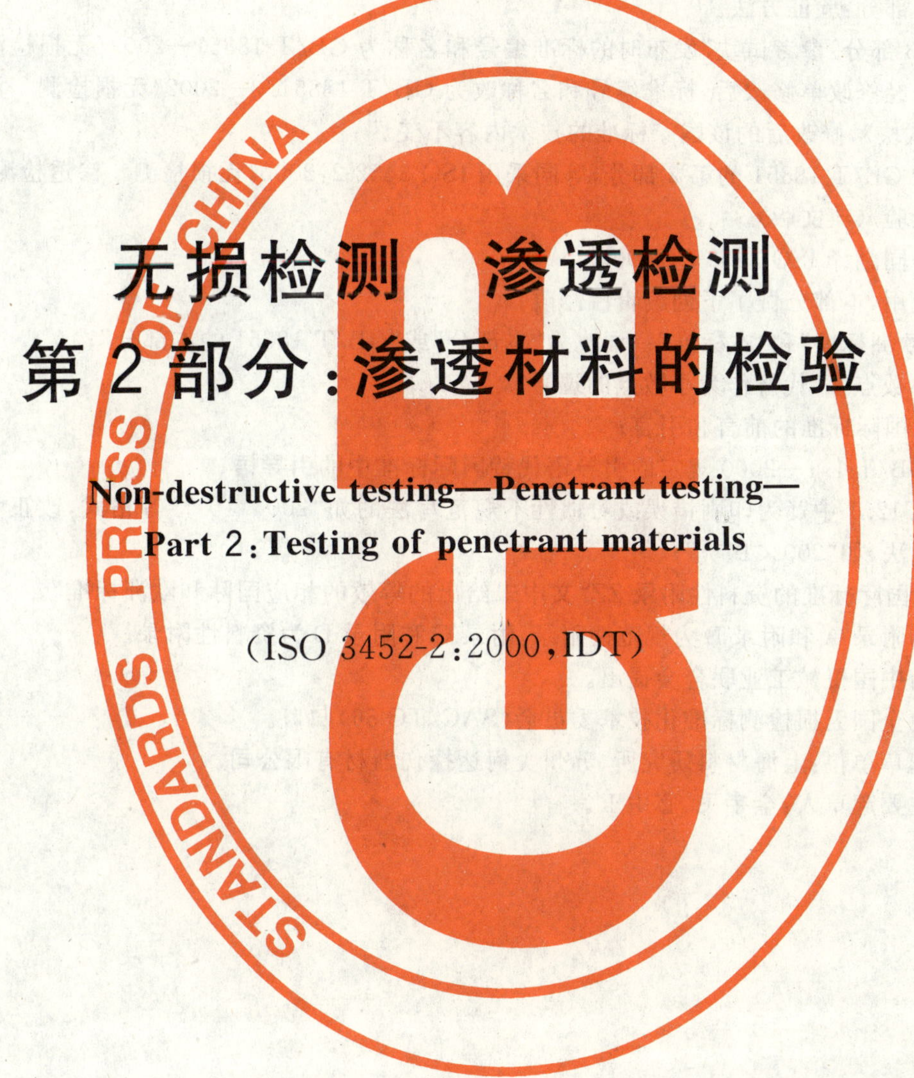

无损检测 渗透检测
第2部分:渗透材料的检验

Non-destructive testing—Penetrant testing—
Part 2:Testing of penetrant materials

(ISO 3452-2:2000,IDT)

2005-06-08 发布　　2005-12-01 实施

中华人民共和国国家质量监督检验检疫总局
中国国家标准化管理委员会　发布

前言

GB/T 18851《无损检测　渗透检测》分为五个部分：

——第1部分：总则；

——第2部分：渗透材料的检验；

——第3部分：参考试块；

——第4部分：设备；

——第5部分：验证方法。

其中“第3部分：参考试块”发布时的标准编号和名称为GB/T 18851—2002《无损检测　渗透检验　标准试块》，经修改单修改后，标准编号和名称改为GB/T 18851.3—2002《无损检测　渗透检测　第3部分：参考试块》，修改后的该国家标准的技术内容不变。”

本部分为GB/T 18851的第2部分，等同采用ISO 3452-2:2000《无损检测　渗透检测　第2部分：渗透材料的检验》(英文版)。

本部分等同翻译ISO 3452-2:2000。

为便于使用，本部分做了下列编辑性修改：

a) “本欧洲标准”和“本标准”一词改为“本部分”或“GB/T 18851的本部分”；

b) 用小数点“.”代替作为小数点的逗号“,”；

c) 删除国际标准的前言和引言；

d) 用GB/T 1.1—2000规定的引导语代替国际标准中的引导语；

e) 对7.12.1中疑为印刷错误或习惯性不规范写法的如“$200\quad 10^{-6}$”等格式，改正为常用和规范的写法，如“200×10^{-6}”；

f) 删除国际标准的资料性附录ZZ“文中未给出的等效的相应国际和欧洲标准”。

本部分的附录A和附录B为规范性附录，附录C和附录D为资料性附录。

本部分由中国机械工业联合会提出。

本部分由全国无损检测标准化技术委员会(SAC/TC 56)归口。

本部分起草单位：上海材料研究所、苏州美柯达探伤器材有限公司。

本部分主要起草人：金宇飞、宓中玉。

无损检测　渗透检测
第 2 部分:渗透材料的检验

1　范围

GB/T 18851 的本部分规定了渗透材料型式检验和批量检验的技术要求和检验方法。本部分也详述了现场检验的要求和方法。

2　规范性引用文件

下列文件中的条款通过 GB/T 18851 的本部分的引用而成为本部分的条款。凡是注明日期的引用文件,其随后所有的修改单(不包括勘误的内容)或修订版均不适用于本部分,然而,鼓励根据本部分达成协议的各方研究是否可使用这些文件的最新版本。凡是不注明日期的引用文件,其最新版本适用于本部分。

GB/T 5097　无损检测　渗透检测和磁粉检测　观察条件(ISO 3059:2001,IDT)

GB/T 9445　无损检测　人员资格鉴定与认证(ISO 9712:1999,IDT)[1)]

GB/T 12604.3　无损检测　术语　渗透检测(ISO 12706:2000,IDT)

GB/T 18851.1　无损检测　渗透检测　第 1 部分:总则(ISO 3452:1984,IDT)[2)]

GB/T 18851.3　无损检测　渗透检测　第 3 部分:参考试块(ISO 3452-3:1998,MOD)[3)]

EN 10204　金属产品　检验文件的格式(Metallic products—Types of inspection documents)

3　术语和定义

GB/T 12604.3 确立的以及下列术语和定义适用于 GB/T 18851 的本部分。

批　batch

一次投产的具有相同性能和全部用特定标志符号标记的渗透材料产品的数量。

4　安全提示

GB/T 18851 的本部分所涉及的渗透材料所需的化学制品,可能是有害的、易燃的和(或)挥发性的,因此均应注意预防,并应遵循国家、地方颁布的所有有关安全卫生、环保法的规定。

5　分类

GB/T 18851 的本部分所适用的渗透检测材料应按如下进行分类:

5.1　检测产品

检测产品按表 1 进行分类:

---

1) 按 ISO 3452-2:2000 附录 ZZ 给出的等效的相应国际和欧洲标准,ISO 9712:1999 与 EN 473 互为等效。

2) 按 ISO 3452-2:2000 附录 ZZ 给出的等效的相应国际和欧洲标准,ISO 3452-1 与 EN 571-1 互为等效。

3) 该国家标准最初发布时的标准编号和名称为:GB/T 18851—2002《无损检测　渗透检验　标准试块》,经修改后,标准编号和名称改为现名。GB/T 18851.3—2002 与 ISO 3452-3:1998 相比,除了在文本结构方面存在差异外,两者所述的试块名称(经修改后)和规格是完全相同的。因此本文引用 GB/T 18851.3 与引用 ISO 3452-3 在技术上是等同的。

表 1 检 测 产 品

渗透剂		去除剂		显像剂	
型号	种 类	方法	种 类	方式	种 类
Ⅰ	荧光渗透剂	A	水	a	干粉
Ⅱ	着色渗透剂	B	亲油性乳化剂 1. 油基型乳化剂 2. 流动水冲洗	b c d	水溶性 水悬浮 溶剂型(非水湿式)
Ⅲ	两用(荧光着色)渗透剂	C	溶剂(液体)		
		D	亲水性乳化剂 1. 任意预冲洗(水) 2. 乳化剂(水稀释) 3. 最终冲洗(水)	e	特殊应用的水或溶剂型(例如:可剥离显像剂)
		E	水和溶剂		

5.2 灵敏度等级

5.2.1 荧光产品族

1 级灵敏度(普通的);

2 级灵敏度(高灵敏度);

3 级灵敏度(特殊用途的超高灵敏度)。

5.2.2 着色产品族

1 级灵敏度(普通的);

2 级灵敏度(高灵敏度)。

5.2.3 两用产品族

两用渗透剂未规定灵敏度等级,可按着色产品族进行分类。

6 渗透材料的检验

6.1 检验分类

6.1.1 型式检验

渗透材料的型式检验应按 GB/T 18851.1 进行,以确保符合 GB/T 18851 的本部分的要求。该检验应由独立的实验室进行。

6.1.2 批量检验

GB/T 18851 的本部分要求的批量检验,应对每批产品按 GB/T 18851.1 进行,以确保产品的适用性与相应的经型式检验认可的试样具有相同的性能。气雾罐内装的渗透材料,其硫和卤的含量应按 7.12作附加测定。

6.1.3 过程控制检验

过程控制检验应按 GB/T 18851.1、GB/T 18851.2 和 GB/T 18851.3 的要求,由用户或用户委托进行。

6.2 报告

6.2.1 型式检验

独立实验室(见 6.1.1)应出具一份执行 GB/T 18851 的本部分的鉴定证书和一份详列了所得结果的报告。

如果生产渗透材料的成分出现变化,应重新进行型式检验和产品鉴定。

6.2.2 批量检验

渗透材料的制造商应出具一份执行 GB/T 18851 的本部分的鉴定证书,如 EN 10204 中所规定的。

6.2.3 过程控制检验

所得结果应作记录(见附录 B)。

6.3 必要的检验

6.3.1 渗透剂

渗透剂的性能应按表 2 的检验方法进行型式和(或)批量检验。

表 2 渗透剂的性能和必要的检验

性 能	检 验	检验方法依据章节
外观	批量	7.1
灵敏度	型式和批量	7.2
密度	型式和批量	7.3
黏度	型式和批量	7.4
闪点	型式和批量	7.5
渗透剂的可水洗性(仅对 A 方法渗透剂)	批量	7.6
荧光亮度(Ⅰ型渗透剂)	批量	7.7
UV 稳定性(Ⅰ型渗透剂)	型式	7.8
热稳定性(Ⅰ型渗透剂)	型式	7.9
容水率(仅对 A 方法渗透剂)	型式	7.10
腐蚀性	型式和批量	7.11
硫和卤的含量[1)]	型式和批量	7.12
其他相关污染物(有特别要求的)	批量	
1) 仅对要求标明“低硫和卤”的产品。		

6.3.2 去除剂(A 方法除外)

去除剂的性能应按表 3 的检验方法进行型式和(或)批量检验。

表 3 去除剂的性能和必要的检验

性 能	检 验	检验方法依据章节
外观	批量	7.1
灵敏度	型式和批量	7.2
密度	型式和批量	7.3
黏度(仅对 B 和 D 方法)	型式和批量	7.4
闪点	型式和批量	7.5
容水率(仅对 B 方法)	型式和批量	7.10
腐蚀性	型式和批量	7.11
硫和卤的含量[1)]	型式和批量	7.12
蒸发的残余物(仅对 C 和 E 方法)	型式和批量	7.13
容渗透剂率(仅对 B 和 D 方法)	型式	7.14
其他相关污染物(有特别要求的)	批量	
1) 仅对要求标明“低硫和卤”的产品。		

6.3.3 显像剂

显像剂的性能应按表 4 的检验方法进行型式和(或)批量检验。

表 4 显像剂的性能和必要的检验

性 能	检 验	检验方法依据章节
外观	批量	7.1
闪点(仅对 d 方式)	型式和批量	7.5
腐蚀性(a 方式除外)	型式和批量	7.11
硫和卤的含量[1)]	型式和批量	7.12
固体含量(仅对 d 方式)	型式和批量	7.13
显像剂性能(e 方式除外)	型式和批量	7.15
再分散性(仅对 c 和 d 方式)	型式和批量	7.16
(载液的)密度(仅对 d 方式)	型式和批量	7.17
其他相关污染物(有特别要求的)	批量	
1) 仅对要求标明“低硫和卤”的产品。		

6.3.4 压力罐批量控制检验

批量控制检验应进行如下检验:

产品性能,见 7.18。

每批的第一个气雾罐应进行检验。

7 检验方法和要求

7.1 外观

被检试样的外观应与型式检验试样的外观相同。

7.2 渗透剂系统灵敏度

参见附录 C。

7.2.1 荧光渗透剂

7.2.1.1 试块

所用试块是 GB/T 18851.3 中的 1 型参考试块中的 10 μm、20 μm 和 30 μm 试块。这些试块应专用于Ⅰ型渗透剂。

7.2.1.2 设备

显示的可见度测量设备规定为电子类的。可见度测量设备由如下要素构成(参见附录 D):

——显微镜;

——试块夹具和移动台;

——记录系统;

——适当的照明源;

——仪器校准试块。

7.2.1.3 校准

可见度测量设备应使用校准试块进行校准。此试块由一块大约 33 mm×95 mm 的磨光金属板制成,上面分布有平行于宽度方向的横槽。

槽的长度应大于 20 mm,槽的宽度应为 0.15 mm±0.015 mm、深度应大于 1 mm。这些槽内需充满适宜的粉末。

该试块用于校准可见度测量设备,当槽内的粉末按 7.2.1.4 填入至 100%时,曲线记录仪应显示峰值高度。

7.2.1.4 **方法**

每块试块上的不连续个数应使用20倍放大率的显微镜来计数。

因光电倍增管对温度、光线和磁场的变化反应灵敏，故它们应按要求予以防护。使用前，让设备先稳定一下。

设备应使用标准荧光试样(参见D.4)，调节至大约50%满刻度偏转。应使用1型参考试块中一块未用过的试块，将零位调节至读零。

1型参考试块中的30 μm试块，应按渗透剂制造商的推荐进行操作，使用d式显像剂和10 min显像时间。显示的亮度用不连续强度测量设备来测定。

如果要改变曲线记录仪上用标准试样以及对试块进行扫视所设定的灵敏度范围，零和满刻度偏转的定位应保持不变。同时，标准峰值高度和试样峰值高度应考虑与不同灵敏度曲线记录仪的结果作比较。

7.2.1.5 **结果解释**

可见度测量设备按7.2.1.3设定(即图1“A”)，基线取0%(即图1“B”)。除了那些受影响的个别峰值，其余的成群峰值(即图1“C”)均记录其平均值。

测定平均峰值高度($\bar{x}$)和峰值高度标准偏差(σ_{n-1})，然后参照图2，对比得到灵敏度等级。

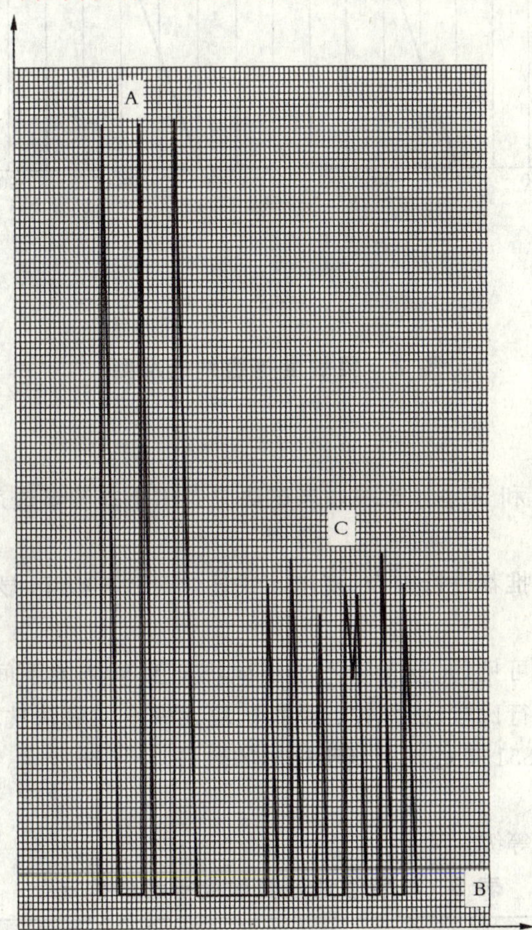

示例

$\bar{x}$=标准校准水平的41.8%；

$\sigma_{n-1}=\bar{x}$的8.54%。

图1 显示可见度测量设备记录曲线示例

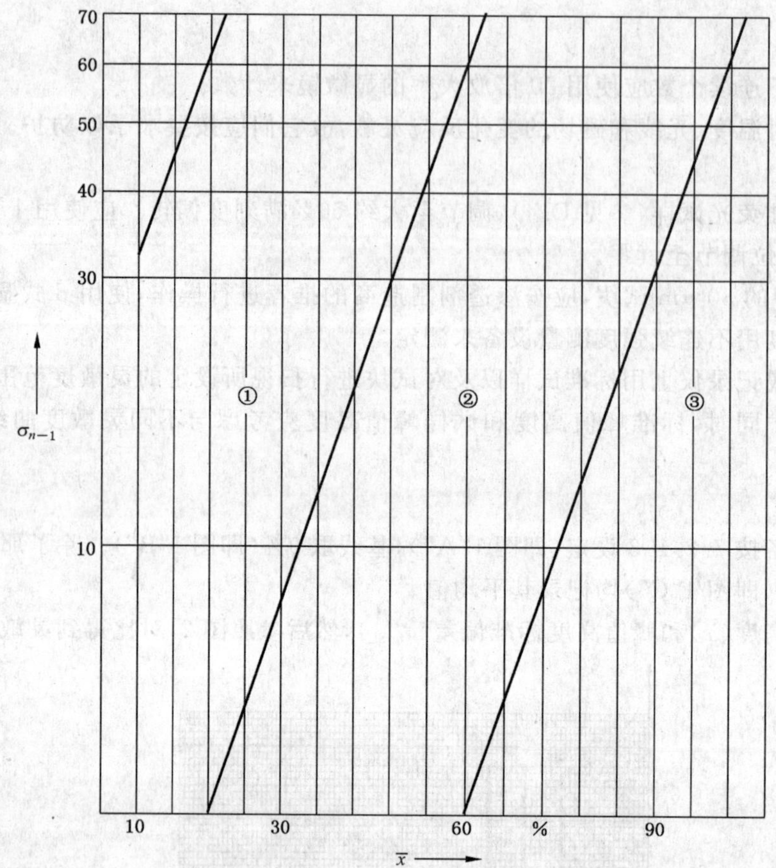

1——1 级灵敏度；

2——2 级灵敏度；

3——3 级灵敏度。

图 2　灵敏度等级判断准则

7.2.2　着色渗透剂

7.2.2.1　试块

Ⅰ型参考试块中的 30 μm 和 50 μm 试块。该试块应专用于Ⅱ型渗透剂。

7.2.2.2　使用方法

试块应按渗透剂制造商的推荐进行操作，使用 d 式显像剂和 10 min 显像时间。

7.2.2.3　结果解释

用肉眼(包括戴眼镜)清晰可见的、分布于不小于试块宽度 80%的不间断显示的数目应予统计，并与同一试块已知的所得数目进行比较(所得数目是指试块在完全彻底清洗后第一次按制造商的推荐用 3 级荧光渗透剂和按 GB/T 18851.1 进行检测所检出的数目)。

7.2.2.4　要求

应参照表 5 来确定灵敏度等级。

表 5　着色渗透剂灵敏度等级的确定

灵敏度等级	检出的不连续/%	
	30 μm	50 μm
1	—	>90
2	75	100

7.3 密度

7.3.1 检验方法

密度应采用准确度高于±1%的方法在20℃时测定。

7.3.2 要求

型式检验的结果应出具报告(标称值)。批量检验的结果允许与标称值偏差±5%。

7.4 黏度

7.4.1 检验方法

黏度应采用准确度高于±1%的适当方法测定。应记录型式检验时的温度。

7.4.2 要求

型式检验的结果应出具报告(标称值)。批量检验的结果允许与标称值偏差±10%。

7.5 闪点

7.5.1 检验方法

闪点应采用适于具体情况的方法测定,即渗透材料闪点小于100℃时准确度优于±2℃,渗透材料闪点大于或等于100℃时准确度优于±5℃。

注意,被检渗透材料的闪点若低于25℃,易形成危险。

只有当闪点在20℃至110℃范围时,批量检验才需测定闪点。闪点应采用适当的方法测定。

7.5.2 要求

型式检验的结果应出具报告(标称值)。批量检验的闪点不应低于标称值的5℃。

7.6 可水洗性(A方法渗透剂)

用20℃±5℃的温水喷射去除后,残留在2型参考试块上 $Ra=5\ \mu m$ 和 $Ra=10\ \mu m$ 表面粗糙度区域上的剩余渗透剂,不应比在相同条件下清洗同一渗透剂型式检验试样时多。荧光渗透剂的可水洗性检验,应在大于3 W/m^2 的UV-A辐射下进行。

7.7 荧光亮度

7.7.1 检验方法

荧光亮度应使用作为标准渗透剂的型式检验试样按附录A测定。

7.7.2 要求

荧光亮度不应小于型式检验试样的90%。

7.8 UV稳定性

7.8.1 检验方法

按A.2的方法用被检渗透剂制备10张过滤纸试样。其中5张防止其受热、光和气流,另外5张则在防热和气流的同时,在10 W/m^2±1 W/m^2 的UV-A(365 nm)下照射1 h。然后按A.3的方法测定每张试样的荧光亮度。

7.8.2 要求

经UV-A照射的试样,其平均荧光亮度应大于未照射试样的80%。

7.9 荧光亮度的热稳定性

7.9.1 检验方法

按A.2的方法用被检渗透剂制备10张过滤纸试样。其中5张防止其受热、光和气流,另外5张放置于空气不流通的烘箱内的干净金属板上,并在115℃±2℃下烘1 h。然后按A.3的方法测定每张试样的荧光亮度。

7.9.2 要求

经加热的试样,其平均荧光亮度应大于未加热试样的80%。

7.10 容水率

7.10.1 检验方法

容水率应在精确计量的被检渗透材料(典型的量为20 mL)中,逐步添加水并不断搅拌直至被检渗透材料变浑浊、黏稠和分离之时测定。容水率的测定应在15℃±0.5℃时进行。

容水率是指最终总容量(水和被检渗透材料在浑浊和黏稠出现之时)中添加水的百分率。

7.10.2 要求

容水率应大于5%。

7.11 腐蚀性

渗透材料和被检材料间的相容性,应通过以下方法确认。

7.11.1 型式检验

7.11.1.1 与金属的相容性

试图用于金属工件的渗透材料,应在磨光的7075-T6铝合金或等效材料、AZ-31B镁合金或等效材料、30CrMo4钢或等效材料上进行检验[4]。这些材料的每一试块表面,先用金刚砂纸(240粗砂)磨光,再用易挥发的、不含硫的碳氢化合物溶剂(例如分析级丙酮)洗净,然后立即优先使用。

检验时,试块放置在一个足够大的玻璃烧杯中,将一半长度浸入渗透材料中,并封装在巴氏(Parr)量热器(或等同于经得起700 kPa内部压力的容器)里,如图3所示。

将已密封的量热器放在一个烘箱中或用热水浴,在50℃±1℃下保持2 h±5 min。恒温时间结束后,将试块放在蒸馏水或适宜的有机溶剂下粗略地进行去除和冲洗,以去除所有剩余的渗透材料。然后对试块进行检验。

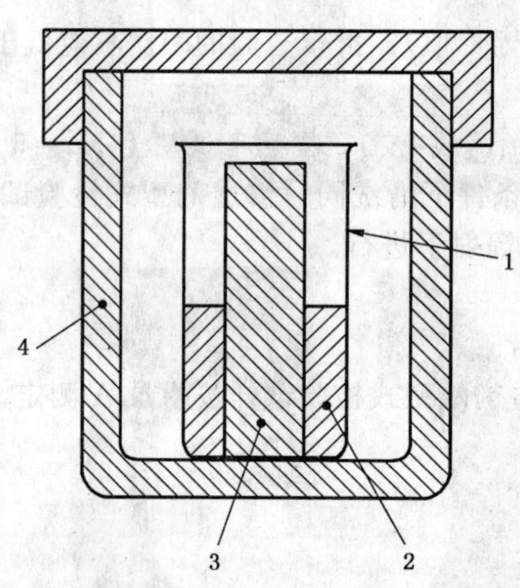

1——烧杯;

2——渗透材料;

3——试块;

4——量热器。

图3 巴氏(Parr)量热器

7.11.1.1.1 要求

以10倍放大率进行检验,试块上应没有玷污、蚀坑或其他腐蚀的迹象。

7.11.1.2 与其他材料的相容性

当用其他材料试块取代金属试块后,7.11.1.1所述步骤亦可适用于渗透材料试图用于的此种材料。

7.11.1.2.1 要求

检验试块,材料应没有老化的迹象。

7.11.2 批量检验

4) 与7075-T6铝合金、AZ-31B镁合金和30CrMo4钢等金属材料牌号对应的我国牌号分别是:LC4铝合金、MB-2镁合金和30CrMo钢。

7.11.2.1　与金属的相容性

试图用于金属工件的渗透材料,该材料的试块应按7.11.1.1的规定并按该节所述进行制备。这些试块的一半长度应浸入装有渗透材料的玻璃烧杯。试块在室温下保持24 h,然后应按7.11.1.1进行清洗和检验。

7.11.2.1.1　要求

试块上应没有玷污、蚀坑或其他腐蚀的迹象。

7.11.2.2　与其他材料的相容性

当用其他材料试块取代金属试块后,7.11.1.1所述步骤亦可适用于渗透材料试图用于的此种材料。

7.11.2.2.1　要求

检验试块,材料应没有老化的迹象。

7.12　硫和卤的含量(标明低硫和卤的产品)

7.12.1　检验方法

硫和卤化物的含量应采用适于具体情况的方法测定,即当硫、卤小于200×10^{-6}时,测量准确度在液体中为$\pm10\times10^{-6}$,在固体中则为$\pm50\times10^{-6}$。

在产品为气雾罐包装的情况下,取样时先废弃前5 s内加压喷出的产品,紧接着将产品喷入100 mL烧杯中,然后立即倒入铂盘中。此项操作从开始取样到关闭巴氏(Parr)量热器不应超过2 min。

7.12.2　要求

硫的总含量应少于200×10^{-6}。未蒸发的卤素总含量(氯化物和氟化物)应少于200×10^{-6}。

7.13　蒸发的残余物/固体含量

7.13.1　溶剂去除剂

应将盛有最初容量为100 mL±1 mL试样的15 cm±1 cm的Petri盘,放在高于产品最终沸点15℃±1℃下水浴或烘箱中蒸发1 h。随后应立刻测定残余物的质量。

7.13.1.1　要求

残余物的质量应小于5 mg。

7.13.2　d式显像剂

应将盛有最初质量为100 g±1 g试样的15 cm±1 cm的Petri盘,放在高于产品最终沸点15℃±1℃下水浴或烘箱中蒸发1 h。随后应立刻测定残余物的质量,并记录其相对于最初质量的百分率。

7.13.2.1　要求

型式检验的结果应出具报告(标称值)。批量检验允许与标称值偏差±10%。

7.14　容渗透剂率

7.14.1　亲油性乳化剂(B方法)

当渗透剂和乳化剂是按制造商的推荐进行使用的前提下,使用加入了体积分数为20%渗透剂的乳化剂,不应导致背景噪声增加。

7.14.2　亲水性乳化剂(D方法)

当渗透剂和乳化剂是按制造商的推荐进行使用的前提下,在浓缩乳化剂合格的情况下,使用经确认是加入了体积分数为1%渗透剂的去除剂,不应导致背景噪声增加。

7.15　显像剂性能

按制造商的推荐进行施加时,显像剂应形成细微、平滑、无反射和无荧光的覆盖层。

与适宜的渗透剂一起使用时,显像剂应能增加渗透剂显示的可见度。

7.16　再分散性

7.16.1　水悬浮显像剂

当搅拌或摇动时,固体应易于悬浮。

7.16.2 溶剂型显像剂(非水)

当搅拌或摇动时,固体应易于分散。在猛力摇动了30 s之后,气雾罐中的固体应呈悬浮状。

7.17 载液的密度

7.17.1 检验方法

载液的密度应采用准确度高于±1%的方法测定。

7.17.2 要求

型式检验的结果应出具报告(标称值)。批量检验允许与标称值偏差±5%。

7.18 产品性能(压力罐)

当按制造商的推荐进行使用时,从压力罐中喷出的产品应满足该批产品的合格要求和7.12的要求。

8 包装和标识

包装和标识应符合所有适用的国际、国家和地方的规定。容器及其内装物应一致。容器上应标记有可追溯的批号、相关的文字说明和使用有效期。

附 录 A
（规范性附录）
荧光亮度的比较

A.1 设备

A.1.1 所用的荧光仪应具备以下特性：

——激发波长：365 nm±20 nm；

——发射光谱：550 nm±25 nm。

荧光仪应装有可夹过滤纸试样（见 A.2）的夹具和内置一不透光的试样分隔空间。

A.1.2 玻璃器皿

可用于精确配置 1.0％溶液的吸管和量筒（测容量的烧瓶）。

50 mL 烧杯。

A.1.3 适于吸湿、无荧光的过滤纸，并裁切成 2 cm×2 cm 或与荧光仪的要求相适配。这些纸应放在干燥柜中保持干燥直到使用为止。

A.1.4 用"鳄鱼嘴"样或类似的夹具夹住纸试样的边或角，使其在干燥过程中呈垂直状。

A.1.5 干燥柜中亦如 A.1.4 所述，适当夹住过滤纸。

A.1.6 干燥剂

A.1.5 所述的干燥柜中应使用适宜的干燥剂，如硅胶。

A.1.7 溶剂

快干、可 100％挥发、无荧光和非水的，且能与被检渗透剂充分混和的溶剂。

A.2 过滤纸试样的制备

A.2.1 在适宜的溶剂中，分别精确地加入体积分数为 1.0％被检和标准渗透剂的溶液。

A.2.2 将每种溶液分别倒入各自的玻璃烧杯，然后各浸入 5 张过滤纸试样于溶液中浸润 5 s。

A.2.3 用"鳄鱼嘴"样或类似的夹具将每张试样垂直悬吊在干燥柜中干燥（约 5 min）。

A.3 荧光亮度的测定

待荧光仪稳定后，调节仪器至零位，接着将过滤纸试样一张一张地夹在试样夹具上。关上不透光的封盖，测定荧光仪中被照试样的发光强度。

A.4 计算

A.4.1 计算 5 个标准试样的平均读数（S）。

A.4.2 计算 5 个被检试样的平均读数（T）。

A.4.3 被检试样的荧光亮度＝$T/S\times100\%$。

附 录 B
（规范性附录）
过程控制检验

B.1 概述

当检测是按 GB/T 18851.1 进行时，应采用过程控制检验。

为使渗透过程保持完整，整个过程和系统的个别组成均应定期进行检验。本附录的要求仅适用于检测流水线，因为喷雾类或触变性的渗透剂仅可作单次检测用。另外，流水线所用的渗透材料，也能采用常规的或静电喷射的方法施加于任一工件。鉴于这些渗透材料仅被用于一次检测，本附录亦不适用于这种检测。

注：检测过程中喷射出的某些元素，不排除因为其他原因而有控制检验的必要。

B.2 控制检验

表 B.1 所列是实施控制检验的细节及其频次。适用于特定的流水线的检验，由符合 GB/T 9445 的 3 级人员负责决定。若要确保有效的过程条件，可以进行较频繁的检验或增加检验次数。

表 B.1 控 制 检 验

系 统 性 能 表								
控制检验	依据章节	频 次					记录	
		每次工期开始时	每周	每月	每 12 个月	其他	平均值	目测估计（签名）
系统检验 渗透材料液位（包括喷射系统）	B.4.1	×					不适用	
系统性能 使用 2 型参考试块	B.4.2	×					不适用	
一般检验 渗透剂外观	B.4.3	×					不适用	
冲洗水外观	B.4.4	×					不适用	
冲洗水温度	B.4.5	×						不适用
烘箱温度	B.4.6	×						不适用
工作区域	B.4.7	×					不适用	
压缩空气过滤器	B.4.8		×				不适用	
UV-A 滤光片的完整性（荧光系统）	B.4.9	×					不适用	
UV-A 辐射强度（荧光系统）	B.4.10			×				不适用
检测室可见光强度（荧光系统）	B.4.11			×				不适用
可见光强度（着色系统）	B.4.12			×				不适用
渗透剂 荧光强度[1)]	B.4.13			×			不适用	
着色强度[1)]	B.4.14			×			不适用	

表 B.1(续)

系统性能表								
控制检验	依据章节	频次					记录	
		每次工期开始时	每周	每月	每12个月	其他	平均值	目测估计(签名)
供应商附加的检验	B.4.15				×		不适用	
乳化剂 新近稀释的亲水性去除剂浓度	B.4.16					×		不适用
显像剂 干粉的外观	B.4.17.1	×					不适用	
干粉的荧光	B.4.17.2	×						不适用
水溶性显像剂								
a) 浓度	B.4.17.3.1	×						不适用
b) 润湿性检验	B.4.17.3.2	×						不适用
c) 温度	B.4.17.3.3	×						不适用
d) 溶液的荧光	B.4.17.3.4	×					不适用	
水悬浮显像剂								
a) 浓度	B.4.17.4.1	×						不适用
b) 温度	B.4.17.4.2	×						不适用
c) 悬浮液的荧光	B.4.17.4.3	×					不适用	
校准 UV-A 辐射计	B.4.18					≤24月	不适用	
校准 照度计	B.4.19					≤24月	不适用	
校准 温度计	B.4.20				×		不适用	
压力表	B.4.21				×			不适用
1) 不适合悬浮微粒。								

B.3 控制检验表格

每次控制检验的结果应记录在控制检验表格中。每块渗透试块应分别用一张表格记录。发现有任何偏差应报告给负责人,还必须作适当的纠正。

表格应包含以下信息:

——公司和地址;

——流水线型号规格;

——日期;

——班次;

——检验者姓名和资格;

——签名。

B.4 控制检验

B.4.1 渗透材料液位

所有检测系统的渗透材料液位应采用目测,以确保渗透材料完全覆盖被检工件。系统中的渗透材料如果不够,应在其他检验实施之前添加和掺入额外的渗透材料。

B.4.2 系统性能

使用GB/T 18851.3中的2型参考试块进行检验。通常也有效地使用带有符合标准要求的已知不连续类型的工件。

应在与日常使用同等的条件下,制备和制作用于反映不连续(包括背景水平)的永久性的复制件、照片或其他有效形式的记录,并留作参考。这些记录应用来比较以同样检测方法对系统性能进行日常检验时所得的结果。不良显像剂所得显示与标准显像剂所得是不相同的。在2型参考试块的镀铬层上或在带有已知不连续的工件上的显示,应与以同样渗透材料和操作过程制备的记录所显示出的显示数目和花样相同。与此类似,背景水平也应与记录上的相似。

B.4.2.1 参考试件的清洗

为确保参考试件能在渗透参数改变时仍具有足够的灵敏性,在检验后必须去除滞留在不连续内的所有渗透剂,但不得严重损伤不连续自身形态。

最好的办法是消除残留的渗透剂因在不连续的底壁中受较强的表面张力作用而产生的吸附作用。用溶剂型(非水湿式)显像剂是一种很好的办法。

应采用以下步骤:

a) 完成检验后立即用水冲洗,去除显像剂;

b) 干燥,但不能擦;

c) 施加一层厚厚的d式显像剂,应在表面上形成湿的覆盖层;

d) 等待10至15 min;

e) 重复a)到d),让显像剂保持30 min;

f) 在足够的照明条件下,检查渗透剂痕迹。如果还有,重复a)到d)直至所有渗透剂痕迹全部被去除;

g) 最后,用水清洗,并干燥;

h) 不要把试件保存在溶剂中。试件可贮存在防护盒里以防刮伤、弯曲、任何机械或热的冲击。

B.4.3 渗透剂外观

检查渗透剂的任何反常现象(如乳状外观、可见污染、在渗透剂底部或顶部积水)。

B.4.4 冲洗水外观

使用循环水时,冲洗用水若被检查出有浑浊、荧光、泡沫和泛色等任一现象,则该检测系统丧失有效功能。

B.4.5 冲洗水温度

检查冲洗用水的温度是否在规定范围内。

B.4.6 烘箱温度

检查工件所在区域的烘箱温度是否在规定范围内。

B.4.7 工作区域

确保工作区域干净和整洁。当使用荧光渗透系统检测工件时,检验工作台上或检验区域旁边不应有反射面,诸如白纸等。此外,靠近检验区域处也不应有散射的白光源。

B.4.8 压缩空气过滤器

确保夹具不被污染。

B.4.9 UV-A滤光片的完整性

确保带滤光片的UV-A灯处于良好状态。

B.4.10 UV-A辐射强度

按GB/T 5097所述测定UV-A的辐射强度。

B.4.11 检测室可见光强度(荧光系统)

按 GB/T 5097 所述测定检测室中的最大可见光强度。

B.4.12 可见光强度(着色系统)

按 GB/T 5097 所述测定工作区域中的最小可见光强度。

B.4.13 荧光强度

B.4.13.1 将1级和2级渗透剂的标准参考试样按1%、0.9%、0.8%的比例溶解于高闪点煤油中。3级渗透剂的标准参考试样则按0.1%、0.09%、0.08%的比例。参考试样应贮存在不透光的密封容器内。

参考试样的制备,建议首先稀释至10%、9%、8%,然后再最终分别稀释至1比10或1比100。

B.4.13.2 将被检的1级和2级渗透剂,按1%的比例溶解于B.4.13.1所述方法及其相同溶剂中。被检的3级渗透剂,则按0.1%比例溶解于B.4.13.1所述方法及其相同溶剂中。

B.4.13.3 利用试管,目测比较被检渗透剂与同一渗透剂参考试样的荧光强度。所用的UV-A辐射应均匀分布,照度不小于10 W/m^2(1 000 $\mu W/cm^2$)。

记录相似的荧光强度等级。

除此之外,7.7所述的方法亦可使用。

要求:荧光强度应大于参考试样的90%。

B.4.14 着色强度

B.4.14.1 将着色渗透剂的标准参考试样按1%、0.9%、0.8%和0.7%的比例溶解于高闪点煤油或其他适当的不挥发溶剂中。

参考试样的制备,建议首先稀释至10%、9%、8%和7%,然后再最终稀释至1比10。

这些参考试样应贮存在不透光的密封容器内。

B.4.14.2 将被检的着色渗透剂,按1%的比例溶解于B.4.14.1所述方法及其相同溶剂中。

B.4.14.3 利用试管,在均匀分布的可见光下,比较被检渗透剂和参考试样的着色强度。

记录相似的着色强度等级。

要求:着色强度应大于参考试样的80%。

B.4.15 供应商附加的检验

每年应至少抽取一次在用渗透剂的典型试样,送供应商或其他适宜的实验室进行复验认可。否则,此渗透剂就应报废和更新。

实施附加检验的实验室应签发一份与新渗透剂标准值相比被检渗透剂的物理-化学性能全部是在可接受范围内的报告。应当注意的是,这是一份罗列了实测值的报告,而不仅仅是一份声明。

需要检验的参数由供应商负责选定。

B.4.16 亲水性去除剂浓度

适用于新近配制的溶液和用折射计进行的检验。

折射计应使用由新的亲水性乳化剂正确配制的溶液来校准。至少应使用5种溶液。一种应是正常浓度的,有两种应是高于正常浓度的,另两种应是低于正常浓度的。其浓度值应绘成图。

亲水性去除剂的浓度,通过刚配制的产品试样所给出的读数和从图上测得的浓度值来估算。

所有的检验应在环境温度下进行。

检验的结果应出具报告。

要求:调整浓度使符合要求值。复验前应充分混和。

注:本检验最初是为新配溶液设计的,但仍能用于通过添加乳化剂或水来调整工作槽中的浓度,不过此时测出的结果可能不太准确。

B.4.17 显像剂

B.4.17.1 干粉的外观

确保干粉是不结块的和松散的。

检验的结果应出具报告。

B.4.17.2 干粉的荧光

在紫外线下检验干粉试样，确保不发出荧光。

检验的结果应出具报告。

B.4.17.3 水溶性显像剂

B.4.17.3.1 浓度

用制造商绘制的浓度与密度关系图来测定显像剂的浓度。

——检查槽中显像剂液位，并通过添加水与充分混和使之恢复到初始液位。

——从槽内的溶液中取一试样，调节温度至20℃或比重计被校准时的温度。

——用比重计测定试样的密度。

——既得密度，则显像剂的浓度就能从图上测得。

检验的结果应出具报告。

B.4.17.3.2 润湿性检验

用于系统性能检验的2型参考试块的整个表面上，确保被显像剂均匀覆盖。

B.4.17.3.3 温度

确保显像剂温度在规定范围内。

检验的结果应出具报告。

B.4.17.3.4 溶液的荧光

在紫外线下检验溶液试样，确保不发出荧光。

检验的结果应出具报告。

B.4.17.4 水悬浮显像剂

B.4.17.4.1 浓度

用制造商绘制的浓度与密度关系图来测定显像剂的浓度。

——检查槽中显像剂液位，如有必要，通过添加水使之恢复到初始液位，并作充分混和，以确保完全均匀的悬浮。

——从槽内取一试样，调节温度至20℃或比重计被校准时的温度。

——用比重计测定试样的密度。

——既得密度，则显像剂的浓度就能从图上测得。

检验的结果应出具报告。

B.4.17.4.2 温度

检验显像剂温度在规定范围内。

检验的结果应出具报告。

B.4.17.4.3 悬浮液的荧光

通过搅动槽中的显像剂，确保其粉末呈悬浮状。在紫外线下，检验显像剂悬浮液试样，确保不发出荧光。

检验的结果应出具报告。

B.4.18 紫外辐射计校准

在用的紫外辐射计应具有有效校准标贴或标识，或按GB/T 5097进行校验。

操作人员使用辐射计前，应检查标贴的有效日期或下次校准日期。辐射计至少每24个月校准一次。

检验的结果应出具报告。

B.4.19 照度计校准

照度计应具有有效校准标贴或标识，或按GB/T 5097进行校验。

操作人员使用照度计前，应检查标贴的有效日期或下次校准日期。照度计至少每 24 个月校准一次。

检验的结果应出具报告。

B.4.20 温度计校准

检查所有的温度计是否具有有效校准标识。

检验的结果应出具报告。

温度计可先放在解冻冰中(0℃)、然后在沸水中(100℃)自校准。

B.4.21 压力表校准

通过适当的操作步骤，检查所有的仪表是否在规定的正常值范围内。还应检查其是否具有有效校准标识。

检验的结果应出具报告。

附 录 C
（资料性附录）
荧光渗透剂灵敏度等级的测定

过去，已有多种测定灵敏度等级的方法。然而，它们多半依赖于唯一的试样和（或）测量设备。这使得对灵敏度等级作独立验证实际上不可能实行。除此之外的大量传统方法，灵敏度等级是直接或间接地基于渗透剂中荧光材料的质量，即这些方法是把荧光亮度作为灵敏度的一个指标。毫无疑问，荧光亮度是渗透剂灵敏度的一个重要因素，但试验表明检出不连续的能力也取决于渗透剂是否滞留在不连续中，如此，则如何实现可再现性呢？

本附录提出了一个测定灵敏度的方法，致力于解决这些问题，即：

a） 使独立建制实验室的验证具有可再现性；

b） 同时兼顾荧光亮度和结果的可再现性，以给出一个检出能力的较高量度。

举例

按 GB/T 18851 的本部分 7.2 所述方法得到图 C.1 所示两个曲线。既有相似的平均显示亮度，也有与几种检验方法相当的灵敏度。不过，曲线 2 的可变性远大于曲线 1。这意味着，测定特定不连续而给出曲线 2 的渗透剂亮度很可能小于相应不连续的变化范围。因此，本方法的结果是，渗透剂 2 所标明的灵敏度低于渗透剂 1。

7.2 所述方法常用作可再现性测定的标准偏差，并据此区分不同灵敏度的产品。

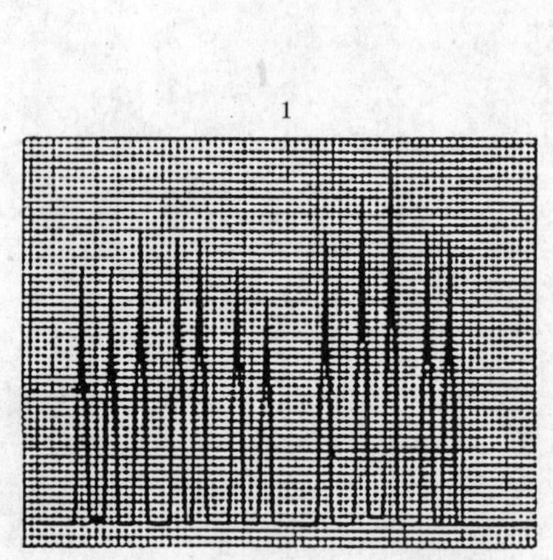

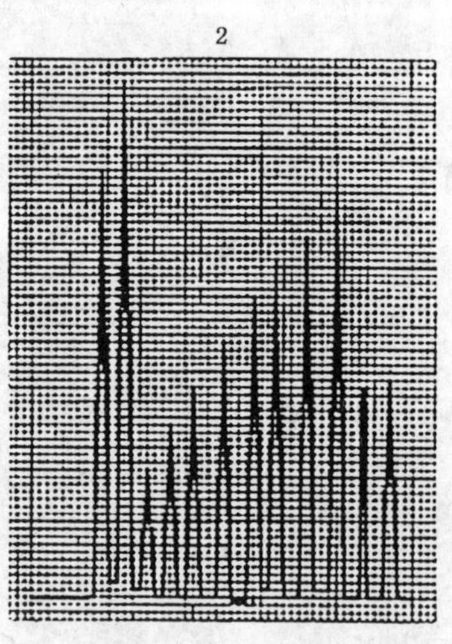

图 C.1 不连续强度测量设备两个记录曲线示例

附 录 D
（资料性附录）
显示可见度测量设备示例

D.1 基本结构

显微镜垂直固定于试块夹具和移动台的上方。试块夹具包括一块在显微镜下能重复再现和恒速移动的以及光线角度直接对着缝槽的1型参考试块或仪器校准标准试块。曲线记录仪与光电倍增管直接相连。UV-A辐射源安置在靠近试块处。

1——光电倍增管，输出到记录系统；
2——滤光片；
3——遮板；
4——移动台；
5——试块；
6——恒速驱动；
7——试块夹具；
8——照相透镜；
9——UV-A源；
10——显微镜管。

图 D.1 显示可见度测量设备（示例）

D.2 显微镜

显微镜由一端带有照相透镜和另一端带有光电倍增管的单管显微镜构成。在透镜和光电倍增管之间是一遮板和一滤光片。遮板有一孔眼,以确保光电倍增管仅接收从试块上的一个不连续中发射出的光。滤光片能透过 550 nm±25 nm 的可见光。

D.3 试块夹具和移动台

试块夹具由一个能夹住一块在同一位置可重复再现的单个试块的平台构成。试块夹具安置在一个由电机驱动的移动台上,能够使夹具以大约 25 mm/min 的速度前、后移动。

D.4 记录系统

记录系统由曲线记录仪或等效的能将光电倍增管的输出输入至计算机的信息采集系统构成。

当按 D.5 照明时,光电倍增管和曲线记录仪的技术条件为:标准校准试块在记录仪上产生的峰值为 50%±5%满刻度偏转的高度。

D.5 照明

试块或校准试块在 UV-A 为 10 W/m^2 至 20 W/m^2(1 000 $\mu W/cm^2$ 至 2 000 $\mu W/cm^2$)水平和可见光为 10 lx 以下水平的光学系统的完全照明下进行观察。在检验期间,不宜改变试块上的照明水平。

ICS 19.100
J 04

中华人民共和国国家标准

GB/T 18851.4—2005/ISO 3452-4:1998

无损检测　渗透检测
第4部分:设备

Non-destructive testing—Penetrant testing—
Part 4:Equipment

(ISO 3452-4:1998,IDT)

2005-06-08 发布　　　　2005-12-01 实施

中华人民共和国国家质量监督检验检疫总局
中国国家标准化管理委员会　发布

前言

GB/T 18851《无损检测 渗透检测》分为五个部分：

——第1部分：总则；

——第2部分：渗透材料的检验；

——第3部分：参考试块；

——第4部分：设备；

——第5部分：验证方法。

其中"第3部分：参考试块"发布时的标准编号和名称为GB/T 18851—2002《无损检测 渗透检验标准试块》，经修改单修改后，标准编号和名称改为GB/T 18851.3—2002《无损检测 渗透检测 第3部分：参考试块》，修改后的该国家标准的技术内容不变。

本部分为GB/T 18851的第4部分，等同采用ISO 3452-4:1998《无损检测 渗透检测 第4部分：设备》（英文版）。

本部分等同翻译ISO 3452-4:1998。

为便于使用，本部分做了下列编辑性修改：

a) "本欧洲标准"和"本标准"一词改为"本部分"或"GB/T 18851的本部分"；

b) 删除国际标准的前言和引言；

c) 用GB/T 1.1—2000规定的引导语代替国际标准中的引导语；

d) 删除国际标准的资料性附录ZA"规范性引用文件中与欧洲出版物等效的国际出版物"。

本部分由中国机械工业联合会提出。

本部分由全国无损检测标准化技术委员会(SAC/TC 56)归口。

本部分起草单位：上海材料研究所、苏州美柯达探伤器材有限公司。

本部分主要起草人：金宇飞、宓中玉。

无损检测　渗透检测
第4部分:设备

1　范围

GB/T 18851的本部分规定了渗透检测设备的特性。渗透检测设备的特性与被检工件的尺寸和每次的被检数量有关。本部分所涉及的设备包括两种类型:

a)　用于现场渗透检测的设备;

b)　固定的设备。

2　规范性引用文件

下列文件中的条款通过GB/T 18851的本部分的引用而成为本部分的条款。凡是注明日期的引用文件,其随后所有的修改单(不包括勘误的内容)或修订版均不适用于本部分,然而,鼓励根据本部分达成协议的各方研究是否可使用这些文件的最新版本。凡是不注明日期的引用文件,其最新版本适用于本部分。

GB/T 5097　无损检测　渗透检测和磁粉检测　观察条件(ISO 3059:2001,IDT)

GB/T 18851.1　无损检测　渗透检测　第1部分:总则(ISO 3452:1984,IDT)[1)]

GB/T 18851.2　无损检测　渗透检测　第2部分:渗透材料的检验(ISO 3452-2:2000,IDT)

GB/T 18851.3　无损检测　渗透检测　第3部分:参考试块(ISO 3452-3:1998,MOD)[2)]

3　概述

渗透检测设备的选择和应用应考虑以下基本因素:

——宜选择适宜于渗透检测技术的设备;

——应遵守所有相关的卫生、安全、环保要求;

——应用应符合GB/T 18851.1的要求。

4　现场检测设备

用于现场检测的设备,应充分满足GB/T 18851.1、GB/T 18851.2和GB/T 18851.3的要求。根据不同的操作,可选用下列检测设备:

——便携式喷射设备;

——布(无绒毛的);

——刷子;

——人员防护设备;

——白光源;

UV(A)源。

1) 按ISO 3452-4:1998附录ZA给出的与欧洲出版物等效的国际出版物,ISO 3452-1与EN 571-1互为等效。

2) 该国家标准最初发布时的标准编号和名称为:GB/T 18851—2002《无损检测　渗透检验　标准试块》,经修改后,标准编号和名称改为现名。GB/T 18851.3—2002与ISO 3452-3:1998相比,除了在文本结构方面存在差异外,两者所述的试块名称(经修改后)和规格是完全相同的。因此本文引用GB/T 18851.3与引用ISO 3452-3在技术上是等同的。

5 固定设备

5.1 一般要求

用于制造固定式渗透检测设备的各种材料(例如液槽、进排液管道和搬送装置等),均应采用在整个操作过程中能承受被检工件冲击的材料。此外,这些材料不应导致渗透系统的工作性能发生任何变化。

渗透检测设备应安置在没有外来污染源(如来自上方蒸汽管泄漏而污染工作溶液)的位置。此外,渗透材料液槽宜配有适宜的盖,设备不用时宜盖好。

设备中若配备有废液处理或水循环系统,其设计应确保所排放的水符合地方污水排放要求。此外,用于冲洗的循环水的质量应适合被检工件。

与喷射施加渗透剂相配套的回收系统,其设计应充分满足地方有关安全生产和气体排放法规等卫生和安全要求。

用于渗透检测的各种化学品,均应贮存在密封的容器里,且应满足有关的卫生和安全要求。

5.2 准备和预清洗区

准备和预清洗所用的设备,应适宜于按 GB/T 18851.1 要求实施操作。

应配备油污清除区,以确保符合 GB/T 18851.1 所述的准备和预清洗的要求,清除被检工件上的污染物。如有必要,还应设置一个用于渗透剂施加前被检工件的冷却区。清除油污和冷却的装置应足够大,以便于操纵动态中的被检工件。蒸发清除油污用的卤化物、碳氢化合物,应满足有关空气污染的规定。

5.3 渗透剂施加区

渗透剂施加区,应有可用气动、非气动和(或)静电喷射、喷雾、刷、飘拂或在渗透剂液槽中浸没等方法施加渗透剂的装置。

用于盛放各种化学品的槽,应装配有专用的托架。若是用手动喷射设备施加荧光渗透剂,宜提供用于检查被检表面渗透剂覆盖情况的 UV-A 源。使用喷射施加,应提供适宜的回收装置。

5.4 渗透剂滴沥区

渗透剂滴沥工位应有一个底部倾斜的托盘,以便将收集到的渗透剂集中流入盛放渗透剂的单独容器中。

5.5 多余渗透剂去除区

5.5.1 浸洗槽

浸洗槽应包含可搅动水的或使被检工件运动的装置。此槽可配备一个用于溢出部分已被污染的水的槽。

此槽还应配备用于控制水温的装置。

5.5.2 喷洗区

喷洗工位应包含手动的或自动的喷射设备。

手动喷射设备,应配备可在较低压强和不超过 50℃温度情况下顺利喷射的喷水枪或喷雾枪。压力的测定应尽量靠近喷嘴,并且喷嘴与压力表间不能有阀门。不论在何处使用手动喷射设备,均应提供适当的照明源(着色渗透时为白光源、荧光渗透时为 UV-A 源),以控制多余渗透剂的去除。

自动喷射设备应满足手动设备的要求。此外,喷嘴的数量、结构和位置应满足均匀冲洗所有被检工件表面的要求。若使用自动喷射设备,应提供适当的滴沥。应使用适当的方法去除凹陷处残存的水。

5.5.3 乳化区

乳化工位应包含 a)和 b)给出的适宜于操作用的设备。

a) 用浸渍技术施加亲水性乳化剂,此工位应包含一个适宜的能使被检工件在设定的时间内完全浸没于溶液的槽。施加亲水性乳化剂,也可用泡沫或飘拂技术等适宜的设备。

b) 施加亲油性乳化剂,只应使用浸渍技术。此工位应包括一个能使被检工件在设定的时间内完全浸没于溶液的槽，且在其下部应有排放装置。

5.6 干燥区

欲去除凹陷中的水，应使用诸如空吸系统或工件转动装置等适宜设备。

去除表面的水，则应使用诸如循环热空气（最高80℃）烘箱等适宜设备。

为避免金属冷凝或氧化，确保被检工件彻底干燥，应使用压力空气烘箱，以确保分布于强气流上的温度可控制一致。

5.7 显像剂施加区

显像工位应包含5.7 a)至d)给出的适宜于显像用的设备。

a) 干粉显像剂。

此工位应包含下述任一种用于施加显像剂的设备：

1) 尘暴舱；

2) 静电喷射枪；

3) 聚束枪；

4) 滚筒；

5) 吹粉器；

6) 流化床。

此设备应能在所有被检表面上形成一层薄而均匀的所施加的显像剂粉层。

所使用的舱应足够大，以适应对各种工件的检测——无论是单个工件还是多个的放在筐中的。它应有一个装有铰链的密封盖，并配备有适宜的加热器以防干粉受潮污染。若是用静电喷射或聚束枪，应提供适宜的回收装置。

b) 水悬浮显像剂。

此工位应包含一个配备有盖的和尺寸大到足以完全浸没全部被检工件的槽。它应有可用清洁空气或机械方法连续搅动显像剂的装置，和具有保持显像剂温度处于制造商推荐值的能力，以及包括一个可将多余显像剂滴沥和自由返回槽内的系统。

c) 溶剂型显像剂。

此工位应包含一个用于喷射施加舱中显像剂的设备。可用气动、非气动和（或）静电喷射等方法施加显像剂。此设备应配备有适宜的机械搅拌器，使显像剂保持悬浮状。实际使用的喷枪，应采用干燥、清洁的过滤空气驱动。可以用气雾容器或气雾罐来喷射此类显像剂。所造的舱，应能确保喷射到被检工件的任何部位。

d) 水溶性显像剂。

此工位应包含一个配备有盖的和尺寸大到足以完全浸没全部被检工件的槽。它应有保持显像剂温度处于制造商推荐值的能力，以及包括一个可将多余显像剂滴沥和自由返回槽内的系统。

5.8 检测区

检测工位应足够大，以容许检测人员和被检工件方便地移动。如有必要，应配置一个表面不反光的工作台。

若是用于荧光检测的，应提供适宜的UV-A灯，以满足GB/T 5097的要求。紫外灯应提供UV-A照明背景。所分隔的暗室，其环境中的可见光水平应不大于20 lx（见GB/T 5097）。

若是用于着色渗透检测的，白光源应在被检工件表面上得到不小于500 lx的照明水平。

ICS 19.100
J 04

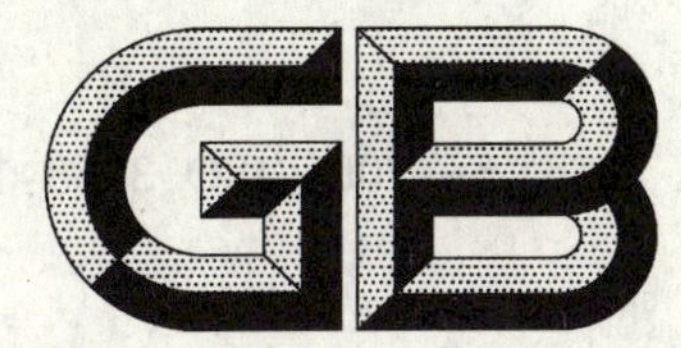

中华人民共和国国家标准

GB/T 18851.5—2005/ISO 3453:1984

无损检测　渗透检测
第5部分:验证方法

Non-destructive testing—Penetrant testing—
Part 5:Means of verification

(ISO 3453:1984,Non-destructive testing—
Liquid penetrant inspection—Means of verification IDT)

2005-06-08 发布　　2005-12-01 实施

中华人民共和国国家质量监督检验检疫总局
中国国家标准化管理委员会　发布

前 言

GB/T 18851《无损检测　渗透检测》分为五个部分：

——第1部分：总则；

——第2部分：渗透材料的检验；

——第3部分：参考试块；

——第4部分：设备；

——第5部分：验证方法。

其中“第3部分：参考试块”发布时的标准编号和名称为GB/T 18851—2002《无损检测　渗透检验标准试块》，经修改单修改后，标准编号和名称改为GB/T 18851.3—2002《无损检测　渗透检测　第3部分：参考试块》，修改后的该国家标准的技术内容不变。

本部分为GB/T 18851的第5部分，等同采用ISO 3453:1984《无损检测　渗透检测　验证方法》（英文版）。

本部分等同翻译ISO 3453:1984。

为便于使用，本部分做了下列编辑性修改：

a)　“本国际标准”一词改为“本部分”或“GB/T 18851的本部分”；

b)　用小数点“.”代替作为小数点的逗号“,”；

c)　删除国际标准的前言；

d)　在第2章中插入GB/T 1.1—2000规定的引导语。

本部分的附录A为规范性附录。

本部分由中国机械工业联合会提出。

本部分由全国无损检测标准化技术委员会(SAC/TC 56)归口。

本部分起草单位：上海材料研究所、苏州美柯达探伤器材有限公司。

本部分主要起草人：金宇飞、宓中玉。

无损检测　渗透检测
第5部分:验证方法

1　范围

1.1　GB/T 18851 的本部分规定了渗透检测步骤(例如按 GB/T 18851.1)的验证通则。

注:GB/T 18851 的本部分所适用的术语和定义由 GB/T 12604.3—2005/ISO 12706:2000《无损检测　术语　渗透检测》给出。

1.2　本检验目的是要确保渗透系统的正常运行,使渗透材料在使用过程中不出现有害的失效。

1.3　通常,校验渗透材料和紫外线源的频次视使用的频次和条件而定。特定的和最大的间隔时间宜遵循制造商的推荐。

2　规范性引用文件

下列文件中的条款通过 GB/T 18851 的本部分的引用而成为本部分的条款。凡是注明日期的引用文件,其随后所有的修改单(不包括勘误的内容)或修订版均不适用于本部分,然而,鼓励根据本部分达成协议的各方研究是否可使用这些文件的最新版本。凡是不注明日期的引用文件,其最新版本适用于本部分。

GB/T 5097　黑光源的间接评定方法(GB/T 5097—1985,eqv ISO 3059:1974)[1)]

GB/T 18851.1　无损检测　渗透检测　第1部分:总则(ISO 3452:1984,IDT)

3　渗透剂的控制

3.1　密度应经常校验,并与制造商的说明书保持一致。

3.2　着色强度应经常校验,并与制造商的说明书保持一致。校验方法是:将 10 mL 被检溶液加入到 90 mL的无色煤油或其他惰性溶剂中,在圆柱形量杯中充分混合,对于参考渗透剂也进行这一相同的步骤。每个试样的着色强度用适当的方法进行比较,例如用纳氏试管将被检溶液与稀释了的参考溶液进行比较。如果着色强度相差超过 20%,则被检的渗透剂应报废。

3.3　荧光强度应经常校验,并保持其不低于参考液的 75%。校验方法是:将在用的和参考的渗透剂各按 10%的比例分别在亚甲基氯化物(二氯甲烷)溶液中进行稀释。将同量的每种溶液分别放在过滤纸上过滤,接着把这两张纸放在一个适宜的烘箱中进行干燥。在距离紫外线源 0.5 m 处对过滤纸进行观察,在经过 1 h 之后如果看到有较明显的差异,则应按 GB/T 5097 对强度做进一步的校验。

注:为了预备用于校验的参考液,宜在每批新的渗透剂和乳化剂中各提取 0.5 L 试样,并分别贮存在密封的玻璃容器内,注意防止过高温度和阳光直射,保持其与同批渗透材料呈一致性。

4　显像剂的控制

4.1　应经常校验干粉显像剂是否被渗透剂污染,应保持其处在干燥、蓬松状态。

4.2　液体显像剂应保持在制造商推荐的正常浓度,应经常校验其密度。

---

1) GB/T 5097—1985 与 ISO 3059:1974 相比,除了在文本结构方面存在差异外,两者所述的技术要求和方法是完全相同的。因此本文引用 GB/T 5097 与引用 ISO 3059 在技术上是等同的。另,ISO 3059:1974 目前已被 ISO 3059:2001所代替,而 GB/T 5097—1985 也将被 GB/T 5097—2005/ISO 3059:2001 代替。

5 紫外线的控制

紫外线源的输出强度应经常校验,并保持其按 GB/T 5097 所确定的在工作表面上不低于 50 个相应单位的水平。

6 渗透系统性能校验

6.1 在每天检测第一批工件之前和当操作条件发生变化时应进行一次校验。方法是:整个渗透系统应按规定的操作顺序和时间,用附录 A 中所述之试块进行操作。

6.2 其显示的结果应与相应的(如复制或照片形式的)记录有可比性。

7 记录

应保存全部控制检验和系统性能校验的永久记录。

附 录 A
（规范性附录）
参考试块

A.1 类型

用于校验系统性能的参考试块有如下几种类型：

A.1.1 镀铬参考试块[2)]

这种参考试块是在一块适宜的钢或黄铜块上镀铬，然后加压直到镀层上出现裂纹。在该试块上用参考渗透材料实施全过程操作，照相或复制其结果。

A.1.2 铝合金参考试块[3)]

这是淬火裂纹试块，在一个半面上用参考渗透材料实施操作，另一个半面上用被检渗透材料。为有助于识别这两个半面，可在其表面上轻微地蚀刻适当的符号，例如“A”和“B”。

A.1.3 试件

这也可认为是参考试块。它们含有已被永久记录的已知缺陷，适用于检测具有相似表面结构、几何形状和材料的工件。

A.2 应用

用于着色渗透控制检验的参考试块不应再用于荧光渗透控制检验，反之亦然。

A.3 保存

A.3.1 使用过的参考试块必须清洗，以去除所有渗透材料的痕迹。

A.3.2 经检验(荧光渗透剂在紫外线下，着色渗透剂在白光下)，如有微量渗透剂痕迹滞留在试块或试件上，宜再进行清洗。

A.3.3 清洗后，为防止参考试块被污染，应把它放在一个盛有50%丙酮和50%经认可是适宜溶剂的均匀混合液的不透明的密封容器内，或其他适宜的贮存方法，直至下一次校验使用时。

---

2) 该镀铬参考试块相当于JB/T 6064所述之试块。

3) 该铝合金参考试块相当于JB/T 9213所述之试块。

ICS 67.180.10
X 31

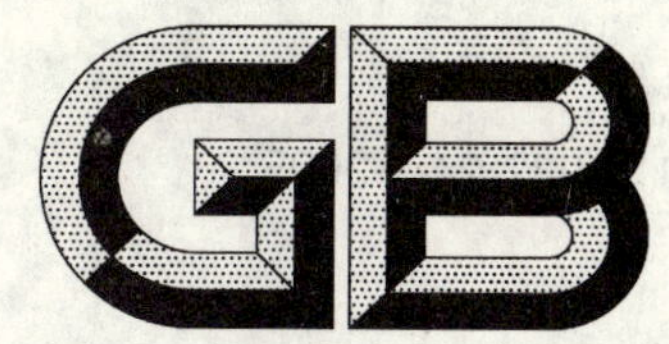

中华人民共和国国家标准

GB/T 18932.24—2005

蜂蜜中呋喃它酮、呋喃西林、呋喃妥因和呋喃唑酮代谢物残留量的测定方法 液相色谱-串联质谱法

Method for the determination of the metabolite residues of furaltadon, nitrofurazone, nitrofurantoin and furazolidone in honey—Liquid chromatography－tandem mass spectrometry method

2005-02-04 发布　　2005-08-01 实施

中华人民共和国国家质量监督检验检疫总局
中国国家标准化管理委员会　发布

前 言

GB/T 18932本部分的附录A、附录B为资料性附录。

本部分由中华人民共和国秦皇岛出入境检验检疫局提出。

本部分由中华全国供销合作总社归口。

本部分起草单位:中华人民共和国秦皇岛出入境检验检疫局。

本部分主要起草人:庞国芳、张进杰、曹彦忠、郭彤彤、范春林、李学民、刘永明、曹亚平。

本部分系首次发布的国家标准。

蜂蜜中呋喃它酮、呋喃西林、呋喃妥因和呋喃唑酮代谢物残留量的测定方法 液相色谱-串联质谱法

1 范围

GB/T 18932 的本部分规定了蜂蜜中呋喃它酮的代谢物 5-甲基吗啉-3-氨基-2-唑烷基酮、呋喃西林的代谢物氨基脲、呋喃妥因的代谢物 1-氨基-2-内酰脲和呋喃唑酮的代谢物 3-氨基-2-唑烷基酮残留量液相色谱-串联质谱的测定方法。

本部分适用于蜂蜜中 5-甲基吗啉-3-氨基-2-唑烷基酮、氨基脲、1-氨基-2-内酰脲、3-氨基-2-唑烷基酮残留量的测定。

本部分的方法检出限：5-甲基吗啉-3-氨基-2-唑烷基酮和 3-氨基-2-唑烷基酮为 0.2 μg/kg；氨基脲和 1-氨基-2-内酰脲为 0.5 μg/kg。

2 规范性引用文件

下列文件中的条款通过 GB/T 18932 的本部分的引用而成为本部分的条款。凡是注日期的引用文件，其随后所有的修改单(不包括勘误的内容)或修订版均不适用于本部分，然而，鼓励根据本部分达成协议的各方研究是否可使用这些文件的最新版本。凡是不注日期的引用文件，其最新版本适用于本部分。

GB/T 6379 测试方法的精密度 通过实验室间试验确定标准测试方法的重复性和再现性(GB/T 6379—1986，neq ISO 5725：1981)

GB/T 6682 分析实验室用水规格和试验方法(GB/T 6682—1992，neq ISO 3696：1987)

3 原理

试样中残留的硝基呋喃类抗生素代谢物在酸性条件下用 2-硝基苯甲醛衍生化，用 Oasis HLB 或相当的固相萃取柱净化。电喷雾离子化，液相色谱-串联质谱检测，外标法定量。

4 试剂和材料

除另有说明外，所用试剂均为分析纯，水为 GB/T 6682 规定的一级水。

4.1 甲醇：色谱纯。

4.2 乙腈：色谱纯。

4.3 乙酸乙酯：色谱纯。

4.4 磷酸氢二钾：优级纯。

4.5 乙酸：优级纯。

4.6 二甲亚砜：优级纯。

4.7 盐酸：优级纯。

4.8 氢氧化钠：优级纯。

4.9 2-硝基苯甲醛(2-NP)：含量≥99%。

4.10 磷酸氢二钾溶液：0.1 mol/L。称取 17.4 g 磷酸氢二钾(4.4)，用水溶解，定容至 1000 mL。

4.11 盐酸：0.2 mol/L。量取 17 mL 浓盐酸(4.7)用水定容至 1 000 mL。

4.12 氢氧化钠溶液:1 mol/L。称取 40 g 氢氧化钠(4.8),用水溶解,定容至 1 000 mL。

4.13 衍生剂:含 2-硝基苯甲醛 0.05 mol/L。称取 0.075 g 2-硝基苯甲醛(4.9)溶于 10 mL 二甲亚砜(4.6),现用现配。

4.14 样品定容溶液:乙腈(4.2)+0.4%乙酸(4.5)水溶液(1+9)。

4.15 Oasis HLB 固相萃取柱或相当者:60 mg,3 mL。使用前分别用 5 mL 甲醇(4.1)和 10 mL 水预处理,保持柱体湿润。

4.16 0.45 μm 滤膜。

4.17 5-甲基吗啉-3-氨基-2-唑烷基酮、氨基脲、1-氨基-2-内酰脲和 3-氨基-2-唑烷基酮标准物质:纯度≥99%。

4.18 5-甲基吗啉-3-氨基-2-唑烷基酮、氨基脲、1-氨基-2-内酰脲和 3-氨基-2-唑烷基酮标准储备溶液:1.0 mg/mL。称取适量的四种硝基呋喃代谢物标准物质(4.17),分别用甲醇配成 1.0 mg/mL 的标准储备液。储备液避光贮存在-18℃冰柜中,保存期为三个月。

4.19 5-甲基吗啉-3-氨基-2-唑烷基酮、氨基脲、1-氨基-2-内酰脲和 3-氨基-2-唑烷基酮混合标准工作溶液:1.0 μg/mL。吸取适量四种硝基呋喃代谢物的标准储备溶液(4.18),用甲醇配成 1.0 μg/mL 的混合标准工作溶液,标准工作溶液避光贮存在-18℃冰柜中,保存期为三个月,使用前回温到室温。

4.20 5-甲基吗啉-3-氨基-2-唑烷基酮、氨基脲、1-氨基-2-内酰脲和 3-氨基-2-唑烷基酮混合基质标准校准溶液:称取七个蜂蜜空白样品(称样量为 4 g)于 50 mL 棕色离心管中,其中六个空白样品中分别加入适量四种硝基呋喃代谢物的混合标准工作溶液(4.19),按照样品操作步骤同步操作。使最终样液中 5-甲基吗啉-3-氨基-2-唑烷基酮和 3-氨基-2-唑烷基酮的浓度均分别为 0 ng/mL,0.5 ng/mL,1.0 ng/mL,2.0 ng/mL,5.0 ng/mL,10.0 ng/mL,20.0 ng/mL;氨基脲、1-氨基-2-内酰脲的浓度均分别为 0 ng/mL ,1.0 ng/mL,2.0 ng/mL,5.0 ng/mL,10.0 ng/mL,20.0 ng/mL,50.0 ng/mL 作为基质标准校准溶液,该基质标准校准溶液即配即用。

5 仪器

5.1 液相色谱-串联四极杆质谱仪,配有电喷雾离子源。

5.2 分析天平:感量 0.1 mg 和 0.01 g 各一台。

5.3 液体混匀器。

5.4 固相萃取装置。

5.5 氮气吹干仪。

5.6 恒温箱。

5.7 真空泵:真空度应达到 80 kPa。

5.8 微量注射器:25 μL,100 μL。

5.9 棕色具塞离心管:25 mL ,50 mL。

5.10 pH 计:测量精度±0.02。

5.11 贮液器:50 mL。

6 试样的制备与保存

6.1 试样的制备

对无结晶的实验室样品,将其搅拌均匀。对有结晶的样品,在密闭情况下,置于不超过 60℃的水浴中温热,振荡,待样品全部融化后搅匀,迅速冷却至室温。分出 0.5 kg 作为试样。制备好的试样置于样品瓶中,密封,并做上标记。

6.2 试样保存

将试样于常温下保存。

7 测定步骤

7.1 水解和衍生化

称取 4 g 试样(精确到 0.01 g)于 50 mL 棕色离心管中(5.9),加入 5 mL 0.2 mol/L 盐酸溶液(4.11)和 0.15 mL 衍生剂(4.13),涡旋混合 1 min,置于 37℃恒温箱(5.6)中保持 16 h。

7.2 净化

将上述衍生溶液(7.1)取出放置至室温,加入 3 mL 0.1 mol/L 磷酸氢二钾溶液(4.10),用 1 mol/L 氢氧化钠溶液(4.12)调节溶液 pH 约 7.4,倒入下接 Oasis HLB 固相萃取柱(4.15)的贮液器(5.11)中,在固相萃取装置(5.4)上使样液以小于 2 mL/min 的流速通过 Oasis HLB 柱,待样液全部通过固相萃取柱后用 6 mL 水洗固相萃取柱,弃去全部流出液。用真空泵(5.7)在 65 kPa 负压下抽干 Oasis HLB 固相萃取柱 10 min。再用 4 mL 乙酸乙酯(4.3)洗脱被测物,洗脱液全部收集于 25 mL 棕色离心管中,并在氮气吹干仪(5.5)上 40℃水浴吹干,1 mL 样品定容液(4.14)定容。定容液混匀后过 0.45 μm 滤膜(4.16),滤液供液相色谱-串联质谱测定。

7.3 测定

7.3.1 液相色谱条件

a) 色谱柱:ZORBAX SB-C18,3.5 μm,150 mm×2.1 mm(内径)或相当者;

b) 柱温:30℃;

c) 进样量:40 μL;

d) 流动相及流速见表 1。

表 1 液相色谱梯度洗脱条件

时间/min	流速/(μL/min)	0.4%乙酸水溶液/(%)	乙腈/(%)
0.00	200	70	30
3.00	200	70	30
3.01	200	20	80
8.00	200	20	80
8.01	200	70	30
15.00	200	70	30

7.3.2 质谱条件

a) 离子源:电喷雾离子源(ESI);

b) 扫描方式:正离子扫描;

c) 检测方式:多反应监测(MRM);

d) 电喷雾电压(IS):5 500 V;

e) 雾化气(NEB)压力:0.076 MPa;

f) 气帘气(CUR)压力:0.069 MPa;

g) 碰撞气(CAD) 压力:0.030 MPa;

h) 辅助气(AUX)流速:7 L/min;

i) 辅助气温度(TEM):500℃;

j) 聚焦电压(FP):200 V;

k) 碰撞室出口电压(CXP):11 V;

l) Q1,Q3 均为单位分辨率(UNIT);

m) 定性离子对、定量离子对、采集时间(Dwell)、去簇电压(DP)及碰撞能量(CE)见表 2。

表 2 四种硝基呋喃代谢物的质谱参数

硝基呋喃代谢物名称	定性离子对/(m/z)	定量离子对/(m/z)	采集时间/ms	去簇电压/V	碰撞能量/V
5-甲基吗啉-3-氨基-2-唑烷基酮衍生物	335/291;335/128	335/291	100	60	32;18
氨基脲衍生物	209/192;209/166	209/166	200	55	17;15
1-氨基-2-内酰脲衍生物	249/134;249/178	249/134	200	70	22;19
3-氨基-2-唑烷基酮衍生物	236/134;236/192	236/134	100	65	19;20

7.3.3 **液相色谱-串联质谱测定**

7.3.3.1 **定性测定**

在相同试验条件下，样品中待测物质与同时检测的基质标准具有相同的保留时间，并且所选择的离子相对丰度比相一致，则可判定为样品中存在该残留。四种硝基呋喃代谢物的参考保留时间和离子相对丰度比见表 3。

表 3 四种硝基呋喃代谢物参考保留时间和离子相对丰度比

硝基呋喃代谢物名称	定性离子对/(m/z)	离子相对丰度比/(%)	保留时间/min
5-甲基吗啉-3-氨基-2-唑烷基酮衍生物	335/291;335/128	100;53	2.84
氨基脲衍生物	209/192;209/166	93;100	4.40
1-氨基-2-内酰脲衍生物	249/134;249/178	100;40	4.92
3-氨基-2-唑烷基酮衍生物	236/134;236/192	100;12	6.82

7.3.3.2 **定量测定**

在仪器最佳工作条件下，对四种硝基呋喃代谢物的混合基质标准校准溶液(4.20)分别进样，以峰面积为纵坐标，混合基质校准溶液浓度为横坐标绘制标准工作曲线，用标准工作曲线对样品进行定量，样品溶液中待测物的响应值均应在仪器测定的线性范围内。四种硝基呋喃代谢物的标准物质总离子流图参见图 A.1。四种硝基呋喃代谢物的添加浓度及其平均回收率的试验数据参见表 B.1。

7.4 **平行试验**

按以上步骤，对同一试样进行平行试验测定。

7.5 **空白试验**

除不称取试样外，均按上述步骤同时完成空白试验。

8 结果计算

结果按(1)式计算：

$$X = c \cdot \frac{V}{m} \cdot \frac{1000}{1000} \qquad \cdots\cdots(1)$$

式中：

X——试样中被测组分残留量，单位为微克每千克(μg/kg)；

c——从标准工作曲线得到的被测组分溶液浓度，单位为纳克每毫升(ng/mL)；

V——样品溶液最终定容体积，单位为毫升(mL)；

m——样品溶液所代表最终试样的质量，单位为克(g)。

注：计算结果应扣除空白值。

9 精密度

本部分的精密度数据是按照 GB/T 6379 的规定确定的,重复性和再现性的值以 95%的可信度来计算。

9.1 重复性

在重复性条件下,获得的两次独立测试结果的绝对差值不超过重复性限 (r),蜂蜜中四种硝基呋喃代谢物的含量范围及重复性方程见表 4。

如果差值超过重复性限,应舍弃试验结果并重新完成两次单个试验的测定。

9.2 再现性

在再现性条件下,获得的两次独立测试结果的绝对差值不超过再现性限(R),蜂蜜中四种硝基呋喃代谢物的含量范围及再现性方程见表 4。

表 4 含量范围及重复性和再现性方程

硝基呋喃代谢物名称	含量范围/(μg/kg)	重复性限 r	再现性 R
5-甲基吗啉-3-氨基-2-唑烷基酮	0.2～4	$\lg r=0.965\,6\lg m-1.089\,7$	$\lg R=0.962\,5\lg m-0.712\,8$
氨基脲	0.5～10	$\lg r=0.966\,0\lg m-1.144\,5$	$\lg R=0.915\,2\lg m-0.651\,3$
1-氨基-2-内酰脲	0.5～10	$\lg r=0.984\,4\lg m-1.093\,5$	$R=0.205\,8\,m+0.011\,9$
3-氨基-2-唑烷基酮	0.2～4	$r=0.073\,5\,m+0.001\,6$	$\lg R=1.081\,3\lg m-0.798\,2$
注:m 为两次测定结果的算术平均值。			

附　录　A
（资料性附录）
四种硝基呋喃代谢物标准物质总离子流图

四种硝基呋喃代谢物标准物质总离子流图见图 A.1。

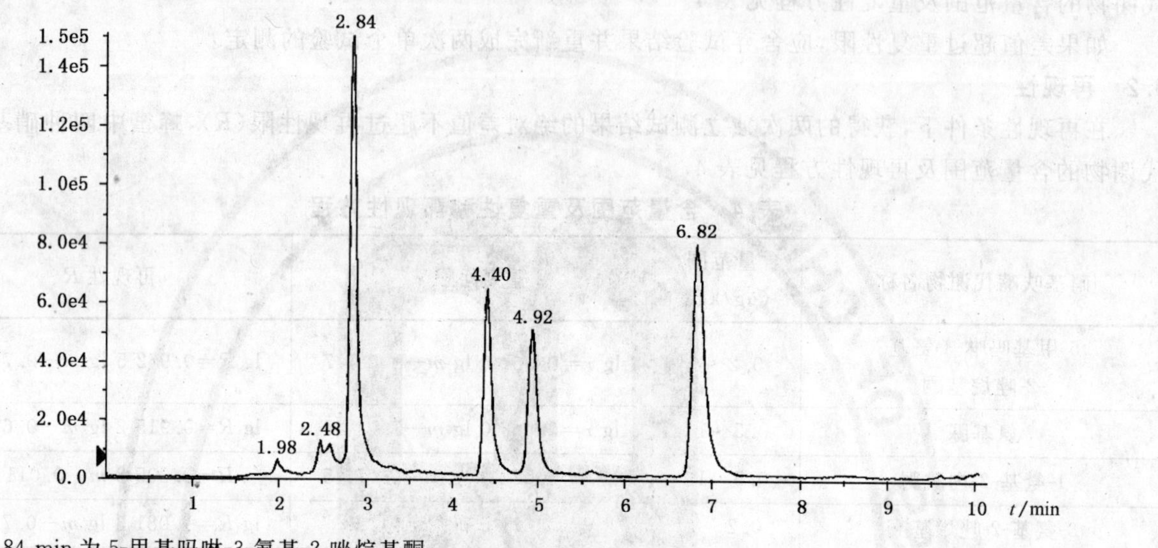

2.84 min 为 5-甲基吗啉-3-氨基-2-唑烷基酮；

4.40 min 为氨基脲；

4.92 min 为 1-氨基-2-内酰脲；

6.82 min 为 3-氨基-2-唑烷基酮。

图 A.1　四种硝基呋喃代谢物标准物质总离子流图

附 录 B
（资料性附录）
回 收 率

本方法中四种硝基呋喃代谢物的添加浓度及其平均回收率的试验数据见表B.1。

表 B.1 四种硝基呋喃代谢物的添加浓度及其平均回收率的试验数据

硝基呋喃代谢物名称	添加浓度/(μg/kg)	回收率/(%)
5-甲基吗啉-3-氨基-2-唑烷基酮	0.2	96.7
	0.4	93.0
	2	90.9
	4	89.5
氨基脲	0.5	96.4
	1.0	93.3
	5.0	88.7
	10	88.9
1-氨基-2-内酰脲	0.5	97.5
	1.0	93.8
	5.0	91.9
	10	87.3
3-氨基-2-唑烷基酮	0.2	92.9
	0.4	92.6
	2	89.6
	4	88.1

ICS 67.180.10
X 31

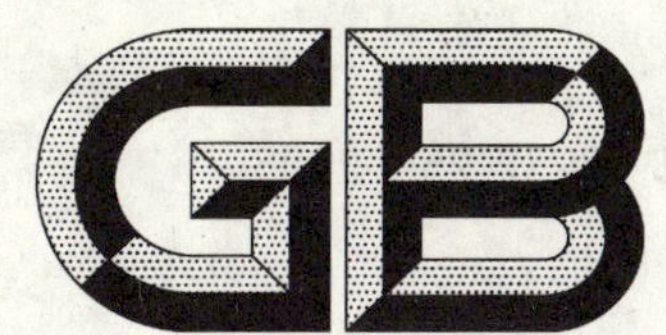

中华人民共和国国家标准

GB/T 18932.25—2005

蜂蜜中青霉素G、青霉素V、乙氧萘青霉素、苯唑青霉素、邻氯青霉素、双氯青霉素残留量的测定方法 液相色谱-串联质谱法

Method for the determination of penicillin G, penicillin V, nafcillin, oxacillin, cloxacillin, dicloxacillin residues in honey—LC-MS-MS method

2005-02-04 发布 2005-08-01 实施

中华人民共和国国家质量监督检验检疫总局
中国国家标准化管理委员会
发布

前　言

GB/T 18932 本部分的附录 A、附录 B 为资料性附录。

本部分由中华人民共和国秦皇岛出入境检验检疫局提出。

本部分由中华全国供销合作总社归口。

本部分起草单位：中华人民共和国秦皇岛出入境检验检疫局。

本部分主要起草人：庞国芳、李学民、张进杰、曹彦忠、范春林、刘永明、赵为、郭彤彤、石玉秋。

本部分系首次发布的国家标准。

蜂蜜中青霉素G、青霉素V、乙氧萘青霉素、苯唑青霉素、邻氯青霉素、双氯青霉素残留量的测定方法 液相色谱-串联质谱法

1 范围

GB/T 18932 的本部分规定了蜂蜜中青霉素 G、青霉素 V、乙氧萘青霉素、苯唑青霉素、邻氯青霉素、双氯青霉素残留量的液相色谱-串联质谱测定方法。

本部分适用于蜂蜜中青霉素 G、青霉素 V、乙氧萘青霉素、苯唑青霉素、邻氯青霉素、双氯青霉素残留量的测定。

本部分的方法检出限:青霉素 G、青霉素 V、苯唑青霉素为 1.0 μg/kg;邻氯青霉素、双氯青霉素为 2.0 μg/kg;乙氧萘青霉素为 0.5 μg/kg。

2 规范性引用文件

下列文件中的条款通过 GB/T 18932 的本部分的引用而成为本部分的条款。凡是注日期的引用文件,其随后所有的修改单(不包括勘误的内容)或修订版均不适用于本部分,然而,鼓励根据本部分达成协议的各方研究是否可使用这些文件的最新版本。凡是不注日期的引用文件,其最新版本适用于本部分。

GB/T 6379 测试方法的精密度 通过实验室间试验确定标准测试方法的重现性和再现性(GB/T 6379—1986,neq ISO 5725:1981)

GB/T 6682 分析实验室用水规格和试验方法(GB/T 6682—1992,neq ISO 3696:1987)

3 原理

试样中青霉素残留,用去离子水溶解后,溶液用 Oasis HLB 或相当的固相萃取柱净化,液相色谱-串联质谱仪测定,外标法定量。

4 试剂和材料

除另有说明外,所用试剂均为优级纯,水为 GB/T 6682 规定的一级水。

4.1 甲醇:色谱纯。

4.2 乙腈:色谱纯。

4.3 乙酸:优级纯。

4.4 乙腈+水(1+3):量取 25 mL 乙腈(4.2)与 75 mL 水混合。

4.5 Oasis HLB 固相萃取柱或相当者:500 mg,6 mL。使用前分别用 5 mL 甲醇(4.1)和 10 mL 水预处理,保持柱体湿润。

4.6 青霉素 G、青霉素 V、乙氧萘青霉素、苯唑青霉素、邻氯青霉素、双氯青霉素标准物质:纯度≥99%。

4.7 青霉素 G、青霉素 V、乙氧萘青霉素、苯唑青霉素、邻氯青霉素、双氯青霉素标准储备溶液:准确称取适量的每种标准物质(4.6),分别用乙腈(4.4)配制成浓度为 1.0 mg/mL 的标准储备溶液。储备液贮存在-18℃冰柜中。

4.8 青霉素 G、青霉素 V、乙氧萘青霉素、苯唑青霉素、邻氯青霉素、双氯青霉素标准工作溶液:根据需

要吸取适量青霉素G、青霉素V、乙氧萘青霉素、苯唑青霉素、邻氯青霉素、双氯青霉素标准储备溶液(4.7),用空白样品提取液稀释成适当浓度的基质混合标准工作溶液。

5 仪器

5.1 液相色谱-串联四极杆质谱仪:配有电喷雾离子源(ESI)。

5.2 分析天平:感量0.1 mg和0.01 g各一台。

5.3 液体混匀器。

5.4 固相萃取真空装置。

5.5 贮液器:50 mL。

5.6 微量注射器:25 μL,100 μL。

5.7 刻度样品管:5 mL,精度为0.1 mL。

5.8 真空泵:真空度应达到80 kPa。

5.9 pH计:测量精度±0.02。

5.10 氮气吹干仪。

6 试样的制备与保存

6.1 试样的制备

对无结晶的实验室样品,将其搅拌均匀。对有结晶的样品,在密闭情况下,置于不超过60℃的水浴中温热,振荡,待样品全部融化后搅匀,迅速冷却至室温。分出0.5 kg作为试样。制备好的试样置于样品瓶中,密封,并做上标记。

6.2 试样保存

将试样于常温下保存。

7 测定步骤

7.1 试样溶液的制备

称取5 g试样(精确到0.01 g)置于150 mL三角瓶中,加入25 mL去离子水,于液体混匀器上快速混合1 min,使试样完全溶解。样液移至下接Oasis HLB柱(4.5)的贮液器中,以小于或等于3 mL/min的流速通过Oasis固相萃取柱后,用5 mL水洗柱,弃去全部流出液。在65 kPa的负压下,减压抽干20 min,最后用3 mL甲醇(4.1)洗脱,收集洗脱液于刻度样品管(5.7)中,于40℃水浴中用氮气吹干仪吹干,用乙腈(4.4)定容至1 mL,摇匀后,供液相色谱-串联质谱仪测定。

7.2 测定

7.2.1 液相色谱条件

a) 色谱柱:SunFire™ C_{18} 3.5 μm,150 mm×2.1 mm(内径)或相当者;

b) 流动相及流速见表1;

c) 柱温:30℃;

d) 进样量:20 μL。

表1 液相色谱梯度洗脱条件

时间/min	流速/(μL/min)	水(含0.4%乙酸)/(%)	乙腈/(%)
0.00	200	60.0	40.0
15.00	200	35.0	65.0
15.01	200	60.0	40.0
25.01	200	60.0	40.0

7.2.2 质谱条件

a) 离子源:电喷雾离子源(ESI);
b) 扫描方式:正离子扫描;
c) 检测方式:多反应监测;
d) 电喷雾电压:5 500 V;
e) 雾化气压力:0.055 MPa;
f) 气帘气压力:0.079 MPa;
g) 辅助气流速:6 L/min;
h) 离子源温度:400℃;
i) 定性离子对、定量离子对和去簇电压(DP)、聚焦电压(FP)、碰撞能量(CE)及碰撞室出口电压(CXP),见表2。

表2 六种青霉素的定性离子对、定量离子对、去簇电压、聚焦电压、碰撞能量和碰撞室出口电压

名称	定性离子对/(m/z)	定量离子对/(m/z)	碰撞能量/V	去簇电压/V	聚焦电压/V	碰撞室出口电压/V
青霉素 G	335/160 335/176	335/160	20 23	45	200	11
青霉素 V	351/160 351/192	351/160	20 15	40	200	11
苯唑青霉素	402/160 402/243	402/160	22 20	45	200	11
邻氯青霉素	436/160 436/277	436/160	22 22	50	200	11
乙氧萘青霉素	415/199 415/256	415/199	21 23	45	200	11
双氯青霉素	470/160 470/311	470/160	21 21	50	200	11

7.2.3 液相色谱-串联质谱测定

7.2.3.1 定性测定

在相同试验条件下,样品中待测物质与同时检测的标准品具有相同的保留时间,并且所选择的两对离子丰度比相一致,则可判定为样品中存在该残留。

7.2.3.2 定量测定

在仪器最佳工作条件下,用青霉素G、青霉素V、乙氧萘青霉素、苯唑青霉素、邻氯青霉素、双氯青霉素标准储备溶液配成的基质混合标准溶液(4.8)分别进样,以标准工作溶液浓度为横坐标,以峰面积为纵坐标,绘制标准工作曲线。用标准工作曲线对样品进行定量,样品溶液中青霉素G、青霉素V、乙氧萘青霉素、苯唑青霉素、邻氯青霉素、双氯青霉素的响应值均应在仪器测定的线性范围内。

在上述色谱条件下,青霉素G、青霉素V、乙氧萘青霉素、苯唑青霉素、邻氯青霉素、双氯青霉素的总离子流图参见图A.1。青霉素G、青霉素V、乙氧萘青霉素、苯唑青霉素、邻氯青霉素、双氯青霉素的保留时间和离子丰度比见表3。

表 3　六种青霉素的参考保留时间和离子丰度比

青霉素名称	定性离子对/(m/z)	离子对丰度比/(%)	保留时间/min
青霉素 G	335/160 335/176	100 87	7.44
青霉素 V	351/160 351/192	100 9.6	9.21
苯唑青霉素	402/160 402/243	100 76	10.56
邻氯青霉素	436/160 436/277	100 83	12.49
乙氧萘青霉素	415/199 415/256	100 13	13.05
双氯青霉素	470/160 470/311	100 42	15.60

本方法的添加回收率数据参见表 B.1。

7.3　平行试验

按上述步骤，对同一试样进行平行试验测定。

7.4　空白试验

除不称取试样外，均按上述分析步骤进行。

8　结果计算

蜂蜜中青霉素残留量利用数据处理系统计算或按式(1)计算：

$$X = c \times \frac{V}{m} \times \frac{1000}{1000} \qquad \cdots\cdots(1)$$

式中：

X——试样中被测组分残留量，单位为微克每千克(μg/kg)；

c——从标准工作曲线得到的试样溶液中被测组分的浓度，单位为纳克每毫升(ng/mL)；

V——试样溶液定容体积，单位为毫升(mL)；

m——最终试样溶液所代表的试样质量，单位为克(g)。

注：计算结果需将空白值扣除。

9　精密度

本部分的精密度数据是按照 GB/T 6379 的规定确定的，其重复性和再现性的值以 95%的可信度来计算。

9.1　重复性

在重复性条件下，获得的两次独立测试结果的绝对差值不超过重复性限 (r)，蜂蜜中青霉素 G、青霉素 V、乙氧萘青霉素、苯唑青霉素、邻氯青霉素、双氯青霉素含量范围及重复性方程见表 4。

如果两次测定值的差值超过重复性限(r)，应舍弃试验结果并重新完成两次单个试验的测定。

9.2　再现性

在再现性条件下，获得的两次独立测试结果的绝对差值不超过再现性限(R)，蜂蜜中青霉素 G、青霉素 V、乙氧萘青霉素、苯唑青霉素、邻氯青霉素、双氯青霉素含量范围及再现性方程见表 4。

表 4　六种青霉素含量范围及重复性和再现性方程

青霉素名称	含量范围/(g/kg)	重复性限 r	再现性限 R
青霉素 G	1～40	$\lg r=1.0027\lg m-1.0946$	$\lg R=0.8860\lg m-0.6277$
青霉素 V	1～40	$\lg r=0.9809\lg m-1.1480$	$\lg R=0.9572\lg m-0.6451$
苯唑青霉素	1～40	$\lg r=0.7579\lg m-0.9166$	$\lg R=0.8137\lg m-0.6173$
邻氯青霉素	2～80	$\lg r=0.9364\lg m-1.0862$	$\lg R=0.8489\lg m-0.5625$
乙氧萘青霉素	0.5～20	$\lg r=1.0233\lg m-1.1511$	$\lg R=0.8311\lg m-0.6066$
双氯青霉素	2～80	$\lg r=1.0171\lg m-1.1383$	$\lg R=0.8018\lg m-0.5164$
注：m 为两次测定结果的算术平均值。			

附　录　A
（资料性附录）
六种青霉素标准物质的总离子流图

六种青霉素标准物质的总离子流图，见图 A.1。

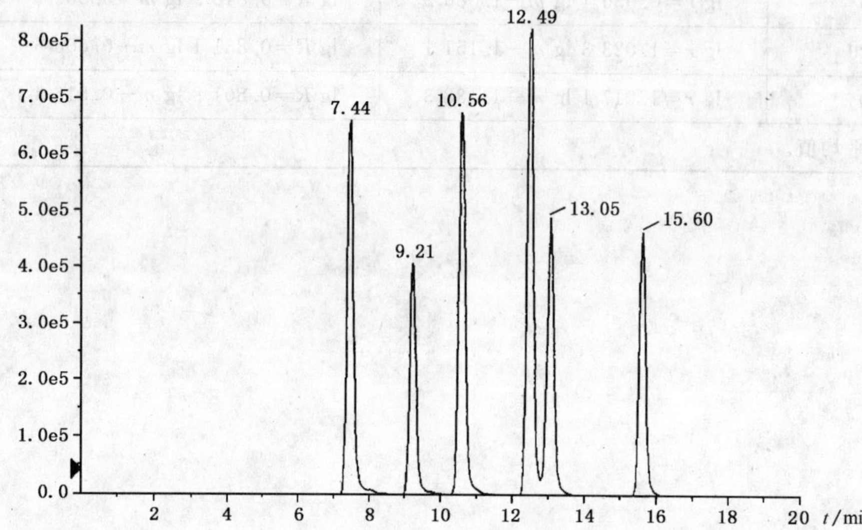

7.44 min 为青霉素 G；
9.21 min 为青霉素 V；
10.56 min 为苯唑青霉素；
12.49 min 为邻氯青霉素；
13.05 min 为乙氧萘青霉素；
15.60 min 为双氯青霉素。

图 A.1　六种青霉素标准物质的总离子流图

附 录 B
（资料性附录）
回 收 率

本部分中青霉素G、青霉素V、乙氧萘青霉素、苯唑青霉素、邻氯青霉素、双氯青霉素添加浓度及平均回收率的试验数据见表B.1。

表B.1 六种青霉素添加浓度及其平均回收率的试验数据

青霉素名称	添加浓度/(μg/kg)	回收率/(%)
青霉素G	1.0	92.1
	10	91.6
	20	91.9
	40	91.3
青霉素V	1.0	88.4
	10	88.1
	20	90.7
	40	86.1
乙氧萘青霉素	0.5	94.3
	5.0	92.2
	10	92.3
	20	93.2
苯唑青霉素	1.0	90.9
	10	89.2
	20	92.0
	40	87.8
邻氯青霉素	2.0	88.6
	20	87.1
	40	89.0
	80	87.8
双氯青霉素	2.0	90.3
	20	87.0
	40	88.2
	80	89.0

ICS 67.180.10
X 31

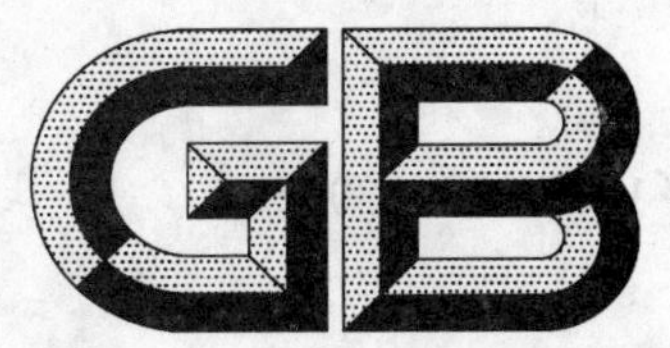

中华人民共和国国家标准

GB/T 18932.26—2005

蜂蜜中甲硝哒唑、洛硝哒唑、二甲硝咪唑残留量的测定方法 液相色谱法

Method for the determination of metronidazole, ronidazole and dimetridazole residues in honey—Liquid chromatographic method

2005-02-04 发布　　2005-08-01 实施

中华人民共和国国家质量监督检验检疫总局
中国国家标准化管理委员会　发布

前　言

GB/T 18932 本部分的附录 A、附录 B 为资料性附录。

本部分由中华人民共和国秦皇岛出入境检验检疫局提出。

本部分由中华全国供销合作总社归口。

本部分起草单位：中华人民共和国秦皇岛出入境检验检疫局。

本部分主要起草人：庞国芳、刘永明、曹彦忠、贾光群、范春林、张进杰、李学民、石玉秋。

本部分系首次发布的国家标准。

蜂蜜中甲硝哒唑、洛硝哒唑、二甲硝咪唑残留量的测定方法 液相色谱法

1 范围

GB/T 18932 的本部分规定了蜂蜜中甲硝哒唑、洛硝哒唑、二甲硝咪唑残留量的液相色谱测定方法。

本部分适用于蜂蜜中甲硝哒唑、洛硝哒唑、二甲硝咪唑残留量的测定。

本部分的方法检出限:甲硝哒唑、洛硝哒唑、二甲硝咪唑均为 0.010 mg/kg。

2 规范性引用文件

下列文件中的条款通过 GB/T 18932 的本部分的引用而成为本部分的条款。凡是注日期的引用文件,其随后所有的修改单(不包括勘误的内容)或修订版均不适用于本部分,然而,鼓励根据本部分达成协议的各方研究是否可使用这些文件的最新版本。凡是不注日期的引用文件,其最新版本适用于本部分。

GB/T 6379 测试方法的精密度 通过实验室间试验确定标准测试方法的重复性和再现性(GB/T 6379—1986,neq ISO 5725:1981)

GB/T 6682 分析实验室用水规格和试验方法(GB/T 6682—1992,neq ISO 3696:1987)

3 原理

试样中硝基咪唑类药物残留用乙酸乙酯提取,提取液蒸干后,用水溶解,经过 Oasis HLB 固相萃取柱和 BAKERBOND Carboxylic Acid 固相萃取柱净化,液相色谱仪紫外检测器测定,外标法定量。

4 试剂和材料

除另有说明外,所用试剂均为分析纯,水为 GB/T 6682 规定的一级水。

4.1 甲醇:色谱纯。

4.2 乙腈:色谱纯。

4.3 乙酸乙酯:色谱纯。

4.4 无水乙酸钠:分析纯。

4.5 冰乙酸:优级纯。

4.6 甲醇+水(5+95):量取 5 mL 甲醇与 95 mL 水混合。

4.7 乙酸盐缓冲溶液:0.82 g/L。称取 0.82 g 无水乙酸钠,用 800 mL 水溶解,用冰乙酸调节 pH 至 4.3,用水稀释至 1 L。

4.8 洗脱剂:甲醇+乙腈+乙酸盐缓冲溶液(40+6+54)。

4.9 Oasis HLB 固相萃取柱或相当者:500 mg,6 mL。使用前分别用 5 mL 甲醇和 10 mL 水预处理,保持柱体湿润。

4.10 BAKERBOND Carboxylic Acid 固相萃取柱或相当者:500 mg,3 mL。使用前用 5 mL 乙酸乙酯预处理,保持柱体湿润。

4.11 甲硝哒唑、洛硝哒唑、二甲硝咪唑标准物质:纯度≥98%。

4.12 甲硝哒唑、洛硝哒唑、二甲硝咪唑标准储备溶液:1.0 mg/mL。准确称取适量的甲硝哒唑、洛硝哒唑、二甲硝咪唑标准物质,分别用甲醇配成 1.0 mg/mL 的标准储备液。储备液可在温度低于 4℃冰箱中保存二个月。

4.13 甲硝哒唑、洛硝哒唑、二甲硝咪唑混合标准工作溶液:根据需要吸取适量甲硝哒唑、洛硝哒唑、二甲硝咪唑标准储备溶液,用流动相稀释成适当浓度的混合标准工作溶液,混合标准工作溶液应现用现配。

5 仪器

5.1 液相色谱仪:配有紫外检测器。

5.2 分析天平:感量 0.1 mg 和 0.01 g 各一台。

5.3 液体混匀器。

5.4 固相萃取真空装置。

5.5 振荡器。

5.6 具塞玻璃离心管:50 mL。

5.7 真空泵:真空度应达到 80 kPa。

5.8 离心机。

5.9 旋转蒸发器。

5.10 样品管:5 mL。

5.11 pH 计:测量精度±0.02。

5.12 梨形瓶:200 mL。

6 试样的制备与保存

6.1 试样的制备

对无结晶的实验室样品,将其搅拌均匀。对有结晶的样品,在密闭情况下,置于不超过 60℃的水浴中温热,振荡,待样品全部融化后搅匀,迅速冷却至室温。分出 0.5 kg 作为试样。制备好的试样置于样品瓶中,密封,并做上标记。

6.2 试样保存

将试样于常温下保存。

7 测定步骤

7.1 提取

称取 6 g 试样(精确到 0.01 g)置于 50 mL 具塞玻璃离心管中,加入 6 mL 水,在液体混匀器上混匀,加 20 mL 乙酸乙酯,于振荡器上振荡 20 min,离心,取上清液至梨形瓶中。再用 20 mL 乙酸乙酯提取一次,合并上清液,用旋转蒸发器于 45℃水浴上减压蒸发至干,用 5 mL 水溶解,待净化。

7.2 净化

将上述 5 mL 水溶液移至 Oasis HLB 柱中,以小于等于 3 mL/min 的流速通过 Oasis 固相萃取柱后,用 5 mL 水洗涤梨形瓶,移至 Oasis HLB 柱中洗柱,再用 5 mL 甲醇+水(4.6)洗柱,弃去全部流出液。在 65 kPa 的负压下,减压抽干 20 min,将 Oasis HLB 柱下接 Carboxylic Acid 固相萃取柱,用 5 mL 乙酸乙酯以小于等于 3 mL/min 的流速洗脱 Oasis HLB 柱并通过 Carboxylic Acid 固相萃取柱,弃去 Oasis HLB 柱,分别用 5 mL 乙酸乙酯和 5 mL 乙腈洗涤 Carboxylic Acid 固相萃取柱,弃去全部流出液。在 65 kPa 的负压下,减压抽干 5 min,用 2 mL 洗脱剂(4.8)洗脱,收集洗脱液于 5 mL 样品管中,用洗脱剂定容至 2 mL,供液相色谱仪测定。

7.3 测定

7.3.1 液相色谱条件

a) 色谱柱:Diamonsil C_{18},5 μm,250 mm×4.6 mm(内径)或相当者;

b) 流动相:乙腈+乙酸盐缓冲溶液(10+90);

c) 流速:1.0 mL/min;

d) 柱温:25℃;

e) 进样量:50 μL;

f) 检测波长:315 nm。

7.3.2 液相色谱测定

用甲硝哒唑、洛硝哒唑、二甲硝咪唑混合标准溶液分别进样,以峰面积为纵坐标,工作溶液浓度为横坐标绘制标准工作曲线,用标准工作曲线对样品进行定量,样品溶液中甲硝哒唑、洛硝哒唑、二甲硝咪唑的响应值均应在仪器测定的线性范围内。甲硝哒唑、洛硝哒唑、二甲硝咪唑标准物质色谱图参见图 A.1。在上述色谱条件下,甲硝哒唑、洛硝哒唑、二甲硝咪唑的参考保留时间见表 1。

表 1 甲硝哒唑、洛硝哒唑、二甲硝咪唑的参考保留时间

硝基咪唑类药物名称	保留时间/min
甲硝哒唑	12.7
洛硝哒唑	15.0
二甲硝咪唑	21.2

本方法的添加回收率数据参见附录 B。

7.4 平行试验

按以上步骤,对同一试样进行平行试验测定。

7.5 空白试验

除不称取试样外,均按上述步骤同时完成空白试验。

8 结果计算

结果按式(1)计算:

$$X = c \cdot \frac{V}{m} \cdot \frac{1\,000}{1\,000} \qquad \cdots\cdots(1)$$

式中:

X——试样中被测组分残留量,单位为毫克每千克(mg/kg);

c——从标准工作曲线得到的被测组分溶液浓度,单位为微克每毫升(μg/mL);

V——样品溶液最终定容体积,单位为毫升(mL);

m——样品溶液所代表最终试样的质量,单位为克(g)。

注:计算结果应扣除空白值。

9 精密度

本部分的精密度数据是按照 GB/T 6379 的规定确定的,重复性和再现性的值以 95% 的可信度来计算。

9.1 重复性

在重复性条件下,获得的两次独立测试结果的绝对差值不超过重复性限(r),蜂蜜中甲硝哒唑、洛硝哒唑、二甲硝咪唑含量范围及重复性方程见表 2。

表 2　含量范围及重复性和再现性方程

名　　称	含量范围/(mg/kg)	重复性限 r	再现性 R
甲硝哒唑	0.010～0.100	$r=0.0303\,m+2.1673$	$R=0.0807\,m+1.0408$
洛硝哒唑	0.010～0.100	$r=0.0608\,m+1.8727$	$R=0.0620\,m+1.7190$
二甲硝咪唑	0.010～0.100	$r=0.0627\,m+1.4411$	$\lg R=0.7099\lg m-0.4377$
注：m 为两次测定结果的算术平均值。			

如果差值超过重复性限，应舍弃试验结果并重新完成两次单个试验的测定。

9.2　再现性

在再现性条件下，获得的两次独立测试结果的绝对差值不超过再现性限(R)，蜂蜜中甲硝哒唑、洛硝哒唑、二甲硝咪唑的含量范围及再现性方程见表 2。

附　录　A
（资料性附录）
标准物质色谱图

甲硝哒唑、洛硝哒唑、二甲硝咪唑标准物质色谱图见图 A.1。

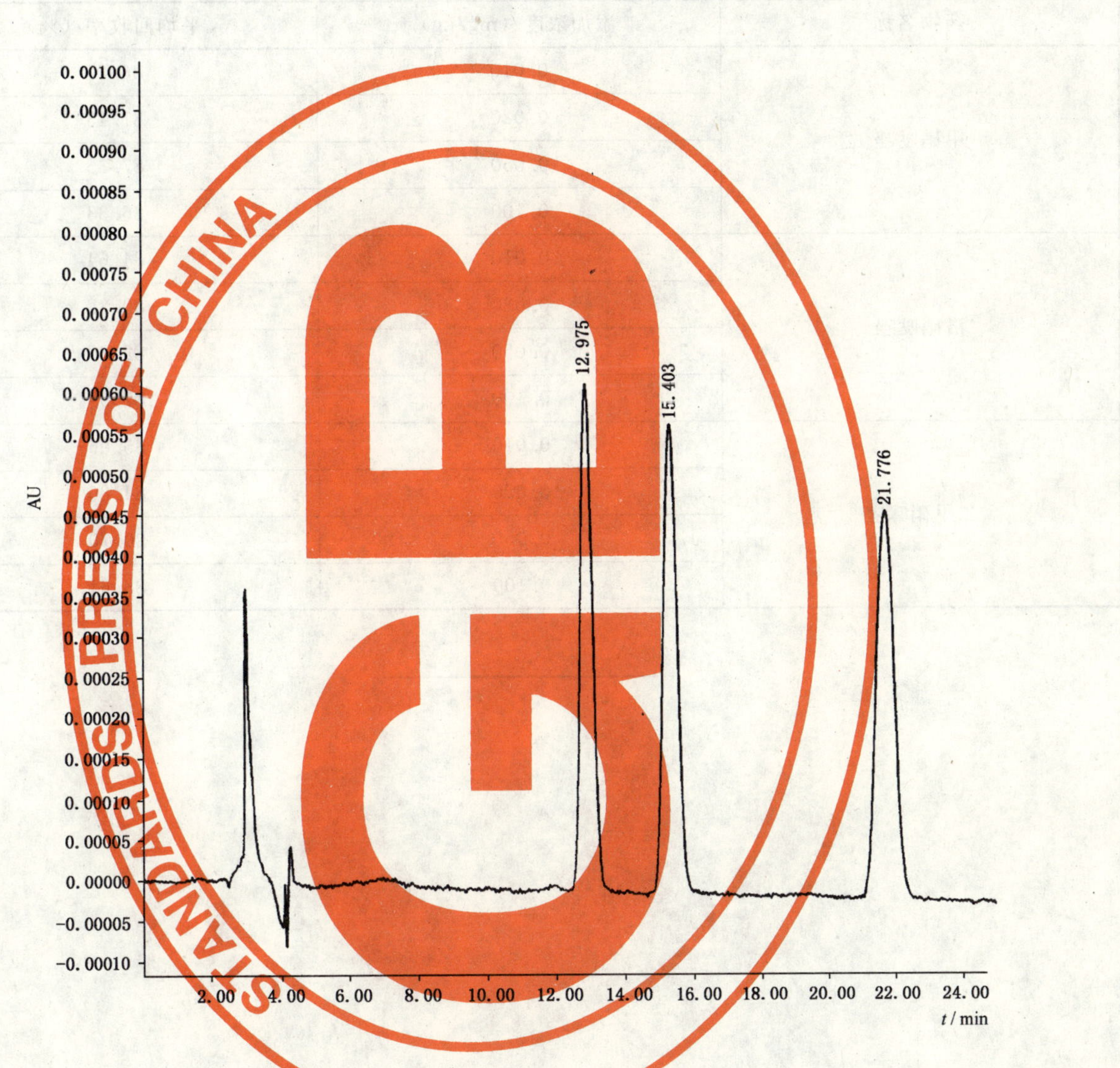

图 A.1　甲硝哒唑、洛硝哒唑、二甲硝咪唑标准物质色谱图

附 录 B
（资料性附录）
回 收 率

本方法中甲硝哒唑、洛硝哒唑、二甲硝咪唑添加浓度及其平均回收率的试验数据见表B.1。

表B.1 甲硝哒唑、洛硝哒唑、二甲硝咪唑添加浓度及其平均回收率的试验数据

药物名称	添加浓度/(mg/kg)	平均回收率/(%)
甲硝哒唑	0.010	86.27
	0.020	87.13
	0.050	87.35
	0.100	86.33
洛硝哒唑	0.010	84.64
	0.020	89.38
	0.050	82.87
	0.100	87.99
二甲硝咪唑	0.010	85.96
	0.020	84.86
	0.050	90.70
	0.100	88.61

ICS 67.180.10
X 31

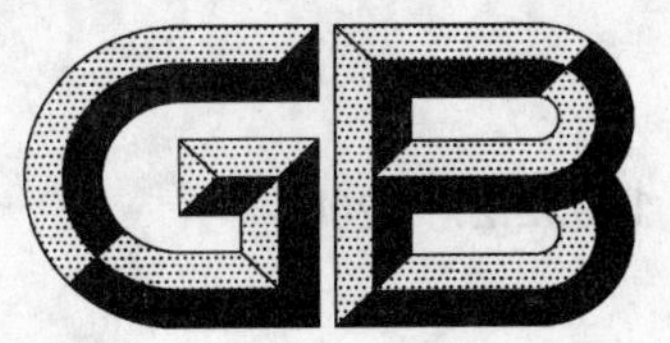

中华人民共和国国家标准

GB/T 18932.27—2005

蜂蜜中泰乐菌素残留量测定方法 酶联免疫法

Method for the determination of tylosin residue in honey—Enzyme-linked immunosorbent assay method

2005-02-04 发布　　2005-08-01 实施

中华人民共和国国家质量监督检验检疫总局
中国国家标准化管理委员会　发布

前　言

GB/T 18932 本部分的附录 A 为资料性附录。

本部分由中华人民共和国秦皇岛出入境检验检疫局提出。

本部分由中华全国供销合作总社归口。

本部分起草单位：中华人民共和国秦皇岛出入境检验检疫局。

本部分主要起草人：庞国芳、付宝莲、张进杰、肖艳霞。

本部分系首次发布的国家标准。

蜂蜜中泰乐菌素残留量测定方法
酶联免疫法

1 范围

GB/T 18932的本部分规定了蜂蜜中泰乐菌素残留量酶联免疫测定方法。

本部分适用于蜂蜜中泰乐菌素残留量的测定。

本部分的方法检出限:泰乐菌素为10.0 μg/kg。

2 规范性引用文件

下列文件中的条款通过GB/T 18932的本部分的引用而成为本部分的条款。凡是注日期的引用文件,其随后所有的修改单(不包括勘误的内容)或修订版均不适用于本部分,然而,鼓励根据本部分达成协议的各方研究是否可使用这些文件的最新版本。凡是不注日期的引用文件,其最新版本适用于本部分。

GB/T 6379 测试方法的精密度 通过实验室间试验确定标准测试方法的重现性和再现性(GB/T 6379—1986,neq ISO 5725:1981)

GB/T 6682 分析实验室用水规格和试验方法(GB/T 6682—1992,neq ISO 3696:1987)

3 原理

试样中残留的泰乐菌素与试剂盒中的泰乐菌素酶标记物共同竞争泰乐菌素抗体,形成的酶标记抗原抗体复合物与显色剂发生反应,用酶标仪测定吸光度,根据吸光度值得出试样中泰乐菌素的含量。

4 试剂和材料

4.1 泰乐菌素试剂盒:

4.1.1 96孔板:12条×8孔。

4.1.2 泰乐菌素标准溶液。

4.1.3 标准和样品缓冲溶液:浓缩液。

4.1.4 泰乐菌素酶标记物。

4.1.5 酶标记物缓冲溶液。

4.1.6 洗板溶液:浓缩液。

4.1.7 显色剂。

4.1.8 反应停止液。

4.2 缓冲溶液:将标准和样品缓冲溶液(4.1.3)按泰乐菌素试剂盒(4.1)中规定的比例用水稀释,混匀后备用。

4.3 泰乐菌素标准工作溶液:根据泰乐菌素试剂盒的线性范围,用稀释的缓冲溶液(4.2)将泰乐菌素标准溶液(4.1.2)稀释成不同浓度(μg/L)的标准工作溶液。每次测定均应现配现用。

4.4 泰乐菌素酶标记物溶液:根据泰乐菌素试剂盒中说明,用酶标记物缓冲溶液(4.1.5)将泰乐菌素酶标记物(4.1.4)溶解,混匀后备用。

4.5 洗板工作溶液:将洗板溶液(4.1.6)按泰乐菌素试剂盒中规定的比例用水稀释,混匀后备用。

4.6 水:GB/T 6682规定的一级水。

5 仪器

5.1 酶标仪。

5.2 8道移液器:50 μL～300 μL。

5.3 单道移液器:5 μL～50 μL,100 μL～1 000 μL和2 mL～10 mL。

5.4 液体混匀器。

5.5 离心机。

5.6 注射过滤器:2 mL,并带有孔径为0.45 μm的水相针头式过滤膜。

5.7 具塞试管:10 mL,20 mL。

6 试样的制备与保存

6.1 试样的制备

对无结晶的实验室样品,将其搅拌均匀。对有结晶的实验室样品,在密闭的情况下,置于不超过60℃的水浴中温热、振荡,待样品全部融化后搅匀,冷却至室温,分出0.5 kg作为试样。制备好的试样置于样品瓶中,密封,并加以标识。

6.2 试样的保存

将样品于室温下保存。

7 分析步骤

7.1 提取

称取1 g试样,精确到0.01 g,置于20 mL具塞试管中,加入9 mL缓冲溶液(4.2)于液体混匀器上快速混匀1 min,使试样完全溶解,以3 000 r/min离心10 min后,取适量的样品上清溶液用注射过滤器过滤至10 mL的具塞试管中,供酶标仪测定。此溶液稀释系数为10。

7.2 测定条件

以下所有操作应在20℃～24℃室温下进行。

7.2.1 酶标仪测定条件:酶标仪测定波长为450 nm。

7.2.2 人工洗板条件:洗涤次数五次以上,每次注水量为250 μL。

7.2.3 泰乐菌素试剂盒中所有试剂的温度均应回升至室温(20℃～24℃)后方可使用。

7.2.4 将测定需用的微孔板(4.1.1)备齐并插入微孔架上,记录标准及样品等在微孔架上的位置(模板图)。

7.3 测定

测定中吸取不同的试剂和样品溶液时应更换吸头。

7.3.1 分别吸取50 μL泰乐菌素标准工作溶液(4.3)和样品溶液等,按模板图位置依次加入各自的微孔底部。

7.3.2 分别吸取100 μL泰乐菌素酶标记物溶液(4.4)于每一个微孔底部,然后,用封口膜密封孔口以防溶液挥发。持微孔板在台面上以圆周运动方式混匀后,于20℃～24℃避光孵育10 min。

7.3.3 倒出孔中的液体,将微孔架反扣在吸水纸上反复拍打,以除去孔中过多的残液,但不能使微孔干燥,然后,立即用洗板工作溶液(4.5)按7.2.2要求进行洗板,每次弃去洗板溶液后,均应将微孔架反扣在吸水纸上反复拍打,以除去孔中过多的残液,但不能使微孔干燥。

7.3.4 迅速加入100 μL显色剂(4.1.7)于每一个微孔底部,然后,持微孔板在台面上以圆周运动方式混匀后,于20℃～24℃避光孵育10 min。

7.3.5 迅速加入100 μL反应停止液(4.1.8)于每一个微孔底部,然后,持微孔板在台面上以圆周运动方式混匀后,将微孔架置于酶标仪中,在450 nm处测量吸光度(加入反应停止液后应在60 min内读取吸光度)。

7.4 平行试验

按以上步骤,对同一标准、同一样品溶液均应进行平行试验测定。

7.5 空白试验

除不称取试样外,均按上述步骤进行。

7.6 监控试验

每次测定均应做一个添加泰乐菌素标准的显色剂样品。

8 结果计算

在半对数坐标纸上,以吸光度值为纵坐标(%),泰乐菌素标准工作溶液浓度(μg/L)为横坐标,绘制标准工作曲线。从标准工作曲线上得到试样中相应的泰乐菌素浓度后,结果按公式(1)计算:

$$X = c \cdot \frac{V}{m} \cdot \frac{1\,000}{1\,000} \quad \cdots\cdots(1)$$

式中:

X——试样中泰乐菌素残留量,单位为微克每千克(μg/kg);

c——从标准工作曲线上得到的试样中泰乐菌素浓度,单位为微克每升(μg/L);

V——样品溶液的体积,单位为毫升(mL);

m——样品溶液所含的试样质量,单位为克(g)。

结果表示到小数点后两位。

注:计算结果应扣除空白值。

9 确证试验

如被测样品中泰乐菌素残留量的值大于检出限时,应用LC-MS-MS法进行确证。

10 精密度

本部分的精密度数据是按照GB/T 6379的规定确定的,其重复性和再现性的值是以95%的可信度来计算。

10.1 重复性

在重复性条件下,蜂蜜中泰乐菌素的含量在10.0 μg/kg~100.0 μg/kg范围时,获得的两次独立测试结果的绝对差值不超过重复性限(r),本部分的重复性限按方程式(2)计算:

$$\lg r = 1.285\,5 \lg m - 1.752\,9 \quad \cdots\cdots(2)$$

式中:

m——两次测定值的平均值,单位为微克每千克(μg/kg)。

如果差值超过重复性限,应舍弃试验结果并重新完成两次单个试验的测定。

10.2 再现性

在再现性条件下,蜂蜜中泰乐菌素的含量在10.0 μg/kg~100.0 μg/kg范围时,获得的两次独立测试结果的绝对差值不超过再现性(R),本部分的再现性限按方程式(3)计算:

$$R = 0.121\,7\,m + 0.717\,6 \quad \cdots\cdots(3)$$

式中:

m——两次测定值的平均值,单位为微克每千克(μg/kg)。

附 录 A
（资料性附录）
回 收 率

本方法中泰乐菌素添加浓度及回收率的试验数据：

在添加量为 10.0 μg/kg 时，平均回收率为 97.20%。

在添加量为 30.0 μg/kg 时，平均回收率为 102.50%。

在添加量为 50.0 μg/kg 时，平均回收率为 97.80%。

在添加量为 100.0 μg/kg 时，平均回收率为 104.35%。

ICS 67.180.10
X 31

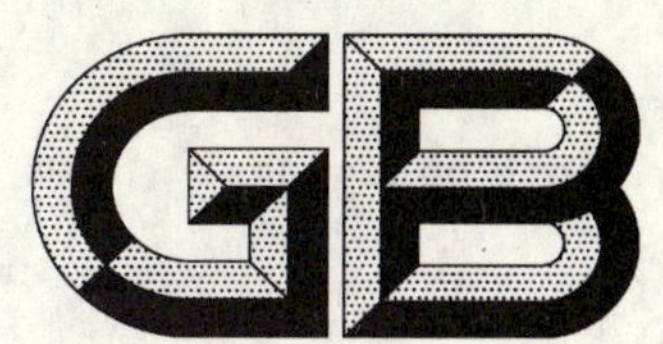

中华人民共和国国家标准

GB/T 18932.28—2005

蜂蜜中四环素族抗生素残留量测定方法 酶联免疫法

Method for the determination of tetracyclins antibiotics residues in honey—Enzyme-linked immunosorbent assay method

2005-02-04 发布 2005-08-01 实施

中华人民共和国国家质量监督检验检疫总局
中国国家标准化管理委员会 发布

前　言

GB/T 18932 的本部分的附录 A 为资料性附录。

本部分由中华人民共和国秦皇岛出入境检验检疫局提出。

本部分由中华全国供销合作总社归口。

本部分起草单位:中华人民共和国秦皇岛出入境检验检疫局。

本部分主要起草人:庞国芳、付宝莲、张进杰、肖艳霞。

本部分系首次发布的国家标准。

蜂蜜中四环素族抗生素残留量测定方法 酶联免疫法

1 范围

GB/T 18932的本部分规定了蜂蜜中四环素族抗生素残留量酶联免疫测定方法。

本部分适用于蜂蜜中四环素族抗生素残留量的测定。

本部分的方法检出限:四环素族抗生素为15.00 μg/kg。

2 规范性引用文件

下列文件中的条款通过GB/T 18932的本部分的引用而成为本部分的条款。凡是注日期的引用文件,其随后所有的修改单(不包括勘误的内容)或修订版均不适用于本部分,然而,鼓励根据本部分达成协议的各方研究是否可使用这些文件的最新版本。凡是不注日期的引用文件,其最新版本适用于本部分。

GB/T 6379 测试方法的精密度 通过实验室间试验确定标准测试方法的重现性和再现性(GB/T 6379—1986,neq ISO 5725:1981)

GB/T 6682 分析实验室用水规格和试验方法(GB/T 6682—1992,neq ISO 3696:1987)

GB/T 18932.23 蜂蜜中土霉素、四环素、金霉素、强力霉素残留量的测定方法 液相色谱-串联质谱法

3 原理

试样中残留的四环素族抗生素与微孔板中结合的四环素族抗生素共同竞争四环素族抗生素抗体,在酶标记物的作用下,形成的酶标记抗原抗体复合物与显色剂发生反应,用酶标仪测定吸光度,根据吸光度值得出试样中四环素族抗生素的含量。

4 试剂和材料

4.1 四环素族抗生素试剂盒:

4.1.1 96孔板:12条×8孔。

4.1.2 四环素族抗生素标准溶液。

4.1.3 四环素族抗生素抗体溶液。

4.1.4 四环素族抗生素酶标记物溶液。

4.1.5 基质。

4.1.6 显色剂。

4.1.7 反应停止液。

4.2 磷酸二氢钠($NaH_2PO_4 \cdot 2H_2O$):优级纯。

4.3 磷酸氢二钠($Na_2HPO_4 \cdot 12H_2O$):优级纯。

4.4 氯化钠:优级纯。

4.5 吐温20:分析纯。

4.6 磷酸盐缓冲溶液:pH=7.4。分别称取0.62 g磷酸二氢钠(4.2)、5.73 g磷酸氢二钠(4.3)和9 g氯化钠(4.4)于1 000 mL中,在pH计上调节溶液pH=7.4。

4.7　洗板溶液：pH＝7.2～7.4。分别称取 0.62 g 磷酸二氢钠(4.2)、5.73 g 磷酸氢二钠(4.3)和 9 g 氯化钠(4.4)于 1 000 mL 中，再加 1 mL 吐温(4.5)，在 pH 计上调节溶液 pH＝7.2～7.4。

4.8　四环素族抗生素基质标准工作溶液：根据四环素族抗生素试剂盒(4.1)的线性范围，用空白蜂蜜样品提取液将四环素族抗生素标准溶液(4.1.2)按 1∶9 进行稀释成不同浓度(μg/kg)的标准工作溶液。每次测定用的标准工作溶液均应现配现用。

4.9　水：GB/T 6682 规定的一级水。

5　仪器

5.1　酶标仪。

5.2　8 道移液器：50 μL～300 μL。

5.3　单道移液器：5 μL～50 μL，100 μL～1 000 μL 和 2 mL～10 mL。

5.4　液体混匀器。

5.5　超声波水浴。

5.6　注射过滤器：2 mL～5 mL，并带有孔径为 0.45 μm 的水相针头式过滤膜。

5.7　具塞试管：10 mL，50 mL。

5.8　pH 计：测量精度±0.02。

6　试样的制备与保存

6.1　试样的制备

对无结晶的实验室样品，将其搅拌均匀。对有结晶的实验室样品，在密闭的情况下，置于不超过 60℃ 的水浴中温热、振荡，待样品全部融化后搅匀，冷却至室温，分出 0.5 kg 作为试样。制备好的试样置于样品瓶中，密封，并加以标识。

6.2　试样的保存

将样品于室温下保存。

7　分析步骤

7.1　提取

称取 1 g 试样，精确到 0.01 g，置于 50 mL 具塞试管中，加入 10 mL 磷酸盐缓冲溶液(4.6)于液体混匀器上快速混匀 1 min，使试样完全溶解。再加入 39 mL 磷酸盐缓冲溶液后，将试管置于超声波水浴中超声 5 min，取出摇匀，用注射过滤器将适量的样品溶液过滤至 10 mL 具塞试管中，供酶标仪测定。此溶液稀释系数为 50。

7.2　测定条件

以下所有操作应在 20℃～24℃ 室温下进行。

7.2.1　酶标仪测定条件：酶标仪测定波长为 450 nm。

7.2.2　人工洗板条件：洗涤次数五次以上，每次注水量为 250 μL。

7.2.3　四环素族试剂盒中所有试剂的温度均应回升至室温(20℃～24℃)后方可使用。

7.2.4　将测定需用的微孔板(4.1.1)备齐并插入微孔架上，记录标准及样品等在微孔架上的位置(模板图)。

7.3　测定

测定中吸取不同的试剂和样品溶液时应更换吸头。

7.3.1　分别吸取 50 μL 四环素族标准工作溶液(4.8)和样品溶液等，按模板图位置依次加入各自的微孔底部。

7.3.2　吸取 50 μL 四环素族抗体溶液(4.1.3)于每一个微孔底部，然后，用封口膜密封孔口以防溶液挥发。持微孔板在台面上以圆周运动方式混匀后，于 20℃～24℃避光孵育 60 min。

7.3.3 倒出孔中的液体，将微孔架反扣在吸水纸上反复拍打，以除去孔中过多的残液(但不能使微孔干燥)，然后，立即用洗板溶液(4.7)按 7.2.2 要求进行洗板。每次弃去洗板溶液后，均应将微孔架反扣在吸水纸上反复拍打，以除去孔中过多的残液，但不能使微孔干燥。

7.3.4 迅速加入 100 μL 四环素族酶标记物溶液(4.1.4)于每一个微孔底部，然后，持微孔板在台面上以圆周运动方式混匀后，于 20℃～24℃避光孵育 15 min。

7.3.5 按 7.3.3 步骤重复操作。

7.3.6 迅速加入 50 μL 基质(4.1.5)和 50 μL 显色剂(4.1.6)于每一个微孔底部，然后，持微孔板在台面上以圆周运动方式混匀后，于 20℃～24℃避光孵育 15 min。

7.3.7 迅速加入 100 μL 反应停止液(4.1.7)于每一个微孔底部。然后，持微孔板在台面上以圆周运动方式混匀后，将微孔架置于酶标仪中，在 450 nm 处测量吸光度(加入反应停止液后应在 60 min 内读取吸光度)。

7.4 平行试验

按以上步骤，对同一标准、同一样品溶液均应进行平行试验测定。

7.5 空白试验

除不称取试样外，均按上述步骤进行。

7.6 监控试验

每次测定均应做一个添加四环素族抗生素标准的空白样品。

8 结果计算

在半对数坐标纸上，以吸光度值为纵坐标(%)，四环素族抗生素标准工作溶液浓度(μg/kg)为横坐标，绘制标准工作曲线。从标准工作曲线上得到试样中相应的四环素族抗生素浓度后，结果按公式(1)计算：

$$X = c \cdot \frac{V}{m} \cdot \frac{1\,000}{1\,000} \quad \cdots\cdots(1)$$

式中：

X——试样中四环素族抗生素残留量，单位为微克每千克(μg/kg)；

c——从标准工作曲线上得到的试样中四环素族抗生素浓度，单位为微克每千克(μg/kg)；

V——样品溶液的体积，单位为毫升(mL)；

m——样品溶液所含的试样质量，单位为克(g)。

结果表示到小数点后两位。

注：计算结果应扣除空白值。

9 确证试验

如被测样品中四环素族抗生素残留量的值大于检出限时，应用 LC-MS-MS 法进行确证。

10 精密度

本部分的精密度数据是按照 GB/T 6379 的规定确定的，其重复性和再现性的值是以 95%的可信度来计算。

10.1 重复性

在重复性条件下，蜂蜜中四环素族抗生素的含量在 15.00 μg/kg～200.00 μg/kg 范围时，获得的两次独立测试结果的绝对差值不超过重复性限(r)，本部分的重复性限按方程式(2)计算：

$$\lg r = 1.123\,9 \lg m - 1.421\,3 \quad \cdots\cdots(2)$$

式中：

m——两次测定值的平均值，单位为微克每千克（μg/kg）。

如果差值超过重复性限，应舍弃试验结果并重新完成两次单个试验的测定。

10.2 再现性

在再现性条件下，蜂蜜中四环素族抗生素的含量在 15.00 μg/kg～200.00 μg/kg 范围时，获得的两次独立测试结果的绝对差值不超过再现性（R），本部分的再现性限按方程式（3）计算：

$$R = 0.0959\,m + 1.4745 \qquad \cdots\cdots(3)$$

式中：

m——两次测定值的平均值，单位为微克每千克（μg/kg）。

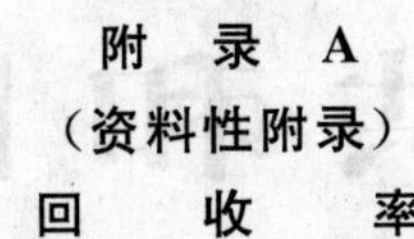

附　录　A
（资料性附录）
回　　收　　率

本方法中四环素族抗生素添加浓度及回收率的试验数据：

在添加量为 15.00 μg/kg 时，平均回收率为 99.0％。

在添加量为 50.00 μg/kg 时，平均回收率为 95.9％。

在添加量为 100.00 μg/kg 时，平均回收率为 88.4％。

在添加量为 200.00 μg/kg 时，平均回收率为 107.0％。

ICS 03.120.10
A 00

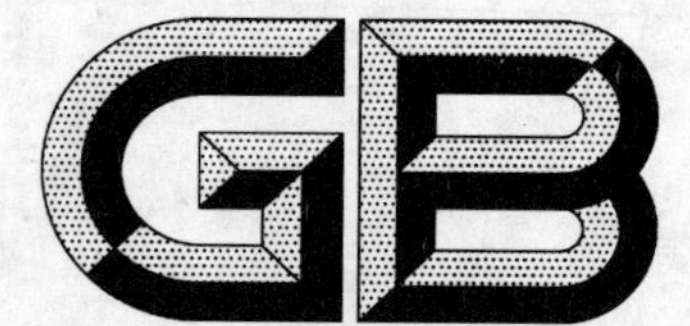

中华人民共和国国家标准

GB/T 19016—2005/ISO 10006:2003
代替 GB/T 19016—2000

质量管理体系　项目质量管理指南

Quality management systems—Guidelines for quality management in projects

(ISO 10006:2003,IDT)

2005-09-05 发布　　2006-01-01 实施

中华人民共和国国家质量监督检验检疫总局
中国国家标准化管理委员会　发布

前　言

本标准等同采用 ISO 10006:2003《质量管理体系——项目质量管理指南》。

本标准是 GB/T 19000 族标准的组成部分，并与其保持一致。

本标准代替 GB/T 19016—2000《质量管理　项目管理质量指南》，并作了技术性修订。

本标准与 GB/T 19016—2000 相比，结构上发生了变化，旨在提高与 2000 版 GB/T 19000 族标准的一致性，内容增加了质量管理八项原则这一新的思想，题目也作了相应的修改，以反映 GB/T 19000 族标准的变化并更好地表达本标准的意图。

本标准的附录 A 是资料性附录。

本标准由全国质量管理和质量保证标准化技术委员会(SAC/TC 151)提出并归口。

本标准由中国标准化研究院负责起草。

本标准起草单位：中国标准化研究院、中国航天科技集团 708 所、中国新时代质量体系认证中心、上海现代工程咨询有限公司、中国冶金设备总公司。

本标准主要起草人：李仁良、田武、江元英、曹纯、应浩千、高原刚。

引　言

本标准为项目中的质量管理提供指南。本标准阐述了质量管理的原则和方法，这些原则和方法的实施对实现项目质量目标很重要并且影响项目质量目标的实现。本标准是 GB/T 19004—2000 指南的补充。

这些指南旨在面向很广的范围，适用于各种类型的项目，可从小到大、从简单到复杂，从单个项目到一个大的工作计划的一部分或项目的组合。这些指南适用于具有项目管理经验且需要确保其组织应用 GB/T 19000 族标准的方法的人员，以及具有质量管理经验且需要与项目组织相互配合将其知识和经验用于项目中的人员。这些指南的内容对有些人来说过于详尽，但对有些人可能是适用的。

一般认为，质量管理在项目中的应用有两个方面：项目过程方面和项目产品方面。不满足这两个方面中的任何一个都可能会对项目的产品、项目的顾客和其他相关方以及项目的组织产生重大影响。

这些方面还强调实现质量目标是最高管理者的职责，要求参与项目的组织的各级都对质量目标的实现作出承诺，每一级都应当对其各自的过程和产品负责。

项目中过程和产品质量的形成和保持要求采用系统的方法，该方法旨在确保顾客明示的和隐含的需求得到理解和满足，其他相关方的需求得到理解和评价，启动组织的质量方针在项目管理中得到考虑和实施。

本标准的附录 A 给出了项目中的过程一览表。

质量管理体系　项目质量管理指南

1　范围

本标准为质量管理在项目中的应用提供指南。

本标准适用于不同环境下的复杂程度不同、规模大小不一、周期长短不等的各种项目，而不管项目的产品或过程的类型如何。但为了适用于某一特定项目，可能需要对本标准做一些删减。

本标准不是“项目管理”本身的指南，而是项目管理过程中的质量指南。与项目产品有关的过程质量指南及“过程方法”指南见 GB/T 19004—2000。

本标准是一个指南性文件，不用于认证目的。

2　规范性引用文件

下列文件中的条款通过本标准的引用而成为本标准的条款。凡是注日期的引用文件，其随后所有的修改单（不包括勘误的内容）或修订版均不适用于本标准，然而，鼓励根据本标准达成协议的各方研究是否可使用这些文件的最新版本。凡是不注日期的引用文件，其最新版本适用于本标准。

GB/T 19000—2000　质量管理体系　基础和术语（idt ISO 9000:2000）

GB/T 19004—2000　质量管理体系　业绩改进指南（idt ISO 9004:2000）

注：参考文献中包含了可用于项目质量管理的进一步信息。

3　术语和定义

GB/T 19000—2000 中的术语和定义以及下列术语和定义适用于本标准。下列定义中有些是从 GB/T 19000—2000 中直接引用过来的，在用于项目时，以另加“注”的方式加以补充。

3.1

活动　activity

在项目（3.5）过程（3.3）中识别出的最小的工作项

3.2

相关方　interested party

与组织的业绩或成就有利益关系的个人或团体

示例：顾客、所有者、员工、供方、银行、工会、合作伙伴或社会

注 1：一个团体可以由一个组织或其一部分或多个组织构成。

［GB/T 19000—2000，术语和定义 3.3.7］

注 2：相关方可包括：

——顾客（项目产品的顾客）；

——消费者（如项目产品的使用者）；

——项目的所有者（如发起项目的组织）；

——合作伙伴（如合资项目伙伴）；

——投资者（如金融机构）；

——供方或分承包方（如向项目组织提供产品的组织）；

——社会（如司法机构或法规机构和广大公众）；

——内部人员（如项目组织的成员）。

注 3：相关方之间可能会存在互相冲突的利益，可能需要予以解决以取得项目成功。

3.3

过程　process

一组将输入转化为输出的相互关联或相互作用的活动

注1：一个过程的输入通常是其他过程的输出。

注2：组织为了增值通常对过程进行策划并使其在受控条件下运行。

[GB/T 19000—2000，术语和定义3.4.1(不包括注3)]

3.4

进展评价　progress evaluation

针对实现项目(3.5)目标所做的进展情况的评定

注1：评定应当在整个项目过程中，在项目生命期的适当点，依据项目过程和产品的准则进行。

注2：进展评价的结果可能导致对项目管理计划的修订。

3.5

项目　project

由一组有起止日期的、相互协调的受控活动(3.1)组成的独特过程，该过程要达到符合包括时间、成本和资源的约束条件在内的规定要求的目标

[GB/T 19000—2000，术语和定义3.4.3(不包括注)]

注1：单个项目可作为一个较大项目结构中的组成部分。

注2：在一些项目中，随着项目的进展，目标和范围被更新，产品特性被逐步确定。

注3：项目产品(见GB/T 19000:2000的3.4.2)通常在项目范围(见7.3.1)中确定，可以是一项或若干项产品，可以是有形的或无形的产品。

注4：项目组织通常是临时的，是根据项目的生命期而建立的。

注5：项目活动之间相互作用的复杂性与项目规模之间没有必然的联系。

3.6

项目管理　project management

对项目(3.5)各方面的策划、组织、监视、控制和报告，并激励所有参与者实现项目目标

3.7

项目管理计划　project management plan

规定满足项目(3.5)目标所必须的事项的文件

注1：项目管理计划应当包括或引用项目质量计划(3.8)。

注2：适当时，项目管理计划还包括或引用其他计划，如与组织结构、资源、进度、预算、风险管理、环境管理、健康安全管理以及安全管理有关的计划。

3.8

质量计划　quality plan

对特定的项目(3.5)、产品、过程(3.3)或合同，规定由谁及何时应用哪些程序和相关资源的文件

注1：这些程序通常包括所涉及的那些质量管理过程和产品实现过程。

注2：质量计划经常引用质量手册的部分内容或程序文件。

注3：质量计划通常是质量策划的结果之一。

[GB/T 19000—2000，术语和定义3.7.5]

3.9

供方　supplier

提供产品的组织或个人

示例：制造商、批发商、产品的零售商或商贩、服务或信息的提供方。

注1：供方可以是组织内部的或外部的。

注2：在合同情况下供方有时称为"承包方"。

[GB/T 19000—2000，术语和定义3.3.6]。

注3：对项目而言，经常用"承包方"或"分承包方"取代"供方"。

4 项目质量管理体系

4.1 项目特性

4.1.1 总则

项目有如下一些特性：

——由过程和活动组成的阶段是唯一的且不重复；

——有一定程度的风险和不确定性；

——可以期望在预先确定的参数内，如与质量有关的参数，提交规定(最小)的定量结果；

——有计划好的开始和完成日期，明确规定的费用和资源约束条件；

——在项目的持续时间内，可以临时指定人员参与到项目组织中[项目组织可以由启动组织(见4.1.2)指定且可随项目进展而变化]；

——项目周期可能很长，且会随时间推移而受内、外部变化的影响。

4.1.2 组织

本标准中分别引用了"启动组织"和"项目组织"的概念。

"启动组织"是决定承担项目的组织，可以是一个单个的组织、合资企业、联合体等。启动组织将项目分派给项目组织。启动组织可以承担多个项目，每一个项目可以分派给不同的项目组织。

"项目组织"是实施项目的组织，可以是启动组织的一部分。

4.1.3 项目中的过程与阶段

过程和阶段是项目的两个不同的方面。项目可以分为相互依赖的过程及不同的阶段，作为策划和监视目标的实现以及评定相关风险的途径。

项目阶段将项目生命期分成可管理的部分，如方案、开发、实现和关闭阶段。

项目过程是指那些管理项目所必须的过程以及实现项目产品所必须的过程。

对于一个特定的项目，本标准中所讨论的过程不一定都存在，而在其他项目中可能有必要增加过程。在有些项目中，可能需要区分核心过程和支持性过程。附录A列出并归纳了适用于大多数项目的过程。

注：为便于讨论项目质量管理指南，本标准采用了"过程方法"。项目过程分为两类：项目管理过程和与项目产品有关的过程(主要与项目产品有关的过程，如设计、生产等)。

根据过程相互之间的关联性分组，例如，将所有与时间有关的过程分为一组。这样共分了11个组。

第5章包括战略过程，确定项目的方向。第6章包括与资源有关的过程和与人员有关的过程。第7章包括与相互依赖性、范围、时间、成本、沟通、风险和采购有关的过程。第8章包括与测量和分析以及持续改进有关的过程。各章均首先描述过程，然后给出该过程中的质量管理指南。

4.1.4 项目管理过程

项目管理包括对实现项目目标所必须的所有过程进行持续的策划、组织、监视、控制、报告和采取必要的纠正措施。质量管理原则(见4.2.1、5.2和GB/T 19000—2000的0.2)应当适用于所有的项目管理过程。

4.2 质量管理体系

4.2.1 质量管理原则

本标准的项目质量管理指南基于八项质量管理原则(见GB/T 19000—2000的0.2)：

a) 以顾客为关注焦点；

b) 领导作用；

c) 全员参与；

d) 过程方法；

e) 管理的系统方法；

f) 持续改进；

g) 基于事实的决策方法；

h) 与供方互利的关系。

这些通用原则应当构成启动组织和项目组织的质量管理体系的基础。

注：质量管理原则在战略过程策划中的应用指南见5.2.2至5.2.9。

4.2.2 项目质量管理体系

为了实现项目目标，有必要在质量管理体系内管理项目过程。项目质量管理体系应当尽可能与启动组织的质量管理体系一致。

注：GB/T 19004—2000提供了考虑质量管理体系的有效性和效率的指南。

为确保有效地策划、实施和控制项目所需的文件由项目组织制订，这些文件应当得以规定和控制。（见GB/T 19004—2000的4.2）

4.2.3 项目质量计划

项目质量管理体系应当形成文件，且在项目质量计划中包含或引用。

质量计划应当识别实现项目质量目标所必须的活动和资源。应当将质量计划纳入或引用到项目管理计划中。

在合同环境下，顾客可能规定对质量计划的要求。但这些要求不应当限制项目组织使用的质量计划的范围。

注：GB/T 19015给出了质量计划指南。

5 管理职责

5.1 管理承诺

为了建立和保持有效和高效的项目质量管理体系，启动组织和项目组织的最高管理者的承诺和积极参与是非常必要的。

启动组织和项目组织的最高管理者都应当为战略过程提供输入。

由于项目组织在项目完成后可能被解散，启动组织的最高管理者应当确保对现行的和未来的项目采取持续改进措施。

启动组织和项目组织的最高管理者需要创造一种质量文化，它是确保项目成功的一个重要因素。

5.2 战略过程

5.2.1 质量管理原则在战略过程中的应用

基于质量管理原则的应用，对质量管理体系的建立、实施和保持所进行的策划是一个战略过程、确定方向的过程。这种策划应当由项目组织完成。

在策划中，必需关注过程和产品二者的质量以满足项目目标。

除了6.1、6.2、7.2至7.8以及第八章这些条款本身指南外，在5.2.2至5.2.9中所给出的通用指南应当也适用于这些条款所描述的过程。

5.2.2 以顾客为关注焦点

组织依赖其顾客。因此，组织应当理解顾客当前的和未来的需求，满足顾客要求并争取超越顾客的期望[见GB/T 19000—2000的0.2a)]。

满足顾客及其他相关方的要求对项目的成功是非常必要的。这些要求应当得到明确理解，以确保所有的过程都受到关注并能够满足这些要求。

包括产品目标的项目目标中应当考虑顾客和其他相关方的需求和期望。在项目进行中可对目标进行修正。项目目标应当形成文件,纳入项目管理计划(见 7.2.2)。项目目标应当详细说明要完成什么(用时间、成本和产品质量表示)以及要测量什么。

当在时间或成本与产品质量之间确定平衡关系时,应当评价对项目产品的潜在影响,考虑顾客的要求。

适当时,应当在整个项目进程中建立与所有相关方的接口关系,以便于交换信息。相关方要求之间的任何冲突都应当得到解决。

通常,当顾客的要求与其他相关方的要求之间出现冲突时,首先考虑顾客的要求,但当法规有要求时除外。

冲突的解决结果应当取得顾客的同意。相关方达成的一致意见应当形成文件。在整个项目进程中需要注意相关方要求的变更,包括来自项目开始后才加入项目的新的相关方的附加要求。

5.2.3 领导作用

领导者确立组织统一的宗旨及方向。他们应当创造并保持员工能充分参与实现组织目标的内部环境[见 GB/T 19000—2000 的 0.2b)]。

应当尽早指定项目经理。项目经理是具有规定的职责和权限的个人,负责管理项目并确保项目质量管理体系的建立、实施和保持。项目经理所赋予的权限应当与其所拥有的职责相适应。

启动组织和项目组织的最高管理者应当通过以下途径确保在创建质量文化中的领导作用:

——建立项目质量方针并确定目标,包括质量目标;

——提供基础设施与资源以确保项目目标的实现;

——提供有助于满足项目目标的组织结构;

——依据数据和实际的信息进行决策;

——授权并激励所有项目人员改进项目过程和产品;

——策划未来的预防措施。

注:项目经理的称谓因项目而异。

5.2.4 全员参与

各级人员都是组织之本,只有他们的充分参与,才能使他们的才干为组织带来收益[见 GB/T 19000—2000 的 0.2c)]。

项目组织的人员对于其参与项目的职责和权限应当有明确的规定。项目参与者所赋予的权限应当与其所分配的职责相适应。

应当选择有能力的人员参与到项目组织中。为了提高项目组织的业绩,应当向这些人员提供适用的工具、技术和方法,以使他们能够监视和控制过程。

当遇到多国的和多文化的项目、合资项目、国际项目等,应当强调跨文化管理的意义。

5.2.5 过程方法

将活动和相关的资源作为过程进行管理,可以更高效地得到期望的结果[见 GB/T 19000—2000 的 0.2d)]。

应当识别项目过程并形成文件。启动组织应当将其在开发和使用自己的过程中获得的经验或从其他项目中获得的经验向项目组织传授。项目组织在确定项目过程中应当考虑这些经验,可能还需要确定对该项目特有的过程。这可通过以下途径完成:

——识别对该项目适宜的过程;

——识别项目过程的输入、输出和目标;

——识别过程的所有者并确定他们的权限和职责;

——设计项目过程以预见项目生命期中未来的过程;

——确定过程之间的相互关系和相互作用。

过程的有效性和效率可通过内部或外部评审来评定,还可通过标杆或成熟度模型评价法进行评定。

成熟度划分一般从“无正式体系”到“同类中最佳”。已经开发出来大量的不同用途的成熟度模型(见GB/T 19004—2000 的附录 A)。

注：ISO 9000 族标准为许多与过程和产品有关的质量管理方法提供指南，这些方法有助于组织实现其项目目标。

5.2.6 管理的系统方法

将相互关联的过程作为系统加以识别、理解和管理，有助于组织提高实现目标的有效性和效率[见GB/T 19000—2000 的 0.2e)]。

通常，管理的系统方法使组织经策划的过程之间协调和兼容，接口关系明确。

项目是按一系列经策划的、相互影响的、相互依赖的过程进行的。项目组织控制项目过程。为了控制项目过程，必须确定并连接所需的过程，按与启动组织整个体系一致的体系对其进行整合和管理。

应当针对项目过程明确划分和确定项目组织和其他有关的相关方(包括启动组织)之间的职责和权限，并做好记录。

项目组织应当确保规定了适当的沟通过程，确保项目过程之间以及项目、其他相关项目和启动组织之间的信息交换。

5.2.7 持续改进

持续改进总体业绩应当是组织的一个永恒目标[见 GB/T 19000—2000 的 0.2f)]。

持续改进的循环是基于“策划—实施—检查—处置”(PDCA)的概念(见 GB/T 19004—2000 的附录 B)。

启动组织和项目组织负责不断寻求改进各自过程的有效性和效率。

为了从经验中学习，应当将项目的管理作为一个过程进行而不是一项孤立的活动。应当建立一个系统，以记录和分析项目中获得的信息，以便将其用于持续改进过程。

应当制定自我评定(见 GB/T 19004—2000 的附录 A)、内部审核和(要求时)外部审核(见GB/T 19000—2000 的 3.9.1)的规定，以识别改进机会，这些规定也应当考虑所需的时间和资源。

5.2.8 基于事实的决策方法

有效的决策是建立在数据和信息分析的基础上[见 GB/T 19000—2000 的 0.2g)]。

应当记录项目进展和业绩方面的信息，如记在项目记录卡上。

为评定项目状态，应当进行业绩和进展评价(见 3.4 和 5.3)。项目组织应当分析来自业绩和进展评价的信息，对项目作出有效的决策，修订项目管理计划。

应当分析来自以前项目的项目关闭报告的信息，并用于支持现在或未来的项目的改进。

5.2.9 与供方互利的关系

组织与供方是相互依存的，互利的关系可增强双方创造价值的能力[见 GB/T 19000—2000 的0.2h)]。

当确定获得外部产品(特别是交货期的产品)的战略时，项目组织应当与其供方合作，并可考虑与供方共担风险。

项目组织应当与供方一起制定对供方过程和产品规范的要求，以便从可得到的供方知识中受益。项目组织应当确定供方满足其过程和产品要求的能力，并考虑顾客的优选供方目录或选择准则。

应当研究多个项目选用同一个供方的可能性(见 GB/T 19004—2000 的7.4)。

5.3 管理评审与进展评价

5.3.1 管理评审

项目组织的管理者应当按策划的时间间隔评审项目质量管理体系，以确保其持续的适宜性、充分性、有效性和效率(见 GB/T 19004—2000 的 5.6)。启动组织可以参与管理评审。

5.3.2 进展评价

进展评价(见 3.4)应当覆盖所有的项目过程，并为评定项目目标的实现提供机会。进展评价的输出作为未来管理评审的输入能提供项目业绩方面的重要信息。

a) 进展评价应当用于：

——评定项目管理计划的充分性以及所完成的工作与计划的符合性；

——评价项目过程之间相互配合与相互连接的程度；

——识别并评价对项目目标的实现可能产生不利或有利影响的活动和结果；

——为项目中的后续工作获得输入；

——促进沟通；

——通过识别偏离和风险变化，促使项目中的过程改进。

b) 策划进展评价应当包括：

——编制进展评价的总体进度表（包括在项目管理计划中）；

——分配单个进展评价的管理职责；

——规范每一进展评价的目的、评定要求、过程及输出；

——指派人员参与评价（如负责项目过程的个人和其他相关方）；

——确保被评价的项目过程的适当人员做好接收问询的准备；

——确保为评价作好准备和获得有关信息（如项目管理计划）。

c) 从事评价的人员应当：

——理解被评价过程的目的及其对项目质量管理体系的影响；

——检查有关的过程输入和输出；

——评审正在用于过程的监视和测量准则；

——确定过程是否有效；

——寻求过程效率可能的改进；

——利用进展评价结果编写报告或其他有关输出。

d) 进展评价完成后应当：

——针对项目目标对评价的输出进行评定，以针对计划的目标确定项目业绩是否可接受；

——为进展评价形成的措施分派职责。

进展评价的输出也可用于向启动组织提供信息，以持续改进项目管理过程的有效性和效率。

6 资源管理

6.1 与资源有关的过程

6.1.1 总则

与资源有关的过程旨在计划和控制资源，帮助识别资源方面可能出现的问题。资源的示例包括设备、设施、资金、信息、材料、计算机软件、人员、服务和空间。

与资源有关的过程（见附录A）是：

——资源策划；

——资源控制。

注：本条款适用于人员定量管理方面，其他方面如培训见6.2。

6.1.2 资源策划

应当识别项目所需的资源。资源计划中应当规定项目需要什么资源，在项目进展中何时需要。计划应当指明资源是如何获得和分配的，以及在什么地方获得和分配到什么地方。适用时，计划还应当包括额外资源的处置方式。计划应当适于资源控制。

应当验证资源策划的输入的正确性，评价提供资源的组织的稳定性、能力和业绩。

应当考虑资源的限制。限制的示例包括可用性、安全性、文化考虑、国际协议、劳资协议、政府法规、基金及项目对环境的影响。

资源计划，包括所做的估计、分配、限制以及假设，都应当形成文件并包含在项目管理计划中。

6.1.3 资源控制

应当进行评审以确保获得充足资源,满足项目目标。

评审的时机以及相关数据的收集和资源要求预报的频次应当在项目管理计划中形成文件。

应当识别、分析与资源计划的偏离,并采取措施和予以记录。

只有当考虑了对其他项目过程和目标的影响,才能作出采取措施的决定。对影响项目目标的变更,在实施前应当征得顾客及有关相关方的同意。资源计划的变更应当有适当的授权。在制定后续工作计划时,对资源要求预测的修改应当与其他项目过程协调。

应当识别、记录资源短缺或过剩的根本原因,并用作持续改进的输入。

6.2 与人员有关的过程

6.2.1 总则

项目的质量及成功取决于参与的人员。因此,应当特别注意与人员有关的过程的活动。

这些过程旨在创造一种环境,在这种环境中人员能够有效和高效地为项目作出贡献。

与人员有关的过程(详见附录A)是:

——项目组织结构的建立;

——人员分配;

——团队建设。

注:人员定量管理方面见6.1,人员沟通方面见7.6。

6.2.2 项目组织结构的建立

应当按启动组织的要求和方针及具体项目的条件建立项目组织结构。以前项目的经验如果能得到,则应当将其应用于选择最适当的组织结构。

项目组织结构应当设计成能鼓励项目的所有参与者之间的有效和高效的沟通与合作。

项目经理应当确保项目的组织结构适于项目的范围、项目团队的规模、当地的条件和所拥有的过程。这可能导致诸如功能型的或矩阵型的项目组织结构。项目组织结构内的权限与职责的分解可能需要考虑启动组织及其组织结构中的权限与职责的分解。

有必要识别和建立项目组织与以下各方面的相互关系:

——顾客及其他相关方;

——支持项目的启动组织的职能(特别是那些负责监视诸如进度、质量和费用等的项目职能);

——同一启动组织内的其他有关项目。

应当明确工作或角色描述,包括职责和权限的分配,并形成文件。

应当识别负责确保项目质量管理体系的建立、实施和保持的项目职能(见GB/T 19004—2000的5.5.2)。该项目职能与其他项目职能、顾客及其他相关方的接口应当形成文件。

应当策划项目组织结构的评审并定期进行,以确定其是否持续适宜和充分。

6.2.3 人员分配

应当规定项目工作人员在教育、培训、技能和经验方面的必要能力(关于"能力"的定义,见GB/T 19000—2000的3.9.12)。

选择项目人员时应当考虑人员的素质,应当特别关注关键人员的能力要求。

应当允许有足够的时间招聘有能力的人员,特别是当预料到困难时。人员的选择应当根据工作或角色描述,并考虑他们的能力和参考以前的经历。应当制定选择准则并用于与项目有关的各级人员。当选择项目经理时,应当优先考虑领导才能。

项目经理应当参与项目各岗位人员的选择,这对项目的成功至关重要。

项目经理应当确保指定管理者代表,负责建立、实施和保持项目的质量管理体系(见GB/T 19004—2000的5.5.2)。

当为项目团队分配成员时,应当考虑其个人兴趣、人际关系、强项和弱项。了解人员特点和经历可以有助于确定项目组织成员之间职责的最佳分配。

工作职务或作用描述应当得到承担工作人员的理解和接受。当项目组织的成员向启动组织的职能部门报告工作时,应当将该成员的职责、权限及报告的途径形成文件。

应当确认特定工作或角色的人员分配,并向所有有关方通报。应当监视人员总的业绩,包括人员在其分配的工作中的有效性和效率,以验证这种分配的适宜性。根据结果应当采取适当措施如再培训或对成绩的肯定。

项目组织中人员的变更如果影响到顾客和有关的相关方,则当可能时,在实施前应当与他们沟通。

6.2.4 团队建设

有效的团队业绩要求团队每位成员都是有能力、有激情并愿意与他人合作的(见 GB/T 19004—2000 的 6.2.1)。

为提高团队业绩,项目组全体及项目组每一个成员都应当参与团队建设活动。项目组成员应当接受培训,并认识到所从事的工作对于完成项目和质量目标的相关性和重要性(见 GB/T 19004—2000 的 6.2.2 及 GB/T 19025)。

应当承认有效的团队工作,适当时给予奖励。

项目组织的经理应当确保建立一种工作环境,使在团队内以及介入项目的所有人中,鼓励卓越、有效的工作关系、信任与尊重。应当鼓励和建立以协商为基础的决策,有条理的解决冲突,明确、开放和有效的沟通,以及对顾客满意的共同的承诺(见 5.2.3 关于“领导作用”的讨论)。

只要可能时,受项目或项目组织变更影响的人员,应当参与到变更的策划与实施中。

7 产品实现

7.1 总则

本条覆盖了生产项目产品所必需的 7 个项目管理过程(见 4.1.3)。

7.2 相互依赖的过程

7.2.1 总则

项目包含一系列经策划的相互依赖的过程,其中某一过程的行为往往影响其他过程。项目经理的职责是对经策划的项目过程之间的相互依赖性进行全面的管理。同时,项目组织还要对不同项目组人员之间有效的和高效的沟通进行管理,明确职责分工。

相互依赖的过程(见附录 A)是:

——项目启动和项目管理计划编制;

——相互作用管理;

——变更管理;

——过程和项目关闭。

7.2.2 项目启动和项目管理计划编制

编制项目管理计划并保持其最新有效状态是最重要的,项目管理计划应当包括或引用项目的质量计划。其详略程度取决于项目的规模和复杂性等因素。

在项目启动阶段,应当识别启动组织已经承担过的相关项目的细节,并与项目组织沟通,以便最大程度地利用以往项目所获得的经验(如吸取的教训)。

如果项目的目的是完成合同要求,则在项目管理计划的制定期间应当进行合同评审,以确保满足合同要求(见 GB/T 19004—2000 的 7.2)。当项目没有合同要求时,则应当进行初始评审以确定要求,并确认这些要求是适当的、可实现的。

项目管理计划应当:

a) 引用顾客及其他有关相关方的形成文件的要求和项目目标;每一要求的输入来源应当形成文件以便能够追溯;

b) 识别项目过程及其目的,并形成文件;

c) 识别组织的接口,尤其注意:

——项目组织与启动组织不同职能之间的联系与报告线路;

——项目组织各职能之间的接口。

d) 整合其他项目过程中策划所形成的计划,这些计划包括:

——质量计划;

——工作分解结构(见7.3.4);

——项目进度(见7.4.5);

——项目预算(见7.5.3);

——沟通计划(见7.6.2);

——风险管理计划(见7.7.2);

——采购计划(见8.2)。

应当评审这些计划的一致性,解决任何不一致的地方。

e) 识别、包括或引用产品特性及如何对其测量与评定;

f) 为进展测量与控制提供基线,以便策划后续工作;应当编制评审计划和进展评价计划,将其列入进度表;

g) 规定业绩指标及如何测量,明确定期评定要求,以便监视进展情况,这些评定应当:

——促进预防和纠正措施;

——确认项目目标在变化的项目环境中仍然是有效的。

h) 提供合同所要求的项目评审,以确保履行合同要求;

i) 定期评审,并且在出现重大变更时还要进行评审。

项目质量管理体系应当形成文件,或在项目质量计划中引用。应当在项目质量计划与启动组织质量管理体系的适用部分之间建立联系。只要可行,项目组织应当采纳,若有必要,应当适应启动组织的质量管理体系和程序。当其他相关方对质量管理体系有特定要求时,应当确保项目质量管理体系与这些要求是兼容的。

应当在整个项目中建立质量管理的方法,如文件化、验证、可追溯性、评审和审核。

7.2.3 相互作用管理

为了促进过程之间的相互依赖(经策划的),需要对项目中的相互作用(非策划的)进行管理,这应当包括:

——建立接口管理的程序;

——召开项目内部职能间的会议;

——解决诸如职责冲突或风险暴露的变更问题;

——使用诸如挣值分析(根据预算基线监视项目整体业绩的一种技术)这样的技术测量项目的业绩;

——进行进展评价,以评定项目状态和策划后续工作。

进展评价也被用于识别潜在的接口问题,应当注意接口处风险通常是高的。

注:项目沟通是项目协调中的重要因素,见7.6。

7.2.4 变更管理

变更管理涉及变更的识别、评价、授权、文件化、实施和控制。在授权变更之前,应当分析变更的内容、程度和影响。对影响项目目标的变更,应当与顾客和其他有关相关方协商一致。

变更管理应当考虑:

——对项目范围、项目目标和项目管理计划的变更管理;

——协调内部关联的项目过程之间的变更并解决任何冲突;

——将变更形成文件的程序；

——持续改进(见第8章)；

——影响人员变更的方面(见6.2.4)。

变更可能会对项目产生负面影响(如索赔),应当尽快予以识别,并分析负面影响产生的根本原因,利用分析的结果形成预防性的解决方案并在项目过程中进行改进。

变更管理中一个方面是技术状态管理。项目管理涉及项目产品的技术状态,这包括不可交付的产品(如试验工具和其他安装设备)和可交付产品。

注:有关技术状态管理的进一步指南见GB/T 19017。

7.2.5 过程和项目关闭

项目本身是一个过程,应当特别重视其关闭。

应当在项目开始时规定过程和项目关闭,并包含在项目管理计划中。在策划过程和项目关闭时,应当考虑以前的过程和项目关闭时获得的经验(见第8章)。

在项目生命周期的任何时间,应当按计划关闭已完成的过程。过程关闭时,应当确保汇总所有记录,在项目内分发,适当时传递给启动组织,并按规定时间保存。

项目应当按计划关闭,但有时因不可预见的事件,可能必须比计划提前或滞后关闭项目。

不管项目关闭的原因如何,都应当对项目业绩进行完整的评审,考虑所有相关记录,包括来自进展评价的和相关方的记录。应当特别考虑顾客和其他有关相关方的反馈,可能时,这些反馈应当是可测量的。

应当根据评审编写适当的报告,突出可用于其他项目和持续改进的经验(见8.3)。

在项目关闭时,应当向顾客正式移交项目产品。只有当顾客正式接受了项目产品,才算是完成了项目关闭。

应当向有关相关方正式传达项目关闭的信息。

7.3 与范围有关的过程

7.3.1 总则

项目的范围包括描述项目的产品及其特性,以及如何对其进行测量和评定。

a) 与范围有关的过程旨在:

——将顾客和其他相关方的需求和期望转化为实现项目目标需要实施的活动,并安排这些活动;

——确保人员在实现这些活动的过程中,在规定的范围内工作;

——确保项目中进行的活动满足范围中描述的要求。

b) 与范围有关的过程(见附录A)是:

——方案设计;

——范围的确定与控制;

——活动的确定;

——活动的控制。

7.3.2 方案设计

顾客对产品和过程的明示的和隐含的需求和期望,应当转化成形成文件的要求,包括法律法规方面,当顾客有要求时,应当将形成文件的要求与顾客达成一致意见。

应当识别其他相关方,确定它们的需求,并将其转化成书面要求,对其中与顾客相关的方面,应当征得顾客同意。

7.3.3 范围确定与控制

确定项目范围时,应当识别项目产品的特性,并用可测量的术语尽可能完整地形成文件,这些特性应作为设计与开发的基础。应当明确规定如何测量这些特性及如何评定其符合顾客和其他相关方要求。产品和过程的特性应当能够追溯到顾客和其他相关方的形成文件的要求。

在确定范围中,当考虑替代和解决方法时,应当将支持性证据(包括所作的分析和其他考虑)形成文件并在范围中引用此文件。

注:对范围变更的管理已包括在变更管理过程中(见 7.2.4)。

7.3.4 活动的确定

应当将项目系统化地组成可管理的活动,以满足顾客对产品和过程的要求。

注:通常,术语"分解结构"被用于描述项目被按级别分解成用于大纲制定、费用策划和控制目的独立小组的方式。同样,术语"活动"、"任务"、"工作包"被作为这一结构的要素,其结果通常称为"工作分解结构"(WBS)。本标准中,术语"活动"被作为工作项目的通用术语(见 3.1)。

分配到项目中的人员应当参与这些活动的确定,这样可使项目组织得益于这些人员的经验,并且可获得这些人员对组织的了解、接受和主人翁感。

每一项活动应当以其结果是可测量的方式确定。应当检查活动清单的完整性。所确定的活动应当包括质量管理实践、进展评价和项目管理计划的编制和维护。

应当识别可能引起项目组织与相关方之间问题的项目活动之间的相互作用,并形成文件。

7.3.5 活动的控制

应当按项目管理计划执行并控制项目中的活动。过程控制包括活动之间的相互作用的控制,以最大限度地减小冲突和误解。应当特别注意对包含新技术的过程的控制。

应当评审和评价活动,以识别潜在缺陷和改进机会,评审的时间间隔应当与项目的复杂程度相适应。

应当将评审的结果用于进展评价,以评定过程输出和为后续工作安排计划。修订的后续工作计划应当形成文件。

7.4 与时间有关的过程

7.4.1 总则

与时间有关的过程旨在确定活动的依赖性和持续的时间,以确保及时地完成项目。

与时间有关的过程(见附录 A)是:

——活动依赖性的策划;

——持续时间的估计;

——进度计划的制定;

——进度计划的控制。

7.4.2 活动依赖性策划

应当识别项目活动之间的相互依赖性,并评审其一致性。对来自活动识别过程的数据的任何变更需求,应当加以验证并形成文件。

在项目计划的制定过程中,应当尽可能使用标准或已证实的项目网络图,以便从以前的经验中获益。应当验证它们对项目的适用性。

7.4.3 持续时间估计

活动的负责者应当估计活动的持续时间,对于根据过去的经验作出的活动持续时间的估计,应当验证其准确性和在目前项目条件下的适用性。输入应当形成文件并能追溯到其起源。当收集持续时间的估计时,同时获得相关的资源估计并作为资源策划(见 6.1.2)的输入是很有用的。

当持续时间的估计包含重大不确定性时,应当对风险进行评价并形成文件,降低风险。应将残余风险的预留量综合考虑到估计之中。

当有要求或适当时,顾客或其他相关方应当参与持续时间的估计。

7.4.4 进度计划的制定

应当识别用于确定进度计划的输入资料并检查其是否符合特定项目条件。当确定关键的路径时,应当考虑交货期和持续时间较长的活动。关键路径(网络中最长的持续时间路径)活动要求有明确的标识。

应当实施标准化的进度计划格式,以适于不同的用户需求。

应当检查持续时间的估计与活动依赖性关系的一致性。在进度计划被最终确定下来并予以公布之前,应当解决发现的所有不一致。进度计划中应当识别关键的和比较关键的活动。

进度计划中应当识别要求特定输入或决策的事件,或其主要输出已策划的事件。这些事件有时被称为“关键事件”或“里程碑”。进展评价应包含在此进度计划中。

在进度计划的制定过程中,应当使顾客和其他相关方知晓此事,当有要求时,顾客和其他相关方应当参与进度计划的制定。应当分析外部输入(如项目中所期望的依赖于顾客的输入)并在进度计划中加以考虑。

应当向顾客和其他相关方提供适宜的进度计划,作为信息交流,或当有要求时,得到顾客的批准。

7.4.5 进度计划的控制

项目组织应当按项目管理计划的规定对项目进度计划进行定期评审。为确保对项目活动、过程和有关信息进行适当的控制,应当明确对进度计划评审的时间间隔和资料收集的频次。

应当分析项目进展,以便识别项目后续工作趋势和可能的不确定性(见7.7关于“不确定性”的描述)。在进展评价和会议中应当使用最新的进度计划。应当识别、分析对进度计划的偏离,如果是重大的,则应采取措施。

应当识别与进度计划产生偏差的根本原因,包括有利的和不利的偏差,采取措施以确保不利的偏差不影响项目目标。应当提供有利的和不利的偏差的原因资料,作为持续改进的基础(见第8章)。

应当确定进度计划的变更对项目的预算和资源以及产品的质量可能带来的影响,在考虑了它们对其他过程和目标的潜在影响以后,才能依据事实作出采取措施的决定。对影响项目目标的变更,在实施前应当取得顾客和有关相关方的同意。当要求措施中考虑偏差时,应当明确参与的人员及其角色。当为后续工作制定计划时,对进度计划的修订应当与其他项目过程相协调。

应当监视外部输入(如项目中期望的依赖于顾客的输入),使顾客和其他相关方始终了解有关进度计划变更的事宜并参与对他们有影响的变更的决策。

7.5 与费用有关的过程

7.5.1 总则

与费用有关的过程旨在预测和管理项目费用,确保项目在预算范围之内完成,确保费用信息提供给启动组织。

与费用有关的过程(见附录A)是:

——费用估算;

——预算;

——费用控制。

注:质量管理经济效果的进一步指南见GB/Z 19024。

7.5.2 费用估算

应当清楚地识别所有项目费用(如各种活动、管理、货物和服务费用)。费用估算应当考虑有关的信息源,并与项目的分解结构(见7.3.4)建立联系。对于来自过去经验的费用估算,应当验证其准确性和对目前的项目条件的适用性。费用应当形成文件并可追溯到其起源。

应当特别注意为项目质量管理体系的建立、实施和保持提供足够的资金预算。

费用估算应当考虑在经济环境(如通货膨胀、税收、汇率)中目前的和预测的趋势。

当费用估算包含重大的不确定性时,应当识别、评价这些不确定性,形成文件,并采取措施(见7.2.2)。残余不确定性的预留量,有时称为不可预见,应当综合考虑在费用估算中。

费用估算应当使预算能够按照批准的财务程序及项目组织的需求的方式编制。

7.5.3 预算

为使项目预算被接收，应当根据费用估算和进度计划并按确定好的程序进行预算编制。

预算应当与项目目标协调一致，应当识别任何假设、不确定性和不可预见并形成文件。预算应当包括所有批准的费用并且其形式要适于项目费用控制。

7.5.4 费用控制

在支出产生以前，应当建立费用控制系统及相关程序，形成文件并通知到所有负责批准工作或支出的人员。

应当确定评审的时间间隔和数据收集与预测的频次，这可确保对项目活动和有关信息实施适当控制。项目组织应当验证待完成的后续工作能够在剩下的预算范围内完成，识别任何与预算的偏离，并且当偏离超出规定界限时，分析偏差并采取措施。

应当使用诸如“挣值分析”技术对项目费用趋势进行分析。应当评审后续工作计划以识别不确定性因素。

应当识别与预算产生偏差的根本原因，包括有利的和不利的偏差，采取措施以确保不利的偏差不影响项目活动。应当提供有利的和不利的偏差的原因资料，作为持续改进的基础(见第8章)。

仅在考虑了对其他项目过程和目标的潜在影响以后，才能依据事实作出采取措施的决定。项目费用的变更在支出前应当得到适当批准和授权。当为后续工作制定计划时，费用预测的修订应当与其他项目过程协调。

为确保及时发放资金所需要的信息应当是可得到的，并提供给资源控制过程作为其输入。

项目组织应当按项目管理计划中的规定，对项目费用进行定期评审，并考虑其他财务评审(如由有关相关方进行的外部评审)。

7.6 与沟通有关的过程

7.6.1 总则

与沟通有关的过程旨在促进项目必须的信息的交换。

它们确保及时并适当地生成、收集、传播、贮存和最终处置项目信息。

与沟通有关的过程(见附录A)是：

——沟通策划；

——信息管理；

——沟通控制。

注：进一步的信息见 GB/T 19004—2000 的 5.5.3(内部沟通)和 7.2(与相关方有关的过程)。

7.6.2 沟通策划

启动组织和项目组织应当确保为项目已建立了适当的沟通过程，且在涉及质量管理体系的有效性和效率方面已进行了沟通。

沟通策划应当考虑启动组织、项目组织、顾客和其他相关方的需求，策划的结果是形成文件化的沟通计划。

沟通计划应当规定需正式沟通的信息，传递这些信息所使用的媒介及沟通的频次。应当在沟通计划中规定有关会议的目的、频次、时间和记录要求。

应当规定项目文件和记录的格式、语言和结构以确保兼容性。沟通计划中应当规定信息管理系统(见7.6.3)，确定谁来发送和接收信息，引用有关的文件控制、记录控制和安全性程序。进展评价报告的格式应当设计成能突出与项目管理计划的偏离。

注：文件和记录控制的进一步指南见 GB/T 19004—2000 的 4.2。

7.6.3 信息管理

项目组织应当识别其信息需求，建立文件化的信息管理系统。

项目组织也应当识别内外部信息源。信息管理的方式应当考虑项目组织和启动组织二者的需求。

为了管理项目的信息，应当制定关于信息的准备、收集、识别、分类、更新、分发、填报、贮存、保护、检索、保存时间和处置的控制程序。

记录的信息应当表明记录活动时所处的条件，以便在将信息用于其他项目之前，可验证该信息的有效性和相关性。

项目组织应当在考虑到信息的保密性、可用性和完整性的同时，确保信息的安全。

信息应当与接收者的需求相关，并严格按时间进度清楚地提供和分发。

所有影响项目业绩的协议，包括非正式的在内，应当正式形成文件。

应当制定会议的规则和指南并与会议类型相适应。

会议日程应当事先分发并确定每一事项所要求的参加人员。

会议记要中应当写明作出的决定、重大的问题、商定的措施(包括完成日期和指定完成者)。这些会议记要应当在商定的时间内分发给有关的相关方。

项目组织应当使用数据、信息和知识来建立并满足其目标。项目组织和启动组织的经理应当评价从使用信息中获得的好处以便改进信息管理(见第8章)。

注:信息管理系统的复杂程度仅需与项目要求的复杂程度相适应。

7.6.4 沟通控制

应当策划、实施沟通系统，并对其进行控制、监视和评审，以确保它持续满足项目需求。应当特别注意职能与组织之间的接口，这些地方容易出现误解和冲突。

7.7 与风险有关的过程

7.7.1 总则

"风险"通常被当作负面因素考虑。"不确定性"是一个更现代的概念，它包含了负面和正面两个方面，正面通常被称为"机会"。

在本标准中，"风险"这一术语与"不确定性"有相同的含义，即包含负面和正面两个方面。

项目风险的管理涉及整个项目的不确定性，这就要求在风险管理计划中要有一个文件化的有序的方法。与风险有关的过程旨在将潜在的负面事件的影响降到最小，并最大程度地利用机会进行改进。

不确定性不是与项目过程有关，就是与项目的产品有关。

与风险有关的过程(见附录A)是：

——风险识别；

——风险评定；

——风险处理；

——风险控制。

7.7.2 风险识别

应当在项目开始、进展评价和其他作出重大决定时进行风险识别，启动组织持有的以前的项目的经验和历史数据(见8.3.1)应当用于此目的。应当将这一过程的输出记录在风险管理计划中，项目管理计划中应当纳入或引用该风险管理计划。

应当识别并记录来自项目组织、启动组织和相关方之间的活动、过程和与产品有关的相互作用的潜在风险。

风险识别应当不仅考虑费用、时间和产品方面的风险，而且要考虑诸如产品质量、安全性、可信性、职业责任、信息技术、安全、健康与环境等领域中的风险，适用的现行的或期望的法律法规要求，以及不同风险之间的相互作用。新技术和开发中的风险也应当识别。

对已识别出的具有重大影响的风险，应当形成文件并指定专人管理，同时授予其相应职责、权限和资源。

7.7.3 风险评定

风险评定是对已识别的项目过程和项目产品的风险进行分析与评价的过程。

应当评估所有已识别的风险。在评估中,应当考虑以前项目中的经验和历史数据。

应当评价评估中使用的准则和技术,对其进行定性分析,且每当可行时还要进一步作定量分析。

注:已有各种定性和定量的风险评定方法,它们一般基于评估已识别的风险发生的概率及其影响。

应当识别项目可接受风险的等级并规定风险水平超出商定界限时的判断方法。

应当记录所有的分析与评价结果并将其与有关人员沟通。

7.7.4 风险处理

应当优先根据来自过去经验中已知的技术或数据来寻求消除、降低、转移、共担或接受风险的解决方法,并制定利用机会的计划。应当识别有意接受的风险,并记录接受的理由。

当针对已识别的风险提出解决方法时,应当验证该方法实施后不会带来不期望的结果或新的风险,并对所产生的残余风险已有预案。

当在时间进度或预算中列出了管理风险的意外费用时,应当分别对它们进行识别和保持。

应当特别注意为来自项目组织、启动组织与相关方之间的活动、过程和产品有关的相互作用中的潜在风险确定解决方法。

7.7.5 风险控制

在整个项目中,应当通过反复的风险识别、风险评定和风险处理过程对风险进行监视和控制。

项目管理应当始终牢记风险总是存在的,应当鼓励员工预测和识别风险,并向项目组织报告。

应当保存风险管理计划,随时提供使用。

项目风险监视的报告应当是进展评价的一部分。

7.8 与采购有关的过程

7.8.1 总则

与采购有关的过程涉及获得项目需要的产品。

与采购有关的过程(见附录 A)是:

——采购策划与控制;

——将采购要求形成文件;

——供方评价;

——分包;

——合同控制。

注 1:术语“购买”、“采办”或“采购”也同样用于此文。

注 2:按 GB/T 9000—2000 中 3.4.2 条的解释,术语“产品”指有形的和无形的产品。

注 3:采购产品指南,除了以下给出的以外,还可参见 GB/T 19004—2000 的 7.4。

本标准中,参考 GB/T 19004—2000,“组织”指“项目组织”,“供方”向项目组织提供产品。

7.8.2 采购策划与控制

应当根据包括规范、时间和费用在内的产品要求,编制采购计划,采购计划中确定要采购的产品及时间要求。

项目中使用的所有产品都应当经受相同水平的采购控制,不论它们是从外部供方采购的还是从启动组织采购的(即内供)。外部产品通常以合同的形式得到,“内供”产品通过内部采购程序与控制的方式得到。对于“内供”产品,可简化下列采购控制。

采购应当有计划以便项目组织能对与供方的接口和相互作用进行管理。

应当分配适当的时间来完成与采购有关的过程中的活动。供方从前的业绩方面的经验应当用于针对潜在问题的计划,如提交具有较长的交付期的项目。

为了实施适当的采购控制,项目组织应当对采购进展进行定期评审,将采购进展情况与采购计划进行比较,需要时采取措施。评审结果应当纳入进展评价中。

7.8.3 采购要求文件

采购文件应当识别产品及其特性,适当的质量管理体系要求及相关文件,且包括产品的采购职责、费用、提交日期、审核要求(必要时)和进入供方场所的权力。应当确保采购文件中考虑了顾客的要求。

招标文件,如“询价单”,在结构编排上应做到便于潜在供方作出可比较的和完整的应对回答。

采购文件在分发前应当得到评审以验证所有的产品有关的要求和其他方面(如采购职责)都得到完整的规定。

注:进一步的信息见 GB/T 19004—2000 的 7.4.1。

7.8.4 供方评价

应当评价项目的所有供方。评价应当考虑供方的影响项目的所有方面,如技术经验、生产能力、交付时间、质量管理体系和财务的稳定性。

项目组织应当保持批准的供方注册名录。注册名录也可以保存在启动组织,适用时向项目组织沟通。

注:进一步的供方评价指南见 GB/T 19004—2000 的 7.4.2 和 8.4。

7.8.5 签订合同

对项目组织而言,应当有一个与供方签订项目合同的过程,它包括向供方沟通项目的质量管理体系要求,适用时,包括质量方针和质量目标。

在投标评价中,应当识别出供方提议中所有与规范的偏离,并在评价时予以考虑。与规范的偏离、改进建议,应当由对此规范进行最初的评审和批准的同一职能组织批准。

对投标者的费用评价,不仅要根据来自供方的价格,而且还要考虑其他有关的费用,如运作、维护、技术许可费、运输、保险、关税、汇率变化、检验、审核及偏离的解决方法等方面的费用。

应当评审合同文件以确保合同中包括了合同前与供方谈判的结果。

在签订产品的供应合同以前,应当评价供方的质量管理体系。

7.8.6 合同控制

合同控制始于合同签订时,或签订原则上授予合同的协议时,如意向书。应当实施一个体系以确保合同条件,包括产品到期日和记录得到满足。

合同控制应当包括建立适当的合同关系并将这些关系的输出综合到项目的全面管理之中。

应当监视供方的业绩以确保其满足合同条件,监视的结果应当反馈给供方,对采取的措施应当达成一致意见。

合同关闭以前,应当验证所有的合同条件都得到满足,且已经将供方业绩的反馈用于更新批准的供方注册名录。

8 测量、分析和改进

8.1 与改进有关的过程

本条款为启动组织和项目组织如何从项目中学习经验提供指南。

启动组织和项目组织应当应用测量的结果和项目过程中的资料的分析结果,采用纠正措施、预防措施和损失预防方法(见 GB/T 19004—2000 的 8.5),以促使在当前的和未来的项目中的持续改进。

与改进有关的过程是:

——测量与分析;

——纠正措施、预防措施和损失预防。

8.2 测量和分析

启动组织需要确保数据的测量、收集与确认是有效果和有效率的,以提高组织的业绩,增加顾客和其他相关方的满意。

业绩的测量示例包括:

——单个活动和过程的评价;

——审核;

——实际采用的资源及费用和时间的评价，与初始的估计进行比较；
——产品评价；
——供方业绩评价；
——项目目标的实现；
——顾客和其他相关方的满意。

注：进一步的信息见 GB/T 19004—2000 的第 8 章。

项目组织的管理者应当确保项目的产品和过程中的不符合项记录及其处置得到分析，用于学习经验，并为改进提供数据。项目组织及顾客应当决定记录哪些不符合项和控制哪些纠正措施。

8.3 持续改进

8.3.1 由启动组织进行的持续改进

启动组织应当规定需要从项目中学习的信息，建立项目中信息的识别、收集、贮存、更新、检索系统。

启动组织应当确保通过其项目的信息管理系统能识别和收集项目中的相关信息，以便改进项目管理过程。

启动组织应当保持其项目中识别的所有重要风险的清单。

启动组织应当确保有关信息用于其所启动的其他项目。

需要从项目中学习的有关信息来自于项目中所包含的信息，包括来自顾客和其他相关方的反馈。信息还有其他来源，如项目记录、有关的关闭报告、申诉、审核结果、数据分析、纠正和预防措施、项目评审。在使用这些信息之前，启动组织应当验证它们的有效性。

在关闭项目之前，启动组织应当对项目的业绩进行文件化评审，着重描述此项目中可用于其他项目的经验。项目管理计划应当被用作进行此项评审的框架。可能时，这些评审应当有顾客和其他有关的相关方参加。

注：对于长期的项目，应考虑中间评审以便更有效地收集信息，从而及时改进。

8.3.2 由项目组织进行的持续改进

项目组织应当设计项目信息管理系统以实施启动组织所规定的从项目中学习的要求。

项目组织应当确保其向启动组织提供的信息是准确和完整的。

项目组织应当利用上述由启动组织建立的系统中得到的与项目有关的信息实施改进。

注：进一步的指南见 GB/T 19004—2000 的 8.5。

附 录 A
（资料性附录）
项目中的过程流程图

5 管理职责 → 5.2 战略过程

条号	过程	过程描述
5.2	战略	确定方向的过程，包括根据质量管理原则应用对质量管理体系的建立和实施进行策划。

6 资源管理 → 6.1 与资源有关的过程

条号	过程	过程描述
6.1.2	资源策划	识别、估计、列入进度计划和分配所有有关的资源。
6.1.3	资源控制	将实际使用情况与资源计划进行比较，需要时采取措施。

6 资源管理 → 6.2 与人员有关的过程

条号	过程	过程描述
6.2.2	项目组织结构的建立	确定适合项目需要的项目组织结构，包括识别在项目中的角色和规定权限与职责。
6.2.3	人员分配	选择和分配具有适当能力的足够人员以适应项目需要。
6.2.4	团队建设	开发个人和团队技能和能力以强化项目业绩。

7 产品实现 → 7.2 相互依赖的过程

条号	过程	过程描述
7.2.2	项目启动和项目管理计划编制	评价顾客及其他相关方要求，编制项目管理计划并启动其他过程。
7.2.3	相互作用管理	在项目期间对相互作用进行管理。
7.2.4	变更管理	在所有过程中预测变更并对其进行管理。
7.2.5	过程和项目关闭	关闭过程并获得反馈。

7 产品实现 → 7.3 与范围有关的过程

条号	过程	过程描述
7.3.2	方案设计	确定项目产品将要做什么的主要轮廓。
7.3.3	范围确定与控制	将项目产品的特性用可测量的术语描述，形成文件并加以控制。
7.3.4	活动的确定	识别实现项目目标所需要的活动和步骤并形成文件。
7.3.5	活动的控制	控制项目中所进行的实际工作。

7.4 与时间有关的过程

条号	过程	过程描述
7.4.2	活动依赖性策划	识别项目活动之间的相互关系、逻辑上的相互作用和依赖。
7.4.3	持续时间估计	估计每项活动在特定条件和所要求的资源情况下的持续时间。
7.4.4	进度计划的制定	将项目时间目标、活动依赖性及其持续时间联系起来,作为制定总的和详细进度计划的框架
7.4.5	进度计划的控制	控制项目活动的实现,以确定进度或对拖延进度采取措施挽回耽搁。

7.5 与费用有关的过程

条号	过程	过程描述
7.5.2	费用估算	确定项目的费用估算。
7.5.3	预算	利用费用估算结果来做项目预算。
7.5.4	费用控制	控制费用及与项目预算的偏离。

7.6 与沟通有关的过程

条号	过程	过程描述
7.6.2	沟通策划	策划项目的信息与沟通系统。
7.6.3	信息管理	使项目组织成员和其他相关方能够获得必要的信息。
7.6.4	沟通控制	按照已策划的沟通系统控制沟通。

7.7 与风险有关的过程

条号	过程	过程描述
7.7.2	风险识别	确定项目中的风险。
7.7.3	风险评定	评价风险事件出现的概率及风险事件对项目的影响。
7.7.4	风险处理	制定风险应对计划。
7.7.5	风险控制	实施并更新风险计划。

7.8 与采购有关的过程

条号	过程	过程描述
7.8.2	采购策划与控制	识别并控制采购内容及采购时间。
7.8.3	采购要求文件	收集并编制商务条件和技术要求。
7.8.4	供方评价	评价并确定供应产品的供方和分包方。
7.8.5	签订合同	颁发招标书,对投标评价,谈判,分包合同的编制与签订。
7.8.6	合同控制	确保分包方的业绩满足合同要求。

条号	过程	过程描述
8.1	改进	为启动组织和项目组织如何从项目中学习经验提供指南
8.2	测量和分析	为测量、收集和确认持续改进的数据提供指南
8.3.1	由启动组织进行的持续改进	启动组织应为项目过程的持续改进采取措施
8.3.2	由项目组织进行的持续改进	项目组织应为启动组织的持续改进提供信息

8 测量、分析与改进
- 8.1 与改进有关的过程
- 8.2 测量和分析
- 8.3 持续改进

参 考 文 献

[1] GB/T 19001—2000/ISO 9001:2000 质量管理体系 要求
[2] GB/T 19015—1996/ISO 10005:1995 质量管理 质量计划指南
[3] GB/T 19017—1997/ISO 10007:1995 质量管理 技术状态管理指南
[4] GB/T 19023—2003/ISO/TR 10013:2001 质量管理体系文件指南
[5] GB/Z 19024—2000/ISO/TR 10014:1998 质量经济性管理指南
[6] GB/T 19025—2001/ISO 10015:1999 质量管理 培训指南
[7] GB/Z 19027—2005/ISO/TR 10017:2003 GB/T 19001—2000 的统计技术指南
[8] GB/T 19011—2003/ISO 19011:2002 质量和(或)环境管理体系审核指南
[9] ISO/IEC 12207:1995 信息技术 软件生命周期过程
[10] ISO/IEC 17000 合格评定 通用术语
[11] ISO/IEC 指南 73:2002 风险管理 术语 在标准中的使用指南
[12] IEC 60300-3-3:1996 可信性管理 第 3 部分:应用指南 第 3 部分:生命周期成本
[13] IEC 60300-3-9:1995 可信性管理 第 3 部分:应用指南 第 9 部分:技术体系风险分析
[14] GB/T 20032—2005/IEC 62198:2001 项目风险管理 应用指南

ICS 03.120.10
A 00

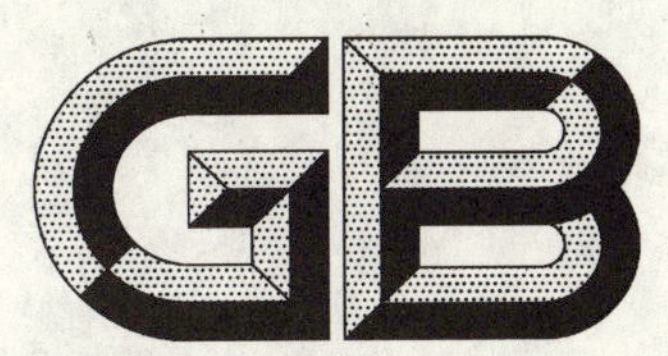

中华人民共和国国家标准化指导性技术文件

GB/Z 19027—2005/ISO/TR 10017:2003
代替 GB/Z 19027—2001

GB/T 19001—2000 的统计技术指南

Guidance on statistical techniques for GB/T 19001—2000

(ISO/TR 10017:2003,IDT)

2005-09-05 发布

中华人民共和国国家质量监督检验检疫总局
中国国家标准化管理委员会 发布

前　言

本指导性技术文件等同采用ISO/TR 10017:2003《ISO 9001:2000的统计技术指南》。

本指导性技术文件是GB/T 19000族标准的组成部分,并与其保持一致。

本指导性技术文件代替GB/Z 19027—2001《GB/T 19001—1994的统计技术指南》(idt ISO/TR 10017:1999)。

本指导性技术文件基于GB/T 19001—2000作了修订,以反映2000版GB/T 19000族标准的变化。与GB/Z 19027—2001相比,本指导性技术文件对诸如描述性统计、试验设计、抽样等统计技术的概念作了进一步的阐述,给出了更多的应用示例。

本指导性技术文件由全国质量管理和质量保证标准化技术委员会(SAC/TC 151)提出并归口。

本指导性技术文件由中国标准化研究院负责起草。

本指导性技术文件起草单位:中国标准化研究院、中国新时代质量体系认证中心、北京机械工业学院、中国质量协会。

本指导性技术文件主要起草人:谷艳君、咸奎桐、于振凡、曹纯、朱晓燕、段一泓。

本指导性技术文件仅供参考。有关本指导性技术文件的建议和意见,请向国务院标准化行政主管部门反映。

引 言

本指导性技术文件旨在帮助组织在建立、实施、保持和改进符合 GB/T 19001—2000 所要求的质量管理体系时,确定可使用的统计技术。

实际上,在所有过程的运行和结果中都可观察到变异,甚至在明显稳定的状况下也是如此,因此统计技术才是有用的。在产品和过程可量化的特性中可观察到变异,并且从市场调研到顾客服务以及产品最终处置的整个寿命周期的各个阶段都可看到变异的存在。

统计技术有助于变异的测量、表述、分析、解释和建模,甚至使用相对有限的数据,也能做到这一点。对数据进行统计分析有助于更好地理解变异的性质、程度和原因,从而有助于解决甚至预防由这些变异所可能引发的问题。

统计技术能使组织更好地利用可获得的数据作出决策,因而有助于组织持续改进产品和过程的质量,以使顾客满意。统计技术适用的活动范围很广,如市场调研、设计、开发、生产、验证、安装和服务等。

本指导性技术文件旨在指导和帮助组织考虑和选择适合该组织需求的统计技术。而确定统计技术需求的准则以及所选择的统计技术是否适宜仍由该组织作出最终决定。

本指导性技术文件所描述的统计技术也适用于 GB/T 19000 族的其他标准,尤其是 GB/T 19004—2000。

GB/T 19001—2000 的统计技术指南

1 范围

本指导性技术文件提供了选择适宜的统计技术的指南，这些统计技术对组织建立、实施、保持和改进符合 GB/T 19001 所要求的质量管理体系时可能有用。通过查找 GB/T 19001 涉及使用定量数据的要求，然后识别并表述适用于这些数据的统计技术即可达此目的。

本指导性技术文件列出的统计技术既不全面也不详尽，组织不应排除使用对其有益的其他技术（统计或其他技术）。而且，本指导性技术文件不拟规定必须使用哪些统计技术，也不对如何应用这些统计技术提出建议。

本指导性技术文件不拟用于合同、法规或认证/注册目的，也不拟用作是否符合 GB/T 19001—2000 要求的强制性检查清单。组织使用统计技术的理由在于其应用应有助于提高质量管理体系的有效性。

注 1：术语“统计技术”和“统计方法”经常交替使用。

注 2：按照 GB/T 19000—2000“产品”的定义，本指导性技术文件中的“产品”适用于服务、软件、硬件和流程性材料通用产品类别或其组合。

2 规范性引用文件

下列文件中的条款通过本指导性技术文件的引用而成为本指导性技术文件的条款。凡是注日期的引用文件，其随后所有的修改单（不包括勘误的内容）或修订版均不适用于本指导性技术文件，然而，鼓励根据本指导性技术文件达成协议的各方研究是否可使用这些文件的最新版本。凡是不注日期的引用文件，其最新版本适用于本指导性技术文件。

GB/T 19001—2000　质量管理体系　要求（idt ISO 9001:2000）

3 统计技术潜在需求的识别

表 1 对与 GB/T 19001 条款的实施可能有关的定量数据的需求做了识别。针对已识别的定量数据的需求所列出的一个或多个统计技术适当应用于这些数据时，将使组织获得潜在利益。

注：如果定性数据能转换为定量数据，则统计技术可用于这些数据。

当 GB/T 19001 的条款对定量数据无明显需求时，则未识别出统计技术。

本指导性技术文件所列出的统计技术仅限于众所周知的统计技术，同样，也仅对统计技术相对明确的应用作了识别。

下面所列的每种统计技术都在第 4 章中作了简要描述，以便帮助组织评价这些统计技术的相关性和价值，以及帮助组织决定是否将这些统计技术用于特定场合。

表 1　定量数据的需求及支持性统计技术

GB/T 19001—2000 的条款	使用定量数据的需求	统计技术
4　质量管理体系 4.1　总要求	见本指导性技术文件的引言	
4.2　文件要求 4.2.1　总则	未识别出需求	
4.2.2　质量手册	未识别出需求	

表 1(续)

GB/T 19001—2000 的条款	使用定量数据的需求	统计技术
4.2.3 文件控制	未识别出需求	
4.2.4 记录控制	未识别出需求	
5 管理职责 5.1 管理承诺	未识别出需求	
5.2 以顾客为关注焦点	确定顾客要求的需求 评价顾客满意的需求	见本表 7.2.2 条款 见本表 8.2.1 条款
5.3 质量方针	未识别出需求	
5.4 策划 5.4.1 质量目标	未识别出需求	
5.4.2 质量管理体系策划	未识别出需求	
5.5 职责、权限与沟通 5.5.1 职责和权限	未识别出需求 未识别出需求	
5.5.2 管理者代表	未识别出需求	
5.5.3 内部沟通	未识别出需求	
5.6 管理评审 5.6.1 总则	未识别出需求	
5.6.2 评审输入 5.6.2a) 审核结果	获得并评审审核数据的需求	描述性统计;抽样
5.6.2b) 顾客反馈	获得并评价顾客反馈的需求	描述性统计;抽样
5.6.2c) 过程的业绩和产品的符合性	评价过程的业绩和产品的符合性的需求	描述性统计;过程能力分析;抽样;SPC 图
5.6.2d) 预防和纠正措施的状况	获得并评审来自预防和纠正措施的数据的需求	描述性统计
5.6.3 评审输出	未识别出需求	
6 资源管理 6.1 资源提供	未识别出需求	
6.2 人力资源 6.2.1 总则	未识别出需求	
6.2.2 能力、意识和培训 6.2.2a)	未识别出需求	
6.2.2b)	未识别出需求	
6.2.2c)评价所采取措施的有效性	评价人员的能力和培训有效性的需求	描述性统计;抽样
6.2.2d)	未识别出需求	
6.2.2e)	未识别出需求	
6.3 基础设施	未识别出需求	
6.4 工作环境	监视工作环境的需求	描述性统计;SPC 图

表 1(续)

GB/T 19001—2000 的条款	使用定量数据的需求	统计技术
7 产品实现 7.1 产品实现的策划	未识别出需求	
7.2 与顾客有关的过程 7.2.1 与产品有关的要求的确定	未识别出需求 未识别出需求	
7.2.2 与产品有关的要求的评审	评价组织满足已确定的要求的能力的需求	描述性统计;测量分析;过程能力分析;抽样;统计容差法
7.2.3 顾客沟通	未识别出需求	
7.3 设计和开发 7.3.1 设计和开发策划	未识别出需求	
7.3.2 设计和开发输入	未识别出需求	
7.3.3 设计和开发输出	验证设计输出满足输入要求的需求	描述性统计;试验设计;假设检验;测量分析;回归分析;可靠性分析;抽样;模拟;时间序列分析
7.3.4 设计和开发评审	未识别出需求	
7.3.5 设计和开发验证	验证设计输出满足设计输入的需求	描述性统计;试验设计;假设检验;测量分析;过程能力分析;回归分析;可靠性分析;抽样;模拟;时间序列分析
7.3.6 设计和开发确认	确认产品满足需求和规定用途的需求	描述性统计;试验设计;假设检验;测量分析;过程能力分析;回归分析;可靠性分析;抽样;模拟
7.3.7 设计和开发更改的控制	评审、验证和确认设计更改所产生的影响的需求	描述性统计;试验设计;假设检验;测量分析;过程能力分析;回归分析;可靠性分析;抽样;模拟
7.4 采购 7.4.1 采购过程	确保采购的产品符合规定的采购要求的需求 评审供方提供满足组织要求的产品的能力的需求	描述性统计;假设检验;测量分析;过程能力分析;回归分析;可靠性分析;抽样 描述性统计;试验设计;过程能力分析;回归分析;抽样
7.4.2 采购信息	未识别出需求	
7.4.3 采购产品的验证	确定并实施检验和其他活动,以确保采购的产品满足规定要求的需求	描述性统计;假设检验;测量分析;过程能力分析;可靠性分析;抽样
7.5 生产和服务提供 7.5.1 生产和服务提供的控制	监视和控制生产和服务活动的需求	描述性统计;测量分析;过程能力分析;回归分析;可靠性分析;抽样;SPC图;时间序列分析
7.5.2 生产和服务提供过程的确认	确认、监视和控制其输出不易测量的过程的需求	描述性统计;过程能力分析;回归分析;抽样;SPC 图;时间序列分析
7.5.3 标识和可追溯性	未识别出需求	
7.5.4 顾客财产	验证顾客财产的特性的需求	描述性统计;抽样

表 1(续)

GB/T 19001—2000 的条款	使用定量数据的需求	统计技术
7.5.5 产品防护	监视搬运、包装和贮存对产品质量的影响的需求	描述性统计;回归分析;可靠性分析;抽样;SPC 图;时间序列分析
7.6 监视和测量装置的控制	确保监视和测量过程以及设备与要求相一致的需求 要求时评价以往测量的结果有效性的需求	描述性统计;测量分析;过程能力分析;回归分析;抽样;SPC 图;统计容差法;时间序列分析 描述性统计;假设检验;测量分析;回归分析;抽样;统计容差法;时间序列分析
8 测量、分析和改进 8.1 总则	未识别出需求	
8.2 监视和测量 8.2.1 顾客满意	监视和分析与顾客感受有关的信息的需求	描述性统计;抽样
8.2.2 内部审核	策划内部审核方案和报告审核数据的需求	描述性统计;抽样
8.2.3 过程的监视和测量	监视和测量质量管理体系过程,以证实过程实现所策划的结果的能力的需求	描述性统计;试验设计;假设检验;测量分析;过程能力分析;抽样;SPC 图;时间序列分析
8.2.4 产品的监视和测量	在产品实现的适当阶段,监视和测量产品的特性,以验证产品的要求得到满足的需求	描述性统计;试验设计;假设检验;测量分析;过程能力分析;回归分析;可靠性分析;抽样;SPC 图;时间序列分析
8.3 不合格品的控制	确定已交付的不合格品的范围的需求 重新验证已得到纠正的产品,以确保其符合要求的需求	描述性统计;抽样; 见本表 8.2.4 条款
8.4 数据分析	获取和分析与以下各方面有关的数据,以评价质量管理体系的有效性,并评估改进的可能性的需求: a) 顾客满意 b) 与产品要求的符合性 c) 过程的特性和趋势 d) 供方	 见本表 8.2.1 条款 见本表 8.2.4 条款 见本表 8.2.3 条款 见本表 7.4.1 条款
8.5 改进 8.5.1 持续改进	使用以下各方面的定量数据,改进质量管理体系过程的需求: ——设计和开发 ——采购 ——生产和服务提供 ——监视和测量装置的控制	 见本表 7.3.3、7.3.5、7.3.6 条款 见本表 7.4.1、7.4.3 条款 见本表 7.5.1、7.5.2、7.5.5 条款 见本表 7.6 条款

表 1(续)

GB/T 19001—2000 的条款	使用定量数据的需求	统计技术
8.5.2　纠正措施	分析与不合格有关的数据,以帮助理解其原因的需求	描述性统计;试验设计;假设检验;过程能力分析;回归分析;抽样;SPC图;时间序列分析
8.5.3　预防措施	分析与不合格和潜在不合格有关的数据,以帮助理解其原因的需求	描述性统计;试验设计;假设检验;过程能力分析;回归分析;抽样;SPC图;时间序列分析

4　已识别的统计技术的说明

4.1　总则

下列统计技术有助于组织满足其需求,它们已在表1中做了识别:

——描述性统计;
——试验设计;
——假设检验;
——测量分析;
——过程能力分析;
——回归分析;
——可靠性分析;
——抽样;
——模拟;
——统计过程控制(SPC)图;
——统计容差法;
——时间序列分析。

在上面所列的各种统计技术中,值得关注的是描述性统计(包括图解法),它是构成很多统计技术的一个重要组成部分。

如前所述,选择上述统计技术的准则是这些技术众所周知并使用广泛,且它们的应用已经让使用者获益。

统计技术的选择和应用方式取决于各不相同的运用情况和目的。

4.2～4.13对上述所列的每种统计技术作了简要说明。这些说明旨在帮助非专业读者评价在实施质量管理体系要求中应用统计技术的潜在适用性和利益。

实际应用这些统计技术时将需要比本指导性技术文件所提供的更多的指南和专业知识。从公共渠道可获得有关统计技术的大量信息,如教科书、期刊、报告、工业手册以及其他信息来源,它们可能有助于组织有效地使用统计技术[1)],然而列出这些来源超出了本指导性技术文件的范围,寻找这些信息是每个组织自身的职责。

4.2　描述性统计

4.2.1　描述性统计的概念

描述性统计是指以揭示数据分布特性的方式汇总并表达定量数据的方法。

通常,组织所关心的数据特性是其中心值(最常用的是均值)和散布或离散程度(通常通过极差或标

1) 参考文献中所列出的是ISO和IEC发布的与统计技术有关的标准和技术报告。列出它们仅为提供信息。本指导性技术文件并不规定组织应执行这些标准和技术报告。

准差来度量)。另一个所关心的特性是数据的分布,对此有描述分布形态的定量测度(如描述对称性的"偏度")。

描述性统计提供的信息通常可通过各种图解法进行简明有效地传递,这些图解法包括数据相对简单地展示,如:

——趋势图(也称"运行图"),它是通过一段时间内所关心的特性值形成的图,来观察其随着时间变化的表现;

——散布图,通过将一个变量绘制在 x 轴上,另一个变量的相应值绘制在 y 轴上,帮助分析两个变量之间的关系;

——直方图,描绘所关心的特性值的分布。

图解法有很多,它们有助于对数据的解释和分析,其范围可从上面描述的相对简单的工具(和其他诸如条形图和饼分图等),到包括专门换算更复杂性质的技术(如概率图),以及包括多维空间和变量的图示。

图解法十分有用,通常用来揭示在定量分析中不易发现的数据的异常特征。图解法在调查或验证变量之间关系的数据分析中,以及在估计描述这些关系的参数中都有着广泛的应用。此外,图解法也以有效的方式在汇总和表示复杂数据或数据的关系中发挥着重要作用,尤其对非专业人员更是如此。

描述性统计(包括图解法)在本指导性技术文件列出的许多统计技术中都有引用。描述性统计应被视为统计分析的基本组成部分。

4.2.2 描述性统计的用途

描述性统计用于汇总和表征数据。它通常是对定量数据进行分析的初始步骤,并常常是使用其他统计方法的第一步。

在规定的误差界限和置信水平内,样本数据的特性可作为推断所抽取样本的总体特性的基础。

4.2.3 益处

描述性统计提供了一种高效和相对简单地汇总和表征数据的方式,同时也提供了一种表达信息的便利方式。尤其是图解法,是一种非常有效的展示数据和传递信息的方法。

描述性统计可适用于包含数据使用的所有场合,它有助于数据的分析和解释,并可为决策提供有价值的帮助。

4.2.4 局限性与注意事项

描述性统计提供了样本数据特性(如均值和标准差)的定量测度。然而,这些测度受到样本量和所使用的抽样方法的限制。除非满足基本的统计假定,否则,不能根据这些定量测度对所抽取样本的总体特性作出正确估计。

4.2.5 应用示例

描述性统计适用于能收集到定量数据的几乎所有领域。它能提供有关产品、过程或质量管理体系的一些其他方面的信息,也可用于管理评审。下面就是一些应用示例:

——汇总产品特性的关键测度(如中心值和离散程度);

——描述一些过程参数的表现,如炉温;

——表征服务业提供服务的交付时间或响应时间;

——汇总从顾客调查中所获得的数据,如顾客满意或不满意;

——说明测量数据,如设备校准数据;

——通过直方图展示过程特性的分布,并与其规范限进行比较;

——利用趋势图,展示一段时间内的产品特性结果;

——通过散布图,评价过程变量(如温度)和产量之间可能存在的关系。

4.3 试验设计(DOE)

4.3.1 试验设计的概念

试验设计是指以计划好的方式进行的调研,它依赖于对结果的统计评价,从而在规定的置信水平下得出结论。

DOE 通常包括:对所调研的系统引入变化,并统计评价这些变化对系统的影响。DOE 的目的可以是确认系统的某些特性,也可以是调查某个或多个因素对系统某些特性的影响。

进行试验的具体安排和方式构成试验设计,这样的设计由其使用目的和试验条件决定。

有几种方法可用于试验数据的分析,其范围从诸如"方差分析"(ANOVA)等分析方法到诸如"概率图"等性质上更明了的图解分析方法。

4.3.2 试验设计的用途

DOE 可用于对产品、过程或体系的某些特性作出评价,其目的是针对某一规定的标准进行确认,或对几个系统进行比较评价。

DOE 对调查复杂的系统尤为有用,这些系统的输出可能受大量潜在因素的影响。试验的目标可以是使所关心的特性达到最大或最优,或减少其变异。DOE 还可用来识别系统中更有影响的因素、其影响的大小以及因素间可能存在的相互关系(即交互效应),其结果可用来促进产品或过程的设计和开发,或用来控制或改进现有的系统。

经由设计的试验得到的信息可用于建立数学模型,在某些限制条件下(4.3.4 款简要列出),该模型将所关心的系统特性作为影响因子的函数,这样的模型可用于预测。

4.3.3 益处

当估计或确认所关心的特性时,需要保证所获得的结果不是仅归因于偶然变差。这适用于根据已规定的标准所做的评价,更适用于两个或多个系统的比较。DOE 允许在规定的置信水平作出这样的评价。

当与分别调查每个因素的影响相比时,DOE 的一个主要优点就是调查一个过程的多个因素的影响时效率更高且更经济。DOE 识别某些因素间交互效应的能力也使组织能深入了解过程。DOE 的这些优点在处理复杂过程(如包括大量具有潜在影响因素的过程)时尤为突出。

当对体系进行调查时,若两个或多个变量之间可能仅有偶然联系,则存在作出不正确假定因果关系的风险。通过运用恰当的试验设计原则可减少这种错误的风险。

4.3.4 局限性与注意事项

所有系统都存在某种水平的固有变差(通常称为"噪声"),这有时会掩蔽调查结果并导致得出错误结论。其他潜在的误差来源包括系统中可能存在的未知(或仅未认出)因子的混杂效应,或系统中各种因子之间依存关系的混杂效应。经过良好设计的试验(如样本量的选择或在试验设计中作出其他考虑)能减轻因这些误差而产生的风险。这些风险不会被消除,因此在得出结论时应该考虑这一点。

严格地说,试验结果仅对试验中所考虑的某些因素及其取值范围有效。因此,在外推(或插入)显著超出试验中所考虑的取值范围时一定要慎重。

DOE 理论做了某些基本假定(如在数学模型和所研究的实际事物之间存在着典型关系),但这些假设的正确性或适宜性仍值得考虑。

4.3.5 应用示例

DOE 常用于对产品或过程的评价,例如,确认医疗处理的效果,或评价几类处理的相对有效性。DOE 应用的工业示例包括依据一些规定的性能标准所做的产品确认试验。

DOE 广泛用来识别复杂过程的影响因素,从而控制或改进一些所关心的特性(如过程的产量、产品强度、耐久性、噪声水平等)的均值或减少变异。这些试验在诸如电子元器件、汽车和化学品的生产中经常遇到。它也广泛用于农业和医学等各个不同领域,具有巨大的潜在应用范围。

4.4 假设检验

4.4.1 假设检验的概念

假设检验是在规定的风险水平上确定一组数据(一般是来自样本的数据)是否符合已给定假设的统计方法。假设可能是关于某一特定统计分布或模型的假定,也可能是关于某一分布的参数值(如均值)。

假设检验的方法包括评价以数据形式存在的证据,从而决定是否应该拒绝关于统计模型或参数的给定假设。

本指导性技术文件所列的许多统计技术明确或隐含地引用了假设检验,如抽样、SPC 图、试验设计、回归分析和测量分析。

4.4.2 假设检验的用途

假设检验的用途很广,它可使人们在规定的置信水平判断有关总体参数(来自样本的估计)的假设是否正确。因此,假设检验可用于检验总体参数是否符合特定标准,也可用来检验两个或多个总体的差别。假设检验在作出决策时也十分有用。

假设检验也可用于模型假定的检验,如检验总体的分布是否正态,样本数据是否随机等。

假设检验程序还可在规定的置信水平下,用来确定可能包含的所研究参数真值的取值范围(称为"置信区间")。

4.4.3 益处

假设检验允许以规定的置信水平对总体的某些参数作出判断。因此,假设检验可能有助于作出依赖于这些参数的决策。

假设检验还能对总体分布的性质以及就样本数据自身的特点做出判断。

4.4.4 局限性与注意事项

为确保假设检验的结论有效,必须充分满足基本的统计假定,特别是样本应为独立的和随机抽取的。而且,样本量决定了得出结论的置信水平。

在理论上,对如何从某种假设检验作出有效推断,还存在着争议。

4.4.5 应用示例

当必须对某一参数或某个或多个总体(通过样本估计而来)的分布作出判断时,或对样本数据自身进行评价时,假设检验有着广泛的应用。例如,假设检验可用于以下方面:

——检验总体的均值(或标准差)是否达到给定值,如目标值或标准;

——当比较零件的不同批次时,检验两个(或多个)总体的均值是否不同;

——检验总体的缺陷率不超过给定值;

——检验两个过程的输出中缺陷品率的差异;

——检验样本数据是否是从单个总体中随机抽取的;

——检验总体的分布是否正态;

——检验对样本的某一观察结果是否为"离群值",即有效性可疑的极值;

——检验某些产品或过程特性是否有改进;

——在规定的置信水平,确定接受假设或拒绝假设所需的的样本量;

——利用样本数据,确定总体均值可能存在的置信区间。

4.5 测量分析

4.5.1 测量分析的概念

测量分析(也称"测量不确定度分析"或"测量系统分析")是在系统运行的条件下,评价测量系统不确定度的一套方法。其测量误差的分析可使用与分析产品特性相同的方法。

4.5.2 测量分析的用途

只要收集数据就应考虑测量的不确定度。测量分析在规定的置信水平用来评价测量系统是否适合预期目的。测量分析可将各种来源的变差量化,如来自测量人员的变差,来自测量过程的变差、或来自测量仪器自身的变差。测量分析也可将来自测量系统的变差作为总过程变差、或总容许变差的一部分予以描述。

4.5.3 **益处**

在选择测量仪器、或决定仪器是否有能力评价所检查的产品或过程参数时,测量分析提供了定量且经济有效的方式。

测量分析通过将测量系统自身各种来源的变差量化,为比较和解决测量中的差异奠定了基础。

4.5.4 **局限性与注意事项**

在所有情况下(最简单的情况除外),测量分析都需要由受过培训的专业人员来实施。在进行测量分析时,应小心谨慎并具有专业知识,否则,测量分析结果可导致在测量结果和产品的可接受性两个方面的虚假和潜在代价较高的过分乐观。相反,过分悲观会导致对适宜测量系统作不必要的更换。

4.5.5 **应用示例**

4.5.5.1 **测量不确定度的确定**

测量不确定度的量化有助于组织向其(内部或外部)顾客作出保证,即测量过程有能力测量拟达到的质量水平。测量不确定度的分析通常能突出对产品质量至关重要的方面的变异,因此,能指导组织配置这些方面的资源,以改进或保持质量。

4.5.5.2 **选择新仪器**

通过检查与仪器有关的变差部分,测量分析有助于指导组织选择新仪器。

4.5.5.3 **确定某一特定方法的特性(正确度、精密度、重复性、再现性等)**

测量分析可用来选择最适宜的测量方法,以保证产品质量。测量分析也使组织能针对各种测量方法对产品质量的影响来平衡其费用和有效性。

4.5.5.4 **比对测试**

通过将测量结果与从其他测量系统获得的结果相比较,组织可评价和量化其测量系统。此外,除了向顾客提供保证外,比对还有助于组织改进其测量分析方法或加强对测量分析人员的培训。

4.6 **过程能力分析**

4.6.1 **过程能力分析的概念**

过程能力分析就是检查过程的固有变异和分布,从而估计其产生符合规范所允许变差范围的输出的能力。

当数据是(产品或过程的)可度量的变量,且处于统计控制状态时(见4.11),过程的固有变异以过程的"离散程度"表示,并通常以过程分布的6倍标准差(6σ)来测量。如果过程数据是呈正态分布("钟形"分布)的变量,在理论上,这种离散程度将包含总体的99.73%。

过程能力可方便地用指数表达。指数可将实际的过程变异与规范允许的容差联系起来。广泛应用于计量数据的能力指数是"C_p",即整个容差除以6σ的比值,它是在规范上下限之间具有良好中心定位的过程的理论能力的测度。另一个广泛使用的能力指数是"C_{pk}",它描述了可能中心定位或未能中心定位的过程的实际能力,"C_{pk}"也适用于包含单侧规范限的情况。为更好地表征长期和短期变异及围绕预期的过程目标值的变差,还发明了其他能力指数。

当过程数据涉及"计数"(如不合格品百分数或不合格数)时,过程能力以平均不合格品率或平均不合格率表示。

4.6.2 **过程能力分析的用途**

过程能力分析用来评价过程连续产生符合规范的输出的能力,并估计预期的不合格产品的数量。

过程能力分析适用于评价过程的任一部分(如某一特定机器)的能力。如"机器能力"的分析可用来评价特定设备或估算其对整个过程能力的贡献。

4.6.3 **益处**

过程能力分析能评价过程的固有变异,估计预期的不合格品百分数。因此,它使组织能估计不合格所发生的费用,并作出有助于指导过程改进的决策。

确定过程能力的最低标准可指导组织选择能用于生产可接收产品的过程和设备。

4.6.4 局限性与注意事项

能力概念仅适用于处于统计控制状态的过程。因此,过程能力分析应与控制方法联合起来实施,以对控制进行持续验证。

不合格品百分数的估计受正态性假定的限制。当实践中不能实现严格的正态性时,应谨慎处理这样的估计,尤其是在过程具有高能力比的情况下更应如此。

当过程分布实质上非正态时,能力指数可能引起误导。不合格品百分数的估计应基于针对这些数据的适宜分布所开发的分析方法。同样地,在过程受可查明的系统变差原因(如工具磨损)限制的情形下,则必须使用专门方法计算和解释过程能力。

4.6.5 应用示例

通过确保零件的变异与组装产品中允许的总容差相一致,过程能力可用来建立制造产品的合理加工规范。相反,当需要严格的容差时,零件的制造商需要达到规定的过程能力水平,以确保高产低耗。

较高的过程能力目标(如,$C_p \geqslant 2$)有时用在零件和分系统级,以使复杂系统达到所期望的累积质量和可靠性。

机器能力的分析用来评价机器按规定要求生产或运行的能力,这有助于组织作出采购或修理机器的决定。

汽车、航空航天、电子学、食品、医药以及医疗设备的制造商通常将过程能力作为评价供方和产品的主要准则。这使这些制造商可将对采购产品和材料的直接检验减至最少。

一些制造业和服务业的公司通过跟踪过程能力指数,以识别过程改进的需求,或验证这些改进的有效性。

4.7 回归分析

4.7.1 回归分析的概念

回归分析就是将所关心的特性(通常称为“响应变量”)的性能与潜在的原因(通常称为“解释变量”)联系起来。这样一种关系可通过科学、经济、工程等学科的模型作出规定,或经验地得到。目的是帮助理解响应变差的潜在原因,并解释每个因素对该变差所起的作用有多大。通过统计将响应变量的变差与解释变量的变差联系起来,以及将预期和实际响应变量之间的偏差减至最小达到最佳拟合可做到这一点。

4.7.2 回归分析的用途

使用回归分析可:

——检验有关潜在解释变量对响应影响的假设,并针对解释变量的已知变化,使用这些信息描述所估计的响应变化;

——针对解释变量的具体值,预测响应变量值;

——针对给出的解释变量特定值,(在规定的置信水平)预测响应值的预期范围;

——估计响应变量和解释变量相关联的方向和程度(尽管这样的关联并不意味着因果关系)。例如,可以使用这些信息确定当变更某个因素而其他因素不变时所产生的影响,如改变温度对过程产量的影响。

4.7.3 益处

回归分析可使组织深入了解各种因素与所关心的响应之间的关系,这样的了解有助于指导组织在研究和最终改进过程时作出决策。

回归分析获得的结论来自于其对响应数据的形态进行简明地描述能力、对不同但相关的数据子集的比较能力以及对潜在的因果关系的分析能力。当这些关系能较好地建模时,回归分析还能估计解释变量所产生影响的相对大小以及这些变量的相对强度。这些信息在控制或改进过程的输出中具有潜在价值。

回归分析也可对在分析中未测量或遗漏的因素对响应影响的大小和来源作出估计。这种信息可用来改进测量系统或过程。

回归分析可针对一个或多个解释变量的给定值预测响应变量值；同样，回归分析也可就现有或预期的响应来预测解释变量改变时的影响。当不了解措施的有效性时，在投入时间和金钱解决某一问题之前，进行此类分析可能是有益的。

4.7.4 局限性与注意事项

当建立过程模型时，需要具备确定（如：线性的、指数的、多变量的）适宜的回归模型的技能，以及运用诊断方法改进模型的技能。遗漏变量、测量误差，以及其他无法解释的响应变差来源的存在都会使模型复杂化。选择何种适用于回归分析问题的估计技术，取决于所研究的回归模型的特定假定以及可获得的数据特性。

在建立回归模型时，有时遇到的问题是存在有效性可疑的数据。在分析中包含或遗漏这样的数据可能会对模型参数的估计以及响应的估计产生影响。因此，在可能时，应调查这些数据的有效性。

通过将解释变量的数量减至最少来简化模型在建模中很重要。包含不必要的变量能混淆解释变量的影响，并降低模型的预测精密度。然而，遗漏某个重要解释变量可能会严重限制模型以及结果的可用性。

4.7.5 应用示例

回归分析用于产量、运行质量、循环时间、测试或检验失败的概率，以及过程缺陷的各种形态等生产特性的建模。回归分析也用来识别过程的最重要因素，以及它们对所关心的特性变差影响的大小和性质。

回归分析用来预测实验的结果，或预测对材料或生产条件中的变差进行的受控前瞻性或回溯性研究的结果。

回归分析也用来验证测量方法的可替代性，例如，用非破坏性的或省时的方法取代破坏性的或耗时的方法。

非线性回归的应用示例包括将药物浓度作为时间和反应量的函数来建模；将化学反应作为时间、温度和压力等的函数来建模。

4.8 可靠性分析

4.8.1 可靠性分析的概念

可靠性分析就是将工程和分析方法应用于评价、预计和保证所研究的产品或系统在某一段时间无故障运行[2)]。

可靠性分析使用的技术通常需要使用统计方法处理不确定性、随机特性或在一段期间内发生故障等的概率。这种分析通常包括使用适宜的统计模型来表征所关心的变量，如故障前时间，或故障间隔时间。这些统计模型的参数可从实验室或工厂试验或从现场作业所获得的经验数据作出估计。

可靠性分析还包括用于研究故障的物理性质和原因、以及预防或减少故障的其他技术（如失效模式和影响分析）。

4.8.2 可靠性分析的用途

可靠性分析用于下述目的：

——基于来自有限期间并包括许多规定的试验单元数的试验所获得的数据，验证规定的可靠性测度得到满足；

——预测无故障运行的概率，或其他可靠性的测度，如故障率、零件或系统的平均故障间隔时间等；

2）可靠性分析与涉及维修性和可用性的“可信性”的广阔领域密切相关。它们和其他相关的技术和方法在参考文献所列出的 IEC 的出版物中作了规定和讨论。

——建立产品或服务性能的故障形态及运作情况的模型;

——提供对概率设计有用的设计参数(如应力和强度)方面的统计数据;

——识别关键或高风险的零件以及可能的故障模式和机理,并支持查找原因和采取预防措施。

可靠性分析所使用的统计技术允许对所开发的可靠性模型的参数估计值和用这些模型做出的预计结果设定统计置信水平。

4.8.3 益处

可靠性分析提供了产品和服务抗故障或抗服务中断的性能的定量测度。可靠性活动与系统运行中风险的遏制密切相关。可靠性通常是感知产品或服务质量、以及顾客满意程度的影响因素。

在可靠性分析中使用统计技术的益处包括:

——在规定的置信限内,具备预计和量化故障可能性以及其他可靠性测度的能力;

——通过使用不同的冗余技术和降额策略,具备指导作出选择不同设计方案决策的能力;

——制定完成符合性试验的客观的接收或拒收准则,以证实可靠性要求得到满足;

——基于产品性能、服务和耗损数据的可靠性分析,具备策划最佳预防性维修和更换计划的能力;

——为经济地达到可靠性目标,改进设计的可能性。

4.8.4 局限性与注意事项

可靠性分析的基本假定是所研究的系统性能可通过统计分布合理地予以表征。因此,可靠性估计的准确度将取决于这种假定的正确性。

当存在可能符合或不符合同一统计分布的多个故障模式时,会增加可靠性分析的复杂性。此外,当在可靠性试验中观测到的故障数很小时,可能严重影响与可靠性估计相联系的统计置信水平和精密度。

另一个关键是与可靠性试验的条件有关,特别是当试验包括某种形式的“加速应力”(即应力比产品在正常使用中大得多)时更是如此。确定产品在试验中所观测的故障与在正常使用条件下的产品性能之间的关系可能很困难,并且这将增加可靠性预计的不确定性。

4.8.5 应用示例

可靠性分析应用的典型示例包括:

——验证零件或产品能满足规定的可靠性要求;

——根据新产品引进时试验数据的可靠性分析,判断产品的寿命周期费用;

——基于对现货产品的可靠性分析,指导作出制造或购买现货产品的决策,并估计对交付目标和与预测故障有关的以后的费用的影响;

——基于试验结果、质量改进和可靠性增长,推测软件产品成熟度,并建立符合市场要求的软件投放目标;

——确定主要产品的耗损特性,以有助于改进产品的设计,或策划所要求的适宜的服务维修计划和工作。

4.9 抽样

4.9.1 抽样的概念

抽样是一种系统的统计方法,它通过研究总体有代表性的部分(即样本)来获取该总体的某些特性信息。有各种抽样技术可以使用,如简单随机抽样、分层抽样、系统抽样、序贯抽样、跳批抽样等,抽样技术的选择取决于抽样的目的和抽样条件。

4.9.2 抽样的用途

抽样大致可分为不互斥的两大领域:“验收抽样”和“调查抽样”。

验收抽样是基于选取“批”的样本结果,作出接收或不接收该“批”(即一组产品)的决定。为满足具体要求和应用,有许多验收抽样方案可供选择。

调查抽样用于估计总体的某个或多个特性值、或估计这些特性在总体中是如何分布的枚举研究或分析研究。调查抽样通常与收集人们对某个主题的观点的民意测验相联系,调查抽样也同样能用于其他目的(如审核)的数据收集。

在枚举研究中所使用的获取总体或部分总体特性方面的信息的探索性抽样是调查抽样的一种特别形式。生产抽样也是调查抽样的一种特别形式,可用于过程能力分析。

4.9.3 益处

正确设计的抽样方案与总体调查或100%批检验相比,能节省时间、费用和劳动力。当产品检验包含破坏性试验时,抽样是获取相应信息的唯一切实可行的途径。

抽样提供了一种既经济有效又及时的方法,以获取有关总体的某一所关心的特性值或分布情况的初始信息。

4.9.4 局限性与注意事项

设计抽样方案时,应慎重决定样本量、抽样频次、样本的选择、划分子组的根据以及抽样方法的各种其他方面。

抽样要求以无偏的方式选择样本,即样本要代表总体。如果做不到这一点,将导致对总体特性作出不良估计。在验收抽样的情况下,不能代表总体的样本可能导致对可接收质量批的不必要的拒收,或导致对不可接收质量批的非预期接收。

即使是无偏样本,从样本得到的信息也会产生一定程度的误差。这种误差可通过增大样本量来减少,但却不能消除。达到所期望的置信水平和精密度的样本量取决于具体问题和抽样范围,这样的样本量可能太大,以至于没有实用价值。

4.9.5 应用示例

调查抽样的一个频繁应用是在市场调研中估计可能购买某一特定产品的人口的比率,另一个应用是在库存审计中估计满足规定准则的个体比率。

抽样用于对操作者、机器或产品的过程检查,以便监测变差并确定纠正及预防措施。

验收抽样广泛用于工业领域,以便对接收的材料满足预先规定的要求提供某种程度的保证。

通过散料抽样,能对散料(如矿物、液体和气体)组成成分的数量或性质作出估计。

4.10 模拟

4.10.1 模拟的概念

模拟是通过计算机程序用数学方式表示(理论或经验的)系统,从而解决问题的方法的集合。如果这种表达方式包括概率论的概念,尤其是包括随机变量,模拟则称为“蒙特卡罗法”。

4.10.2 模拟的用途

从理论科学方面,如果不知道解决问题的综合理论,或如果知道,但不可能或难以解决,而通过计算机能获得解决方法时,则可使用模拟法。在经验方面,如果计算机程序能够充分地描述系统时,可使用模拟法。模拟在统计教学中也是一种有益的工具。

相对廉价的计算能力的发展正使模拟越来越多地应用于迄今还没有得到解决的问题。

4.10.3 益处

在理论科学中,如果没有明确的解决问题的计算方法,或计算太繁琐以至不能直接进行(如 n 维积分),则可采用模拟法(特别是“蒙特卡罗法”)。同样,在经验方面,当经验调查是不可能的或花费太大时,可采用模拟法。模拟的益处在于它提供了一种省时经济的解决问题的办法,或它最终提供了解决问题的办法。

统计教学中使用模拟法能有效地解释随机变差。

4.10.4 局限性与注意事项

在理论科学中,选择基于概念推理得出的证据比模拟更具优势,因为模拟往往对结果的原因不能作出说明。

经验模型的计算机模拟可能受到模型不适宜的限制,即,模型可能没有完全说明问题。因此,经验模型的计算机模拟不能替代实际经验调查和试验。

4.10.5 应用示例

大型项目(如太空计划)通常采用蒙特卡罗法。模拟的应用不受任何具体工业类型的限制,典型的应用领域包括统计容差法、过程模拟、系统的优化、可靠性理论和预计。一些具体的应用有:

——机械部件的变差建模;

——复杂部件的振动形态建模;

——确定最佳预防性维修计划;

——在设计和生产过程中为优化资源配置所进行的费用和其他分析。

4.11 统计过程控制(SPC)图

4.11.1 SPC 图的概念

SPC 图或"控制图"是将从过程定期收集的样本所获得的数据按顺序点绘而成的图。SPC 图上标有过程稳定时描述过程固有变异的"控制限"。控制图的作用是帮助评价过程的稳定性,这可通过检查所点绘的数据与控制限的关系来实现。

任何反映所关心的产品或过程特性的变量(计量数据)或属性(计数数据)都可以绘制成图。在存在计量数据的情况下,一个控制图通常用来监控过程中心的变化,另一控制图则用于监控过程变异的变化。

对于计数数据,控制图通常包含不合格品数或不合格品率控制图,或包含从过程所抽取的样本中发现的不合格数控制图。

计量数据控制图的常规形式称为"休哈特"图。还有其他形式的控制图,每种控制图都有适合特定情况而应用的特点。例如,"累积和控制图"可提高检测过程发生小漂移的灵敏度;"移动均值图"(均匀或加权)可平滑掉短期变差,揭示长久趋势。

4.11.2 SPC 图的用途

SPC 图通常用来检测过程的变化。图中描绘的数据与控制限进行比较,可以是单值读数或诸如样本平均值的统计量。最简单的情况是:描绘点落在控制限之外则表明过程可能出现了变化,这可能是由某些"可查明原因"引起的。这表明需要对"失控"读数的原因进行调查,以及在必要时对过程进行调整,将有助于长期保持过程稳定性和对过程加以改进。

通过采用附加准则解释所绘数据的趋势和形态,可改善控制图的使用,以便更迅速地展示过程变化,或提高识别微小变化的灵敏度。

4.11.3 益处

除了向使用者提供直观的数据外,控制图还能通过区分稳定过程的固有随机变差和可能因"可查明原因"(即具体原因可以查明)而产生的变差,便于使用者对过程变差作出适当的响应。这种"可查明原因"的及时查明和纠正有助于对过程加以改进。与过程有关的活动的控制图的作用和价值如下:

——过程控制:计量控制图用来查明过程中心或过程变异的变化,并采取纠正措施,以保持或恢复过程稳定性;

——过程能力分析:如果过程处于稳定状态,从控制图获得的数据可随后用于估计过程能力;

——测量系统分析:通过结合反映测量系统固有变异的控制限,控制图能显示测量系统是否有能力查明所关心的过程或产品的变异,控制图也能用于监控测量过程本身;

——因果分析:过程事件和控制图形态之间的相关性有助于判断可查明的根本性原因并策划有效措施;

——持续改进:控制图可用于监视过程变差,并有助于识别和表征变差的原因。当将控制图作为组织内持续改进的系统程序的组成部分时,控制图尤为有效。

4.11.4 局限性与注意事项

以最好地反映所关心的变差的方式抽取过程样本很重要,这样的样本称为"合理子组"。这也是有效使用和解释 SPC 图以及理解过程变差来源的关键。

短期过程很少能提供足够的数据，故难以建立适宜的控制限。

在解释控制图时存在“假报警”的风险，(即实际未发生变化而作出变化已经发生的结论)，也存在已经发生变化而未查明的风险。这些风险都能被减少，但不能被消除。

4.11.5 应用示例

汽车、电子、国防和其他行业的公司经常利用关键特性的控制图，实现和证实持续的过程稳定性和能力。如果接收了不合格产品，使用控制图可有助于明确风险并确定纠正措施的实施范围。

在工作现场可使用控制图解决问题。控制图可用于组织的各个层次，以识别问题并分析问题产生的根本原因。

控制图用在加工工业，通过使员工分辨过程固有变差和可能因“可查明原因”引起的变差，从而减少不必要的过程干预(过度调整)。

诸如平均响应时间、差错率和顾客抱怨频次等样本特性的控制图可用于测量、诊断和改进服务业的业绩。

4.12 统计容差法

4.12.1 统计容差法的概念

统计容差法是基于某些统计原理确定容差的方法，它利用各零件相关尺寸的统计分布来确定组装件的总容差。

4.12.2 统计容差法的用途

当把多个零件装配为一个组装件时，这些组装件的装配性和互换性的关键因素或要求通常不再是单个零件的尺寸，而是组装件的总尺寸。

总尺寸的极值(即最大值或最小值)，只有在所有零件的尺寸均处于其各自容差范围的最高点或最低点时才会出现。在容差链框架内，当总尺寸容差由各零件容差相加时，就称为算术总容差。

为了统计确定总容差，假定组装件包括大量的零件，则处于单件容差范围一端的尺寸将与处于容差另一端的尺寸相平衡。例如，一个处于容差范围低端的单件尺寸能与处于容差范围高端的另一个尺寸(或几个尺寸的组合)相配合。从统计角度来讲，在某些情况下，总尺寸应是近似的正态分布，与单件尺寸的容差分布无关，因而可用来估计组装件的总尺寸的容差范围。当总尺寸容差给定时，可以据此来确定各零件容许的容差范围。

4.12.3 益处

当一组单件容差给定时(不必相同)，根据统计总容差计算所得出的总尺寸容差通常比从算术方法得出的总尺寸容差要小得多。

这表明当总尺寸容差给定时，统计容差法允许使用的单件尺寸容差的范围要比算术方法得出的大。这一点能给实际操作带来很大益处，因为容差范围越宽越有利于使用更简单的和更经济有效的生产方法。

4.12.4 局限性与注意事项

统计容差法首先要求确定能够接受的处于总尺寸容差范围之外的组装件的比例。统计容差法的实际可行须满足以下前提：

——各单件的实际尺寸可作为不相关的随机变量；

——尺寸链是线性的；

——尺寸链至少有四个零件；

——各单件容差应为同一数量级；

——尺寸链各单件尺寸的分布已知。

很明显，只有当所研究的单个零件的生产受控并处于持续检测的状态下，才会满足上述条件。如果产品仍处于开发状态，则应使用经验和工程知识指导统计容差法的应用。

4.12.5 应用示例

统计容差法的理论常用于有相加关系或简单相减关系(如轴和孔)的零件装配中。使用统计容差法的工业部门包括机械、电子和化学工业。这一理论也用于计算机模拟中,以确定最佳容差。

4.13 时间序列分析

4.13.1 时间序列分析的概念

时间序列分析是研究按时间顺序收集到的一组观测结果的一族方法。这里的时间序列分析是指诸如以下应用中的分析技术:

——发现"滞后"形态,通过统计找出每一观察结果如何与它前面最接近的观察结果相关联,并在随后的每个滞后周期重复这一活动;

——发现周期性或季节性形态,以便了解过去的成因因素如何对将来产生重复影响;

——使用统计工具预测将来的观察结果,或弄清哪些因素在时间序列中对变差的影响最大。

时间序列分析中使用的技术可包括简单"趋势图"。在本指导性技术文件中,这样的基本图在"描述性统计"所列出的简单图解法中给出。

4.13.2 时间序列分析的用途

时间序列分析用来描述时间序列数据的形态,识别"离群值"(即必须调查其有效性的极值),以有助于了解形态或作出调整,查明趋势的转折点。时间序列分析的另一个用途是用某一时间序列的形态解释另一个时间序列的形态,具有回归分析中的所有固有目标。

时间序列分析也用来预测时间序列的将来值,一般是将一些已知的上下限作为预测间隔。时间序列分析在控制领域具有广泛用途,且常用于自动过程。在这种情况下,以某一概率模型拟合以往的时间序列,预测将来值,然后通过尽可能小的变差来调整具体的过程参数,以保持设定目标的过程。

4.13.3 益处

时间序列分析方法在策划、控制工程、识别过程变化、预测以及测量一些外部干扰或活动所产生的影响方面都十分有用。

当作出某一特定更改时,时间序列分析还能用于过程策划性能与时间序列预测值的比较。

使用时间序列方法可深入了解可能的因果形态。某些时间序列方法还能将系统(或可查明的)原因与偶然原因分开,并能将随时间序列出现的形态分解为周期性、季节性和趋势分量。

时间序列分析通常用于了解过程在特定条件下如何运转、以及什么调整可能对过程趋向某些目标值产生影响、或什么调整能减少过程变异。

4.13.4 局限性与注意事项

回归分析所列出的局限性与注意事项也适用于时间序列分析。当为了了解原因和结果而建立过程模型时,需要具备选择最适宜模型和使用诊断工具以改进模型的技能水平。

在分析中,包括或遗漏某个观测值或一小组观测值,都可能对模型产生重要影响。因此,应理解有影响的观测值并与数据中的"离群值"相区别。

不同的时间序列估计技术可能具有不同的成功程度,这主要取决于时间序列的形态,以及针对可获得的时间序列数据的时间周期数量所期望的预测周期的数量。模型的选择应考虑分析的目标、数据的性质、相关成本以及各种模型的分析和预计特性。

4.13.5 应用示例

时间序列分析适用于研究一段时间内性能的形态,例如,过程测量、顾客抱怨、不合格、生产率和测试结果。

预测应用包括预测备品配件、缺席情况、顾客定单、材料需求、电力消耗等等。

因果时间序列分析用于开发需求的预测模型。例如,在可靠性方面,用来预测在给定时间周期内的事件的数量以及事件间(如设备停机状态)时间间隔的分布。

参 考 文 献

[1] GB/T 3360—1982 数据的统计处理和解释 均值的估计和置信区间(eqv ISO 2602:1980)

[2] GB/T 4889—1985 数据的统计处理和解释 正态分布均值和方差的估计与检验方法(eqv ISO 2854:1976)

[3] GB/T 2828.1—2003 计数抽样检验程序 第1部分:按接收质量限(AQL)检索的逐批检验抽样计划(ISO 2859-1:1999,IDT)

[4] GB/T 15239—1994 孤立批计数抽样检验程序及抽样表

[5] GB/T 13263—1991 跳批计数抽样检查程序(eqv ISO/DIS 2859-3-2)

[6] GB/T 14437——1997 产品质量监督计数一次抽样检验程序及抽样方案

[7] GB/T 3359—1982 数据的统计处理和解释 统计容许区间的确定)(eqv ISO 3207:1975)

[8] GB/T 3361—1982 数据的统计处理和解释 在成对观测值情形下两个均值的比较(eqv ISO 3301:1975)

[9] GB/T 4890—1985 数据的统计处理和解释 正态分布均值和方差检验的功效

[10] GB/T 3358.1—1993 统计学术语 第一部分:一般统计术语(neq ISO/DIS 3435-1~3435-3)

[11] GB/T 3358.2—1993 统计学术语 第二部分:统计质量控制术语(neq ISO/DIS 3435-1~3435-3)

[12] GB/T 3358.3—1993 统计学术语 第三部分:试验设计术语(neq ISO/DIS 3435-1~3435-3)

[13] GB/T 6378—2002 不合格品率的计量抽样检验程序及图表(适用于连续批的检验)(ISO 3951:1989,NEQ)

[14] GB/T 6379.1—2004 测量方法与结果的准确度(正确度和精密度) 第1部分:总则与定义(ISO 5725-1:1994,IDT)

[15] GB/T 6379.2—2004 测量方法与结果的准确度(正确度和精密度) 第2部分:确定标准测量方法重复性与再现性的基本方法(ISO 5725-2:1994,IDT)

[16] GB/T 17989—2000 控制图 通则和导引(idt ISO 7870:1993)

[17] GB/T 4886—2002 带警戒限的均值控制图(eqv ISO 7873:1993)

[18] GB/T 8051—2002 计数序贯抽样检验程序及表(ISO 8422:1991,NEQ)

[19] GB/T 16307—1996 计量截尾序贯抽样检验程序及抽样表(适用于标准差已知的情形)(eqv ISO 8423:1991)

[20] GB/T 17560—1998 数据的统计处理和解释 中位数的估计(eqv ISO 8595:1989)

[21] GB/T 19001—2000 质量管理体系 要求(idt ISO 9001:2000)

[22] GB/T 19004—2000 质量管理体系 业绩改进指南(idt ISO 9004:2000)

[23] GB/T 19021—2003 测量管理体系 测量过程和测量设备的要求(idt ISO 10012:2003)

[24] GB/T 7826—1987 系统可靠性分析技术 失效模式和效应分析(FMEA)程序(idt IEC 812:1985)

[25] GB/T 7289—1987 可靠性、维修性与有效性预计报告编写指南(eqv IEC 863:1986)

[26] GB/T 19000—2000 质量管理体系 基础和术语(idt ISO 9000:2000)

[27] ISO 2859-0:1995,Sampling procedures for inspection by attributes—Part 0:Introduction to the ISO 2859 attribute sampling system.

[28] ISO 5479:1997,Statistical interpretation of data—Test for departure from the normal distribution.

[29] ISO 5725-3:1994,Accuracy(trueness and precision) of measurement methods and results—

Part 3: Intermediate measures of the precision of a standard measurement method.
[30] ISO 5725-4: 1994, Accuracy (trueness and precision) of measurement methods and results—Part 4: Basic methods for the determination of the trueness of a standard measurement method.
[31] ISO 5725-5: 1998, Accuracy (trueness and precision) of measurement methods and results—Part 5: Alternative methods for the determination of the precision of a standard measurement method.
[32] ISO 5725-6: 1994, Accuracy(trueness and precision) of measurement methods and results—Part 6:Use in practice of accuracy values.
[33] ISO/TR 7871:1997, Cumulative sum charts—Guidance on quality control and data analysis using CUSUM techniques.
[34] ISO 7966:1993,Acceptance Control charts.
[35] ISO 8258:1991,Shewhart control charts.
[36] ISO/TR 8550: 1994, Guide for the selection of an acceptance sampling system, scheme or plan for inspection of discrete items in lots.
[37] ISO 10725:2000, Acceptance sampling plans and procedures for the inspection of bulk materials.
[38] ISO 11095:1996, Linear calibration using reference materials.
[39] ISO 11453:1996, Statistical interpretation of date—Tests and confidence intervals relating to proportions.
[40] ISO 11462-1:2001, Guidelines for implementation of statistical process control (SPC)—Part 1: Elements of SPC.
[41] ISO 11648-2:2001,Statistical aspects of sampling from bulk materials—Part 2:Sampling of particulate materials.
[42] ISO 11843-1:1997, Capability of detection—Part 1:Terms and definitions.
[43] ISO 11843-2:2000, Capability of detection—Part 2:Methodology in the linear calibration case.
[44] ISO/TR 13425:1995,Guide for the selection of statistical methods in standardization and specification.
[45] ISO 14253-1:1998,Geometrical Product Specifications(GPS)—Inspection by measurement of workpieces and measuring equipment—Part 1: Decision rules for proving conformance or non-conformance with specifications.
[46] ISO 14253-2:1999,Geometrical Product Specifications(GPS)—Inspection by measurement of workpieces and measuring equipment—Part 2:Guide to the estimation of uncertainty in GPS measurement,in calibration of measuring equipment and product verification.
[47] ISO 16269-7:2001,Statistical interpretation of date—Part 7: Median—Estimation and confidence intervals.
[48] ISO Guide 33: 2000, Uses of certified reference materials.
[49] ISO Guide 35: 1989, Certification of reference materials—General and statistical principles.
[50] ISO/IEC Guide 43-1:1997, Proficiency testing by interlaboratory comparisons—Part 1: Development and operation of proficiency testing schemes.
[51] ISO/IEC Guide 43-2:1997, Proficiency testing by interlaboratory comparisons—Part 2:Selection and use of proficiency testing schemes by laboratory accreditation bodies.
[52] ISO Standards Handbook: 2000, Statistical methods for quality control

Volume 1: Terminology and symbols—Acceptance sampling.

Volume 2: Measurement methods and results—Interpretation of statistical data—Process control.

[53] IEC 60050-191: 1990, International Electrotechnical Vocabulary—Chapter 191: Dependability and quality of service.

[54] IEC 60300-1: 1993, Dependability management—Part 1: Dependability programme management.

[55] IEC 60300-2: 1995, Dependability management—Part 2: Dependability programme elements and tasks.

[56] IEC 60300-3-9: 1995, Dependability management—Part 3: Application guide—Section 9: Risk analysis of technological systems.

[57] IEC 61014: 1989, Programmes for reliability growth.

[58] IEC 62025: 1990, Fault tree analysis(FTA).

[59] IEC 61070: 1991, Compliance test procedures for steady-state availability.

[60] IEC 61078: 1991, Analysis techniques for dependability—Reliability block diagram method.

[61] IEC 61123: 1991, Reliability testing—Compliance test plans for success ratio.

[62] IEC 61124: 1997, Reliability testing—Compliance tests for constant failure rate and constant failure intensity.

[63] IEC 61163-1: 1995, Reliability stress screening—Part 1: Repairable items manufactured in lots.

[64] IEC 61163-2: 1999, Reliability stress screening—Part 2: Electronic components.

[65] IEC 61164: 1995, Reliability growth—Statistical test and estimation methods.

[66] IEC 61165: 1995, Application of Markov techniques.

[67] IEC 61649: 1997, Goodness-of-fit tests, confidence intervals and lower confidence limits for Weibull distributed data.

[68] IEC 61650: 1997, Reliability data analysis techniques—Procedures for comparison of two constant failure rates and two constant failure(event) intensities.

[69] GUM: 1993, Guide to the expression of uncertainty in measurement. BIPM, IEC, IFCC, ISO, IUPAC, IUPAP and OIML.

ICS 11.040.50
C 43

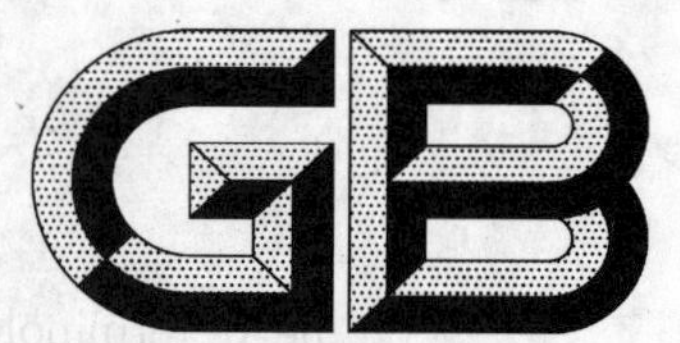

中华人民共和国国家标准

GB/T 19042.2—2005/IEC 61223-3-2:1996

医用成像部门的评价及例行试验 第3-2部分:乳腺摄影X射线设备成像性能验收试验

Evaluation and routine testing in medical imaging departments—Part 3-2: Acceptance tests—Imaging performance of mammographic X-ray equipment

(IEC 61223-3-2:1996,IDT)

2005-01-27 发布

2005-08-01 实施

中华人民共和国国家质量监督检验检疫总局
中国国家标准化管理委员会 发布

前　言

本部分等同采用国际标准 IEC 61223-3-2 :1996《医用成像部门的评价及例行试验　第 3-2 部分:乳腺摄影 X 射线设备成像性能验收试验》,编写规则也与之相同。

本部分是 GB/T 19042 系列标准的第 3 部分,验收试验其余部分如下:

GB/T 19042.1—2003　医用成像部门的评价及例行试验　第 3-1 部分:X 射线摄影和透视系统用 X 射线设备成像性能验收试验(IEC 61223-3-1:1999,IDT)

GB/T 19042.3—2005　医用成像部门的评价及例行试验　第 3-3 部分:数字减影血管造影(DSA) X 射线设备成像性能验收试验(IEC 61223-3-3:1996,IDT)

GB/T 19042.4—2005　医用成像部门的评价及例行试验　第 3-4 部分:牙科 X 射线设备成像性能验收试验(IEC 61223-3-4:2000,IDT)

为便于使用,本部分做了如下编辑性修改:

a)　在第 2 章"规范性引用文件"中,所引用的 IEC 和 ISO 等标准,凡已等同转化为国家标准的改为引用国家标准。

b)　用小数点符号"."代替作为小数点的逗号","。

c)　在计算公式的参量说明中,用破折号"——"代替"是"。

d)　附录 A 中,在多数术语后用 GB 10149 中对应条号,以便查阅。

本部分由国家食品药品监督管理局提出。

本部分由全国医用 X 线设备及用具标准化分技术委员会归口。

本部分起草单位:辽宁省医疗器械产品质量监督检验所、上海华线医用核子仪器有限公司。

本部分主要起草人:李宝良、钟柏牛、高兵。

引　言

本部分是医用成像部门使用的对子系统和系统(如诊断 X 射线设备)包括洗片机的验收试验和稳定性试验方法系列标准的一部分。

医用成像部门的评价及例行试验 第 3-2 部分:乳腺摄影 X 射线设备成像性能验收试验

1 范围和目的

1.1 范围

GB/T 19042 的本部分适用于使用具有 X 射线胶片增感屏、采用接触和放大方式操作并在摄影时影响成像质量的那些乳腺摄影 X 射线设备部件。

本部分不适用于乳腺摄影 X 射线设备中像活组织检查板和立体定位装置这样的专用附件。

1.2 目的

本部分规定:

a) 与成像性能有关的上述 X 射线设备特性的基本参数。

b) 涉及有关参数的测量值是否符合规定允差的试验方法。

这些方法主要依赖于非介入式测量,使用合适的测试设备在安装期间或安装后进行。

在安装过程中签署的附加说明步骤的报告可作为验收试验的一部分。

目的是验证图像质量是否符合安装要求和用那些技术要求检测与影响图像质量不一致的功能缺陷。

本部分未规定调研中的参数允差,也不考虑:

c) 机械和电气安全的方面。

d) 机械、电气和软件性能。除非直接影响成像质量的试验性能。

2 规范性引用文件

下列文件中的条款通过 GB/T 19042 的本部分的引用而成为本部分的条款。凡是注日期的引用文件,其随后所有的修改单(不包括勘误的内容)或修订版均不适用于本部分,然而,鼓励根据本部分达成协议的各方研究是否可使用这些文件的最新版本。凡是不注日期的引用文件,其最新版本适用于本部分。

GB/T 5465.2—1996 电气设备用图形符号(idt IEC 60417:1994)

GB 9706.1—1995 医用电气设备 第一部分:安全通用要求(idt IEC 60601-1:1988)

GB 9706.3—2000 医用电气设备 第 2 部分:诊断 X 射线发生装置的高压发生器安全专用要求(idt IEC 60601-2-7:1998)

GB 9706.11—1997 医用电气设备 第二部分:医用诊断 X 射线源组件和 X 射线管组件安全专用要求(idt IEC 60601-2-28:1993)

GB 9706.12—1997 医用电气设备 第一部分:安全通用要求 三、并列标准 诊断 X 射线设备辐射防护通用要求(idt IEC 60601-1-3:1994)

GB 9706.14—1997 医用电气设备 第二部分:X 射线设备附属设备安全专用要求(idt IEC 60601-2-32:1994)

GB/T 17006.1—2000 医用成像部门的评价及例行试验 第 1 部分:总则(idt IEC 61223-1:1993)

GB/T 17006.2—2000 医用成像部门的评价及例行试验 第 2-1 部分:洗片机稳定性试验(idt

IEC 61223-2-1:1993)

GB/T 17006.3—2000 医用成像部门的评价及例行试验 第2-2部分:X射线摄影暗匣和换片器屏-片接触和屏-匣组件相对灵敏度稳定性试验(idt IEC 61223-2-2:1993)

GB/T 17006.4—2000 医用成像部门的评价及例行试验 第2-3部分:暗室安全照明状态稳定性试验(idt IEC 61223-2-3:1993)

YY/T 0063—2000 医用诊断X射线管组件焦点特性(IEC 60336:1993,IDT)

ISO 2092:1981 轻金属及其合金——根据化学符号设计的编码

IEC 60788:1984 医用放射学术语

IEC 60878:1988 医用电气设备用图形符号

3 术语

3.1 要求的程度

GB/T 19042的本部分中,下述术语具有特定的含义:

——"应"(shall):表示符合本部分的强制性要求;

——"宜"(should):表示只有很强的推荐性,但不是强制性;

——"可以"(may):用来说明为达到某项要求所容许的方法;

——"特定的"(specific):用以表示本部分中或参考其他标准所叙述的确定的信息,通常与专用操作条件、试验方法或符合标准值有关;

——"规定的"(specified):用以表示**制造商随机文件**中或正在研究中的**设备**有关文件所叙述的确定资料,通常涉及其预定的用途,或与确定一致性试验有关的参数或条件。

3.2 术语使用

GB/T 19042的本部分中,以小一号黑体字印刷的术语由IEC 60788、其他IEC出版物或本部分的3.3条所定义,见附录A。在使用已定义术语作为其他已定义或未定义术语限定词的地方,作为限定词的已定义术语不以小一号黑体字印刷,除非经过限定后的概念是已定义的或被认为是未定义的派生术语。

注:注意这样一个情况,在提出的概念不是被强烈的限制在以上所列出版物之一所给出定义的地方,相应的术语是以五号宋体印刷的。

3.3 定义

3.3.1

伪影 artifact

图像中明显可见的,既不体现物体内部结构,也不能用噪声或系统的**调制传递函数**来说明的纹理。

4 验收试验概述

4.1 试验过程中应考虑的一般条件

验收试验的目的是证实**设备**规定的特性在规定允差内。某些要求由法规强制规定,其他一些要求及技术条件可以在订货合同中或供应商提供的样本中或其他标准中做出规定,如GB 9706标准的规定。

在进行性能验收试验之前,应编制所测**设备**的清单,**X射线设备**及其部件应做清晰的标记,如型号和**系列号**,并按订货合同进行检查。检查还应包括已编制好的**随机文件**,提供已完成的测试记录。这些文件一并附在提供的**设备**上。

备有**增感屏**的暗盒,摄影胶片和胶片处理是成像系统必不可少的部件。因此,确保这些部件以可接受的方式进行验收是**用户**的责任。如考虑图像的灵敏度、对比度和无**伪影**。这些部件的性能试验应在任何**验收试验**之前进行,包括**X射线设备**的摄影胶片,如按GB/T 17006.2、GB/T 17006.3、GB/T 17006.4的要求对摄影胶片进行的**稳定性试验**。

验收试验建议采用非介入式测量,如果介入试验为程序的一部分,试验后应将设备恢复到试验前状态。

4.2 文件及试验数据

同X射线设备一起,需要下列文件:

——GB 9706适用部分的符合性声明;

——订购设备或设备部件清单和实际交货清单;

——买卖双方商定的性能技术参数;

——工厂现场试验结果或安装过程中涉及重要项目质量,如焦点标称值;

——使用说明书,包括设备操作指南;

——X射线设备实际操作条件细则;可能对试验范围形成局限性,如专门的工作场所;

——维护程序的程度和频次的指南;

——适用的前次测试报告;

——技术数据的更改。

4.3 试验条件

鉴别不同试验类别:

——目测;

——功能试验;

——系统性能;

——可变值不确定度的检查。

试验将在操作者可接受的变化范围内得出合理的数据来说明机器的性能。

所有相关数据,如被测乳腺摄影X射线设备的标识、所用试验设备必须的标识、几何设置、操作特性、校正因子和附属设备(胶片、增感屏、处理设备)的试验结果都应记录在试验结果中。记录还包括地点、日期和测试人员姓名。

4.4 试验参数

验收试验应包括下述参数:

——设备的标识;

——文件检查;

——目测和功能测试;

——X射线管电压;

——电流时间积;

——最小电流时间积;

——加载时间;

——焦点;

——总滤过;

——压迫力;

——辐射输出;

——衰减率;

——光密度。

4.5 包括体模和试验器件的试验设备概述

4.5.1 概述

用于验收试验的测量设备应是经现行国家标准或现行国际标准检定的。

4.5.2 高压测量仪

高压测量仪应在规定范围内测量X射线管电压的峰值,直接测量或间接测量仪器均可使用,不确定度应小于±2%或±0.7 kV,两者取大者。

注:乳腺摄影 X 射线设备的特性,如在直接测量校正仪器时应考虑钼靶和可能的 K 滤板。非介入试验方法导出的不确定度通常可以在测试状态下,用专用的 X 射线设备校正方法得到。

4.5.3 电流时间积测量仪

该仪器的测量范围应满足 X 射线设备所选电流时间积范围,通常为 0 mA·s～800 mA·s。最大的不确定度为±5%或±0.5 mA·s,两者取大者。如果在验收试验中使用内置式电流时间积测量仪时,则应证实该仪器已通过校正且符合性能参数的规定。

4.5.4 加载时间测量仪

加载时间测量仪应能按 GB 9706.3 所确定的加载时间,并能测得所规定的最短和最长加载时间。如果在验收试验中使用内置式加载时间测量仪器,则应证实该仪器已通过校正且符合性能参数的规定。

4.5.5 比释动能计

用于测量空气比释动能的积分比释动能计,在体模后至少能测出 10 μGy～500 μGy 的范围,对于直接辐射输出测量的范围应至少在 0.1 mGy～100 mGy 范围,总不确定度小于±10%。其中包括空气比释动能率的复合损耗(不大于 100 mGy/s)和由比释动能计的能量响应以及实际 X 射线光谱产生的不确定度。

4.5.6 体模(衰减器件)

a) 自动曝光控制(AEC)系统的试验

体模必须用至少三种不同壁厚的聚甲基丙烯酸甲酯(PMMA)组成。若无特殊规定,三种厚度应为20 mm、40 mm、60 mm,每种厚度的允差应在±1 mm 范围内,厚度均匀性应在±0.1 mm 范围内。其他尺寸的半径至少应为 100 mm 半圆形,或两边至少应为 100 mm×150 mm 的矩形。

b) 第一半价层测量

应使用 0.2 mm～0.7 mm 之间的铝箔片,铝箔厚度增量不得超过 0.1 mm。按 ISO 2092 的要求,应采用纯度为 99.9%的铝箔,且铝厚测量的不确定度应小于±10%。

4.5.7 光密度计

光密度计的光密度范围应为 0～3.5,不确定度条件为:

$$|\Delta D| \leqslant 0.02 (D \leqslant 1 \text{ 时})$$

$$|\Delta D|/D \leqslant 0.02 (D > 1 \text{ 时})$$

4.5.8 压迫力测量器件

力平衡范围至少应为 50 N～300 N,且该范围内所施加力的总不确定度应小于±5 N。

4.6 试验结果的评价

无论何时,如果超出规定的限值或允差时至少要进行两次附加测量来验证该结果。

评价有关限值(上限或下限)结果时,应考虑测量的不确定度。

5 乳腺摄影 X 射线设备的试验方法

5.1 目测和功能试验

5.1.1 要求

X 射线设备的操作和功能应与所规定的一致。

所有的控制元件(如按钮、开关、接触面板)必须用图形符号(见 GB/T 5465.2,IEC 60878)或简明语言标记。指示灯的颜色应符合所采用的标准。X 射线管组件的标记应符合 GB 9706.11 的要求。光野指示器应在规定的环境照明条件下可辨认。

使用说明书应详细叙述试验时如何操作乳腺摄影 X 射线设备,应叙述所有控制器件(如按钮、开关、接触面板)、指示器、显示器的功能和所有符号均应解释其含义。对位置、标志和符号,使用说明书中所述的应与实际的 X 射线设备一致。使用说明书应按当地所要求的语种编写。

5.1.2 试验方法

试验可用目测和功能检测,包括:

——被试设备的清单,包括所有部件的各项标识数据;

——按 4.2 的要求检查所有的文件是否齐全;

——机械和电气调节装置的功能试验;

——功能试验和控制元件的识别;

——目测控制元件标志;

——目测 X 射线管组件上的标记;

——目测光野指示器的亮度;

——目测使用说明书见(GB 9706.1)。

5.2 X 射线管电压

5.2.1 要求

X 射线管电压的测量值与指示值之差应在规定的允差内,重复性应符合规定。

5.2.2 试验方法

宜采用非介入式方法。在校准 X 射线管电压测量装置时应考虑不同滤板和阳极材料的影响。对所有的焦点 X 射线管电压至少应测量 3 个值,最好为 25 kV、28 kV 和 30 kV,对不同的 X 射线管电流设置也适用。

5.3 总滤过

5.3.1 要求

总滤过应符合规定且在规定的允差范围内。

5.3.2 试验方法

总滤过并非直接测量,而是通过半价层的测量得到的。

移开用于该试验的压迫板,在规定的 X 射线管电压下测出铝半价层。按图 1 要求使用窄束几何条件,并使探测器远离剂量吸收体。表 1 给出了不同阳极和滤板材料组合的半价层的典型值。

根据供方提供的资料,在规定条件下,比较半价层的测量,对于自动和手动可互换的滤板,通过功能测试和目测(或半价层的测量)来确定滤板是否在所指示位置。

表 1 在不同 X 射线管电压下,采用不同阳极和滤板组合的乳腺摄影 X 射线设备的半价层(HVL)

阳极和滤板材料	25 kV 时的 HVL mmAl	28 kV 时的 HVL mmAl
Mo+30 μmMo	0.28	0.32
Mo+25 μmRh	0.36	0.40
W+60 μmMo	0.35	0.37
W+50 μmRh	0.48	0.51
W+40 μmPd	0.44	0.48
Rh+25 μmRh	0.34	0.39

5.4 X 射线管焦点

5.4.1 要求

所述焦点标称值的实际焦点尺寸应与 YY/T 0063 规定的尺寸一致。附加技术条件,例如,有关尺寸、基准轴线方向或加载因素,只有在这些技术条件也叙述试验方法时,才在本部分适用范围内进行试验。

5.4.2 试验方法

根据 YY/T 0063 所述焦点标称值和实际焦点尺寸的一致性应由制造商确认。

注:用狭缝照相机、针孔照相机、星卡估算和试验器件图像傅里叶转换焦点测量布局得出的尺寸和分辨率结果不同。标准的焦点测量是用狭缝照相机在规定的投影条件和光学密度条件下根据 YY/T 0063 测定的。如果应用上述另一种测量方法,只认为检查有效。这种测量方法可在定货合同中规定。

5.5 光野指示器、X 射线野限制和 X 射线束准直

5.5.1 要求

辐射束的范围应符合 GB 9706.12 所规定的允差。所有置于患者支架上规定用于成像的某一物体那部件在 X 射线照片中应是可见的。

5.5.2 试验方法

用焦点到影像接受器的不同距离和所有可能胶片尺寸的全部规定的组合来检查辐射束的准直。将装有胶片的暗匣装入暗匣架内,在暗匣架顶部放置一个附加暗匣,使之覆盖下面的暗匣所有边缘,并留有充分的余量。暗匣可以旋转以便盖住下方暗匣。在上方暗匣顶部放置一个不透 X 射线的标识物,如标有刻度的尺。进行辐照并处理 X 射线胶片。通过两张胶片的影像则可以测出辐射束和暗匣架内胶片之间的错位。

对于放置在患者支架上用于成像的区域物体,也采用相同的试验方法进行检验。用不透射线的标识物指示可见物体的边界,如果这些边界在胶片的正常位置上成像,则认为是符合的。

注:在评定结果时应考虑暗匣内胶片位置的允差。如手动的将暗匣内胶片尽可能靠近胸壁边缘,并使之在切片方向居中。

5.6 辐射输出的线性和重复性

5.6.1 要求

对于以电流时间积表示的辐射输出的线性和重复性应符合规定要求。

5.6.2 试验方法

比释动能计应符合 4.5.5 的要求。将比释动能计的辐射探测器置于一次辐射束中,并尽可能靠近影像接受器平面,记录该位置宜在暗匣中线上距胸壁边缘 30 mm~60 mm 之间的位置。

为了模拟患者滤过,可使用附加滤板或体模。

至少根据下述设置测量空气比释动能:

a) 对某一 X 射线管电压的规定值,至少选用 5 个不同的电流时间积,其中包括最小可选值和加载时间值接近 1 s 和 2 s 的值。

b) 对电流时间积与 X 射线管电压的某一规定组合,至少测量 5 次。

测量结果按下述方法进行评定:

——对 a)所有单个测量值,计算其单位电流时间积的空气比释动能值,将这些计算值之间的差与规定允差进行比较。

——对 b)计算空气比释动能的平均值和标准偏差,然后与规定允差进行比较。

5.7 自动曝光控制(AEC)

5.7.1 最小电流时间积(mA·s)

5.7.1.1 要求

使用 AEC 系统的最小电流时间积应不超过规定值。

5.7.1.2 试验方法

在不带试验器件的 X 射线束中,将电流时间积测量计与 X 射线设备连接,并在 AEC 模式下操作乳腺摄影 X 射线设备。可采用内置式测量仪器。给 X 射线管加载,X 射线管电压为 28 kV,或 28 kV 以上最接近可选值并在 AEC 系统中设定最低密度控制,记录电流时间积。对于 X 射线管电流恒定的 X 射线设备,辐射时间可以在初级或次级电路中替代测量或采用适当的比释动能率计对辐射输出的响应时间进行替代测量。

5.7.2 AEC 性能

5.7.2.1 要求

a) 用规定的体模辐照,在规定 X 射线管电压下使用 AEC 系统,并应对一定的屏-片系统在规定范围

内给出光密度。

b) 光密度随体模厚度的改变而改变，X射线管电压和防散射滤线栅（或无防散射滤线栅）技术参数应符合规定允差。

c) 相邻的校准步骤应导致光密度或加载因素在规定允差范围内发生变化。

5.7.2.2 试验方法

在5.7.2.1的规定条件下产生X射线照片。所有的试验使用同一X射线摄影暗匣，并在正常、稳定的工作条件下处理胶片。在胶片规定区域内测量光密度或密度偏差，并与规定参数进行比较。如已规定，电流时间积可以与加载因素和光密度一起来测量和记录。

5.7.3 备用计时器和安全切断装置

5.7.3.1 要求

当达到规定的X射线管负载或加载时间之后，备用计时器应终止辐照。如有安全断路器，无需单独测试备用计时器。

5.7.3.2 试验方法

用至少1 mm厚的铅遮盖AEC传感器，在AEC模式下用所规定设置的X射线管电压操作X射线设备。记录X射线管负载或加载时间并与规定值对照。

注：需提醒操作者，备用计时器失灵可能引起X射线管超载以致损坏X射线管。

5.8 患者支架的上表面与影像接受器平面之间的材料衰减率

5.8.1 要求

在给定条件下，辐射束中患者支架上表面与影像接受器平面之间的材料衰减率 T_R 应不超过规定值。这些条件视有无静止滤线栅或活动滤线栅来规定条件。

5.8.2 试验方法

除另有规定，用40 mm厚的聚甲基丙烯甲酯(PMMA)制成的衰减器进行试验。试验时将其插入辐射束内，尽可能靠近焦点。按图2要求，采用窄束条件。按4.5.5要求在患者支架顶部和影像接受器平面采用比释动能计在所有规定的测量条件下测量空气比释动能。有必要保证两次测量都是从焦点沿同一轴线进行。测出焦点到影像接受器的距离并计算衰减率 T_R，即：

$$T_R = \frac{K_1}{K_2} \times \frac{f_1^2}{f_2^2}$$

式中：

K_1、K_2——分别为患者支架顶部和影像接受器平面的空气比释动能值；

f_1、f_2——分别为对应于焦点的距离。

5.9 压迫器

5.9.1 要求

压迫器应光滑，无裂缝或锐边。对所选的设置应规定其电动装置的压迫力值。压迫力的任一指示值与实际值应在规定允差范围内保持一致。最大压迫力不得超过规定值。

5.9.2 试验方法

目测检查压迫板。对所有选定的设置测量其压迫力，包括最大值。可能的话，在乳腺摄影X射线设备上将测量值与指示值进行比较。

5.10 组织伪影

5.10.1 要求

X射线摄影成像时，在辐射束截面上不允许产生伪影。

5.10.2 试验方法

在辐射束中插入一个均匀滤板，建议用20 mm厚的PMMA，并至少距影像接收面上方200 mm。在X射线管电压为25 kV(或接近该值的设定值)时对暗盒架上的摄影暗匣进行辐照，光密度值约为1.5。对在辐射束中,任何组织伪影的存在可能源于材料如患者支架、压迫板或滤板的不均匀性,故需进行胶片检查。

注:静止滤线栅可能隐藏伪影,将使所述试验价值降低。

5.11 活动防散射滤线栅影的淡化

5.11.1 要求

在规定的加载时间和/或体模厚度范围内,滤线栅的栅线栅影应完全淡化。

5.11.2 试验方法

在AEC条件下进行辐照,除另有规定,采用所规定的最小厚度和最大厚度的PMMA体模。检查已处理过胶片上栅线栅影的可见性。

如果辐照范围是按加载时间设定的,在所规定的最低和最高加载时间值时进行辐照。选用适当厚度的体模,以便光密度保持在1～2范围内。

注:采用短的加载时间时,至少辐照三次以确保滤线栅的栅线瑕疵不会碰巧发生。

6 试验报告和符合性声明

试验报告应包含下述项目:

——被试乳腺摄影X射线设备的说明,包括所有元器件的单独标识数据;

——编写有关性能和功能技术要求;

——测试设备的说明,包括胶片及其处理数据;

——试验结果;

——说明乳腺摄影X射线设备是否符合规定参数,包括完成该试验的地点、日期和人员姓名。

试验报告中所记录的结果应指明乳腺摄影X射线设备是否符合本部分要求。

注:有关验收试验的结果,包括胶片冲洗,可以用作初始稳定性试验的参考数据。

试验报告应有如下形式的开头:

试验报告

乳腺摄影X射线设备验收试验

根据GB/T 19042.2—2005/IEC 61223-3-2:1996

如要声明符合本部分,应以下列形式声明:

乳腺摄影X射线设备的成像性能,…*),应符合GB/T 19042.2—2005/IEC 61223-3-2:1996

*)标识(如设备名称,型号参考或规格)。

单位为毫米

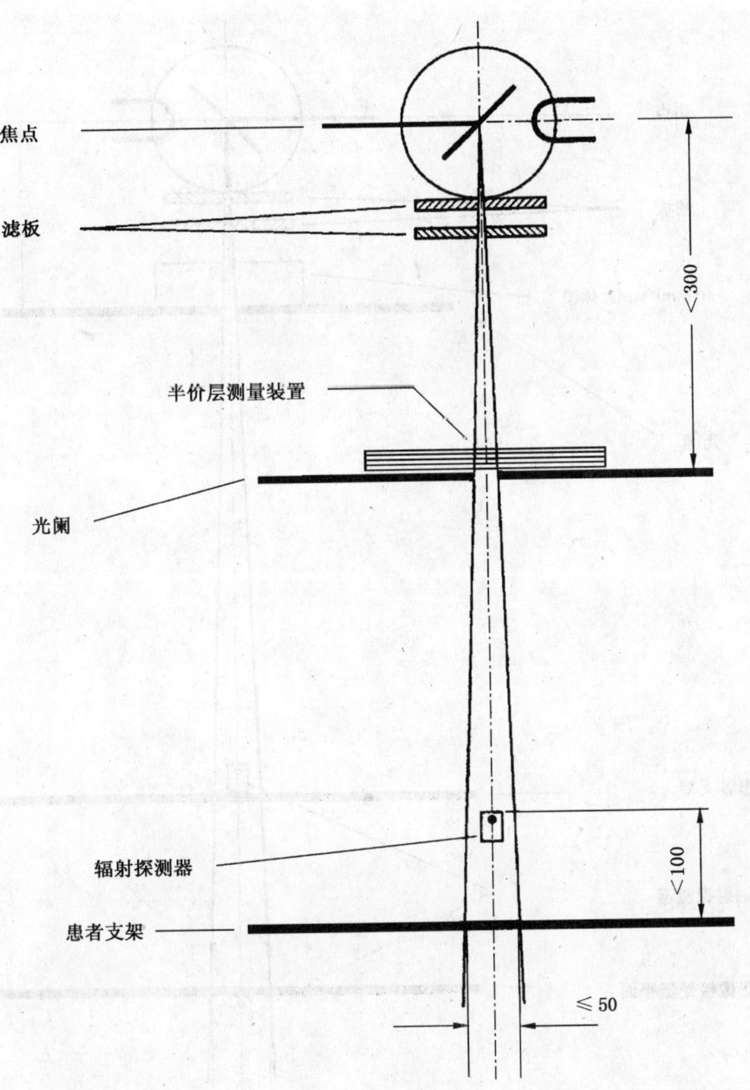

图 1　半价层测量设置

单位为毫米

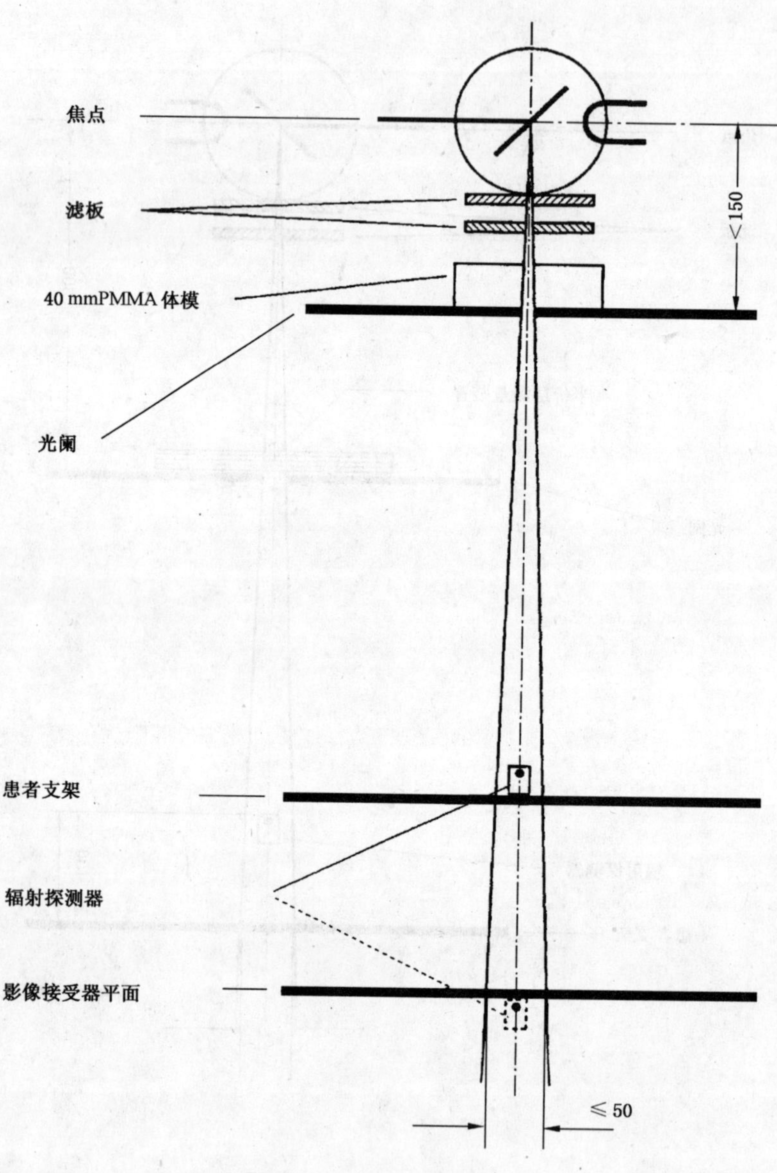

图2　衰减率测量设置

附 录 A
（规范性附录）
术语——定义术语索引

IEC 60788 …… rm-..-..
国际单位制的单位名称 …… rm-..-.. *
未定义的单位名称 …… rm-..-.. +
未定义的术语 …… rm-..-.. -
早期单位名称 …… rm-..-.. •
缩略语 …… rm-..-.. s
GB 9706.1 第 2 章 …… NG.2...
GB 17006.1 第 3 章 …… AG.3...
GB/T 19042.2 第 3 章(本部分) …… 3-2-3...

验收试验 acceptance test …… AG-3.2.4
附件 accessory …… rm-83-06
随机文件 accompanying documents …… rm-82-01
附加滤板 added filter …… rm-35-02
空气比释动能 air kerma …… rm-13-11
阳极 anode …… rm-22-06
防散射滤线栅 anti-scatter grid …… rm-32-06
伪影 artifact …… 3-2-3.3.1
辅助设备 associated equipment …… rm-30-01
衰减 attenuation …… rm-12-08
衰减率 attenuation ratio …… rm-13-40
自动曝光控制(AEC)automatic exposure control …… rm-36-46
稳定性试验 constancy test …… AG-3.2.6
电流时间积 current time product …… rm-36-13
光阑 diaphragm …… rm-37-29
设备 equipment …… NG.2.2.11
焦点外辐射 extra-focal radiation …… rm-11-11
滤板 filter …… rm-35-01
滤过 filtration …… rm-12-11
焦点 focal spot …… rm-20-13s
焦点到影像接收器的距离 focal spot to image receptor distance …… rm-37-13
半价层 half-value layer …… rm-13-42
影像接受器平面 image receptor plane …… rm-37-15
指示值 indicated value …… rm-73-10
使用说明 instructions for use …… rm-82-02
增感屏 intensifying screen …… rm-32-38
辐照 irradiation …… rm-12-09
比释动能 kerma …… rm-13-10

比释动能计 kermameter …… rm-50-01+
光野指示器 light field-indicator …… rm-37-31
加载因素 loading factor …… rm-36-01
加载时间 loading time …… rm-36-10
测量值 measured value …… rm-73-08
调制传递函数 modulation transfer function …… rm-73-05
活动滤线栅 moving grid …… rm-32-15
操作者 operator …… rm-85-02
患者支架 patient support …… rm-30-02
体模 phantom …… rm-54-01
一次辐射束 primary radiation beam …… rm-11-06 和 rm-37-05
辐射束 radiation beam …… rm-37-05
辐射探测器 radiation detector …… rm-51-01
X 射线照片 radiogram …… rm-32-02
X 射线摄影暗匣 radiographic cassette …… rm-35-14
X 射线摄影胶片 radiographic film …… rm-32-32
基准轴线 reference axis …… rm-37-03
系列号 serial number …… NG. 2. 12. 9
静止滤线栅 stationary grid …… rm-32-14
试验器件 test device …… rm-71-04
总滤过 total filtration …… rm-13-48
使用者 user …… rm-85-01
X 射线设备 X-ray equipment …… rm-20-20
X 射线管 X-ray tube …… rm-22-03
X 射线管组件 X-ray tube assembly …… rm-22-01
X 射线管电流 X-ray tube current …… rm-36-07
X 射线管负载 X-ray tube load …… rm-36-21
X 射线管电压 X-ray tube voltage …… rm-36-02

ICS 11.040.50
C 43

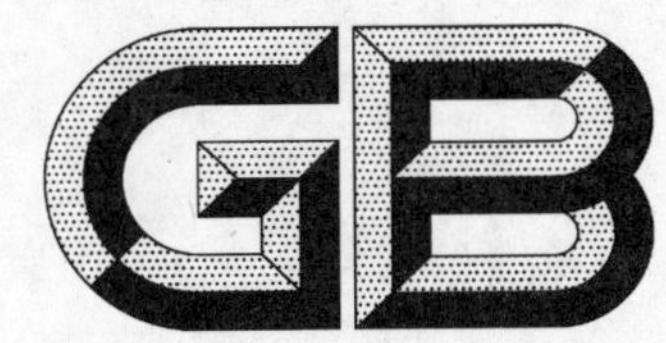

中华人民共和国国家标准

GB/T 19042.3—2005/IEC 61223-3-3:1996

医用成像部门的评价及例行试验　第3-3部分:数字减影血管造影(DSA)X射线设备成像性能验收试验

Evaluation and routine testing in medical imaging departments—Part 3-3: Acceptance tests—Imaging performance of X-ray equipment for digital subtraction angiography(DSA)

(IEC 61223-3-3:1996,IDT)

2005-01-27 发布　　2005-08-01 实施

中华人民共和国国家质量监督检验检疫总局
中国国家标准化管理委员会　发布

前　言

本部分等同采用国际标准 IEC 61223-3-3:1996《医用成像部门的评价及例行试验　第 3-3 部分:数字减影血管造影 X 射线设备成像性能验收试验》,编写规则也与之相同。

本部分是 GB/T 19042 系列标准的第 3 部分,验收试验其余部分如下:

GB/T 19042.1—2003　医用成像部门的评价及例行试验　第 3-1 部分:X 射线摄影和透视系统用 X 射线设备成像性能验收试验(IEC 61223-3-1:1999,IDT)

GB/T 19042.2—2005　医用成像部门的评价及例行试验　第 3-2 部分:乳腺摄影 X 射线设备成像性能验收试验(IEC 61223-3-2:1996,IDT)

GB/T 19042.4—2005　医用成像部门的评价及例行试验　第 3-4 部分:牙科 X 射线设备成像性能验收试验(IEC 61223-3-4:2000,IDT)

本部分的附录 A 为规范性附录。

本部分的附录 B 和附录 C 为资料性附录。

本部分由全国医用 X 线设备及用具标准化分技术委员会归口。

本部分起草单位:西安航天恒星医疗设备有限责任公司、辽宁省医疗器械产品质量监督检验所。

本部分主要起草人:邹元、金迪、陈勇。

引　　言

本部分是医用成像部门使用的对子系统和系统(如诊断 X 射线设备)包括洗片机的验收试验和稳定性试验方法系列标准的一部分。

医用成像部门的评价及例行试验　第 3-3 部分：数字减影血管造影（DSA）X 射线设备成像性能验收试验

1　范围和目的

1.1　范围

GB/T 19042 的本部分适用于带有成像系统的数字减影血管造影**设备**中影响影像质量的那些 **X 射线设备**部件。该成像系统由 X 射线发生子系统及探测设备组成。该探测设备由 **X 射线影像增强器**电视链，数字化和数字影像的处理方法，影像存储和包括减影的影像操作，以及影像显示设备组成。

本部分不适用于普通数字成像设备。如果此类设备具有数字减影血管造影功能，则本部分仅限于数字减影血管造影功能。

1.2　目的

GB/T 19042 的本部分定义了：

a)　描述上述 **X 射线设备**部件与成像特性有关的必不可少的参数。

b)　与这些参数有关的被测量是否满足规定的允差要求的试验方法。

这些方法主要基于使用合适的试验设备在安装完成之后或安装过程中所进行的非介入式测量。覆盖安装程序各步骤的签署过的声明可被用作验收试验的一部分。

目的是验证设备安装中影响影像质量的指标的符合性，以及检测影响影像质量使其不满足那些规范要求的故障。

本部分本身既未规定调研中参数的允差，也不打算考虑：

c)　机械和电气安全性方面的问题。

d)　机械、电气和软件性能方面的问题，除非它们对于直接影响影像质量的性能试验是很重要的。

2　规范性引用文件

下列文件中的条款通过 GB/T 19042 的本部分的引用而成为本部分的条款。凡是注日期的引用文件，其随后所有的修改单（不包括勘误的内容）或修订版均不适用于本部分，然而，鼓励根据本部分达成协议的各方研究是否可使用这些文件的最新版本。凡是不注日期的引用文件，其最新版本适用于本部分。

GB 9706.1—1995　医用电气设备　第一部分：安全通用要求（idt IEC 601-1:1998）

GB 9706.3—1992　医用电气设备　诊断 X 射线发生装置的高压发生器专用安全要求（idt IEC 601-2-7:1987）

GB 9706.12—1997　医用电气设备　第一部分：安全通用要求　三．并列标准　诊断 X 射线设备辐射防护通用要求（idt IEC 601-1-3:1994）

GB/T 17006.1—2000　医用成像部门的评价及例行试验　第 1 部分：总则（idt IEC 61223-1:1993）

GB/T 17006.5—2000　医用成像部门的评价及例行试验　第 2-5 部分：图像显示装置稳定性试验（idt IEC 61223-2-5:1994）

GB/T 17006.6—2003　医用成像部门的评价及例行试验　第 2-4 部分：硬拷贝照相机稳定性试验（IEC 61223-2-4:1994，IDT）

ISO 2092：1981　轻金属及其合金——基于化学符号的标志代码

IEC 417N:1995 设备用图形符号——索引、概论和单行本编辑——第13号增补件
IEC 60601-1:1998 医用电气设备 第一部分:安全通用要求 第2号修订(1995)
IEC 60788:1984 医用放射学——术语(IEC 60788:1984,NEQ)
IEC 60878:1988 医用电气设备图形符号

3 术语

3.1 要求的程度

GB/T 19042的本部分中,下述术语具有特定的含义:

——“应”(shall):表示要符合标准要求而应强制遵守的要求;

——“宜”(should):表示要符合标准要求强烈推荐而非强制遵守的要求;

——“可”(may):表示符合某种要求或避免符合性需求所允许的一种方法;

——“特定的”(specific):用来表示在本部分中所叙述的或其他标准中所引用的确定信息,通常涉及特殊的操作条件,试验安排或与符合性有关的值;

——“规定的”(specified):用来表示在**随机文件**中或在与考虑中的**设备**有关的其他文件中由制造商声明的确定信息,通常与其预期用途,或其使用中所涉及的参数或条件,或确定符合性的试验有关。

3.2 术语的使用

GB/T 19042的本部分中,以小一号黑体字印刷的术语由IEC 60788、其他IEC出版物或本部分的3.3条所定义,见附录A。在使用已定义术语作为其他已定义或未定义术语限定词的地方,作为限定词的已定义术语不以小一号黑体字印刷,除非经过限定后的概念是已定义的或被认为是未定义的派生术语。

注:注意这样一个情况,在提出的概念不是被强烈的限制在以上所列出版物之一所给出定义的地方,相应的术语是以五号宋体印刷的。

3.3 定义的术语

3.3.1

伪影 artifact

影像上明显可见的结构,它既不体现物体的内部结构,也不能用噪声或系统**调制传递函数**来解释。

3.3.2

DSA对比灵敏度 DSA contrast sensitivity

数字减影血管造影(DSA)系统显示相对于背景低对比度血管的能力。

3.3.3

DSA可视空间分辨率 DSA visual spatial resolution

数字减影血管造影(DSA)系统显示高对比度细小结构的能力。

注:DSA可视空间分辨率既取决于技术性能也依赖于观察者的能力。

3.3.4

动态范围 dynamic range

能用于减影的**衰减**范围。

4 验收试验概述

4.1 试验程序中应考虑的一般条件

验收试验的目的是为了表明**设备**规定的特性在规定的允差内。某些要求由法规强制规定,其他一些要求和规范可以在定购合同、供应商的产品介绍手册或其他标准(如GB 9706系列标准)中做出规定。

在性能试验程序执行之前应建立被测**设备**的物品清单。**X射线设备**及其部件应被明确的标识(例如根据型号和**系列号**进行标识)并与定购合同进行对照检查。这种检查也是围绕查明包含试验规程在内

的随机文件的完整性，交付的完整性，以及与设备相关文件的交付。

影像显示装置和硬拷贝照相机是DSA成像链中极其重要的部分。包括影像显示装置和硬拷贝照相机在内的这些部件的可接受的性能应在验收试验测量之前得到确认。

DSA功能需要具有摄影功能的数字化X射线影像增强器电视技术。GB/T 19042.1—2003[1)]中描述了对X射线透视和普通X射线影像增强器应用的试验方法。对X射线透视功能的试验应在DSA功能试验之前或与其同时进行。

验收试验中应优先考虑采用非介入测量。当介入试验作为程序的一部分，则应表明设备被恢复到原始状态。

4.2 试验用文件和数据

连同X射线设备一起需要下述文件：

——GB 9706适用部分的符合性声明；

——定货及实际交付的设备/部件清单(GB 9706.1)；

——采购方和供应商之间一致同意的性能规范；

——由在生产厂或安装期间进行的试验结果，该结果覆盖对质量重要的项目，例如焦点标称值；

——使用说明书，包括操作设备的全面的指导；

——X射线设备实际使用时操作条件的细节以及其是否会导致试验范围的限制，如特殊的工作场所；

——关于维护程序的范围和频次的指导；

——当适用时，前次试验的报告；

——技术变更的数据。

4.3 试验条件

试验可以分为不同的类型：

——目视检查；

——功能试验；

——系统性能；

——检查变量值的不确定度。

试验应覆盖X射线影像增强器的所有入射野尺寸和在所有应用程序中所能用到的X射线束参数范围。在本部分规定条件下试验程序的设置应得到试验责任人和用户的一致同意。

所有与重现试验有关的数据都应与试验结果一起被记录。记录应包括地点、日期和进行试验的人员的名字。

4.4 试验参数

下列项目在验收试验中是必须的：

——设备的识别；

——文件的核对；

——目测和功能试验；

——每影像空气比释动能；

——动态范围；

——DSA对比灵敏度；

——DSA可视空间分辨率；

——伪影；

——非线性衰减补偿(可选的)。

1) GB/T 19042.1 医用成像部门的评价及例行试验 第3-1部分：X射线摄影和透视系统用X射线设备成像性能验收试验

4.5 包括体模和试验器件的试验设备

4.5.1 概述

验收试验所用测量设备应得到依据现行的国家或国际标准进行校准的证书。

4.5.2 比释动能计

用于测量空气比释动能的积分比释动能计应具有单次辐照小于大约 1 μGy 或多次辐照小于 10 μGy 值的范围，以及小于±10％的总不确定度。这包括所涉及的空气比释动能率(上至 2 Gy/s 和最短 1 ms 加载时间)范围内的重组损失以及由于比释动能计的能量响应和实际 X 射线谱引起的不确定性。

4.5.3 观察条件

如果由于视觉不足而有必要使用光学仪器则应使用合适的仪器，尤其对于监视器的观察。观察不应受到眩光或强光影响。

检查一般的环境照明是否与规定的应用相匹配。确认没有来自电视屏幕的光反射。确认可见视野中没有发光物体。

设置影像显示装置的亮度、对比度控制和窗宽、窗位使其达到最佳位置。

4.5.4 空气比释动能体模

所有的空气比释动能测量都应使用由纯度不小于 99.5％(依据 ISO 2092 标注为：Al 99.5)的 25 mm 铝构成的体模。

4.5.5 DSA 体模

DSA 体模结合了三种试验功能。

a) 用于试验动态范围的楔形阶梯

DSA 体模至少应具有等厚材料构成的七级阶梯，以覆盖 70 kV X 射线管电压下至少 1：15 的动态范围。这可以通过用七层 0.2 mm 的铜加上 57 mm 的聚甲基丙烯酸甲酯(PMMA)获得。

b) 血管模拟体模

这个体模应包含用于模拟血管的试验物体。该试验物体应模拟每平方厘米 5 mg～10 mg 碘范围的对比度。该试验物体应足够大以使它的探测能力不受空间分辨率的重大影响。通常情况是试验物体较小尺寸方向上至少应覆盖影像的五个像素。

应提供血管模拟体模在 X 射线束内部和外部两种状态切换的方法。

c) 衰减补偿

为了试验衰减补偿(通常是对数补偿)DSA 体模应有一个大的衰减阶梯，在该阶梯七层动态范围试验物体(见 a)条)中最薄的那层应立即被复制到靠近最厚的那层。

附录 B 和附录 C 中给出了合适的 DSA 体模的例子。

4.5.6 DSA 可视空间分辨率试验物体

使用 0.05 mm 的铅测试卡，该测试卡最好采用空间频率在 0.6 lp/mm～5 lp/mm 的试验组。频率组之间的步长应不超过 20％。最小的空间频率至少应比最小的预期测量值低 20％。

4.6 试验结果的评价

每当超过规定的限制值或公差都应再进行两次额外的测量以验证该结果。

5 数字减影血管造影(DSA)X 射线设备试验方法

试验的次序并不重要。

在可能的情况下将 X 射线透视和 DSA 功能的试验结合起来进行具有实际的好处。

几种应用模式可以以一种试验模式为代表。通常，应对每一个可选择的 X 射线影像增强器入射野尺寸进行试验。

对中X射线影像增强器入射野中的DSA体模或空气比释动能体模。应对X射线束进行适当的限制，以避免对X射线影像增强器入射野的直接辐照。

每一个试验都应在该试验模式规定的滤过下进行。宜使用70 kV的X射线管电压值，除非在该试验模式下仅有一个不同于70 kV的固定X射线管电压值。为了使自动照射量控制系统达到70 kV，低原子序数的衰减材料可被放置在X射线束内靠近X射线管的位置。

后处理特性，例如边缘增强和影像平均，不属于试验范围，有可能的话，应使其减到最少直至关闭。

5.1 标识

被测设备的明确标识应包括型号、制造商或供应商的名称、用户或所有者的名称、场所、安装日期以及相关型号和系列号。这些信息应被记录。

5.2 文件检查

4.2提出的所有文件都应进行确认。

5.3 DSA典型操作模式的确定

选择一个试验方案代表整个应用范围。这既可以从现有的操作模式中选择也可以是试验模式的特殊设置。

试验模式的规范可以在采购合同中规定。对每种模式应规定如下参数：

——X射线影像增强器入射平面上的每影像空气比释动能；

——影像采集率；

——X射线影像增强器入射野尺寸；

——矩阵/像素尺寸；

——成像几何。

应提供一个表格来指示哪一个试验模式覆盖哪一个DSA应用模式。

注：每一个选择的试验模式都应对覆盖5.5、5.6、5.7、5.8和5.9条的功能进行试验。

5.4 目测及功能试验

至少应根据随机文件对下述项目是否发挥作用进行试验：

——所有特定的DSA控制；

——键盘输入和响应；

——标签、符号和它们与使用手册之间的关系。

5.5 空气比释动能测量

对依据5.3选择的所有模式进行每影像空气比释动能的测量，测量应在尽可能靠近X射线影像增强器入射平面的位置进行。通常测量宜在防散射滤线栅和入射平面间进行。如果测量在防散射滤线栅前端进行，则在计算中应引入滤线栅的曝光系数。每影像空气比释动能是由运行期间总的空气比释动能除以辐照影像数计算得出。确保在影像采集过程的稳定阶段进行测量。

使用4.5.4描述的空气比释动能体模进行测量并使其尽可能的接近焦点。这个测量应在选择模式下的最大X射线野条件下进行。测量空气比释动能时的X射线管电压应尽可能地接近测量成像参数时的X射线管电压。

注：这个剂量级别是下述试验的参考级别。

5.6 动态范围

测量DSA体模（见4.5.5）中可以被减影消除，但仍可显示出最粗的DSA血管模拟组件的厚度。

尽管确定的动态范围的测量很难做到，这仍是一个可行的折衷方案。

5.7 DSA对比灵敏度

DSA体模（见4.5.5）可在两种状态间切换：

——血管模拟模体被放置在X射线束中，或者

——可以更换为均质材料。

将无血管模拟模体的体模放置在X射线束中开始试验以建立蒙片，接着将血管模拟模体放置在X射线束内以模拟血管造影的填充阶段。DSA影像是填充阶段影像减去蒙片得到的影像。

这个过程也可以反过来先用血管模拟图形作为蒙片，而后在运行中用均质底替换它。

DSA对比灵敏度通过计数楔形阶梯的阶梯数来评估，在该楔形阶梯上每一个血管模拟结构都应可见。

根据供应商和采购方先期达成的协议，该结果应成为接收或拒收的依据。

DSA对比灵敏度依赖于每影像空气比释动能在低空气比释动能影像中DSA对比灵敏度随着噪声的增加而降低。

注：DSA对比度仅与碘密度等价物有关。它不是光学对比度。

5.8 DSA可视空间分辨率

DSA可视空间分辨率可以在减影或非减影的影像上测量。被测影像的类型宜予以记录。

将试验物体放置在成像区域中心与电视和防散射滤线栅线成45°角的位置对试验体模（见4.5.6）进行曝光测量。测量可以在X射线束中没有附加衰减材料时使用低X射线管电压进行。

5.9 伪影

在减影影像上对伪影进行试验应使用DSA体模和空气比释动能体模。为了检测伪影的时间依赖性，试验运行的持续时间在每秒一帧的条件下至少为20s。试验关注伪影存在与否。所有检测到的伪影都应依据它们的来源和外观进行描述。

下面给出了两种类型的伪影。

5.9.1 配准不良伪影

如果同一个没有变动固定物体的两幅影像的空间坐标特性不完全相同，那么它们减影后的影像将显示假的细节。

5.9.2 辐照相关伪影

辐照相关伪影由两幅用于减影影像间所受辐照或辐射质量的差异造成。

5.10 非线性衰减补偿（可选的）

沿X射线束方向的X射线辐射衰减是该路径长度的非线性函数。在影像被减影前进行非线性衰减补偿。这种补偿经常通过取原始影像像素值的对数而做到。不恰当的补偿设置将产生假的减影影像。如果对补偿进行正确地调整，减影影像的对比度将不会随着穿过这级阶梯的可见血管模拟条而变化。

如果要执行这个可选的试验应遵循5.6条描述的程序并使用4.5.5a）条和附录C中给出的DSA体模。

6 试验报告和符合性声明

试验报告起草应包括下列各项：

——对进行DSA试验的X射线设备的描述，包括所有组件的各自的标识数据；

——有关性能和功能规格的编辑；

——包括胶片和处理数据在内的试验设备的描述；

——试验结果；

——数字减影血管造影X射线设备是否符合规定的参数，这些参数包括地点、日期以及进行试验人员的姓名的声明。

试验报告中记录的结果应表明进行试验的数字减影血管造影X射线设备是否满足本部分的要求。

注：包括胶片处理的验收试验的相关结果可以用于初始稳定性试验的参考数据。

试验报告标题形式：

试验报告

数字减影血管造影(DSA)X 射线设备验收试验

根据 GB/T 19042.3—2005

如果要声明符合本部分,应以下列形式声明:

数字减影血管造影 X 射线设备成像性能,…[2],符合 GB/T 19042.3—2005。

2) 标识(如设备名称,型号或参考类型)。

附 录 A
（规范性附录）
术语-已定义术语的索引

IEC 60788 …… rm-..-..

国际单位制中单位名称 …… rm-..-.. *

未定义派生术语 …… rm-..-..+

未定义术语 …… rm-..-..-

早期单位名称 …… rm-..-.. •

缩略语 …… rm-..-..s

GB 9706.1 第 2 章 …… NG.2...

GB/T 17006.1 第 3 章 …… AG-3...

GB/T 17006.X 第 3 章 …… 2-X-3...

GB/T 19042.3 第 3 章（本出版物） …… 3-3-3...

验收试验 acceptance test …… AG-3.2.4

随机文件 accopanying documents …… rm-82-01

空气比释动能 air kerma …… rm-13-11

防散射滤线栅 anti-scatter grid …… rm-32-06

伪影 artifact …… 3-3-3.3.1

衰减 attenuation …… rm-12-08

自动照射量控制 automatic exposure control …… rm-36-46

DSA 对比灵敏度 DSA control sensitivity …… 3-3-3.3.2

DSA 可视空间对比度 DSA visual spatial resolution …… 3-3-3.3.3

动态范围 dynamic range …… 3-3-3.3.4

入射野 entrance field …… rm-34-12

入射野尺寸 entrance field size …… rm-32-43

入射平面 entrance plane …… rm-32-42

设备 equipment …… NG.2.2.11

滤过 filtration …… rm-12-11

焦点 focal spot …… rm-20-13s

滤线栅曝光系数 grid exposure factor …… rm-32-26

硬拷贝照相机 hard copy camera …… 2-4-3.3.1

影像显示装置 image display device …… 2-5-3.3.1

使用说明书 instructions for use …… rm-82-02

辐照 irradiation …… rm-12-09

比释动能 kerma …… rm-13-10

比释动能率 kerma rate …… rm-13-13

比释动能计 kermameter …… rm-50-01+

加载时间 loading time …… rm-36-10

制造商 manufacturer …… rm-85-03-

测量值 measured value …… rm-73-08
调制传递函数 modulation transfer function …… rm-73-05
体模 phantom …… rm-54-01
辐射 radiation …… rm-11-01
辐射质量 radiation quality …… rm-13-28
X 射线透视 radioscopy …… rm-41-01
序列号 serial number …… NG. 2. 12. 9
试验器件 test device …… rm-71-04
使用者 user …… rm-85-01
X 射线辐射 X-radiation …… rm-11-01-
X 射线束 X-ray beam …… rm-37-05+
X 射线设备 X-ray equipment …… rm-20-20
X 射线影像增强器 X-ray image intensifier …… rm-32-39
X 射线光谱 X-ray spectrum …… rm-13-34+
X 射线管 X-ray tube …… rm-22-03
X 射线管电压 X-ray tube voltage …… rm-36-02

附　录　B
（资料性附录）
无补偿试验阶梯的数字减影血管造影体模的一个例子

主体：	150 mm ×150 mm × 57 mm PMMA 带有 10 mm 深 90 mm 宽的槽。
插件（血管模拟模体）：	PMMA，可纵向移动 150 mm，带有四个纯度至少 99.5%（依据 ISO 2092 标注为：Al 99.5）的模拟血管密度的铝条。插件主体长度是体模主体长度的两倍，厚度在 9.5 mm 和 10 mm 之间。它带有四个厚度分别为 0.05 mm，0.1 mm，0.2 mm，0.4 mm 纯度为：Al 99.5 的铝条。条与条之间的距离为 10 mm。
试验动态范围的楔形阶梯：	七个厚度从 0.2 mm 到 1.4 mm 的线性铜阶梯与插件纵向方向垂直放置。

注：下述图纸（图 B.1）仅是一种指导，并不是明确的技术图纸。

单位为毫米

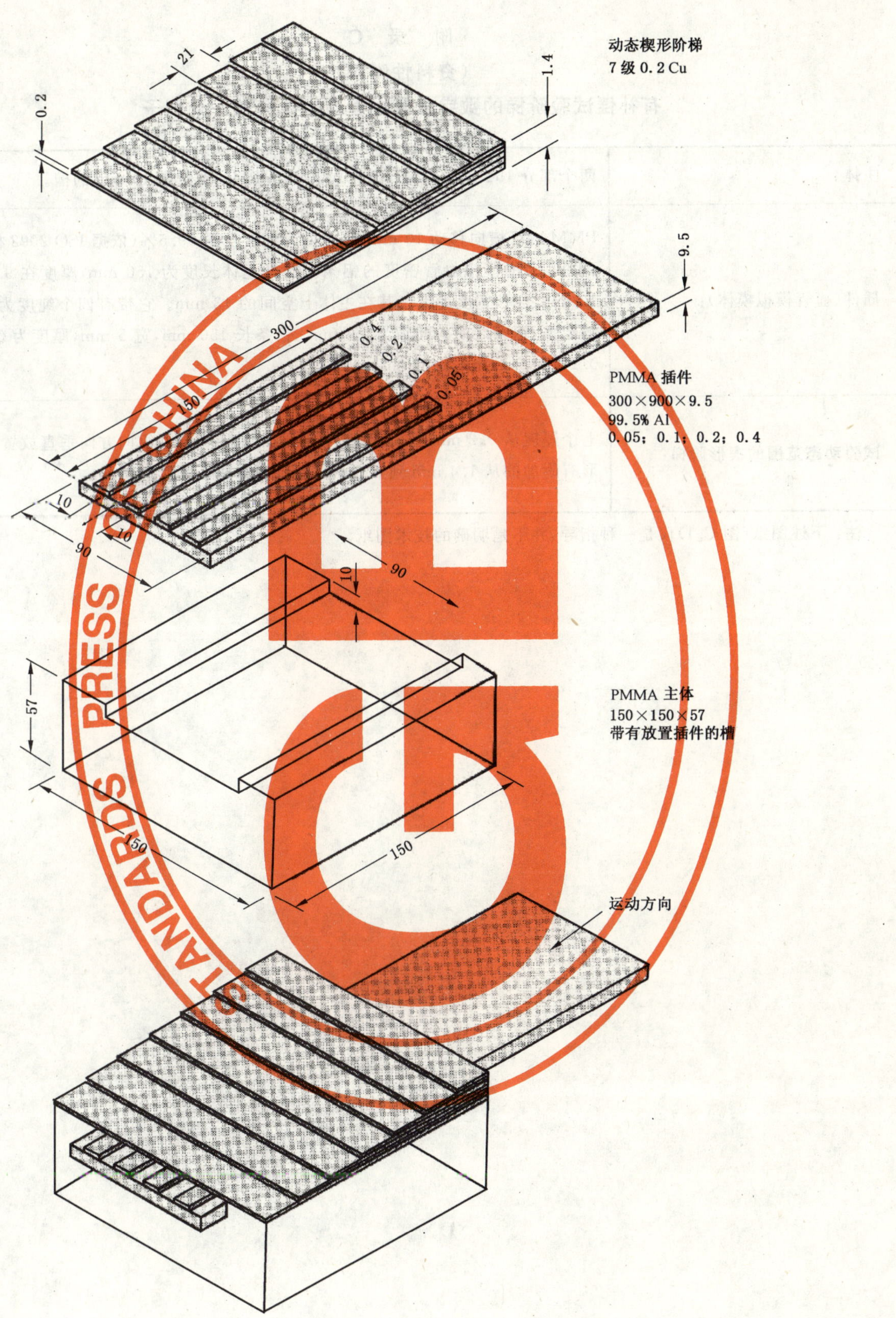

图 B.1　无补偿试验阶梯的数字减影血管造影体模

附 录 C
（资料性附录）
有补偿试验阶梯的数字减影血管造影体模的一个例子

主体：	两个部分 150 mm×150 mm×23.5 mm PMMA 带有 10 mm 的槽。
插件（血管模拟模体）：	PMMA，可横向移动 10 mm，带有四个纯度至少 99.5％（依据 ISO 2092 标注为：Al 99.5）的模拟血管密度的铝条。插件主体长度为 150 mm，厚度在 9.5 mm 和 10 mm之间，宽度为大于其在主体上空间的 13 mm。它带有四个纯度为：Al 99.5 的铝条，铝条之间的间隙为 15 mm。铝条长 150 mm，宽 5 mm，厚度为 0.05 mm，0.1 mm，0.2 mm，0.4 mm。
试验动态范围的楔形阶梯：	七个厚度从 0.2 mm 到 1.4 mm 的线性铜阶梯与插件纵向方向垂直放置。动态楔形有附加的从 1.4 mm 到 0.2 mm 的阶梯来执行补偿的试验。

注：下述图纸（图 C.1）仅是一种指导，并不是明确的技术图纸。

单位为毫米

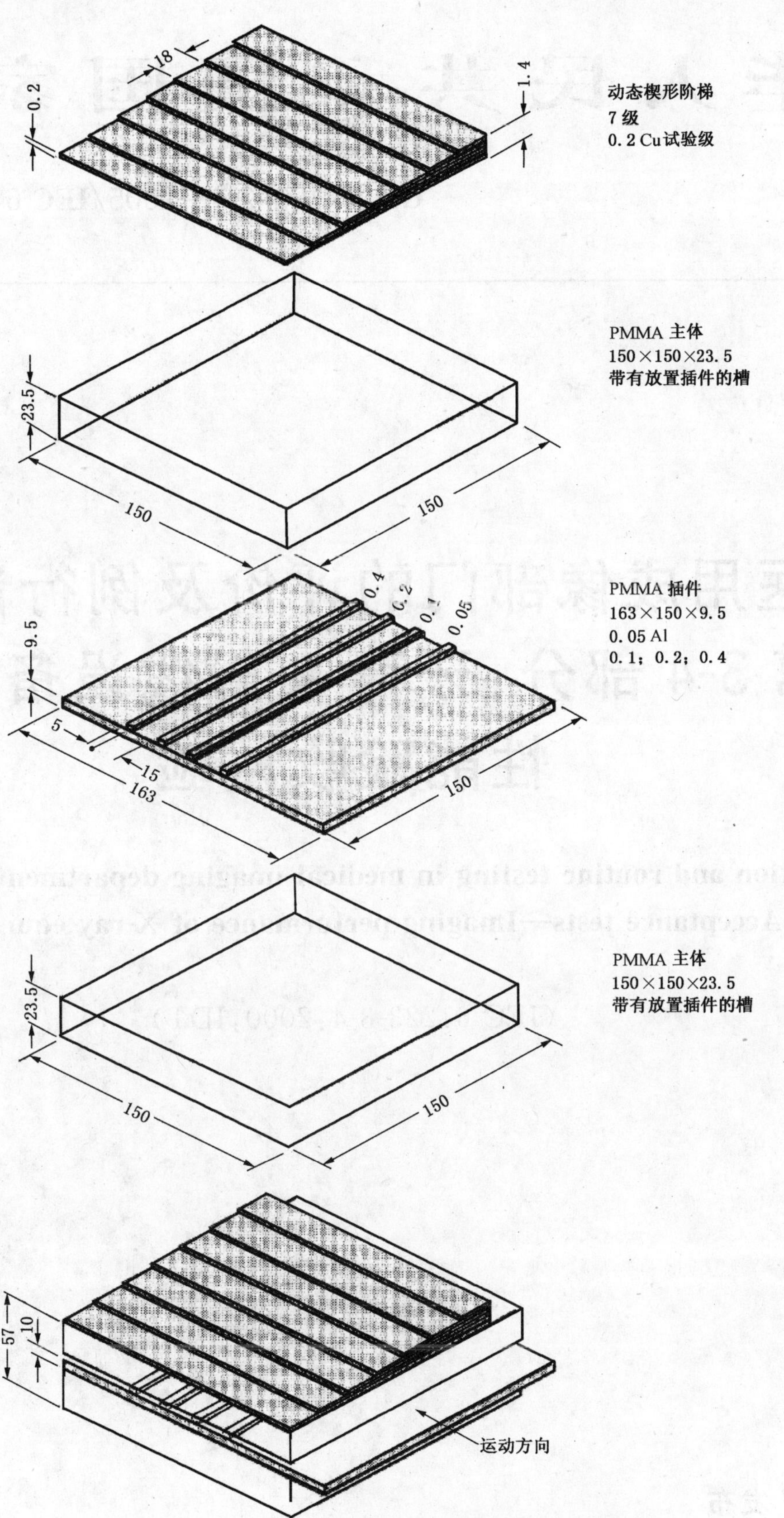

图 C.1　有补偿试验阶梯的数字减影血管造影体模

ICS 11.040.50
C 43

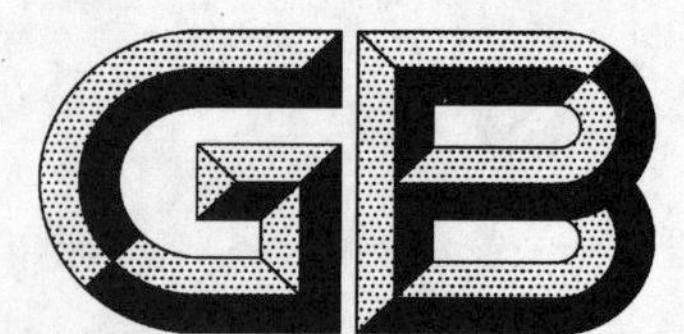

中华人民共和国国家标准

GB/T 19042.4—2005/IEC 61223-3-4:2000

医用成像部门的评价及例行试验 第3-4部分：牙科X射线设备成像性能验收试验

Evaluation and routine testing in medical imaging departments—Part 3-4: Acceptance tests—Imaging performance of X-ray equipment

(IEC 61223-3-4:2000, IDT)

2005-01-27 发布

2005-08-01 实施

中华人民共和国国家质量监督检验检疫总局
中国国家标准化管理委员会 发布

前　言

本部分是 GB/T 19042 的第 4 部分，对应于 IEC 61223-3-4:2000《医用成像部门的评价及例行试验　第 3-4 部分：牙科 X 射线设备成像性能验收试验》。本部分与 IEC 61223 第 3-4 部分的一致性程度为等同。

本部分是 GB/T 19042 系列标准的第 4 部分，验收试验其余部分如下：

GB/T 19042.1—2003　医用成像部门的评价及例行试验　第 3-1 部分：X 射线摄影和透视系统用 X 射线设备成像性能验收试验(IEC 61223-3-1:1999,IDT)

GB/T 19042.2—2005　医用成像部门的评价及例行试验　第 3-2 部分：乳腺摄影 X 射线设备成像性能验收试验(IEC 61223-3-2:1996,IDT)

GB/T 19042.3—2005　医用成像部门的评价及例行试验　第 3-3 部分：数字减影血管造影(DSA) X 射线设备成像性能验收试验(IEC 61223-3-3:1996,IDT)

对 IEC 61223-3-4，本部分做了下列编辑性修改：

a)　用小数点'.'代替作为小数点的','；

b)　删除了国际标准前言。

本部分的附录 A 为规范性附录。

本部分的附录 B、附录 C 均为资料性附录。

本部分由国家食品药品监督管理局提出。

本部分由全国医用 X 线设备及用具标准化分技术委员会归口。

本部分起草单位：辽宁省医疗器械产品质量监督检验所、上海医疗器械厂有限公司。

本部分主要起草人：柳晶波、袁菊芬、李宝良、王博。

引　言

本部分是医用成像部门使用的对子系统和系统(如诊断X射线设备)包括洗片机的验收试验和稳定性试验方法系列标准的一部分。

本部分中某些规定或说明需要补充资料,这些补充资料见附录B,条款或分条款左边的星号表示这种补充资料存在。

医用成像部门的评价及例行试验 第3-4部分:牙科X射线设备成像性能验收试验

1 范围和目的

1.1 适用范围

GB/T 19042 的本部分适用于具有影响影像质量和患者剂量的放射成像系统的牙科X射线设备的那些部件。

本部分适用于具有口内X射线影像接受器的牙科X射线设备和具有口外X射线影像接受器的牙科X射线设备(例如牙科全景X射线设备、头颅X射线设备)的性能验收试验。

本部分适用于牙科胶片和数字成像的获取和处理。

1.2 目的

本部分准确的描述:

a) 上面所提到的描述牙科X射线设备关于影像特性和患者剂量性能的重要参数。

b) 试验方法和这些参数的测量值是否符合规定的允差。

这些方法主要是非介入式的测量,使用适当的测试设备,在安装过程中或安装完成后来进行。安装过程中覆盖安装步骤的签署过的声明可看作是验收试验的一部分。

目的是验证安装中影响影像质量和患者剂量的参数的符合性,并检测与这些参数不一致的故障。

本部分对研究中的参数不规定允差。

本部分不考虑下面所涉及的内容:

c) 机械和电气安全方面。

d) 机械、电气和软件性能,除非直接影响图像质量和患者剂量的性能试验。

2 规范性引用文件

下面文件中的条款通过 GB/T 19042 的本部分的引用而构成本部分的条款。凡是注日期的引用文件,其随后所有的修改单(不包括勘误的内容)或修订版均不适用于本部分,然而,鼓励根据本部分达成协议的各方研究是否可使用这些文件的最新版本。凡是不注日期的引用文件,其最新版本适用于本部分。

GB 9706.1—1995 医用电气设备 第一部分:安全通用要求(idt IEC 60601-1:1988)

GB 9706.11—1997 医用电气设备 第二部分:医用诊断X射线源组件和X射线管组件安全专用要求(idt IEC 60601-2-28:1993)

GB/T 17006.1—2000 医用成像部门的评价及例行试验 第1部分:总则(idt IEC 61223-1:1993)

YY/T 0063—2000 医用诊断X射线管组件焦点特性(idt IEC 60336:1993)

YY/T 0481—2004 医用诊断X射线设备 测定特性用辐射条件(idt IEC 61267:1994)

IEC 60417-1:1998 设备用图形符号 第一部分:总述和应用

IEC 60417-2:1998 设备用图形符号 第二部分:符号起源

IEC 60522:1999 X射线管组件的固有滤过的测定

IEC 60788:1984 医用放射学——术语

IEC 60878:1988 医用电气设备的图形符号

ISO 2092:1981 轻金属及其合金——基于化学符号标志的代码

3 术语

3.1 要求的程度

在本部分中,下列词有专用的意义:

"应"(shall):表示要符合标准要求而应强制遵守的要求。

"宜"(should):表示要符合标准要求强烈推荐而非强制遵守的要求。

"可"(may):表示要符合某种要求或避免符合性要求所允许的一种方法。

"特定的"(specific):用来表示本部分中所述的或其他标准中所引用的确定信息,通常涉及特殊的操作条件,试验安排或与符合性有关的值。

"规定的"(specified):用于表示在**随机文件**中或与考虑中的**设备**有关的其他文件中由制造商声明的确定信息,通常与其预期用途,或其使用中所涉及的参数或条件,或确定符合性的试验有关。

3.2 术语的使用

本部分中以小一号黑体字印刷的术语由 GB 9706.1、GB 10149、GB/T 19042.1 所定义。

注:注意这样一个情况,在提出的概念不是被强烈的限制在以上所列出版物之一所给出定义的地方,相应的术语是以五号宋体印刷的。

附录 A 列出了本部分中使用的已定义的术语。

3.3 定义的术语

下列补充的定义适用本部分。

3.3.1

伪影 artifact

在图像中能见到的,但在实物中不存在的结构。

3.3.2

线对分辨率 line pair resolution

在规定的条件下成像从图像中能够分辨的规定线组测试卡中的最高空间频率,单位是 lp/mm。

注:用于描述线对比分辨率的另一个词是空间分辨率。

3.3.3

低对比分辨率 low contrast resolution

均匀背景条件下能够分辨的规定物体的最低对比度细节物。

3.3.4

辐射输出 radiation output

从一次 **X 射线束**的**焦点**到给定距离下单位**电流时间积**的**空气比释动能**(mGy/mA·s)。

4 验收试验的通用要求

4.1 试验过程中应考虑的一般条件

验收试验的目的是证实**设备**规定的特性在规定允差内。某些要求由法规强制规定,其他一些要求及技术条件可以在合同中或供应商提供的样本中或其他标准中作出规定(例,GB 9706 系列)。

在进行**验收试验**前,应先确认试验**设备**的目录,**随机文件**和试验用工具的符合性。每一项目应用**型式标记**(型式代号)和**系列号**来识别,并且全部的目录应符合购货合同。

无屏牙科 X 射线片(**无屏片**)对可见光感光计的响应与它对 **X 射线辐射**的响应不相同。用测试 **X 射线设备**有效的**设备**来评价专用的牙科胶片处理系统的性能是更为可行的。附录 C 中给出一个适合的测试程序。

在成像过程中,**X 射线摄影胶片**和胶片处理是关键的部件。**用户**的责任是确保这些部件以可接受方式进行,例如考虑灵敏度、对比度和**伪影**的消除。这些器件的性能试验应先于任何**验收试验**测试,包括用牙科 X 射线设备的 X 射线摄影胶片的辐射。

影像显示装置的性能会影响数字牙科影像系统的性能测试。在任何验收试验执行之前，X 射线设备依照制造商的说明书，利用制造商的电子试验图像，应建立影像显示装置来表达它规定的性能。

非介入式测量对于验收试验是比较适宜的。当介入式测量是试验程序的一部分时，在试验后设备应能够恢复到试验前的状态。

4.2 试验用的文件和数据

下列文件是需要的：

——GB 9706 中适用部分的符合性声明；

——定购的设备或设备部件清单和实际供给的清单(GB 9706.1)；

——在购买者和供应商之间达成一致的性能说明；

——在供应商处或安装中所涉及对质量而言重要项目的试验结果，例如焦点标称值；

——使用说明书，包括设备的操作指导；

——牙科 X 射线设备运行条件的详细说明；

——维护程序的范围和频次的指导性文件；

——适用的以往试验的报告；

——技术数据的更改。

4.3 试验条件

定义的不同类型的试验：

——目测检查；

——功能试验；

——系统性能；

——变化值的不确定性检查。

试验中所用到的测量布局说明：

a) 适用于口内(见图 1 和图 2)；

b) 适用于全景(见图 3 和图 4)；

c) 适用于头颅(见图 5)。

图 1 所示的布局仅仅是一个提示，在每次试验中并不需要所有的部件。试验应为操作者可触及的事物的全性能的证实提供适当的必要的信息。

试验的牙科 X 射线设备的名称、试验用测试设备的名称、几何布局、运行参数、校正因素和相关联设备的试验结果(X 射线摄影胶片、胶片处理)这些相关的数据应与试验结果一同记录。记录应包括位置名称、数据、执行试验程序的人的名称。

4.4 试验的范围

成像性能的验收试验包括以下项目：

——牙科 X 射线设备的标识；

——文件检查；

——目测和功能试验；

——X 射线管电压；

——总滤过；

——焦点；

——X 射线束的限束和校准；

——线对分辨率；

——低对比分辨率；

——辐射输出；

——光密度。

4.5 试验设备包括体模和试验器件

4.5.1 总则

用于验收试验用的测量设备应按国家标准或有可能存在的国际标准进行校准。

测量设备的不确定度应小于测量值的允差。

4.5.2 高压测量仪器

如果适用,X射线管电压应由X射线摄影透射仪测量。

注:如果确有必要使用电子的高电压测量装置,使用者应评估在指示值和测量值之间偏差程度。

在一些类型的牙科X射线设备中,在最初的加载时间中X射线管电压有一个变化,这没有临床意义。

一些全景装置设计成X射线管电压在加载时间内故意变动的。

不同类型的数字kV表响应不同方面的电压/时间特性,因此不能提供通用的指导。

4.5.3 比释动能计

与普通的医用摄影相比,牙科摄影采用面积较小、能量较低和低空气比释动能较低的X射线束。为这些试验用的比释动能计应确保适用于能量和空气比释动能率要校准,探测器比正常限束尺寸要小。

4.5.4 体模和试验器件

这些试验器件由一些可组合排列或可分离排列的结构元素组成。试验器件应包含线条组并且它的空间频率要等于或大于被测的空间频率。下列的要求适用:

a) 外部尺寸

对于下列所有的适用条件,这些体模的尺寸应至少足够接收全部辐射束。

1) 适用于口内(见图6和图7);

2) 适用于全景;

3) 适用于头颅。

b) 衰减和硬化

铝体模应是纯度不低于99.5%的铝(99.5%的铝依据ISO 2029)且厚度是6 mm±0.1 mm(见IEC 61267)。

c) 数字成像中线对分辨率的试验器件

适宜的试验器件可包括带有0.05 mm铅厚度的线组测试模和适当频率的栅条组。

1) 适用于口内4.0 lp/mm~8.0 lp/mm;

2) 适用于全景1.6 lp/mm~3.0 lp/mm;

3) 适用于头颅1.6 lp/mm~3.0 lp/mm。

栅条组之间级差≤20%。

d) 数字成像中低对比分辨率的试验器件(见图7)

试验器件应包含一个低于或等于被检测对比度中最小对比度的物体。一个适宜的试验器件具有0.5 mmAl带孔的铝箔。

1) 适用于口内,直径1 mm,1.5 mm,2 mm,2.5 mm;

2) 适用于全景,直径1 mm,1.5 mm,2 mm,2.5 mm;

3) 适用于头颅,直径1 mm,1.5 mm,2 mm,2.5 mm。

4.5.5 透镜

应使用一个具有放大率的透镜,通常以2.5的倍率为宜。

4.5.6 密度计

密度计应覆盖从0至3.5的光学密度。

4.6 试验结果的评价

当超过规定的限量值或允差时,至少再做两次附加的测量来验证结果。

评价与限制值(高于或低于)有关的结果时,应考虑测量中的不确定性。

5 具有口内X射线影像接受器的牙科X射线设备的试验方法

5.1 目测和功能试验

5.1.1 要求

牙科X射线设备的操作和功能应符合有关规定的。

所有操作者可触及的控制部件应标有图形标记(例如符合 IEC 60417 或 IEC 60878)或注有简洁的语言。指示灯的颜色应符合可适用的标准,例 GB 9706.1。X射线管组件上的标记应符合GB 9706.11。

使用说明书应完整地描述试验中的牙科X射线设备在试验中的操作方法,应描述操作者可触及的控制部件、指示、显示的功能和全部符号的定义。使用说明书所表述的相关位置、标记和符号应与临床应用的牙科X射线设备相一致,使用说明书应采用当地要求的语言。

5.1.2 试验方法

通过目测检查和功能试验进行的试验。它们包括:

——试验用设备的详细目录;

——依据 4.2 检查所有现有文件;

——机械和电气调节装置的功能试验;

——控制部件的功能试验和识别;

——控制部件标记的目测检查;

——X射线管组件标志的目测检查;

——使用说明书的目测检查。

5.2 *X射线管电压

5.2.1 要求

X射线管电压的测量值应与指示值在规定的允差内。

5.2.2 试验方法

测量值应按图1所示的布局进行测量。试验最好用一个非介入式的方法进行。

在影像接收面的一次辐射束中心放置一个用于测量高压的透射测量仪或探测器。

在固定的X射线管电压或正常使用的X射线管电压下进行测量。

按规定的允差比较X射线管电压的测量值与指示值。

5.3 *总滤过

5.3.1 要求

由投向患者的X射线束中的全部材料的总滤过应予以规定,总滤过和所定义的辐射质量需以铝和其他适用的物质的厚度的质量等效滤过来表示。

5.3.2 试验方法

通过检查X射线源组件上的外部标记和随机文件来验证是否符合要求。如果没有给出该信息,总滤过是不能被直接测量的,必要时,质量等效滤过依照 YY 0062 中 3 和 4 进行测定(见下面)。

注:在窄束条件下,牙科X射线设备处于X射线管电压和相应的加载因素下运行,测量半价层,并与具有相同靶材料、靶角度的X射线管的半价层进行比较。

用图1的布局进行简化测量,使牙科X射线设备处于固定的X射线管电压和相应的电流时间积下运行,测量第一半价层。这种试验给出的仅是总滤过的近似值,因为这些试验条件与 YY 0062 不完全一致。用这种修正测量所显示一致性的失灵不应作为牙科X射线设备不可接受的理由,它仅表明需要一个更精确的试验。

5.4 *X 射线管的焦点

5.4.1 要求

焦点标称值的实际焦点尺寸应符合 YY/T 0063。附加参数例如相关尺寸、基准轴的方向、加载因素，描述测试这些参数的测试方法需要在本部分的范围内进行测试。

5.4.2 试验方法

实际焦点尺寸与 YY/T 0063 所述的焦点标称值的符合性应由制造商鉴定和证实。

注：由狭缝照相机、针孔照相机、星卡、评价和试验器件影像的付里叶转换的焦点测试程序都给出关于尺寸和分辨率的不同结果。标准的焦点测量程序是在特定的照射条件和光学密度下依照 YY/T 0063 所规定的由针孔照相机来完成。

5.5 X 射线束的限制和校准

5.5.1 要求

X 射线野尺寸在设备上的标记和书面指示应和实际值与规定的允差内保持一致。

5.5.2 试验方法

通过检查 X 射线设备和随机文件来验证是否符合要求。在牙科 X 射线限束筒的末端测量 X 射线野的尺寸。

检查 X 射线照片和评价基准轴是否与限束器在同一直线上。

注：对圆形 X 射线限束装置和牙科限束筒，当基准轴与牙科限束筒不平行时，通过 X 射线束照片的影像中的光密度会有一个变化。同样当限束装置与辐射端的基准轴不正确排列时，X 射线照片中的影像将成椭圆形。

在牙科限束筒的末端放置一个用不透光的信封或摄影暗匣装着摄影胶片（牙科胶片）或一个合适的 X 射线影像接受器，按图 1 所示布局进行一次测量。

在这些加载因素的条件下产生的 X 射线照片，为的是在处理后的 X 射线摄影胶片上产生的光密度 D 范围为 0.5 到 2.0。

测量 X 射线野的尺寸并且标注和规定值之间的差异，如果没有处理胶片的装置，用一个数字传感器通过 90°旋转曝光四次来试验 X 射线束的限制还是可能的。

X 射线野的测量值与规定值之间的误差应在规定的允差内。

5.6 焦点到皮肤的距离

5.6.1 要求

从指示焦点到牙科限束筒的末端的距离的标记和书面指示的准确度应符合允许的值。

5.6.2 试验方法

是否符合要求，可通过检查 X 射线设备和检查随机文件来加以验证。

测量从焦点到牙科限束筒末端的距离。

测量距离和指示值之间的误差应在规定允差内。

5.7 *辐射输出的重复性

5.7.1 要求

用电流时间积表示的空气比释动能的重复性应符合允差或规定的值。

5.7.2 试验方法

按图 1 所示布局进行测量。比释动能仪的探测器放置在一次射线束中靠近牙科限束筒的位置。确保 X 射线束完全覆盖探头。在规定的 X 射线管电压和通常可取 3 mA·s 和 5 mA·s 的电流时间积下测量辐射输出的重复性。

注：牙科 X 射线设备设定在很低的持续率下使用。为了保持在运行温度限制范围内和确保设备的预期特性结果，在测量系统的辐射时应有足够的冷却时间。如果制造商的指导书没有规定持续率，限制每分钟内的加载时间少于 0.5 s。

选择建议的加载时间，以便在辐射期间，初始瞬态效应和热效应作用不至于影响结果。

在特定的电流时间积和 X 射线管电压组合下至少测量五次空气比释动能。

计算平均值和变异系数并且检查每一个测量值是否在规定的范围内。

将计算结果与规定的允差进行比较。

5.8 线对分辨率

a) 不具有数字成像探测采集或处理部分。

注：由于线对分辨率由焦点尺寸(见5.4)和外形决定，同时受所使用的胶片型号的限制，所以这里没有要求和试验。

b) 具有数字成像采集或处理部分。

按图2所示的布局，用制造商推荐的方法，通过改变辐照时间的设置在探测器的平面上获取辐照，以便在影像上获取最大动态范围。

用辐射时间设定产生如图7所示的试验器件的影像，见图7。

将线对分辨率与规定的允差进行比较。

5.9 低对比分辨率

a) 不具有数字成像探测采集或处理部分。

不适用。

b) 具有数字成像采集或处理部分。

按5.8b)测试所产生的图像，包括低对比度阶梯。注意能从图像背景中辨别出的最低对比度阶梯的值，并与规定值相比较。

6 具有口外X射线影像接受器的牙科全景X射线设备试验方法

6.1 目测和功能试验

5.1要求和试验方法适用。

6.2 X射线管电压

6.2.1 要求

5.2要求适用。

6.2.2 试验方法

透射仪或适合高压测量仪器的探头可置于次级光阑或数字传感器。

6.3 总滤过

6.3.1 要求

由投向患者的X射线束中的全部材料的总滤过应予规定，总滤过和与所定义的辐射质量需以铝和其他适用的物质的厚度的质量等效滤过来表示。

6.3.2 试验方法

通过检查随机文件和X射线源组件上的标志验证是否符合要求。如果该信息没有给出，总滤过是不能直接测量的。如有必要，质量等效滤过根据YY 0062中3和4进行测定(见以下)。

注：在窄束条件下，牙科X射线设备处于X射线管电压和相应的加载因素下运行，测量半价层，并与具有相同靶材料、靶角度的X射线管的半价层进行比较。

用图1的布局进行简化测量，使牙科X射线设备以正常使用条件下的X射线管电压、电流时间积运行，测量第一半价层。这种试验给出的仅是总滤过的近似值，因为这些试验条件与YY 0062不完全一致。这种靠修正测量所得的不应作为牙科X射线设备不可接受的理由，它仅表明需要一个更精确的试验。

6.4 X射线管焦点

5.4要求和试验方法适用。

6.5 X射线束的限制和校准

6.5.1 要求

X射线野尺寸在牙科X射线设备的标记和书面指示的准确性与X射线野实际尺寸应与规定的允差相

一致。

6.5.2 试验方法

以下列出一种可适用的试验步骤。

通过检查牙科X射线设备和随机文件来验证一致性。测量次级光阑的狭缝尺寸,按图3布局,在次级光阑前部和后部分别放置装有X射线摄影胶片的不透光信封或一个合适的X射线影像接受器,确保X射线影像接受器在次级光阑的狭缝上、下延伸数厘米,且没有牙科全景X射线设备旋转运动的干扰。使用合适的加载因素产生的X射线照片,其胶片处理后的光密度D在0.5至2.0范围内。

测量次级光阑前胶片上的X射线野的尺寸并记录与规定值的差异。所测得的X射线野尺寸和规定值之间的差异应在规定的允差范围内。

测量次级光阑后胶片上的X射线野尺寸,记录与规定值的差异及次级光阑狭缝的尺寸。检查胶片,确保X射线束的校准及次级光阑狭缝尺寸符合要求,所测得的X射线野尺寸和规定值的差异应在规定的允差范围内。

6.6 焦点至皮肤距离

不适用。

6.7 辐射输出的重复性

如果辐射输出在顺时针和逆时针两个方向都有可能,那么,重复性需要在两个方向的情况下测量。

6.7.1 要求

用电流时间积表示的空气比释动能的重复性应与容许值或规定值相一致。

6.7.2 试验方法

测量按图3布局进行,比释动能计探头置于接近次级光阑的一次辐射束中,使X射线管电压和电流时间积处于规定的正常使用条件下,测量辐射输出的重复性。

在电流时间积和X射线管电压的特定组合条件下,空气比释动能至少测量五次。

计算出平均值和变异系数并检查所有单次测量值是否在规定的范围内。

将这些测量值和规定的允差对照。

6.8 线对分辨率

a) 不具有数字图像探测或处理部分

注:对此没有要求也不包括试验,因为线对分辨率是由焦点尺寸(见5.4)和几何形状所决定或是受选用胶片型号所限。

b) 具有数字图像探测或处理部分

测量按图4布局,用0.8 mm铜作为附加衰减层模仿颅骨的衰减,并置于X射线束中,改变X射线管电压,在检测器平面上获得——辐照。所用探测板是由制造商推荐,能在图像上产生最大的动态范围。

用这种X射线管电压的设置产生图像的试验器件如图7所示。

将线对分辨率与规定值比较。

6.9 低对比度分辨率

a) 不具有数字成像采集或处理部分。

不适用。

b) 具有数字成像采集或处理部分。

按6.8b)测试所产生的图像,包括低对比度阶梯。注意能从图像背景中辨别出的最低对比度阶梯的值,并与规定值相比较。

6.10 带增感屏的X射线胶片暗匣

6.10.1 要求

带增感屏的X射线摄影胶片暗匣应是不透光的,并要避免伪影和缺陷。

6.10.2 试验方法

暗匣应做目测和性能试验，增感屏应做伪影和缺陷检查，所有暗匣应做不透光试验。

6.11 图像均匀性

X射线管在旋转辐照过程中应不波动或不暂停。

6.11.1 试验程序

按图3布局试验X射线照片，使用能产生平行的水平条纹的试验器件。所用的加载因素能使处理后的X射线胶片的光密度 D 在0.5至2.0范围内。

6.11.2 X射线照片的评价

a) 用肉眼观察，条纹的垂直波动应是不明显的。

b) 由于齿轮间隙、速度或旋转变化所产生的垂直条纹不可以影响图像诊断的评价。这些条纹一般出现在图像的一端(通常在开始端)。图像中心附近的条纹是非常稠密的，或有清晰的边界，表明在设备验收前，宜检查机械问题。

6.12 患者定位指示器

确认已按照制造商的试验程序，正确地校正指示器。

6.13 全景层

6.13.1 要求

牙科全景断层摄影是一种用于产生牙科弓形X射线照片的技术。在儿童和成人之间，弓形的形状和幅度是变化的。因此，为了在X射线照片上产生可接受的不同曲线面的图形。应试验全景牙科X射线设备的有效性。

6.13.2 试验方法

使用由制造商提供的为此目的试验器件。

7 具有口外X射线影像接受器的牙科头颅X射线设备的试验方法

7.1 目测和功能试验

5.1要求和试验方法适用。

7.2 X射线管电压

6.2要求和试验方法适用。

7.3 总滤过

6.3要求和试验方法适用。

7.4 X射线管焦点

5.4要求和试验方法适用。

7.5 X射线束的限制和校准

7.5.1 要求

X射线野应等于或小于影像接受器平面中的影像接受器的大小。

7.5.2 试验方法

在影像接受器支架内的适当位置，放置胶片暗匣或数字成像接受器。如果，制造商没有提供可适用的试验程序，用0.8 mm铜衰减层遮住X射线管上的光阑，使用适合于头颅测量的加载因素，辐照影像接受器，如果X射线照片上的图像所有边缘是可见的，那么，满足验收准则。对于试验光阑准直的一种可适用的程序是采用荧光屏。

7.6 焦皮距

无此项测试要求。

7.7 辐射输出的重复性

6.7要求和试验方法适用。

7.8 线对分辨率

5.8要求和试验方法适用。

7.9 低对比度分辨率

5.9要求和试验方法适用。

7.10 带增感屏的X射线摄影胶片暗匣

6.10要求和试验方法适用。

7.10.1 试验方法

暗匣应做目测和性能试验，增感屏应做缺陷和伪影检查，所有暗匣应进行漏光试验。

8 试验报告和符合性声明

试验报告应有下列项目：

——被试牙科X射线设备说明，包括所有元件的单独标识数据；

——编辑有关性能和功能明细单；

——试验设备的说明，包括片屏系统和数据处理系统；

——试验结果；

——声明被试牙科X射线设备是否符合规定参数，包括：地点、日期及履行试验人员姓名。

试验报告中记录的结果应指明所试验的X射线设备是否满足本部分的要求。

注：有关验收试验的结果，包括胶片冲洗可作为初始稳定性试验的参考数据。

试验报告应有如下标题形式：

试验报告

牙科X射线设备的验收试验

根据GB/T 19042.4—2005**

如果要声明符合本部分，应以下列形式声明：

牙科X射线设备图像性能......*，符合GB/T 19042.4—2005**

* 标识(例如：设备名称、型号或类型参考)。

** 本部分出版年份。

单位为毫米

1——焦点；

2——牙科限束筒；

3——半价层测量器件；

4——影像接受器平面；

5——用于测量重复性的比释动能计探头；

6——用于测量半价层的比释动能计探头。

图 1　具有口内 X 射线影像接受器的牙科 X 射线设备空气比释动能和分辨率测量布局

单位为毫米

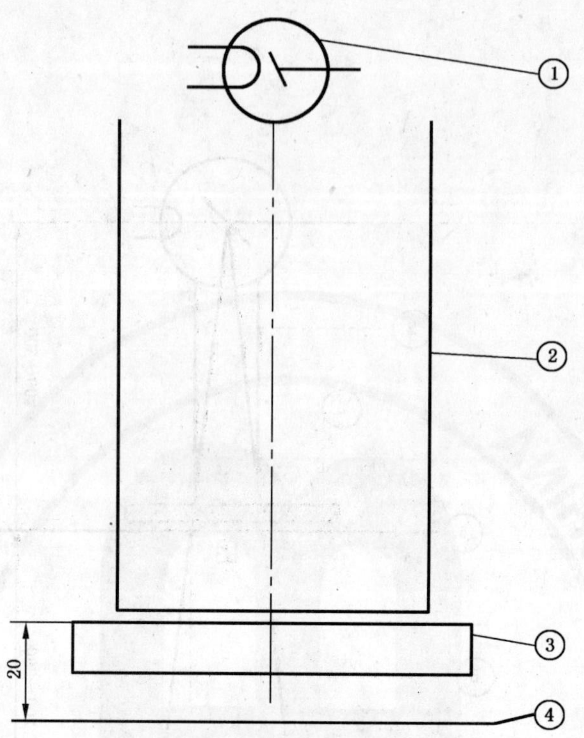

1——X 射线管；

2——牙科限束筒；

3——附加衰减层(6 mmAl)，

或牙科体模(见图 6)，

或用于数字成像采集的牙科体模(见图 7)；

4——X 射线影像接受器或比释动能计。

图 2 具有口内 X 射线影像接受器的牙科 X 射线设备空气比释动能和分辨率测量布局

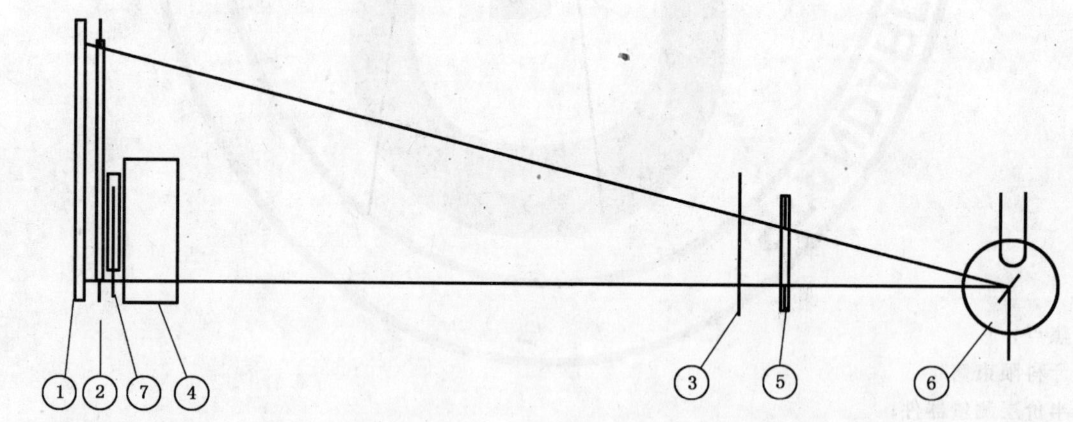

1——屏-片系统；

2——次级光阑；

3——附加衰减层/体模(例如 0.8 mmCu)；

4——牙科体模(见图 6)；

5——初级光阑；

6——X 射线管；

7——比释动能计探头。

图 3 具有口外 X 射线影像接受器的牙科全景 X 射线设备空气比释动能和分辨率测量布局

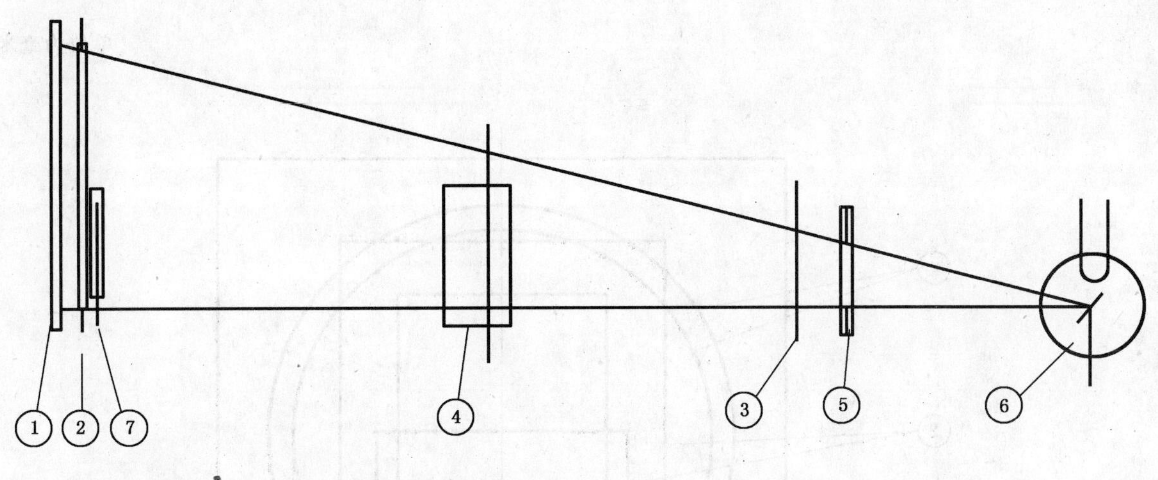

1——数字传感器；

2——次级光阑；

3——附加衰减层/体模(例如 0.8 mmCu)；

4——用于数字探测的牙科体模(见图 7)；或用于全景层的试验器件(见图 8)；

5——初级光阑；

6——X 射线管；

7——比释动能计探头。

图 4 具有口外数字 X 射线影像接受器的牙科全景 X 射线设备空气比释动能、分辨率、图像均匀性和全景层测量布局实例

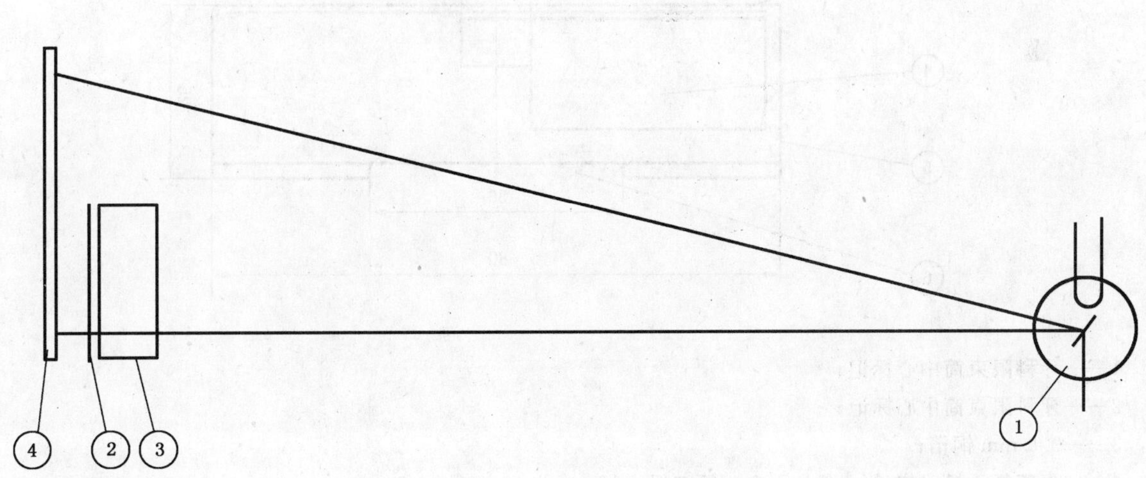

1——X 射线管；

2——附加衰减层/体模(0.8 mm 铜)；

3——牙科体模(见图 6)；

4——屏-片系统、数字传感器或比释动能计。

图 5 具有口外 X 射线影像接受器的头颅 X 射线设备空气比释动能和分辨率测量布局实例

单位为毫米

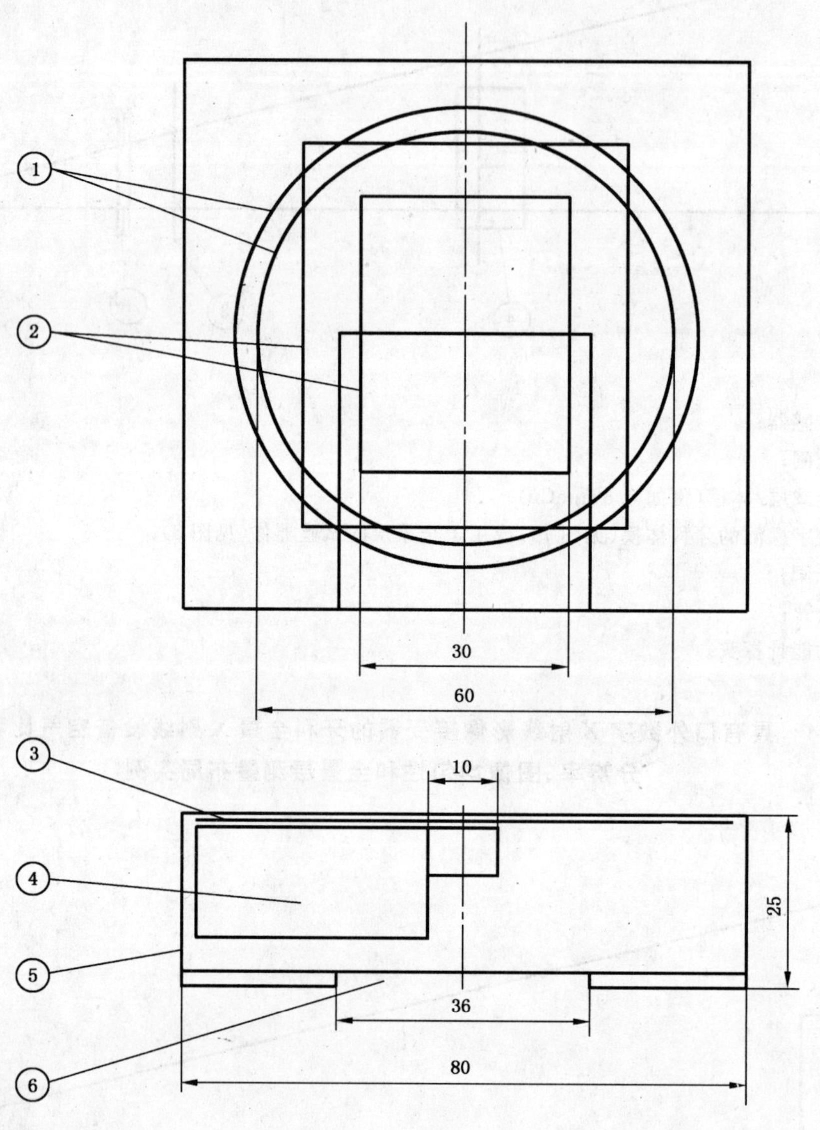

1——牙科限束筒中心标记；

2——牙科限束筒中心标记；

3——0.3 mm 铜箔；

4——聚四氟乙烯阶梯(第一级＝8 mm,第二级＝16 mm)；

5——体模支架；

6——牙科胶片凹槽。

图 6　牙科体模(实例)

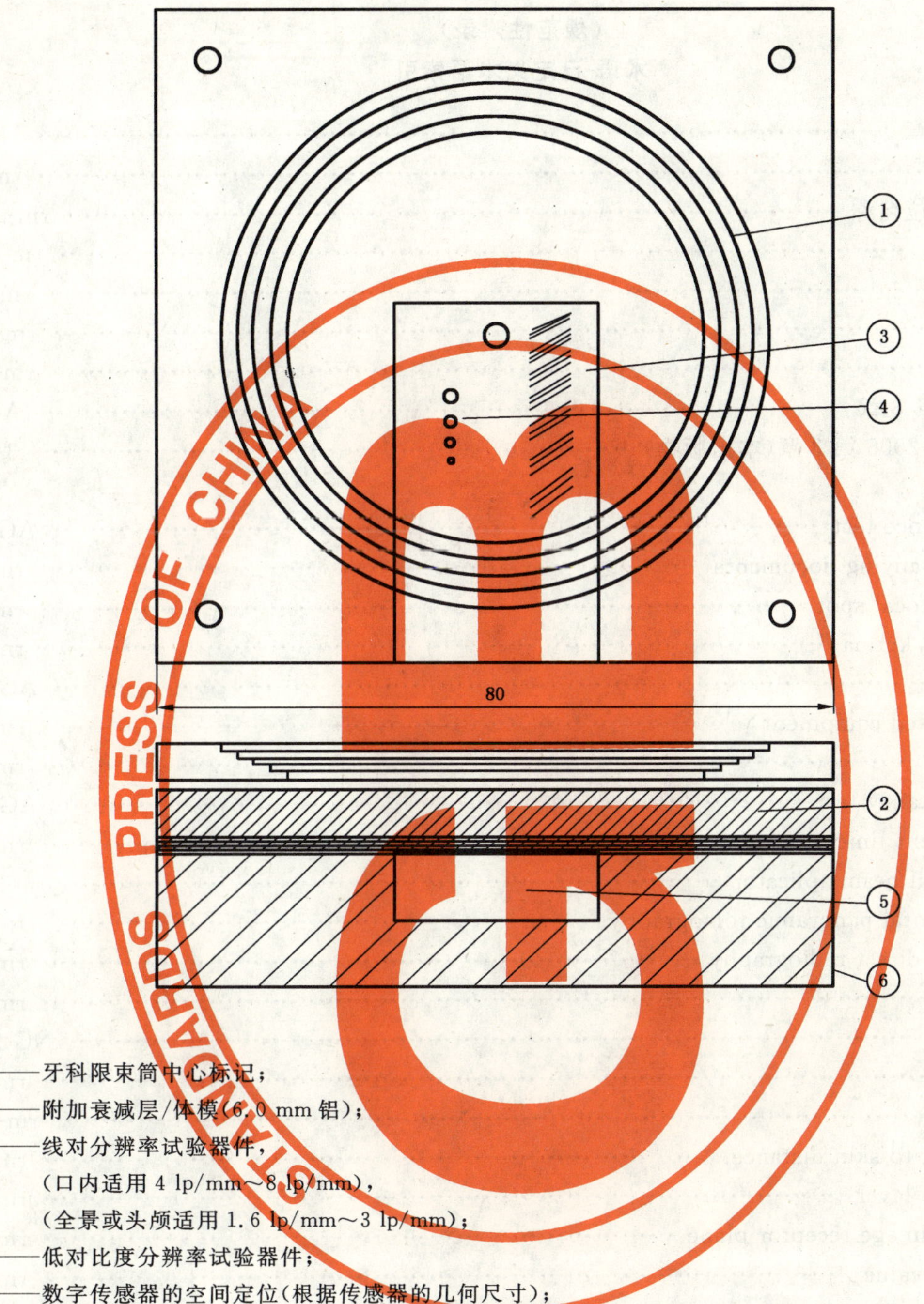

1——牙科限束筒中心标记；

2——附加衰减层/体模(6.0 mm 铝)；

3——线对分辨率试验器件，

(口内适用 4 lp/mm～8 lp/mm)，

(全景或头颅适用 1.6 lp/mm～3 lp/mm)；

4——低对比度分辨率试验器件；

5——数字传感器的空间定位(根据传感器的几何尺寸)；

6——基本体模。

图 7 数字成像探测或处理部分的牙科体模(实例)

附　录　A
（规范性附录）
术语-已定义术语索引

GB 9706.1 第 2 章 …… NG-2...
IEC 60788 …… rm-..-..
国际单位制中单位名称 …… rm-..-.. *
未定义单位名称 …… rm-..-.. +
未定义术语 …… rm-..-..-
早期单位名称 …… rm-..-...
缩略语 …… rm-..-.. s
GB/T 17006.1 第 3 章 …… AG-3...
GB/T 19042.4—2005 第 3 章(本出版物) …… 3-4-3...

验收试验 acceptance test …… AG-3.2.4
随机文件 accompanying documents …… rm-82-01
实际焦点 actual focal spot …… rm-20-12
空气比释动能 air kerma …… rm-13-11
伪影 artifact …… AG-3.3.1
附属设备 associated equipment …… rm-31-01
衰减 attenuation …… rm-12-08
稳定性试验 constancy test …… AG-3.2.6
电流时间积 current time product …… rm-36-13
牙科限束筒 dental beam aplicator …… rm-37-30+
牙科全景断层 dental panoramic tomography …… rm-41-12
直接 X 射线摄影 direct radiography …… rm-41-07
显示 display …… rm-84-01
设备 equipment …… NG-2.2.11
滤过 filter …… rm-35-01
焦点 focal spot …… rm-20-13s
焦皮距 focal spot to skin distance …… rm-37-12
半价层 half value layer …… rm-13-42
影像接受器平面 image receptor plane …… rm-37-15
显示值 indicated value …… rm-37-10
使用说明书 instructions for use …… rm-82-02
辐照 irradiation …… rm-12-09
辐照时间 irradiation time …… rm-36-11
比释动能率 kerma rate …… rm-13-13
比释动能强度计 kermameter …… rm-50-01
线对分辨率 line pair resolution …… AG3.3.2
加载因素 loading factor …… rm-36-01
加载时间 loading time …… rm-36-10
低对比度分辨率 low contrast resolution …… AG3.3.3

制造商 manufacturer …… rm-85-03-
测量值 measured value …… rm-73-08
型号或类型参考(型号数)model or type reference(type number) …… NG-2.12.2
调制传递函数 modulation transfer function …… rm-73-05
窄射束条件 narrow beam condition …… rm-37-23
焦点标称值 nominal focal spot value …… rm-20-14
非屏片 non-screen film …… rm-32-35
正常使用 normal use …… rm-82-04
操作者 operator …… rm-85-02
患者 patient …… rm-62-03
体模 phantom …… rm-54-01
针孔照相机 pinhole camera …… rm-71-02
初级辐射束 primary radiation beam …… rm 11-06 and rm-37-05
质量等效滤过 quality equivalent filtration …… rm-13-45
辐射 radiation …… rm-11-01
辐射束 radiation beam …… . rm-37-05
辐射探测计 radiation detector …… rm-51-01
辐射输出 radiation output …… AG3.3.4
辐射质量 radiation quality …… rm-13-28
X 射线照片 radiogram …… rm-32-02
X 射线摄影暗匣 radiographic cassette …… rm-35-14
X 射线摄影胶片 radiographic film …… rm-32-32
X 射线摄影 radiography …… rm-41-06
X 射线透视 radioscopy …… rm-41-01
放射治疗 radiotherapy …… rm-40-05
基准轴 reference axis …… rm-37-03
散射辐射 scattered radiation …… rm-11-13
序数 serial number …… NG-2.12.9
狭缝照相机 slit camera …… rm-71-01
特定的 specific …… rm-74-01
规定的 specified …… rm-74-02
试验器件 test device …… rm-71-04
限时器件 timing device …… rm-83-03
总滤过 total filtration …… rm-13-48
用户 user …… rm-85-01
X 射线束 x-ray beam …… rm-37-05+
X 射线设备 x-ray equipment …… rm-20-20
X 射线野 x-ray field …… rm-37-07+
X 射线发生器 x-ray generator …… rm-20-17
X 射线光谱 x-ray specturm …… rm-13-34+
X 射线管 x-ray tube …… rm-22-03
X 射线管组件 x-ray tube assembly …… rm-22-01
X 射线管电流 x-ray tube current …… rm-36-07
X 射线管电压 x-ray tube voltage …… rm-36-02

附 录 B
（资料性附录）
根据现行标准或当前技术水平要求示例（精度、允差、偏差）

有关 5.2 X 射线管电压

见 GB 9706.3—2000 中 50.103.1　±10%。

有关 5.3 总滤过

见 GB 9706.12 中 29.201.5 质量等效滤过：　　不低于 1.5 mmAl。

表 204-X 射线设备半价层：　　60 kV，1.8 mmAl。

有关 5.4 X 射线管焦点

表 B.1　焦点标称值的焦点尺寸典型值（见 YY/T 0063）

焦点标称值	焦点尺寸允许值/mm	
F	宽	长
0.25	0.25...0.38	0.25...0.38
0.3	0.30...0.45	0.45...0.65
0.4	0.40...0.60	0.60...0.85
0.5	0.50...0.75	0.70...1.10
0.6	0.60...0.90	0.90...1.30
0.7	0.70...1.10	1.00...1.50
0.8	0.80...1.20	1.10...1.60
0.9	0.90...1.30	1.30...1.80
1.0	1.00...1.40	1.40...2.00
1.1	1.10...1.50	1.60...2.20
1.2	1.20...1.70	1.70...2.40
1.3	1.30...1.80	1.90...2.60
1.4	1.40...1.90	2.00...2.80
1.5	1.50...2.00	2.10...3.00
1.6	1.60...2.10	2.30...3.10
1.7	1.70...2.20	2.40...3.20

有关 5.7 辐射输出的重复性见 GB 9706.3—2000 中 50.102.1 重复性。

对任何加载因素的组合，空气比释动能测量值的变异系数应不大于 0.05。

参考文献

GB 9706.12—1997　医用电气设备　第一部分　安全通用要求　三、并列标准　诊断 X 射线设备辐射防护通用要求

GB 9706.3—2000　医用电气设备　第 2 部分：诊断 X 射线发生装置的高压发生器安全专用要求

附 录 C
（资料性附录）
牙科 X 射线胶片（非屏胶片）的处理验收试验

使用图 2 的布局，设置加载时间，在 X 射线影像接受器平面上进行辐照，所采用的影像接受器平面是由胶片制造商推荐，为了产生规定的光密度。

注：试验器件设计成宜适合于放置“成人磨牙”。

移去比释动能强度计探头，在同一位置插入牙科 X 射线胶片，重复辐射。

将处理后胶片的光密度与规定值进行比较。

注：对牙科全景 X 射线有屏型胶片的冲洗试验可采用类似的程序。如果“口内”X 射线设备的 X 射线管电压大于 60 kV，可用于辐照全景暗匣。

参 考 文 献

[1] Criteria and Methods for Quality Assurance in Medical X-ray Diagnosis, Scientific Seminar, Udine, Italy, 1984, Drexler, G., Eriskat, H., Schibilla, H., British Journal of Radiology, Supplement No. 18, British Institute of Radiology, London 1985

[2] DIN 6868 Part 1: Image quality assurance in X-ray departments; General; Beuth Verlag Gmbh, Burggrafenstrasse 6, 10787 Berlin, Germany

[3] DIN 6868 Part 51: Image quality assurance in X-ray departments; Acceptance testing of dental radiographic equipment; Beuth Verlag GmbH, Burggrafenstrasse 6, 10787 Berlin, Germany

[4] Gray, J. E., Winkler, N. T., Stears, J. and Frank, E. D.: Quality Control in Diagnostic Imaging, University Park Press, Baltimore, 1983

[5] Moores B. M.; Henshaw, E. T.; Watkinson, S. A.; Pearcy, B. J.: Practical guide to quality assurance in medical imaging

[6] Praxis der Qualitatskontrolle in der Rontgendiagonstik, Stender, H.-S.; Stieve, F.-E., Gustav Fischer Verlag, Stuttgart New York, 1986

[7] Quality Assurance in Diagnostic Radiology, A Guide prepared following a workshop held in Neuherberg (Germany) October 1980, World Health Organization, Geneva (Switzerland) 1982

[8] Quality Control and Radiation Protection in Diagnostic Radiology and Nuclear Medicine; Proceedings of a workshop, Grado, Italy, 1993; Radiation Protection Dosimetry, Vol. 57 Nos. 1, 4, 1995

[9] IEC 60601-2-32: 1994, Medical electrical equipment-Part 2-32: Particular requirements for the safety of associated equipment of X-ray equipment

[10] ISO 5725 (all parts), Accuracy (trueness and precision) of measurement methods and results See also annex B, Bibliography, in IEC 61223-1.

ICS 97.220
Y 55

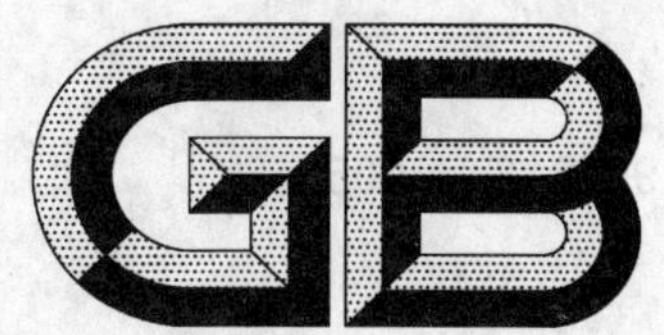

中华人民共和国国家标准

GB 19079.2—2005

体育场所开放条件与技术要求 第2部分:卡丁车场所

Operation conditions and technical requirements for gymnasium and playground Part 2: Karting circuit

2005-01-24 发布　　2005-06-01 实施

中华人民共和国国家质量监督检验检疫总局
中国国家标准化管理委员会　发布

前　言

GB 19079《体育场所开放条件与技术要求》分为以下几个部分：

——第1部分：游泳场所；

——第2部分：卡丁车场所；

——第3部分：蹦极场所；

——第4部分：攀岩场所；

——第5部分：轮滑场所；

——第6部分：滑雪场所；

——第7部分：滑冰场所；

——第8部分：射击场所；

——第9部分：射箭场所；

——第10部分：潜水场所；

——第11部分：漂流场所；

——第12部分：滑翔伞场所；

——第13部分：热气球场所；

——第14部分：动力滑翔伞场所；

……

本部分为GB 19079的第2部分。本部分的内容全部为强制性。

本部分由国家体育总局提出。

本部分由国家体育总局经济司归口并负责解释。

本部分负责起草的单位：北京体育大学、中国汽车运动联合会。

本标准主要起草人：石春健、羡桐春、陈雪龄、李智、高玉英、厉明琴、许慧。

体育场所开放条件与技术要求
第2部分:卡丁车场所

1 范围

GB 19079 的本部分规定了卡丁车场所开放应具备的基本条件和基本技术要求。

本部分适用于向社会开放的各类卡丁车场所。

2 规范性引用文件

下列文件中的条款通过 GB 19079 的本部分的引用而成为本部分的条款。凡是注日期的引用文件,其随后所有的修改单(不包括勘误的内容)或修订版均不适用于本标准,然而,鼓励根据本标准达成协议的各方研究是否可使用这些文件的最新版本。凡是不注日期的引用文件,其最新版本适用于本部分。

GB 9668 体育馆卫生标准

GB 14166 汽车安全带性能要求和试验方法

GB 14167 汽车安全带安装固定点

GB 19194 竞赛类卡丁车通用技术条件

GB 19195 普及(娱乐)类卡丁车通用技术条件

GB 19197 卡丁车场建设规范

GB/T 14621—1993 摩托车排气污染物排放标准

GB/T 10001.1 标志用公共信息图形符号 第1部分:通用符号

3 定义

下列术语和定义适用于 GB 19079 的本部分。

3.1

卡丁车场所 karting circuit

能够满足人们从事训练、比赛、健身休闲等活动需要的室内外卡丁车运动场所。

3.2

卡丁车驾驶技术指导人员 karting instructor

是指传授卡丁车驾驶理论与技能的人员。

4 从业人员资格

卡丁车驾驶技术指导人员须持国家有关执业资格证明方能上岗。

5 场地、设施设备条件

5.1 卡丁车场地

5.1.1 卡丁车场地水平照度不低于 80 lx,照明设备的高度距跑道不低于 5 m。

5.1.2 卡丁车场地符合 GB 19197 的要求。

5.2 卡丁车

5.2.1 最大噪声不超过 107.5 db。

5.2.2 普及类卡丁车符合 GB 19194 的要求。

5.2.3 竞赛类卡丁车符合 GB 19197 的要求。

5.2.4 安全带性能符合 GB 14166 的要求。

5.2.5 安全带安装固定点符合 GB 14167 的要求。

5.2.6 卡丁车应取得符合法定条件的专业技术组织出具的产品检验合格证明。

5.2.7 卡丁车每年应经符合法定条件的专业技术组织检验合格后方能使用。

5.3 辅助设施设备

5.3.1 有分设的男、女更衣室。

5.3.2 有男、女卫生间。

5.3.3 有广播、通讯设备。

5.3.4 公共指示用标识应符合 GB/T 10001.1 的要求。

6 卫生、环境管理要求

6.1 卡丁车排气污染物符合 GB/T 14621—1993 的要求。

6.2 室内卡丁车场所空气符合 GB 9667 的要求。

7 安全保障

7.1 在醒目位置有“卡丁车人员须知”及安全警示。

7.2 应有急救人员。

7.3 卡丁车场应至少配备 2 名卡丁车驾驶技术指导人员。

7.4 急救药品和器械应摆在便于取用的明显位置。

7.5 有事故抢救操作规程及事故处理制度，并悬挂在明显位置。

7.6 有治安防范措施和突发事件的处理预案。

7.7 驾驶卡丁车人员必须佩戴有安全护目镜的全盔型头盔。

7.8 应确定在室内卡丁车场驾驶卡丁车的人员系戴安全带。

7.9 卡丁车技术指导人员应确保卡丁车驾驶人员穿着符合安全要求。

7.10 各类人员上岗有明显标识。

7.11 卡丁车场所禁止吸烟。

7.12 危险物品的保存、管理须符合国家或当地有关安全条例(要求)的规定。

7.13 有健全的治安保卫、安全救护、卫生检查、设备维修制度及各类人员岗位服务责任制。

ICS 97.220
Y 55

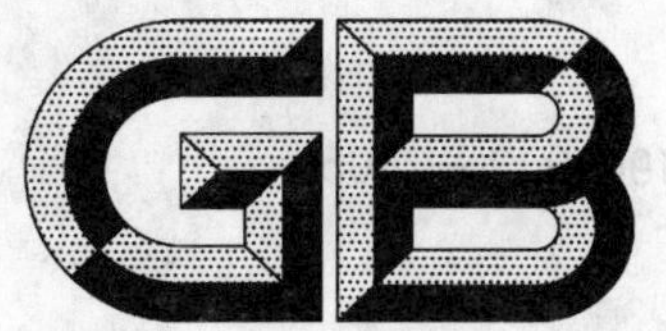

中华人民共和国国家标准

GB 19079.3—2005

体育场所开放条件与技术要求 第3部分：蹦极场所

Operation conditions and technical requirements for gymnasium and playground
Part 3: Bungee jump place

2005-01-24 发布　　2005-06-01 实施

中华人民共和国国家质量监督检验检疫总局
中国国家标准化管理委员会　发布

前　言

GB 19079《体育场所开放条件与技术要求》分为以下几个部分：

——第1部分：游泳场所；

——第2部分：卡丁车场所；

——第3部分：蹦极场所；

——第4部分：攀岩场所；

——第5部分：轮滑场所；

——第6部分：滑雪场所；

——第7部分：滑冰场所；

——第8部分：射击场所；

——第9部分：射箭场所；

——第10部分：潜水场所；

——第11部分：漂流场所；

——第12部分：滑翔伞场所；

——第13部分：热气球场所；

——第14部分：动力滑翔伞场所；

……

本部分为GB 19079的第3部分，本部分的内容全部为强制性。

本部分由国家体育总局提出。

本部分由国家体育总局体育经济司归口并负责解释。

本部分负责起草单位：中国登山协会。

本部分主要起草人：李致新、栾开封、颜金安、杨世涛、李石、封勇、陈雪龄、李智、石春健。

体育场所开放条件与技术要求
第3部分:蹦极场所

1 范围

GB 19079 的本部分规定了蹦极场所开放所应具备的基本条件和基本技术要求。

本部分适用于向社会开放的各类蹦极场所。

2 规范性引用文件

下列文件中的条款通过本标准的引用而成为本标准的条款。凡是注日期的引用文件,其随后所有的修改单(不包括勘误的内容)或修订版均不适用于本标准,然而,鼓励根据本标准达成协议的各方研究是否可使用这些文件的最新版本。凡是不注日期的引用文件,其最新版本适用于本标准。

GB 8408—2000 游艺机和游乐设施安全

GB/T 5144—1985 塔式超重机安全规程

GB/T 17093 室内空气中细菌总数卫生标准

GB/T 10001.1 标志用公共信息图形符号 第1部分:通用符号

3 术语和定义

下列术语和定义适用于 GB 19079 的本部分。

3.1

蹦极 bungee jump

是指人们使用蹦极索从高处自由跳下的活动。

3.2

蹦极场所 bungee jump place

能够满足人们进行蹦极运动训练、比赛、健身休闲等活动的场所。它包括:人工蹦极场所和天然加人工蹦极场所。

3.3

蹦极平台 bungee jump platform

蹦极者起跳的平面构筑物。

3.4

安全辅助绳 assist the rope safety

人们在蹦极活动中,用于保护蹦极者安全的蹦极绳以外的绳索。

3.5

蹦极技术指导人员 bungee jump instructor

是指传授蹦极运动理论和技能的人员。

4 从业人员资格

蹦极技术指导人员、安全保卫人员等应持国家有关执业资格证明方能上岗。

5 场地、设施设备条件

5.1 蹦极塔台

5.1.1 自然高度不超过 80 m，蹦极平台长度不小于 3 m，宽度不小于 2 m，蹦极跳台臂长度不小于 12 m。

5.1.2 蹦极绳垂直状态投影点距周边障碍物半径不小于 12 m。

5.1.3 蹦极绳垂直状态投影点的底部水深不小于 4 m。

5.1.4 有清晰、醒目的水深标识，并有隔离带。

5.1.5 有安全护栏、防滑设施、防护网，且蹦极台出口设置拦挡设施。

5.2 蹦极平台

5.2.1 设置隔离区，蹦极者与无关人员之间应设有隔离设施。

5.2.2 蹦极台四周设置拦挡物，且进出口处设可向内开合拦挡物。

5.2.3 活动载荷不小于 300 kg/m^2。

5.2.4 安全护栏承受水平推动力应符合 GB 8408—2000 的要求。

5.2.5 地表面静摩擦系数不小于 0.5。

5.2.6 蹦极区域应设置观察点，并有录像监控设备。

5.2.7 回收绳与跳跃平台的水平距离不小于 0.4 m。

5.3 蹦极空间

5.3.1 反弹点与平台下缘竖直距离不小于蹦极高度的 7%。

5.3.2 跳跃高度小于 40 m 时，下落最低点距离着陆区域的竖直距离不小于 3 m；跳跃高度大于 40 m 时，下落最低点距离着陆区域的竖直距离不小于 4 m。

5.3.3 跳跃高度小于 40 m 时，蹦极绳垂直状态下与障碍体后向距离不小于 16 m，侧向距离不小于 9.6 m；跳跃高度大于 40 m 时，蹦极绳垂直状态下与障碍体后向距离不小于 25 m，侧向距离不小于 12 m。

5.4 提升、下降及传动设备

5.4.1 安全辅助绳安全系数应大于 10，且直径不小于 8 mm。

5.4.2 提升设备的安全辅助绳和固定装置应符合 GB 8408—2000 的要求。

5.4.3 滑轮或卷筒与安全辅助绳的直径比例不小于 40 倍，导向轮直径与安全辅助绳的直径比例不小于 20 倍。

5.4.4 低于 20 m 的蹦极台，其滑轮或卷筒与安全辅助绳直径的比例不小于 20 倍。

5.4.5 有防止安全辅助绳脱落、过卷、松弛和打折缠绕装置。

5.4.6 安全辅助绳无载荷时在卷筒上缠绕圈数不少于 3 圈。

5.4.7 确认蹦极者已停止跳跃后，方可启动卷扬机提升或下降蹦极者。

5.4.8 卷扬机制动器应符合 GB/T 5144—1985 的要求。

5.5 蹦极绳

5.5.1 蹦极绳应取得符合法定条件的专业技术组织出具的产品检验合格证明。

5.5.2 蹦极绳使用次数不得超过生产厂家额定使用次数，且断丝不超过 5%。

5.5.3 蹦极绳与人连接的卡扣不少于 2 个，且卡扣为闭锁结构。

5.6 其他要求

5.6.1 背带、扁带、踝部绑带等跳跃装备应取得符合法定条件的专业技术组织出具的产品检验合格证明。

5.6.2 高于 20 m 的蹦极平台上应配备风速计。

5.6.3 蹦极平台、接应区和休息厅的工作人员应保持联络畅通。

5.6.4　在升降设备不能正常运转的情况下，有紧急救援设施。

5.6.5　有救生观察台、救生船、救生圈、救生竿和救护板。

5.6.6　蹦极场所公共休息室室内空气符合 GB/T 17093 的要求。

5.6.7　公共指示用标识应符合 GB/T 10001.1 的要求。

6　安全保障

6.1　在醒目位置有“蹦极人员须知”及安全警示。

6.2　在明显位置固定蹦极设备《安全检验合格》标志。

6.3　有特种设备注册登记表、设备及其部件的出厂文件、年度维修计划及落实情况、安装、大修记录及其验收资料、设备故障与处理的记录。

6.4　急救药品和器械应摆在便于取用的明显位置。

6.5　非开放时间应有值班人员。

6.6　各类人员上岗有明显标识。

6.7　有健全的设施设备安全检查、安全操作、意外事故处理、安全保卫制度及人员服务岗位责任制。

ICS 97.220
Y 55

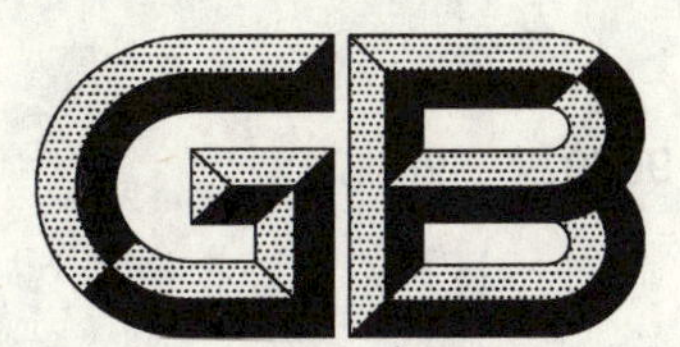

中华人民共和国国家标准

GB 19079.4—2005

体育场所开放条件与技术要求
第4部分：攀岩场所

Operation conditions and technical requirements for gymnasium and playground
Part 4: Rock climbing place

2005-01-24 发布　　　　2005-06-01 实施

中华人民共和国国家质量监督检验检疫总局
中国国家标准化管理委员会　发布

前 言

GB 19079《体育场所开放条件与技术要求》分为以下几个部分：

——第1部分：游泳场所；
——第2部分：卡丁车场所；
——第3部分：蹦极场所；
——第4部分：攀岩场所；
——第5部分：轮滑场所；
——第6部分：滑雪场所；
——第7部分：滑冰场所；
——第8部分：射击场所；
——第9部分：射箭场所；
——第10部分：潜水场所；
——第11部分：漂流场所；
——第12部分：滑翔伞场所；
——第13部分：热气球场所；
——第14部分：动力滑翔伞场所；
……

本部分为GB 19079的第4部分，本部分的内容全部为强制性。

本部分由国家体育总局提出。

本部分由国家体育总局体育经济司归口并负责解释。

本部分起草单位：国家体育总局登山运动管理中心、北京大学。

本部分主要起草人：郝光安、薛云、陈雪龄、刘大庆、李致新、杨世涛、王利全、石春健、李智。

体育场所开放条件与技术要求
第4部分:攀岩场所

1 范围

GB 19079的本部分规定了攀岩场所开放所应具备的基本条件与基本技术要求。

本部分适用于向社会开放的各类攀岩场所。

2 规范性引用文件

下列文件中的条款通过本标准的引用而成为本标准的条款。凡是注日期的引用文件,其随后所有的修改单(不包括勘误的内容)或修订版均不适用于本标准,然而,鼓励根据本标准达成协议的各方研究是否可使用这些文件的最新版本。凡是不注日期的引用文件,其最新版本适用于本标准。

GB 6566　建筑材料放射核素限量标准

GB 9668　体育馆卫生标准

GB/T 17093　室内空气中细菌总数卫生标准

GB/T 18883—2002　室内空气质量标准

GB/T 10001.1　标志用公共信息图形符号　第1部分:通用符号

3 术语和定义

3.1

攀岩场所　rock climbing place

能够满足人们进行攀岩(抱石)运动训练、比赛、健身休闲等活动的场所。它包括:人工攀岩场所和自然攀岩场所。

3.2

人工岩壁　artificial climbing rock

各类室内、外人工构筑的用于攀岩运动的岩壁。

3.3

攀岩技术指导人员　rock climbing instructor

是指传授攀岩运动理论和技能的人员。

4 从业人员资格

攀岩技术指导人员等应持国家有关执业资格证明方能上岗。

5 场地、设施设备条件

5.1 人工岩壁

5.1.1　上端锚点最大受力不小于816.33 kg力。

5.1.2　保护挂片最大受力不小于816.33 kg力。

5.1.3　岩板耐受静压力不小于408.16 kg力。

5.1.4　岩板的最大耐受冲击力不小于612.24 kg力。

5.1.5　支点孔最大抗拉力不小于306.12 kg力。

5.2 **自然岩壁**

5.2.1 上端锚点最大受力不小于 816.33 kg 力。

5.2.2 保护挂片最大受力不小于 816.33 kg 力。

5.3 **保护器材**

5.3.1 保护绳直径不小于 10 mm,抗拉力不小于 1 700 kg 力,且采用单绳保护状态。

5.3.2 丝扣安全铁琐的横向抗拉力不小于 918.33 kg 力,纵向抗拉力不小于 2 244.90 kg 力。

5.3.3 安全铁琐的横向抗拉力不小于 714.29 力 kg,纵向抗拉力不小于 2 244.90 kg 力。

5.3.4 制动器(下降器)的抗拉力不小于 2 448.98 kg 力。

5.3.5 安全扁带的抗拉力不小于 1 734.69 kg 力。

5.4 **辅助设备**

5.4.1 有清晰、醒目的危险区域警示标识和安全防护设施。

5.4.2 有男、女更衣室,并配有存放衣物的设施。

5.4.3 室内攀岩场所有紧急疏散通道。

5.4.4 攀岩场所的公共指示标识符合 GB/T 10001.1 的要求。

6 卫生、环境管理要求

6.1 人工岩壁应符合 GB 6566 的要求。

6.2 攀岩场所的环境卫生应符合 GB 9668 的要求。

6.3 攀岩场所室内空气符合 GB/T 17093 和 GB/T 18883—2002 的要求。

7 安全保障

7.1 在醒目位置有“攀岩人员须知”及安全警示。

7.2 开放期间每条使用的攀岩道应配备 1 名攀岩技术指导人员。

7.3 有健全的设施设备安全检查制度,损毁的器材应及时更换。

7.4 急救药品和器械应摆放在便于取用的明显位置。

7.5 各类人员上岗有明显标识。

7.6 有健全的治安保卫、安全救护、设备维修制度及人员服务岗位责任制。

ICS 97.220
Y 55

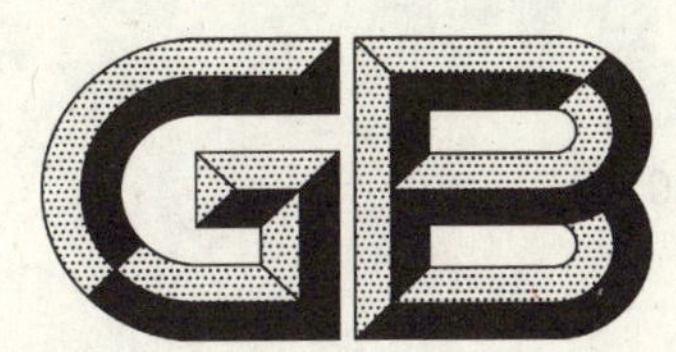

中华人民共和国国家标准

GB 19079.5—2005

体育场所开放条件与技术要求
第5部分:轮滑场所

Operation conditions and technical requirements for gymnasium and playground
Part 5: Roller sports place

2005-01-24 发布　　2005-06-01 实施

中华人民共和国国家质量监督检验检疫总局
中国国家标准化管理委员会　发布

前　言

GB 19079《体育场所开放条件与技术要求》分为以下几个部分：

——第 1 部分：游泳场所；

——第 2 部分：卡丁车场所；

——第 3 部分：蹦极场所；

——第 4 部分：攀岩场所；

——第 5 部分：轮滑场所；

——第 6 部分：滑雪场所；

——第 7 部分：滑冰场所；

——第 8 部分：射击场所；

——第 9 部分：射箭场所；

——第 10 部分：潜水场所；

——第 11 部分：漂流场所；

——第 12 部分：滑翔伞场所；

——第 13 部分：热气球场所；

——第 14 部分：动力滑翔伞场所；

……

本部分为 GB 19079 的第 5 部分，本部分的内容全部为强制性。

本部分由国家体育总局提出。

本部分由国家体育总局体育经济司归口并负责解释。

本部分起草单位：北京体育大学、国家体育总局社会体育指导中心。

本部分主要起草人：付进学、陈雪龄、秦吉宏、李瑶璋、李智、石春健、王荣辉、厉明琴

体育场所开放条件与技术要求 第5部分:轮滑场所

1 范围

GB 19079 的本部分规定了轮滑场所开放所应具备的基本条件和基本技术要求。

本部分适用于向社会开放的各类轮滑场所。

2 规范性引用文件

下列文件中的条款通过本标准的引用而成为本标准的条款。凡是注日期的引用文件,其随后所有的修改单(不包括勘误的内容)或修订版均不适用于本标准,然而,鼓励根据本标准达成协议的各方研究是否可使用这些文件的最新版本。凡是不注日期的引用文件,其最新版本适用于本标准。

GB 9668 体育馆卫生标准

GB/T 10001.1 标志用公共信息图形符号 第1部分:通用符号

GB/T 17093 室内空气中细菌总数卫生标准

3 术语和定义

下列术语和定义适用于 GB 19079 的本部分。

3.1

轮滑运动 roller Sports

是指使用各种滚轴类鞋、板等器材进行的训练、竞赛、表演、健身休闲活动。它包括速度轮滑、花样轮滑、轮滑球、极限轮滑、滑板等。

3.2

轮滑场所 roller Sports Place

能够满足人们进行轮滑运动训练、比赛、健身休闲等活动的场所。它包括:室内轮滑场所和室外轮滑场所。

3.3

轮滑技术指导人员 roller Sports Instructor

是指传授轮滑运动理论和技能的人员。

4 从业人员资格

轮滑技术指导人员等应持国家有关的执业资格证明方能上岗。

5 场地、设施设备条件

5.1 场地

5.1.1 新建室内轮滑场地面积不小于 500 m^2,场地中应无障碍物。

5.1.2 室外轮滑场地面积不小于 500 m^2。

5.1.3 轮滑场地应平整,无破损。

5.1.4 轮滑场地中的柱子等障碍物应用软性材质包裹,高度不低于 2 m。

5.1.5 场地四周应有高度不低于 1 m 的防护栏,防护栏的棱、角等应用软性材质包裹。

5.1.6 滑行场地与休息、更衣、换鞋场所之间应用护栏予以隔离。

5.1.7 轮滑场地中可以有坡度或波浪式的娱乐性滑道。

5.2 设施设备

5.2.1 轮滑器材应取得符合法定条件的专业技术组织出具的产品检验合格证明。

5.2.2 有男、女卫生间。

5.2.3 有广播、通讯设备。

5.2.4 室内轮滑场所应有紧急疏散通道。

5.2.5 公共指示标识须符合 GB/T 10001.1 的要求。

6 卫生、环境管理要求

6.1 室内轮滑场所空气应符合 GB/T 17093 的要求。

6.2 轮滑场所的环境卫生应符合 GB 9668 的要求。

7 安全保障

7.1 在醒目位置有“轮滑活动人员须知”及安全警示。

7.2 轮滑场所至少应配备 1 名轮滑技术指导人员。

7.3 急救药品和器械应摆放在便于取用的明显位置。

7.4 出租的轮滑器材应处于安全和良好的状态。

7.5 各类人员上岗有明显标识。

7.6 有健全的治安保卫、安全救护、设备维修制度及人员服务岗位责任制。

ICS 97.220
Y 55

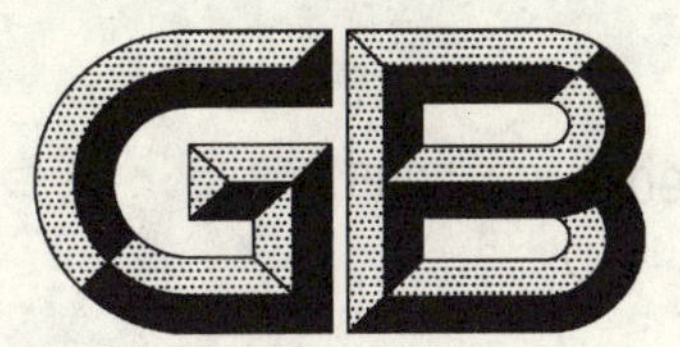

中华人民共和国国家标准

GB 19079.6—2005

体育场所开放条件与技术要求 第6部分:滑雪场所

Operation conditions and technical requirements for gymnasium and playground

Part 6: Skiing place

2005-01-24 发布　　　　2005-06-01 实施

中华人民共和国国家质量监督检验检疫总局
中国国家标准化管理委员会　发布

前　言

GB 19079《体育场所开放条件与技术要求》分为以下几个部分：

——第1部分：游泳场所；

——第2部分：卡丁车场所；

——第3部分：蹦极场所；

——第4部分：攀岩场所；

——第5部分：轮滑场所；

——第6部分：滑雪场所；

——第7部分：滑冰场所；

——第8部分：射击场所；

——第9部分：射箭场所；

——第10部分：潜水场所；

——第11部分：漂流场所；

——第12部分：滑翔伞场所；

——第13部分：热气球场所；

——第14部分：动力滑翔伞场所；

……

本部分为GB 19079的第6部分。本部分的内容全部为强制性。

本部分由国家体育总局提出。

本部分由国家体育总局经济司归口并负责解释。

本部分起草单位：沈阳体育学院、国家体育总局冬季运动管理中心、首都体育学院。

本部分主要起草人：李世华、陈雪龄、田有年、门传胜、李智、石春健、郝庆威、赵立、魏庆华。

体育场所开放条件与技术要求
第6部分:滑雪场所

1 范围

GB 19079 的本部分规定了滑雪场所开放所应具备的基本条件和基本技术要求。

本部分适用于向社会开放的各类滑雪场所。

2 规范性引用文件

下列文件中的条款通过本标准的引用而成为本标准的条款。凡是注日期的引用文件,其随后所有的修改单(不包括勘误的内容)或修订版均不适用于本标准,然而,鼓励根据本标准达成协议的各方研究是否可使用这些文件的最新版本。凡是不注日期的引用文件,其最新版本适用于本标准。

GB 9664 文化娱乐场所卫生标准

GB 12352 客运架空索道安全规范

GB/T 10001.1 标志用公共信息图形符号 第1部分:通用符号

3 术语和定义

下列术语和定义适用于 GB 19079 的本部分。

3.1

滑雪场所 skiing place

能够满足人们进行滑雪训练、比赛、健身休闲等体育活动的场所。

3.2

滑雪器材 skiing equipment

是指人们开展滑雪活动时所使用的器具。它包括滑雪板、滑雪鞋、固定器、滑雪杖、滑雪服、滑雪帽、滑雪镜、滑雪手套、滑雪头盔等。

3.3

滑雪技术指导员 skiing instructor

是指传授滑雪运动理论和技能的人员。

3.4

滑雪道 skiing course

人们开展滑雪活动的专门滑行区域。它包括高山滑雪道、越野滑雪道、单板滑雪道等。

4 从业人员资格

滑雪技术指导人员应持国家有关执业资格证明方能上岗。

5 场地、设施设备条件

5.1 滑雪道

5.1.1 高山滑雪道

——室外滑雪场地面积不小于5 000 m^2,室内滑雪场地面积不小于3 000 m^2。

——雪层压实厚度不小于0.15 m。

——不得有裸露的土石。

——终点停止区地势平缓且面积不低于500 m^2。

——有明显腾空、跃起、跳转地带的下方滑行区域宽度不小于25 m，长度不小于50 m，且沿滑行方向的着陆坡度不小于10°。

5.1.2 **单板滑雪道**

——室外滑雪场地面积不小于5 000 m^2，室内滑雪场地面积不小于3 000 m^2。

——雪层压实厚度不小于0.15 m。

——不得有裸露的土石。

——终点停止区地势平缓且面积不低于500 m^2。

——有明显腾空、跃起、跳转地带的下方滑行区域宽度不小于25 m，长度不小于50 m，且沿滑行方向的着陆坡度不小于10°。

——单板U型滑雪道的长度不小于50 m，宽度不小于10 m，高度不小于2 m，U型壁的倾斜度不大于20°，U型底部平面区域与U型壁平缓连接。

5.1.3 **越野滑雪道**

——宽度不小于2.5 m。

——有上坡、下坡、平地。

——下坡坡度不大于10°且转弯处内角角度不小于120°。

5.2 **设施设备**

5.2.1 索道符合GB 12352的要求。

5.2.2 在危险地段设有安全防护设施。

5.2.3 开放夜场水平照度不低于100 lx。

5.2.4 滑雪场所设施设备应取得符合法定条件的专业技术组织出具的产品检查合格证明。

5.3 **辅助设施**

5.3.1 有存放衣物的衣柜。

5.3.2 有男、女卫生间。

5.3.3 急救药品和器械摆放在便于取用的明显位置。

5.3.4 提供滑雪器材的租赁服务。

5.3.5 有广播、通讯设备。

5.3.6 公共指示用标识符合GB/T 10001.1的要求。

6 卫生、环境管理要求

6.1 室外滑雪场提供当日天气预报。

6.2 滑雪场所的环境卫生符合GB 9664的要求。

7 安全保障

7.1 在醒目位置有“滑雪人员须知”、“滑雪者行为与安全守则”。

7.2 在醒目位置有各种滑雪道、索道分布图示。

7.3 高山滑雪、单板滑雪、越野滑雪项目之外的雪上项目应单设场地。

7.4 滑雪场所应至少配备2名滑雪技术指导人员。

7.5 各类人员上岗有明显标识。

7.6 有健全的治安保卫、安全救护、设施设备维修制度及人员服务岗位责任制。

ICS 97.220
Y 55

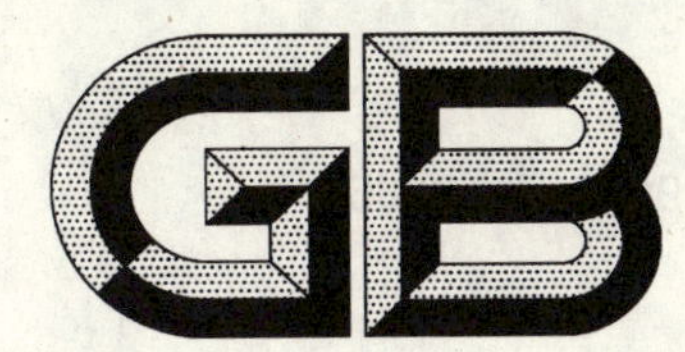

中华人民共和国国家标准

GB 19079.7—2005

体育场所开放条件与技术要求
第7部分:滑冰场所

Operation conditions and technical requirements for gymnasium and playground
Part 7: Skating place

2005-01-24 发布 2005-06-01 实施

中华人民共和国国家质量监督检验检疫总局
中国国家标准化管理委员会 发布

前 言

GB 19079《体育场所开放条件与技术要求》分为以下几个部分：

——第1部分：游泳场所；

——第2部分：卡丁车场所；

——第3部分：蹦极场所；

——第4部分：攀岩场所；

——第5部分：轮滑场所；

——第6部分：滑雪场所；

——第7部分：滑冰场所；

——第8部分：射击场所；

——第9部分：射箭场所；

——第10部分：潜水场所；

——第11部分：漂流场所；

——第12部分：滑翔伞场所；

——第13部分：热气球场所；

——第14部分：动力滑翔伞场所；

……

本部分为GB 19079的第7部分，本部分的内容全部为强制性。

本部分由国家体育总局提出。

本部分由国家体育总局经济司归口并负责解释。

本部分起草单位：沈阳体育学院、国家体育总局冬季运动管理中心。

本部分主要起草人：李世华、陈雪龄、安志坚、门传胜、郝庆威、石春健、李智、王荣辉。

体育场所开放条件与技术要求
第7部分:滑冰场所

1 范围

GB 19079 的本部分规定了滑冰场所开放所应具备的基本条件和基本技术要求。

本部分适用于向社会开放的各类滑冰场所。

2 规范性引用文件

下列文件中的条款通过本标准的引用而成为本标准的条款。凡是注日期的引用文件,其随后所有的修改单(不包括勘误的内容)或修订版均不适用于本标准,然而,鼓励根据本标准达成协议的各方研究是否可使用这些文件的最新版本。凡是不注日期的引用文件,其最新版本适用于本标准。

GB 9664 文化娱乐场所卫生标准

GB 9668 体育馆卫生标准

GB 3095 环境空气质量标准

GB/T 17093 室内空气中细菌总数卫生标准

GB/T 10001.1 标志用公共信息图形符号 第1部分:通用符号

3 术语和定义

下列术语和定义适用于 GB 19079 的本部分。

3.1

滑冰场所 skating place

能够满足人们进行滑冰运动训练、竞赛、健身娱乐等活动的场所。它包括:室内滑冰场所和室外滑冰场所。

3.2

冰具 skating equipment

满足滑冰者开展滑冰活动需要的器具,包括冰刀、冰鞋、护具等。

3.3

滑冰技术指导人员 skating instructor

是指传授滑冰运动理论和技能的人员。

4 从业人员资格

滑冰技术指导人员、安全保卫人员等应持国家有关的执业资格证明方能上岗。

5 场地、设施设备条件

5.1 室内滑冰场所

5.1.1 场地

5.1.1.1 面积不小于 500 m^2。

5.1.1.2 冰的厚度不低于 3 mm,冰面的温度不高于-4℃。

5.1.1.3 冰面光滑平整,不得有影响滑行的裂缝。

5.1.1.4 室内滑冰场所水平照度不低于600 lx。

5.1.2 设施设备

5.1.2.1 设有防滑走道及座椅、扶栏。

5.1.2.2 场地四周设有高度不低于1 m的安全防护设施。

5.1.2.3 备有滑冰器具和护具。

5.1.2.4 滑冰场所设施设备应取得符合法定条件的专业技术组织出具的产品检验合格证明。

5.2 室外滑冰场所

5.2.1 场地

5.2.1.1 面积不小于2 000 m^2。

5.2.1.2 夜间开放水平照度不低于200 lx。

5.2.2 设施设备

5.2.2.1 有清晰、醒目的危险区域警示标识和安全防护设施。

5.2.2.2 备有滑冰器具和护具。

5.2.2.3 滑冰场所设施设备应取得符合法定条件的专业技术组织出具的产品检验合格证明。

5.3 辅助设施

5.3.1 有男、女更衣室，并配有存放衣物的设施。

5.3.2 有男、女卫生间。

5.3.3 有广播、通讯设备。

5.3.4 室内滑冰场所有紧急疏散通道。

5.3.5 公共指示用标识应符合GB/T 10001.1的要求。

6 卫生、环境管理要求

6.1 滑冰场所环境卫生符合GB 9664、GB 9668的要求。

6.2 滑冰场所室外空气符合GB 3095的要求。

6.3 滑冰场所室内空气符合GB/T 17093的要求。

7 安全保障

7.1 在醒目位置有“滑冰人员须知”及安全警示。

7.2 急救药品和器械应摆放在便于取用的明显位置。

7.3 各类人员上岗着装有明显标识。

7.4 有健全的治安保卫、安全救护、设备维修制度及人员服务岗位责任制。

ICS 97.220
Y 55

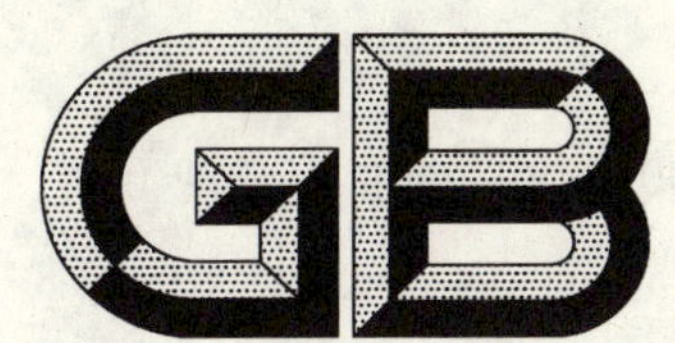

中华人民共和国国家标准

GB 19079.8—2005

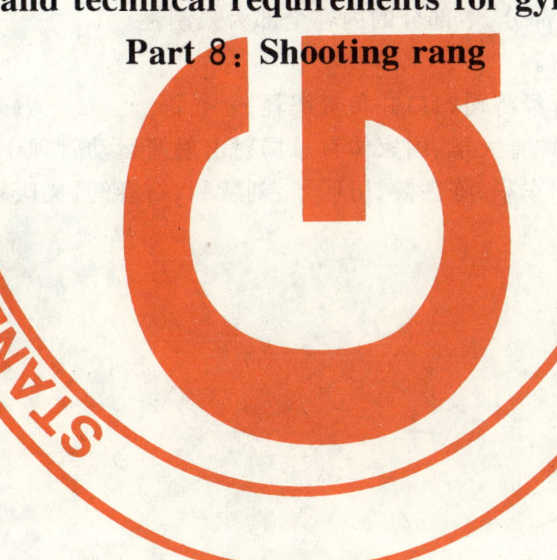

体育场所开放条件与技术要求
第8部分：射击场所

Operation conditions and technical requirements for gymnasium and playground
Part 8: Shooting rang

2005-01-24 发布　　　　2005-06-01 实施

中华人民共和国国家质量监督检验检疫总局
中国国家标准化管理委员会　发布

前　言

GB 19079《体育场所开放条件与技术要求》分为以下几个部分：

——第1部分：游泳场所；

——第2部分：卡丁车场所；

——第3部分：蹦极场所；

——第4部分：攀岩场所；

——第5部分：轮滑场所；

——第6部分：滑雪场所；

——第7部分：滑冰场所；

——第8部分：射击场所；

——第9部分：射箭场所；

——第10部分：潜水场所；

——第11部分：漂流场所；

——第12部分：滑翔伞场所；

——第13部分：热气球场所；

——第14部分：动力滑翔伞场所；

……

本部分为GB 19079的第8部分，本部分的内容全部为强制性。

本部分由国家体育总局提出。

本部分由国家体育总局体育经济司归口并负责解释。

本部分负责起草单位：北京体育大学、国家体育总局射击射箭运动管理中心。

本部分主要起草人：李智、白军华、陈雪龄、厉明琴、刘慧利、石春健、樊庆敏、张伟、安永平。

体育场所开放条件与技术要求
第8部分:射击场所

1 范围

GB 19079 的本部分规定了射击场所开放所应具备的基本条件和基本技术要求。

本部分适用于向社会开放的各类射击场所。

2 规范性引用文件

下列文件中的条款通过本标准的引用而成为本标准的条款。凡是注日期的引用文件,其随后所有的修改单(不包括勘误的内容)或修订版均不适用于本标准,然而,鼓励根据本标准达成协议的各方研究是否可使用这些文件的最新版本。凡是不注日期的引用文件,其最新版本适用于本标准。

《中华人民共和国枪支管理法》

GB 9668 体育馆卫生标准

GB/T 17093 室内空气中细菌总数卫生标准

GB/T 10001.1 标志用公共信息图形符号 第1部分:通用符号

3 术语和定义

下列术语和定义适用于 GB 19079 的本部分。

3.1

射击场所 shooting range

能够满足人们进行射击训练、比赛、健身休闲等活动的场所。它包括:步手枪射击场、移动靶射击场、飞碟射击场、弓弩射击场、实用射击和彩弹枪射击场。

3.2

步手枪射击运动 rifle pistol shooting

使用步枪、手枪对预先设置的固定目标进行射击,以命中精确度计算成绩的运动项目。

3.3

移动靶射击运动 running target shooting

使用枪支对预先设置的移动目标进行射击,以命中精确度计算成绩的运动项目。

3.4

飞碟射击运动 clay target shooting

使用猎枪对飞行目标进行射击,以命中精确度计算成绩的运动项目。

3.5

弓弩射击运动 crossbow shooting

使用弓弩对预先设置的固定目标进行射击的运动项目。

3.6

实用射击运动 practical shooting

在靶场内设置不同的虚拟布景,模拟真实情况进行射击练习的运动项目。

3.7

彩弹枪射击运动 paintball shooting

使用特定的击发器作为“枪”,以彩弹作为“子弹”的一种对抗射击的运动项目。

3.8

靶道 shooting lane

从射击地线至靶线之间子弹或箭弹飞行的区域。

3.9

靶挡 transverse baffle systems

射击地线与靶线之间上空设置的防止子弹飞出的防护设施。

3.10

靶壕 pit

设置于靶板旁用于报靶、换靶的壕沟。

3.11

射击技术指导人员 shooting instructor

是指传授射击运动理论和技能的人员。

4 从业人员资格

射击技术指导人员、安全保卫人员等应持国家有关执业资格证明方能上岗。

5 场地、设施设备条件

5.1 步手枪、移动靶射击场所

5.1.1 场地

5.1.1.1 靶道长度不短于 10 m。

5.1.1.2 射击场的靶壕后侧及其两侧面应设置防止子弹飞越的防护设施。

5.1.1.3 室外步手枪、移动靶射击场射击地线与靶线之间上空修建多级靶挡。

5.1.1.4 射击位置宽度不小于 1 m,射击位置后方设有射手通道。

5.1.1.5 室内步手枪、移动靶射击场水平照度不低于 300 lx,靶面垂直照度不低于 1 000 lx,靶后背景为不反光的中性颜色。

5.1.2 设施设备

5.1.2.1 靶板后方设有挡弹设施,且应符合下列规定:

——在射击位置的任何区域发射子弹,子弹不能飞越挡弹设施顶端;

——挡弹设施厚度要保证子弹不能穿透。

5.1.2.2 射击区地面平坦,不得有金属、石块等硬物。

5.1.2.3 射击位置之间应有隔挡设施,且应符合下列规定:

——长度不短于 1.5 m,高度不低于 2 m,向前伸出射击地线不小于 0.5 m;

——厚度要保证子弹不能穿透。

5.1.2.4 射击位置设有枪支控制装置。

5.1.2.5 设置深度不小于 2 m 的靶壕;或采用自动报靶、换靶装置。

5.1.2.6 射击位置和观众休息区之间有阻挡子弹的安全隔离设施。

5.2 飞碟射击场所

5.2.1 场地

5.2.1.1 射击位置至落弹点的距离如短于 200 m,应设置防止子弹飞出射击区的安全防护设施。

5.2.1.2 射手前方及其两侧应设置防止子弹飞越的防护设施。

5.2.1.3 射击区地面平坦。

5.2.1.4 抛靶房应符合下列规定：

——飞碟多向靶场的抛靶房内前后距离不小于 2 m，高度不低于 2.1 m。抛靶房屋顶与射击位置的地面同一水平；

——飞碟双向靶场设高、低两个抛靶房，每个抛靶房面积不小于 4 m^2。

5.2.2 **设施设备**

5.2.2.1 射击位置设有枪支控制装置。

5.2.2.2 射击位置和观众休息区之间有阻挡子弹的安全隔离设施。

5.3 **弓弩射击场所**

5.3.1 **场地**

5.3.1.1 靶道长度不短于 10 m。

5.3.1.2 射手前方及其两侧应设置防止箭弹飞越的防护设施。

5.3.1.3 射击地线与靶线之间上空修建多级靶挡。

5.3.1.4 射击位置宽度不小于 1 m。

5.3.2 **设施设备**

5.3.2.1 射击位置之间应有长度不短于 1.5 m，高度不低于 1.8 m，厚度要保证箭弹不能穿透和反弹的隔离设施。

5.3.2.2 射击位置和观众休息区之间有阻挡箭弹的安全隔离设施。

5.4 **实用射击和彩弹枪射击场所**

5.4.1 场地四周应设置防止子弹飞越的防护设施。

5.4.2 室外实用射击场上空修建多级靶挡。

5.4.3 彩弹枪射击场应提供防护服、护目镜、防护头盔和手套。

5.5 **器械**

5.5.1 枪支、弹药、弓弩和箭弹应取得符合法定条件的专业技术组织出具的产品检验合格证明。

5.5.2 有耳塞、耳罩等防震器械。

5.6 **枪弹库和器械修理间**

5.6.1 有独立的确保安全的枪支库、弹药库和器械修理间。

5.6.2 枪弹库有警卫室并安装防盗、报警和消防等安全装置。

5.7 **辅助设施**

5.7.1 有清晰、醒目的危险区域警示标识。

5.7.2 有男、女卫生间。

5.7.3 有广播、通讯设备。

5.7.4 室内射击场所应有紧急疏散通道。

5.7.5 室内射击场所应有通风设施。

5.7.6 公共指示用标识符合 GB/T 10001.1 的要求。

6 卫生、环境管理要求

6.1 射击场所室内空气符合 GB/T 17903 的要求。

6.2 射击场所的环境卫生符合 GB 9668 的要求。

6.3 枪支托腮和握把部位应保持清洁卫生。

7 安全保障

7.1 开放期间每名射击者需配备一名射击技术指导人员。

7.2 有专职的安全保卫人员和器械保管人员。

7.3 在醒目位置有“射击安全规则”和“射击活动须知”。

7.4 急救药品和器械应摆放在便于取用的明显位置。

7.5 各类人员上岗有明显标识。

7.6 枪支、弹药等危险物品的使用、保管、运输应符合《中华人民共和国枪支管理法》的规定。

7.7 有健全的治安保卫、安全操作、器械维修制度及人员服务岗位责任制。

ICS 97.220
Y 55

中华人民共和国国家标准

GB 19079.9—2005

体育场所开放条件与技术要求 第9部分:射箭场所

Operation conditions and technical requirements for gymnasium and playground
Part 9: Archery place

2005-01-24 发布　　2005-06-01 实施

中华人民共和国国家质量监督检验检疫总局
中国国家标准化管理委员会　发布

前　言

GB 19079《体育场所开放条件与技术要求》分为以下几个部分：

——第 1 部分：游泳场所；

——第 2 部分：卡丁车场所；

——第 3 部分：蹦极场所；

——第 4 部分：攀岩场所；

——第 5 部分：轮滑场所；

——第 6 部分：滑雪场所；

——第 7 部分：滑冰场所；

——第 8 部分：射击场所；

——第 9 部分：射箭场所；

——第 10 部分：潜水场所；

——第 11 部分：漂流场所；

——第 12 部分：滑翔伞场所；

——第 13 部分：热气球场所；

——第 14 部分：动力滑翔伞场所；

……

本部分为 GB 19079 的第 9 部分，本部分的内容全部为强制性。

本部分由国家体育总局提出。

本部分由国家体育总局体育经济司归口并负责解释。

本部分负责起草单位：北京体育大学、国家体育总局射击射箭运动管理中心。

本部分主要起草人：王荣辉、陈雪龄、周元、肖昊鹏、苏宝生、李智、石春健、厉明琴。

体育场所开放条件与技术要求
第9部分：射箭场所

1 范围

GB 19079的本部分规定了射箭场所开放应具备的基本条件和基本技术要求。

本部分适用于向社会开放的各类射箭场所。

2 规范性引用文件

下列文件中的条款通过本标准的引用而成为本标准的条款。凡是注日期的引用文件，其随后所有的修改单(不包括勘误的内容)或修订版均不适用于本标准，然而，鼓励根据本标准达成协议的各方研究是否可使用这些文件的最新版本。凡是不注日期的引用文件，其最新版本适用于本标准。

GB 9668 体育馆卫生标准

GB/T 17093 室内空气中细菌总数卫生标准

GB/T 10001.1 标志用公共信息图形符号 第1部分：通用符号

3 术语和定义

下列术语和定义适用于GB 19079的本部分。

3.1

射箭场所 archery place

能够满足人们进行射箭运动训练、竞赛、健身娱乐等活动的场所。它包括：室内射箭馆和室外射箭场。

3.2

射箭技术指导人员 archery instructor

是指传授射箭运动理论和技能的人员。

3.3

起射线 shooting line

射箭时，射箭人员两脚分跨或双脚同踏的直线，也称起点线或发射线。

3.4

1 m线 1 meter line

是起射线后1 m处与起射线平行的一条直线。

3.5

射程 range

是指从每靶黄心到地面的垂直点至起射线外沿(含线宽)的距离。

4 从业人员资格

射箭技术指导人员等应持国家有关的执业资格证明方能上岗。

5 场地、设施设备条件

5.1 场地

5.1.1 射程不短于10 m。

5.1.2　室内射箭馆起射线处箭道的宽度不小于 0.8 m。

5.1.3　室外射箭场相邻两靶的间距不小于 1 m。

5.1.4　起射线、1 m 线标识明显。

5.1.5　室内射箭馆靶位后及靶墙两侧应有墙或挡板封闭，并有防穿透设施。

5.1.6　室外射箭场靶位后的空间及最边缘靶位外侧应设有明显标识，并有防护设施。

5.2　设备

5.2.1　提供的每张弓应有与之配套的箭、箭壶、护指、护臂等装备。

5.2.2　每个箭靶应有与之相配套的靶架或固定在靶墙上，并有相对应的靶号牌。

5.2.3　弓和箭应取得符合法定条件的专业技术组织出具的产品检验合格证明。

5.3　辅助设施

5.3.1　射箭器具有专门的存放处。

5.3.2　有男、女卫生间。

5.3.3　室内射箭馆有紧急疏散通道。

5.3.4　公共信息标识符合 GB/T 10001.1 的要求。

6　卫生、环境管理要求

6.1　室内射箭馆卫生应符合 GB 9668 的要求。

6.2　室内射箭馆空气应符合 GB/T 17093 的要求。

7　安全保障

7.1　在醒目位置有“射箭人员须知”及安全警示。

7.2　急救药品和器械应摆放在便于取用的明显位置。

7.3　射箭技术指导人员应承担安全保障职责。

7.4　各类人员上岗有明显标识。

7.5　有健全的治安保卫、安全救护、设备维修制度及人员服务岗位责任制。

ICS 97.220
Y 55

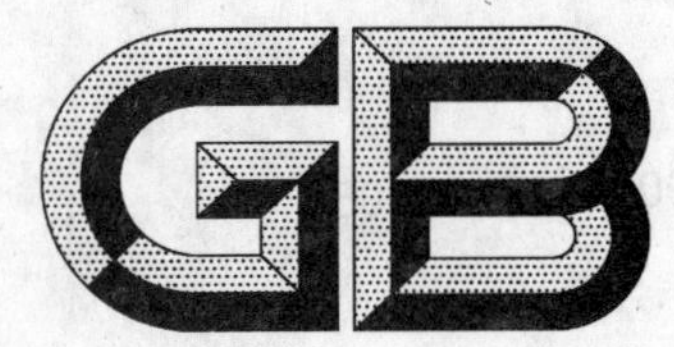

中华人民共和国国家标准

GB 19079.10—2005

体育场所开放条件与技术要求 第10部分:潜水场所

Operation conditions and technical requirements for gymnasium and playground Part 10: Scuba diving place

2005-01-24 发布　　2005-06-01 实施

中华人民共和国国家质量监督检验检疫总局
中国国家标准化管理委员会　发布

前　言

GB 19079《体育场所开放条件与技术要求》分为以下几个部分：

——第1部分：游泳场所；
——第2部分：卡丁车场所；
——第3部分：蹦极场所；
——第4部分：攀岩场所；
——第5部分：轮滑场所；
——第6部分：滑雪场所；
——第7部分：滑冰场所；
——第8部分：射击场所；
——第9部分：射箭场所；
——第10部分：潜水场所；
——第11部分：漂流场所；
——第12部分：滑翔伞场所；
——第13部分：热气球场所；
——第14部分：动力滑翔伞场所；
……

本部分为GB 19079的第10部分，本部分的内容全部为强制性。

本部分由国家体育总局体育经济司归口并解释。

本部分起草单位：北京大学、国家体育总局水上运动管理中心。

本部分主要起草人：余潜、苏科、石春健、李智、聂伟、厉明琴、陈雪龄。

体育场所开放条件与技术要求
第10部分：潜水场所

1 范围

GB 19079的本部分规定了潜水场所开业所应具备的基本条件和基本技术要求。

本部分适用于向社会开放的各类人工潜水场所和固定的天然潜水场所。

2 规范性引用文件

下列文件中的条款通过GB 19079的引用而成为本标准的条款。凡是注日期的引用文件，其随后所有的修改单（不包括勘误的内容）或修订版均不适用于本标准，然而，鼓励根据本标准达成协议的各方研究是否可使用这些文件的最新版本。凡是不注日期的引用文件，其最新版本适用于本标准。

GB 3097 海水水质标准
GB 6566 建筑材料放射核素限量标准
GB 9667 游泳场所卫生标准
GB 9668 体育馆卫生标准
GB 18435 潜水员呼吸气体标准
GB/T 17093 室内空气中细菌总数卫生标准
GB/T 10001.1 标志用公共信息图形符号 第1部分：通用符号

3 术语和定义

下列术语和定义适用于GB 19079的本部分。

3.1

潜水场所 scuba diving place

能够满足人们进行潜水运动训练、比赛、健身休闲等活动的场所。它包括：人工潜水场所和固定的天然潜水场所。

3.2

潜水器材 diving equipments

是指人们在进行潜水活动时，所使用的器具。它包括：潜水面罩、呼吸管、呼吸调节器、水下照明灯具、压缩机、气瓶、潜水衣、潜靴、脚蹼、浮力调节器、仪表。

3.3

潜水技术指导人员 diving instructor

是指传授潜水运动理论和技能的人员。

3.4

体验潜水 experiencing scuba diving

是指无潜水资格证明的人，在潜水技术指导员的陪同和指导下进行的潜水活动。

4 从业人员资格

4.1 潜水技术指导人员、水质检验工、安全保卫人员等应持国家有关的执业资格证明方能上岗。

4.2 潜水技术指导人员应每年进行身体健康检查，并取得身体健康合格证明方能上岗。

5 场地、设施设备条件

5.1 人工潜水场所

5.1.1 潜水用池应符合下列规定：

——池壁和池底光洁、呈浅色；

——建筑质量符合国家建筑规范要求，使用的建筑材料符合 GB 6566 的要求；

——潜水用池四周地面的静摩擦系数不小于 0.5。

5.1.2 沉淀吸污设备或自动水循环过滤、消毒、吸底设备应取得符合法定条件的专业技术组织出具的产品检验合格证明。

5.1.3 潜水用池水面水平照度不低于 80 lx。

5.1.4 更衣室与潜水用池之间应有强制通过式浸脚消毒池。

5.2 固定的天然潜水场所

5.2.1 有清晰、醒目的危险区域警示标识。

5.2.2 有能够监视整个潜水区域的指挥(了望)台或船只。

5.3 潜水器材

5.3.1 潜水器材应齐全，且状态良好。

5.3.2 潜水器材应取得符合法定条件的专业技术组织出具的产品检验合格证明。

5.3.3 气瓶每两年应经过符合法定条件的专业技术组织检测合格后方能使用。

5.4 辅助设施

5.4.1 有男、女更衣室，并配有存放衣物的设施。

5.4.2 有男、女淋浴室，其地表面的静摩擦系数不小于 0.5。

5.4.3 有男、女卫生间。

5.4.4 有广播、通讯设备。

5.4.5 有通风、干燥的潜水器材存放室。

5.4.6 室内潜水场所有紧急疏散通道。

5.4.7 室内潜水场所有通风设施，且室内空气符合 GB/T 17093 的要求。

5.4.8 公共指示用标识符合 GB/T 10001.1 的要求。

6 天气、卫生、环境管理要求

6.1 人工潜水场所提供室温、水温情况报告。

6.2 固定的天然潜水场所提供当日天气、潮汐变化情况报告。

6.3 潜水场所水质卫生符合 GB 9667、GB 9668、GB 3097 的要求。

6.4 潜水场所室内空气符合 GB 9667、GB 9668、GB/T 17093 的要求。

6.5 潜水场所的环境卫生符合 GB 9667、GB 9668 的要求。

7 安全保障

7.1 设施

7.1.1 固定的天然潜水场所应有救生船。

7.1.2 潜水场所所在地应有减压舱设施的定点医院。

7.1.3 潜水场所应有救生圈、救生竿、救护板。

7.1.4 急救药品和器械应摆放在便于取用的明显位置。

7.2 安全制度

7.2.1 在醒目位置有“潜水人员须知”及安全警示。

7.2.2 在明显位置悬挂溺水抢救操作规程及溺水事故处理制度。

7.2.3 有专人负责空气压缩机的保养、维修和充气。

7.2.4 潜水员呼吸气体应符合 GB 18435 的要求。

7.2.5 各类人员上岗有明显的标识。

7.2.6 有四星级潜水员资格证明的潜水技术指导人员才能带学员进行体验潜水，潜水技术指导人员和学员的比例是1∶1。

7.2.7 有健全的治安保卫、安全救护、卫生检查、设备维修制度及人员服务岗位责任制。

ICS 97.220
Y 55

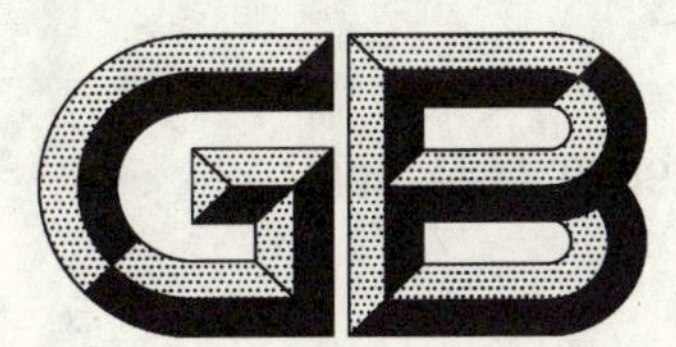

中华人民共和国国家标准

GB 19079.11—2005

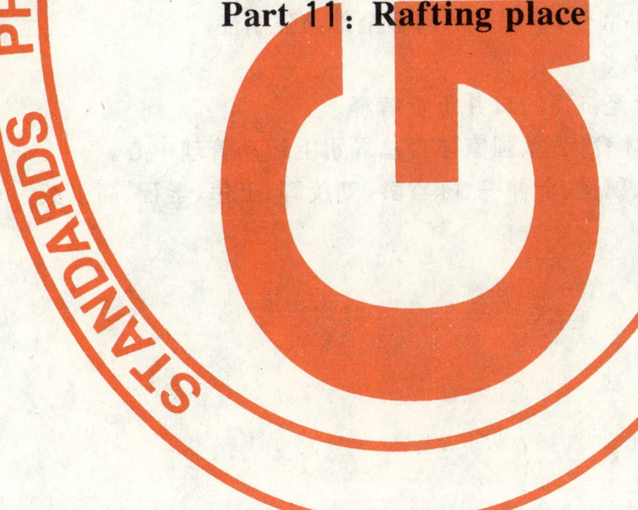

体育场所开放条件与技术要求
第11部分:漂流场所

Operation conditions and technical requirements for gymnasium and playground

Part 11: Rafting place

2005-01-24 发布　　2005-06-01 实施

中华人民共和国国家质量监督检验检疫总局
中国国家标准化管理委员会　发布

前言

GB 19079《体育场所开放条件与技术要求》分为以下几个部分：

——第1部分：游泳场所；

——第2部分：卡丁车场所；

——第3部分：蹦极场所；

——第4部分：攀岩场所；

——第5部分：轮滑场所；

——第6部分：滑雪场所；

——第7部分：滑冰场所；

——第8部分：射击场所；

——第9部分：射箭场所；

——第10部分：潜水场所；

——第11部分：漂流场所；

——第12部分：滑翔伞场所；

——第13部分：热气球场所；

——第14部分：动力滑翔伞场所；

……

本部分的附录A为资料性附录。

本部分为GB 19079的第11部分，本部分的内容全部为强制性。

本部分由国家体育总局提出。

本部分由国家体育总局体育经济司归口并负责解释。

本部分负责起草单位：北京体育大学、国家体育总局水上运动管理中心。

本部分主要起草人：石春健、魏星、李仲一、陈雪龄、刘茂辉、王伟、李智、高玉英。

体育场所开放条件与技术要求
第 11 部分:漂流场所

1 范围

GB 19079 的本部分规定了漂流场所开放所应具备的基本条件和基本技术要求。

本部分适用于向社会开放的各类漂流场所。

2 规范性引用文件

下列文件中的条款通过 GB 19079 的本部分的引用而成为本部分的条款。凡是注日期的引用文件,其随后所有的修改单(不包括勘误的内容)或修订版均不适用于本部分,然而,鼓励根据本标准达成协议的各方研究是否可使用这些文件的最新版本。凡是不注日期的引用文件,其最新版本适用于本部分。

GB/T 10001.1 标志用公共信息图形符号 第 1 部分:通用符号

GB 4303 船用救生衣

JT/T 107 工作救生衣

3 术语和定义

下列术语和定义适用于 GB 19079 的本部分。

3.1

漂流运动 rafting

使用艇(筏)式等漂浮物,以水流动力为主,在有一定的落差和流速的水域进行的活动。

3.2

漂流场所 rafting place

能够满足人们进行漂流训练、比赛、健身娱乐等活动的场所。

3.3

漂流器具 rafting equipment

是指艇(筏)式等漂浮物、桨、救生衣、头盔等器材。

3.4

漂流水域 rafting river

漂流器具通行的水域。

3.5

急流 rapids

漂流水域中水流湍急、路线复杂及有落差、障碍物、漩涡等的水段。

根据操作漂流器具的难度将急流分为 6 个等级,从一级到六级难度逐渐增大(见附录 A)。

3.6

漂流技术指导人员 guide

是指传授漂流运动理论和技能并操作漂流器具的执业人员。

3.7

漂流者 passenger

漂流器具上的乘载人员。

4 从业人员资格

漂流技术指导人员、救生员、安全保卫人员等应持国家有关执业资格证明方能上岗。

5 场地、设施设备条件

5.1 漂流水域

5.1.1 不能有危险障碍物和漂浮物。

5.1.2 有清晰、醒目、牢固的水位测量、禁漂水位线、航道导引、危险区域警示等标识。

5.1.3 在深水、急流等危险区域的岸边，应设置救护点。

5.2 码头及其附属设施

5.2.1 码头应设在水流缓、落差小、较开阔的水域处。

5.2.2 有卫生间和更衣室，并有存放衣物的设施。

5.2.3 有广播、通讯设备。

5.2.4 有停车场。

5.2.5 各类公共标识符合 GB/T 10001.1 的要求。

5.3 漂流器具

5.3.1 筏式漂流器具只能在急流为一级的漂流水域漂流。

5.3.2 急流为一、二级的漂流场所配备的救生衣应符合 JT/T 107 工作救生衣或 GB 4303 船用救生衣的要求。

5.3.3 急流为三级(含三级)以上的漂流场所配备的救生衣应符合 GB 4303 船用救生衣的要求。

5.3.4 漂流器具取得了符合法定条件的专业技术组织出具的产品检验合格证明。

5.3.5 漂流器具每年应经符合法定条件的专业技术组织检验合格后方能使用。

5.3.6 漂流艇四周有救生用的固定绳索。

5.3.7 漂流艇(筏)四周不得有开放的绳索。

5.3.8 急流为三级以上(含三级)的漂流水域使用的漂流艇内应配备长度不小于 5 m 的救生用缆绳。

5.3.9 漂流器具上有安全警示语。

6 安全保障

6.1 急救药品和器械应摆放在便于取用的明显位置。

6.2 人员

6.2.1 应有救生员。

6.2.2 急流为三级以上(含三级)的漂流场所漂流技术指导人员与漂流艇的比例不小于 1∶1 或漂流技术指导人员与漂流者的比例不低于 1∶5。

6.2.3 漂流技术指导人员与负责安全救护的人员之间应保持联络畅通。

6.3 安全制度

6.3.1 提供当日天气、水文情况报告。

6.3.2 在醒目位置有“漂流人员须知”。

6.3.3 12 岁以下的儿童只能在家长陪护下在急流为一级或二级的漂流水域漂流。

6.3.4 急流为一级或二级的漂流场所至少应具备下列方式中的一种保护漂流者，急流为三级以上(含三级)的漂流场所至少应具备下列方式中的两种保护漂流者：

——岸上有流动救生员；

——危险地带有定点救生员；

——有漂流技术指导人员跟随艇；

——有救生员和救生艇跟随。

6.3.5 漂流者需经专门培训后，方可在急流为三级以上(包括三级)的漂流水域进行无漂流技术指导人员陪同的漂流活动。

6.3.6 急流为三级以上(包括三级)的漂流水域不允许单艇出发，当5条以上(包括5条)漂流艇同时出发时应有救生员和救生艇跟随。

6.3.7 急流为四级以上(包括四级)的漂流场所不允许接待无自救能力的漂流者。

6.3.8 在急流为五级以上(含5级)的水域不允许开设漂流场所。

6.3.9 遵守漂流器具核定的载客人数和载客重量的规定。

6.3.10 急流为三级以上(包括三级)的漂流场所应为漂流者提供头盔。

6.3.11 应为漂流者配备救生衣。

6.3.12 应向漂流者说明漂流水域特点、漂流器具使用方法以及漂流的安全救生措施。

6.3.13 应随时监控、了解整个漂流水域的漂流活动。

6.3.14 不允许在雷雨、大风、能见度差等条件下开展漂流活动。

6.3.15 在明显位置应悬挂溺水抢救操作规程及溺水事故处理制度。

6.3.16 各类人员上岗有明显标识。

6.3.17 各种电器、机械设备应保持良好状态。

6.3.18 有健全的治安保卫、安全救护、设备维修等制度和人员服务岗位责任制。

附 录 A
（资料性附录）
急 流 的 分 级

A.1 一级

容易。水流平缓，浪很小且有规律，通道清晰可辨，障碍很少，基本无需操控。只需要预防从上游漂下来的可能成为障碍的漂流物。对游泳者不构成很大危险，自救容易。

A.2 二级

初级难度。浪中等且有规律，很容易判定，最高不超过1 m。浪比较宽，形成明显通道。很低的暗礁或跌水，很缓的弯道。通道清晰可辨，虽然有岩石或伸出的灌木，但并不成为障碍。需要具有躲避岩石、弯曲的河岸以及其他障碍物的简单技巧。身上会溅上水花。游泳者很少受伤，有时需要援助小组的帮助。

A.3 三级

中级难度。水流较急。连续或成组的较高的浪(1 m～2 m)，浪不规则，可能有时难以避开，会使漂流艇进水。有较急的漩涡、暴露的岩石和小的瀑布，但属于可以冲过去的，或可以躲开的。通道较难辨认。在河道狭窄处需漂流者很好地控制艇并做一些复杂的动作避开障碍。会全身湿透。建议除了最有经验的漂流者可以直接漂流外，其他的人应该事先侦察。

A.4 四级

难度较大。浪高且有力。翻腾的漩涡和漩涡形成的“水洞”变化无常，需要在有漩涡的水流中准确地控制艇。较大的障碍物、暗礁、跌水和危险的暴露的岩石无法逾越，必须躲开。如果落水会有受伤的危险。第一次试划时要侦察水流，需要有精确、有序的操作技巧，需要漂流者在有压力的情况下做较快地动作。会全身湿透。游泳者受伤的可能性中等，自救比较困难，需有经验的救援小组帮助。

A.5 五级

专家级。水流湍急。有很难逾越的变化无常的大浪、大的跌水、突然地转弯、大的障碍物和急的漩涡。漩涡可能很小，但旋转力很强。急流持续距离很长。水流路线复杂，可能是几种复杂地形相结合。在主要水流中有很多障碍物。对最有经验的漂流者来说，都已经是非常具有挑战性了。要求漂流者有强壮的体魄，有综合的、精湛的操作技巧。翻船和受伤的风险极大，对航行的限制和事先的侦察是必须的。游泳很危险，救援对于专家来说也很困难。

A.6 六级

极度困难。就像从尼加拉瓜大瀑布上翻下来。在猛烈的、变化无常的水中，基本上不可能控制漂流器具。有许多不可预知的困难，对游泳者有极大的生命威胁，可能无法救援。只有极少数专家可以尝试，需找较缓和的水流部分，或只限在某种适当的水位才能漂流。要经过严密探查，采取一切保护措施。

注意：本规定的尺度是主观性的，且河流的急流难度可以在一夜之间随季节的降雨变化。具体下水需要咨询在当地有经验的漂流者。

ICS 97.220
Y 55

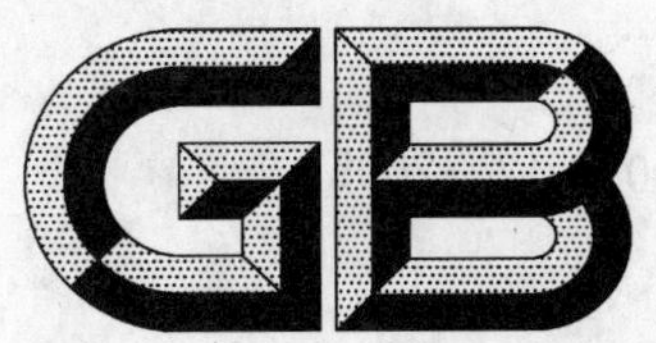

中华人民共和国国家标准

GB 19079.12—2005

体育场所开放条件与技术要求 第12部分:滑翔伞场所

Operation conditions and technical requirements for gymnasium and playground Part 12: Para-glider place

2005-01-24 发布 2005-06-01 实施

中华人民共和国国家质量监督检验检疫总局
中国国家标准化管理委员会 发布

前言

GB 19079《体育场所开放条件与技术要求》分为以下几个部分：

——第1部分：游泳场所；

——第2部分：卡丁车场所；

——第3部分：蹦极场所；

——第4部分：攀岩场所；

——第5部分：轮滑场所；

——第6部分：滑雪场所；

——第7部分：滑冰场所；

——第8部分：射击场所；

——第9部分：射箭场所；

——第10部分：潜水场所；

——第11部分：漂流场所；

——第12部分：滑翔伞场所；

——第13部分：热气球场所；

——第14部分：动力滑翔伞场所；

……

本部分为GB 19079的第12部分，本部分的内容全部为强制性。

本部分由国家体育总局提出。

本部分由国家体育总局体育经济司归口并负责解释。

本部分负责起草的单位：曲阜师范大学、国家体育总局航空无线电模型运动管理中心。

本部分主要起草人：张显军、陈雪龄、刘大庆、石春健、李智、吴英诚、孙晋海、种莉莉、王东星、厉明琴。

体育场所开放条件与技术要求
第12部分:滑翔伞场所

1 范围

本部分规定了滑翔伞场所开放所应具备的基本条件和基本技术要求。

本部分适用于向社会开放的各类滑翔伞场所。

2 规范性引用文件

下列文件中的条款通过本标准的引用而成为本标准的条款。凡是注日期的引用文件,其随后所有的修改单(不包括勘误的内容)或修订版均不适用于本标准,然而,鼓励根据本标准达成协议的各方研究是否可使用这些文件的最新版本。凡是不注日期的引用文件,其最新版本适用于本标准。

GB/T 10001.1 标志用公共信息图形符号 第1部分:通用符号

3 术语和定义

下列术语和定义适用于GB 19079的本部分。

3.1

滑翔伞场所 para-glider place

能够满足人们进行滑翔伞运动训练、比赛、健身休闲等活动的场所。

3.2

滑翔伞 para-glider

是指一种超轻型软体结构飞行器。

3.3

滑翔伞运动 para-gliding

是指人借助滑翔伞进行飞行的活动。

3.4

滑翔伞技术指导人员 para-glider instructor

是指传授滑翔伞运动理论和技能的人员。

4 从业人员资格

滑翔伞技术指导人员等应持国家有关执业资格证明方能上岗。

5 场地、设施设备条件

5.1 场地

5.1.1 起飞场地应平整,长度不短于30 m、宽度不小于20 m,坡度不大于30°,且上空无障碍物。

5.1.2 着陆场地平坦、开阔,长度不短于50 m、宽度不小于50 m,且上空无障碍物。

5.1.3 应有场地使用证明。

5.2 飞行装备

5.2.1 滑翔伞、备份伞应取得符合法定条件的专业技术组织出具的产品检验合格证明。

5.2.2 飞行时应配备备份伞、无线电双向通讯器材、计时表和高度表,并配戴头盔、穿飞行专用鞋。

5.3 其他设施

5.3.1 有广播、通讯设备。

5.3.2 有风速、风向测定仪。

5.3.3 指示用公共标识应符合 GB/T 10001.1 的要求。

6 安全保障

6.1 在醒目位置有“飞行人员须知”及安全警示。

6.2 滑翔伞操作人员应取得中国航空运动协会颁发的“滑翔伞运动证书”。

6.3 滑翔伞飞行时其与任何空间障碍物间的距离不小于 50 m。

6.4 有救护用的车辆，并配有氧气袋、救生床、急救药品和器械。

6.5 提供当日的天气情况报告。

6.6 有治安防范措施和突发事件的处理预案。

6.7 各类人员上岗有明显标识。

6.8 有健全的治安保卫、安全救护、设备维修制度及人员服务岗位责任制。

ICS 97.220
Y 55

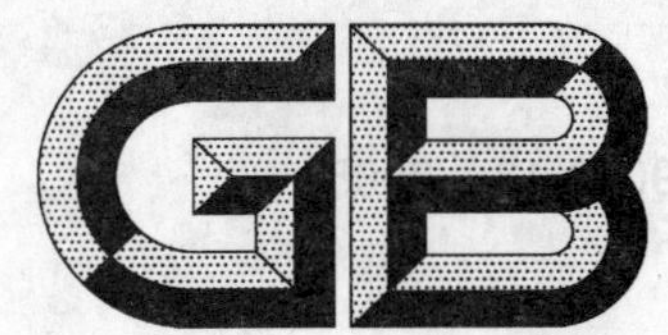

中华人民共和国国家标准

GB 19079.13—2005

体育场所开放条件与技术要求 第13部分：热气球场所

Operation conditions and technical requirements for gymnasium and playground
Part 13: Ballooning place

2005-01-24 发布　　2005-06-01 实施

中华人民共和国国家质量监督检验检疫总局
中国国家标准化管理委员会　发布

前言

GB 19079《体育场所开放条件与技术要求》分为以下几个部分：

——第1部分：游泳场所；
——第2部分：卡丁车场所；
——第3部分：蹦极场所；
——第4部分：攀岩场所；
——第5部分：轮滑场所；
——第6部分：滑雪场所；
——第7部分：滑冰场所；
——第8部分：射击场所；
——第9部分：射箭场所；
——第10部分：潜水场所；
——第11部分：漂流场所；
——第12部分：滑翔伞场所；
——第13部分：热气球场所；
——第14部分：动力滑翔伞场所；
……

本部分为GB 19079的第13部分，本部分的内容全部为强制性。

本部分由国家体育总局提出。

本部分由国家体育总局体育经济司归口并负责解释。

本部分起草单位：曲阜师范大学、国家体育总局航空无线电模型运动管理中心。

本标准主要起草人：王东星、孙晋海、曹莉、刘大庆、陈雪龄、申海青、吴熹、李智、石春健、张显军、王荣辉。

体育场所开放条件与技术要求
第13部分:热气球场所

1 范围

GB 19079的本部分规定了热气球场所开放所应具备的基本条件和基本技术要求。

本部分适用于向社会开放的各类热气球场所。

2 规范性引用文件

下列文件中的条款通过本标准的引用而成为本标准的条款。凡是注日期的引用文件,其随后所有的修改单(不包括勘误的内容)或修订版均不适用于本标准,然而,鼓励根据本标准达成协议的各方研究是否可使用这些文件的最新版本。凡是不注日期的引用文件,其最新版本适用于本标准。

GB/T 10001.1 标志用公共信息图形符号 第1部分:通用符号

3 术语和定义

下列术语和定义适用于GB 19079的本部分。

3.1

热气球 hot air balloon

热气球是通过燃烧器加热球囊内空气产生浮力悬浮于空中,不靠任何推进装置产生推力的航空器。

3.2

热气球场所 ballooning place

能够满足人们进行热气球飞行训练、比赛、健身休闲等活动的场所。

3.3

热气球技术指导人员 ballooning instructor

是指驾驶热气球及传授热气球运动理论和技能的人员。

4 从业人员资格

热气球技术指导人员等应持国家有关的执业资格证明方能上岗。

5 场地、设施设备条件

5.1 场地

5.1.1 有开展热气球飞行活动空域。

5.1.2 起飞场地平坦、开阔,长度不小于30 m、宽度不小于20 m,满足净空条件。

5.1.3 着陆场地应平坦、开阔、满足净空条件。

5.1.4 热气球系留点应牢固可靠。

5.1.5 夜间系留场地应有足够照明。

5.2 装备

5.2.1 热气球应取得符合法定条件的专业技术组织出具的产品检验合格证明。

5.2.2 飞行的热气球上应配有通讯器材。

5.3 辅助设施

5.3.1 有存放燃料瓶等器材的专用库房。

5.3.2　有通讯设备。

5.3.3　各类公共标识符合 GB/T 10001.1 的要求。

6　安全保障

6.1　每具升空的热气球上至少应配备一名热气球技术指导人员。

6.2　在醒目位置有“热气球乘飞人员须知”及安全警示标识。

6.3　急救药品和器械应摆放在便于取用的明显位置。

6.4　器材使用和存放应符合消防安全规定。

6.5　各类人员上岗有明显标识。

6.6　有健全的治安保卫、安全救护、设备维修制度及人员服务岗位责任制度。

ICS 97.220
Y 55

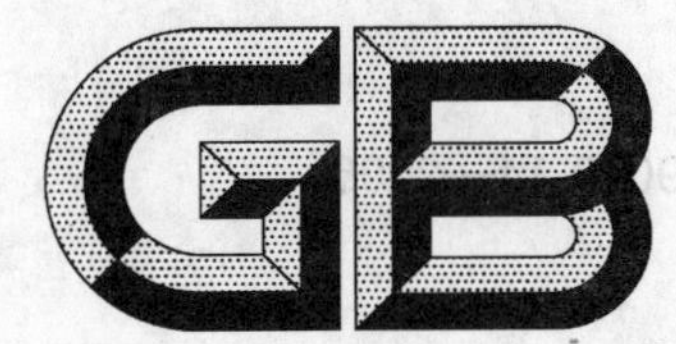

中华人民共和国国家标准

GB 19079.14—2005

体育场所开放条件与技术要求 第14部分：动力滑翔伞场所

Operation conditions and technical requirements for gymnasium and playground
Part 14: Motor para-glider place

2005-01-24 发布　　2005-06-01 实施

中华人民共和国国家质量监督检验检疫总局
中国国家标准化管理委员会　发布

前 言

GB 19079《体育场所开放条件与技术要求》分为以下几个部分：

——第 1 部分：游泳场所；

——第 2 部分：卡丁车场所；

——第 3 部分：蹦极场所；

——第 4 部分：攀岩场所；

——第 5 部分：轮滑场所；

——第 6 部分：滑雪场所；

——第 7 部分：滑冰场所；

——第 8 部分：射击场所；

——第 9 部分：射箭场所；

——第 10 部分：潜水场所；

——第 11 部分：漂流场所；

——第 12 部分：滑翔伞场所；

——第 13 部分：热气球场所；

——第 14 部分：动力滑翔伞场所；

……

本部分为 GB 19079 的第 14 部分，本部分的内容全部为强制性。

本部分由国家体育总局提出。

本部分由国家体育总局体育经济司归口并负责解释。

本部分负责起草的单位：曲阜师范大学、国家体育总局航空无线电模型运动管理中心。

本部分主要起草人：张显军、陈雪龄、刘大庆、李智、石春健、吴英诚、孙晋海、种莉莉、厉明琴、王荣辉。

体育场所开放条件与技术要求
第14部分:动力滑翔伞场所

1 范围

本部分规定了动力滑翔伞场所开放所应具备的基本条件和基本技术要求。

本部分适用于向社会开放的各类动力滑翔伞场所。

2 规范性引用文件

下列文件中的条款通过本标准的引用而成为本标准的条款。凡是注日期的引用文件,其随后所有的修改单(不包括勘误的内容)或修订版均不适用于本标准,然而,鼓励根据本标准达成协议的各方研究是否可使用这些文件的最新版本。凡是不注日期的引用文件,其最新版本适用于本标准。

GB/T 10001.1 标志用公共信息图形符号 第1部分:通用符号

3 术语和定义

下列术语和定义适用于GB 19079的本部分。

3.1

动力滑翔伞场所 motor para-glider place

能够满足人们进行动力滑翔伞运动训练、比赛、健身休闲等活动的场所。

3.2

滑翔伞 para-glider

是指一种超轻型软体结构飞行器。

3.3

动力滑翔伞 motor para-glider

是指滑翔伞与一台小型动力推进器相结合,构成的超轻型软体结构飞行器。它包括:背式动力滑翔伞和轮式动力滑翔伞。

3.4

动力滑翔伞运动 motor para-gliding

是指人借助动力滑翔伞进行飞行的活动。

3.5

动力滑翔伞技术指导人员 motor para-glider instructor

是指传授动力滑翔伞运动理论和技能的人员。

4 从业人员资格

动力滑翔伞技术指导人员等应持国家有关执业资格证明方能上岗。

5 场地、设施设备条件

5.1 场地

5.1.1 起飞场地平坦、开阔,且上空无障碍物。轮式动力滑翔伞场地长度不短于150 m,宽度不小于100 m;背式动力滑翔伞场地长度不短于50 m、宽度不小于50 m。

5.1.2 着陆场地平坦、开阔，且上空无障碍物。轮式动力滑翔伞着陆场地长度不短于 80 m，宽度不小于 80 m；背式动力滑翔伞着陆场地长度不短于 50 m，宽度不小于 50 m。

5.1.3 应有场地使用证明。

5.2 飞行装备

5.2.1 动力滑翔伞、备份伞应取得符合法定条件的专业技术组织出具的产品检验合格证明。

5.2.2 飞行时应配备无线电双向通讯器材、计时表和高度表，并配戴头盔、穿飞行专用鞋。

5.2.3 背式动力滑翔伞飞行时应配备备份伞。

5.3 其他设施

5.3.1 有通讯设备。

5.3.2 有风速、风向测定仪。

5.3.3 指示用公共标识应符合 GB/T 10001.1 的要求。

6 安全保障

6.1 在醒目位置有“飞行人员须知”及安全警示。

6.2 动力滑翔伞操作人员应取得中国航空运动协会颁发的“动力滑翔伞运动证书”。

6.3 动力滑翔伞飞行时其与任何空间障碍物的距离不小于 50 m。

6.4 有救护用的车辆，并配有氧气袋、救生床、急救药品和器械。

6.5 提供当日的天气情况报告。

6.6 有治安防范措施和突发事件的处理预案。

6.7 各类人员上岗有明显标识。

6.8 危险物品的保存、管理应符合国家或地方有关安全条例（要求）的规定。

6.9 有健全的治安保卫、安全救护、设备维修制度及人员服务岗位责任制。

ICS 29.180
K 41

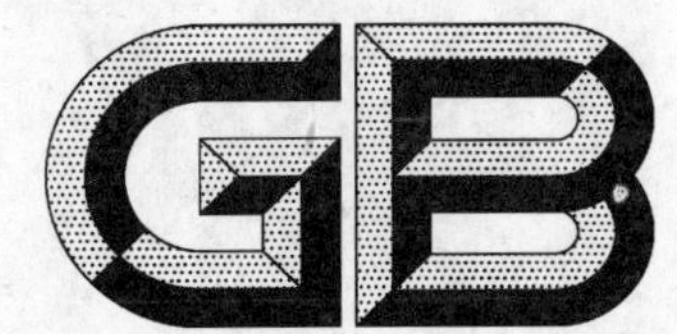

中华人民共和国国家标准

GB 19212.4—2005

电力变压器、电源装置和类似产品的安全 第4部分:燃气和燃油燃烧器点火变压器的特殊要求

Safety of power transformers, power supply units and similar devices—Part 4: Particular requirements for ignition transformers for gas and oil burners

(IEC 61558-2-3:1999, MOD)

2005-10-09 发布　　2006-08-01 实施

中华人民共和国国家质量监督检验检疫总局
中国国家标准化管理委员会　发布

前言

GB 19212 的本部分的全部技术内容为强制性。

GB 19212《电力变压器、电源装置和类似产品的安全》目前拟分为 24 个部分：

第 1 部分：通用要求和试验

第 2 部分：一般用途分离变压器的特殊要求

第 3 部分：控制变压器的特殊要求

第 4 部分：燃气和燃油燃烧器点火变压器的特殊要求

第 5 部分：一般用途隔离变压器的特殊要求

第 6 部分：剃须刀用变压器和剃须刀用电源装置的特殊要求

第 7 部分：一般用途安全隔离变压器的特殊要求

第 8 部分：玩具用变压器的特殊要求

第 9 部分：电铃和电钟变压器的特殊要求

第 10 部分：Ⅲ类手提钨丝灯用变压器的特殊要求

第 11 部分：工作电压 1 000 V 以上高绝缘等级变压器的特殊要求

第 12 部分：漏磁场变压器的特殊要求

第 13 部分：恒压变压器的特殊要求

第 14 部分：自耦变压器的特殊要求

第 15 部分：调压器的特殊要求

第 16 部分：医疗场所供电用隔离变压器的特殊要求

第 17 部分：电源装置和类似产品的特殊要求

第 18 部分：开关型电源用变压器的特殊要求

第 19 部分：医疗设备用变压器的特殊要求

第 20 部分：干扰衰减变压器的特殊要求

第 21 部分：小型电抗器的特殊要求

第 22 部分：具有特殊介质(液体介质 SF_6)的变压器的特殊要求

第 23 部分：灯具用具有最高额定温度的变压器的特殊要求

第 24 部分：建筑工地用变压器的特殊要求

本部分为 GB 19212 的第 4 部分。

本部分修改采用国际标准 IEC 61558-2-3：1999(第 1 版)《电力变压器、电源装置和类似产品的安全 第 2-3 部分：燃气和燃油燃烧器点火变压器的特殊要求》(英文版)。

本部分根据 IEC 61558-2-3：1999 重新起草。本部分与 IEC 61558-2-3：1999(第 1 版)的技术性差异除本部分所修改的内容外，全部是由于本部分所引用的 GB 19212.1—2003《电力变压器、电源装置和类似产品的安全 第 1 部分：通用要求和试验》(IEC 61558-1：1998，MOD)与 IEC 61558-1：1998 存在的技术性差异而产生的，详见 GB 19212.1—2003 的前言。考虑到我国国情，在采用 IEC 61558-2-3：1999 时，本部分做了一些修改。有关技术性差异已编入正文中，并在它们所涉及的条款的页边空白处用垂直单线标识。

为便于使用，本部分对 IEC 61558-2-3：1999 做了下列编辑性修改：

a) “本国际标准”一词改为“本部分”；

b) 用小数点“.”代替作为小数点的逗号“，”；

c) 删除 IEC 61558-2-3:1999 的前言。

考虑到我国的实际情况,本部分对 IEC 61558-2-3:1999 在供电电压与额定电压的允许偏差方面进行了修改。IEC 标准规定为+6%、-10%,而本部分根据我国国家标准规定,改为+7%、-10%。

本部分是在 GB 19212.1—2003 的基础上制定的,本部分需与 GB 19212.1—2003 配合使用。

本部分是对 GB 19212.1—2003 的相应章、条进行补充和修改,以便将 GB 19212.1—2003 的内容转化为本部分的内容。本部分针对 GB 19212.1—2003 新增加的条款从 101 开始编号,新补充的附录的顺序字母编为 AA、BB 等。

本部分由中国电器工业协会提出。

本部分由全国变压器标准化技术委员会归口。

本部分由沈阳变压器研究所负责起草。

本部分主要起草人:孙军、范履苞。

电力变压器、电源装置和类似产品的安全
第4部分:燃气和燃油燃烧器点火变压器的特殊要求

1 范围

GB 19212.1—2003的该章用下列内容来代替:

本部分规定了变压器各个方面(例如:电气、温度和机械方面)的安全要求。

本部分适用于固定式、单相、空气冷却(自然冷却或强制冷却)、配套用(内装式或非内装式)燃气和燃油燃烧器点火系统用的变压器,其额定电源电压不超过交流1 000 V、额定频率不超过500 Hz,额定输出电流不超过交流500 mA。

注1:日本根据本国安全规程,要求此额定输出电流不超过50 mA。

空载输出电压和额定输出电压不应超过交流15 000 V。

本部分适用于按安装规程或设备规范,不要求电路之间采用双重绝缘或加强绝缘的变压器。

注2:点火变压器要与设备配套使用以提供设备运行所需的、与电源电压不同的电压。安全绝缘可由设备的其他部件,如壳体来保障。

本部分适用于干式变压器。其绕组可以是密封或非密封的。

注3:对充有液体介质或粉末材料(如砂子)的变压器,其补充要求正在考虑中。

注4:应注意以下情况:

——对用于热带地区的变压器,可能需要特殊要求;

——在环境条件特殊的地区,可能需要特殊要求。

本部分适用于包含有电子电路的变压器。本部分不适用于拟接到变压器输入端子和输出端子或插座的外部电路及其元器件。

注5:电子点火变压器正在考虑中。

2 规范性引用文件

除下列引用文件外,GB 19212.1—2003的该章适用。

该章增加下列引用文件:

ISO 3864:1984 安全颜色和安全标志

3 定义

除下列条目外,GB 19212.1—2003的该章适用:

该章增加下列条目:

3.1.101

点火变压器 ignition transfomer

一种固定式、单相、空气冷却配套用的变压器,是点火设备的一个组成部分。其高电压输出接到该设备中的能产生出高压电弧的二个电极上。这种变压器需要与点火设备中控制单元一起使用。

3.1.102

额定工作系数 rated duty factor

变压器在间歇性工作中,其工作时间占整个周期持续时间的百分数。

3.1.103

功能性绝缘 functional insulation

仅对设备特定功能才必需的导电件之间的绝缘。

3.5.4 该条用下列内容来代替：

额定输出电流 rated output current

变压器在额定电压、额定频率及输出绕组短路时的输出电流，其值由制造厂规定。

3.5.5 该条用下列内容来代替：

额定输出电压 rated output voltage

变压器接上额定频率额定电源电压时的空载输出电压。

4 一般要求

GB 19212.1—2003 的该章适用。

5 试验的一般说明

GB 19212.1—2003 的该章适用。

6 额定值

除下列条款外，GB 19212.1—2003 的该章适用。

该章增加下列条款：

6.101 额定输出电压不应超过交流 15 000 V。

6.102 空白。

6.103 额定频率不应超过 500 Hz。

6.104 额定电源电压不应超过交流 1 000 V。

6.105 点火变压器拟用于间歇工作或连续工作。

注：间歇性工作周期的优先值为 3 min。

6.106 额定输出电流不应超过交流 500 mA。

注：日本根据本国安全规程，要求此额定输出电流不超过 50 mA。

6.107 额定输出电压、额定输出电流和额定工作系数的优先值见表 101。

是否满足 6.101 至 6.107 的要求，通过观察标志来判断。

表 101 工作参数的优先值

输出绕组接地方式	M	M	E	E	M	M	M	E	E	M	M	M
额定工作系数 %	100	100	100	100	33	33	33	33	33	20	20	20
额定输出电压 kV	14	10	7	5	14	10	10	7	5	10	10	10
额定输出电流 mA	20	20	20	20	30	20	16	20	20	23	20	16
M＝输出绕组的中点接地(壳体)。 E＝输出绕组的一端接地(壳体)。												

7 分类

除下列条款外，GB 19212.1—2003 的该章适用：

7.1 该条用下列内容来代替：

按电击防护分类：

——Ⅰ类变压器。

注：对内装式变压器不进行分类，其电击防护分类由变压器的装入方式来确定。

7.2 该条用下列内容来代替：

按短路防护或非正常使用防护分类：

——固有耐短路变压器；

——无危害式变压器。

7.4 该条用下列内容来代替：

按移动性分类：

——固定变压器。

7.5 该条用下列内容来代替：

按工作时间分类：

——连续工作；

——间歇工作。

7.6 该条用下列内容来代替：

7.6.2 不适用。

8 标志和其他信息

除下列条款外，GB 19212.1—2003 的该章适用：

8.1 c)项不适用。

8.1 d)项用下列内容来代替：

额定输出电流以毫安表示。

8.1 f)项不适用。

8.1 h)项增加下列内容：

点火变压器应用8.11中所示的一种图形符号来标志。

8.1 p)项用下列内容来代替：

间歇工作的点火变压器应标有额定工作系数和一个周期的持续时间。

该条增加下列内容：

8.1 q) 变压器的图形符号应按 IEC 60417 中图形符号 5036 来标志，颜色按 ISO 3864:1984 来标志。

由于点火变压器是配套用变压器，故此图形符号既可以标在变压器上，也可以标在与变压器紧邻的设备上。如果此图形符号未标在变压器上，则制造厂应在说明书中规定此图形符号应标在与变压器紧邻的设备上。

8.11 该条增加下列内容：

符　号	说　明	IEC 60417 中符号的编号
	输出绕组一端接地的固有耐短路点火变压器	
	输出绕组中点接地的固有耐短路点火变压器	

表(续)

符　号	说　明	IEC 60417 中符号的编号
	输出绕组一端接地的无危害式点火变压器	
	输出绕组中点接地的无危害式点火变压器	

8.14　该条增加下列内容：

燃气和燃油燃烧器点火变压器最终的安全与控制单元有关，这应在说明书中予以阐明。

9　触及危险带电零部件的防护

GB 19212.1—2003 的该章适用。

10　输入电压设定值的改变

GB 19212.1—2003 的该章适用。

11　负载输出电压和输出电流

该章用下列内容来代替：

11　输出电压和输出电流

11.1　输出电流与额定输出电流相差不得大于 10%。

是否满足要求，要通过以下试验来检查：

变压器输出端子经一个合适的安培表短接。变压器接上额定频率的额定电源电压，并在额定工作系数下工作直至达到稳态，然后测量输出电流。

此后，将电源电压降至 85%，输出电流的最小值不应小于额定输出电流的 70%。

11.2　空载输出电压与额定输出电压相差不得超过 10%。

注：日本根据本国安全标准，对额定输出电压超过 6kV 的变压器，其空载输出电压与额定输出电压相差不应超过 5%。

是否满足要求，要通过以下试验来检查：

将变压器接上额定频率的额定电源电压，测量空载输出电压的方均根值，此时接地端子应与保护接地端相连。

注：试验设备的选择应确保不会因为试验设备或测量网络的电容量而出现电压的升高。

12　空载输出电压

GB 19212.1—2003 的该章不适用。

13　短路电压

GB 19212.1—2003 的该章不适用。

14　发热

除下列条款外，GB 19212.1—2003 的该章适用：

14.2 在第1段后增加下列内容：

对间歇工作的变压器，本试验应在额定工作系数下进行。应在变压器工作期间的中间时刻下测量温度。

14.2 开头为“变压器连接到……”的第九段用下列内容来代替：

将点火变压器的整个输出绕组短路，然后接到额定频率的电源，施加电压值为1.07倍额定电源电压。

15 短路和过载保护

除下列条款外，GB 19212.1—2003的该章适用：

15.1 该条增加下列内容：

——对点火变压器，补充15.101的试验。

15.2 该条用下列内容来代替：

对连续工作的固有耐短路点火变压器，本试验已包括在14.2的试验中。

对间歇工作的固有耐短路点火变压器，本试验是在整个输出绕组的输出端子短路时进行的。燃气燃烧器变压器的试验时间为变压器工作间隔的两倍(用额定工作系数和一个周期持续时间计算)。燃油燃烧器变压器的试验时间按表102的规定。

表102 短路试验时间

额定工作系数 %	试验时间 min
<20	8
20～30	15
30～<100	30

该章增加下列条款：

15.101 考虑到额定工作系数，点火变压器接到额定频率的电源，施加电压值应为1.07倍额定电源电压，同时接到如图101所示的羊角形电弧装置上。试验时，羊角形电弧装置应垂直放置在不通风的场所。

羊角形电弧装置应设计成使上行的放电自行熄灭，据此来调节距离A和α角。本试验须重复进行，持续50天。

注：对额定输出电压小于10 kV的点火变压器，为使电弧熄灭，可以调节羊角形电弧装置的α角。

高压引线的长度应小于300 mm。引线不应有金属护套且铜的截面积至少为1 mm^2。引线间的平均距离大致应为40 mm。

试验过程中，点火变压器不应出现故障。

本试验结束后，变压器应按第11章和第18章进行相应的试验，但是第18章中的耐压数值应下降35%。

16 机械强度

GB 19212.1—2003的该章适用。

17 灰尘、固体异物和潮湿有害进入的防护

除下列条款外，GB 19212.1—2003的该章适用：

该章增加下列条款：

17.101 除内装式外，点火变压器应具有IPX4或更高的防护等级。

18 绝缘电阻和介电强度

除下列条款外,GB 19212.1—2003 的该章适用:

18.2 表 7:供双重绝缘或加强绝缘用的值不适用。

18.3 表 8:

——2)和 4)不适用;

——当铁心接地时,1)和 3)只适用于输入电路。

18.4 用以下内容来代替第一段:

在 18.3 的试验后,点火变压器接到两倍额定频率电源,将输入电压上升,直到输出电压达到 1.5 倍的额定值,试验持续 1 min。试验时,变压器不接负载。

19 结构

除下列条款外,GB 19212.1—2003 的该章适用:

19.1 该条用下列内容来代替:

输入电路和输出电路在电气上应彼此隔离,在结构上,要使这些电路之间不可能有任何连接,既不能直接也不能间接地通过其他金属部件来连接。

是否满足要求,根据第 18 章和第 26 章,通过目视检查和测量来判断。

19.1.1 输入绕组与输出绕组之间的绝缘应至少由基本绝缘构成,绝缘尺寸按额定电源电压确定。

此外,下列条款适用:

输入绕组与壳体之间的绝缘、输入绕组与铁心之间的绝缘应由基本绝缘构成,绝缘尺寸按额定电源电压确定。输出电路与壳体、输出电路与铁心之间的绝缘应为功能性绝缘。绝缘是否满足要求,通过 15.101 和 18.4 的试验来判断。

19.1.2 对带有不与壳体或铁心相连且位于输入绕组与输出绕组之间的中间金属部件的变压器,中间金属部件与输入绕组之间的绝缘或中间金属部件与输出绕组之间的绝缘,均应至少由基本绝缘构成,绝缘尺寸按额定电源电压确定。

注:没有用至少为基本绝缘与输入绕组、输出绕组、壳体或铁心隔开的中间金属部件,可认为是与有关部件相连。

此外,下列条款适用:

经过中间金属部件的输入绕组与输出绕组之间的绝缘,应由基本绝缘构成,绝缘尺寸按额定电源电压确定。

19.15 GB 19212.1—2003 的该条不适用。

19.19 该条进行下列修改:

对设计成用软电缆或软线连接的点火变压器,应当装有不可拆卸的带接地导线的软电缆或软线。

该条增加下列内容:

19.101 输出电路应与保护接地相连。

19.102～19.110 空白。

19.111 铁心应与保护接地相连。

注:铁心不与保护接地相连的变压器正在考虑中。

是否满足要求,通过目视检查来判断。

20 元器件

GB 19212.1—2003 的该章适用。

21 内部布线

GB 19212.1—2003 的该章适用。

22 电源连接和其他外部软电缆或软线

GB 19212.1—2003 的该章适用。

23 外部导线接线端子

GB 19212.1—2003 的该章适用。

24 保护接地装置

GB 19212.1—2003 的该章适用。

25 螺钉和连接

GB 19212.1—2003 的该章适用。

26 爬电距离、电气间隙和穿过绝缘的距离

除下列条款外，GB 19212.1—2003 的该章适用：

该章进行下列修改：

本章只适用于输入电路，因为输出电路与保护接地相连。此时，输出电路与铁心之间的功能性绝缘是否满足要求，应通过 15.101 和 18.4 的试验来判断。

除下列条款外，表 13 适用：

用额定电源电压代替工作电压，1)适用。

3） 只适用于输入电路。

4） 只适用于输入端子。对输出电路端子，表 103 所列的值适用。

表 103 输出端子的爬电距离和电气间隙

绝缘类型		爬电距离 mm	电气间隙 mm
输出绕组中性点接地	输出端子与地之间的爬电距离和电气间隙	$5.1\left[\frac{mm}{kV}\right]\times U$	$3.4\left[\frac{mm}{kV}\right]\times U$
输出绕组一端接地	输出端子之间的爬电距离和电气间隙	$5.1\left[\frac{mm}{kV}\right]\times U$	$3.4\left[\frac{mm}{kV}\right]\times U$
	输出端子与地之间的爬电距离和电气间隙	$2.55\left[\frac{mm}{kV}\right]\times U$	$1.7\left[\frac{mm}{kV}\right]\times U$
注：U 为额定输出电压，单位为 kV。			

用额定电源电压代替工作电压，5)适用。

27 耐热、耐异常热、耐燃和耐漏电起痕

除下列条款外，GB 19212.1—2003 的该章适用：

27.3 该条不适用。

28 防锈

GB 19212.1—2003 的该章适用。

尺寸以毫米表示

图

增加下图：

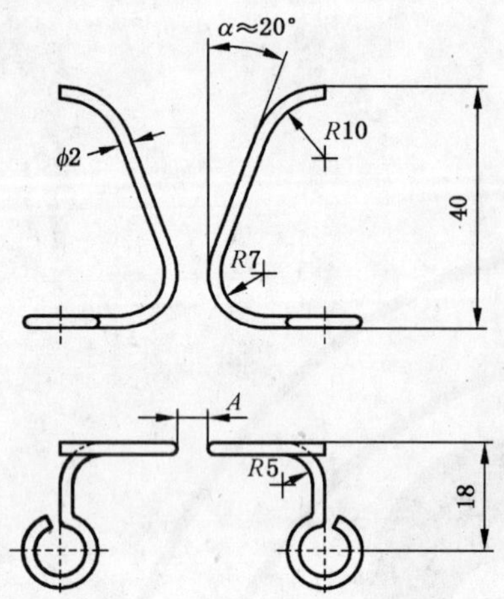

额定输出电压 kV	大致间隙 A mm
≤6	2
>6 ≤10	3
>10 ≤15	5

图 101　羊角形电弧装置

附录

除下列附录外，GB 19212.1—2003 的附录适用：

附 录 C
爬电距离、电气间隙和穿过绝缘的距离
（规范性附录）
材料组别Ⅱ

除下列内容外，GB 19212.1—2003 的该附录适用：

除下列内容外，GB 19212.1—2003 的表 C.1 适用：

用额定电源电压代替工作电压，1)适用。

3)　只适用于输入电路。

4)　只适用于输入端子。对输出电路端子，表 103 的值适用。

用额定电源电压代替工作电压，5)适用。

附 录 D
爬电距离、电气间隙和穿过绝缘的距离
（规范性附录）
材料组别Ⅰ

除下列内容外，GB 19212.1—2003 的该附录适用：

除下列内容外，GB 19212.1—2003 的表 D.1 适用：

用额定电源电压代替工作电压，1)适用。

3)　只适用于输入电路。

4)　只适用于输入端子。对输出电路端子，表 103 的值适用。

用额定电源电压代替工作电压，5)适用。

ICS 29.180
K 41

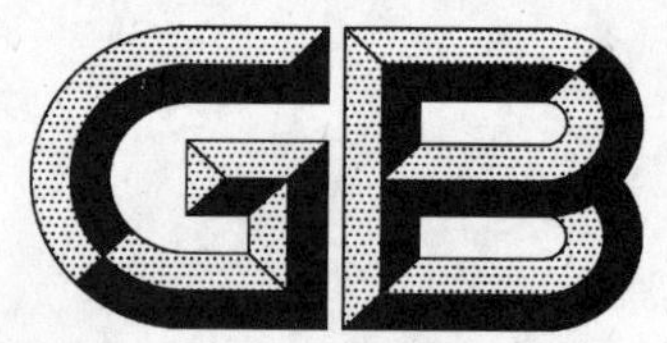

中华人民共和国国家标准

GB 19212.13—2005

电力变压器、电源装置和类似产品的安全 第13部分：恒压变压器的特殊要求

Safety of power transformers, power supply units and similar devices—Part 13: Particular requirements for constant voltage transformers

(IEC 61558-2-12:2001, MOD)

2005-10-09 发布　　2006-08-01 实施

中华人民共和国国家质量监督检验检疫总局
中国国家标准化管理委员会　发布

前　言

GB 19212 的本部分的全部技术内容为强制性。

GB 19212《电力变压器、电源装置和类似产品的安全》目前拟分为 24 个部分：

第 1 部分：通用要求和试验

第 2 部分：一般用途分离变压器的特殊要求

第 3 部分：控制变压器的特殊要求

第 4 部分：燃气和燃油燃烧器点火变压器的特殊要求

第 5 部分：一般用途隔离变压器的特殊要求

第 6 部分：剃须刀用变压器和剃须刀用电源装置的特殊要求

第 7 部分：一般用途安全隔离变压器的特殊要求

第 8 部分：玩具用变压器的特殊要求

第 9 部分：电铃和电钟变压器的特殊要求

第 10 部分：Ⅲ类手提钨丝灯用变压器的特殊要求

第 11 部分：工作电压 1 000 V 以上高绝缘等级变压器的特殊要求

第 12 部分：漏磁场变压器的特殊要求

第 13 部分：恒压变压器的特殊要求

第 14 部分：自耦变压器的特殊要求

第 15 部分：调压器的特殊要求

第 16 部分：医疗场所供电用隔离变压器的特殊要求

第 17 部分：电源装置和类似产品的特殊要求

第 18 部分：开关型电源用变压器的特殊要求

第 19 部分：医疗设备用变压器的特殊要求

第 20 部分：干扰衰减变压器的特殊要求

第 21 部分：小型电抗器的特殊要求

第 22 部分：具有特殊介质（液体介质 SF_6）的变压器的特殊要求

第 23 部分：灯具用具有最高额定温度的变压器的特殊要求

第 24 部分：建筑工地用变压器的特殊要求

本部分为 GB 19212 的第 13 部分。

本部分修改采用国际标准 IEC 61558-2-12：2001（第 1 版）《电力变压器、电源装置和类似产品的安全　第 2-12 部分：恒压变压器的特殊要求》（英文版）。

本部分根据 IEC 61558-2-12：2001 重新起草。本部分与 IEC 61558-2-12：2001（第 1 版）的技术性差异除本部分增加的内容外，全部是由于本部分所引用的 GB 19212.1—2003《电力变压器、电源装置和类似产品的安全　第 1 部分：通用要求和试验》（IEC 61558-1：1998，MOD）与 IEC 61558-1：1998 存在的技术性差异而产生的，详见 GB 19212.1—2003 的前言。考虑到我国国情，在采用 IEC 61558-2-12：2001 时，本部分做了一些修改。有关技术性差异已编入正文中，并在它们所涉及的条款的页边空白处用垂直单线标识。

为便于使用，本部分对 IEC 61558-2-12：2001 做了下列编辑性修改：

a）“本国际标准”一词改为“本部分”；

b）用小数点“.”代替作为小数点的逗号“，”；

c) 删除 IEC 61558-2-13:2001 的前言。

考虑到我国电压等级的实际情况，本部分在 IEC 61558-2-12:2001 的基础上，增加了下列额定输出电压：

a) 对恒压自耦变压器和恒压分离变压器，增加“220 V、380 V”；

b) 对恒压隔离变压器，增加“220 V、380 V”；

c) 对恒压安全隔离变压器，增加“36 V”。

本部分是在 GB 19212.1—2003 的基础上制定的，本部分需与 GB 19212.1—2003 配合使用。

本部分是对 GB 19212.1—2003 的相应章、条进行补充和修改，以便将 GB 19212.1—2003 的内容转化为本部分的内容。本部分针对 GB 19212.1—2003 新增加的条款从 101 开始编号，新补充的附录的顺序字母编为 AA、BB 等。

本部分由中国电器工业协会提出。

本部分由全国变压器标准化技术委员会归口。

本部分由沈阳变压器研究所负责起草。

本部分主要起草人：孙军、范履苞。

电力变压器、电源装置和类似产品的安全
第13部分:恒压变压器的特殊要求

1 范围

GB 19212.1—2003 的该章用下列内容来代替:

本部分规定了变压器各个方面(例如:电气、温度和机械方面)的安全要求。

本部分适用于驻立式或移动式、单相或多相、空气冷却(自然冷却或强制冷却)、配套用或独立的:

——恒压自耦变压器;

——恒压分离变压器;

——恒压隔离变压器;

——恒压安全隔离变压器。

其额定电源电压不超过交流 1 000 V、额定频率不超过 500 Hz,内部运行频率不超过 30 kHz 且无额定输出限制。

注1:随着变压器技术的发展可能会要求增加内部运行频率的上限,届时,本部分可以作为导则使用。

恒压独立自耦变压器:

——空载输出电压和额定输出电压超过交流 50 V 或无纹波直流 120 V 并且不超过交流 1 000 V 或无纹波直流 1 415 V;

——按安装规程或设备规范,用于不要求各电路之间有绝缘的变压器。

恒压配套用自耦变压器:

——空载输出电压和额定输出电压不超过交流 1 000 V 或无纹波直流 1 415 V。

恒压独立分离变压器:

——空载输出电压和额定输出电压超过交流 50 V 或无纹波直流 120 V 并且不超过交流 1 000 V 或无纹波直流 1 415 V;

——按安装规程或设备规范,用于不要求各电路之间有双重绝缘或加强绝缘的变压器。

恒压配套用分离变压器:

——空载输出电压和额定输出电压不超过交流 1 000 V 或无纹波直流 1 415 V。

恒压隔离变压器:

——空载输出电压和/或额定输出电压超过交流 50 V 或无纹波直流 120 V 并且不超过交流 500 V 或无纹波直流 708 V;为了符合国家电气布线规程或特殊用途,空载输出电压和额定输出电压可以超过这些限值,但是不应超过交流 1 000 V 或无纹波直流 1 415 V;

——按安装规程或设备规范,用于要求各电路之间有双重绝缘或加强绝缘的变压器。

恒压安全隔离变压器:

——空载输出电压和额定输出电压不超过交流 50 V 或无纹波直流 120 V;

——按安装规程或设备规范,用于要求各电路之间有双重绝缘或加强绝缘的变压器。

本部分适用于干式恒压变压器。其绕组可以是密封或非密封的。

注2:对充有液体介质或粉末材料(如砂子)的恒压变压器,其补充要求正在考虑中。

注3:应注意以下情况:

——对用于热带地区的变压器,可能需要特殊要求;

——位于环境条件特殊的地区,可能需要特殊要求。

注4:对更高的空载输出电压或电路电压,需要特殊要求,但是本部分可以作为导则使用。

2 规范性引用文件

GB 19212.1—2003 的该章适用。

3 定义

除下列条目外，GB 19212.1—2003 的该章适用：

该章增加下列条目：

3.101

恒压变压器 constant voltage transformer

用于限制输入电压变化影响的一种变压器。

注：这种变压器也可以限制瞬态过程的影响。

3.102

稳压偏差 regulation tolerance

当恒压变压器在额定电源电压变化范围内进行供电时，额定输出电压的百分数偏差。

3.103

内部运行频率 internal operational frequency

在恒压变压器内部所产生的频率，例如：以二次通断模式运行。

4 一般要求

除下列条款外，GB 19212.1—2003 的该章适用：

该章增加下列条款：

4.101 GB 19212.1—2003 适用内容中，"变压器"一词系指"恒压变压器"。

5 试验的一般说明

GB 19212.1—2003 的该章适用。

6 额定值

除下列条款外，GB 19212.1—2003 的该章适用：

该章增加下列条款：

6.101 额定输出电压不应超过

——对恒压自耦变压器和恒压分离变压器，交流 1 000 V 或无纹波直流 1 415 V；

注 1：交流额定输出电压优先值为：72 V、120 V、220 V、230 V、380 V、400 V、440 V 和 660 V。

——对恒压隔离变压器，交流 500 V 或无纹波直流 708 V；但是，根据国家电气布线规程或特殊设计用途，恒压隔离变压器额定输出电压可以提高到交流 1 000 V 或无纹波直流 1 415 V；

注 2：交流额定输出电压优先值为：72 V、120 V、220 V、230 V、380 V、400 V、440 V。

——对恒压安全隔离变压器，交流 50 V 和(或)无纹波直流 120 V；

注 3：交流额定输出电压优先值为：6 V、12 V、24 V、36 V、42 V 和 48 V。

额定输出电压应超过：

——对恒压独立自耦变压器和恒压分离变压器，交流 50 V 或无纹波直流 120 V；

——对恒压隔离变压器，交流 50 V 或无纹波直流 120 V。

6.102 额定输出值不予限制。

6.103 额定频率不应超过 500 Hz。

6.104 应给出在额定电源电压范围内、额定输出和功率因数等于 1 的条件下的输出稳压偏差额定值。

6.105　对恒压独立变压器，输入电压变化率不应低于10%。

6.106　内部运行频率不应超过30 kHz。

7　分类

GB 19212.1—2003的该章适用。

8　标志和其他信息

除下列条款外，GB 19212.1—2003的该章适用。

8.1　a）　用下列内容来代替：

额定电源电压和输入电压变化率，%。

8.1　b）　用下列内容来代替：

额定输出电压和其稳压偏差，%。

8.1　h）　增加下列内容：

恒压变压器应使用8.11中所示的一种图形符号来标志。

8.11　该条增加下列内容：

符　号	说　明
	非耐短路恒压分离变压器
	耐短路恒压分离变压器
 F	无危害式恒压分离变压器
	非耐短路恒压隔离变压器
	耐短路恒压隔离变压器
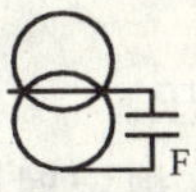 F	无危害式恒压隔离变压器
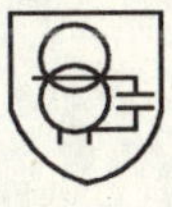	非耐短路恒压安全隔离变压器
	耐短路恒压安全隔离变压器

表(续)

符　号	说　明
	无危害式恒压安全隔离变压器
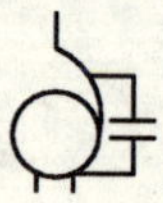	非耐短路恒压自耦变压器
	耐短路恒压自耦变压器
	无危害式恒压自耦变压器

9　触及危险带电零部件的防护

GB 19212.1—2003 的该章适用。

10　输入电压设定值的改变

GB 19212.1—2003 的该章适用。

11　负载输出电压和输出电流

除下列条款外,GB 19212.1—2003 的该章适用:

11.1　该条用下列内容来代替:

11.1　当变压器连接到输入电压为额定频率的额定电压加上或减去制造厂规定的输入电压变化值,并用在额定输出电压以及额定功率因数(仅对交流)下能产生额定输出的阻抗作负载时,输出电压与额定输出电压之差不应大于稳压偏差限值。

是否合格,应在稳态条件下通过测量输出电压来进行检查。试验时,应将被试变压器接上额定频率的电压源,输入电压值为额定电源电压加上或减去最大的输入电压变化值,并用在额定输出电压以及额定功率因数(仅对交流)下能产生额定输出的阻抗作负载。

对装有整流器的变压器,输出电压是在直流电路的端子上用平均值电压表进行测量,但特殊要求用方均根值(r.m.s)(见 8.1)时除外。

对具有一个以上额定电源电压的变压器,该要求适用于每一个额定电源电压。

对具有多个输出绕组的变压器,负载应同时施加在各个输出绕组上,但另有规定时除外。

12　空载输出电压

除下列条款外,GB 19212.1—2003 的该章适用:

该章增加下列条款:

12.101　空载输出电压在任何情况下,即使不拟串联连接的各独立的输出绕组呈串联连接时,不应超过:

——对恒压自耦变压器和恒压分离变压器,交流 1 000 V 或无纹波直流 1 415 V;

——对恒压隔离变压器，交流 500 V 或无纹波直流 708 V；但是，根据国家电气布线规程或特殊设计用途，恒压隔离变压器额定输出电压可以提高到交流 1 000 V 或无纹波直流 1 415 V；

——对恒压安全隔离变压器，交流 50 V 或无纹波直流 120 V。

空载输出电压应超过：

——对恒压独立自耦变压器和恒压独立分离变压器，交流 50 V 或无纹波直流 120 V。

12.102 空载输出电压与负载输出电压相差不得过大。

是否满足 12.101 和 12.102 的要求，应在环境温度下测其空载输出电压来进行检查。测量时，应将被试变压器接到额定频率的电压源，输入电压值为额定电源电压加上最大的输入电压变化值。

按本条测得的空载输出电压与按第 11 章测得的负载输出电压相差，当表示为后者的百分数时，不得超过 10%。

注：该比值定义如下：

$$\frac{U_{空载}-U_{负载}}{U_{负载}}\times 100\%$$

13 短路电压

GB 19212.1—2003 的该章适用。

14 发热

除下列条款外，GB 19212.1—2003 的该章适用。

14.2 开头为“变压器连接到…”的第九段用下列内容修改：

试验时，将恒压变压器接到额定电源电压，并用在额定输出电压以及额定功率因数（仅对交流）下能产生额定输出的阻抗作负载，然后将电源电压上升到制造厂规定的最大输入电压值。此后，试验线路不作变动或调节。如果认为空载条件是更不利的条件，则还应在空载条件下重复本试验。

15 短路和过载保护

除下列条款外，GB 19212.1—2003 的该章适用。

15.1 该条用下列内容修改：

通过目视检查和下列试验来判断是否合格，本试验应在 14.2 规定的试验结束后立即进行。试验时，环境温度和被试变压器置放位置均不变动，并使施加电压值等于该变压器的最大电源电压设计值。

15.2 该条用下列内容来代替：

固有耐短路恒压变压器应进行如下试验：

开始试验前，应先确定恒压变压器在最大电源电压设计值下的最大输出电流值。然后，将恒压变压器或接入最大输出电流负载或将输出绕组短接，按二者中能产生最高的温度即可。

15.3 非固有耐短路恒压变压器应进行如下试验：

15.3.1 该条用下列内容来代替：

15.3.1 输出绕组应按 15.2 的规定进行短接或过负载。当施加的电源电压为额定电源电压标志值之间的任何值时，内装过载保护装置应在温度超过表 3 的规定值之前动作。

15.5 无危害式变压器

15.5.1 该条用下列内容来代替：

15.5.1 三个附加样品仅用于下述试验。用于其他试验的恒压变压器不进行本试验。

三个样品中的每一个都要按正常使用的方式安装在厚度为 20 mm 的涂有无光黑色涂层的胶合板表面上。每台变压器的施加电压值为额定电源电压加上或减去制造厂规定的输入电压变化值，对在 14.2 的试验时产生最高温度的输出绕组，一开始就施加 1.5 倍额定电流（如果不可能施加这样大的负载,则改为施加可能得到的最大输出电流)直到被试变压器达到稳定状态或出现失效(无论哪个先出现)为止。

如果恒压变压器出现失效,无论是在试验中或是在试验后,它都应符合 15.5.2 规定的准则。

如果恒压变压器未出现失效,则记录达到稳定状态的时间,然后将此所选用的输出绕组短接,继续进行试验直到被试变压器出现失效为止。对于本阶段的试验,应使每个样品的试验持续时间不会超过达到稳定状态所必需的时间,但在任何情况下,它不应超过 5 h。

恒压变压器的失效应当是安全的,无论在试验中或试验后,它都应符合 15.5.2 规定的准则。

16 机械强度

GB 19212.1—2003 的该章适用。

17 灰尘、固体异物和潮湿有害进入的防护

GB 19212.1—2003 的该章适用。

18 绝缘电阻和介电强度

除下列条款外,GB 19212.1—2003 的该章适用:

18.4 该条不适用。

19 结构

除下列条款外,GB 19212.1—2003 的该章适用:

注:对各种恒压变压器,19.1 略有不同。为此,本条要分别对如下几种变压器重新规定:

A) 恒压自耦变压器

B) 恒压分离变压器

C) 恒压隔离变压器和恒压安全隔离变压器

19.1 该条用下列内容来代替:

A) 恒压自耦变压器

19.1.A) GB 19212.1—2003 的 19.1 不适用。

该条增加下列内容:

19.101.A)~19.105.A) 空白。

19.106.A) 对额定电源电压比额定输出电压高的插接式恒压自耦变压器,其输出插口处的对地电压不应大于额定输出电压。

应使用下列方法之一来满足该要求:

19.106.1.A) 有极性标志的输入插头和输出插头以及插座系统

在这种情况下,对不使用带有无极性标志的插头和插座系统的变压器,应给出设备规范。

19.106.2.A) 自动工作装置

只有当输出插座中的带电极的对地电压不超过额定输出电压时,一台可靠的自动工作装置才能对输出电路供电。

是否满足要求,要通过下述试验来检查:

在最不利的负载条件和输出电压条件下,将恒压自耦变压器接到电源,其电压值为额定电源电压加上最大电源电压变化值,并在输入电压极性反接时重复进行本试验。在试验中,测得的每极对地电位不应超过该负载下的最大输出电压(额定输出电压加上最大输出电压变化值)。

装置中每个极的触头间距至少应为 3 mm。

是否满足要求,要通过测量来检查。

如果由于实用上的原因，此装置采用了地电流流过的方式时，则此电流不应超过 0.75 mA，且直到输出电压接通之前，只在测量期间流过。

是否满足要求，要通过测量来检查。

在 GB 19212.1—2003 附录 H 的 H.15.8 的故障条件下，所有的试验均应重复进行。此时，每极上的对地电压不应超过负载下的最大输出电压值加最大输出电压变化值，加压大于 5 s。

是否满足要求，要通过测量来检查。

19.107.A)～19.110.A)　空白。

B)　恒压分离变压器

19.1.B)　输入电路和输出电路在电气上应彼此隔离，在结构上，要使这些电路之间不可能有任何连接，既不能直接也不能间接地通过其他金属部件来连接。

是否满足要求，根据第 18 章和第 26 章，通过目视检查和测量来判断。

19.1.1.B)　输入绕组与输出绕组之间的绝缘应至少由基本绝缘构成。

此外，还要符合下列要求：

——对Ⅰ类恒压变压器，输入绕组与壳体之间的绝缘、输出绕组与壳体之间的绝缘应由基本绝缘构成；

——对Ⅱ类恒压变压器，输入绕组与壳体之间的绝缘、输出绕组与壳体之间的绝缘应由双重绝缘或加强绝缘构成。

19.1.2.B)　对恒压变压器，当其带有不与壳体相连且位于输入绕组与输出绕组之间的中间金属部件（例如：铁心）或谐振电路时，中间金属部件（或谐振电路）与输入绕组之间的绝缘或中间金属部件（或谐振电路）与输出绕组之间的绝缘，均应至少由基本绝缘构成。

注：没有用至少为基本绝缘与输入绕组、输出绕组或壳体隔开的中间金属部件（或谐振电路），可认为是与有关部件相连。

此外，还要符合下列要求：

——对Ⅰ类恒压变压器，经过中间金属部件（或谐振电路）的输入绕组与输出绕组之间的绝缘，应由基本绝缘构成；

——对Ⅱ类恒压变压器，经过中间金属部件（或谐振电路）的输入绕组与壳体之间和输出绕组与壳体之间的绝缘，均应由双重绝缘或加强绝缘构成。

该章增加下列条款：

19.101.B)　输出电路中的部件可以与保护接地相连。

19.102.B)　输出电路与壳体之间应无电气连接，但对配套用变压器，当与其相关的设备标准允许相连时除外。

是否满足要求，通过目视检查来判断。

19.103.B)～19.110.B)　空白。

C)　恒压隔离变压器和恒压安全隔离变压器

19.1.C)　输入电路和输出电路，在电气上应彼此隔离；在结构上要使这些电路之间不可能有任何连接，既不能直接也不能间接地通过其他金属部件来连接。

是否满足要求，根据第 18 章和 26 章，通过目视检查和测量来判断。

19.1.1.C)　输入绕组与输出绕组之间的绝缘应由双重绝缘或加强绝缘构成，但满足 19.1.3 的要求时除外。

此外，还要符合下列要求：

——对Ⅰ类恒压变压器，输入绕组与壳体之间的绝缘应由基本绝缘构成，输出绕组与壳体之间的绝缘应由附加绝缘构成；

——对Ⅱ类恒压变压器，输入绕组与壳体之间的绝缘以及输出绕组与壳体之间的绝缘应由双重绝缘或加强绝缘构成。

19.1.2.C） 对恒压变压器，当其带有不与壳体相连且位于输入绕组与输出绕组之间的中间金属部件（例如：铁心）或谐振电路时，中间金属部件（或谐振电路）与输入绕组之间的绝缘或中间金属部件（或谐振电路）与输出绕组之间的绝缘，应至少由基本绝缘构成。

注：没有用至少为基本绝缘与输入绕组、输出绕组或壳体隔开的中间金属部件（或谐振电路），可认为是与有关部件相连。

此外，还要符合下列要求：

——对Ⅰ类恒压变压器，经过中间金属部件（或谐振电路）的输入绕组与输出绕组之间的绝缘，应由双重绝缘或加强绝缘构成；

——对Ⅱ类恒压变压器，经过中间金属部件（或谐振电路）的输入绕组与输出绕组之间的绝缘，应由双重绝缘或加强绝缘构成。经过中间金属部件（或谐振电路）的输入绕组与壳体之间及输出绕组与壳体之间的绝缘，应由双重绝缘或加强绝缘构成。

19.1.3.C） 对具有保护屏蔽的Ⅰ类恒压变压器，如果满足下列条件，则输入绕组与输出绕组之间的绝缘可用基本绝缘加上保护屏蔽来代替双重绝缘或加强绝缘：

——输入绕组与保护屏蔽之间的绝缘应满足基本绝缘的要求（按输入电压）；

——输出绕组与保护屏蔽之间的绝缘应满足基本绝缘的要求（按输出电压）；

——除非另有规定，保护屏蔽应由金属箔片或导线卷制成，屏蔽体至少应延伸到输入绕组的总宽度，不要留有空隙或空洞；

——当保护屏蔽不能覆盖输入绕组的总宽度时，应使用辅助粘带或类似的材料，以便在该处构成双重绝缘；

——如果保护屏蔽是由金属箔片制成的，则各匝之间应彼此绝缘；如果只有一匝，其绝缘搭接至少应为 3 mm；

——导线卷制屏蔽的导线和保护屏蔽的引出线，其截面至少应与过载保护装置的额定电流相配合，以确保一旦绝缘发生击穿时，过载保护装置将在引出线损坏之前先将电路切断；

——引出线应焊接到保护屏蔽上或用具有同样可靠的其他方式固定在保护屏蔽上。

注：本条所指的“绕组”不包括内部电路，例如，谐振电路。

绕组结构示例见 GB 19212.1—2003 附录 M。

19.1.4.C） 变压器不应提供与输入电路和输出电路有电气连接的电容器。

该章增加下列条款：

19.101.C） 输出电路与保护接地之间应无任何电气连接，但对配套用变压器，当与其相关的设备标准允许相连时除外。

19.102.C） 输出电路与壳体之间应无任何电气连接，但对配套用变压器，当与其相关的设备标准允许相连时除外。

是否满足要求，通过目视检查来判断。

19.103.C） 用于连接外部导线的输入和输出端子应这样布置，以保证进入这些端子的各导线端头之间的距离不小于 25 mm。如果该距离是用隔板来实现的，则该隔板应当用绝缘材料制成，而且应当永久固定在变压器上。

是否满足要求，通过目视检查及忽略中间金属部件时通过测量来判断。

19.104.C） 额定输出不超过 630 VA 的移动式变压器应属于Ⅱ类变压器。

19.105.C） 对用任何类型的插头接到电源的变压器，不允许用基本绝缘加上保护屏蔽的绝缘结构。

19.106.C）～19.110.C） 空白。

20 元器件

GB 19212.1—2003 的该章适用。

21 内部布线

第 GB 19212.1—2003 的该章适用。

22 电源连接和其他外部软电缆或软线

GB 19212.1—2003 的该章适用。

23 外部导线接线端子

GB 19212.1—2003 的该章适用。

24 保护接地装置

GB 19212.1—2003 的该章适用。

25 螺钉和连接

GB 19212.1—2003 的该章适用。

26 爬电距离、电气间隙和穿过绝缘的距离

除下列条款外,GB 19212.1—2003 的该章适用:

表 13、表 C.1 和表 D.1 中的 1)不适用于恒压隔离变压器和恒压安全隔离变压器。

表 13、表 C.1 和表 D.1 中的 2)不适用于恒压分离变压器。

27 耐热、耐异常热、耐燃和耐漏电起痕

GB 19212.1—2003 的该章适用。

28 防锈

GB 19212.1—2003 的该章适用。

附录

除下列附录外，GB 19212.1—2003 的附录适用：

附　录　C
爬电距离、电气间隙和穿过绝缘的距离
（规范性附录）
材料组别Ⅱ

除下列内容外，GB 19212.1—2003 的该附录适用：

表 C.1 中的 1)不适用于恒压隔离变压器和恒压安全隔离变压器。

表 C.1 中的 2)不适用于恒压分离变压器。

附　录　D
爬电距离、电气间隙和穿过绝缘的距离
（规范性附录）
材料组别Ⅰ

除下列内容外，GB 19212.1—2003 的该附录适用：

表 D.1 中的 1)不适用于恒压隔离变压器和恒压安全隔离变压器。

表 D.1 中的 2)不适用于恒压分离变压器。

附　录　L
（资料性附录）
例行试验（生产试验）

除下列内容外，GB 19212.1—2003 的该附录适用：

该附录增加下列内容：

L.101　输出电压的稳压偏差应在制造厂规定的限值内。

是否满足要求，要在按 11.1 规定的额定输出、室温为 25℃±10℃且变压器处于冷态条件下测量输出电压稳压偏差来判断。

ICS 29.180
K 41

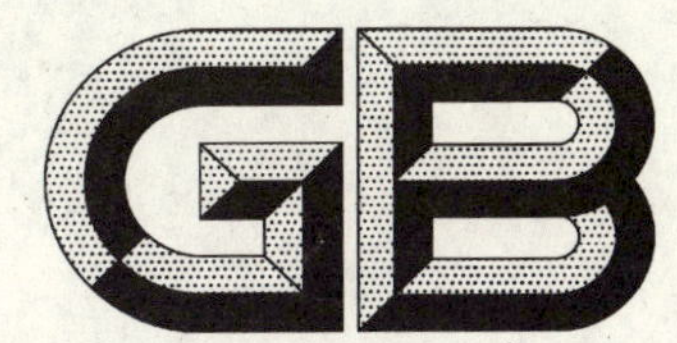

中华人民共和国国家标准

GB 19212.16—2005

电力变压器、电源装置和类似产品的安全 第16部分：医疗场所供电用隔离变压器的特殊要求

Safety of power transformers, power supply units and similar devices —Part 16: Particular requirements for isolating transformers for the supply of medical locations

(IEC 61558-2-15:1999, MOD)

2005-10-09 发布　　2006-08-01 实施

中华人民共和国国家质量监督检验检疫总局
中国国家标准化管理委员会　发布

前　言

GB 19212 的本部分的全部技术内容为强制性。

GB 19212《电力变压器、电源装置和类似产品的安全》目前拟分为 24 个部分：

第 1 部分：通用要求和试验

第 2 部分：一般用途分离变压器的特殊要求

第 3 部分：控制变压器的特殊要求

第 4 部分：燃气和燃油燃烧器点火变压器的特殊要求

第 5 部分：一般用途隔离变压器的特殊要求

第 6 部分：剃须刀用变压器和剃须刀用电源装置的特殊要求

第 7 部分：一般用途安全隔离变压器的特殊要求

第 8 部分：玩具用变压器的特殊要求

第 9 部分：电铃和电钟变压器的特殊要求

第 10 部分：Ⅲ类手提钨丝灯用变压器的特殊要求

第 11 部分：工作电压 1 000 V 以上高绝缘等级变压器的特殊要求

第 12 部分：漏磁场变压器的特殊要求

第 13 部分：恒压变压器的特殊要求

第 14 部分：自耦变压器的特殊要求

第 15 部分：调压器的特殊要求

第 16 部分：医疗场所供电用隔离变压器的特殊要求

第 17 部分：电源装置和类似产品的特殊要求

第 18 部分：开关型电源用变压器的特殊要求

第 19 部分：医疗设备用变压器的特殊要求

第 20 部分：干扰衰减变压器的特殊要求

第 21 部分：小型电抗器的特殊要求

第 22 部分：具有特殊介质（液体介质 SF_6）的变压器的特殊要求

第 23 部分：灯具用具有最高额定温度的变压器的特殊要求

第 24 部分：建筑工地用变压器的特殊要求

本部分为 GB 19212 的第 16 部分。

本部分修改采用国际标准 IEC 61558-2-15：1999（第 1 版）《电力变压器、电源装置和类似产品的安全　第 2-15 部分：医疗场所供电用隔离变压器的特殊要求》（英文版）。

本部分根据 IEC 61558-2-15：1999 重新起草。本部分与 IEC 61558-2-15：1999（第 1 版）的技术性差异是由于本部分所引用的 GB 19212.1—2003《电力变压器、电源装置和类似产品的安全　第 1 部分：通用要求和试验》（IEC 61558-1：1998，MOD）与 IEC 61558-1：1998 存在的技术性差异而产生的，详见 GB 19212.1—2003 的前言。

为便于使用，本部分对 IEC 61558-2-15：1999 做了下列编辑性修改：

a）“本国际标准”一词改为“本部分”；

b）用小数点“.”代替作为小数点的逗号“，”；

c）删除 IEC 61558-2-15：1999 的前言。

本部分是在 GB 19212.1—2003 的基础上制定的，本部分需与 GB 19212.1—2003 配合使用。

本部分是对 GB 19212.1—2003 的相应章、条进行补充和修改，以便将 GB 19212.1—2003 的内容转化为本部分的内容。本部分针对 GB 19212.1—2003 新增加的条款从 101 开始编号，新补充的附录的顺序字母编为 AA、BB 等。

本部分由中国电器工业协会提出。

本部分由全国变压器标准化技术委员会归口。

本部分由沈阳变压器研究所负责起草。

本部分主要起草人：孙军、范履苞。

电力变压器、电源装置和类似产品的安全 第16部分:医疗场所供电用隔离变压器的特殊要求

1 范围

GB 19212.1—2003 的该章用下列内容来代替:

本部分规定了变压器各个方面(例如:电气、温度和机械方面)的安全要求。

本部分适用于驻立式、单相或多相、空气冷却(自然冷却或强制冷却)的组别Ⅱ医疗场所供电用隔离变压器。它与IT电源系统固定导线呈永久性连接,其额定电源电压不超过交流1 000 V、额定频率不超过500 Hz,额定输出不应小于3 kVA且不应超过10 kVA。

注1:关于IT电源系统的详情,见IEC 60364-3。

注2:组别Ⅱ医疗场所的布线规程正在考虑中[1]*。

空载输出电压和额定输出电压不应超过单相或多相(相间电压)交流250 V。

隔离变压器适用于按安装规程或设备规范,要求电路之间有双重绝缘或加强绝缘的场合。

本部分适用于干式变压器。其绕组可以是密封或非密封的。

注3:对充有液体介质或粉末材料(如砂子)的变压器,其要求正在考虑中。

注4:应注意以下情况:

——对用于热带地区的变压器,可能需要特殊要求;

——在环境条件特殊的地区,可能需要特殊要求。

本部分适用于包含有电子电路的变压器。本部分不适用于拟接到变压器输入端子和输出端子或插座的外部电路及其元器件。

2 规范性引用文件

除下列引用文件外,GB 19212.1—2003 的该章适用。

该章增加下列引用文件:

GB 3667—1997 交流电动机电容器(idt IEC 60252:1992)

IEC 60364-3:1993 建筑物电气装置 第3部分:一般特性的评定

3 定义

除下列条目外,GB 19212.1—2003 的该章适用:

该章增加下列条目:

3.1.101

医疗场所供电用隔离变压器 isolating transformer for the supply of medical locations

一种向医疗场所供电用的隔离变压器。除铁心与壳体之间外,变压器各部分(壳体,屏蔽,电路,热装置)之间具有双重绝缘或加强绝缘。

3.3.101

涌流 inrush current

在额定电源电压下接通变压器时,变压器空载输入电流的最大瞬时值(峰值)。

---

* 方括号中的数字指文献编号。

3.4.101

功能性屏蔽　functional screening

在两个绕组之间或绕组与铁心之间的隔离体或某个组件的屏蔽或整个变压器的屏蔽，由于功能性的原因，是用导电材料制成的。

3.5.101

额定输入电流　rated input current

变压器接有额定输出负载时的输入电流。

4　一般要求

GB 19212.1—2003 的该章适用。

5　试验的一般说明

GB 19212.1—2003 的该章适用。

6　额定值

除下列条款外，GB 19212.1—2003 的该章适用。

该章增加下列条款：

6.101　额定输出电压不应超过单相或多相(相间电压)交流 250 V。

6.102　额定输出不应小于 3 kVA 且不应超过 10 kVA。

6.103　额定频率不应超过 500 Hz。

6.104　额定电源电压不应超过交流 1 000 V。

是否满足 6.101、6.102、6.103 和 6.104 的要求，是通过目视检查标志来判断的。

7　分类

除下列条款外，GB 19212.1—2003 的该章适用：

该条用下列内容来代替：

7.2　按短路保护或非正常使用保护分类：

——非耐短路变压器。

8　标志和其他信息

除下列条款外，GB 19212.1—2003 的该章适用：

8.1　h)　医疗场所供电用隔离变压器应采用 8.11 中所示的图形符号来标志：

该条增加下列内容：

8.11

符　号	说　明	IEC 60417 中符号的编号
	医疗场所供电用非耐短路隔离变压器	

9　触及危险带电零部件的防护

GB 19212.1—2003 的该章适用。

10 输入电压设定值的改变

GB 19212.1—2003 的该章适用。

11 负载输出电压和输出电流

GB 19212.1—2003 的该章适用。

12 空载输出电压

除下列条款外,GB 19212.1—2003 的该章适用。

该章增加下列条款:

12.101 空载输出电压不应超过交流 250 V。

12.102 空载输出电压与负载输出电压相差不得过大。

是否满足 12.101 和 12.102 的要求,应在变压器温度为环境温度时,测量其空载输出电压来判断。测量时,应将变压器接上额定频率的额定电源电压。

按本条测得的空载输出电压与按第 11 章测得的负载输出电压之差,当表示为后者的百分数时,不应超过 5%。

注:该比值定义如下:

$$\frac{U_{空载}-U_{负载}}{U_{负载}}\times 100\%$$

13 短路电压

该章用下列条款来代替:

13 短路电压和电流

13.1 短路电压不应超过额定电源电压的 3%。

是否满足要求,通过测量来判断。

13.2 空载输入电流不应超过额定电压下额定输入电流的 3%。

是否满足要求,通过测量来判断。

13.3 涌流不应超过额定输入电流峰值的 12 倍。

此要求应由变压器结构来满足,而在安装上无任何辅助措施。

是否满足要求,通过下述试验来判断:

变压器在空载下接上额定电源电压,然后在该电压下切合变压器 20 次,每两次之间的时间间隔约为 10 s。

注 1:如果是在电源电压最不利的电角度下切合的,则可以只进行两次。

由于涌流的影响,电源的电压降不应超过 2%。

在任何切合下,涌流都不应超过额定输入电流峰值的 12 倍。

14 发热

GB 19212.1—2003 的该章适用。

15 短路和过载保护

GB 19212.1—2003 的该章适用。

16 机械强度

GB 19212.1—2003 的该章适用。

17 灰尘、固体异物和潮湿有害进入的防护

GB 19212.1—2003 的该章适用。

18 绝缘电阻和介电强度

除下列条款外，GB 19212.1—2003 的该章适用：

18.2 表 7：第 6 行和第 7 行用下列内容来代替：

被试绝缘	绝缘电阻 MΩ
每个输入电路与其他所有连在一起的输入电路之间	5
每个输出电路与其他所有连在一起的输出电路之间	5

18.3 表 8：增加下列内容：

试验电压的施加部位	工作电压 V				
	≤50	150	300	600	1 000
5） 不拟相连的各相邻输入电路的带电零部件之间	500	2 800	4 200	5 000	5 500
6） 不拟相连的各相邻输出电路的带电零部件之间	500	2 800	4 200	5 000	5 500

该章增加下列条款：

18.101 当输入电路按图 101 所示接上额定频率的额定电源电压时，测得的输入电路与输出电路之间的漏电流不应超过 3.5 mA。

在本试验中，铁心和功能性屏蔽(如果有)不应接地。

18.102 当变压器按图 102 所示接上额定频率的额定电源电压时，测得的输入电路和壳体之间的漏电流不应超过 3.5 mA。

在本试验中，铁心和功能性屏蔽(如果有)应接地。

注：在日本，输出绕组的漏电流最大限值为 0.1 mA。

是否满足要求，通过测量来判断。

19 结构

除下列条款外，GB 19212.1—2003 的该章适用：

19.1 该条用下列内容来代替：

19.1 输入电路和输出电路在电气上应彼此隔离，在结构上，要使这些电路之间不可能有任何连接，既不能直接也不能间接地通过其他金属部件来连接。

是否满足要求，根据第 18 章和第 26 章，通过目视检查和测量来判断。

19.1.1 输入绕组与输出绕组之间的绝缘应由双重绝缘或加强绝缘构成。输入绕组与壳体及输出绕组与壳体之间的绝缘应由双重绝缘或加强绝缘构成。

19.111 当输入绕组不拟串联或并联连接时，输入绕组之间或输入绕组与其他电路之间的绝缘应由双重绝缘或加强绝缘构成。

当输入绕组拟串联或并联连接时，输入绕组之间的绝缘可由基本绝缘构成。

19.112 输出绕组之间或输出绕组与其他电路之间的绝缘应由双重绝缘或加强绝缘构成。

19.113 功能性屏蔽(如果有)与铁心及与壳体之间的绝缘应由双重绝缘或加强绝缘构成。

19.114 如果变压器在输入绕组和输出绕组之间装有功能性屏蔽,则此屏蔽应由金属箔片制成,它作成使相邻线匝搭接但不短路。屏蔽的宽度应大致等于输入绕组的轴向长度。屏蔽的引出线应具有单独的端子。

注:如果屏蔽只有一匝,则其绝缘的搭接应不小于 3 mm。

19.1.2 对带有不与壳体相连且位于输入绕组与输出绕组之间的中间金属部件(例如:铁心)的变压器,中间金属部件与输入绕组之间的绝缘或中间金属部件与输出绕组之间的绝缘,应至少由基本绝缘构成。

注:没有用至少为基本绝缘与输入绕组、输出绕组或壳体隔开的中间金属部件,可认为是与有关部件相连。

经过中间金属部件的输入绕组与输出绕组之间的绝缘,应由双重绝缘或加强绝缘构成;经过中间金属部件的输入绕组与壳体之间及输出绕组与壳体之间的绝缘,应由双重绝缘或加强绝缘构成。

19.1.3 空白。

19.1.4 变压器不应提供与输入电路和输出电路有电气连接的电容器。

是否满足要求,通过目视检查来判断。

19.101 空白。

19.102 空白。

19.103 用于连接外部导线的输入和输出端子应这样布置,以保证进入这些端子的各导线端头之间的距离不小于输入端子与输出端子之间的距离 25 mm。如果该距离是用隔板来实现的,则该隔板应当用绝缘材料制成,而且应当永久固定在变压器上。

是否满足要求,通过目视检查及忽略中间金属部件时通过测量来判断。

19.104～19.110 空白。

19.115 如果变压器提供了一个内置温度传感装置(双金属器件、PTC 或类似器件)用于温度测量系统,则此装置应与单独的端子相连以便与外部连接。

注:此单独端子是拟将温度传感装置与位于医疗场所内的声学和光学温度监测装置相连以向医务人员报警。

19.116 单相变压器在输出绕组上应有一个中点以监测设备。中点的引出线应与单独的端子相连以便与外部连接。

注:此端子拟用于与外部绝缘监测设备连接。

19.117 多相变压器应具有星-星接绕组。

19.118 多相变压器二次绕组星接点的引出线应与单独的端子相连以便与外部连接。

注:此端子拟用于与外部绝缘监测设备连接。

19.119 多相变压器一次绕组星接点的引出线应与单独的端子相连以便与外部连接。

注:此端子拟用于与电源中性点连接以允许可能出现的不对称负载。

19.120 如果使用电容器来满足 13.2 的要求,则相间至少需要两个相同的电容器并联。电容器应装在变压器内部,它应符合 GB 3667—1997,其额定电压为 1.5 倍额定电源电压。

19.121 医疗场所供电用隔离变压器应为驻立式变压器。

20 元器件

除下列条款外,GB 19212.1—2003 的该章适用:

该条用下列内容来代替:

20.3 变压器的输出电路不允许用插座与医疗室的电气装置相连。

21 内部布线

GB 19212.1—2003 的该章适用。

22 电源连接和其他外部软电缆或软线

除下列条款外，GB 19212.1—2003 的该章适用：

该条用下列内容来代替：

22.7 医疗场所供电用隔离变压器应设计成是永久连接的。

23 外部导线接线端子

GB 19212.1—2003 的该章适用。

24 保护接地装置

GB 19212.1—2003 的该章适用。

25 螺钉和连接

GB 19212.1—2003 的该章适用。

26 爬电距离、电气间隙和穿过绝缘的距离

除下列条款外，GB 19212.1—2003 的该章适用：

表 13 中的 1)不适用。

表 13 中 3)的值应用 2)的值代替。

27 耐热、耐异常热、耐燃和耐漏电起痕

GB 19212.1—2003 的该章适用。

28 防锈

GB 19212.1—2003 的该章适用。

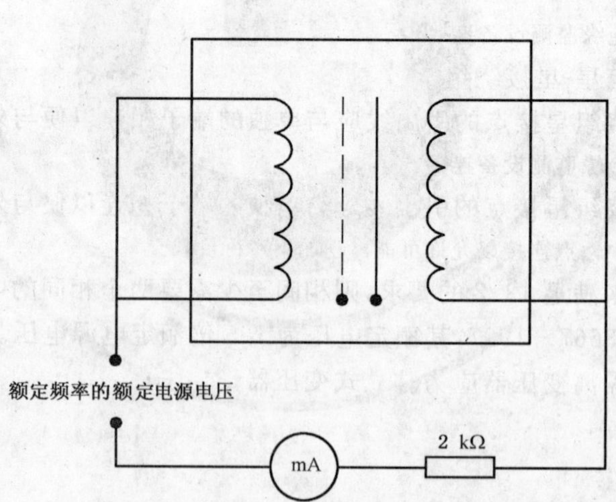

图 101 测量输入电路与输出电路之间漏电流的试验电路

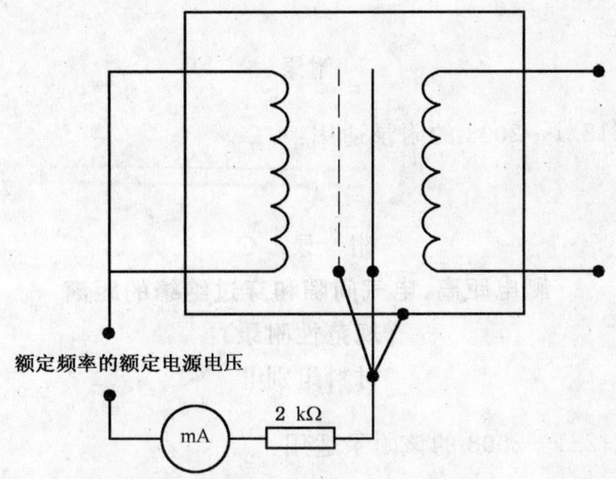

图 102 测量输入电路与壳体之间漏电流的试验电路

附录

除下列附录外,GB 19212.1—2003 的附录适用:

附 录 C
爬电距离、电气间隙和穿过绝缘的距离
(规范性附录)
材料组别Ⅱ

除下列内容外,GB 19212.1—2003 的该附录适用:
表 C.1 中的 1)不适用。
表 C.1 中 3)的值应用 2)的值代替。

附 录 D
爬电距离、电气间隙和穿过绝缘的距离
(规范性附录)
材料组别Ⅰ

除下列内容外,GB 19212.1—2003 的该附录适用:
表 D.1 中的 1)不适用。
表 D.1 中 3)的值应用 2)的值代替。

附 录 L
(资料性附录)
例行试验(生产试验)

除下列内容外,GB 19212.1—2003 的该附录适用:
该附录增加下列内容:

L.101 短路电压检查

短路电压不应超过额定电源电压的 3%。

L.102 空载输入电流检查

空载输入电流不应超过额定输入电流的 3%。

L.103 涌流检查

涌流不应超过额定输入电流峰值的 12 倍。
是否满足要求,按本部分 13.3 来判断。

参 考 文 献

［1］ IEC 60364-7-710：——[1]建筑物电气装置 第7-710部分：特殊设施或场所的要求——医疗场所

1) 正在考虑。

ICS 29.180
K 41

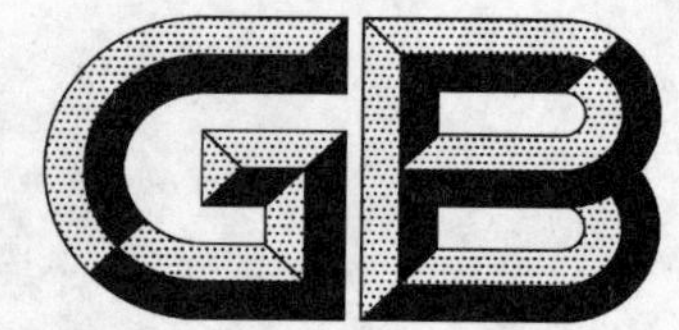

中华人民共和国国家标准

GB 19212.24—2005

电力变压器、电源装置和类似产品的安全 第24部分：建筑工地用变压器的特殊要求

Safety of power transformers, power supply units and similar devices—Part 24: Particular requirements for transformers for construction sites

(IEC 61558-2-23:2000, MOD)

2005-10-09 发布 2006-08-01 实施

中华人民共和国国家质量监督检验检疫总局
中国国家标准化管理委员会 发布

前　言

GB 19212的本部分的全部技术内容为强制性。

GB 19212《电力变压器、电源装置和类似产品的安全》目前拟分为24个部分：

第1部分：通用要求和试验

第2部分：一般用途分离变压器的特殊要求

第3部分：控制变压器的特殊要求

第4部分：燃气和燃油燃烧器点火变压器的特殊要求

第5部分：一般用途隔离变压器的特殊要求

第6部分：剃须刀用变压器和剃须刀用电源装置的特殊要求

第7部分：一般用途安全隔离变压器的特殊要求

第8部分：玩具用变压器的特殊要求

第9部分：电铃和电钟变压器的特殊要求

第10部分：Ⅲ类手提钨丝灯用变压器的特殊要求

第11部分：工作电压1 000 V以上高绝缘等级变压器的特殊要求

第12部分：漏磁场变压器的特殊要求

第13部分：恒压变压器的特殊要求

第14部分：自耦变压器的特殊要求

第15部分：调压器的特殊要求

第16部分：医疗场所供电用隔离变压器的特殊要求

第17部分：电源装置和类似产品的特殊要求

第18部分：开关型电源用变压器的特殊要求

第19部分：医疗设备用变压器的特殊要求

第20部分：干扰衰减变压器的特殊要求

第21部分：小型电抗器的特殊要求

第22部分：具有特殊介质（液体介质SF_6）的变压器的特殊要求

第23部分：灯具用具有最高额定温度的变压器的特殊要求

第24部分：建筑工地用变压器的特殊要求

本部分为GB 19212的第24部分。

本部分修改采用国际标准IEC 61558-2-23：2000（第1版）《电力变压器、电源装置和类似产品的安全　第2-23部分：建筑工地用变压器的特殊要求》（英文版）。

本部分根据IEC 61558-2-23：2000重新起草。本部分与IEC 61558-2-23：2000（第1版）的技术性差异除本部分增加的内容外，全部是由于本部分所引用的GB 19212.1—2003《电力变压器、电源装置和类似产品的安全　第1部分：通用要求和试验》（IEC 61558-1：1998，MOD）与IEC 61558-1：1998存在的技术性差异而产生的，详见GB 19212.1—2003的前言。考虑到我国国情，在采用IEC 61558-2-23：2000时，本部分做了一些修改。有关技术性差异已编入正文中，并在它们所涉及的条款的页边空白处用垂直单线标识。

为便于使用，本部分对IEC 61558-2-23：2000做了下列编辑性修改：

a)　“本国际标准”一词改为“本部分”；

b)　用小数点“.”代替作为小数点的逗号“,”；

c) 删除 IEC 61558-2-23:2000 的前言。

考虑到我国电压等级的实际情况，本部分在 IEC 61558-2-23:2000 的基础上，增加了下列额定输出电压：

a) 对移动式单相隔离变压器和其他隔离变压器，增加“220 V”；

b) 对安全隔离变压器，增加“36 V”。

本部分是在 GB 19212.1—2003 的基础上制定的，本部分需与 GB 19212.1—2003 配合使用。

本部分是对 GB 19212.1—2003 的相应章、条进行补充和修改，以便将 GB 19212.1—2003 的内容转化为本部分的内容。本部分针对 GB 19212.1—2003 新增加的条款从 101 开始编号，新补充的附录的顺序字母编为 AA、BB 等。

本部分由中国电器工业协会提出。

本部分由全国变压器标准化技术委员会归口。

本部分由沈阳变压器研究所负责起草。

本部分主要起草人：孙军、范履苞。

电力变压器、电源装置和类似产品的安全 第24部分:建筑工地用变压器的特殊要求

1 范围

GB 19212.1—2003 的该章用下列内容来代替:

本部分规定了变压器各个方面(例如:电气、温度和机械方面)的安全要求。

本部分适用于驻立式或移动式、单相或多相、空气冷却(自然冷却或强制冷却)、配套或独立、建筑工地用的隔离或安全隔离变压器,其额定电源电压不超过交流 1 000 V、额定频率不超过 500 Hz。

额定输出不应超过:

——25 kVA,对单相变压器;

——40 kVA,对多相变压器。

建筑工地用隔离变压器的空载输出电压和额定输出电压超过交流 50 V 但不超过交流 250 V。

建筑工地用安全隔离变压器的空载输出电压和额定输出电压不超过交流 50 V。

注:本部分适用于 GB/T 16895.7—2000 规定的场所作电源用的变压器,GB/T 16895.7—2000 也规定了用输出绕组中点或星接点接地的保护措施。

按安装规程或设备规范,建筑工地用变压器用于要求保护的场合。

当变压器装入如 GB 7251.4—1998 规定的建筑工地用低压成套开关设备和控制设备中时,GB 7251.4—1998 中的附加要求也适用于成套设备。

本部分适用于干式变压器。其绕组可以是密封或非密封的。

注1:对充有液体介质或粉末材料(如砂子)的变压器,其补充要求正在考虑中。

注2:应注意以下情况:

——对用于热带地区的变压器,可能需要特殊要求;

——在环境条件特殊的地区,可能需要特殊要求。

本部分适用于包含有电子电路的变压器。本部分不适用于拟接到变压器输入端子和输出端子或插座的外部电路及其元器件。

2 规范性引用文件

除下列引用文件外,GB 19212.1—2003 的该章适用。

该章增加下列引用文件:

GB/T 2423.5—1995 电工电子产品环境试验 第二部分:试验方法 试验 Ea 和导则:冲击(idt IEC 60068-2-27:1987)

GB 7251.4—1998 低压成套开关设备和控制设备 第四部分:对建筑工地用成套设备(ACS)的特殊要求(idt IEC 60439-4:1990)

GB/T 16895.7—2000 建筑物电气装置 第7部分:特殊装置或场所的要求 第704节:施工和拆除场所的电气装置(idt IEC 60364-7-704:1989)

3 定义

除下列条目外,GB 19212.1—2003 的该章适用:

该章增加下列条目:

3.1.101

建筑工地用低压成套开关设备和控制设备(ACS) low-voltage switchgear and controlgear assembly construction sites

由一台或几台带有控制、测量、信号发送、保护和调节装置及其内部电气接线、机械连接和结构件组成的变电设备或开关设备的组合体,它设计并制造成供各种户内或户外建筑工地使用。

4 一般要求

GB 19212.1—2003 的该章适用。

5 试验的一般说明

GB 19212.1—2003 的该章适用。

6 额定值

除下列条款外,GB 19212.1—2003 的该章适用。

该章增加下列条款:

6.101 额定输出电压不应超过

——对中点不接地(单相)或星接点不接地(三相)或角接(三相)的隔离变压器,交流 250 V;

——对结构中有中点接地(单相)或结构中有星接点接地(三相)的隔离变压器,交流 110 V;

——对安全隔离变压器,交流 50 V。

对隔离变压器,额定输出电压应超过交流 50 V。

额定输出电压优先值为:

——对移动式单相隔离变压器,110 V、220 V 和 230 V;

——对其他隔离变压器,72 V、110 V、220 V 和 230 V;

——对安全隔离变压器,6 V、12 V、24 V、36 V、42 V 和 48 V。

6.102 额定输出不应超过:

——对单相隔离和安全隔离变压器,25 kVA;

——对多相隔离和安全隔离变压器,40 kVA。

额定输出优先值为:

——对单相变压器,25 VA、40 VA、63 VA、100 VA、160 VA、250 VA、400 VA、630 VA、1 000 VA、1 600 VA、2 500 VA、4 000 VA、6 300 VA、10 kVA、16 kVA 和 25 kVA;

——对多相变压器,630 VA、1 000 VA、1 600 VA、2 500 VA、4 000 VA、6 300 VA、10 kVA、16 kVA、25 kVA 和 40 kVA。

对于间歇工作方式的变压器,可以只限于额定输出不超过 6.3 kVA 的移动式变压器。

6.103 额定频率不应超过 500 Hz。

6.104 额定电源电压不应超过交流 1 000 V。

6.105 间歇工作变压器的额定运行时间应为 5 min“开”,休息时间为 15 min“关”。

6.106 电源电流最大限值为 125 A,当用软电缆或插座时,为 63 A。

7 分类

除下列条款外,GB 19212.1—2003 的该章适用。

7.5 该条用下列内容来代替:

按工作时间分类:

——连续工作;

——间歇工作。

8 标志和其他信息

除下列条款外，GB 19212.1—2003 的该章适用。

该条用下列内容来代替：

8.1 h) 建筑工地用变压器应用 8.11 中所示的一种图形符号来标志。

8.11 该条增加下列内容：

符号	说明	IEC 60417[a] 中符号的编号
	建筑工地用非耐短路隔离变压器	
	建筑工地用耐短路隔离变压器(固有耐短路或非固有耐短路)	
F	建筑工地用无危害式隔离变压器	
	建筑工地用非耐短路安全隔离变压器	
	建筑工地用耐短路安全隔离变压器(固有耐短路或非固有耐短路)	
F	建筑工地用无危害式安全隔离变压器	
	中点或星接点接地的建筑工地用非耐短路隔离变压器	
	中点或星接点接地的建筑工地用耐短路隔离变压器(固有耐短路或非固有耐短路)	
F	中点或星接点接地的建筑工地用无危害式隔离变压器	
a 所有部分(IEC 60417-1 和 IEC 60417-2)：1998。		

9 触及危险带电零部件的防护

GB 19212.1—2003 的该章适用。

10 输入电压设定值的改变

除下列条款外,GB 19212.1—2003 的该章适用。

该章用下列内容来代替:

具有一个以上额定电源电压的驻立式变压器,在结构上应当做到不用工具就不能改变电压设定值。

能设定成不同额定电源电压的驻立式变压器,在结构上应当做到当变压器在准备使用时,其上的电压指示值清晰可辨。

是否满足,通过目视检查来判断。

注:例如,如果在改变电压设定值之前需要使用工具将盖板移开,则有关电压设定值方面的要求可认为已满足。

移动式变压器应只有一个额定电源电压值,但如当将较高标志电压接到较低电压绕组,其输出电压不会超过本适用范围的限值时除外。

若一台移动式变压器带有一台调压装置(例如:用分接头)改变输入接线,以使该变压器与电源电压相适应。当这种电压变化范围不超过该范围中点对应电压值的 10%时,则不能认为该变压器具有多个电源电压。

11 负载输出电压和输出电流

GB 19212.1—2003 的该章适用。

12 空载输出电压

除下列条款外,GB 19212.1—2003 的该章适用。

该章增加下列条款:

12.101 在任何情况下,即使不拟串联连接的各独立的输出绕组呈串联连接时,空载输出电压不得超过:

——对中点不接地(单相)或星接点不接地(三相)或角接(三相)的隔离变压器,交流 250 V;

——对结构中中点接地(单相)或结构中星接点接地(三相)的隔离变压器,交流 116 V;

——对安全隔离变压器,交流 50 V。

对隔离变压器,空载输出电压应超过交流 50 V。

12.102 空载输出电压与负载输出电压相差不得过大。

是否满足 12.101 和 12.102 的要求,应在变压器温度等于环境温度下测量其空载输出电压来判断。测量时,应将变压器接至额定频率的额定电源电压。

按本条测得的空载输出电压与按第 11 章测得的负载输出电压之差,当表示为后者的百分数时,不应超过表 101 或表 102 中所示的值。

注:该比值定义如下:

$$\frac{U_{空载}-U_{负载}}{U_{负载}}\times 100\%$$

表 101 安全隔离变压器的输出电压比值

变压器类型额定输出 VA	空载输出电压与负载输出电压的比值 %
固有耐短路变压器:	
≤63	100
>63~≤630	50

表 101(续)

变压器类型额定输出 VA	空载输出电压与负载输出电压的比值 %
>630	20
其他类型变压器:	
≤10	100
>10~≤25	50
>25~≤63	20
>63~≤250	15
>250~≤630	10
>630	5

表 102 隔离变压器的输出电压比值

额定输出 VA	空载输出电压与负载输出电压的比值 %
各种类型变压器:	
≤63	20
>63~≤250	15
>250~≤630	10
>630	5

对中点接地的单相变压器,输出电路任一接线柱与地之间的电压不应超出$\left(\frac{\text{空载输出电压}}{2}\right)\pm$ 2.5%。

对星接点接地的三相变压器,输出电路任一接线柱与地之间的电压不应超出$\left(\frac{\text{空载输出电压}}{\sqrt{3}}\right)\pm$ 2.5%。

是否满足要求,应在变压器温度等于环境温度下测量其空载输出电压来判断。测量时,应将变压器接至额定频率的额定电源电压。

13 短路电压

GB 19212.1—2003 的该章适用。

14 发热

GB 19212.1—2003 的该章适用。

15 短路和过载保护

GB 19212.1—2003 的该章适用。

16 机械强度

除下列条款外,GB 19212.1—2003 的该章适用:

16.1 该条用下列内容来代替:

建筑工地用变压器应当具有足够的机械强度,其结构应当能承受在正常使用时可以预见的粗鲁操作和运输。

是否满足要求,对驻立式变压器,通过 16.2 的试验来检验;对移动式变压器,按适用的情况,通过 16.2、16.3 和 16.4 的试验来检验。

试验后，变压器不得出现本部分意义范围内的损坏。特别是当按 9.2 的规定进行试验时，危险带电零部件不得变成可触及。绝缘隔板不得受到损坏，而且手柄、操作杆、旋钮和类似零部件不得在其轴上出现松动。

注 1：涂层的损坏、不会使爬电距离或电气间隙减小到小于第 26 章规定值的小划痕以及不会对电击防护或防潮造成不利影响的小缺口可忽略不计。

注 2：对正常视力或无放大作用的矫正视力不能看到的裂纹，以及对纤维增强模压件和类似零部件的表面裂纹可忽略不计。

另外，对 16.4 的试验，插销在试验时发生弯曲可忽略不计。

16.2　该条用下列内容来代替：

16.2　撞击试验和冲击试验

16.2.1　撞击试验

注：本试验模拟变压器与建筑工地用机械操作设备之间的撞击。

整个变压器应承受如下施加于外壳上的一连串的撞击，每次撞击能量为 6 J。

被试设备应固定在刚性足够的支撑件上，以便变压器在上述撞击作用下的移动只限于 0.1 mm 内。应用下述方法之一，在外壳最薄弱之处连续施加三次撞击。

a)　用一个直径约 50 mm、质量为 500 g±25 g 的实心光滑钢球，从垂直高度为 1.2 m 的架上自由降落到放在水平面上的外壳外表面上。钢球的硬度不应小于 50 HR 且不应大于 58 HR(见图 101)；或

b)　用绳子将类似的钢球悬挂起来，令其从垂直高度为 1.2 m 处像钟摆一样落下，对受试变压器垂直表面施加一次水平撞击(见图 102)。

倾斜的表面可以用钟摆法进行试验，但是，如果这样做不方便时，可将在支撑件上的变压器转动，以使该斜面与水平面一致，从而可改用方法 a)试验。每次试验前，都应检查钢球外观以确保其无毛刺和损痕。

试验应这样安排，即应在最易发现的各薄弱部位施加撞击。一台变压器最少应施加 18 次撞击。

本试验不适用于组件，如：插座、操作手柄、照明灯、按钮及控制器件等。当这些组件安装在主表面的凹座处时，则其中最露出的表面至少应比主表面低 10 mm。

试验后，外壳仍应具备 19.16 规定的防护等级；外壳和组件的任何扭曲或变形既不能损害变压器正常的功能，也不能使爬电距离和电气间隙减少到低于要求值；控制器件、手柄等应仍能运行。

若出现了表面损伤、油漆脱落、散热片或类似部件折断、小凹痕、正常视力或无进一步放大作用的矫正视力看不到的裂纹或者是表面的裂纹等，均不能认为本试验不合格。

16.2.2　冲击试验

注：本试验模拟变压器在长时间公路运输或铁路运输中出现松动时所受到的冲击。

可以运行的完整变压器应按 GB/T 2423.5—1995 的规定，以峰值加速度 500 m/s^2 进行试验，持续时间为 11 ms。

试验后，外壳应能继续提供 19.16 规定的防护等级；外壳和组件的任何扭曲或变形既不能损害变压器正常的功能，也不能使爬电距离和电气间隙减少到低于要求值；传动机构、手柄等应仍能运行。

若出现了表面损伤、油漆脱落、散热片或类似部件折断、小凹痕、正常视力或无进一步放大作用的矫正视力不能看到的裂纹或者是表面的裂纹等，均不能认为本试验不合格。

17　灰尘、固体异物和潮湿有害进入的防护

GB 19212.1—2003 的该章适用。

18　绝缘电阻和介电强度

GB 19212.1—2003 的该章适用。

19 结构

除下列条款外,GB 19212.1—2003 的该章适用。

19.1 该条用下列内容来代替:

19.1 输入电路和输出电路在电气上应彼此隔离,在结构上要使这些电路之间不可能有任何连接,既不能直接也不能间接地通过其他金属部件来连接。

是否满足要求,根据第 18 章和第 26 章,通过目视检查和测量来判断。

19.1.1 输入绕组与输出绕组之间的绝缘应由双重绝缘或加强绝缘构成,但满足 19.1.3 的要求时除外。

此外,下述规定适用:

——对Ⅰ类变压器,输入绕组与壳体之间的绝缘应由基本绝缘构成,输出绕组与壳体之间的绝缘应由附加绝缘构成;

——对Ⅱ类变压器,输入绕组与壳体之间的绝缘、输出绕组与壳体之间的绝缘应由双重绝缘或加强绝缘构成。

19.1.2 对带有不与壳体相连且位于输入绕组与输出绕组之间的中间金属部件(例如:铁心)的变压器,中间金属部件与输入绕组之间的绝缘或中间金属部件与输出绕组之间的绝缘,应至少由基本绝缘构成。

注:没有用至少为基本绝缘与输入绕组、输出绕组或壳体隔开的中间金属部件,可认为是与有关部件相连。

此外,下述规定适用:

——对Ⅰ类变压器,经过中间金属部件的输入绕组与输出绕组之间的绝缘,应由双重绝缘或加强绝缘构成;

——对Ⅱ类变压器,经过中间金属部件的输入绕组与输出绕组之间的绝缘,应由双重绝缘或加强绝缘构成;经过中间金属部件的输入绕组与壳体之间、输出绕组与壳体之间的绝缘,应由双重绝缘或加强绝缘构成。

19.1.3 对具有保护屏蔽的Ⅰ类变压器,如果满足下述条件,则输入绕组与输出绕组之间的绝缘可用基本绝缘加上保护屏蔽来代替双重绝缘或加强绝缘:

——输入绕组与保护屏蔽之间的绝缘应满足基本绝缘的要求(按输入电压);

——输出绕组与保护屏蔽之间的绝缘应满足基本绝缘的要求(按输出电压);

——除非另有规定,保护屏蔽应由金属箔片或导线卷制成,屏蔽体至少应延伸到输入绕组的总宽度,不要留有空隙或空洞;

——当保护屏蔽不能覆盖输入绕组的总宽度时,应额外地使用粘带或类似材料,以便在该处构成双重绝缘;

——如果保护屏蔽是由金属箔片制成的,则各匝之间应彼此绝缘;如果只有一匝,其绝缘搭接至少应为 3 mm;

——用导线卷制屏蔽体的导线和保护屏蔽体的引出线,其截面至少应与过载保护装置的额定电流相配合,以确保一旦绝缘发生击穿时,过载保护装置将在引出线损坏之前先将电路切断。

——引出线应焊接到保护屏上或用具有同样可靠的其他方式固定在保护屏上。

注:本条所指的“绕组”不包括内部电路。

绕组结构示例见 GB 19212.1—2003 附录 M。

19.1.4 变压器不应提供与输入电路和输出电路有电气连接的电容器。

19.16 该条增加下列内容:

建筑工地用变压器的防护等级,对固定式变压器,应不低于 IP44;对移动式变压器,除了插座的防护等级应不低于 IP44 外,应不低于 IP54。

该章增加下列条款:

19.101 输出绕组与保护电路之间应无任何电气连接，但对配套用变压器，当与其相关的设备标准或布线规程允许相连时除外。

19.102 输出绕组与壳体之间应无任何电气连接，但对配套用变压器，当与其相关的设备标准或布线规程允许相连时除外。

是否满足要求，是通过目视检查来判断。

19.103 用于连接外部导线的输入和输出端子应这样布置，以保证进入这些端子的各导线端头之间的距离不小于输入端子与输出端子之间的距离 25 mm。如果该距离是用隔板来实现的，则该隔板应当用绝缘材料制成，而且应当永久固定在变压器上。

是否满足要求，通过目视检查及忽略中间金属部件时通过测量来判断。

19.104 额定输出不超过 630 VA 的移动式变压器应属于Ⅱ类变压器。

19.105 对用任何类型的插头（内装式或非内装式）接到电源的变压器，不允许用基本绝缘加上保护屏蔽的绝缘结构。

19.106～19.110 空白。

19.111 输出电路应用下列方法之一提供电击防护：

——插座经 SELV 供电；

——插座经不超过交流 110 V 的输出电路供电，此输出电路具有中点或星接点接地，以使线对地电压单相不超过交流 55 V 或三相不超过 63.5 V；

——插座经不接地且电压超过交流 50 V 的输出电路供电；每个输出电路应只对一个插座供电。

注：以上防护方法不要求用 RCD（按 GB/T 16895.7—2000）方法进行附加保护。

19.112 对输出绕组具有拟与地相连的中点或星接点的变压器，此接地连接应在结构内部完成。当这些变压器的输出绕组带有分接时，其分接头应位于中点或星接点处。

20 元器件

GB 19212.1—2003 的该章适用。

21 内部布线

GB 19212.1—2003 的该章适用。

22 电源连接和其他外部软电缆或软线

除下列条款外，GB 19212.1—2003 的该章适用：

该条用下列内容来代替：

22.5 根据 GB 5013 中标志代号的规定，建筑工地用变压器至少应提供重型氯丁橡胶软线。

23 外部导线接线端子

GB 19212.1—2003 的该章适用。

24 保护接地装置

GB 19212.1—2003 的该章适用。

25 螺钉和连接

GB 19212.1—2003 的该章适用。

26 爬电距离、电气间隙和穿过绝缘的距离

除下列内容外，GB 19212.1—2003 的该章适用：

表 13、表 C.1 和表 D.1 中的 1)不适用。

27 耐热、耐异常热、耐燃和耐漏电起痕

GB 19212.1—2003 的该章适用。

28 防锈

GB 19212.1—2003 的该章适用。

图

增加下列图形：

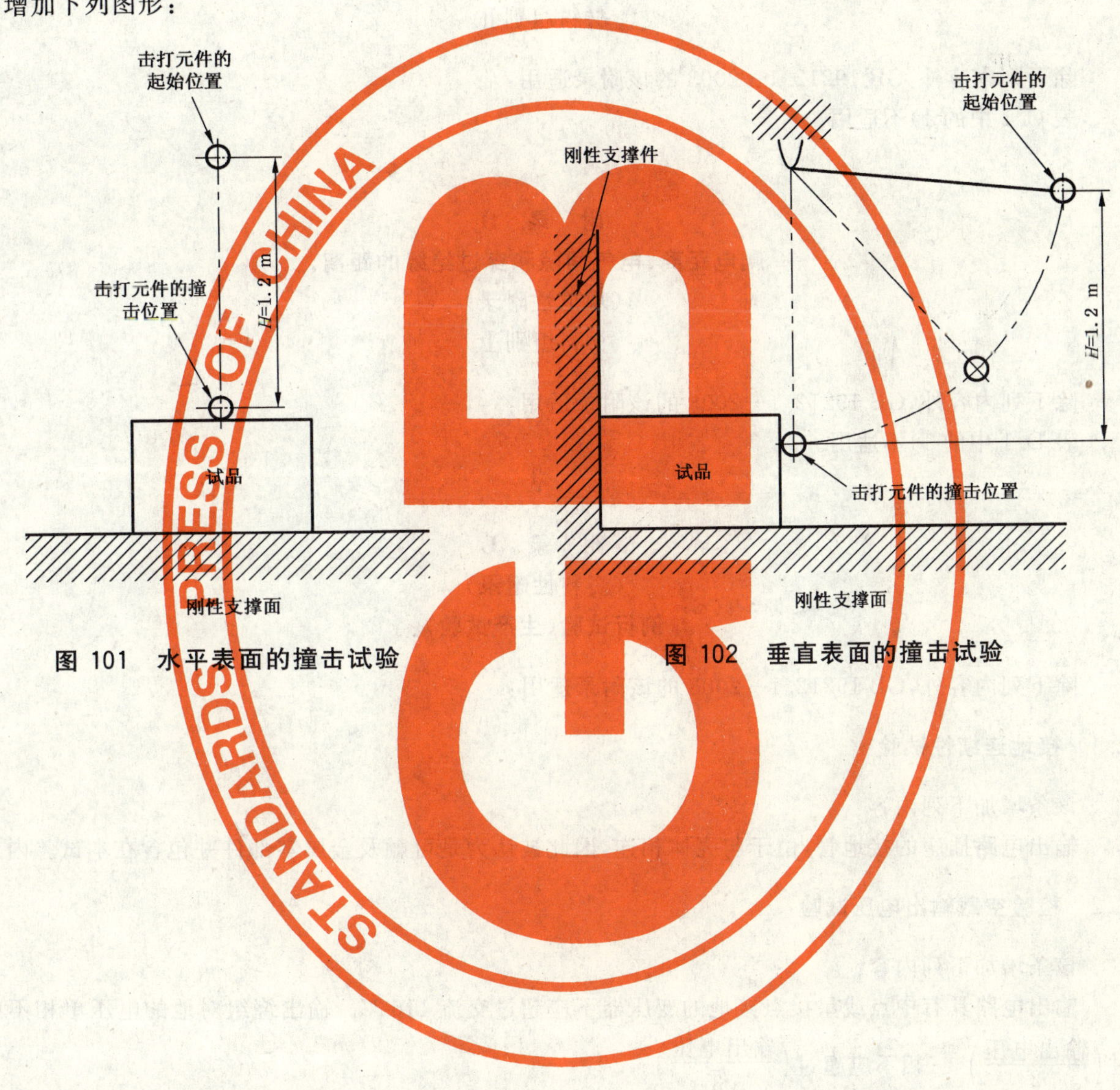

图 101 水平表面的撞击试验　　图 102 垂直表面的撞击试验

附录

除下列内容外，GB 19212.1—2003 的附录适用：

附 录 C
爬电距离、电气间隙和穿过绝缘的距离
（规范性附录）
材料组别Ⅱ

除下列内容外，GB 19212.1—2003 的该附录适用：

表 C.1 中的 1）不适用。

附 录 D
爬电距离、电气间隙和穿过绝缘的距离
（规范性附录）
材料组别Ⅰ

除下列内容外，GB 19212.1—2003 的该附录适用：

表 D.1 中的 1）不适用。

附 录 L
（资料性附录）
例行试验（生产试验）

除下列内容外，GB 19212.1—2003 的该附录适用：

L.1 接地连续性试验

该条增加下列内容：

输出电路插座的接地管，由于与壳体相连，因此被认为是可触及金属零部件并包含在本试验内。

L.2 检验空载输出电压试验

该条增加下列内容：

输出电路具有中点或星接点接地的变压器不应超过交流 116 V。输出绕组对地的电压单相不应超过$\left(\frac{\text{输出电压}}{2}\right)$，三相不应超过$\left(\frac{\text{输出电压}}{\sqrt{3}}\right)$。

ICS 91.120.40
P 30

中华人民共和国国家标准

GB/T 19271.2—2005/IEC TS 61312-2:1999

雷电电磁脉冲的防护 第2部分:建筑物的屏蔽、内部等电位连接及接地

Protection against lightning electromagnetic impulse(LEMP)—Part 2:Shielding of structures, bonding inside structures and earthing

(IEC TS 61312-2:1999,IDT)

2005-07-29 发布 2006-04-01 实施

中华人民共和国国家质量监督检验检疫总局
中国国家标准化管理委员会 发布

前言

GB/T 19271《雷电电磁脉冲的防护》分为4个部分：

——第1部分：通则；

——第2部分：建筑物的屏蔽、内部等电位连接及接地；

——第3部分：对浪涌保护器的要求；

——第4部分：现有建筑物内设备的防护。

本部分为GB/T 19271的第2部分，等同采用IEC TS 61312-2:1999《雷电电磁脉冲的防护　第2部分：建筑物的屏蔽、内部等电位连接及接地》(英文版)。

本标准等同翻译IEC TS 61312-2:1999。

为便于使用，本部分作了一系列编辑性修改：

——将一些适用于国际标准的表述改为适用于我国标准的表述。如将“本国际标准……”改为“本标准……”；“IEC 61312的本部分……”改为“本部分……”。

——按照汉语习惯对一些编写格式作了修改。如：注后的连字符“—”改为冒号“:”；英文名称的连字符“—”改为空格；表编号、图编号与标题之间的连字符“—”改为空格。

——按IEC规定国际标准编号一律改为1997年后的编号。如“IEC 1024……”改为“IEC 61024……”。

——“规范性引用文件”的引导语按GB/T 1.1—2000的规定编写。

——“术语和定义”按GB/T 1.1—2000的规定编写。

本部分的附录A、附录B和附录C均为资料性附录。

本部分由全国雷电防护标准化技术委员会(SAC/TC 258)提出并归口。

本部分由广东省防雷中心负责起草。

参加起草的单位还有：清华大学电机工程与应用电子技术系、总装备部工程设计院、中国电信集团湖南省电信公司、中国气象局监测网络司。

本部分主要起草人：杨少杰、黄智慧、张伟安、余乃枞、金良、何金良、陈水明、潘正林。

雷电电磁脉冲的防护
第2部分:建筑物的屏蔽、内部等电位连接及接地

1 总则

1.1 范围

本部分规定了安装有信息设备(如电子系统)的建筑物,在遭受直接雷击以及邻近雷击情况下,其LEMP屏蔽措施有效性的评估方法。并且给出与雷电电磁脉冲防护有关的建筑物内各种等电位连接措施及各种接地方法的规则。

1.2 规范性引用文件

下列文件中的条款通过GB/T 19271的本部分的引用而成为本部分的条款。凡是注日期的引用文件,其随后所有的修改单(不包括勘误的内容)或修订版均不适用于本部分,然而,鼓励根据本部分达成协议的各方研究是否可使用这些文件的最新版本。凡是不注日期的引用文件,其最新版本适用于本部分。

GB/T 17626.5—1999 电磁兼容 试验和测量技术 浪涌(冲击)抗扰度试验(idt IEC 61000-4-5:1995)

GB/T 17626.9—1998 电磁兼容 试验和测量技术 脉冲磁场抗扰度试验(idt IEC 61000-4-9:1993)

GB/T 17626.10—1998 电磁兼容 试验和测量技术 阻尼振荡磁场抗扰度试验(idt IEC 61000-4-10:1993)

GB/T 19271.1—2003 雷电电磁脉冲的防护 第1部分:通则(IEC 61312-1:1995,IDT)

GB/T 19271.3—2005 雷电电磁脉冲的防护 第3部分:对浪涌保护器的要求(IEC 61312-3:2000,IDT)

GB/T 19271.4—2005 雷电电磁脉冲的防护 第4部分:现有建筑物内设备的防护(IEC TR2 61312-4:1998,IDT)

IEC 61000-5-2:1997 电磁兼容(EMC) 第5部分:调节方法和安装指南 第2节:接地与布线

IEC 61024-1:1990 建筑物防雷 第1部分:通则

1.3 术语和定义

GB/T 19271.1和IEC 61024-1中给出的术语和定义以及下列术语和定义适用于本部分。

1.3.1

电磁兼容性(EMC) electromagnetic compatibility

设备或系统在其电磁环境中能正常工作且不对该环境中任何事物构成不能承受的电磁骚扰的能力。

1.3.2

格栅形空间屏蔽 gridlike spatial shield

用于建筑物或房间的磁场屏蔽。采用建筑物内的交叉杆材部件来构成(例如:钢筋混凝土中的钢筋,金属框架以及金属支承)较为可取。此类屏蔽的特征是有许多孔洞。

1.3.3

抗损能力 immunity against damage

设备抗传导及辐射雷电效应而不损坏的能力。

1.3.4

雷电电磁脉冲(LEMP) lightning electromagnetic impulse

1.3.5

防雷系统(LPS) lightning protection system

在 IEC 61024-1 中,LPS 定义为:用以对某一空间进行雷电效应防护的整套装置。它由外部防雷系统和内部防雷系统两部分组成。

注:在特定情况下,防雷系统可仅由外部防雷系统或内部防雷系统组成。

1.3.6

防雷区(LPZ) lightning protection zone

1.3.7

浪涌保护器(SPD) surge protection device

1.4 符号

1.4.1 b 环路宽度(横向长度)

1.4.2 d_r 所考虑点至 LPZ1 屏蔽体顶部的最短距离

1.4.3 d_w 所考虑点至 LPZ1 屏蔽体侧面的最短距离

1.4.4 $d_{l/w}$ 环路与 LPZ 屏蔽体侧面的距离

1.4.5 $d_{l/r}$ 环路与 LPZ 屏蔽体顶部的平均距离

1.4.6 d_s 至屏蔽体的安全距离(防御难于承受的强磁场)

1.4.7 $d_{s/1}$ 邻近雷击情况下的安全距离

1.4.8 $d_{s/2}$ 直接雷击情况下的安全距离

1.4.9 H_f 首次雷击的磁场强度

1.4.10 $H_{n(n=1,2,3,\ldots)}$ 在 LPZn 中的磁场强度

1.4.11 H_o 在 LPZ 0_A 及 LPZ 0_B 中的磁场强度

1.4.12 H_s 后续雷击的磁场强度

1.4.13 i_f 在 LPZ 0_A 中首次雷击的雷电流

1.4.14 i_i 沿入户设施传入的局部雷电流

1.4.15 $i_{n(n=1,2,3,\ldots)}$ LPZn 中的传导电流

1.4.16 i_o LPZ 0_A 区中的雷电流

1.4.17 i_s 在 LPZ 0_A 中后续雷击的雷电电流

1.4.18 i_{sc} 短路电流

1.4.19 K_H 形状系数

1.4.20 l 环路长度

1.4.21 L 环路的自感

1.4.22 M (感应)环路的互感系数

1.4.23 max 最大值的标志

1.4.24 r 半径

1.4.25 S_a 雷击点与屏蔽体的平均距离

1.4.26 SF 屏蔽系数,屏蔽的衰减值

1.4.27 T_1 雷电流的波前时间,在 GB/T 19271.1 中定义

1.4.28 $T_{p/f}$ 首次雷击电流升至最大值的时间

1.4.29 $T_{p/s}$ 后续雷击电流升至最大值的时间

1.4.30 U_n 在 LPZn 中的传导电压

1.4.31 U_{oc} 开路电压

1.4.32 **W 格栅形屏蔽体的网格宽度**

1.4.33 **V_s 格栅形屏蔽体内部的安全空间**

2 电磁干扰源及其受害者

图1给出了一个电磁兼容实际状况的例子，图中所示建筑物分为LPZ0、LPZ1及LPZ2等防雷区。信息(电子)设备安装于LPZ2区内。

信息设备的主要电磁干扰源是雷电流 i_o 及磁场 H_o。沿着入户的公共设施流过部分雷电流 i_i。电流 i_o 及 i_i 以及磁场 H_o 假定具有相同的波形。根据GB/T 19271.1—2005第2章，在此要考虑的雷电流是由首次雷击电流 i_f(10/350 μs)以及后续雷击电流 i_s(0.25/100 μs)所组成。首次雷击电流 i_f 产生磁场 H_f，而后续雷击电流 i_s 产生磁场 H_s。

磁感应效应主要是由磁场强度上升至其最大值的上升沿决定的。如图2所示，H_f 的上升沿可用具有最大幅值为 $H_{f/max}$、升至最大值时间 $T_{p/f}$ 为10 μs的25 kHz阻尼振荡场来表征。同样，H_s 的上升沿可用具有最大幅值为 $H_{s/max}$、升至最大值时间 $T_{p/s}$ 为0.25 μs的1 MHz阻尼振荡场来表征。

由此得出，就磁感应效应来说，首次雷击的磁场可用典型频率25 kHz来表征，后续雷击的磁场可用典型频率1 MHz来表征。在GB/T 17626.9以及GB/T 17626.10中规定以这些频率的阻尼振荡磁场来进行测试。

干扰的受害者是对传导及辐射雷电效应有一定内在抗损能力的信息设备。

通过在防雷区(LPZ)安装电磁屏蔽体以及在LPZ的各交界处安装浪涌保护器(SPD)，则由 H_o、i_o 及 i_i 所确定的初始雷电效应被减小至受害者所能耐受的程度。如图1所示，受害者必须能分别经受得住其周围的磁场 H_2 以及传导的雷电效应(U_2、i_2)。

如何将 i_i 衰减至 i_2 以及如何减小 U_2 由GB/T 19271.3规定，而如何将 H_o 减至足够低的 H_2 值则由本部分规定。

对此处所考虑的格栅形空间屏蔽，可假定LPZ区内的磁场(H_1、H_2)与外界磁场(H_o)具有相同的波形。

对信息系统的LEMP防护，最好能根据GB/T 17626.5(传导过电压及电流)、GB/T 17626.9(首次雷击引起的辐射磁场)及GB/T 17626.10(后续雷击引起的辐射磁场)，用适当的试验来验证设备的抗损能力。

图2表明，GB/T 17626.9及GB/T 17626.10标准中所规定的试验能充分地模拟首次雷击磁场 H_f 以及后续雷击磁场 H_s 的上升沿。

注1：GB/T 17626.5、GB/T 17626.9以及GB/T 17626.10中所规定的试验是用来证明设备的抗扰能力的。在所规定的四个试验评定等级中，本部分只考虑抗损能力。

注2：如果对内部装设有信息设备的建筑物或房间利用格栅形大空间屏蔽体对磁场进行充分屏蔽，通常就可将瞬态磁场减至足够低的数值。

3 格栅形空间屏蔽

实际上，建筑物或房间的大空间屏蔽体是用诸如金属支架、金属框架或钢筋等自然部件构成的。这些部件构成了一个格栅形的大空间屏蔽。穿过屏蔽层的导电物体应该就近与屏蔽层作等电位连接。

图3从原理上给出了如何用钢筋混凝土中的钢筋以及金属框架(用于金属门及可能被遮封的窗户)构成建筑物或房间的大空间屏蔽体。

当对屏蔽有效性不做专门实验或理论研究，其衰减可按如下方法进行估算。

3.1 邻近雷击情况下的格栅形空间屏蔽

图4给出了邻近雷击的情况。被屏蔽空间的入射磁场可近似看作一个平面波。

LPZ0区的入射磁场强度 H_o 可按下式计算：

$$H_o = i_o/(2\pi S_a) \qquad (A/m)$$

式中：

i_o——雷电流，单位为安(A)。

S_a——雷击点至所考虑的被屏蔽空间的平均距离(见图4)，单位为米(m)。

由此得出

首次雷击所致的磁场强度最大值为：

$$H_{o/f/max} = i_{f/max}/(2\pi S_a) \qquad (A/m)$$

后续雷击所致的磁场强度最大值为：

$$H_{o/s/max} = i_{s/max}/(2\pi S_a) \qquad (A/m)$$

式中：

$i_{f/max}$——首次雷击电流最大值，单位为安(A)，按保护级别选定；

$i_{s/max}$——后续雷击电流最大值，单位为安(A)，按保护级别选定。

虽然表1仅对平面波有效，但磁场强度由 H_o 衰减至LPZ1内部的磁场强度 H_1，其衰减量仍可由表1所给出的求 SF 值的公式得出。由表1公式估算出的衰减系数对LPZ1区内的安全空间 V_s 有效，V_s 是以与屏蔽体保持一安全距离 $d_{s/1}$ 而确定的空间(见图5)。

$$d_{s/1} = W \cdot SF/10 \qquad (m)$$

式中：

SF——由表1的公式估算出的屏蔽系数，单位为分贝(dB)；

W——该格栅形屏蔽体的网格宽度，单位为米(m)。

由 SF 值可计算出LPZ1区中空间体 V_s 内的磁场强度 H_1：

$$H_1 = H_o/10^{SF/20} \qquad (A/m)$$

式中：

SF——由表1的公式估算出的屏蔽系数，单位为分贝(dB)。

H_o——LPZ0区的磁场强度，单位为安每米(A/m)，首次雷击与后续雷击磁场强度最大值分别等于 $H_{o/f/max}$、$H_{o/s/max}$。

3.2 直接雷击情况下的格栅形空间屏蔽

为了防雷，建筑物的屏蔽(围绕LPZ1的屏蔽)可以是LPS的一部分，因此，雷电流可能沿着它而流动。对此类屏蔽，直接雷击下其内部磁场的特征目前尚未确定。

格栅形空间屏蔽体实际上是由如钢框架、金属支架以及钢筋等所构成。这些屏蔽体可能围绕LPZ1区而建。

闪电可能击中建筑物屋顶上的任意一点。

在此情况下，LPZ1区内空间 V_s 的内部任意一点由雷击产生的磁场强度 H_1 为：

$$H_1 = K_H \cdot i_o \cdot W/(d_w \cdot \sqrt{d_r}) \qquad (A/m)$$

由此得出

LPZ1区内空间 V_s 内部任意一点由首次雷击所致的磁场强度最大值为：

$$H_{1/f/max} = K_H \cdot i_{f/max} \cdot W/(d_w \cdot \sqrt{d_r}) \qquad (A/m)$$

LPZ1区内空间 V_s 内部任意一点由后续雷击所致的磁场强度最大值为：

$$H_{1/s/max} = K_H \cdot i_{s/max} \cdot W/(d_w \cdot \sqrt{d_r}) \qquad (A/m)$$

式中：

d_r——所考虑点至LPZ1屏蔽体顶部的最短距离，单位为米(m)；

d_w——所考虑点至LPZ1屏蔽体侧面的最短距离，单位为米(m)；

$i_{f/max}$——首次雷击电流的最大值，单位为安(A)，按保护级别选定；

$i_{s/max}$——后续雷击电流的最大值,单位为安(A),按保护级别选定;

K_H——形状系数$(1/\sqrt{m})$,取 $K_H=0.01(1/\sqrt{m})$;

W——LPZ1 格栅形屏蔽体的网格宽度,单位为米(m)。

这些磁场强度计算公式仅对格栅形屏蔽体内部的空间 V_s 有效,V_s 是以与屏蔽体保持一安全距离 $d_{s/2}$ 而确定的空间(见图 5)。

$$d_{s/2}=W\ (\mathrm{m})$$

(电子)信息设备只应安装在空间 V_s 内。因此,紧挨着格栅处的特高磁场值不应再当作信息设备的干扰源来考虑。

磁场强度计算的其他资料见附录 C。

3.3 围绕 LPZ2 区及 LPZ2 以上防雷区的格栅形空间屏蔽

围绕 LPZ2 区及 LPZ2 以上防雷区的格栅形屏蔽体,基本上不会流过明显的部分雷电流。因此,在初步探讨中可以用表 1 所给出的求 SF 值的公式来估算由 LPZn$(n\geqslant1)$区内部的磁场强度 H_n 减至 LPZ$(n+1)$区内部磁场强度 H_{n+1} 的衰减量,虽然表 1 仅适用于平面波。

由表 1 的公式计算出的衰减系数仅对 LPZ$(n+1)$区内的某一空间有效,该空间是以与该区屏蔽体保持一安全距离 $d_{s/1}$ 而确定的空间。

$$d_{s/1}=W\cdot SF/10\qquad(\mathrm{m})$$

式中:

SF——由表 1 的公式计算出的屏蔽系数,单位为分贝(dB);

W——该格栅形屏蔽体的网格宽度,单位为米(m)。

由表 1 所求出的衰减系数可计算出 LPZ$(n+1)$区内部的磁场强度 H_{n+1}。

$$H_{n+1}=H_n/10^{SF/20}\qquad(\mathrm{A/m})$$

式中:

SF——由表 1 的公式计算出的屏蔽系数,单位为分贝(dB);

H_n——LPZn 区内部的磁场强度,单位为安每米(A/m)。

3.4 格栅形空间屏蔽体内部的磁场强度的实验测定

除了理论计算外,还可采取测量方法估量被屏蔽建筑物的内部磁场。图 6 给出了用雷电流发生器在被屏蔽建筑物的任意一点上模拟直接雷击的一个建议。通常,此类的试验可以采取低电平试验来进行,在这些低电平试验中模拟的雷电流波形应与原始的雷电流相同。

3.5 安装规则

穿越格栅形屏蔽体的导电部件应尽可能就近与屏蔽体作等电位连接。

等电位连接网络(见 4.2)是一种网格系统,它包括了内部所有大尺寸导电部件(如 GB/T 19271.1—2005 中 3.4.2.1 所规定),该网格系统还可减少大空间屏蔽体内部的磁场。采用网格宽度在几米范围的网格系统,就构成了许多衰减环路。M 型等电位连接网络(如 GB/T 19271.1—2005 中 3.4.2.2 所规定)也起相同的作用。

注:如果安装了 4.2 所规定的等电位连接网络,且遵循在此给出的安装规则,则根据 3.1 至 3.3 所计算的各个 LPZ 区内的磁场强度一般将额外地减小一半(相当于 6 dB)。

供电和信息系统的导线和电缆应尽可能靠近等电位连接网络的金属部件敷设。将导线和电缆嵌入等电位连接网络中的金属护套内(如 U 型导管或金属管)则更为有利(见 IEC 61000-5-2)。

在 LPZ 的交界处由于磁场强度相当强,应特别注意导线及电缆的安装(见 GB/T 19271.4—2005 第 4 章)。

图 5 所示为用于安装信息设备的内部空间 V_s,信息设备应放置于与 LPZ 的屏蔽体的安全距离分别满足 $d_{s/1}$ 及 $d_{s/2}$ 的地方。

由各种设施构成的各种环路中,磁感应电压及电流的计算见附录 B。感应电压及电流导致对信息设备的传导性共模干扰(见图 7)。

4 接地系统

接地系统由以下两部分构成：

——接地装置(与土壤接触)；

——等电位连接网络(与土壤不接触)。

4.1 接地装置

接地装置的主要作用是尽可能多地将雷电流导入土壤中(50%或以上)并尽量不在接地装置上产生危险的跨步电压。

此一作用由建筑物下面和四周的网格状接地体网络来实现。

这些接地体应构成一个网格形接地装置，并把地下室地面混凝土中的钢筋也并入其中。这是典型做法，目的是在建筑物的底部将 LPZ1 区的电磁屏蔽体闭合起来。

建筑物四周的环形接地体和/或地下室周边混凝土中的环形接地体，应用接地导体每隔 5m 与接地装置相连接。(接地体的详情见 IEC 61024-1,2.3.2)。更远的外部接地体可连接到这些环形接地体上。

应将地下室混凝土地面中的钢筋连接到接地装置上。混凝土中的钢筋将构成一个有规则的互连网格，该互连网格每隔 5m(典型值)被连到接地装置上。

可以安装一个由镀锌钢构成、网格宽度为 5 m(典型值)的叠加网格，叠加网格每隔 1m 与混凝土中的钢筋相焊接或夹接。叠加网格的钢筋端头可用作等电位连接带的接地导体。

图 8 为一间工厂的网格形接地装置示例。

接地及等电位连接的定义见附录 A。

4.2 等电位连接网络

等电位连接网络的主要任务是消除建筑物上及建筑物内所有设备间危险的电位差，并减小建筑物内部的磁场强度。

这项任务通过将建筑物上及建筑物内所有金属部件多重联结，从而构成一个三维的、网格形的等电位连接网络而实现。

建筑物上及建筑物内的所有金属部件，应该用等电位连接导体互连，从而形成网格宽为 5 m(典型值)的网格。这些金属部件是指金属装置、设备机柜、电缆槽、公用设施管道、混凝土(地面、墙、顶板)中的钢筋、活动地板以及其他结构部件等。这些互连的金属部件形成了等电位连接网络。

电气装置的保护地 PE 应并入等电位连结网络中(按照网格形或星形方式)。

建筑物周边和内部各个 LPZ 区的电磁屏蔽体也应用连接导体每隔 5 m(典型值)与等电位连接网络连接一次而并入等电位连接网络。这些屏蔽体除混凝土中的钢筋外，还包括金属屋顶、金属立面、门窗的金属框架等(例子见图 9、图 10)。

由网格宽度为 5 m(典型值)的等电位连接网络建立起来的各个衰减环路，可在一个很宽的频谱范围内减弱建筑物内部的磁场强度。

等电位连接网络应每隔 5 m(典型值)与接地装置相连从而组成了完整的接地系统。

为了将电气和电子设备的机柜、外壳和机架等并入等电位连接网络，同时在 LPZ 的界面处为满足公共设施、电源和信息系统导线和电缆作等电位连接的需要，应该安装一些等电位连接带。

应每隔 5 m(典型值)用接地导体将环形连接带连接至等电位连接网络。局部等电位连接带一般应采用不超过 1 m 长的接地导体连接至等电位连接网络(等电位连接带、等电位连接导体以及接地导体的详情见 IEC 61024-1 及 GB/T 19271.1)。

信息系统应以网格型或星型方式作等电位连接(详情见 GB/T 19271.1)。

接地及等电位连接的定义见附录 A。

4.3 接地装置与等电位连接网络的组合

将接地装置与等电位连接网络组合起来就形成了接地系统。

接地系统的主要任务是保持设施和设备的任意两点之间的电位差尽可能低。

通过为传导雷电流及感应电流提供多条并联通路，组成一个宽频谱范围的低阻抗系统来实现此任务。

多条并联通路具有各不相同的谐振频率。将阻抗与频率相关的各条通路组合起来，就可形成一个在所考虑频谱范围内具有低阻抗的系统。

一个网格形接地系统的例子见图11。

4.4 屏蔽、等电位连接及接地布局的例子

图12给出一座大办公楼的屏蔽、等电位连结及接地布局的例子。

图中用钢筋和金属立面对LPZ1区实现屏蔽，对高灵敏度电子设备，则用屏蔽机柜实现屏蔽。为了能够安装窄网格形的等电位连接系统，在每个房间提供了若干个连接引出线。

此处为放置20 kV[1)]电源设计了一个封闭的LPZ0区。这是一种特殊的情况，因在紧靠入口处的高压电源侧不可能安装避雷器。

表1 邻近雷击时磁场为平面波情况下，格栅形空间屏蔽体的磁场衰减

材料	SF/dB	
	25 kHz(见注1)	1 MHz(见注2)
铜/铝	$20\times\lg(8.5/W)$	$20\times\lg(8.5/W)$
钢(见注3)	$20\times\lg[(8.5/W)/\sqrt{1+18\times10^{-6}/r^2}]$	$20\times\lg(8.5/W)$

注1：适用于首次雷击磁场强度 H_f；
注2：适用于后续雷击磁场强度 H_s；
注3：导磁率 $\mu_r\approx200$。
W——格栅形屏蔽网格宽度(m)，$W\leqslant5$ m；
r——格栅形屏蔽网格导体的半径(m)。

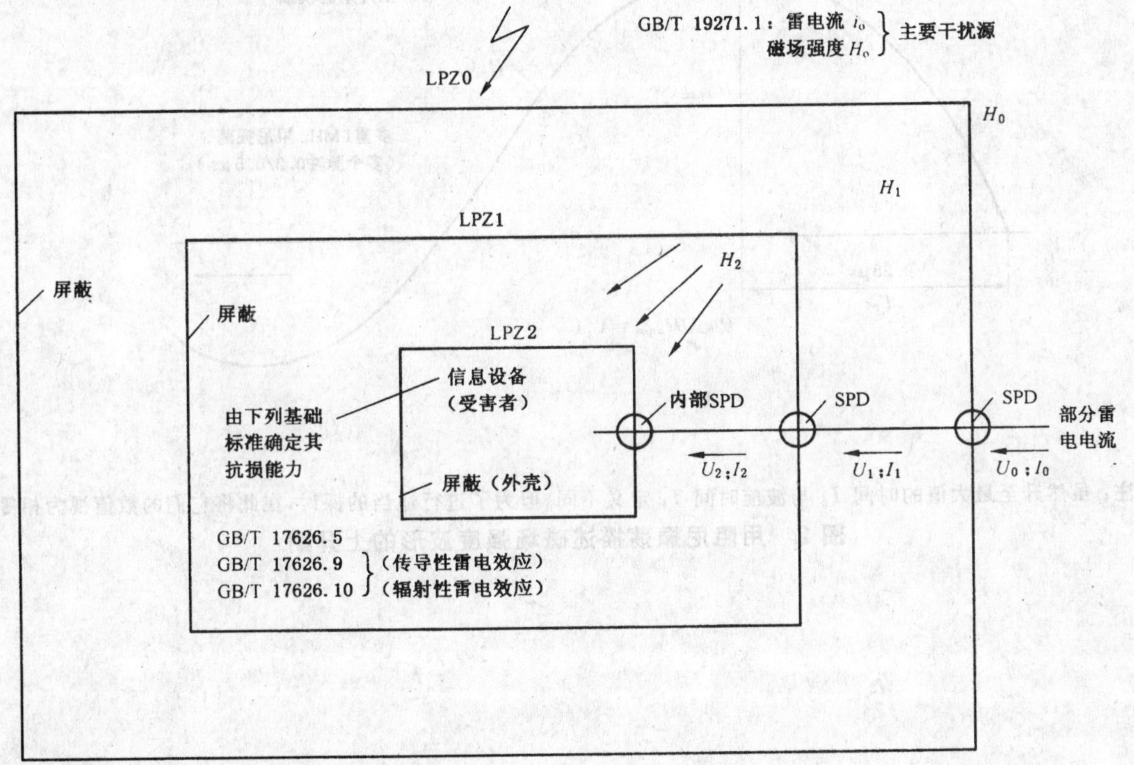

i_o 及 H_o：10/350 μs及0.25/100 μs两种冲击

GB/T 17626.5：U：1.2/50 μs冲击电压；I：8/20 μs冲击电流

GB/T 17626.9：H：8/20 μs冲击磁场(25 kHz阻尼振荡)；$T_P=10$ μs

GB/T 17626.10：H：1 MHz阻尼振荡(0.2/0.5 μs冲击磁场)；$T_P=0.25$ μs

图1 雷击时的EMC状况

1) 国内一般采用10 kV的电压等级——编者。

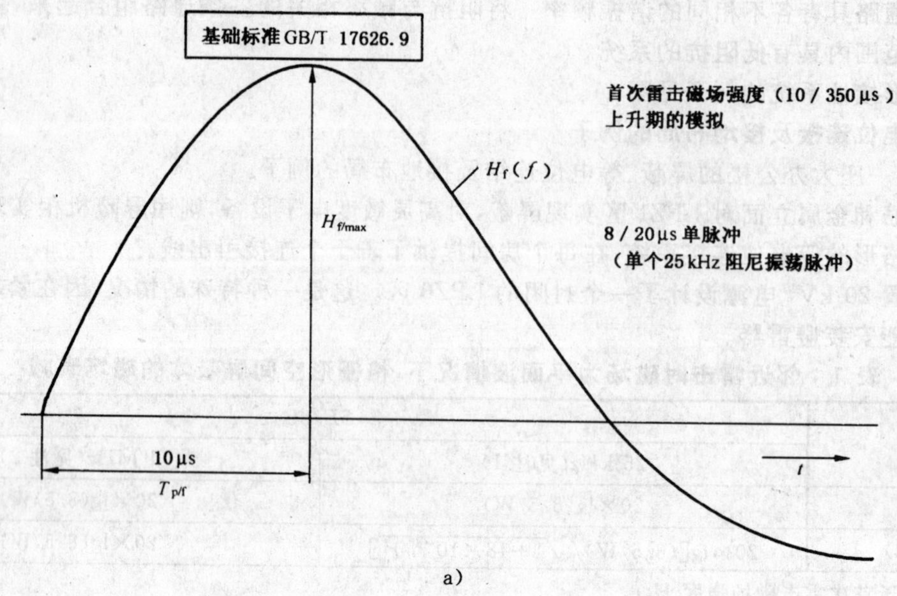

a）

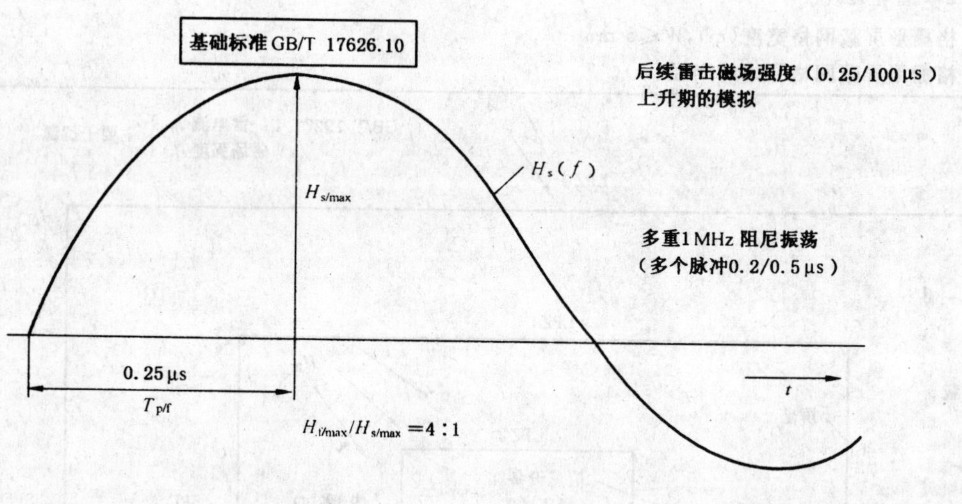

b）

注：虽然升至最大值的时间 T_p 与波前时间 T_1 定义不同，但为了进行适当的探讨，在此将它们的数值视为相等。

图 2　用阻尼振荡描述磁场强度波形的上升期

a) 实际上，对大型建筑物来说，在每一交叉点上焊接或夹接是不可能的。但是通过直接接触或用铁丝绑扎，绝大多数的交叉点可做到自然互连。因此，每隔大约 1 m 作一连接，将是实际可行的方法。

图 3 用钢筋和金属框架构成的大空间屏蔽体

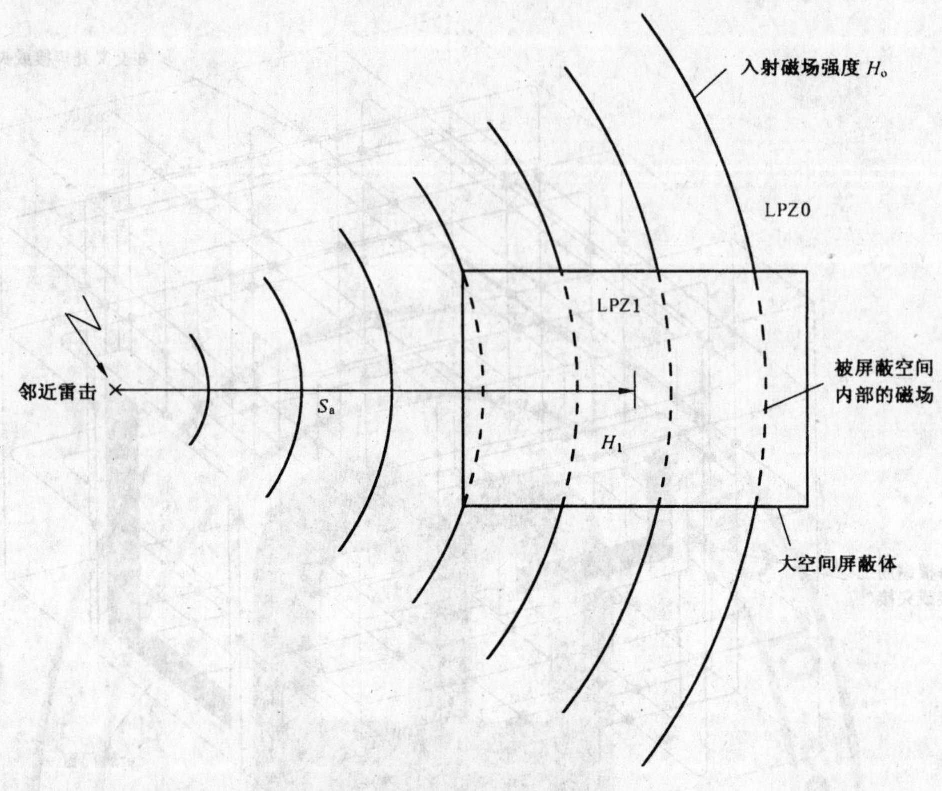

S_a——雷击点与被屏蔽空间的平均距离

图 4 邻近雷击的情况

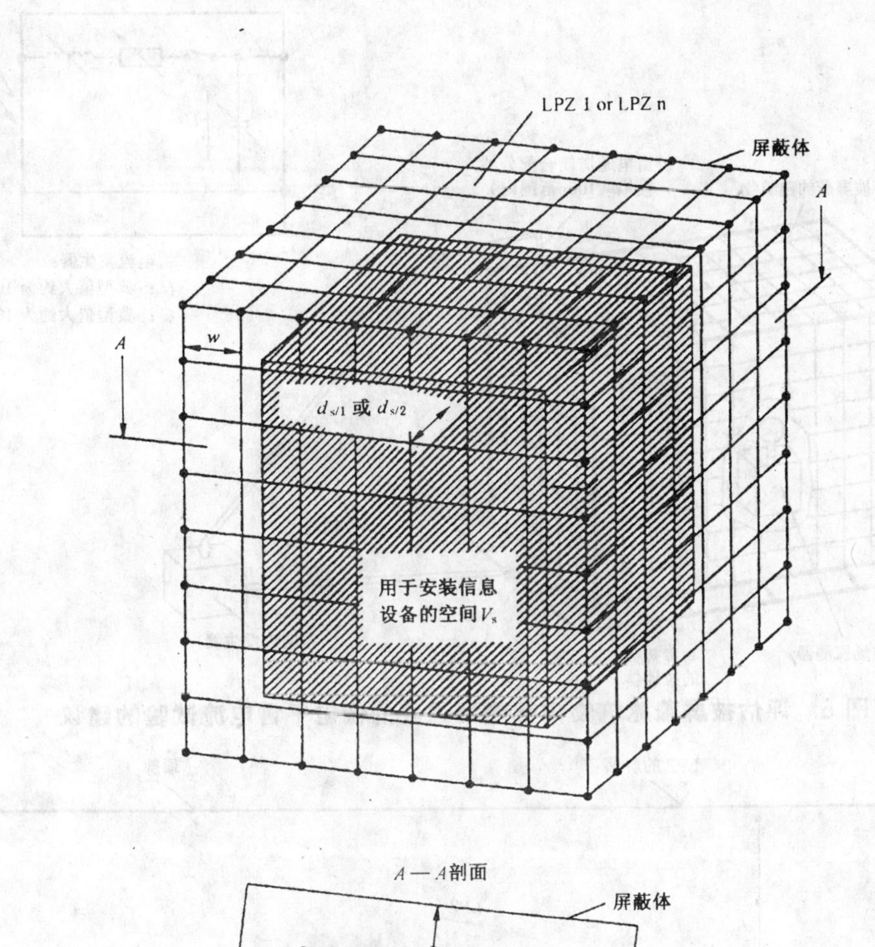

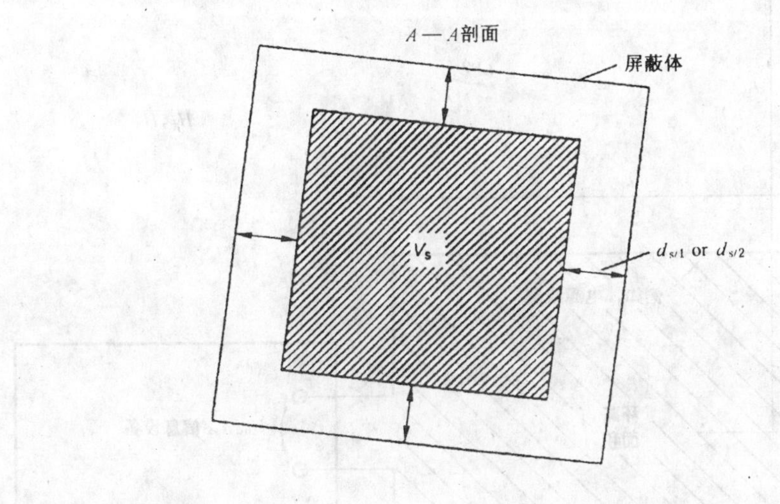

注：用于安装信息设备的空间 V_s 与 LPZ1 或 LPZn 的屏蔽层保持一个安全距离 $d_{s/1}$ 或 $d_{s/2}$。

图 5　LPZ1 或 LPZn 内部用于安装信息设备的空间

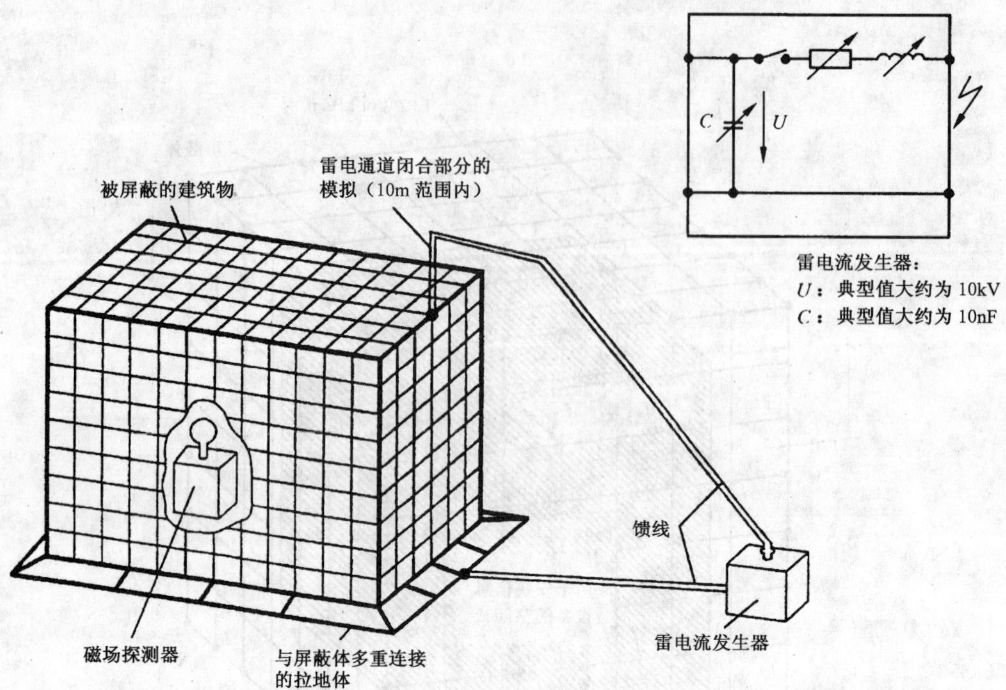

图 6　评估被屏蔽建筑物内部磁场强度的低电平雷电流试验的建议

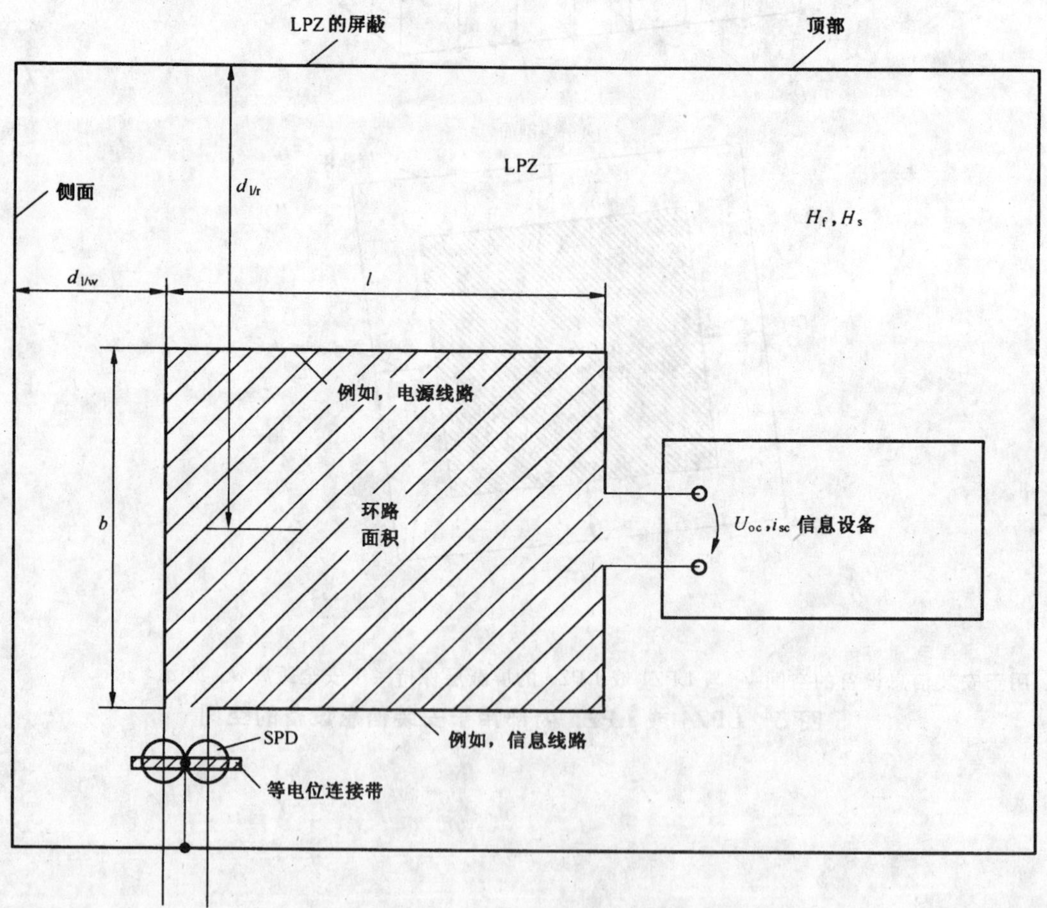

图 7　环路中的感应电压及电流

图例：

1——具有网状钢筋的建筑物；

2——工厂内部的一座塔；

3——孤立的设备；

4——电缆槽。

图 8 工厂的网格形接地装置

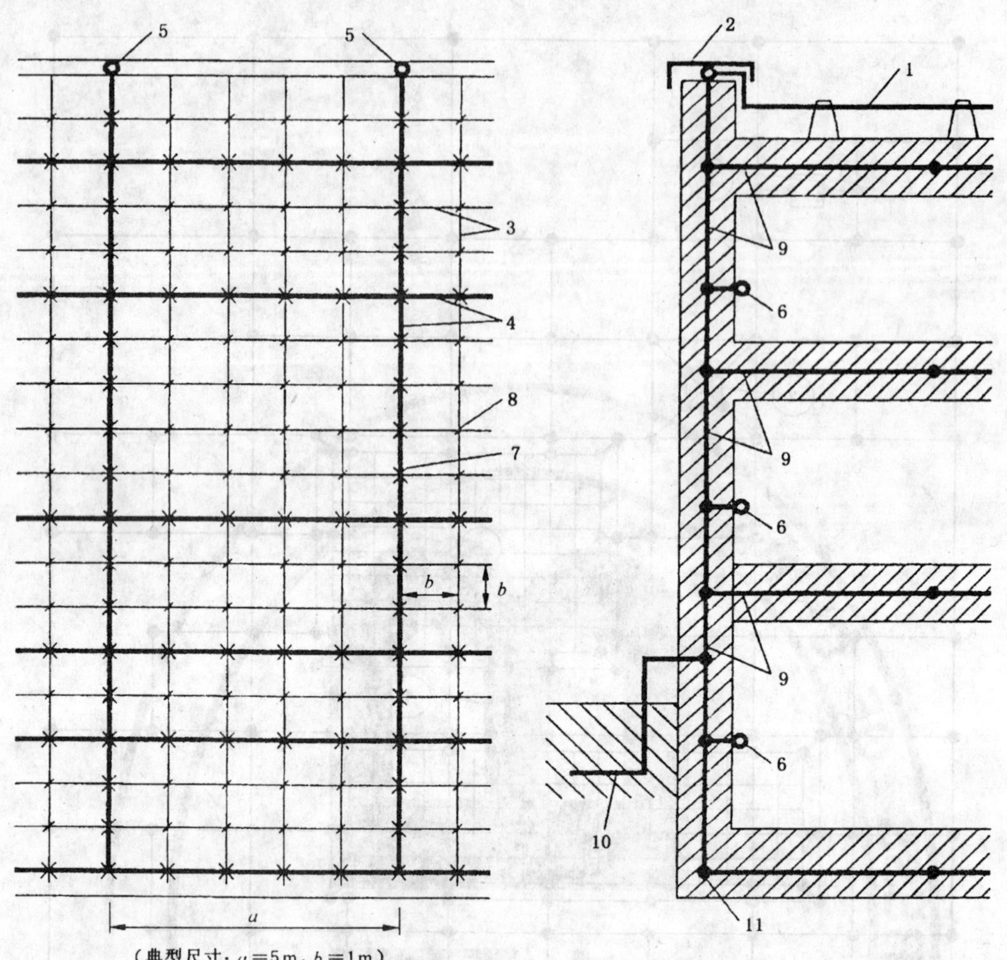

（典型尺寸：$a=5\text{m}$，$b=1\text{m}$）

图例：

1——接闪器(避雷带)；

2——屋顶女儿墙的金属盖板；

3——钢筋；

4——迭加于钢筋上的网格形导体；

5——网格形导体的接头；

6——内部等电位连接带的接头；

7——焊接或夹接；

8——任意连接；

9——混凝土中的钢筋(有迭加的网格型导体)；

10——环形接地体(如设有)；

11——基础接地体。

图 9 利用建筑物的钢筋作屏蔽及等电位连接

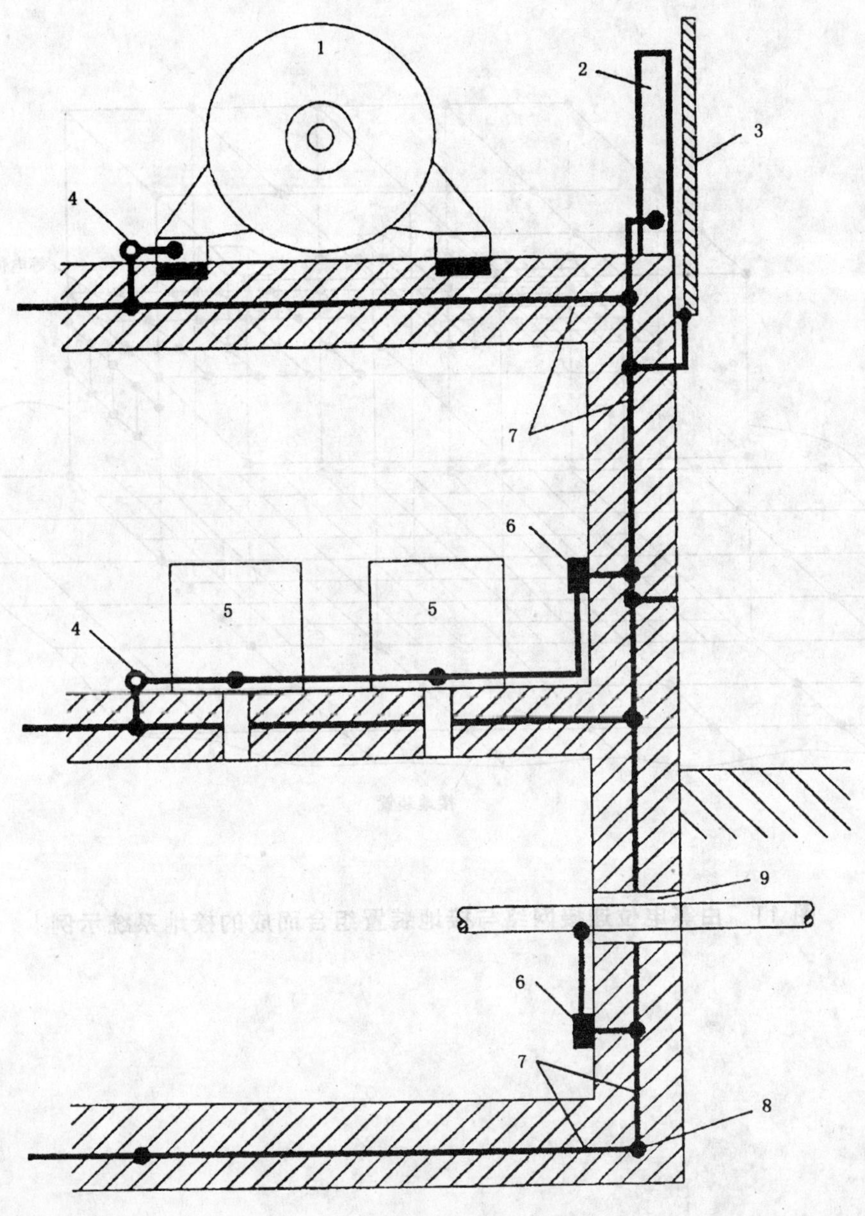

图例：

1——电动设备；

2——钢支架；

3——立面的金属盖板；

4——等电位连接点；

5——电气设备；

6——等电位连接带；

7——混凝土中的钢筋(有迭加的网格形导体)；

8——基础接地体；

9——各种公共设施的公用入口。

图 10 钢筋结构建筑物的等电位连接

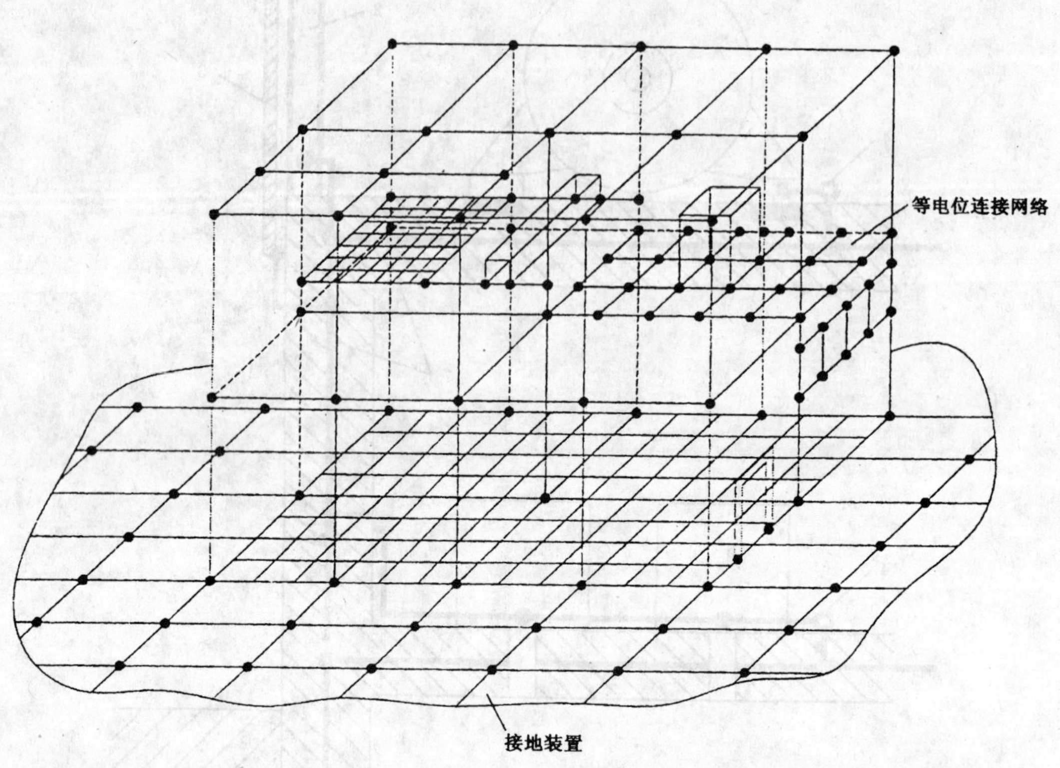

图 11　由等电位连接网络与接地装置组合而成的接地系统示例

图 12 一座办公大楼的防雷区、屏蔽、等电位连接及接地的设计示例

附 录 A
(资料性附录)
接地与等电位连接的定义

LPS 的接地装置(地极网络)是与土壤相接触的并且可能是建筑物空间屏蔽体的一部分(例如地下室地面中的钢筋)。

等电位连接网络(也可称接地网络、等电位连接系统、公共等电位连接系统、公共连接网络)是一个不与土壤相接触的多重互连(网格形)系统。等电位连接网络是一个低阻抗网络,因此能保证大体上的等电位。

通过与接地装置的多点互连(网状),等电位连接网络和接地装置一起构成了(公共)接地系统(公共接地系统、接地系统)。

在信息系统的星形等电位连接或隔离网格形等电位连接结构中,除在接地基准点外,等电位连接导体是相互绝缘的,并且不应与其他金属部件接触。所有的电气电缆和导线都在接地基准点进入(本地)信息系统,并且这些电缆和导线与等电位连接导体并行布设(见 GB/T 19271.1—2005 图 16)。

在网格形等电位连接结构的情况下,所有电气电缆及导线可从任意点进入(本地)信息系统,布设时不必考虑等电位连接导体的位置(见 GB/T 19271.1—2005 图 16)。

详情见图 A.1。

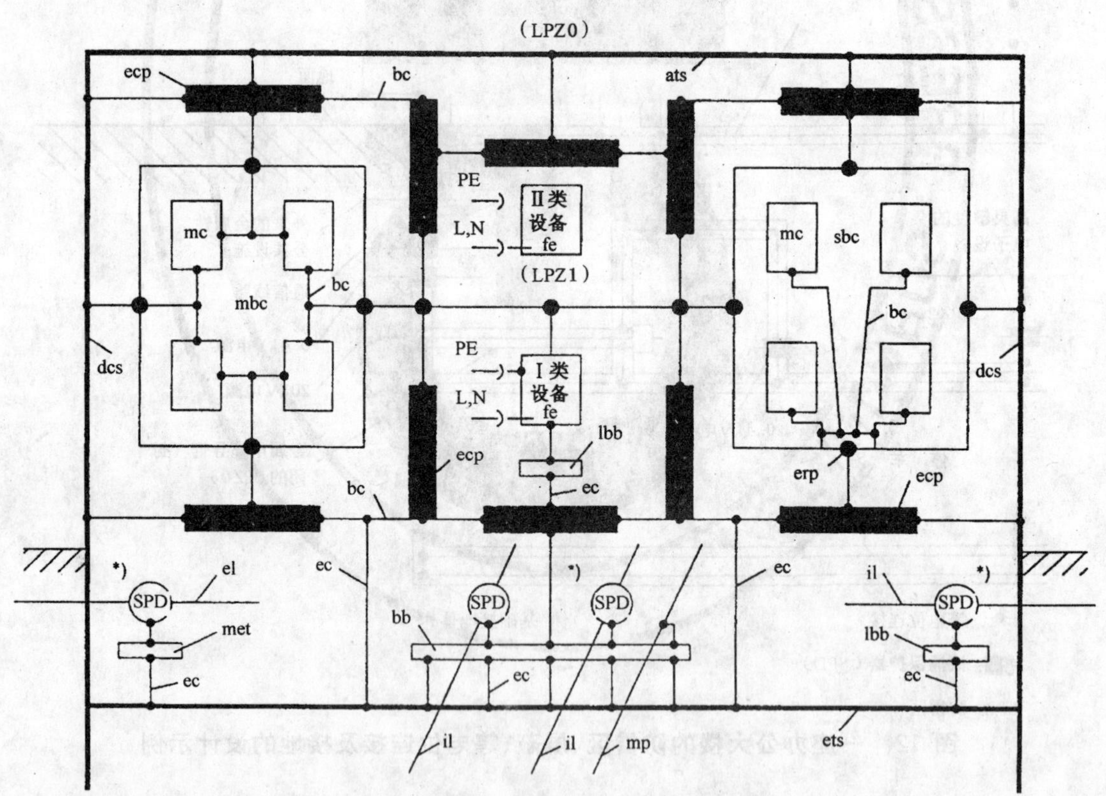

*) 入户设施(管道、电源和信息线路或电缆)的等电位连接。LPZ1 的入口。

图 A.1 接地及等电位连接的结构图

部件:

ats LPS 的接闪器,可能是建筑物空间屏蔽体的一部分(例如金属屋顶)。

dcs LPS 的引下线(雷电引下导体),可能是建筑物空间屏蔽体的一部分(例如金属立面、墙体的钢筋)。

ecp 外来导电部件、建筑物上及建筑物内除电气装置外的金属装置。(例如:电梯钢轨、起重机、金属地板、金属门框、公共设施的金属管道、金属电缆槽、地板钢筋、墙体钢筋、顶板的钢筋等)。

erp 接地基准点(ERP),代表一个局部等电位连接带(单点连接)。

ets LPS的接地装置(地极网络、公共地极网络),可能是建筑物空间屏蔽体的一部分(注:地极:一组接地装置或一组接地装置中的一部分)。

fe 固定的设备:Ⅰ类设备,有PE连接线;Ⅱ类设备,无PE连接线。

mbc (本地)信息系统的网格形等电位连接。

mc (本地)信息系统的金属部件(金属部分)(例如机柜、外壳、机架等)。

sbc (本地)信息系统的星形等电位连接。

各条等电位连接带:

bb 等电位连接带(环形等电位连接带、水平等电位连接导体,特殊情况下可为金属板)主要用于信息导线和电缆的等电位连接,也用于信息设备的等电位连接。亦可用作(公共)等电位连接带。用接地导体多重连接至接地系统(典型间隔为5m)。

bc 等电位连接导体(等电位连接导体、等电位连接件、连接线)。

ec 连接至接地装置的接地导体(主接地导体)。

cl 电源线或电缆。

il 信息线或电缆。

L,N 有中性线的电源。

lbb 局部等电位连接带(接地端子)(例如:用于电力装置或信息装置)。

LPS 防雷系统(有部件ats、dcs、ets)。

LPZ 防雷区。

met. 主接地端子(主接地带、主接地总线带、主连接带),主要用于电源线的等电位连接,也用于电源设备的等电位连接。亦可用作(公共)等电位连接带。

mp 公共设施的金属管道。

PE 保护导体(保护接地导体、设备接地导体、保护地、保护接地),是等电位连接网络的一部分。

SPD 浪涌保护器。

附 录 B
(资料性附录)
由各种设施构成的环路中感应电压及电流的计算

此处考虑图 7 所示的矩形环路，如果是其他形状的环路，应将其转换为具有相同环路面积的矩形环路。

B.1 邻近雷击下，环路在 LPZ1 内部时的感应电压及电流

假设 LPZ1 内部 V_s 空间内的磁场强度 H_1 是均匀的(见 3.1)。

开路电压 U_{oc}：

$$U_{oc} = \mu_o \cdot b \cdot l \cdot dH_1/dt \qquad (V)$$

在波前时间 T_1 期间，U_{oc}的最大值 $U_{oc/max}$为：

$$U_{oc/max} = \mu_o \cdot b \cdot l \cdot H_{1/max}/T_1 \qquad (V)$$

式中：

μ_o——真空磁导率，其值等于 $4\pi\times10^{-7}$[V·s/(A·m)]；

b——环路的宽度，单位为米(m)；

H_1——LPZ1 内部随时间而变的磁场强度，单位为安每米(A/m)；

$H_{1/max}$——LPZ1 内部磁场强度的最大值，单位为安每米(A/m)；

l——环路的长度，单位为米(m)；

T_1——磁场强度波形的波前时间，单位为秒(s)，与雷击电流波形的波前时间相同。

如果忽略导线的欧姆电阻(最坏情况)，则短路电流 i_{sc}为：

$$i_{sc} = \mu_o \cdot b \cdot l \cdot H_1/L \qquad (A)$$

i_{sc}的最大值 $I_{sc/max}$为：

$$i_{sc/max} = \mu_o \cdot b \cdot l \cdot H_{1/max}/L \qquad (A)$$

式中：

L——环路自感，单位为亨(H)。

对于矩形环路：

$$L = \{0.8\times\sqrt{l^2+b^2} - 0.8\times(l+b) + 0.4\times l\cdot\ln[(2b/r)/(1+\sqrt{1+(b/l)^2})] + 0.4\times b\cdot\ln[(2l/r)/(1+\sqrt{1+(l/b)^2})]\}\times10^{-6} \qquad (H)$$

式中：

r——环路导线的半径，单位为米(m)。

首次雷击($T_1=10\ \mu s$)磁场强度 $H_{1/f}$感应的最大电压和电流分别为：

$$U_{oc/f/max} = 0.126\times b\cdot l\cdot H_{1/f/max} \qquad (V)$$

$$i_{sc/f/max} = 1.26\times10^{-6}\times b\cdot l\cdot H_{1/f/max}/L \qquad (A)$$

后续雷击($T_1=0.25\ \mu s$)磁场强度 $H_{1/s}$感应的最大电压和电流为：

$$U_{oc/s/max} = 5.04\times b\cdot l\cdot H_{1/s/max} \qquad (V)$$

$$i_{sc/s/max} = 1.26\times10^{-6}\times b\cdot l\cdot H_{1/s/max}/L \qquad (A)$$

式中：

$H_{1/f/max}$——LPZ1 内部首次雷击的磁场强度最大值，单位为安每米(A/m)；

$H_{1/s/max}$——LPZ1 内部后续雷击的磁场强度最大值，单位为安每米(A/m)。

B.2 建筑物遭直接雷击下，环路在 LPZ1 内部时的感应电压及电流

LPZ1 内部 V_s 空间内的磁场强度 H_1（见 3.2）为：

$$H_1 = K_H \cdot i_o \cdot W/(d_w \sqrt{d_r}) \qquad (A/m)$$

环路开路电压 U_{oc}，按下式计算：

$$U_{oc} = \mu_0 \cdot b \cdot \ln(1 + l/d_{l/w}) \cdot K_H \cdot (W/\sqrt{d_{l/r}}) \cdot di_o/dt \qquad (V)$$

在波前时间 T_1 期间，U_{oc} 的最大值 $U_{oc/max}$：

$$U_{oc/max} = \mu_0 \cdot b \cdot \ln(1 + l/d_{l/w}) \cdot K_H \cdot (W/\sqrt{d_{l/r}}) \cdot i_{o/max}/T_1 \qquad (V)$$

式中：

μ_0——真空磁导率，其值为 $4\pi\times10^{-7}$[V·s/(A·m)]；

b——环路的宽度，单位为米(m)；

$d_{l/w}$——环路与屏蔽体侧面的距离，单位为米(m)，$d_{l/w} \geqslant d_{s/2}$；

$d_{l/r}$——环路与屏蔽体顶部的平均距离，单位为米(m)；

i_o——$LPZ0_A$ 中的雷电流，单位为安(A)；

$i_{o/max}$——$LPZ0_A$ 中雷击电流的最大值，单位为安(A)；

K_H——形状系数($1/\sqrt{m}$)，取 $K_H = 0.01(1/\sqrt{m})$；

l——环路的长度，单位为米(m)；

T_1——$LPZ0_A$ 中雷击电流的波前时间，单位为秒(s)；

W——格栅形屏蔽网格宽度，单位为米(m)。

如果忽略导线的欧姆电阻（最坏情况），短路电流 i_{sc} 为：

$$i_{sc} = \mu_0 \cdot b \cdot \ln(1 + l/d_{l/w}) \cdot K_H \cdot (W/\sqrt{d_{l/r}}) \cdot i_0/L \qquad (A)$$

i_{sc} 的最大值 $i_{sc/max}$ 为：

$$i_{sc/max} = \mu_0 \cdot b \cdot \ln(1 + l/d_{l/w}) \cdot K_H \cdot (W/\sqrt{d_{l/r}}) \cdot i_{0/max}/L \qquad (A)$$

式中：

L——环路的自感，单位为亨(H)。

自感 L 的计算见 B.1。

首次雷击($T_1 = 10\ \mu s$)，磁场强度 $H_{1/f}$ 感应的最大电压和电流分别为：

$$U_{oc/f/max} = 1.26 \times b \cdot \ln(1 + l/d_{l/w}) \cdot (W/\sqrt{d_{l/r}}) \cdot i_{f/max} \qquad (V)$$

$$i_{sc/f/max} = 12.6 \times 10^{-6} \times b \cdot \ln(1 + l/d_{l/w}) \cdot (W/\sqrt{d_{l/r}}) \cdot i_{f/max}/L \qquad (A)$$

后续雷击($T_1 = 0.25\ \mu s$)，磁场强度 $H_{1/s}$ 感应的最大电压和电流分别为：

$$U_{oc/s/max} = 50.4 \times b \cdot \ln(1 + l/d_{l/w}) \cdot (W/\sqrt{d_{l/r}}) \cdot i_{s/max} \qquad (V)$$

$$i_{sc/s/max} = 12.6 \times 10^{-6} \times b \cdot \ln(1 + l/d_{l/w}) \cdot (W/\sqrt{d_{l/r}}) \cdot i_{s/max}/L \qquad (A)$$

式中：

$i_{f/max}$——首次雷击电流的最大值，单位为千安(kA)；

$i_{s/max}$——后续雷击电流的最大值，单位为千安(kA)。

B.3 环路在 LPZn($n \geqslant 2$)内部时的感应电压及电流

假定 LPZn 中的磁场强度 H_n 是均匀的（见 3.3）。

因此，B.1 中给出的计算感应电压和电流的公式同样适用。

式中，H_1 用 H_n 代替。

附　录　C
（资料性附录）
格栅形磁场屏蔽体内部磁场强度的计算

3.2 中估算磁场强度 H 的公式是对图 C.1 中所示三种典型格栅形屏蔽体的磁场进行数值计算得出的。计算中，假设闪电击中屋面的一条边。雷电通道用屋面上方 100 m 的一条垂直导电杆来模拟，地面则用一块理想的导电板模拟。

计算中，考虑格栅形屏蔽体的每一条钢筋与其他钢筋包括模拟雷电通道之间的磁场耦合，从而产生一个方程组以计算雷电流在格栅形屏蔽体中的分布，并由该电流分布导出屏蔽体内部的磁场强度。计算中假定了各条钢筋的电阻可忽略，格栅形屏蔽体中的电流分布和磁场强度均与频率无关。同时，也忽略电容性耦合，因此可不考虑瞬态效应。

在图 C.2、C.3 中给出了图 C.1 所示第一类格栅形屏蔽的若干计算结果。二种情况下都假定最大雷电流 $i_{o/max}=100$ kA。图 C.2 和图 C.3 中，H 是某一点的最大磁场强度，由 H_x、H_y 及 H_z 各分量推导得出。

$$H=\sqrt{H_x^2+H_y^2+H_z^2}$$

在图 C.2 中，沿着一条从雷击点（$x=y=0$，$z=10$ m）至立方体的中心点（$x=y=5$ m，$z=5$ m）的直线计算 H 值。绘制 H 随这条线上各点的 X 座标的变化曲线，格栅形屏蔽的网格宽度 W 作为一个参量。

在图 C.3 中，对屏蔽体内部的二个点（A 点：$x=y=5$ m，$z=5$ m；B 点：$x=y=3$ m，$z=7$ m）计算磁场强度 H。绘制磁场强度随网格宽度 W 变化的曲线。

两个图均说明几个主要参数对格栅形屏蔽体内部磁场分布的影响，这几个主要参数是：离屏蔽体顶部或侧面的距离以及网格宽度。在图 C.2 中应观察到若沿着其他穿过屏蔽空间的直线计算，这些直线可能与零轴相交，磁场强度 H 的分量会改变符号。因此，3.2 中的公式只是对格栅形屏蔽体内部真实且远为复杂的磁场分布的一种一级近似。

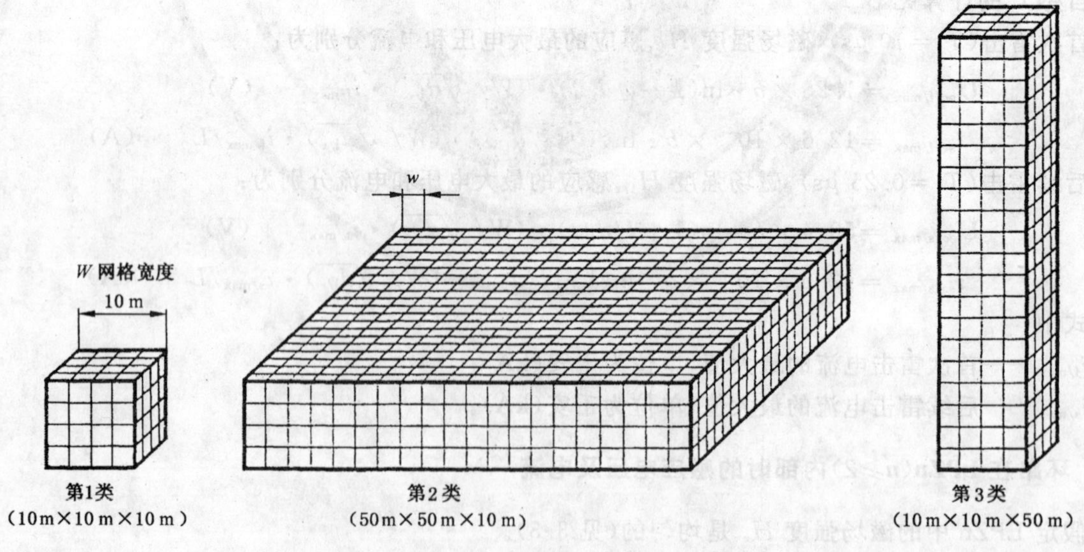

图 C.1　几类大空间格栅形屏蔽体

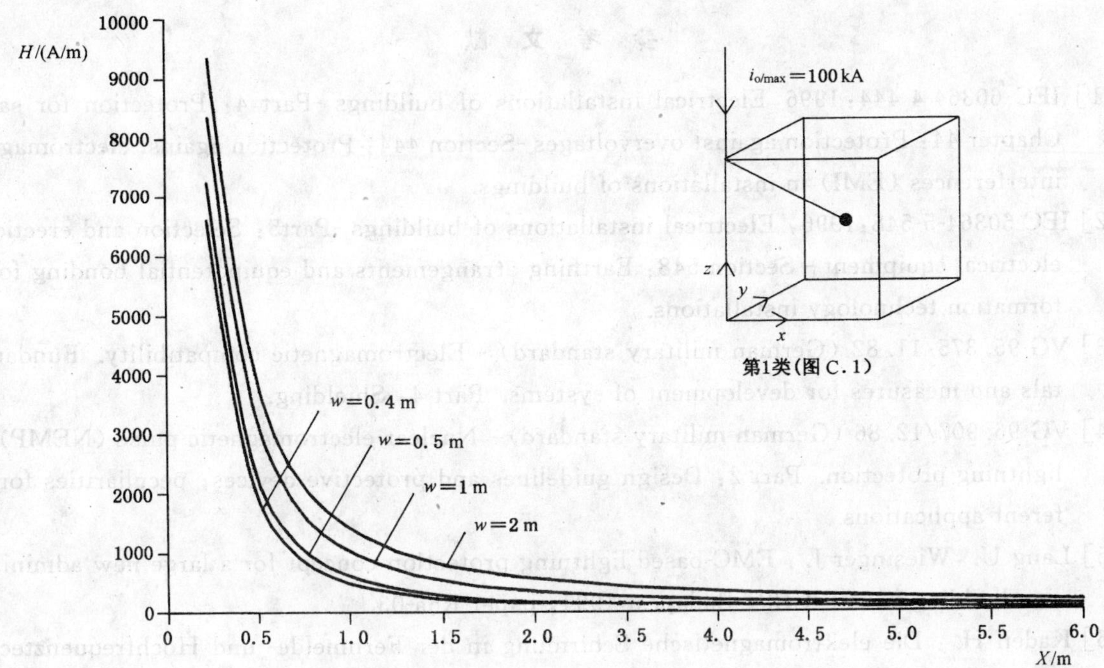

图 C.2 第 1 类格栅形屏蔽体内部的磁场强度 H

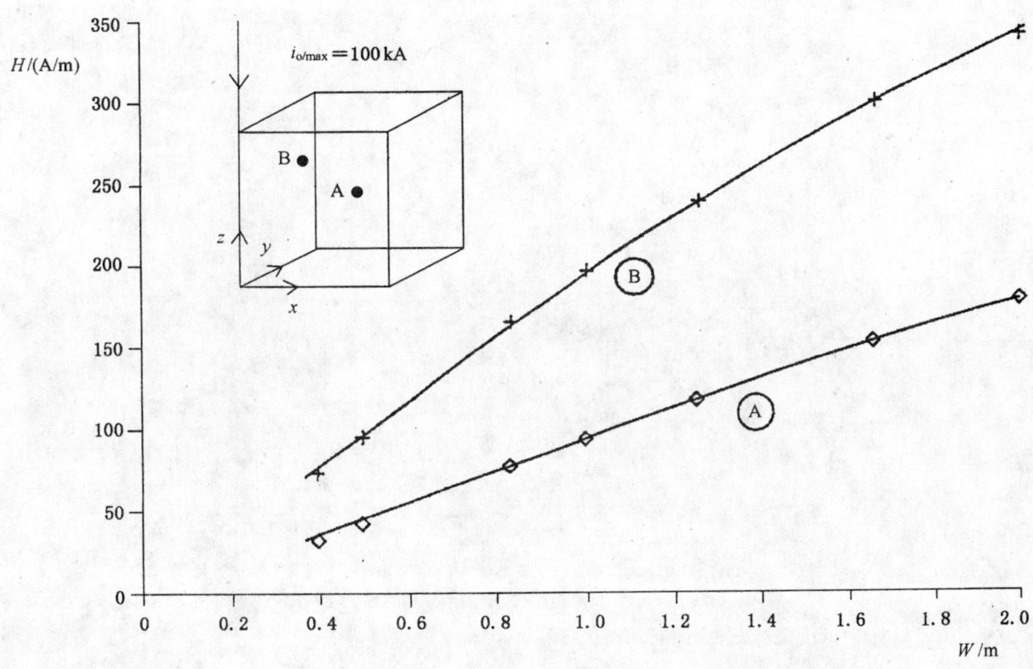

图 C.3 第 1 类格栅形屏蔽体内部的磁场强度 H

参 考 文 献

[1] IEC 60364-4-444:1996, Electrical installations of buildings -Part 4: Protection for safety-Chapter 44: Protection against overvoltages -Section 444: Protection against electromagnetic interferences (EMI) in installations of buildings.

[2] IEC 60364-5-548:1996, Electrical installations of buildings -Part5: Selection and erection of electrical equipment - Section 548: Earthing arrangements and equipotential bonding for information technology installations.

[3] VG 95. 375/11. 82 (German military standard) - Electromagnetic compatibility. Fundamentals and measures for development of systems. Part 4: Shielding.

[4] VG 96. 907/12. 86 (German military standard) - Nuclear electromagnetic pulse (NEMP) and lightning protection. Part 2: Design guidelines and protective devices; peculiarities for different applications.

[5] Lang U. , Wiesinger J. : EMC-based lightning protection concept for a large new administration building, 22nd ICLP, Budapest 1994, paper R6a-03.

[6] Kaden H. : Die elektromagnetische Schirmung in der Fernmelde- und Hochfrequenztechnik (pp. 191-197). Springer- Verlag, Berlin 1950.

ICS 91.120.40
P 30

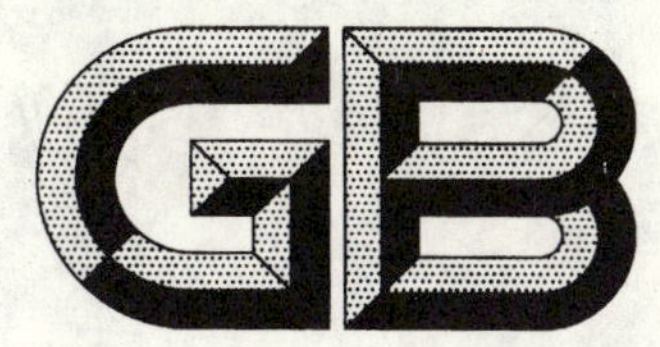

中华人民共和国国家标准

GB/T 19271.3—2005/IEC TS 61312-3:2000

雷电电磁脉冲的防护
第3部分:对浪涌保护器的要求

Protection against lightning electromagnetic impulse (LEMP)—
Part 3: Requirements of surge protective devices (SPDs)

(IEC TS 61312-3:2000,IDT)

2005-07-29 发布　　　　2006-04-01 实施

中华人民共和国国家质量监督检验检疫总局
中国国家标准化管理委员会　发布

前　言

GB/T 19271《雷电电磁脉冲的防护》分为4个部分：

——第1部分：通则；

——第2部分：建筑物的屏蔽、内部等电位连接及接地；

——第3部分：对浪涌保护器的要求；

——第4部分：现有建筑物内设备的防护。

本部分为GB/T 19271的第3部分，等同采用IEC TS 61312-3:2000《雷电电磁脉冲的防护　第3部分：对浪涌保护器的要求》(英文版)。

本部分等同翻译IEC TS 61312-3:2000。

本部分的附录A、附录B和附录C均为资料性附录。

为便于使用，本部分作了一些编辑性修改：

——将一些适用于国际标准的表述改为适用于我国标准的表述。如将“本国际标准……”改为“本标准……”；“IEC 61312的本部分……”改为“本部分……”。

——按照汉语习惯对一些编写格式作了修改。如：注后的连字符“—”改为冒号“:”；英义名称的连字符“—”改为空格；表编号、图编号与标题之间的连字符“—”改为空格。

——按IEC规定国际标准编号一律改为1997年后的编号。如“IEC 1024……”改为“IEC 61024……”。

——“规范性引用文件”的引导语按GB/T 1.1—2000的规定编写。

——“术语和定义”按GB/T 1.1—2000的规定编写。

本部分由全国雷电防护标准化技术委员会(SAC/TC 258)提出并归口。

本部分由广东省防雷中心负责起草。

参加起草的单位还有：清华大学电机工程与应用电子技术系、总装备部工程设计院、中国电信集团湖南省电信公司、中国气象局监测网络司等。

本部分主要起草人：杨少杰、黄智慧、张伟安、余乃枞、金良、何金良、陈水明、潘正林。

引　言

按照GB/T 19271.1防雷区的概念，每当一条电气线路穿过防雷区界面时，需安装浪涌保护器。这些SPD应充分配合好，使各个SPD能按照它们各自的耐受能力承担可接受的浪涌，并有效地将原始雷电威胁减小至被保护设备的抗损能力范围内。本部分提供了实现能量配合的方法和规则。

雷电电磁脉冲的防护
第3部分:对浪涌保护器的要求

1 范围

本部分对已由GB 18802.1作了标准化的浪涌保护器提出技术要求。这些SPD是按照GB/T 19271.1阐述的防雷区概念进行安装的。

首先,从相关的初始威胁值出发,本部分给出了如何确定各个SPD所承载浪涌的指南。

对于安装有SPD的复杂系统,遵循本部分所描述的方法,可将系统划分成若干个简单的基本结构。知道了系统中各处局部雷电流的大小及方向,就可选择合适的SPD。

本部分还涉及SPD相互之间以及SPD与被保护设备之间能量配合的一些基本问题。为了实现有效配合,需要考虑各个SPD的特性以及相应安装地点的浪涌状况。本部分还简要说明验证系统中安装的SPD是否配合的方法。

2 规范性引用文件

下列文件中的条款通过GB/T 19271的本部分的引用而成为本部分的条款。凡是注日期的引用文件,其随后所有的修改单(不包括勘误的内容)或修订版均不适用于本部分,然而,鼓励根据本部分达成协议的各方研究是否可使用这些文件的最新版本。凡是不注日期的引用文件,其最新版本适用于本部分。

GB/T 16935.1—1997 低压系统内设备的绝缘配合 第一部分:原理、要求和试验(idt IEC 60664-1:1992)

GB/T 17626.5—1999 电磁兼容 试验和测量技术 浪涌(冲击)抗扰度试验(idt IEC 61000-4-5:1995)

GB/T 19271.1—2003 雷电电磁脉冲的防护 第1部分:通则(IEC 61312-1:1995,IDT)

GB/T 19271.2—2005 雷电电磁脉冲的防护 第2部分:建筑物的屏蔽、内部等电位连接及接地(IEC TS 61312-2:1999,IDT)

GB/T 19271.4—2005 雷电电磁脉冲的防护 第4部分:现有建筑物内设备的防护(IEC TS 61312-4:1999,IDT)

GB 18802.1—2002 低压配电系统的电涌保护器(SPD) 第1部分:性能要求和试验方法(IEC 61643-1:1998,IDT)

IEC 61024-1 建筑物防雷 第1部分:通则

IEC 61643-2 低压配电系统的浪涌保护器 第2部分:选择和应用指南

ITU-T K系列 抗干扰防护

ITU-T K.20 电信交换设备抗过电压及过电流能力

ITU-T K.21 用户终端设备抗过电压及过电流能力

3 定义、缩略语和符号

除在GB/T 19271.1、IEC 61024-1及GB 18802.1中定义的术语和定义适用于本部分外,以下的术语和定义也适用于本部分。

3.1

浪涌保护器　surge protective device(SPD)

用以限制瞬态过电压以及分流浪涌电流的装置,至少包含一个非线性元件。

[GB 18802.1—2002,3.1 定义]

3.1.1

电压开关型 SPD　voltage switching type SPD

无浪涌时呈高阻状态,但一旦响应电压浪涌时,其阻抗就突变为低阻抗的 SPD。用作电压开关的一些常见组件有:放电间隙、气体放电管、晶闸管(硅可控整流器)、双向三端晶闸管。这些 SPD 有时称为“短路开关型(crowbar)SPD”。

[GB 18802.1—2002,3.4 定义]

3.1.2

限压型 SPD　voltage limiting type SPD

无浪涌时呈高阻状态,但随浪涌电流和浪涌电压的增加,其阻抗会不断减小的 SPD。常见的非线性器件有:压敏电阻和抑制二级管。这些 SPD 有时称为“箝位型 SPD”。

[GB 18802.1—2002,3.5 定义]

3.1.3

组合型 SPD　combination type SPD

这种浪涌保护器,将电压开关组件和限压组件组装在一起,根据它们的“组合参数”和外施电压的特性,SPD 显示出电压开关特性或限压特性,或者既有电压开关特性又有限压特性。

[GB 18802.1—2002,3.6 定义]

3.2

SPD Ⅰ类测试　Class Ⅰ test

GB 18802.1 中所规定、对安装于 $LPZ0_A$ 与 LPZ1 界面上的电流型避雷器的测试程序。其他 SPD 顺序安装。

Ⅰ类测试的 SPD 应做冲击电流为 I_{imp} 的工作状态试验。

3.3

SPD Ⅱ类测试　Class Ⅱ test

GB 18802.1 中所规定、对过电压型避雷器的测试程序。

Ⅱ类测试的 SPD 应做冲击电流为 I_{max} 的工作状态试验。

3.4

SPD Ⅲ类测试　Class Ⅲ test

GB 18802.1 中所规定、对过电压型避雷器的测试程序。

Ⅲ类测试的 SPD 应做组合波的工作状态试验。

3.5

最大持续工作电压　maximum continuous operating voltage

U_c

可以持续施加于 SPD 保护模式上的最大交流电压有效值或直流电压值。最大持续工作电压等同于额定电压。

[GB 18802.1—2002,3.11 定义]

3.6

残压　residual voltage

U_{res}

放电电流流过 SPD 时在其端子间呈现的最大电压。

[GB 18802.1—2002,3.17 定义]

3.7

冲击电流　impulse current

I_{imp}

由电流峰值及电荷量所确定并按工作状态试验测出的电流。用该参数对Ⅰ类测试的SPD分等级。

[GB 18802.1—2002,3.9 定义]

3.8

最大放电电流　maximum discharge current

I_{max}

通过SPD的最大电流值。该电流具有Ⅱ类工作状态测试所规定的波形(8/20 μs)及幅值。I_{max}大于标称放电电流I_n。

[GB 18802.1—2002,3.10 定义]

3.9

抗损能力　immunity against damage

设备抗传导和辐射雷电效应而不损坏的能力。

[GB/T 19271.2—2005,1.3.3 定义]

3.10　缩略语

EUT　在试设备

LPZ　防雷区

MOV　金属氧化物变阻器

EB　等电位连接带

3.11　符号

$C_{(T1-3)}$　低压变压器副边绕组的绕组电容

di/dt　电流上升速率

I_{ES}　通过遭雷击建筑物接地系统的雷电流

I_{ET}　通过低压变压器接地系统的雷电流

$I_{lightning}$　总的雷电流(简化计算方法)

I_{LV}　通过低压系统的雷电流

I_{mains}　通过遭雷击建筑物配电系统的雷电流

$I_{neutral}$　通过中性线的雷电流

I_{peak}　峰值电流

i_{sc}　SPD的短路输出电流(LTE配合方法)

$I_{phase1-3}$　通过各条相线的雷电流

l_{cc}　连接电缆的长度

$L_{(1-3)}$　两个SPD之间的线路电感

L_{CC}　电信屏蔽电缆的电感

L_{CT}　电力电缆的电感

L_{DE}　去耦元件的电感

L_{EC}　电信分局接地系统的电感

L_{ES}　遭雷击建筑物接地系统的电感

L_{ET}　低压变压器接地系统的电感

L_{mains}　整个低压电源网络的电感

$L_{(T1\text{-}3)}$	低压变压器副边绕组的绕组电感
L_{wp}	水管的电感
Q_s	(短时雷击的)放电电荷
R_{CC}	电信屏蔽电缆的电阻
R_{CT}	电力电缆的电阻
R_{DE}	去耦元件的电阻
$R_{earth/g}$	遭雷击建筑物接地系统的电阻(简化计算方法)
$R_{earth/1\text{-}n}$	由同一低压配电网络供电的各个建筑物接地系统的电阻(简化计算方法)
R_{EC}	电信分局接地系统的电阻
R_{ES}	遭雷击建筑物接地系统的电阻
R_{ET}	低压变压器接地系统的电阻
R_{mains}	整个低压电源网络的电阻
R_N	低压变压器中性线的电阻
R_{TL}	电话线的接地电阻
$R_{(T1\text{-}3)}$	低压变压器副边绕组的绕组电阻
R_{WP}	水管的接地电阻
$R_{(1\text{-}3)}$	两个 SPD 间的线路电阻
S_n	低压变压器的视在功率
T_1	波前时间
T_2	半峰值时间
U_{ARC}	放电间隙的弧光电压
U_{DE}	去耦元件两端的压降
U_{OC}	SPD 的开路输出电压(LTE 配合方法)
U_{LOAD}	负载上的压降
U_N	系统的标称电压
U_{max}	最大电压值
$U_{ref(1\ mA)}$	使 MOV 流过 1 mA 直流电流时的电压
U_{SG}	放电间隙两端的压降
W_{max}	最大耐受能量
W/R	单位能量
Z_i	组合波发生器的“虚拟”阻抗
Z_{mains}	整个低压电源网络的阻抗

4 相关威胁值——雷电流参数

闪电的初始威胁由以下三个部分组成：

——首次雷击雷电流；

——后续雷击雷电流；

——长时间雷击雷电流。(见 GB/T 19271.1—2003,图 2)

各种不同保护级别的雷电流参数列于 GB/T 19271.1—2003 的表 1 至表 3 中(见注 1)。

所有三种分量都可当作外加电流来看待。就顺序安装的 SPD 的配合来说,首次雷击是决定性因素,因为后续雷击的单位能量、电荷量、峰值电流相对较小但电流的波前时间相对较短(见注 2)。长时间雷击对电流型避雷器(I类测试)来说,只不过是额外承载的一个电流,因此涉及配合问题时可不予考虑。

为了进行配合,要从这些参数中得出一些必要的特征值(如波形、能量等):

——从首次雷击的初始相关威胁参数出发,规定 10/350 μs 为模拟直接雷击的浪涌电流波形。这是用以验证 SPD 能量配合的合适的冲击电流。

——考虑到直接雷击电流与低压设备之间的相互作用,系统内部各个局部雷电流的波形可能不同。因此,也要考虑最小电流陡度的试验电流,即 0.1 kA/μs 试验电流。

注 1:这些参数代表了雷电流的威胁值。每一个 SPD 仅承载总雷电流的一部分。

注 2:GB/T 19271.1—2003 的附录 B 给出了分析用的雷电流解析函数,同时也给出了用于解析函数的各种参数值。

注 3:如果按首次雷击电流值来确定 SPD 的规格参数,则对这样的 SPD,后续雷击将不会对它们构成什么问题。如果采用电感作去耦元件,则电流上升时间越短越易配合。

注 4:若采用电阻作去耦元件(例如,信息系统中的 SPD 经常采用电阻作去耦元件)则需考虑允许的最大电流值。

5 按防雷区布置 SPD

5.1 防雷区

需保护的空间应划分为不同的防雷区,以确定具有不同 LEMP 严酷程度的各个区。穿越防雷区界面的金属设施应在每个穿越点作等电位连接。在本部分中,假定等电位连接网络的阻抗可忽略不计,电缆按 GB/T 19271.2—2005 中 3.5 的要求布设。如果这些前提条件不满足,则查阅 GB/T 19271.4,以获得更多信息。

5.2 防雷区的确定

防雷区是根据 GB/T 19271.1—2003 的 3.1 以及图 3 和图 4 来确定的。

将需要保护的空间划分为不同防雷区的一般原则示于图 1a)、图 1b)及图 2。

5.3 SPD 在各防雷区界面处的布置

图 2 给出按防雷区在配电系统上安装 SPD 的实例。SPD 是顺序安装的(见注 1),并按穿越点的要求来选择 SPD。

建议将电源网络和信号网络彼此靠近进入被保护空间,并在一块共用的等电位连接带上作等电位连接。这对一座由非屏蔽材料(木、砖等)建造的建筑物(或被保护空间)尤为重要。

所选 SPD 以及它们接入被保护空间的整个电气系统后,应保证雷电流大部分在 $LPZ0_A$ 与 LPZ1 的界面上泄入接地装置。

雷电流的原有能量被大部分耗散掉后,则后续 SPD 只需对付 $LPZ0_A$ 与 LPZ1 界面处的剩余浪涌和 LPZ1 区内电磁场的感应效应(见注 2)。

因此,各个 SPD 的连接导体需有足够低的阻抗值(见注 3)。

注 1:图 2 说明了一座无屏蔽的建筑物,仅由于外部防雷系统中各部件的分流作用以及由于作用距离的原因,才使其中的电磁场有所减小。

注 2:如果在 $LPZ0_A$ 与 LPZ1 界面处安装电压开关型 SPD,还需考虑开关型 SPD 未达到其动作阀值时,后续 SPD 承受的浪涌。

注 3:为了获得最佳的过压保护,SPD 的所有连接导线、引线、电缆应尽可能短。连接导线指的是由相线至 SPD 以及从 SPD 至主接地端子或保护地的导线。

6 对 SPD 的性能要求

应根据防雷区提出对各个 SPD 的性能要求。

选择 SPD 时,应考虑所有的相关技术要求,例如:

——电压保护水平(包括容限);

——电流和能量的要求;

——暂时过电压。

按已确立的各个防雷区的要求确定这些技术要求。

6.1 从 $LPZ0_A$ 到 LPZ1 的过渡

从 $LPZ0_A$ 穿入 LPZ1 的线路可能传导雷电流。

宜由 SPD(Ⅰ类测试)在此界面上将这些雷电流大部分分流掉。

该 SPD 承受的雷电流参数,将由以下因素确定:

——根据表 1 及 GB/T 19271.1 所选定的"保护级别";

表 1 首次雷击雷电流参数

电流参数	保护级别		
	Ⅰ级	Ⅱ级	Ⅲ-Ⅳ级
I 峰值电流(kA)	200	150	100
T_1 波前时间(μs)	10	10	10
T_2 半峰值时间(μs)	350	350	350
Q_s 短时雷击电荷量[1)](C)	100	75	50
W/R 单位能量[2)](MJ/Ω)	10	5.6	2.5

1) 短时雷击电荷量 Q_s 的大部分包含在首次雷击中,因此把所有短时雷击的电荷量都归入所给出的数值中。

2) 单位能量 W/R 的大部分包含在首次雷击中,因此把所有短时雷击的单位能量都归入所给出的数值中。

——接地阻抗以及进入被保护空间的所有金属设施(如水管、煤气管、电信及电力电缆)的阻抗;

——交流供电电源制式(TN、TT、IT……)以及电网结构。

根据这些因素,计算出流过 SPD 的雷电流(详情见附录 B)。

需使 SPD 的电压保护水平满足被保护设备的抗损能力以及电力装置绝缘配合(见 GB/T 16935.1)的要求。如果不知道被保护设备的抗损能力,宜采用 GB/T 17626.5 所要求的或经实测的抗扰度。

注:由于实际应用中存在一些不确定因素,需给抗扰度留有充分的安全裕量。

6.2 从 $LPZ0_B$ 到 LPZ1 的过渡

在 $LPZ0_B$ 区内,由雷电流引起的电磁场起支配作用。排除直接雷击。

在此情况下,根据 GB 18802.1 可用波形为 8/20 μs 的浪涌电流试验(II 类测试)或适当组合波试验(Ⅲ类测试)来模拟感应效应。

需使 SPD 的电压保护水平满足被保护设备的抗损能力以及电力装置绝缘配合(见 GB/T 16935.1)的要求。如果不知道被保护设备的抗损能力,宜采用 GB/T 17626.5 所要求的或经实测的抗扰度。

注:由于实际应用中存在一些不确定因素,需给抗扰度留有充分的安全裕量。

6.3 从 LPZ1 到 LPZ2 的过渡

从 LPZ0 过渡到 LPZ1 后剩余的浪涌值以及 LPZ1 区内电磁场的感应效应,决定了对 LPZ1 与 LPZ2 界面处 SPD 的要求。如果不能够对浪涌值作详细分析,则可用 GB 18802.1 中所述的 8/20 μs 浪涌电流Ⅱ类测试,或者适当的组合波Ⅲ类测试,来模拟施加于 SPD 上的主要的浪涌电流和电压。如果 $LPZ0_A$ 与 LPZ1 界面处的 SPD 是开关型 SPD,则还需考虑前级开关型 SPD 触发前施加于后级 SPD 上的 10/350 μs 浪涌。

需使 SPD 的电压保护水平满足被保护设备的抗损能力以及电力装置绝缘配合(见 GB/T 16935.1)的要求。如果不知道被保护设备的抗损能力,宜采用 GB/T 17626.5 所要求的或经实测的抗扰度。

为了保护敏感的信息系统,可能需采用较低的电压保护水平值(见 GB/T 17626.5 及 ITU-T 的 K 系列建议)。

注:由于实际应用中存在一些不确定因素,需给抗扰度留有充分的安全裕量。

7 能量配合

7.1 总的配合目的

在需要保护的系统中安装 SPD 的数量取决于防雷区数量、被保护设备的抗损能力以及所用 SPD 的特性。所选 SPD 的电压保护水平必须满足低压装置绝缘配合的要求以及被保护设备的抗损能力。

能量配合的目的就是要避免保护系统内的 SPD 过负荷。因此必须弄清依其安装位置及特性决定的各个 SPD 所承受的浪涌值。

如果使用了一个以上的 SPD 来保护设备,并且核对了这些 SPD 的保护特性及其安装位置适合于被保护设备时,就需要研究这些 SPD 间及其与被保护设备间的配合问题。

如果对每一个浪涌电流,由 SPD 耗散的能量低于或等于 SPD 的最大耐受能量(对去耦元件也是如此),则实现了能量的配合。

最大耐受能量定义为 SPD 所能耐受的不致引起其性能劣化的最大能量,宜由以下方法获得 SPD 的最大耐受能量:

——GB 18802.1—2002 第 7 章的电气测试;

——参考制造商的技术资料。

可用图 3 所示的单相电路图说明 SPD 能量配合的基本模型。该模型只有在公共等电位连接网络(CBN)的阻抗以及 CBN 与 SPD1 和 SPD2 的连接线之间的互感可忽略时才有效。实现如此低耦合的措施由 GB/T 19271.4 给出。对于阻抗较高的情况,可参考 GB/T 19271.4。

7.2 基本配合原则

7.2.1 一般原则

配合技术的目标是通过选用以下两个一般原则之一来实现 SPD 之间的能量配合:

a) 根据静态伏安特性进行配合(除导线外无附加任何去耦元件)。

这一原则适用于限压型 SPD(如 MOV 或抑制二极管)。本方法对电流波形不十分敏感。

b) 使用去耦元件进行配合。

为实现配合,可能要采用电感或电阻作去耦元件,这些元件应有足够的耐浪涌能力。

电感主要用于供电系统,电阻主要用于信息系统。

对于此种配合方法,波形特别是电流陡度 di/dt,是决定性参数。

注 1:去耦元件既可采用分立元件也可采用各防雷区界面之间及界面与设备之间电缆的固有电阻及电感。

注 2:电缆的电感是指相线和地线两条线的电感:

——如果两条线在同一条电缆内,则电感大约为 0.5 μH/m～1 μH/m(取决于导线的截面积);

——如果两条线不在同一电缆内,应假定有较大的电感(取决于两条电缆的分隔距离)。

注 3:在 LPZ0 与 LPZ1 界面上,保护入户设施的 SPD 应符合入户设施网络操作人员的要求。

7.2.2 限压型 SPD 间的配合

图 4a)给出这种 SPD 组合的电路图,图 4b)说明这种组合中的能量分配。随着冲击电流的增大,馈入的总能量也增加。只要每个 SPD 耗散的能量不超过 MOV 的最大允许吸收能量,就实现了能量的配合。

在不用去耦元件的情况下,两个 SPD 间的能量配合可借助于它们在相关电流范围内的静态伏安特性来实现配合。本方法对电流波形不十分敏感。

如用电感作去耦元件,则应考虑浪涌电流波形(例如:10/350 μs,8/20 μs)。

对小电流陡度的波形(如:0.1 kA/μs),电感对限压型 SPD 的去耦效果不是很有效。只要可能,宜用电阻作去耦元件(或电缆的固有电阻)实现能量配合。

详细情况见 GB 18802.1。

关于这类 SPD 的配合,应注意按各自通过的浪涌电流波形及能量确定 SPD 的规格。流过 SPD 的电流波形与侵入电流波形相比不会明显变窄。附录 A(图 A.1～A.3)给出限压型 SPD(MOV)之间能量配合的例子。

7.2.3 电压开关型和限压型 SPD 间的配合

以放电间隙及 MOV 为例，图 5a)给出这种组合的基本电路图，图 5b)说明这种组合能量配合的基本原理。

图 5a)中，放电间隙(SPD1)的放电取决于 MOV(SPD2)两端的电压 U_1 以及去耦元件两端的压降(U_{DE})。在触发放电之前，SPD 间的电压分配如下式：

$$U_{SG} = U_1 + U_{DE} \qquad (1)$$

一旦 U_{SG}(放电间隙两端的电压)超过放电间隙的放电电压，SPD1 触发导通，就实现了配合，SPD1 的导通只取决于：

——MOV 的特性；

——入侵浪涌的上升速率及幅值；

——去耦元件的性质(如电感或电阻)(见 GB 18802.1)。

当用电感作去耦元件时，应考虑浪涌电流的上升时间及峰值(如 10/350 μs，8/20 μs)。di/dt 越大，去耦所需的电感越小。特别是对于Ⅰ类测试的 SPD 与Ⅱ类测试的 SPD 之间的配合，必须考虑最小陡度的冲击电流，即 0.1 kA/μs 的冲击电流(亦参考第 4 章)。对 10/350 μs 以及 0.1 kA/μs 的冲击电流，必须保证这些 SPD 之间都能配合。

应考虑下列两种基本情况：

——放电间隙不发生火花放电。

此时全部的浪涌电流流过 MOV。应按这一浪涌电流的能量来确定 MOV 的规格，图 A.5 给出放电间隙不放电时，这种 SPD 组合的电流和电压曲线。

“盲点”是放电间隙与 MOV 之间能量配合过程中的一种最恶劣的情况。此时放电间隙两端的电压仍达不到放电电压而 MOV 已经达到其最大的耐受能量。因此，当采用电感作去耦元件时，最为重要的是电流的最小陡度。

——放电间隙发生火花放电。

放电间隙的放电改变了施加于 MOV 的浪涌波形。从图 A.6 可看出，流过 MOV 的电流的持续时间大大减小了。

7.2.3.1 去耦电感的确定

图 6 给出对 10/350 μs 及 0.1 kA/μs 两种电流都能实现配合的去耦电感的确定方法。应按照两个 SPD 的动态 U/I 特性确定所需的去耦元件。在 MOV 承受最大能量 W_{max}之前，MOV 上的电压 U_1 与电感 L_{DE}两端压降之和必须超过放电间隙的放电电压 $U_{ov\text{-}dyn}$。

对于 10/350 μs 冲击电流，通过 MOV 的电流的陡度取决于 MOV 允许通过的 10/350 μs 最大电流 I_X(由 MOV 的 W_{max}决定)，因而放电间隙两端压降的陡度也取决于最大电流 I_X。因此，SG 的放电电压通常取 1 kV/μs 下的冲击火花放电电压。

对于 0.1 kA/μs 的线性斜角波电流，由于电流陡度恒定，因此 L_{DE}两端的电压降也是恒定的。放电间隙两端的电压陡度随 MOV 的 U/I 特性而变化。因此，SG 两端的 du/dt 远比第一种情况小。根据放电间隙的放电电压特性，此时放电间隙的火花放电电压减小了。随着 SG 两端近似恒定压降持续时间的延长(持续时间取决于 MOV 的 W_{max})，放电电压不断降低。随着电流流过 MOV 时间的增加，假定放电电压几乎减小至直流放电电压(500 V/s)。

去耦电感值 L_{DE}应取两种情况下所确定的电感 $L_{DE\text{-}10/350}$ 及 $L_{DE\text{-}0.1\,kA/\mu s}$ 中的较大者。

图 A.7 和 A.8 给出确定 L_{DE}的例子。

注 1：在低压供电系统中，设计去耦元件时，以负载侧短路作为最苛刻的情况。但对配合来说，就不是很恰当的。用负载侧的电压(负载电压)作为最苛刻的情况进行去耦元件的设计更为实际。放电间隙下游的 SPD 通常是由

MOV 或 MOV 串以间隙构成的。在任何情况下，这类 SPD 的残压都比标称电源电压的峰值高(例如，在标称电压为 240 V 的交流电源系统中，峰值电压为$\sqrt{2}\times 240$ V=340 V，该电压低于所安装的 SPD 的参考电压)。标称电源电压的峰值相当于这些 SPD 的可能的最低残压。因此，该峰值电压就当作可能的最小负载电压。采用短路情况下而不是负载电压情况下的电流来进行设计的话，将导致去耦元件规格尺寸过大。

注 2：L_{DE}是去耦元件的有效电感。

7.2.4 电压开关型 SPD 间的配合

本组合以放电间隙为例加以说明。对放电间隙之间的配合，应采用动态工作特性。

后级放电间隙 2 放电后，借助于去耦元件实现配合。为确定去耦元件所需值，可用短路来代替放电间隙 2。而为了使前级放电间隙 1 放电，去耦元件两端的压降必须高于放电间隙 1 的放电电压。

电感作去耦元件时，应考虑电流波形(特别是 di/dt 值)。

电阻作去耦元件时，浪涌电流峰值决定了去耦元件的阻值。在选择去耦元件的脉冲额定参数时应考虑浪涌电流的峰值。

放电间隙 1 放电后，全部能量将依各个间隙的静态伏安特性重新分配。

注：由于制造工艺的不同以及浪涌冲击波形各异等原因，通常要考虑 SPD 特性的容差。对于放电间隙/气体放电管的放电，冲击陡度最为重要。

7.3 防护系统的基本配合方案

目前有四种防护系统配合方案。前三种方案建立在多个单端口 SPD 共同分流上，而方案Ⅳ是用于其内部集成有去耦元件的双端口 SPD。应用这些配合方案时，还必须考虑那些可能被组合在被保护设备内的 SPD。

方案Ⅰ

所有的 SPD 取相同的残压值 U_{res}，这些 SPD 具有连续的伏安特性(如压敏电阻、抑制二极管)。

SPD 间以及 SPD 与被保护设备间的配合，通常是用它们之间的线路阻抗来实现的(见图 7)。

注：SPD 参数的分散性可能会影响配合的结果。

方案Ⅱ

本方案中，所有 SPD 具有连续的伏安特性(如压敏电阻、抑制二极管)。

SPD 的残压 U_{res} 呈台阶式，从第一个 SPD 向后续 SPD 逐个升高(见图 8)。

这是一种用于供电系统的配合方案。

注：本方案要求装在被保护设备内的 SPD 的残压值要高于安装于设备之前的最末一个 SPD 的残压。

方案Ⅲ

图 9 中，SPD1 为具有不连续伏安特性的开关型 SPD(如放电间隙)，其余 SPD 为具有连续伏安特性的限压型 SPD(如 MOV)。

本方案的特点是由于第一个 SPD 的“开关作用”，使原来的冲击电流(如 10/350 μs)的半峰值时间被减小，从而大大减小后续 SPD 承受的浪涌能量。

注：关于信号线的其他信息在 ITU-T K 系列建议中给出。

方案Ⅳ

用串联阻抗或滤波器作内部配合的多个级联的 SPD 组合在一起，可构成一个双端口 SPD(见图 10)。其内部实施了成功的配合意味着将向下游的 SPD 或设备传送最小的能量。这些双端口 SPD 必须与系统中的其他 SPD，恰当地按方案Ⅰ、方案Ⅱ或方案Ⅲ进行充分配合。

7.4 根据“容通能量(LTE)”进行配合的方法

用标准脉冲参数进行配合的过程就是选配 SPD 的过程。该方法的主要优点是可以将 SPD 当作“黑盒”看待(见图 11)。因此，在输入端口施加一给定的浪涌，不但能确定其开路输出电压，也能确定其输出短路电流(“容通能量”原理)。这些输出特性转换成一个与其等效的“2 Ω 组合波”输出值(开路电压 1.2/50 μs，短路电流 8/20 μs)。该方法的优点是无需特别了解这类 SPD 的内部设计。

注：当 SPD2 对 SPD1 无反作用时，采用本方法可获得理想的结果。当 SPD1 的伏安特性与 SPD2 的伏安特性非常

不同,以致可将 SPD2 的输入浪涌当作准外施电流看待时,就属这种情况。例如放电间隙与 MOV 之间的配合,就满足这一条件。

本配合方法的目标是使 SPD2 的输入值(如放电电流)与 SPD1 的输出值(如电压保护水平)相匹配。

为了配合恰当,应使 SPD1 的等效输出组合波不超过 SPD2 能够吸收而不导致损坏的最大允许输入组合波。

为使配合可靠,应以最苛刻的参数值(最大电流、最大电压、容通能量)确定 SPD1 的等效输出混合脉冲。

注:关于本配合方法的其他资料在 IEC 61643-2 中给出。

7.5 SPD 与被保护设备间的配合

7.5.1 SPD 的选择

在被保护设备输入端口外部安装的 SPD 与设备本身,在特性方面应相互配合。

这类配合应保证,设备承受的浪涌不能超过被保护设备的抗损能力。

关于终端设备抗损能力的细节,可参阅下列标准:

——GB/T 17626.5;

——ITU-T K.20,ITU-T K.21;

——GB/T 16935.1。

注:应该指出,通过在内部安装 SPD 从而达到上述标准要求的设备也宜这样做,这些内部 SPD 的参数可能影响或改变正在考虑的配合。

7.5.2 安装位置

尽管有了正确的能量配合,如果外部 SPD 不是安装在被保护设备上或其附近,也可能损坏终端设备。原因在于 SPD 与被保护设备间的导线上存在反射现象,这种反射现象甚至可能产生 2 倍 SPD 限制电压的过电压。

关于反射现象的更多信息见附录 C。

注:额外安装 SPD 会产生更多的防雷区界面。

8 验证方法

安装在一个系统中的所有 SPD,包括被保护设备,实现它们之间的能量配合是决定保护效率的决定性因素。

SPD 的制造商应公布每个 SPD 用于配合的基本参数。

是否实现了配合可用以下方法加以验证:

a) 配合试验

遵照 SPD 的三种基本组合(见 7.2.2、7.2.3、7.2.4)有可能通过试验证实实现了配合。

b) 计算

以不同的精度,通过计算证实实现了配合也是可能的。借助于计算机模拟,对复杂的系统也能有效地进行检验。

c) 采用内部配合好的 SPD 组合

对用户来说,这是最简易的方案。在此情况下,应由 SPD 的制造商证实内部的配合。

d) 根据"容通能量(LTE)"的配合方法

可以通过"容通能量(LTE)"的估算证实实现了配合(见 7.4)。

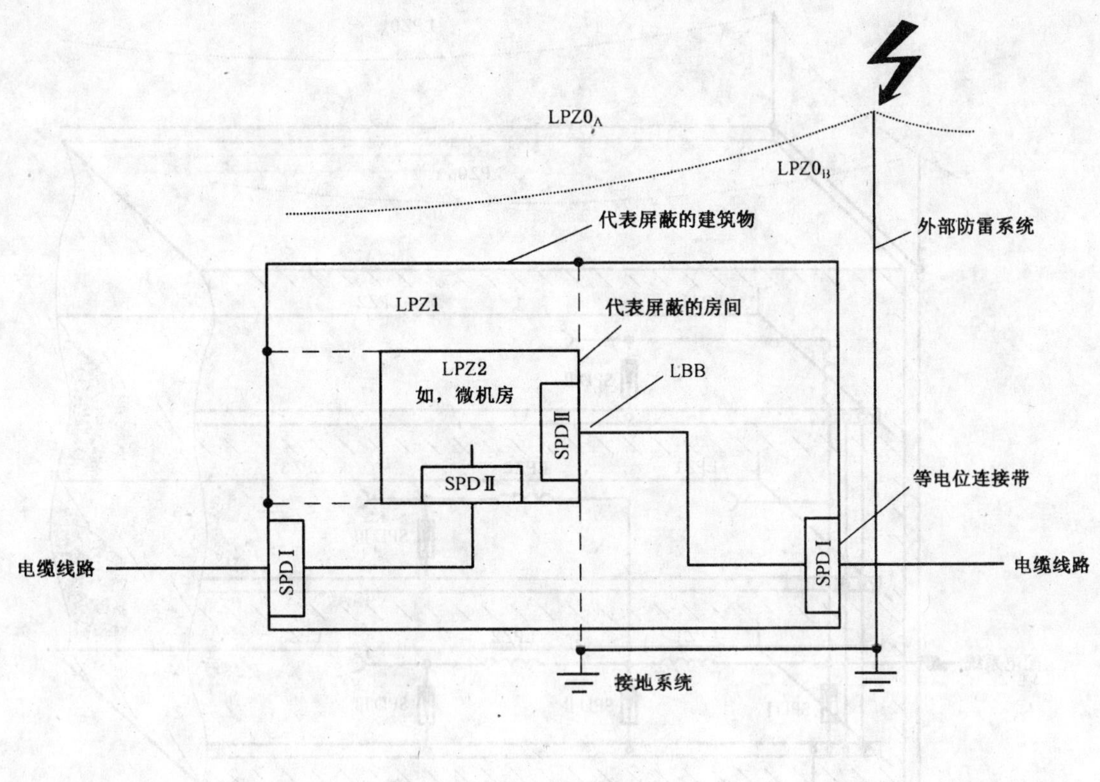

说明：

LPZ——防雷区；

LBB——局部等电位连接带。

a) 将一座建筑物划分为几个防雷区并作适当等电位连接的例子

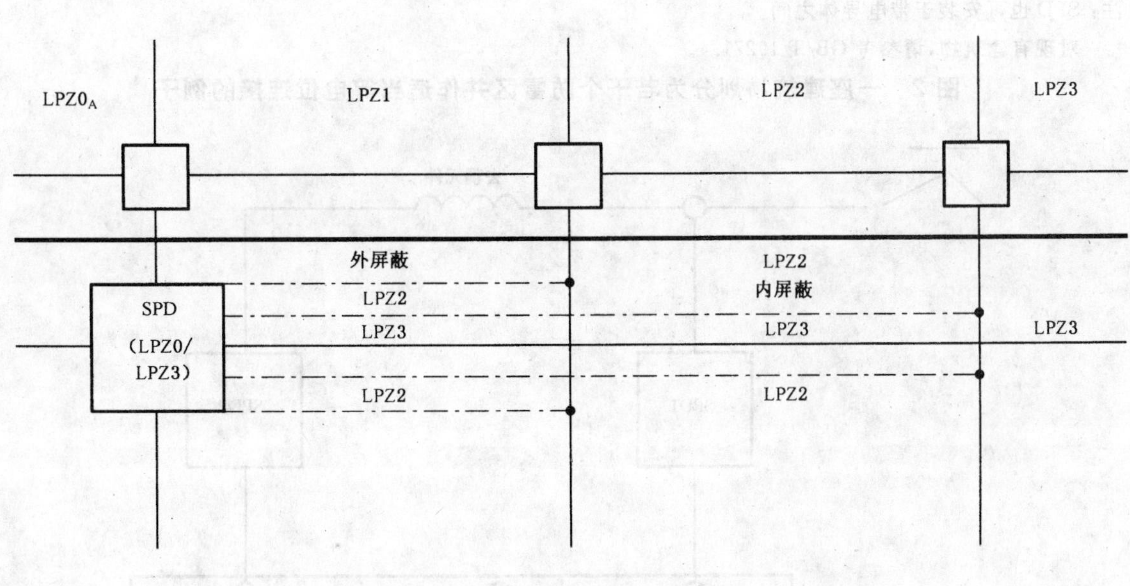

b) 用单个 SPD 及双层屏蔽电缆设计多个防雷区的例子

图 1 将需要保护的空间划分为不同防雷区的示例

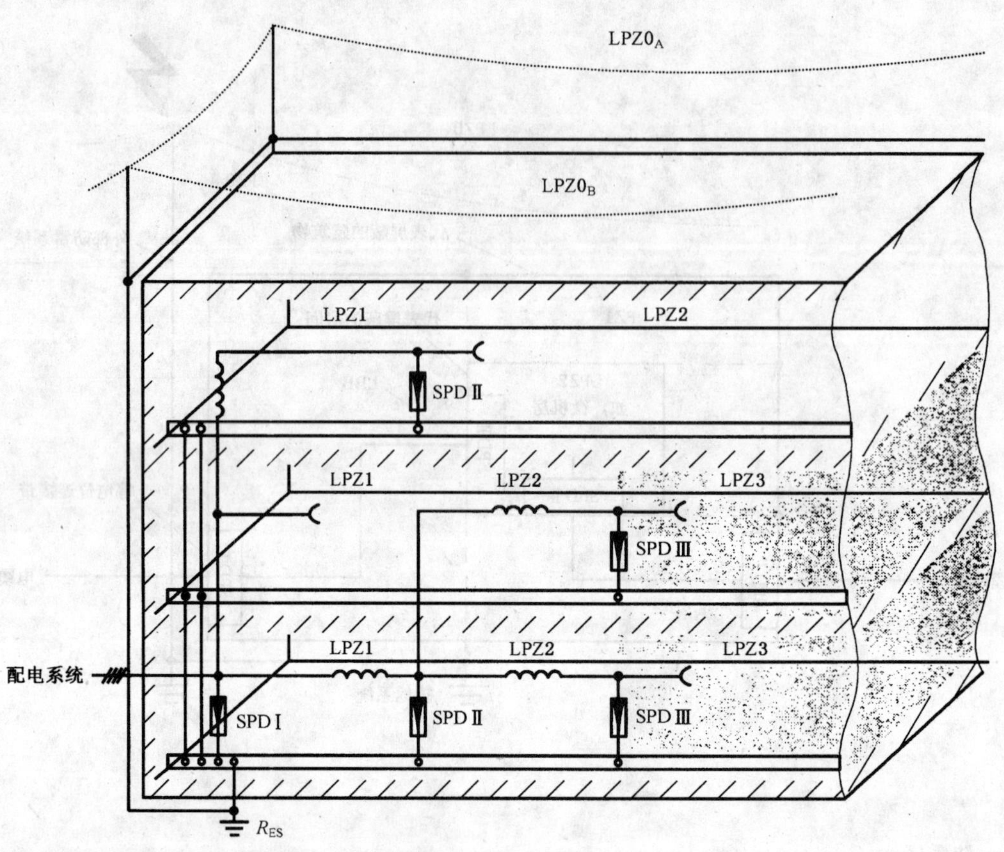

图例：

浪涌保护器

去耦元件或一段电缆

注：SPD 也可安装于带电导体之间。

对现有建筑物，请参考 GB/T 19271.4。

图 2　一座建筑物划分为若干个防雷区并作适当等电位连接的例子

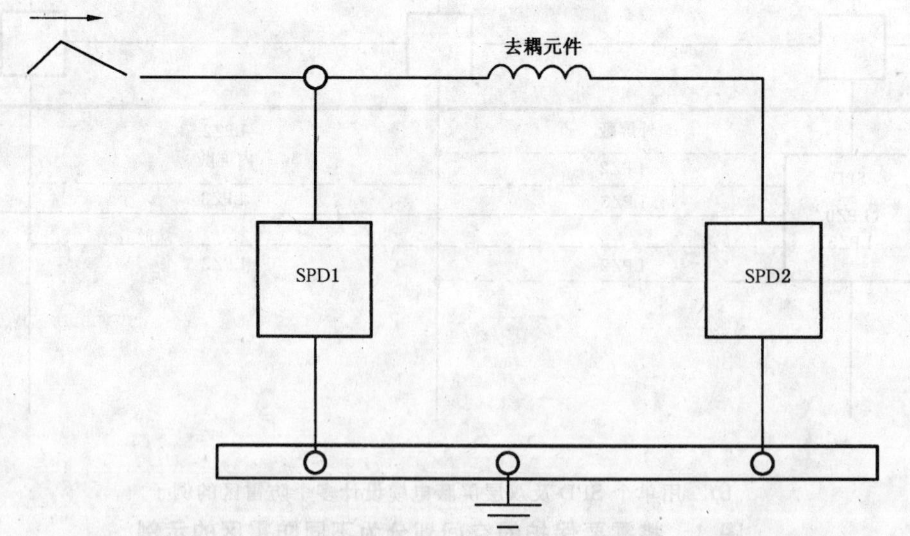

图 3　CBN 阻抗低得可忽略不计时，建筑物中 SPD 能量配合的基本模型（见 7.1）

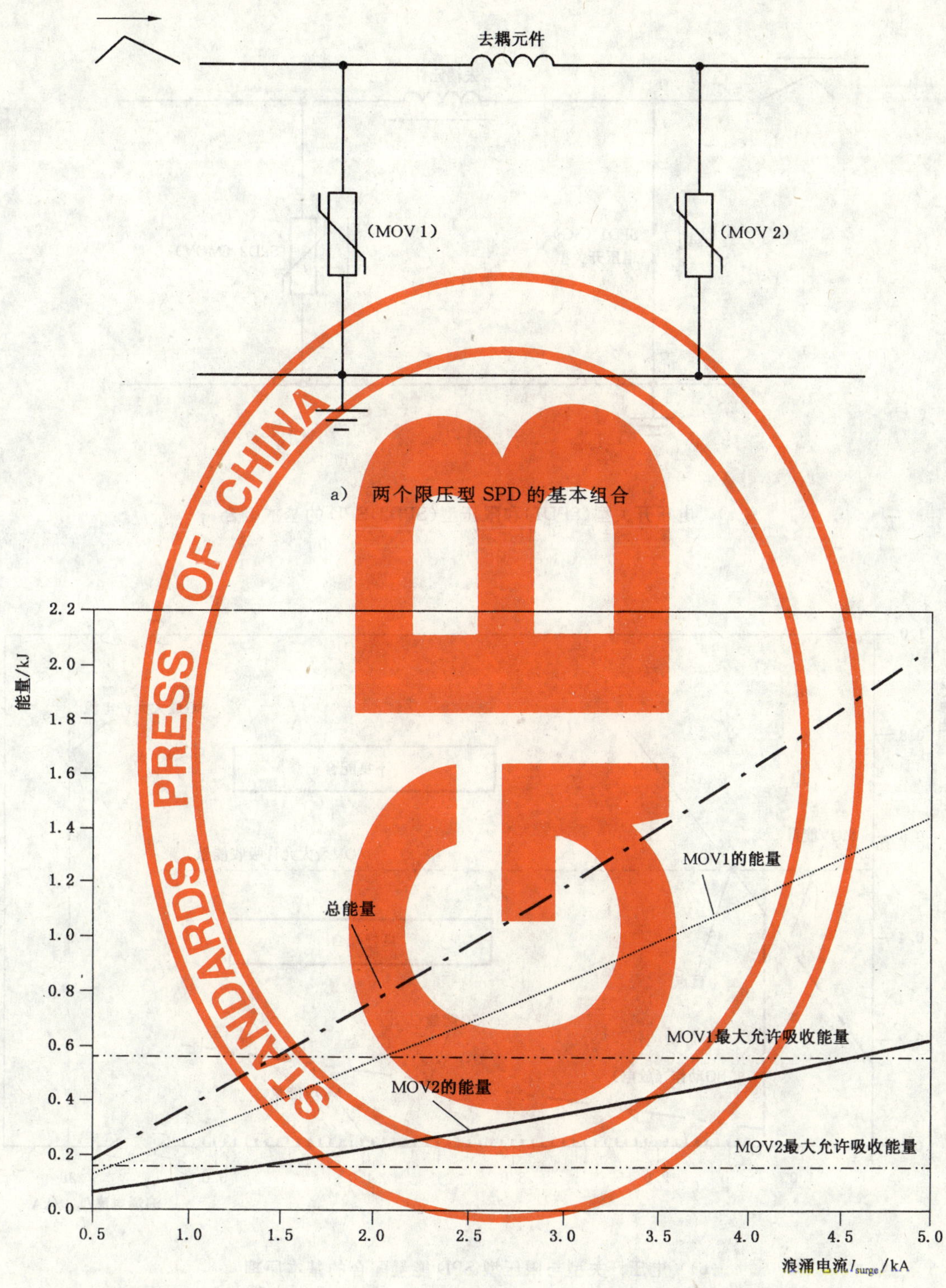

a） 两个限压型 SPD 的基本组合

b） 两个限压型 SPD 能量配合的基本原理

图 4 两个限压型 SPD 的基本组合与能量配合

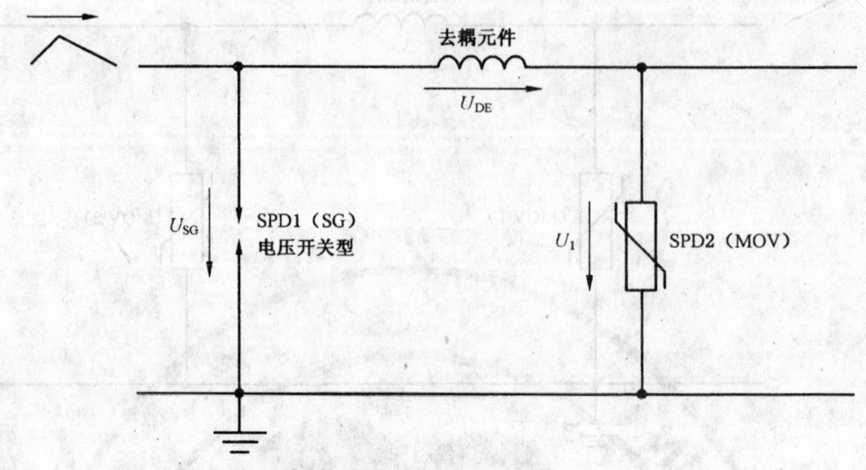

a） 电压开关型（SPD1）和限压型（SPD2）SPD 的基本组合

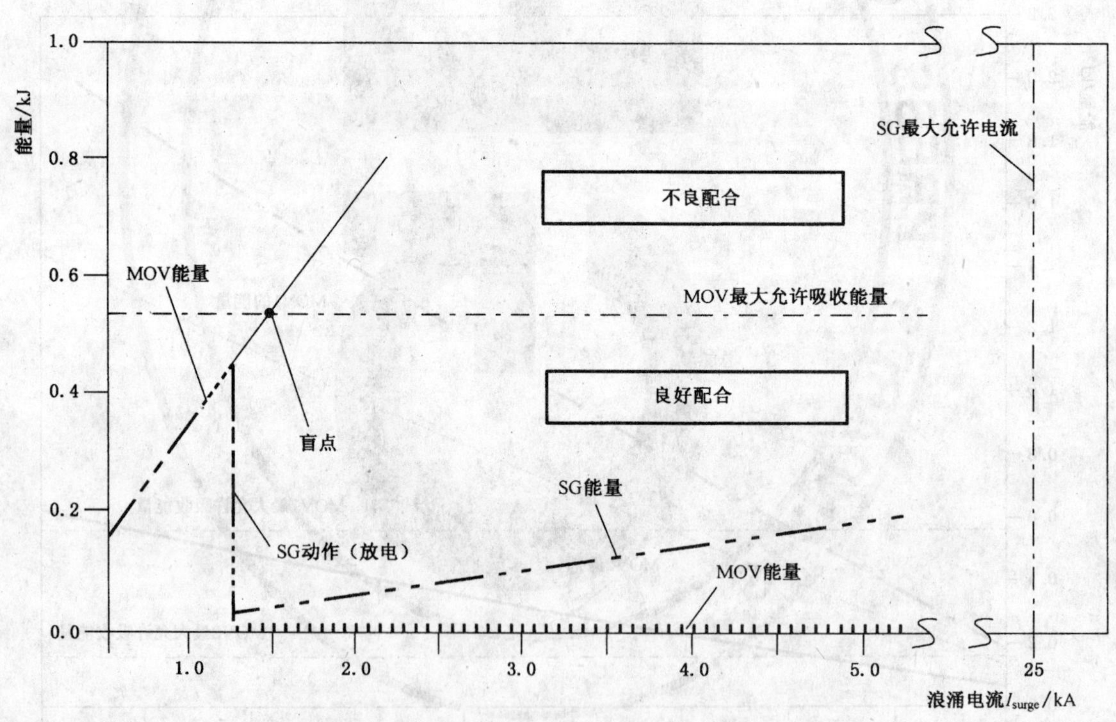

b） 电压开关型与限压型 SPD 能量配合的基本原理

图 5 电压开关型 SPD 和限压型 SPD 的基本组合与能量配合

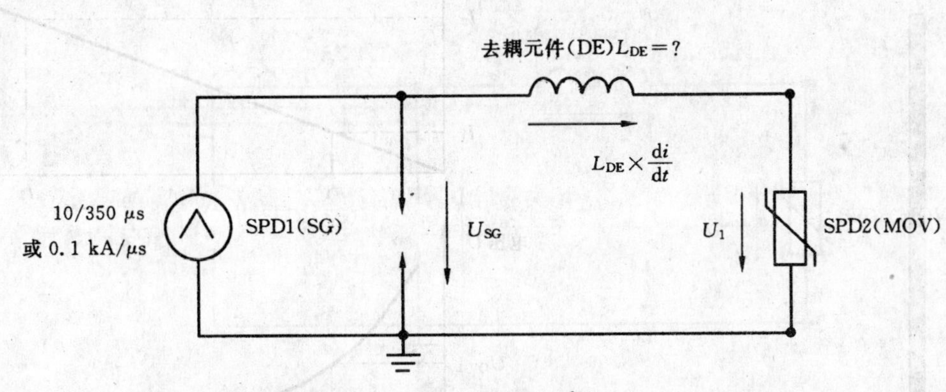

电压关系 $U_{SG}=U_1+L_{DE}\times\frac{di}{dt}$

SG 火花放电 $U_{SG}=U_{OV\text{-}dyn}$(SG 的火花放电电压)

实现能量配合 MOV 消耗能量超过 MOV 的 W_{max} 前触发 SG,即 $U_{SG}\geqslant U_{OV\text{-}dyn}$

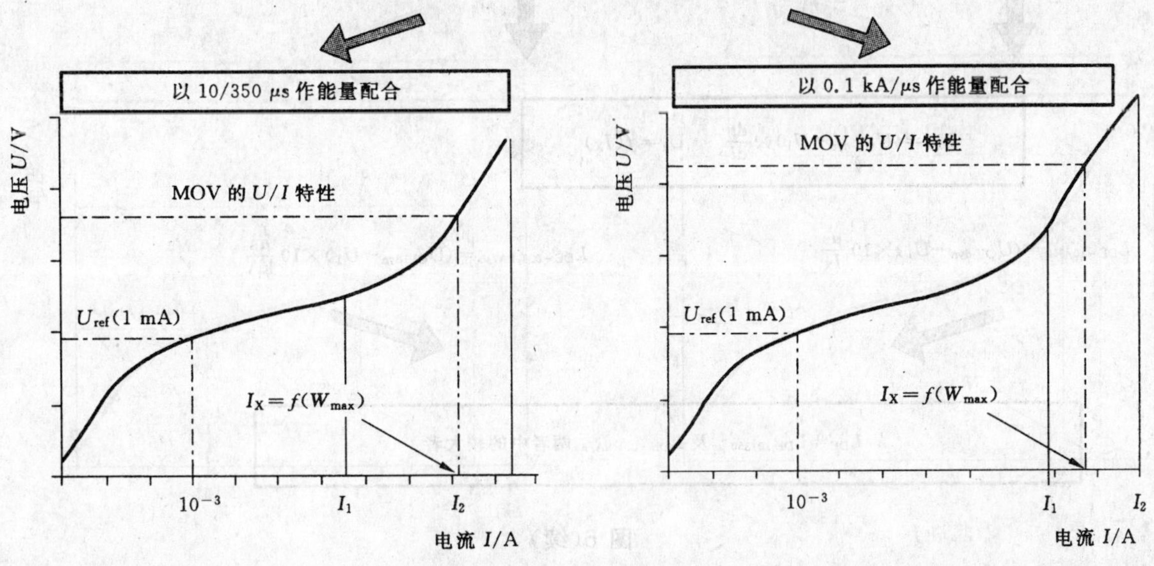

图中:

I_X 为 MOV 消耗能量达到 W_{max} 时流过 MOV 电流的峰值,随 W_{max} 而变

假定 MOV 流过 I_X 时实现能量配合的电感为 $L_{DE\text{-}10/350}$

若所取 L_{DE} 大于 $L_{DE\text{-}10/350}$,则实现配合的电流 $I_1<I_X$

若所取 L_{DE} 小于 $L_{DE\text{-}10/350}$,则实现配合的电流 $I_2>I_X$

图中:

I_X 为 MOV 消耗能量达到 W_{max} 时流过 MOV 电流的峰值,随 W_{max} 而变

假定 MOV 流过 I_X 时实现能量配合的电感为 $L_{DE\text{-}0.1\,kA/\mu s}$

若所取 L_{DE} 大于 $L_{DE\text{-}0.1\,kA/\mu s}$,则实现配合的电流 $I_1<I_X$

若所取 L_{DE} 小于 $L_{DE\text{-}0.1\,kA/\mu s}$,则实现配合的电流 $I_2>I_X$

注:10/350 μs 以及 0.1 kA/μs 两种情况下,MOV 的 I_X 可能不同。

图 6 以 10/350 μs 及 0.1 kA/μs 进行能量配合时,确定去耦电感的原则

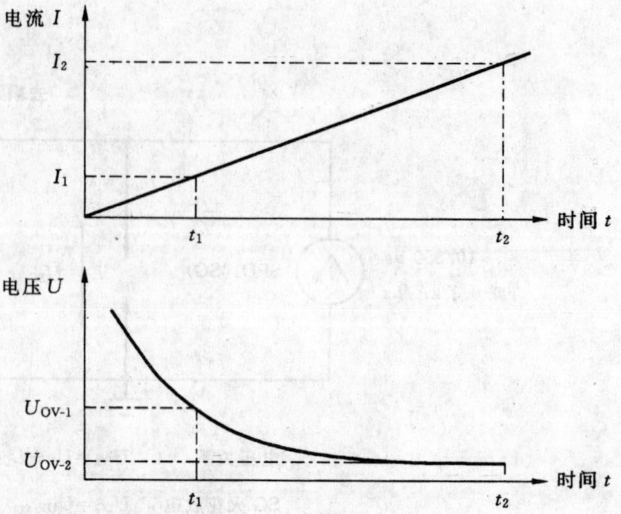

电流 I

I_2

I_1

t_1 t_2 时间 t

电压 U

$U_{OV\text{-}1}$

$U_{OV\text{-}2}$

t_1 t_2 时间 t

$$L_{DE}=(U_{OV\text{-}dyn}-U_1)\times\frac{dt}{di}\qquad U_1=f(I_X)$$

$$L_{DE-10/350}=(U_{OV\text{-}dyn}-U_1)\times 10\,\frac{\mu s}{I_X}$$

$$L_{DE-0.1\,kA/\mu s}=(U_{OV\text{-}dyn}-U_1)\times 10\,\frac{\mu s}{kA}$$

$L_{DE}=L_{DE\text{-}10/350\,\mu s}$及$L_{DE-0.1\,kA/\mu s}$两者中的较大者

图 6(续)

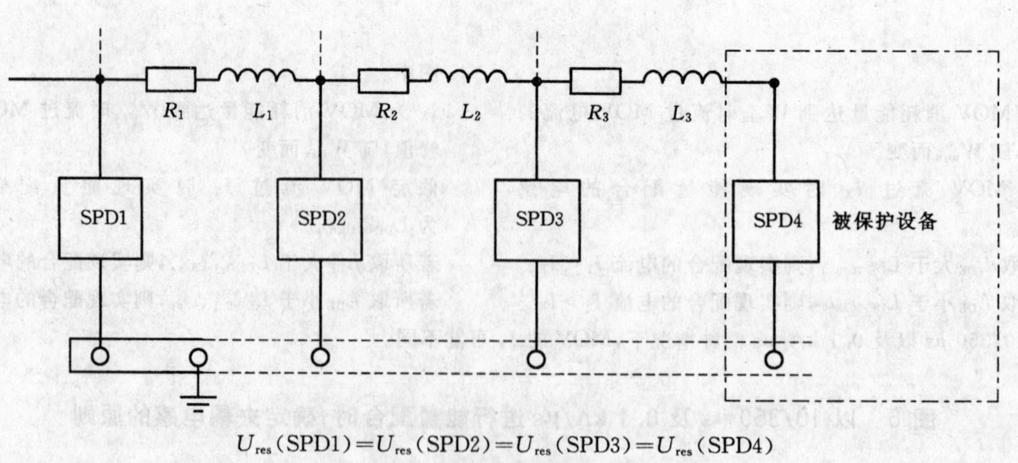

U_{res}(SPD1)$=U_{res}$(SPD2)$=U_{res}$(SPD3)$=U_{res}$(SPD4)

图 7　方案Ⅰ(限压型 SPD)的配合原则

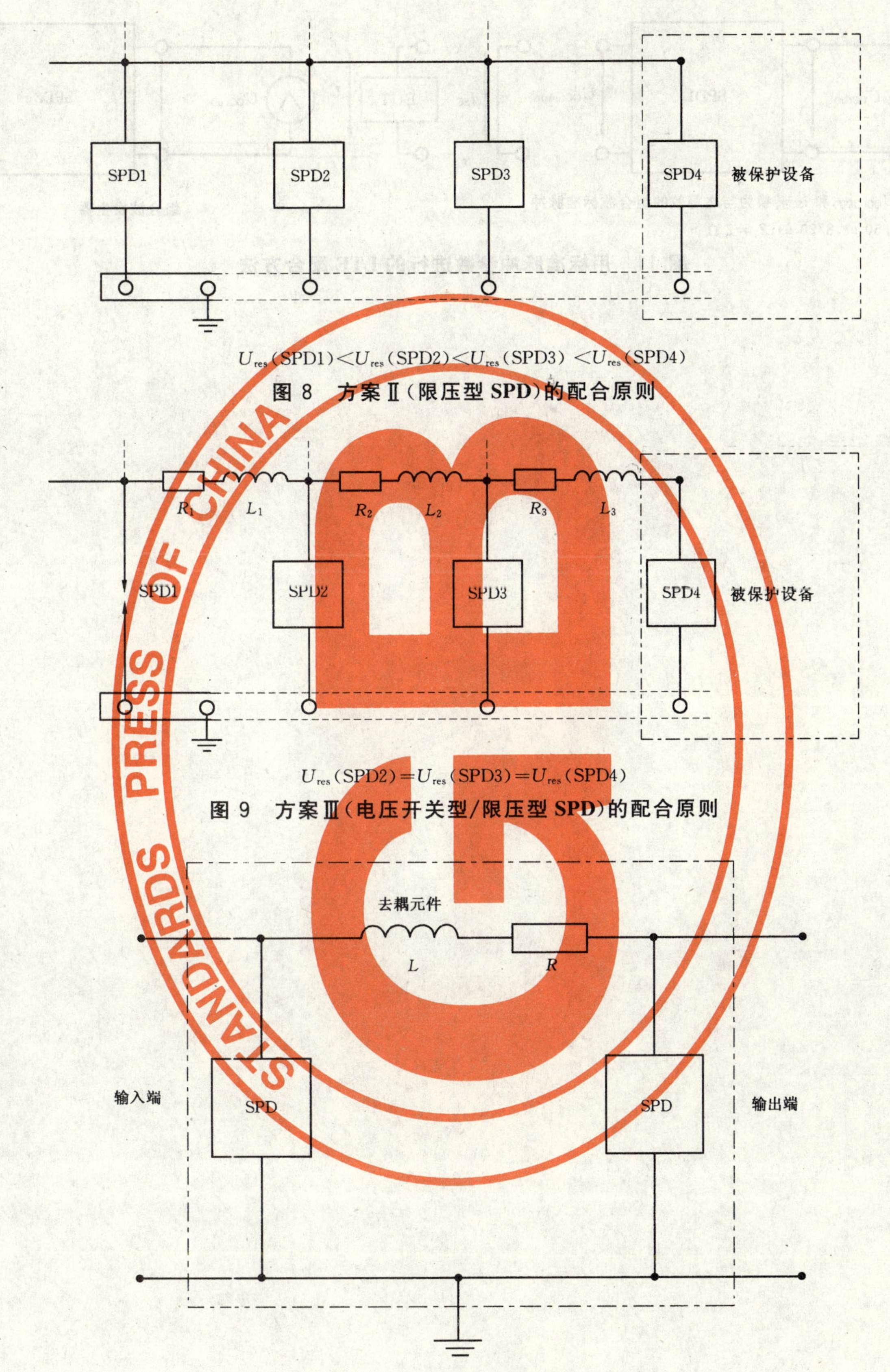

U_{res}(SPD1)<U_{res}(SPD2)<U_{res}(SPD3)<U_{res}(SPD4)

图 8 方案Ⅱ(限压型 SPD)的配合原则

U_{res}(SPD2)=U_{res}(SPD3)=U_{res}(SPD4)

图 9 方案Ⅲ(电压开关型/限压型 SPD)的配合原则

图 10 方案Ⅳ的配合原则

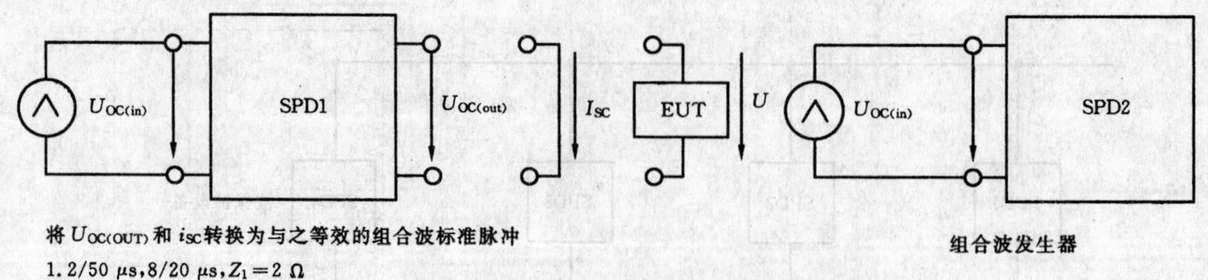

图 11 用标准脉冲参数进行的 LTE 配合方法

附 录 A
（资料性附录）
两个 SPD 间配合的若干例子

通常，对于配合来说，考虑 SPD 参数的分散性是很重要的。

A.1 限压型 SPD 间配合的例子

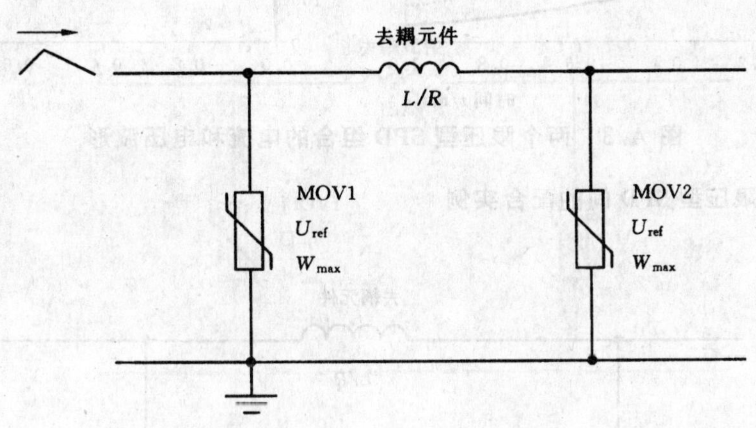

图 A.1 两个限压型 SPD 间配合的电路图

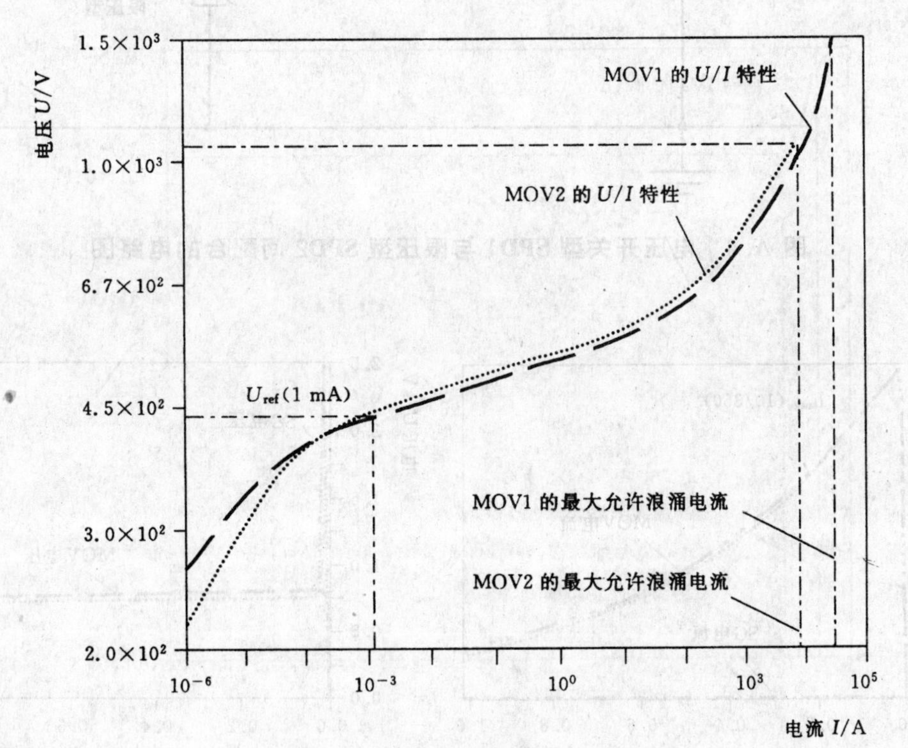

注：由本例可看出，仅了解 MOV 的参考电压 U_{ref} 对配合来说是不够的。

图 A.2 两个限压型 SPD 的伏安特性

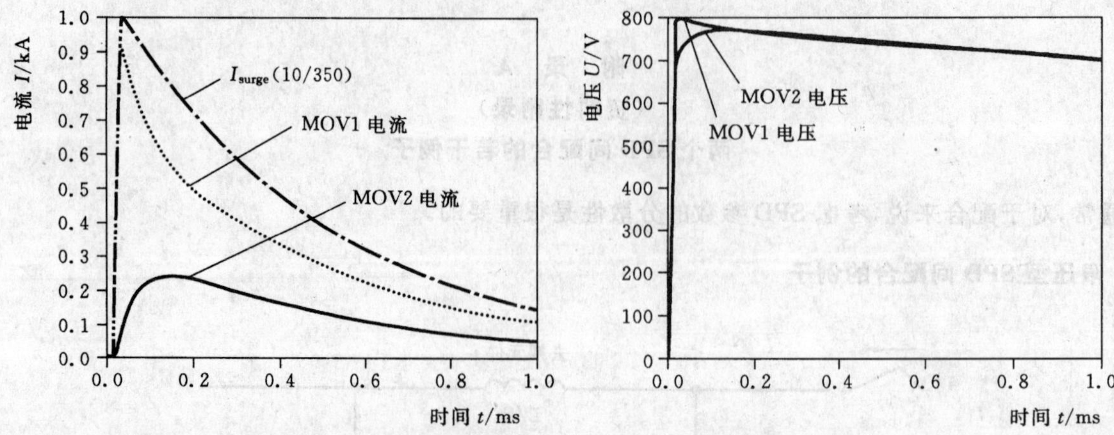

图 A.3 两个限压型 SPD 组合的电流和电压波形

A.2 电压开关型与限压型 SPD 间的配合实例

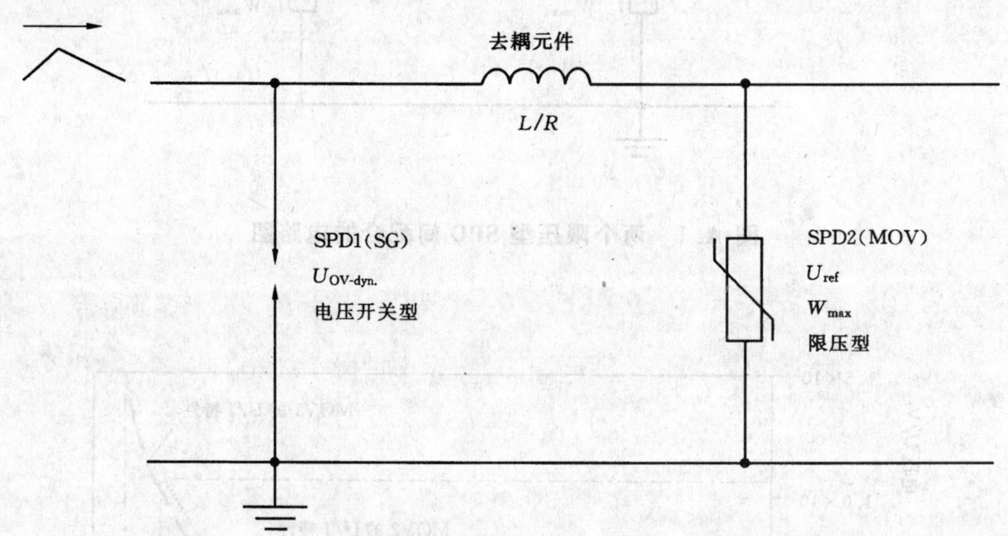

图 A.4 电压开关型 SPD1 与限压型 SPD2 间配合的电路图

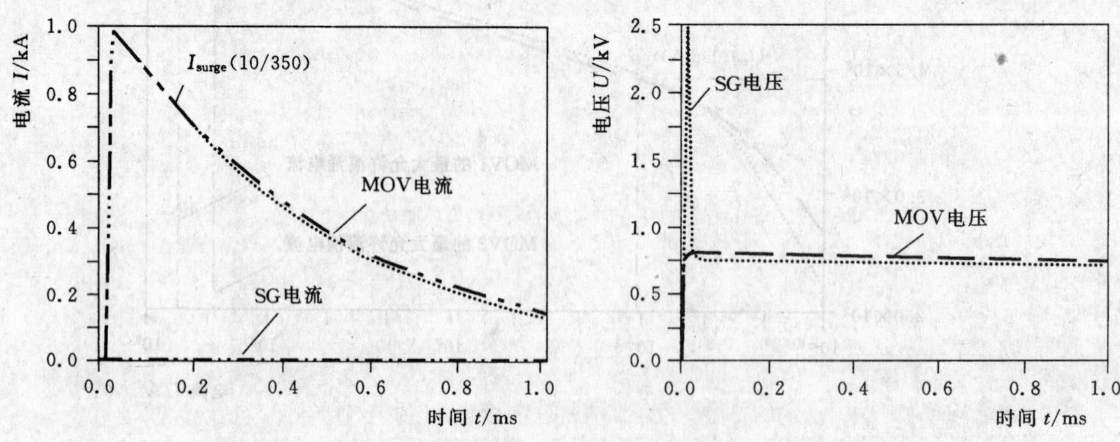

图 A.5 电压开关型与限压型 SPD 组合的电流和电压波形——SPD1 不放电

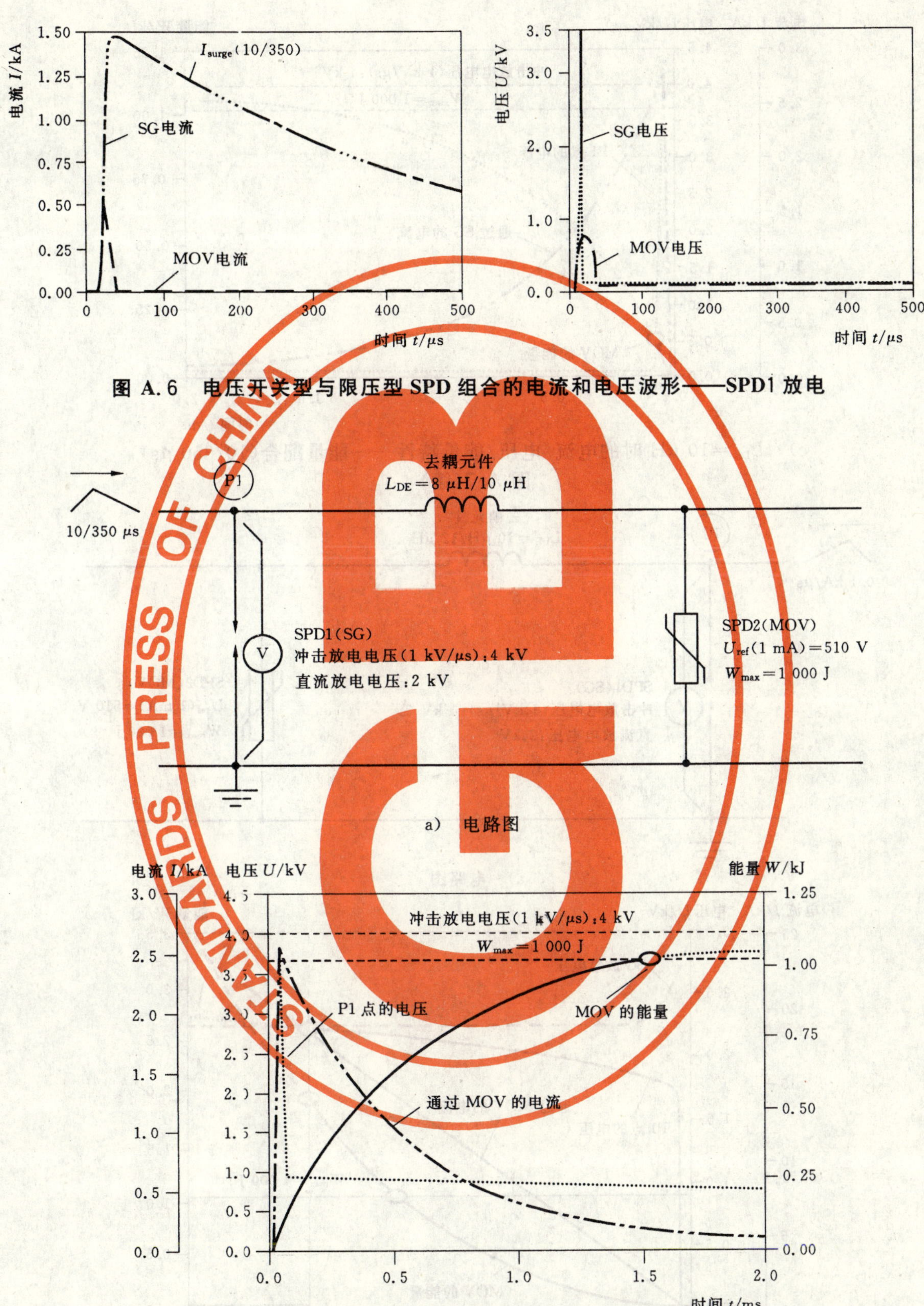

a) 电路图

b) L_{DE}=8 μH 时的电流/电压/能量特性——能量不配合(10/350 μs)

图 A.6 电压开关型与限压型 SPD 组合的电流和电压波形——SPD1 放电

图 A.7 对于 10/350 μs 冲击电流，电压开关型 SPD1 与限压型 SPD2 间能量配合的例子

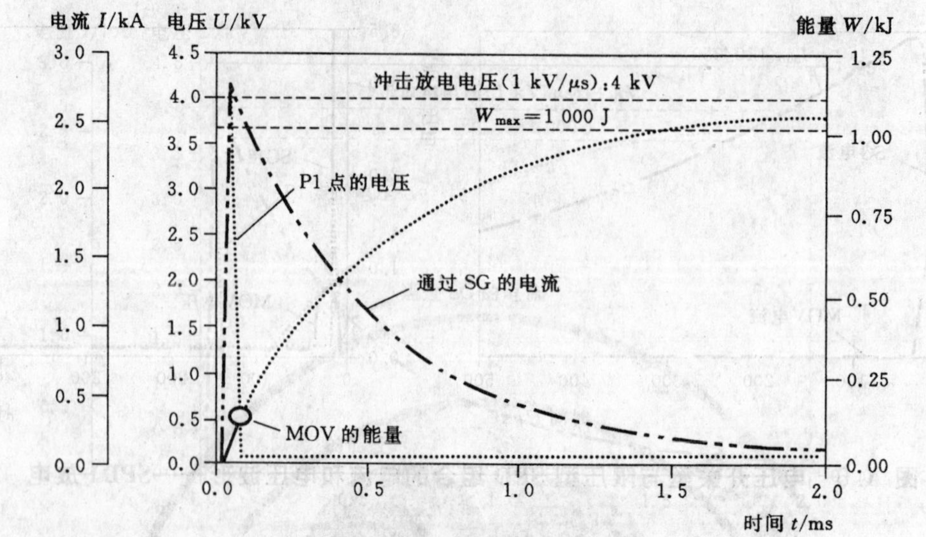

c) L_{DE}=10 μH 时的电流/电压/能量特性——能量配合(10/350 μs)

图 A.7(续)

a) 电路图

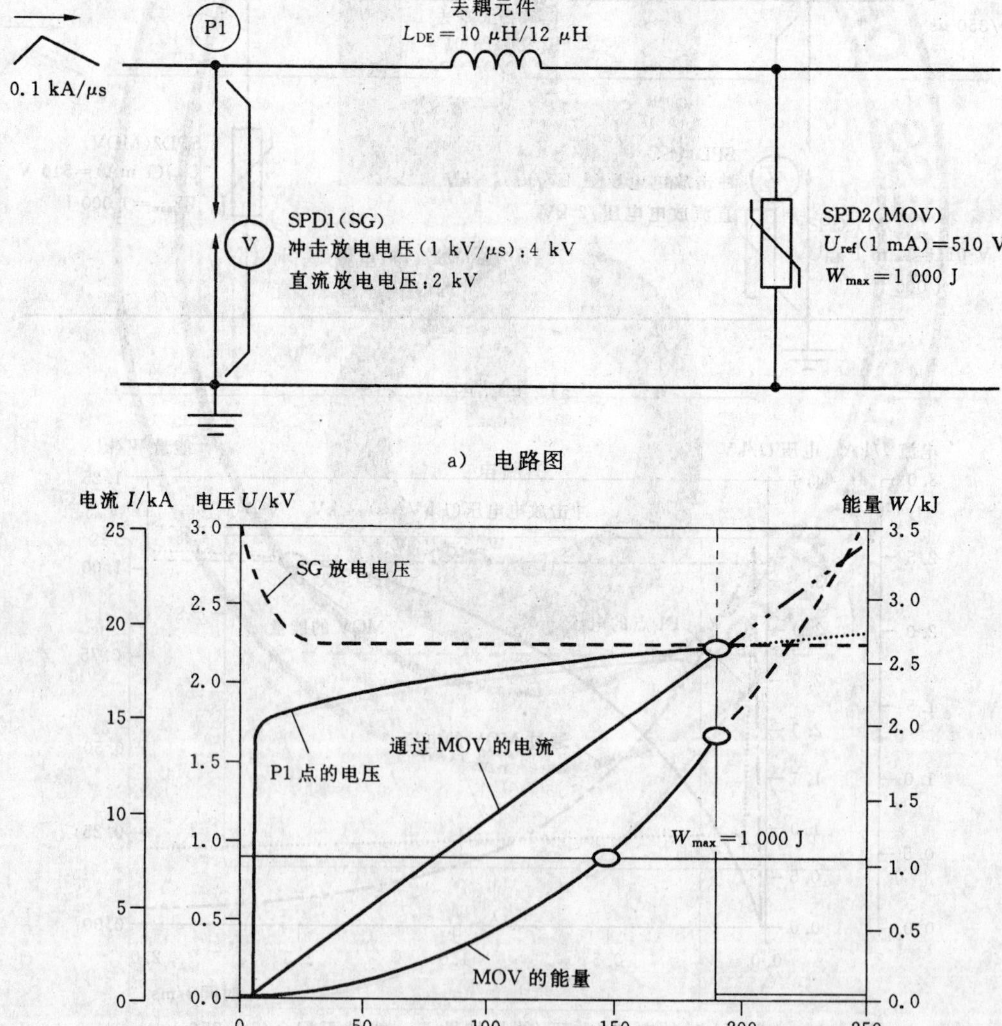

b) L_{DE}=10 μH 时的电流/电压/能量特性——能量不配合(0.1 kA/μs)

图 A.8 对于 0.1 kA/μs 冲击电流,电压开关型 SPD1 与限压型 SPD2 间能量配合的例子

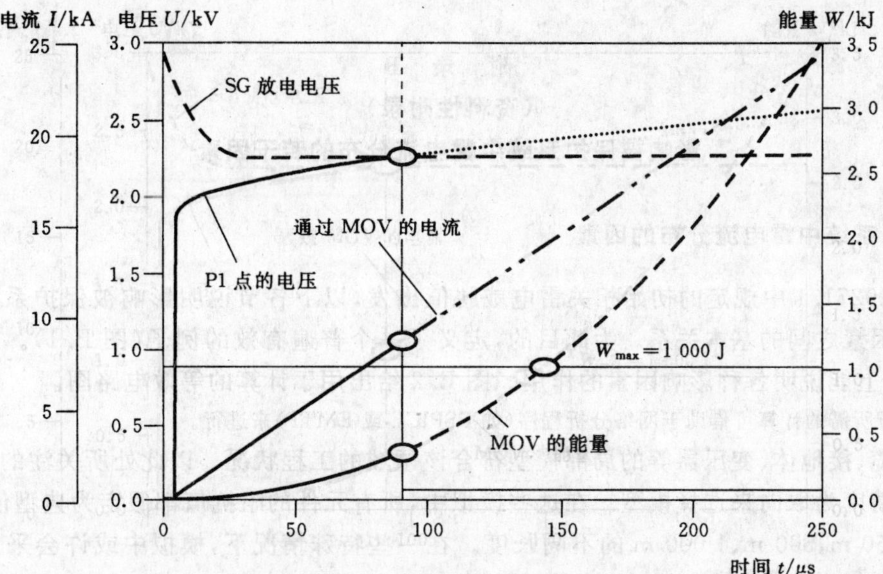

c) L_{DE}=12 μH 时的电流/电压/能量特性——能量配合(0.1 kA/μs)

图 A.8(续)

附 录 B
(资料性附录)
影响被保护系统中雷电流分布的若干因素

B.1 影响低压系统中雷电流分布的因素

从 GB/T 19271.1 中规定的初始相关雷电威胁值出发,以下各节说明影响被保护系统中雷电流分布的各种不同因素之间的基本关系。为此目的,定义了一个普遍有效的例子(图 B.1)。对于这样一个总体布局,基本上能说明各种影响因素的作用。图 B.2 给出用于计算的等效电路图。

注:这些分析所需的计算可借助于网络分析程序(如 PSPICE 或 EMTP)来进行。

所用的电缆、接地体、变压器等的局部模型符合该领域的工程状况。以此处所关注的避雷器的配合问题具有必要精度为取向来选择模型。在这些模拟中,所有元件的阻抗值都假定为典型值。作为示范,电源电缆采用 50 m、500 m、1 000 m 的不同长度。在一些特殊情况下,模拟中或许会采用其他的不同值。这些模拟给出了一个复杂系统内过电压保护的例子。

在这些例子的计算中,忽略了所有的电容。如果考虑了所含的电容,将在示波器上见到某些振荡。然而,对于本研究,这些振荡的实际意义很小,研究中的主要问题是各条导线中的电流分配。

B.1.1 电源电缆的影响

B.1.1.1 电源电缆长度对流过电缆线的局部雷电流波形的影响

图 B.3 给出了长输电线对电源系统内雷电流分布以及电源线中雷电流上升速率的影响。在所有这些研究事例中,假定雷电流为 200 kA、10/350 μs 的外加浪涌电流。

注 1:加大 R_{ET} 和 R_{ES}($\geqslant$20 Ω),会使接地系统和配电系统中的电流分布更均衡。

在这一简化了的试验电路中,忽略了水管及电话线的接地电阻。

由于采用长电缆,电源线上雷电流的波前时间($T_{1/\text{Power system}}$)增加了,其变化取决于系统中的 L/R 比例关系:

$$T_{1/\text{POWER-SYSTEM}} \sim \frac{L_{\text{mains}}/R_{\text{mains}}}{L_{\text{earthing-system}}/R_{\text{earthing-system}}} \qquad \text{(B.1)}$$

式中:

$L_{\text{earthing-system}}$——遭雷击建筑物接地系统的电感;

$R_{\text{earthing-system}}$——遭雷击建筑物接地系统的电阻。

注 2:在本文中,分清"T_1"与"上升速率"是非常重要的。T_1 只随 L/R 变化,"上升速率"除随 L/R 变化外,还随浪涌电流峰值的大小而变化。

在冲击电流的起始段,电流的分配是由系统的电感比 $L_{\text{mains}}/L_{\text{earthing-system}}$ 决定的。在冲击的波尾段,由于电流变化速率低,浪涌电流将按系统的电阻比 $R_{\text{mains}}/R_{\text{earthing-system}}$ 进行分配:

$$\frac{I_{\text{earthing-system}}}{I_{\text{mains}}} \sim \frac{R_{\text{mains}}}{R_{\text{earthing-system}}} \qquad \text{(B.2)}$$

B.1.1.2 电缆长度对导线间电流分布的影响

随着变压器与用电系统之间供电电缆长度的增加,变压器阻抗的影响将逐步减小。因此,各导线的局部电流将出现一个均衡分布(见图 B.4)。

只有在采用短电缆或中性线具有非常低的阻抗(例如由于重复接地)时,才可能出现三条相线 L1、L2、L3 及中性线间的非均衡电流分布。

图 B.5 说明了电流在这种系统中的分布情况。

B.1.2 变压器的影响

如 B.1.1.2 中所述的,变压器阻抗对电流分布的影响取决于电缆长度。

此外，还必须考虑到，由于变压器流过浪涌电流，将在变压器的绕组上产生过电压。为了避免变压器受损，可在变压器上安装 SPD 以限制这些过电压。当这些 SPD 动作后，变压器阻抗的影响可忽略。

B.1.3 接地系统的影响

变压器接地系统电阻与用户接地系统电阻的相互关系是雷电流分布的决定性因素。

减小变压器的接地电阻，导致流过低压系统中电流的增加(见图 B.6)。

B.1.4 多个用户的影响

在安装实践中，绝大多数情况是配电系统接有多个用户。图 B.7 给出了其基本电路图。由于相互并联而使用户配电系统的等效阻抗降低，导致了低压系统中局部雷电流的增加。在只有一幢建筑物的情况下，流入低压系统的雷电流约占总雷电流的 50%。而在配电系统有两个或多个用户情况下，如图 B.8所示，此值可升至 70%或更高。

在配电网密布的地区，大部分雷电流将因此而流入低压配电系统。

B.1.5 简化的计算方法

在装有外部防雷系统的建筑物遭到直接雷击的情况下，为了确定流经各个 SPD 的电流分布，通常采用各个接地系统(例如，建筑物的接地、水管的接地、配电系统的接地等)的欧姆电阻进行计算就足够精确了。图 B.9 给出了确定各个局部雷电流的简化计算方法。

随后给出简化计算方法的一个应用实例(图 B.11)，图 B.10 给出了其电路模型。

注：图中所选的所有参数仅作示范用。所得结果只是一个例子，用以说明一个复杂系统中过电压保护的基本原理。

图 B.1 雷电流分布的基本模型

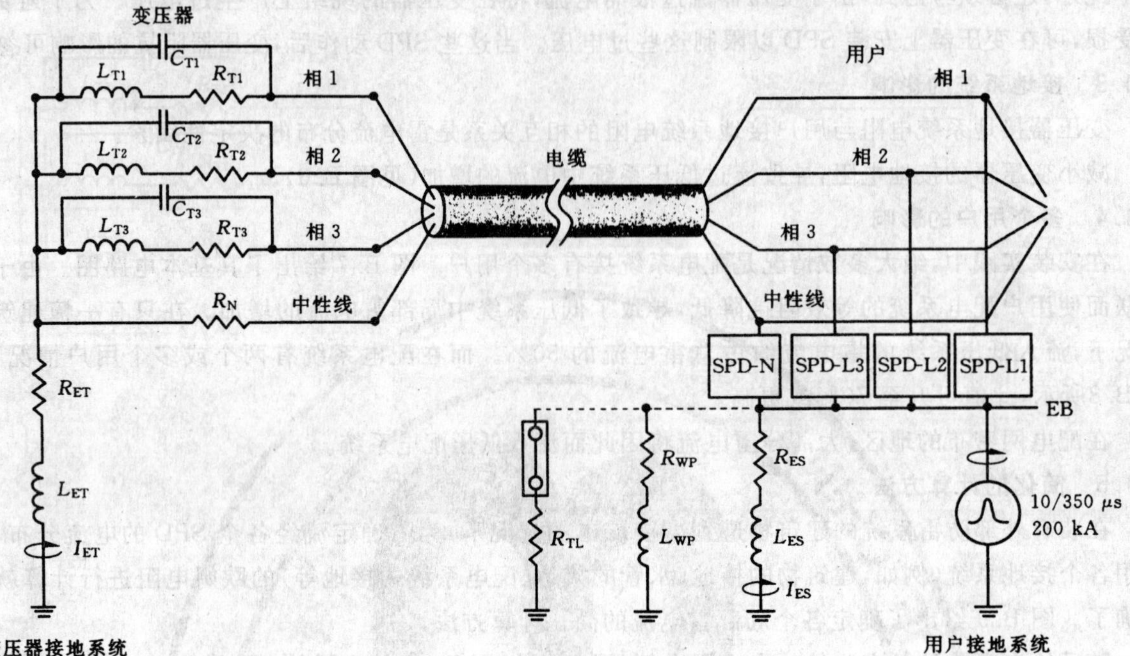

图例:

$L_{T1\text{-}T3}=50\ \mu H$;$R_{T1\text{-}T3}=5\ m\Omega$;$C_{T1\text{-}T3}=2\ nF$;$S_n=400\ kVA$;$R_N=2\ m\Omega$

$L_{ET}=5\ \mu H$;$R_{ET}=30\ \Omega$;

$L_{ES}=5\ \mu H$;$R_{ES}=30\ \Omega$;

L_{WP},R_{WP}——水管的接地电感和接地电阻;

R_{TL}——电话线接地电阻;

EB——雷电等电位连接带。

注:图中所选的所有参数仅作示范用。所得结果只是一个例子,用以说明一个复杂系统中过电压保护的基本原理。

图 B.2 雷电流分布基本模型的电路图

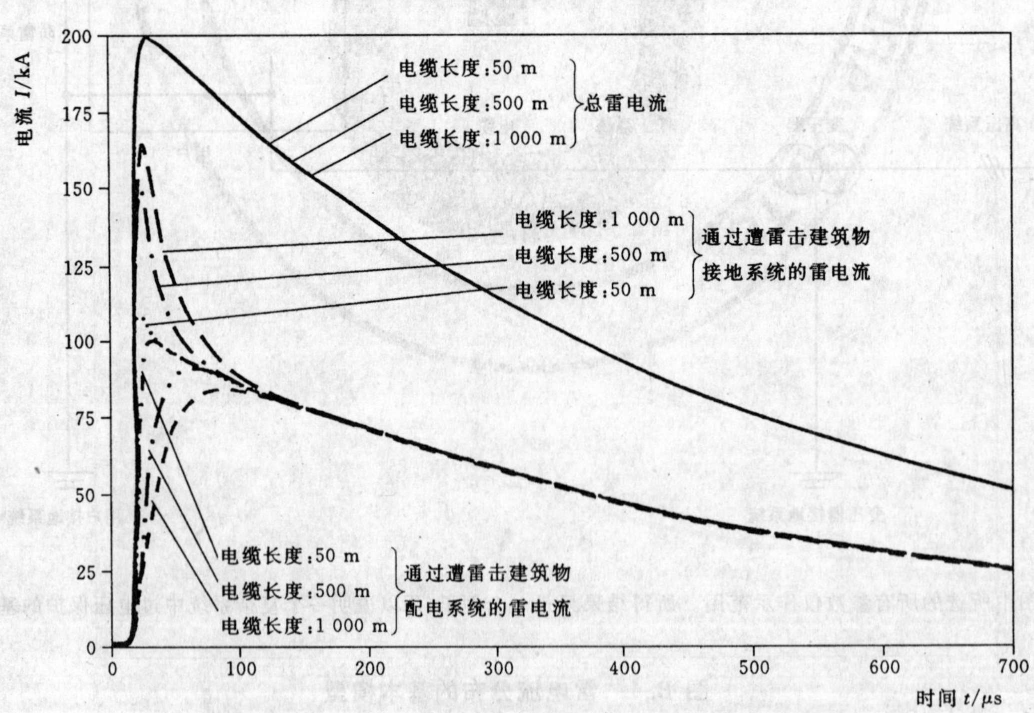

图 B.3 连接电缆长度不同时,系统中雷电流的分布(见图 B.2)

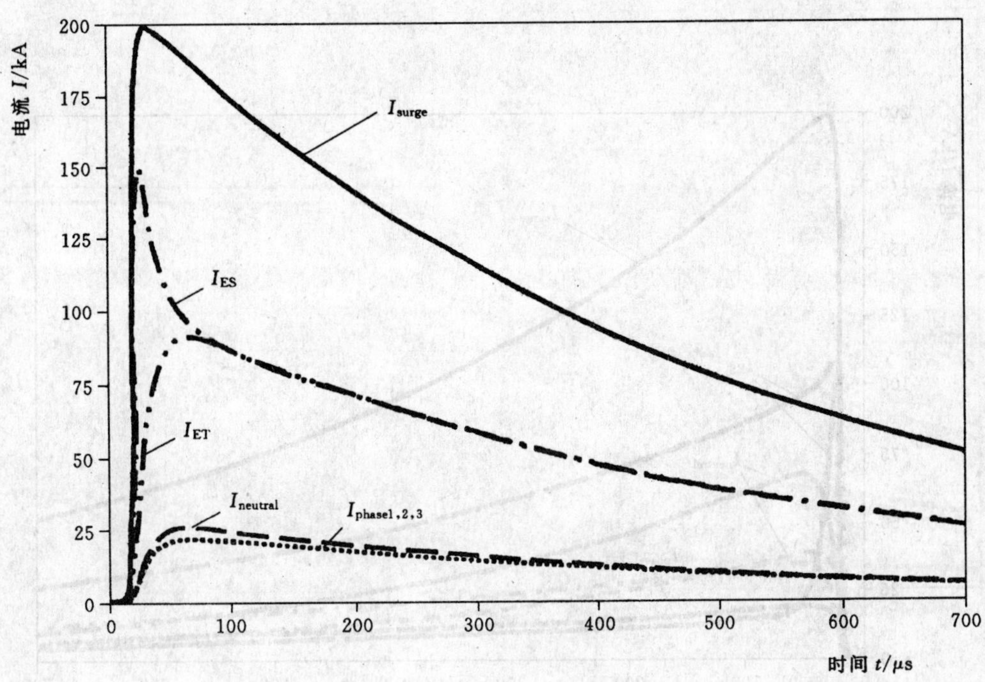

图 B.4　电缆长度为 500 m 时的电流分布(见图 B.2)

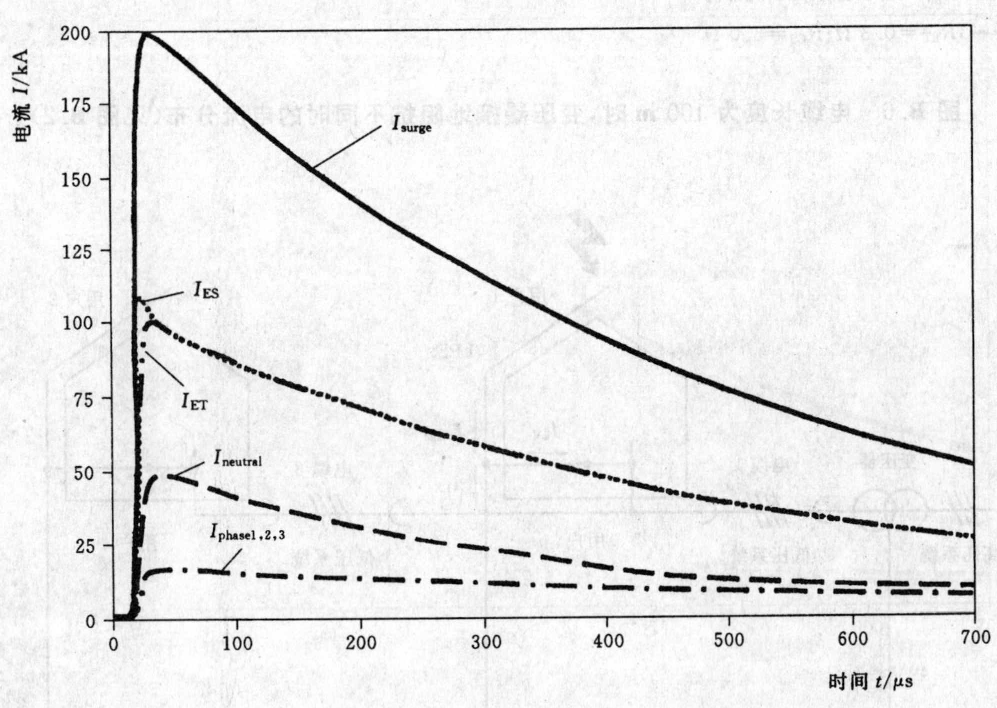

图 B.5　电缆长度为 50 m 时的电流分布(见图 B.2)

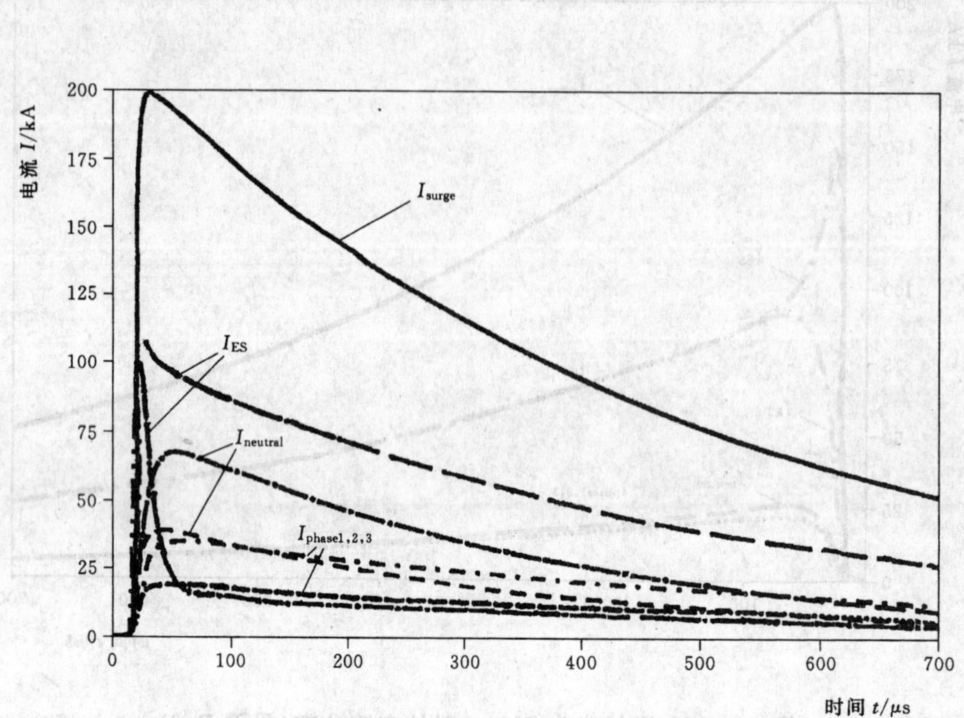

图例：

a：(▬ ▬ ▬)$R_{ET}=3.0\ \Omega$；$R_{ES}=3.0\ \Omega$

b：(▬ · ▬)$R_{ET}=0.3\ \Omega$；$R_{ES}=3.0\ \Omega$

图 B.6 电缆长度为 100 m 时，变压器接地阻抗不同时的电流分布(见图 B.2)

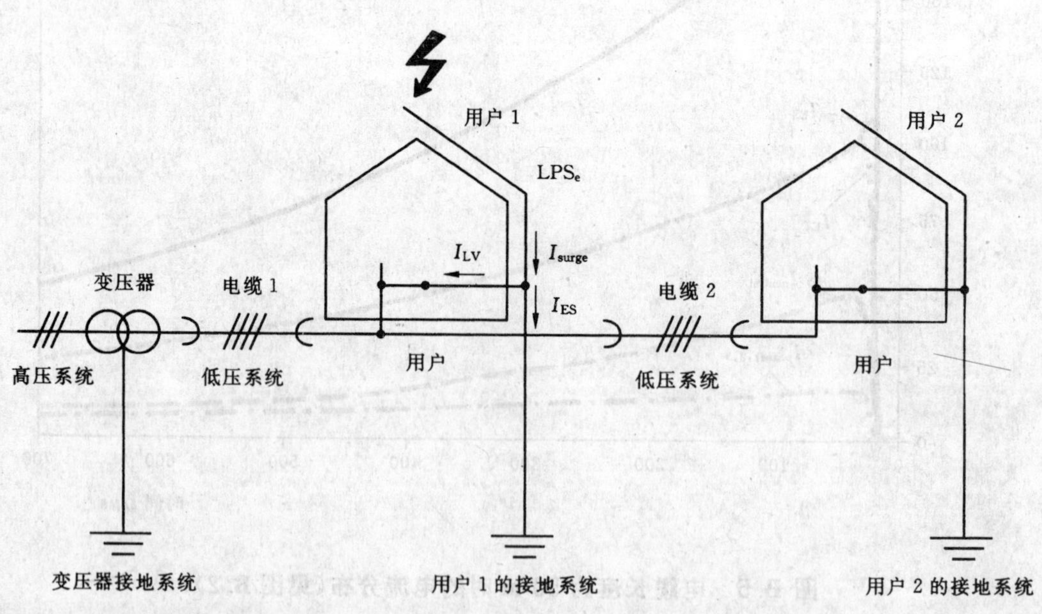

注：图中所选的所有参数仅作示范用。所得结果只是一个例子，用以说明复杂系统中过电压保护的基本原理。

图 B.7 多个用户情况下雷电流分布的模型

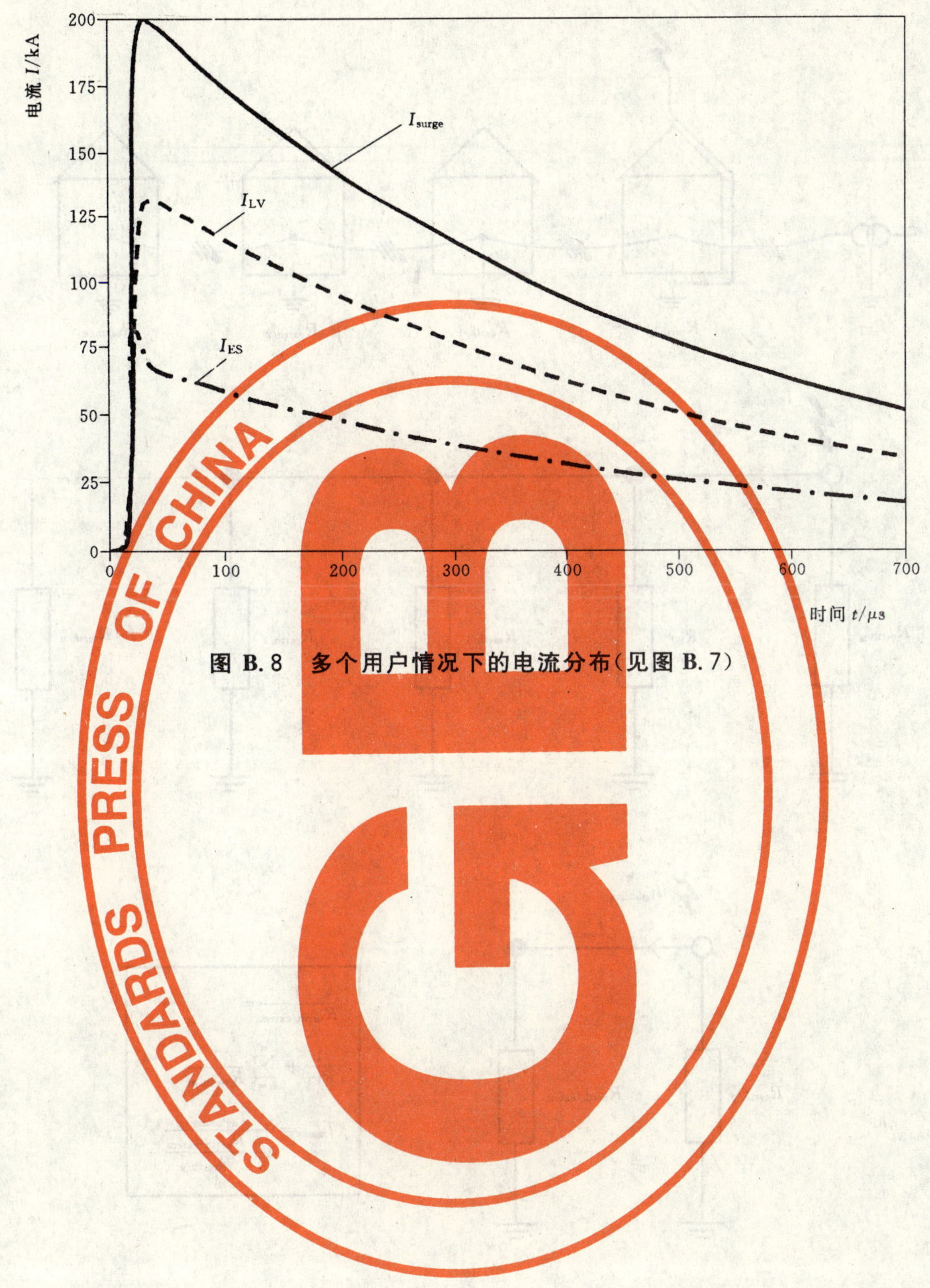

图 B.8　多个用户情况下的电流分布(见图 B.7)

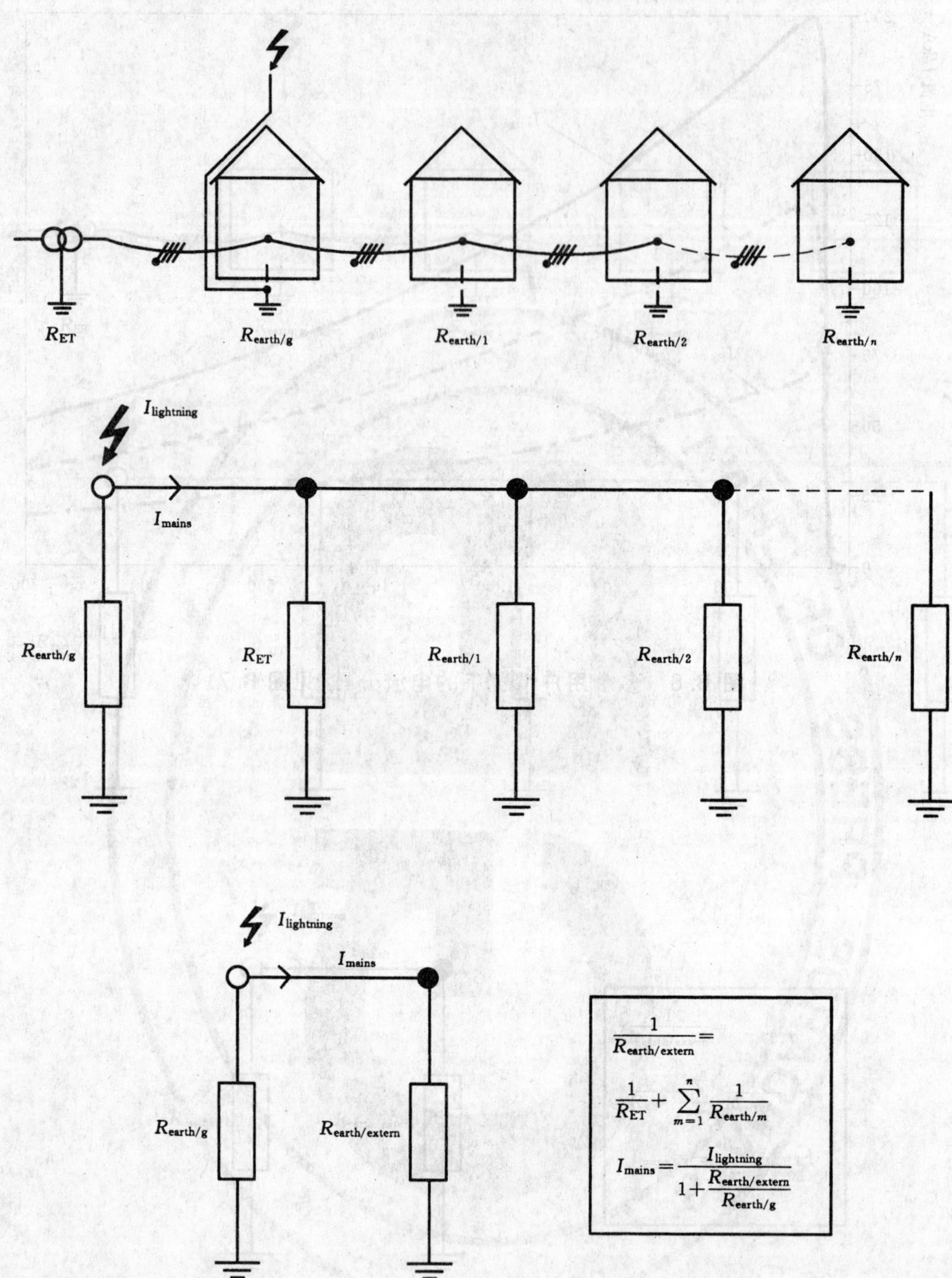

$$\frac{1}{R_{earth/extern}}=$$

$$\frac{1}{R_{ET}}+\sum_{m=1}^{n}\frac{1}{R_{earth/m}}$$

$$I_{mains}=\frac{I_{lightning}}{1+\dfrac{R_{earth/extern}}{R_{earth/g}}}$$

本计算中，所有相邻建筑物的接地系统和变压器接地系统的并联电阻值 $R_{earth/extern}$，等于或小于遭雷击建筑物接地系统的电阻值 $R_{earth/g}$。

图 B.9 流入配电系统的局部雷电流的简化计算

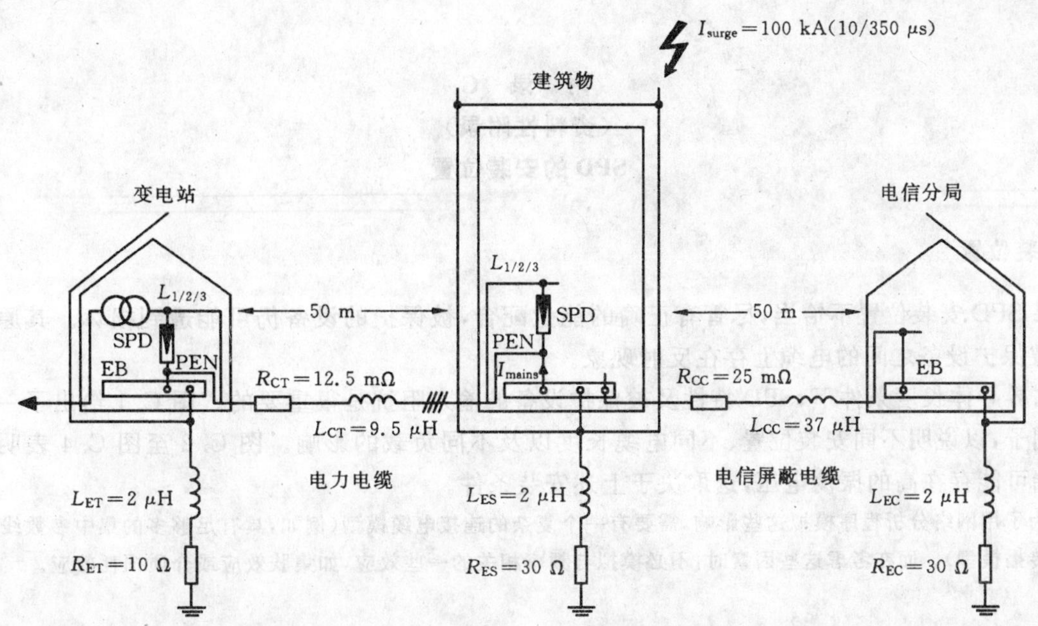

注：图中所选的所有参数仅作示范用。所得结果只是一个例子，用以说明复杂系统内过电压保护的基本原理。

图 B.10　雷电流分布模型（另见图 B.11）

B.1.6　流过 SPD 电流的简化计算

初始雷电参数：保护级别Ⅲ(GB/T 19271.1—2003 中表 1 和表 C.1)

100 kA(10/350 μs)

计算：见注 1

变电站接地系统	$R_{ET}=10\ \Omega, L_{ET}=2\ \mu H$
外加 50 m 电缆阻抗	$R_{CT}=12.5\ m\Omega, L_{CT}=9.5\ \mu H$
电信分局接地系统	$R_{EC}=30\ \Omega, L_{EC}=2\ \mu H$
外加 50 m 电缆阻抗	$R_{CC}=25\ m\Omega, L_{CC}=37\ \mu H$
建筑物接地系统	$R_{ES}=30\ \Omega, L_{ES}=2\ \mu H$

$$I_{mains}=\frac{I_{surge}}{1+\frac{Z_{mains}}{Z}}$$

计算中忽略电感（见注 2）

$I_{mains}\cong 60$ kA

流过每个 SPD 的电流：

$I_{SPD}\cong I_{mains}/4\cong 15$ kA

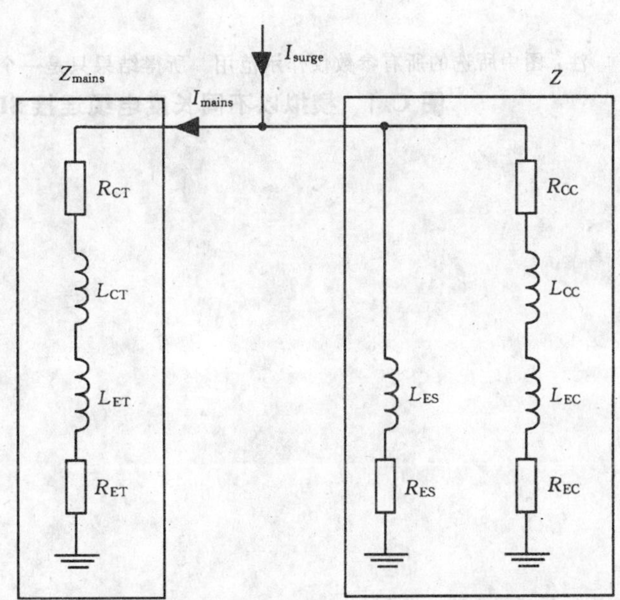

注 1：图中所选的所有参数仅作示范用。所得结果只是一个例子，用以说明复杂系统内过电压保护的基本原理。

注 2：用接地系统及电缆的欧姆电阻进行计算，对近似计算来说，通常已有足够的精确度。

图 B.11　简化后的等效电路图（另见图 B.10）

附 录 C
（资料性附录）
SPD 的安装位置

C.1 安装位置

如果 SPD 安装位置不恰当，尽管有正确的能量配合，被保护的设备仍可能遭到损坏。其原因是在 SPD 与被保护设备之间的电缆上存在反射现象。

在临界导体长度条件下，SPD 特性及被保护设备的输入阻抗是很重要的。图 C.1 给出了一个简化电路的例子，以说明不同安装位置、不同电缆长度以及不同负载的影响。图 C.2 至图 C.4 表明在连接电缆末端可能存在高的振荡电压，这取决于上述安装条件。

注：为了用网络分析程序模拟这些影响，需要有一个复杂的连接电缆模型（例如，具有足够多的集中参数线段的R-L传播模型）。而在考虑这些因素时，不必模拟与频率相关的一些效应，如集肤效应或介质损耗效应。

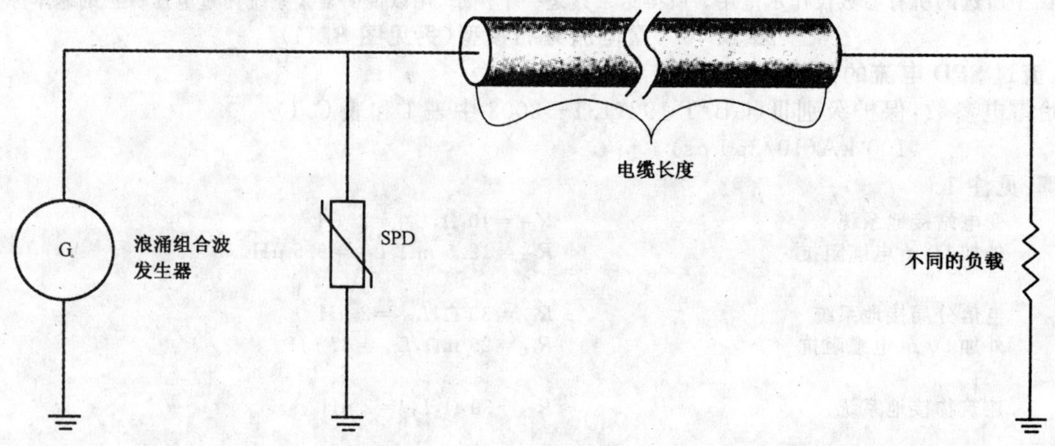

注：图中所选的所有参数仅作示范用。所得结果只是一个例子，用以说明复杂系统内过电压保护的基本原理。

图 C.1 模拟以不同长度电缆连接 SPD 及各种不同负载时的试验电路

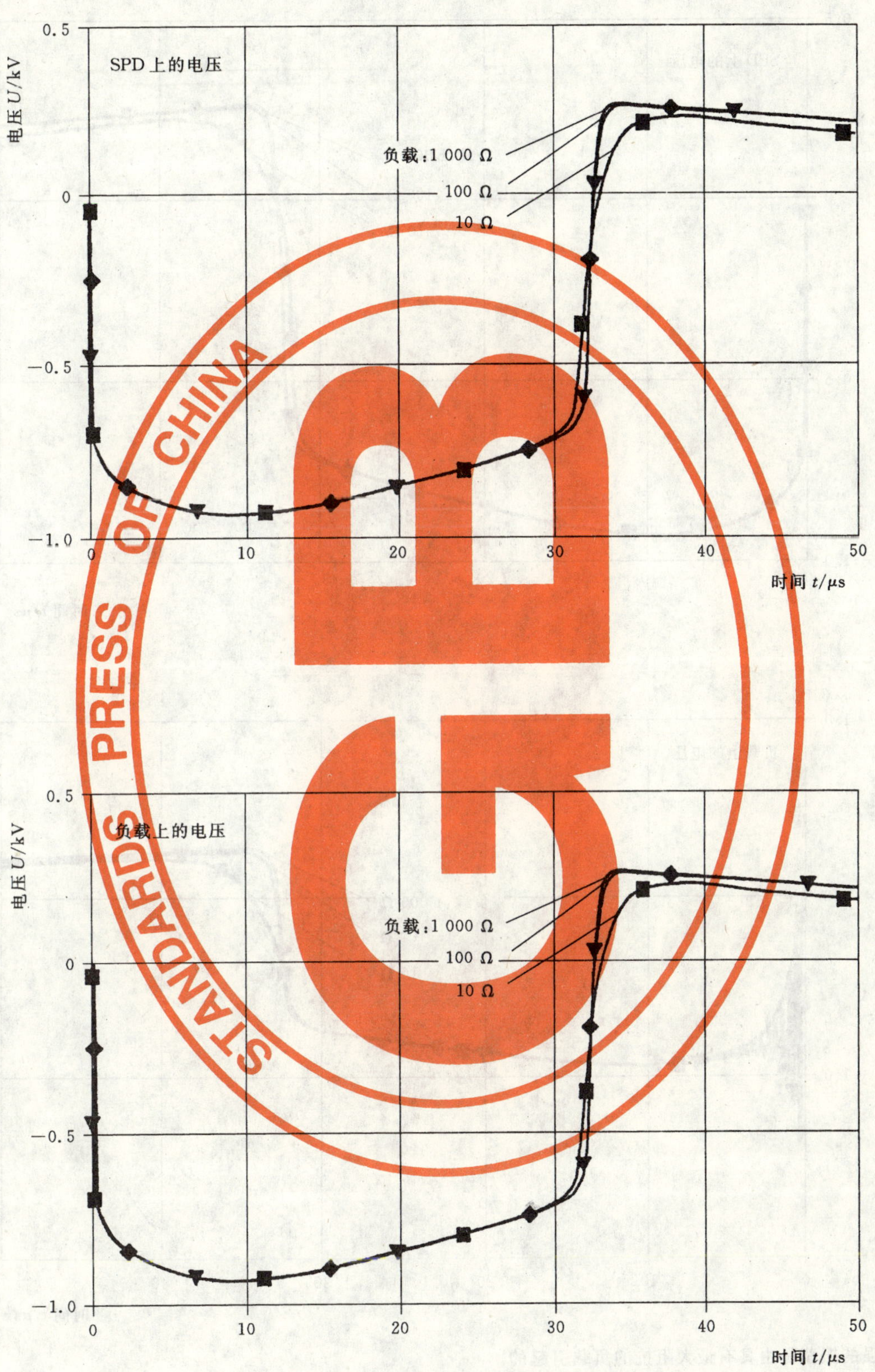

图 C.2 SPD 及负载上的电压(1 m 连接电缆,见图 C.1)

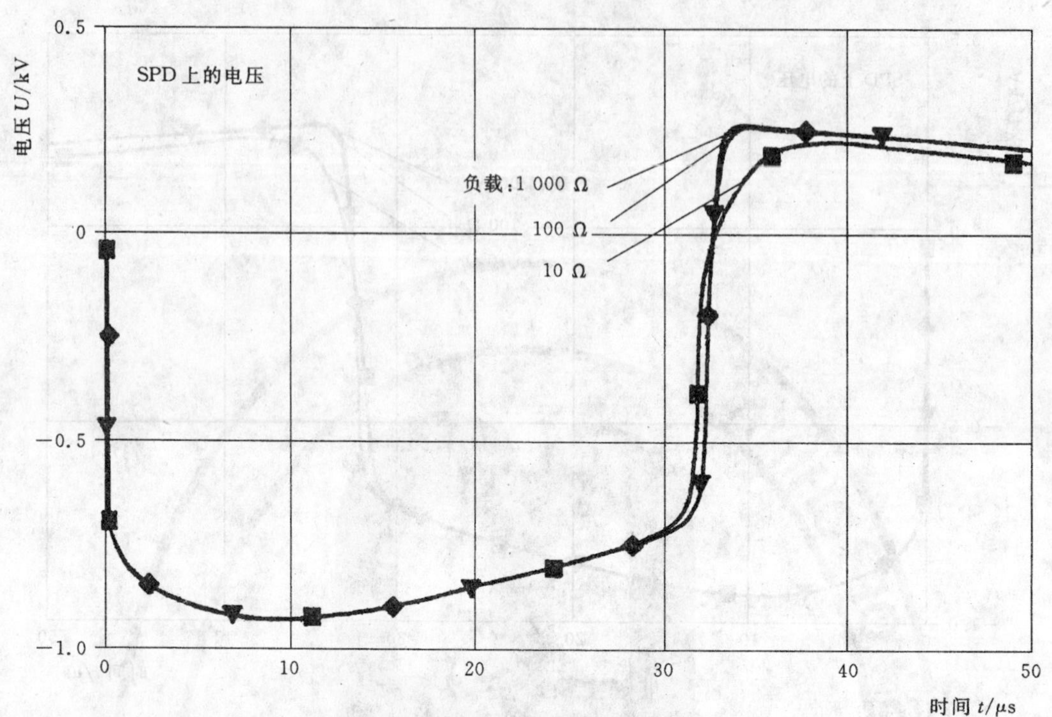

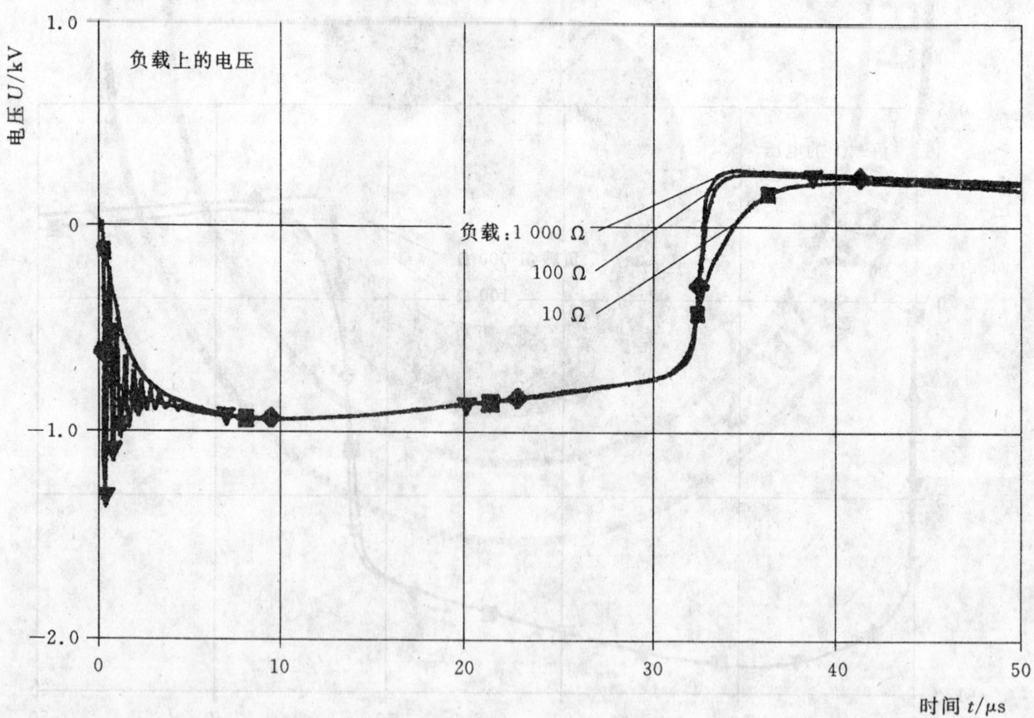

注：最强的振荡是由具有最大阻抗的负载引起的。

图 C.3 SPD 及负载上的电压(10 m 连接电缆,见图 C.1)

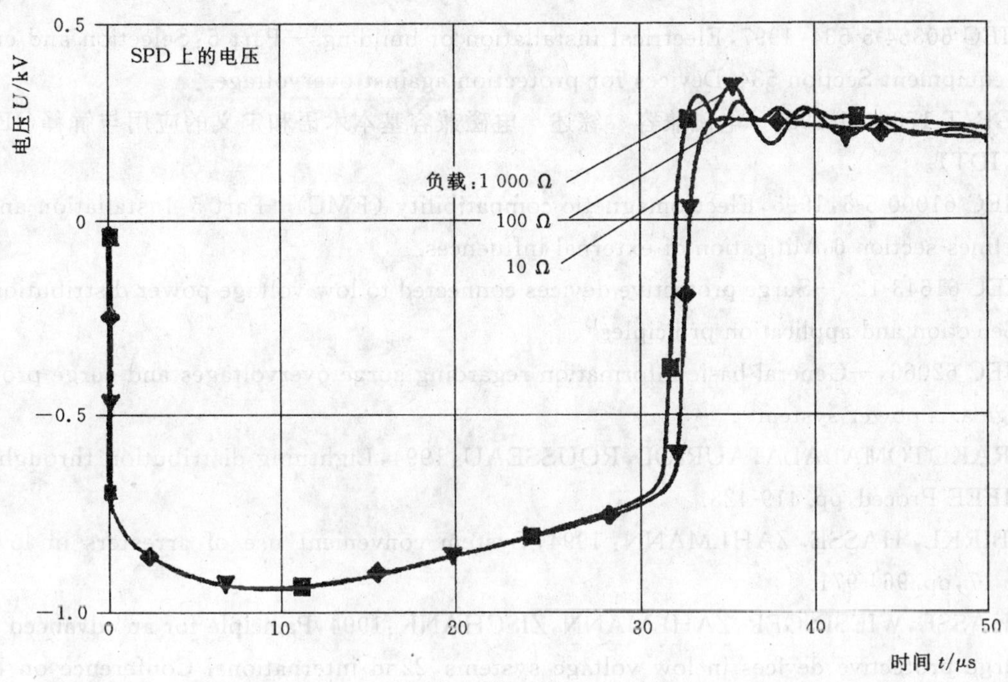

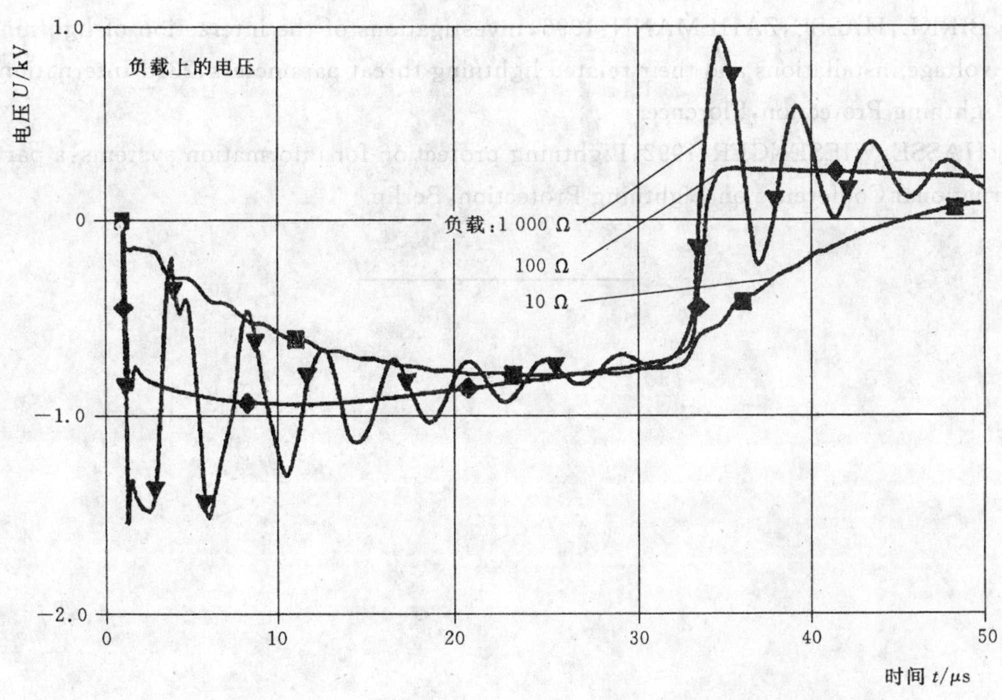

图 C.4　SPD及负载上的电压(100 m连接电缆,见图 C.1)

参 考 文 献

[1] IEC 60364-5-534:1997,Electrical installation of buildings—Part 5:Selection and erection of electrical equipment-Section 534:Devices for protection against overvoltage.

[2] GB/T 17624.1-1998 电磁兼容 综述 电磁兼容基本术语和定义的应用与解释(IEC 61000-1-1:1992,IDT)。

[3] IEC 61000-5-6:1995,Electromagnetic compatibility (EMC)—Part 5:Installation and mitigation guidelines-section 6:Mitigation of external influences.

[4] IEC 61643-12,—Surge protective devices connected to low-voltage power distribution system-Part 12:Selection and application principles[1].

[5] IEC 62066,—General basic information regarding surge overvoltages and surge protection in low-voltage a. c. power system[1].

[6] RAKOTOMALALA,AURIOL,ROUSSEAU:1994,Lightning distribution through earthing systems,IEEE Proced,pp. 419-423.

[7] BIRKL, HASSE, ZAHLMANN: 1994, System convenient use of arresters in low voltage mains,etz 17,pp. 964-971.

[8] HASSE,WIESINGER,ZAHLMANN,ZISCHANK:1994,Principle for an advanced coordination of surge protective devices in low voltage systems,22nd international Conference on Lightning Protection,Budapest.

[9] LAI,MARTZLOFF:1993,Coordination cascaded surge protection devices: High-low versus low-high,IEEE Transaction,IAS-29,No. 4,pp. 680-687.

[10] ALTMEIER,PELZ,SCHEIBE:1992,Computer simulation of surge voltage protection in low-voltage systems,21st International Conference on Lightning Protection,Ref. Number 7.08,Berlin.

[11] BIRKL,HASSE,ZAHLMANN:1996,Investigations of the interaction of lightning currents with low-voltage installations and their related lightning threat parameters,23rd International Conference on Lightning Protection,Florence.

[12] HASSE,WIESENGER:1992,Lightning protection for information systems:a part of EMC,21st International Conference on Lightning Protection,Berlin.

---

1) 即将出版。

ICS 91.120.40
P 30

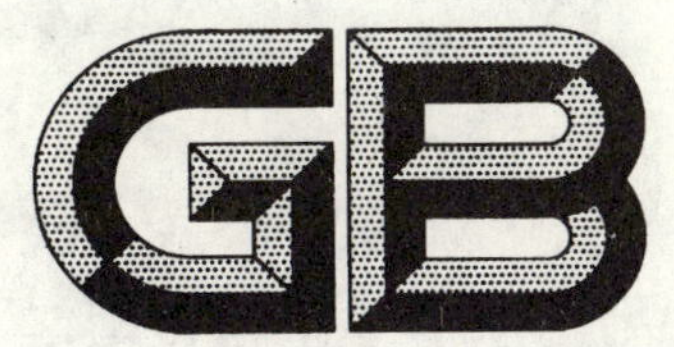

中华人民共和国国家标准

GB/T 19271.4—2005/IEC TR2 61312-4:1998

雷电电磁脉冲的防护 第4部分:现有建筑物内设备的防护

Protection against lightning electromagnetic impulse (LEMP)—
Part 4: Protection of equipment in existing structures

(IEC TR2 61312-4:1998,IDT)

2005-07-29 发布　　2006-04-01 实施

中华人民共和国国家质量监督检验检疫总局
中国国家标准化管理委员会　发布

前　言

GB/T 19271《雷电电磁脉冲的防护》分为4个部分:

——第1部分:通则;

——第2部分:建筑物的屏蔽、内部等电位连接及接地;

——第3部分:对浪涌保护器的要求;

——第4部分:现有建筑物内设备的防护。

本部分为GB/T 19271的第4部分,等同采用IEC TR2 61312-4:1998《雷电电磁脉冲的防护　第4部分:现有建筑物内设备的防护》(1998年英文版)。

本部分等同翻译IEC TR2 61312-4:1998。

为便于使用,本部分做了一些编辑性修改:

——将一些适用于国际标准的表述改为适用于我国标准的表述。如将"本国际标准……"改为"本标准……";"IEC 61312的本部分……"改为"本部分……"。

——按照汉语习惯对一些编写格式作了修改。如:注后的连字符"—"改为冒号":";英文名称的连字符"—"改为空格;表编号、图编号与标题之间的连字符"—"改为空格。

——按IEC规定国际标准编号一律改为1997年后的编号。如"IEC 1024……"改为"IEC 61024……"。

——"规范性引用文件"的引导语按GB/T 1.1—2000的规定编写。

——"术语和定义"按GB/T 1.1—2000的规定编写。

本部分由全国雷电防护标准化技术委员会(SAC/TC 258)提出并归口。

本部分由广东省防雷中心负责起草。

参加起草的单位还有:清华大学电机工程与应用电子技术系、总装备部工程设计院、中国电信集团湖南省电信公司、中国气象局监测网络司。

本部分主要起草人:杨少杰、黄智慧、张伟安、余乃枞、金良、何金良、陈水明、潘正林。

引　言

GB/T 19271.1给出了雷电电磁脉冲防护的一般原则。然而,随着现有建筑物内复杂电子设备使用的不断增加,要求特别注意防雷和防其他电磁骚扰。应该牢记,现有建筑物内合适的雷电效应防护措施必须考虑建筑物的各种状况,如建筑物结构件、现有配电系统和信息技术设备(ITE)的状况。

第2章的对照表有助于寻找具体要点和选择最经济的措施以增强设备对LEMP的防护。本对照表方便了进行风险分析并选择最适当的防护措施。

尤其是对现有建筑物,极力建议以GB/T 19271.1确立的分区概念对被保护系统作系统的布局,并遵循这种系统布局采用图1中的各种措施。

雷电电磁脉冲的防护
第4部分:现有建筑物内设备的防护

1 总则

1.1 范围

本部分为现有建筑物内信息技术设备(ITE)的LEMP防护提供指导,并提出适用于新建建筑物内ITE的LEMP防护方法。

1.2 规范性引用文件

下列文件中的条款通过GB/T 19271的本部分的引用而成为本部分的条款。凡是注日期的引用文件,其随后所有的修改单(不包括勘误的内容)或修订版均不适用于本部分,然而,鼓励根据本部分达成协议的各方研究是否可使用这些文件的最新版本。凡是不注日期的引用文件,其最新版本适用于本部分。

GB/T 19271.1—2003 雷电电磁脉搏冲的防护 第1部分:通则(IEC 61312-1:1995,IDT)

GB/T 16895.16—2002 建筑物电气装置 第4部分:安全防护 第44章:过电压保护 第444节:建筑物电气装置电磁干扰(EMI)防护(IEC 60364-4-444:1996,IDT)

GB/T 17626.5—1999 电磁兼容 试验和测量技术 浪涌(冲击)抗扰度试验(idt IEC 61000-4-5:1995)

GB/T 17626.9—1998 电磁兼容 试验和测量技术 脉冲磁场抗扰度试验(idt IEC 61000-4-9:1993)

GB/T 17626.10—1998 电磁兼容 试验和测量技术 阻尼振荡磁场抗扰度试验(idt IEC 61000-4-10:1993)

IEC 61024-1:1990 建筑物防雷 第1部分:通则

IEC 61024-1-2:1998 建筑物防雷 第1部分:通则 第2节:指南B——防雷系统的设计、安装、维护及检查

IEC 61662/TR:1995 雷击损害风险评估

IEC 61662/A1:1996 雷击损害风险评估,修改单1

IEC 61000-5-2/TR:1997 电磁兼容(EMC) 第5部分:安装和调节指南 第2节:接地和布线

ITU-T K21建议:1996 用户终端设备抗过电压和过电流的能力

2 对照表

按对照表收集现有建筑物及其设施的必要数据。根据这些数据,遵照IEC 61662及其修改单1(特为内含电子系统的建筑物而编制的)作风险评估,以确定是否需要对电子系统采取防护措施。如需要采取防护措施,则确定最经济有效的防护措施。

与IEC 61662无直接关系,但确定防雷设计原则时需考虑的其他问题在表4中列出。

表1 建筑物特征和周围状况

项目	涉及的问题	IEC 61662 条款	IEC 61662 1号修改单
2.1.1	建筑物系石、砖、木、钢筋混凝土、钢框架结构?	2.3.3,表6	C.3,表C.1
2.1.2	单一建筑物或是有伸缩缝的互连建筑单元?	2.3.3,表6	C.3,表C.1

表 1(续)

项目	涉及的问题	IEC 61662 条款	IEC 61662 1号修改单
2.1.3	低平或高耸建筑物? (建筑物的尺寸)	2.2.1	C.2 亦参见 IEC 61024-1 的范围限定
2.1.4	整座建筑物的钢筋是否电气连通?	—	C.3,表 C.1
2.1.5	金属立面是否互相搭接?	—	C.3,表 C.1
2.1.6	窗子尺寸?	—	C.3,表 C.1
2.1.7	建筑物有外部防雷系统(LPS)?	—	C.3,表 C.1
2.1.8	LPS 的类型和质量?	—	C.3,表 C.1
2.1.9	地面性质(岩石、泥土)?	2.2.2.1	C.2
2.1.10	相邻建筑物的高度、距离及其接地装置?	2.2.2.1	C.2

表 2 设施特性

项目	涉及的问题	IEC 61662 条款	IEC 61662 1号修改单条款
2.2.1	有入户服务设施(埋地或架空)?	2.2.2.2 表 1、表 2	C.2
2.2.2	有天线(天线或其他外部设备)?	2.2.2.2	C.2
2.2.3	供电类型(高压、低压、架空或埋地)?	2.2.2.2 表 1	C.3,表 C.3
2.2.4	电缆布线(竖井、管道的数量和位置)?	—	C.3,表 C.2
2.2.5	用金属电缆槽?	—	C.3,表 C.2
2.2.6	建筑物内电子设备自带电源?	—	C.2,注
2.2.7	有金属导体连到其他建筑物?	2.2.2.2	C.2

表 3 设备特性

项目	涉及的问题	IEC 61662 条款	IEC 61662 1号修改单条款	其他文件
2.3.1	信息技术设备链接类型(屏蔽或非屏蔽多芯电缆,同轴电缆,模拟和/或数字,对称和/或不对称,光纤数据线)?	—	C.3,表 C.2	—
2.3.2	设备抗损能力确定否?	1.2	—	ITU-T K.21 建议 GB/T 17626.5 GB/T 17626.9 GB/T 17626.10

表 4　确定防雷设计原则时需要考虑的其他问题

项目	涉及的问题	IEC 61662 条款	其他文件
2.4.1	窗框是否电气连接？	—	—
2.4.2	屋面是金属材料或非金属材料？	—	—
2.4.3	电源接地系统类型是 TN、TT 或 IT？	—	—
2.4.4	电子设备所处的位置？	—	GB/T 19271.2—2005,3.5
2.4.5	电子设备功能接地导体与共用等电位网络(CBN)在何处互连？	—	—

3　建筑物有外部防雷系统时的防护措施

根据风险评估确定建筑物是否需要安装外部防雷系统。一般来说，安装一个按 IEC 61024-1-2，特别是第 3 章的要求设计的外部防雷系统是有用的。对钢筋混凝土建筑物，宜研究 IEC 61024-1-2 的附录 A。

防雷专家的主要任务是确定对外部防雷系统作出改进还是保留原有的安装措施。

外部防雷系统(LPS)的改进可按以下方法进行：

a)　按 IEC 61024-1:1990 中 2.2.5 d)把现有金属立面和屋面并入防雷系统中；

b)　如果从钢筋混凝土屋面沿墙体自至建筑物接地装置的钢筋是电气贯通的，则利用钢筋作外部 LPS 的自然部件；

c)　减小引下线的间距以及接闪器的网格尺寸(见 GB/T 19271.2—2005 第 3 章和 IEC 61662 1 号修改单)。通常使引下线间距和网格尺寸小于 5 m；

d)　相邻的但结构上分离的建筑单元间的伸缩缝上跨接软性等电位连接带(见 IEC 61024-1-2，图 A.12)，等电位连接带的距离宜等于引下线间距的一半；

e)　在一座建筑物与一个用以将该建筑物与建筑物另一单元相连的电缆通道长廊之间的伸缩缝上宜跨接等电位连接带。通常，宜在长廊的四个角上安装等电位连接带。等电位连接带宜尽可能短；

f)　屋顶金属装置需防直接雷击时，宜使之位于 $LPZ0_B$ 区中。例如，通过安装一局部接闪器使之位于 $LPZ0_B$ 区。该接闪器应与建筑物的 LPS 等电位连接(见 IEC 61024-1-2:1990 中，图 48)。该局部接闪器与金属装置间应满足安全距离 d 的要求(见 IEC 61024-1:1990,3.2)。

4　电缆设施的防护措施

电缆的合理布线和屏蔽是减少过电压的有效措施。

外部 LPS 的屏蔽作用愈小，这些措施就愈重要。IEC 61024-1-2 的表 B.1 说明了布线以及屏蔽措施与过电压的关系。该表的示意图 3 和图 4 分别给出良好电缆布线与屏蔽的例子。

更多的细节在 IEC 61024-1-2 的图 26、图 27 以及图 B.2，图 B.3，图 B.4 中给出。

当情况特殊，不安装外部防雷系统(IEC 61024-1,3.1.1)时，图 1 给出的体现防护基本原则的若干技术措施提供了高效的 LEMP 防护[1][1)]。

可以安装双绝缘变压器或采用Ⅱ类设备，实现现有设施与新设施之间的适当隔离，主要为了避免现有建筑物中采用 TN-C 接地系统设施中的工频干扰(见图 1 中(1.2)和(1.3)的说明)。

按图 1 所示的安装原则可给出符合 GB/T 19271.2—2005 中 3.5 要求的对接地、等电位连接以及电缆布线的若干系统布局的方案。图 1a)到图 1d)各图表示依照 ITE 数量、类型及敏感性可能作出的

1) 方括号内的数字指的是参考文献中的文献序号。

分区的例子：

——图 1a)为建筑物内只有 LPZ1 区的例子。为了避免低频干扰即使在 LPZ1 区内(1.2)和(1.3)措施仍是有用的。

——图 1b)中用一个 LPZ2 区容纳下所有新设施。对由 LPZ0 直接过渡到 LPZ2 区的界面处的 SPD 有更高要求。

——图 1c)和图 1d)表示根据 GB/T 19271.1—2003 图 4 设计的几种可能的 LPZ2 区。每个 LPZ2 区表示其区中的 ITE 更少暴露于雷电和低频干扰电流和磁场影响的空间。为了减少 SPD 的数量，可用屏蔽电缆或各段互相连接的电缆槽连接两个不同的 LPZ2 区。

此处有两种 LPZ1/LPZ2 界面。

a) 右侧的界面：

在楼层间有额外屏蔽，从而为各类干扰电流提供低阻通路，因而对信号电缆及电源电缆干扰耦合非常小的地方，应将功能接地导体直接与等电位连接网络连接。在此情况下，屏蔽层本身构成了 LPZ1 和 LPZ2 的界面。

b) 左侧的界面：

为避免工频干扰通过 ITE，不允许将功能接地导体直接连接至 PE 线或与 PE 线相连接的其他金属部件。

由于隔离变压器或Ⅱ类设备本身具有特殊要求，其对雷电感应过电压的耐压已得到提高，其耐压值可达 5 kV(1.2/50 μs)。因此如果功能接地导体需要与 PE 线连接，则只能采用 SPD 作间接连接，所选 SPD 的动作电压恰好低于耐压值。否则，如果 SPD 动作电压或限制电压远远低于耐压的话，将使隔离变压器或Ⅱ类设备丧失高绝缘强度的安全特性。

注：如果不增加新电源而使用原有电源，会因布线而产生大面积的闭合感应回路，这将显著增加绝缘损坏的危险。

对图 1 的解释：

总的说明：

旧建筑物内原有电源的接地系统通常是 TN-C 系统，建筑物到处有 PEN 线，而当 PEN 线与数据线路的地线连接时可能导致工频干扰(例如，当一台 PC 机用一条长 15 m 的数据电缆(RS232)与打印机相连，而 PC 机与打印机由不同的插座取得电源时就会见到这种干扰)。

如果仅需安装少量的信息技术设备(ITE)，为了阻止这种干扰，宜采用防护措施(1.2)或(1.3)。在电源(1.1)上安装 SPD(1.6)，将减小雷电损害的风险。

然而，当 ITE 数量较多时，可能需要增加一个电源。这种情况下，宜采取图 1 所示合适的电缆布线(1.4)以及附加的屏蔽措施(1.5)。

极力建议新增的电源采用 TN-S 系统。

为了避免设备本身与公共等电位网络(CBN)在任意位置的偶然性电气接触，设备的金属外壳应与附近的 CBN 绝缘。大多数情况下可做到这点，因为私人房间或办公室里的 ITE 仅通过其连接电缆与接地参考点相连。

图 1 的图例：

(1.1)表示原有的电源系统(TN、TT、IT)，有新设施已接到该电源上，因而要求采用新的电缆布线方式。

(1.2)表示为了防止低频干扰电流通过设备和与之相连的信号电缆而采用的Ⅱ类设备(即无 PE 线的双绝缘设备)。这些低频干扰电流既可因环路大而引起，也可由于共用等电位网络(CBN)的阻抗不够低而引起。

(1.3)表示如果没有Ⅱ类设备,建议采用起同样作用的双绝缘变压器或设备间的信号互连线采用无金属的光纤。

(1.4)表示电源电缆与信号电缆紧挨着布线也可以避免形成大的环路。信号电缆建议采用屏蔽电缆。屏蔽电缆的屏蔽层应在两端与设备外壳等电位连接(见图 2)。

(1.5)各段用互相搭接的金属管道或线槽作附加的屏蔽(至少在楼层之间提供附加屏蔽)也能提供较低阻抗的 CBN。此措施对很高的或很长的建筑物或当设备要求高可靠性时特别有用。关于电缆屏蔽及布线的其他信息在图 2 和图 3 中给出。

(1.6)表示浪涌保护器的较佳安装位置分别在设施入户处的 LPZ0/1、LPZ0/1/2 界面上(见图 1)。

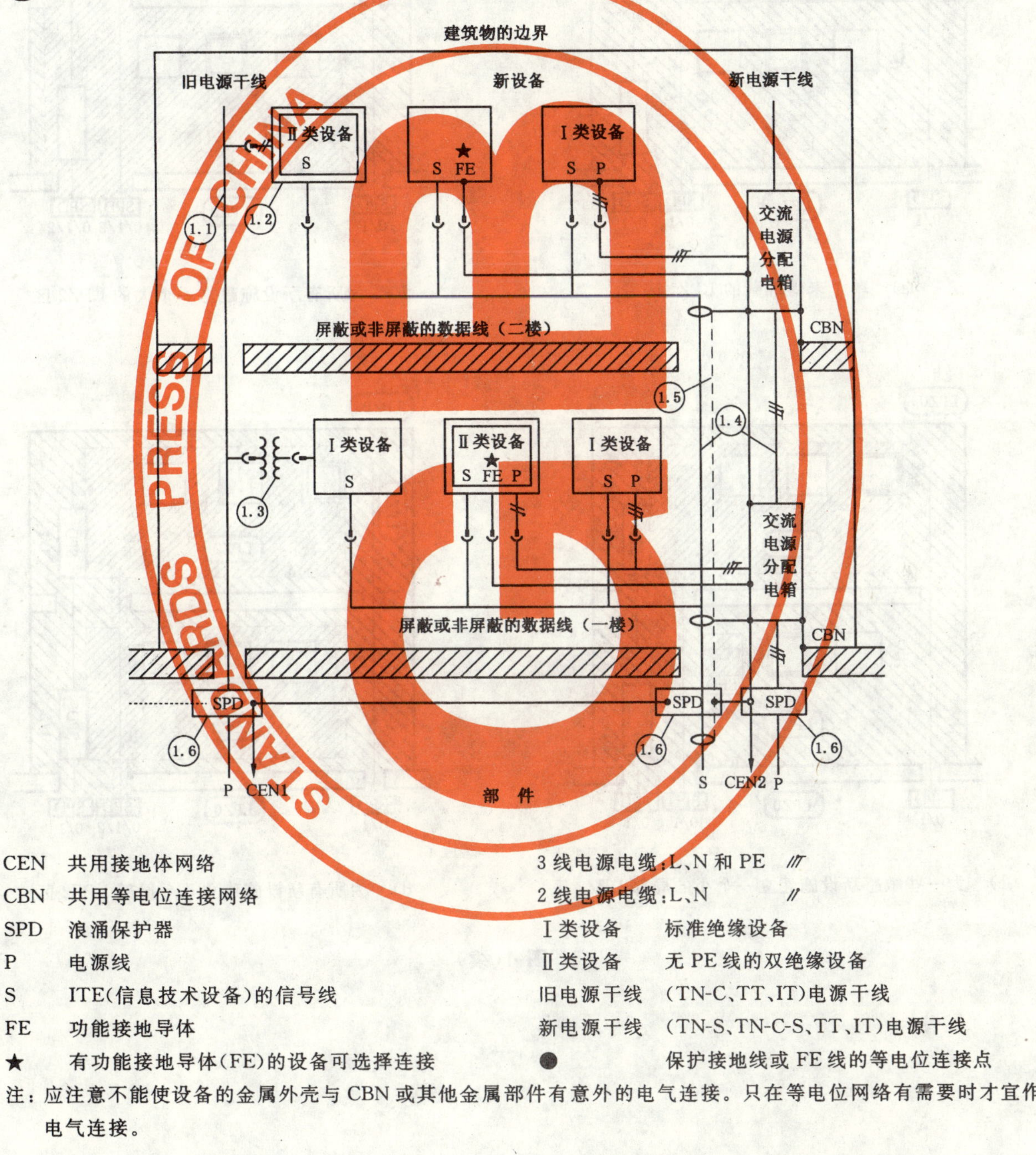

CEN	共用接地体网络	3 线电源电缆:L、N 和 PE	///
CBN	共用等电位连接网络	2 线电源电缆:L、N	//
SPD	浪涌保护器	Ⅰ类设备	标准绝缘设备
P	电源线	Ⅱ类设备	无 PE 线的双绝缘设备
S	ITE(信息技术设备)的信号线	旧电源干线	(TN-C、TT、IT)电源干线
FE	功能接地导体	新电源干线	(TN-S、TN-C-S、TT、IT)电源干线
★	有功能接地导体(FE)的设备可选择连接	●	保护接地线或 FE 线的等电位连接点

注:应注意不能使设备的金属外壳与 CBN 或其他金属部件有意外的电气连接。只在等电位网络有需要时才宜作电气连接。

图 1　建筑物内有两个不同电源时,改善新装设施的防雷及 EMC 的若干措施[1]

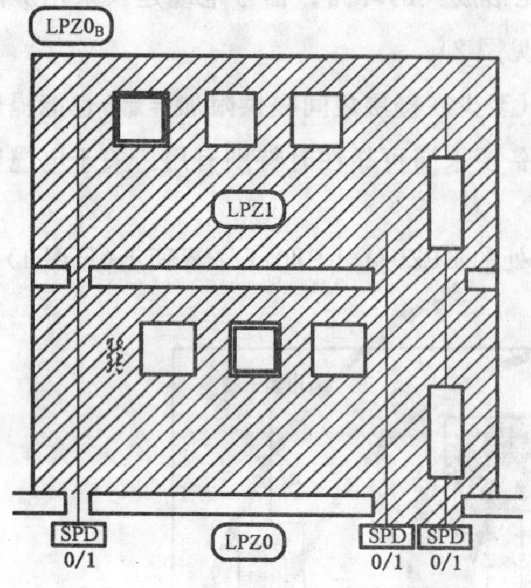

a) 单个未受屏蔽的 LPZ1 区

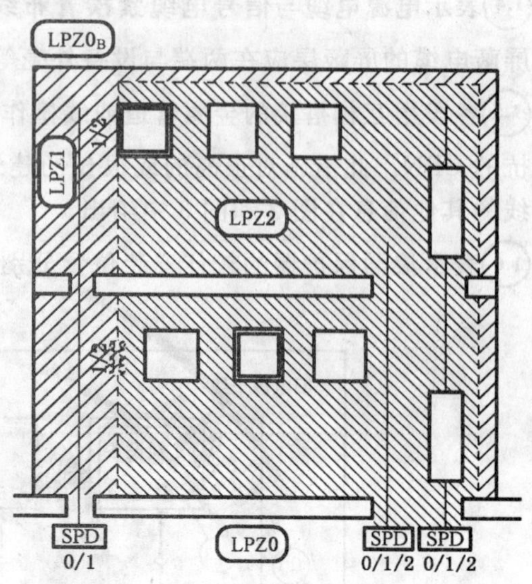

b) 为所有新设施建立一个大的 LPZ2 区

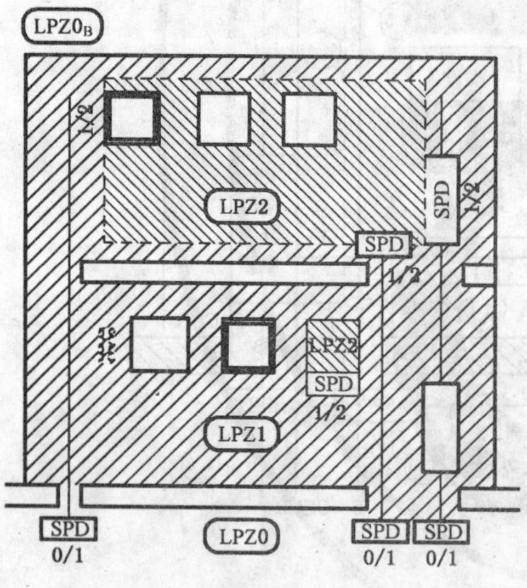

c) 为一些敏感新设施建立一个小的局部 LPZ2 区

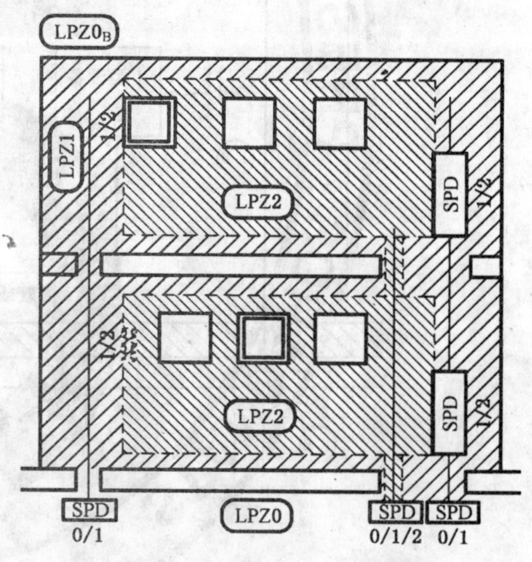

d) 为所有新设施建立几个局部 LPZ2 区

图 1(续)

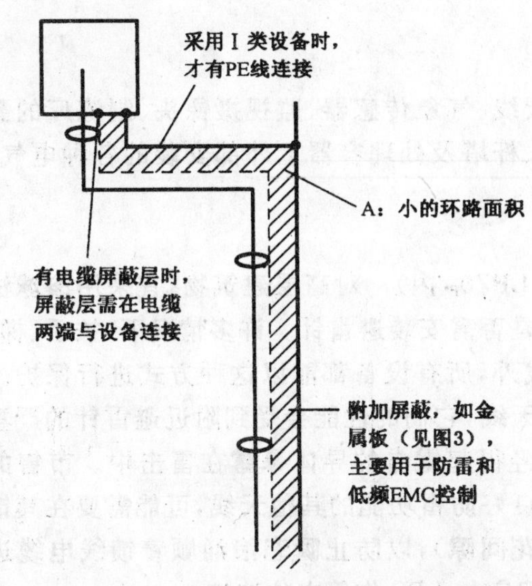

注：由于A的面积小，因此电缆屏蔽层与金属板之间的感应电压也小。这样的电缆布线允许任意选用Ⅰ类设备或Ⅱ类设备，电路地可接或不接至电缆屏蔽层或PE线。

图2　屏蔽电缆紧挨各段相互搭接的金属板布设使环路面积减小

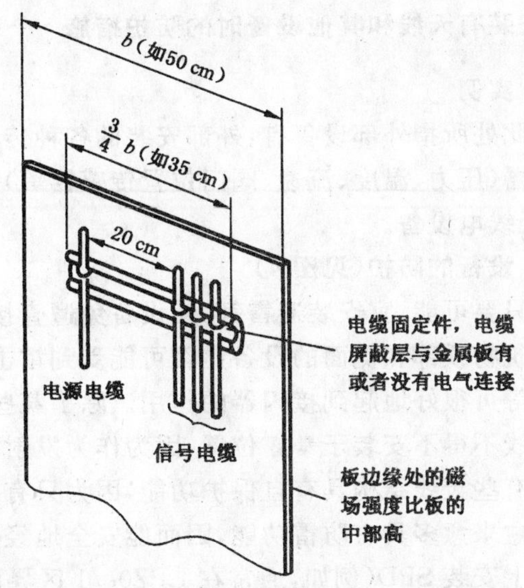

图3　用金属板提供附加屏蔽的实例

可用各段电气互连良好的金属电缆槽替代金属板。电缆槽各段的互连需在重叠部分用若干螺栓连接或用连接带连接。为了使电缆槽保持低阻抗，螺栓或连接带应在电缆槽四周均匀分布（详情见IEC 61000-5-2）。

5　电源设施和信息技术设备（ITE）互连线的防护措施

正常情况下，共用等电位连接网络（CBN）一般不宜用作电源或信号电路的返回通路。

通常，楼宇内的供电系统宜采用TN-S系统。如果不可能采用TN-S系统，宜采取第4章提出的措施。这些措施也能减轻建筑物内TN-C系统产生的干扰或采用TN-S系统时万一发生接地故障而引起的干扰。

普通房间内，当电子设备间的信号互连线长度超过10 m时，建议采用平衡线路或三同轴电缆，线路两端端口应具有适当的电气隔离，例如采用光耦合器、电感耦合器或电容耦合器（详情见GB/T 16895.16和IEC 61000-5-2）。

注：在现有的普通房间内，空间屏蔽体、电缆槽和电缆屏蔽层常常难以获得足够的屏蔽效果。大多数情况下，电源电缆是非屏蔽的，且许多设备并不是按连接有屏蔽的数据线设计，此外，插头和插座也是非屏蔽的，设备上通常只有很短的软辫线供屏蔽层连接。为了美观和连线方便，采用各段电气互连的金属管道等是不合适的。

5.1　浪涌保护器（亦见GB/T 19271.3[3]）

电流型避雷器宜尽可能靠近电缆进入被保护空间的入口处（LPZ0/1界面）安装，且在所有带电导线上安装，以防止大量的浪涌能量进入建筑物的各类设备中。在楼宇内随意地使用SPD，可能导致系统出现故障或损坏，特别是当电压型避雷器或设备内部安装的SPD妨碍了建筑物入口处的电流型避雷器的正常动作时（详情见IEC 61643-2）。

为了保持LEMP防护措施的性能，雷击事件之后，所有的SPD都要经过检查。为此，有必要知道这些SPD安装在何处，以便进行IEC 61024-1-2第6章所规定的维护。

6 安装有天线和其他设备时的防护措施

6.1 实例

此处所指外部设备有:外部安装的各种传感器,包括天线、气象传感器、监视摄像头、制炼厂的露天传感器(压力、温度、流速、阀门位置传感器等)以及建筑物、杆塔及处理容器上外部安装的各种电气、电子、无线电设备。

6.2 设备的防护(见图 4)

只要可能,宜安装避雷针,使设备免遭直接雷击(处于 $LPZ0_B$ 内)。对高层建筑物,宜采用滚球法确定建筑物顶部和侧面的设备是否可能受到雷击,从而确定是否需安装避雷针。许多情况下,扶手、梯子、管道等可很好地起到接闪器的作用。除了某些结构的天线外,所有设备都能以这种方式进行保护。有时天线不得不安装于暴露位置,因为作为发射天线或接收天线,它们的性能会受到附近避雷针的严重影响。有些天线结构具有自保护功能,因为只有接地良好的经得起雷击的导体暴露在雷击中。市售的天线已愈来愈多具有防雷功能,因而能安全地经受雷击。无良好防雷功能的其他天线,可能需要在其馈线电缆上安装 SPD(例如,通常在 $LPZ0_B$/1 区界面上安装火花间隙),以防止瞬态浪涌顺着馈线电缆进入接收机或发射机。然而,当安装有外部 LPS 时,天线的支架宜与 LPS 作等电位连接。

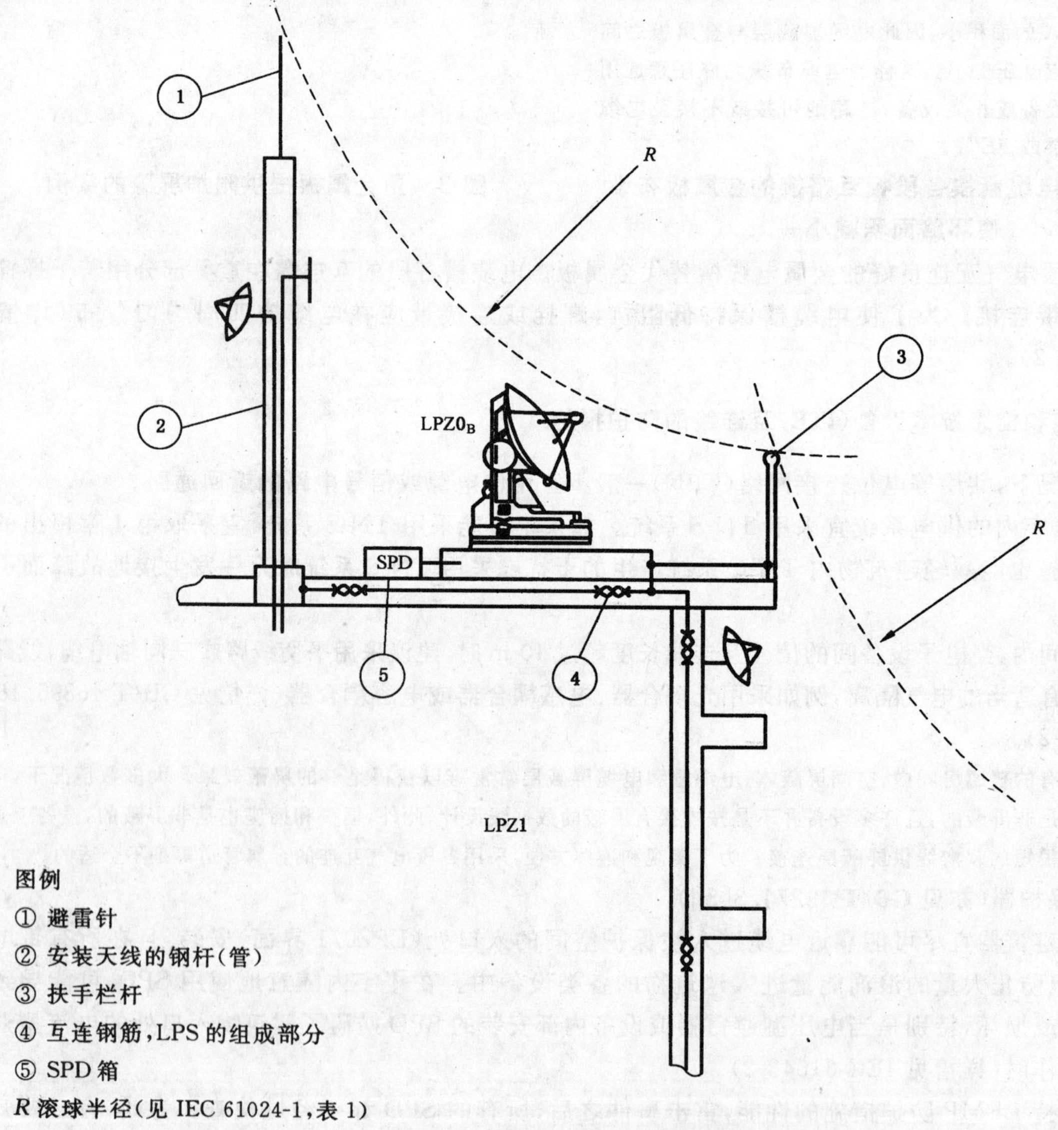

图例

① 避雷针

② 安装天线的钢杆(管)

③ 扶手栏杆

④ 互连钢筋,LPS 的组成部分

⑤ SPD 箱

R 滚球半径(见 IEC 61024-1,表 1)

图 4 天线和其他设备的防雷

6.3 减小馈线电缆的感应过电压和防止设备内部的侧向闪络

如7.3.2所述，对于建筑物间的电缆，通过将电缆敷设于各段搭接的导管、线槽或金属管中，可防止电缆中产生高的感应电压。引向某特定设备的所有电缆应在同一点引出电缆槽。如果可能，应将电缆布设在建筑物的管型部件中，从而充分利用建筑物本身的固有屏蔽特性。如果不可能，例如处理容器的情况，则电缆紧挨容器布设在容器的外部，并充分利用管道、环形钢爬梯以及其他任何相互搭接良好的金属材料所提供的自然屏蔽作用(见图5)。在用角钢构成的杆塔上(见图6)，电缆宜布设在角钢的内角处，以获得结构件的最大保护。所有这些技术措施，使电缆与结构件构成的环路中感应的电压为最小，从而减少旁侧闪络的危险。旁侧闪络是设备内部电路与设备结构件之间形成的电弧，电弧形成后导致大电流流入馈送电缆。

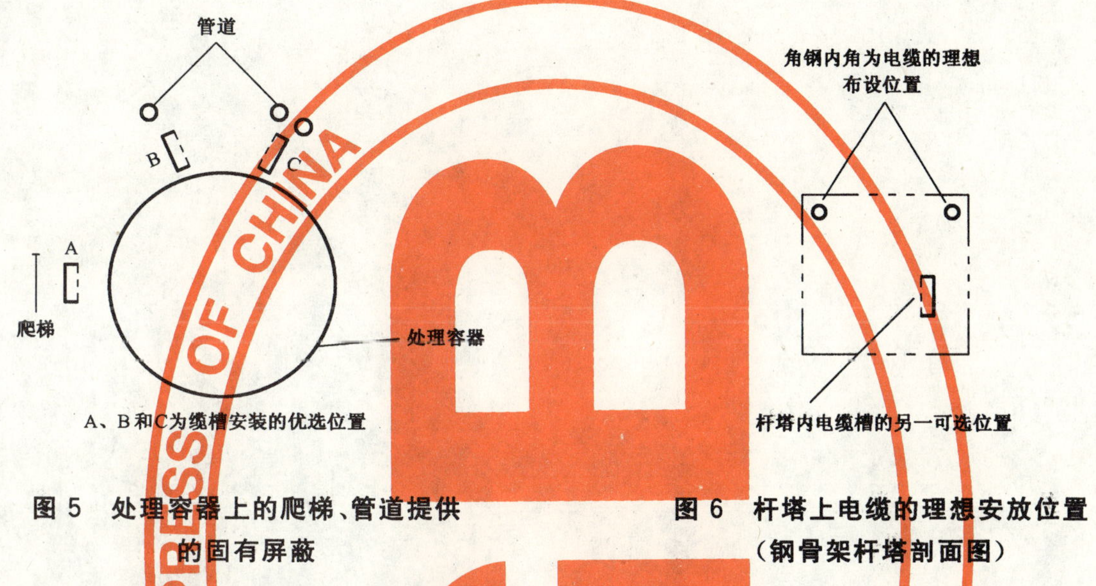

图5 处理容器上的爬梯、管道提供的固有屏蔽

图6 杆塔上电缆的理想安放位置(钢骨架杆塔剖面图)

7 建筑物间数据、电话、测量互连线的防护措施

7.1 简述

建筑物间的互连线既有金属连接线(如线对、波导、同轴电缆、多芯电缆等)，也有光缆。防雷要求取决于电缆类型、互连线的数量和建筑物间的防雷系统(LPS)是否互连。

7.2 建筑物间的光缆

完全绝缘的光缆(即无金属铠装、防潮箔或内加强钢芯的光缆)可安全地架设于建筑物之间，无须采取防护措施。这是完全免除EM干扰最好采用的数据连接线。

然而，对有连续金属部件的光缆，宜在建筑物的入口处把金属部件与地作等电位连接，并且不宜直接接入光纤接收设备和发送设备。间隔很近但各自的LPS并未互连的建筑物之间，最好采用完全没有金属部件的光缆，以防止过大的电流流过光缆的金属部件，使之过热，从而导致光缆的损伤甚至毁坏。另一方面，如果在建筑物之间连上一条LPS之间的互连电缆，以分流流过光缆的电流，则可以采用有金属部件的光缆。

7.3 建筑物间的金属电缆

7.3.1 各自的LPS无互连的建筑物之间的铜电缆或其他金属电缆

这种情况很普遍，这种连接线问题最严重。由于雷电流沿着电缆在建筑物之间流动，极易造成电缆两端接口的损坏。电缆成了雷电流的一条低阻抗入地通路，通常造成电缆两端的绝缘击穿。对架空电缆问题更为严重，因为电缆上的过电压不像埋地电缆那样容易向地闪络放电。虽然，只要可能，最好还是将建筑物的LPS互连，且将电缆布设于封闭的各段搭接的金属管道中，但在电缆的两端还是需要安装SPD。实际上，这种情况就是7.3.2中所描述的情况。

7.3.2 各自的 LPS 互连的建筑物间的铜电缆或其他导电电缆

依据建筑物间电缆的数量,当只有少量电缆时可采用各段搭接的导管保护电缆;而当建筑物间有许多电缆时,如化工厂的情况,当在多芯测量电缆的两端其屏蔽层或铠装层连接至已互连防雷措施取决于建筑物间电缆的数目,它们可包括一个用于有几条电缆的等电位连接的管道,或在有许多电缆的地方(如化工厂),在多芯设备电缆上进行屏蔽或铠装连接至已互连的接地系统时,常常足以提供必要的屏蔽,特别是当有大量电缆共同分担雷电流时。

参 考 文 献

[1] Montandon,E.,Bonding and routing practice with respect on lightning protection and EMC, Proceedings,21st ICLP,Berlin,Sept 1992

[2] GB/T 19271.2—2005,雷电电磁脉冲的防护　第2部分:建筑物的屏蔽、内部等电位连接及接地(IEC TS 61312-2:1999,IDT)

[3] GB/T 19271.3—2005,雷电电磁脉冲的防护　第3部分:对浪涌保护器的要求(IEC TS 61312-3:2000,IDT)

[4] IEC 61643-12:2002,Surge protective devices connected to low-voltage power distribution systems—Part 12:Selection and application principles(under consideration)

ICS 77.120.10
H 61

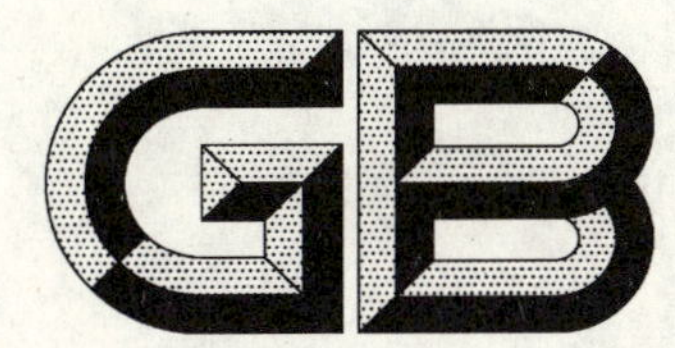

中华人民共和国国家标准

GB/T 19347.2—2005

特殊环境条件 轨道车辆结构用铝合金挤压型材

Wrought aluminum alloy extruded profiles for railroad vehicle structures for special environment

2005-07-04 发布　　2005-12-01 实施

中华人民共和国国家质量监督检验检疫总局
中国国家标准化管理委员会　发布

前言

本标准的附录A是参考ASTM G34—1990《2XXX和7XXX系铝合金的剥落腐蚀试验(EXCO试验)》和ASTM G66—1986《5XXX系铝合金的剥落腐蚀试验(ASSET试验)》制定的。

本标准的附录B是参考ASTM G47—1990《高强度铝合金应力腐蚀试验方法》制定的。

本标准的附录A、附录B和附录C为规范性附录。

本标准由中国有色金属工业协会提出。

本标准由全国有色金属标准化技术委员会归口。

本标准由中国科学院计量测试高技术联合实验室负责起草。

本标准参加起草单位:西南铝业(集团)有限责任公司、北京有色金属研究总院。

本标准主要起草人:沈乃澂、林乐耘、李瑞山、赵月红。

本标准由全国有色金属标准化技术委员会负责解释。

特殊环境条件　轨道车辆结构用铝合金挤压型材

1　范围

本标准规定了特殊环境条件下轨道车辆结构用铝合金型材的要求、试验方法、检验规则、标志、包装、运输、贮存及合同内容等。

本标准适用于我国高海拔、干热高温、低温、温差悬殊、盐湖周围、沙尘暴等特殊环境条件下行驶的轨道车辆结构用铝合金挤压型材(以下简称型材)。

2　规范性引用文件

下列文件中的条款通过本标准的引用而成为本标准的条款。凡是注日期的引用文件,其随后所有的修改单(不包括勘误的内容)或修订版均不适用于本标准,然而,鼓励根据本标准达成协议的各方研究是否可使用这些文件的最新版本。凡是不注日期的引用文件,其最新版本适用于本标准。

GB/T 3075—1982　金属轴向疲劳试验方法

GB/T 19347　轨道车辆结构用铝合金挤压型材

JB/T 8286　轴向加荷疲劳试验机动态力校准

3　要求

3.1　产品分类

型材的合金牌号及供应状态应符合表1的规定。

表1

合金牌号	供应状态
5052、5083	H112
6061、6063、6005A	T5、T6
6082、6106	T6
7003、7005	T5、T6

3.2　化学成分、尺寸偏差、力学性能、低倍组织、显微组织、表面质量

型材的化学成分、尺寸偏差、力学性能、低倍组织、显微组织及表面质量均应符合GB/T 19347的要求。

3.3　抗剥落腐蚀性能

7005-T5、7005-T6及6005A-T5、6005A-T6型材和5083-H112型材,不得出现EB～ED级的剥落腐蚀。

3.4　抗应力腐蚀性能

6005A-T5及6005A-T6型材应力腐蚀试验结果至少达到B级。

3.5　抗腐蚀疲劳性能

6005A-T5及6005A-T6型材腐蚀疲劳试验结果按本标准选用的“强度比拟评定法”至少应达到B级。供需双方也可商定使用更为准确可靠的“线性模拟法”(按GB/T 3075—1982规定)进行试验和评定。

4　试验方法

4.1　型材的化学成分、尺寸偏差、力学性能、低倍组织、显微组织、表面质量的试验或检测方法应符合

GB/T 19347 的规定。

4.2　型材的剥落腐蚀试验方法应符合附录 A 的规定。

4.3　型材的应力腐蚀试验方法应符合附录 B 的规定。

4.4　型材的腐蚀疲劳试验方法应符合附录 C 的规定。

5　检验规则

5.1　检验和验收

型材应由供方技术监督部门进行检验，保证产品质量符合本标准的规定，并填写质量证明书。需方应对收到的产品按本标准的规定进行复验。复验结果与本标准及订货合同的规定不符时，应以书面形式向供方提出，由供需双方协商解决。属于表面质量及尺寸偏差的异议，应在收到产品之日起一个月内提出，属于其他性能的异议，应在收到产品之日起三个月内提出。如需仲裁，仲裁取样应由供需双方共同进行。

5.2　组批

型材应成批提交验收，每批应由同一合金牌号、状态和规格组成。

5.3　检验项目

5.3.1　每批产品出厂前应进行化学成分、尺寸偏差、力学性能、表面质量、低倍组织的检验。淬火制品应进行显微组织检验。

5.3.2　要求进行剥落腐蚀试验、应力腐蚀试验及腐蚀疲劳试验的型材，在首次供货或工艺发生重大变化时，均应进行剥落腐蚀试验、应力腐蚀试验及腐蚀疲劳试验。经检验合格后，在以后的批次供货时，不再进行剥落腐蚀试验、应力腐蚀试验及腐蚀疲劳试验。

5.4　取样

5.4.1　型材化学成分、尺寸偏差、力学性能、低倍组织、显微组织及表面质量的取样应符合 GB/T 19347 规定。

5.4.2　要求进行剥落腐蚀试验、应力腐蚀试验及腐蚀疲劳试验的型材，在首次供货或工艺发生重大变化时，应分别切取 6 个试样进行剥落腐蚀试验、应力腐蚀试验及腐蚀疲劳试验。

5.5　检验结果的判定

5.5.1　型材化学成分、尺寸偏差、力学性能、低倍组织、显微组织及表面质量检验结果的判定应符合 GB/T 19347 的规定。

5.5.2　型材在进行剥落腐蚀试验、应力腐蚀试验及腐蚀疲劳试验时，若有一个试样的试验结果不合格时，则应重取双倍数量的试样进行该项目的重复试验。若重复试验后仍有一个试样不合格时，则判该产品不合格。供方可对产品进行工艺调整，调整工艺后，仍重新取样进行剥落腐蚀试验、应力腐蚀试验及腐蚀疲劳试验。

6　标志、包装、运输、贮存

型材的标志、包装、运输和贮存应符合 GB/T 19347 的规定。

附 录 A
（规范性附录）
剥落腐蚀试验方法

A.1 范围

本附录规定了铝合金型材的剥落腐蚀试验方法。

本附录适用于特殊环境条件下轨道车辆结构用铝合金型材。

A.2 方法原理

本方法通过在腐蚀性溶液中对试验材料进行一定时间的浸蚀试验，来评价材料对剥落腐蚀的敏感性。

A.3 试剂

A.3.1 非铝镁系合金型材试验用试剂

A.3.1.1 氯化钠（NaCl，ρ：2.16 g/cm^3）。

A.3.1.2 硝酸钾（KNO_3，ρ：2.10 g/cm^3）。

A.3.1.3 硝酸（HNO_3，7+3）。

A.3.2 铝镁系合金型材试验用试剂

A.3.2.1 氯化铵（NH_4Cl，ρ：1.53 g/cm^3）。

A.3.2.2 硝酸铵（NH_4NO_3，ρ：1.73 g/cm^3）。

A.3.2.3 酒石酸铵（$C_4H_{12}N_2O_6$，ρ：1.60 g/cm^3）。

A.3.2.4 过氧化氢（H_2O_2，ρ：1.46 g/mL）。

A.4 试验溶液

A.4.1 非铝镁系合金型材试验用溶液

将 234 g NaCl(A.3.1)和 50 g KNO_3(A.3.2)溶于蒸馏水中，然后添加 6.3 mL HNO_3(A.3.1.3)，再用蒸馏水稀释至 1 000 mL，即配成了 pH 值约为 0.4 的试验溶液。1 L 试验溶液中含 4 mol NaCl、0.5 mol KNO_3 和 0.1 mol 的 HNO_3。

A.4.2 铝镁系合金型材试验用溶液

将 53.5 g NH_4Cl(A.3.2.1)、50 g NH_4NO_3(A.3.2.2)和 1.84 g $C_4H_{12}N_2O_6$(A.3.2.3)溶于少量蒸馏水中，然后添加 3 g H_2O_2(A.3.2.4)，再用蒸馏水稀释至 1 000 mL，即配成了 pH 值约为 5.2～5.4 的试验溶液。1 L 试验溶液中含 1 mol NH_4Cl、0.25 mol NH_4NO_3、0.01 mol 的 $C_4H_{12}N_2O_6$ 以及 0.088 mol的 H_2O_2。

A.5 试验装置

采用抗腐蚀的非金属材料制作的环境箱及其辅助装置。不允许环境箱及其辅助装置有介质渗漏。

A.6 试样

在型材具有代表性的部位锯切纵向试样。试样厚度为型材的原始尺寸，试样最小长度为 100 mm，最小宽度为 30 mm～50 mm。试样边缘无需进行机加工。

A.7 试验程序

A.7.1 试验前应对试样进行外观和尺寸检验,但不得造成试样损伤。

A.7.2 彻底清除试样表面的油污、尘垢和油脂,随后应立即进行试验,或放在干燥器中短期保存。

A.7.3 采用涂料或防护层将试样的非主试验面进行保护,与主试验面垂直的面不加以保护。涂料或防护层必须有很好的附着力,以免涂料或防护层下边产生缝隙腐蚀,涂料或防护层还不应含有可渗出的离子和防护油。

A.7.4 使用足够量的新鲜试验溶液(A.4),将试样全浸在试验溶液中,并放置于容器底部的惰性材料制成的棒或支架上,其顶端在溶液表面之下至少 25 mm。试样的主试验面应朝上并呈水平位置,以防止试样表面腐蚀物损失。溶液体积与试样被浸面的面积和之比率为 10 mL/cm^2～30 mL/cm^2。试验溶液保持静止,在试验期内不更换溶液。非铝镁系合金型材试验溶液温度应控制在 25℃±3℃;铝镁系合金型材试验溶液温度应保持在 65℃±1℃。

A.7.5 安装试样应戴清洁的手套,不应用手直接接触试样。操作应仔细,使试样与试验机上下夹头保持同轴,尽量减少试样轴向应力以外的其他应力。

A.7.6 安装试验装置时,应确保不损伤试样表面,环境箱与试样应密封良好,无溶液渗漏。

A.7.7 在浸渍 6 h～24 h 内观察试样(不清洗)。

A.7.8 非铝镁系合金型材在试样继续浸渍至 48 h 后取出检验并评定等级。铝镁系合金型材在试样连续浸渍 24 h 后取出检验并评定等级。检验与评级之后用水冲洗试样,再在浓硝酸中浸泡 30 min 后,取出用水冲洗并吹干或晾干。

A.8 试验结果及评定

A.8.1 直接目测或通过金相观察试样,根据表 A.1 评定等级。

表 A.1

等级代号	试样状况
N	无明显腐蚀。表面只有褪色(污染)或浸蚀
P	点腐蚀。表面出现不连续的小坑或小的点状起泡
EA	剥落腐蚀。表面出现微小的疱疤、微小的裂纹、薄片或粉末,仅带有轻微的分离
EB	剥落腐蚀。表面明显分层,并穿入进金属
EC	剥落腐蚀。表面严重分层,并穿入到金属相当深处
ED	剥落腐蚀。表面分层很严重,并穿透金属且有金属损失

附 录 B
（规范性附录）
拉伸应力腐蚀试验方法

B.1 范围

本附录规定了铝合金型材的拉伸应力腐蚀试验方法。

本附录适用于特殊环境条件下轨道车辆结构用铝合金型材。

B.2 方法原理

本方法是将试样置于腐蚀溶液中，将该材料的规定非比例延伸强度乘以一定的百分数所得的数值作为材料的应力水平，并以该应力通过拉伸应力腐蚀试验机对试样施加恒应力载荷拉伸，通过检测材料是否在200 h内断裂来评定材料的拉伸应力腐蚀性能。

B.3 试验溶液

氯化钠水溶液（ρ：35 g/L）。

B.4 试验设备

推荐采用YF-500拉伸应力腐蚀试验机，也可以采用符合国家规定的其他类型的拉伸应力腐蚀试验机。

B.5 试样

B.5.1 在型材具有代表性的部位锯切纵向矩形试样，采用铣床铣边。试样加工过程中，应确保试样表面不发生过热。

B.5.2 试样形状和尺寸可参见GB/T 3075附录A。

B.5.3 试样厚度为型材的原始尺寸。

B.5.4 试样尺寸应符合应力腐蚀试验机的要求。应以确保试样承受载荷的最大绝对值不小于试验机所用载荷挡满量程的25%，也不大于所用载荷挡满量程的90%为前提，选择试样试验段宽度；试样夹持端横截面积与试验段横截面积的比值取决于试样的夹持方式，一般不小于1.5。

B.5.5 试样表面不允许有任何划伤，精加工后，光滑和缺口试样试验段的表面粗糙度应不大于0.4 μm。

B.5.6 试样尺寸的测量精度为±0.01 mm。

B.6 试验程序

B.6.1 试验前应对试样进行外观和尺寸检验，但不得造成试样损伤。

B.6.2 用汽油和酒精清除试样表面的油污、尘垢和油脂，随后应立即进行试验，或放在干燥器中短期保存。

B.6.3 添加试验溶液（B.3）后即进行加载，试验载荷应力水平根据实际需要来施加，最大应力水平应低于被试验材料规定非比例延伸强度$R_{p0.2}$的90%。

B.6.4 试验过程中，施加载荷应平稳、准确、不得超载。试验期间，每15 h更换一次试验溶液。试验溶液温度应保持35℃±1℃。

B.6.5 加载后便开始计时，直至试样断裂。所经时间即为试样的应力腐蚀寿命。试样失效必须发生在试验段。

B.6.6 安装试样应戴清洁的手套,不应用手直接接触试样。安装试样应仔细操作,使试样与试验机上下夹头保持同轴,尽量减少试样轴向应力以外的其他应力。

B.6.7 安装腐蚀装置时,应确保不损伤试样表面。环境箱与试样应密封良好,无腐蚀介质渗漏。

B.7 试验结果及评定

B.7.1 加载时间为200 h时,试样仍未发生断裂,判试验结果合格;在加载时间≤200 h的期间,试样发生断裂,判试验结果不合格。

B.7.2 应力腐蚀试验按试验载荷应力水平的大小分为A、B、C三个等级:

A——试验载荷应力水平大于或等于规定非比例延伸强度 $R_{p0.2}$ 的75%;

B——试验载荷应力水平大于或等于规定非比例延伸强度 $R_{p0.2}$ 的50%;

C——试验载荷应力水平大于或等于规定非比例延伸强度 $R_{p0.2}$ 的25%。

附 录 C
（规范性附录）
腐蚀疲劳试验方法

C.1 范围

本附录规定了铝合金型材的腐蚀疲劳试验方法。

本附录适用于特殊环境条件下轨道车辆结构用铝合金型材。

C.2 方法原理

本方法是将试样置于腐蚀溶液中，将该材料的规定非比例延伸强度乘以一定的百分数，所得的数值确定为材料的应力水平，并将该应力值作为腐蚀疲劳测试的最大载荷，通过确定的应力比得到测试的最小载荷，再通过腐蚀疲劳试验机对试样加载直至材料断裂，测定材料的断裂周次，从而评定材料的腐蚀疲劳性能。

C.3 试剂

C.3.1 氯化钠（NaCl，ρ：2.16 g/cm^3）。

C.3.2 铬酸钠（Na_2CrO_4，ρ：2.72 g/cm^3）。

C.3.3 试验溶液：称取 20 g±1 g 的氯化钠（C.3.1）和 5 g±0.5 g 的铬酸钠（C.3.2），分别用少量蒸馏水或去离子水溶解，移入 1 000 mL 容量瓶，以水稀释至刻度，混匀。

C.4 试验设备

C.4.1 试验可以选择不同类型的具有轴向加载功能的疲劳试验机，轴向应力类型及符号应符合 GB/T 3075的规定。

C.4.2 试验机静载荷示值相对误差不大于示值的±1%，示值相对变动性不大于示值的 1%。

C.4.3 试验机动载荷示值相对误差不大于每一循环中最大载荷的±3%，在整个试验过程中动载荷示值的相对变动性不大于示值的 3%。试验机动态力校准方法按 JB/T 8286 的规定。

C.4.4 在使用空间范围内，试验机的上下夹具受力同轴度不大于 10%。同轴度检测方法见 GB/T 3075附录 B。

C.4.5 试验机运行 1 000 h 或一年检定一次，以检定周期短者为准。凡影响试验机准确度的移动位置，维修、调整之后，应立即检定试验机。

C.5 试样

C.5.1 在型材具有代表性的部位锯切纵向矩形试样，采用铣床铣边。试样加工过程中，应确保试样表面不发生过热。

C.5.2 试样形状和尺寸可参见 GB/T 3075 附录 A。

C.5.3 试样厚度为型材的原始尺寸。

C.5.4 试样尺寸应符合试验机的要求。应以确保试样承受载荷的最大绝对值不小于试验机所用载荷挡满量程的 25%，也不大于所用载荷挡满量程的 90%为前提，选择试样试验段宽度；试样夹持端横截面积与试验段横截面积的比值取决于试样的夹持方式，一般不小于 1.5。

C.5.5 选择试样尺寸时，应避免试样因其固有频率和试验频率相近而产生共振。

C.5.6 试样表面不允许有任何划伤，精加工后，光滑和缺口试样试验段的表面粗糙度应不大于0.4 μm。

C.5.7　试样尺寸的测量精度为±0.01 mm。

C.6　试验程序

C.6.1　试验前应对试样进行外观和尺寸检验，但不得造成试样损伤。

C.6.2　用汽油和酒精清除试样表面的油污、尘垢和油脂，随后应立即进行试验，或放在干燥器中短期保存。

C.6.3　确定试验最大应力、应力比（最大和最小应力之比）、载荷波形、试验频率等试验参数。最大载荷应力根据型材的应力水平来确定，应力比为0.1，载荷波形为正弦波，试验频率小于10 Hz。

C.6.4　添加试验溶液（C.3.3），将试样全浸在试验溶液中后即进行加载。溶液体积与试样被浸表面积和之比应不小于20 mL/cm^2。

C.6.5　添加试验溶液后即进行加载。施加载荷时应平稳、准确、不得超载。试验中腐蚀溶液保持静止，在所需要的试验时间内，无须对溶液进行更换。试验溶液温度应该控制在24℃±3℃。

C.6.6　安装试样应戴清洁的手套，不应用手直接接触试样。安装试样应仔细操作，使试样与试验机上下夹头保持同轴，尽量减少试样轴向应力以外的其他应力。

C.6.7　安装腐蚀装置应确保不损伤试样表面，环境箱与试样应密封良好，无腐蚀溶液渗漏。

C.6.8　应详细记录试验过程中的异常情况。

C.7　试验结果及评定

C.7.1　强度比拟评定法

C.7.1.1　将材料的规定非比例延伸强度乘以一定的百分数所得的数值作为材料的应力水平。将该应力水平确定为腐蚀疲劳测试的最大载荷，进行腐蚀疲劳性能测试。材料的平均断裂周次不得小于5×10^4，其单个试样的断裂周次值不得低于2×10^4为合格，否则为不合格。

C.7.1.2　腐蚀疲劳性能分为A、B、C三个等级：

A——最大载荷（应力水平）大于或等于规定非比例延伸强度$R_{p0.2}$的75%；

B——最大载荷（应力水平）大于或等于规定非比例延伸强度$R_{p0.2}$的50%；

C——最大载荷（应力水平）大于或等于规定非比例延伸强度$R_{p0.2}$的25%。

C.7.2　线性模型法

参照GB/T 3075—1982的有关规定。

ICS 29.140.99
K 74

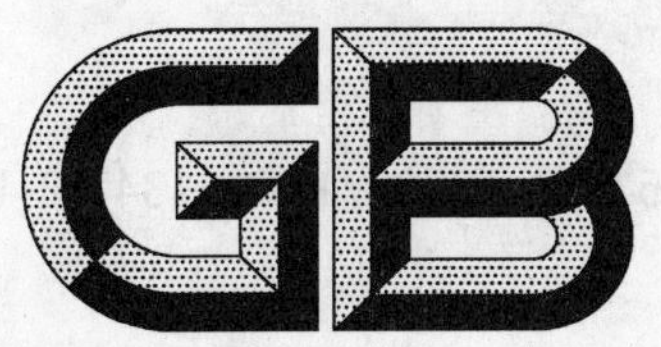

中华人民共和国国家标准

GB 19510.2—2005/IEC 61347-2-1:2000

灯的控制装置　第2部分:启动装置(辉光启动器除外)的特殊要求

Lamp controlgear—Part 2:Particular requirements for starting devices (other than glow starters)

(IEC 61347-2-1:2000,IDT)

2005-01-18 发布　　2005-08-01 实施

中华人民共和国国家质量监督检验检疫总局
中国国家标准化管理委员会　发布

前 言

本部分的全部内容为强制性。

GB 19510《灯的控制装置》分为12个部分：

——第1部分：一般要求和安全要求；

——第2部分：启动装置(辉光启动器除外)的特殊要求；

——第3部分：钨丝灯用直流/交流电子降压转换器的特殊要求；

——第4部分：荧光灯用交流电子镇流器的特殊要求；

——第5部分：普通照明用直流电子镇流器的特殊要求；

——第6部分：公共交通运输工具照明用直流电子镇流器的特殊要求；

——第7部分：航空器照明用直流电子镇流器的特殊要求；

——第8部分：应急照明用直流电子镇流器的特殊要求；

——第9部分：荧光灯用镇流器的特殊要求；

——第10部分：放电灯(荧光灯除外)用镇流器的特殊要求；

——第11部分：高频冷启动管形放电灯(霓虹灯)用电子换流器和变频器的特殊要求；

——第12部分：与灯具联用的杂类电子线路的特殊要求。

本部分为GB 19510《灯的控制装置》的第2部分：启动装置(辉光启动器除外)的特殊要求；

本部分应与GB 19510.1一起使用，它是在对GB 19510.1的相应条款进行补充或修改之后制定而成的。

本部分等同采用IEC 61347-2-1:2000《灯的控制装置　第2-1部分：启动装置(辉光启动器除外)的特殊要求》(英文版)。

本部分等同翻译IEC 61347-2-1:2000。

为了便于使用，本部分做了下列编辑性修改：

a) "IEC 61347-2-1"改为"本部分"，"IEC 61347-2-1号标准"一词改为"GB 19510.2"；

b) 删除IEC 61347-2-1的前言，修改了IEC 61347-2-1的引言；

c) 将国际标准中的"(注：)"形式中的括号去除；

d) 用小数点"."代替作为小数点的"，"；

e) 对于GB 19510.1—2004引用的其他国际标准中有被等同采用为我国标准的，本部分用引用我国的这些国家标准或行业标准代替对应的国际标准，其余未有等同采用为我国标准的国际标准，在本部分中均被直接引用(见本部分第2章)。

GB 19510.2是灯的控制装置系列国家标准之一。下面列出了这些系列国家标准的预计结构及其对应的国际标准，以及将代替的国家标准：

GB 19510.1《灯的控制装置　第1部分：一般要求和安全要求》(IEC 61347-1)；

GB 19510.2《灯的控制装置　第2部分：启动装置(辉光启动器除外)的特殊要求》(IEC 61347-2-1)；

GB 19510.3《灯的控制装置　第3部分：钨丝灯用直流/交流电子降压转换器的特殊要求》(IEC 61347-2-2)；

GB 19510.4《灯的控制装置　第4部分：荧光灯用交流电子镇流器的特殊要求》(IEC 61347-2-3，代替GB 15143—1994)；

GB 19510.5《灯的控制装置　第5部分：普通照明用直流电子镇流器的特殊要求》(IEC 61347-2-4)；

GB 19510.6《灯的控制装置　第6部分：公共交通运输工具照明用直流电子镇流器的特殊要求》

(IEC 61347-2-5)；

GB 19510.7《灯的控制装置　第7部分：航空器照明用直流电子镇流器的特殊要求》(IEC 61347-2-6)；

GB 19510.8《灯的控制装置　第8部分：应急照明用直流电子镇流器的特殊要求》(IEC 61347-2-7)；

GB 19510.9《灯的控制装置　第9部分：荧光灯用镇流器的特殊要求》(IEC 61347-2-8，代替GB 2313—1993)；

GB 19510.10《灯的控制装置　第10部分：放电灯(荧光灯除外)用镇流器的特殊要求》(IEC 61347-2-9，代替GB 14045—1993)；

GB 19510.11《灯的控制装置　第11部分：高频冷启动管形放电灯(霓虹灯)用电子换流器和变频器的特殊要求》(IEC 61347-2-10)；

GB 19510.12《灯的控制装置　第12部分：与灯具联用的杂类电子线路的特殊要求》(IEC 61347-2-11)。

本部分的附录A、B、C、D、E、F、G、H、I、J为规范性附录。

本部分由中国轻工业联合会提出。

本部分由全国照明电器标准化技术委员会(CSBTS/TC224)归口。

本部分的起草单位：国家电光源质量监督检验中心(上海)、福建源光亚明电器有限公司、上海亚明双灯照明电器有限公司、上海东升电子股份有限公司、佛山市华全电气照明有限公司、北京电光源研究所。

本部分起草人：俞安琪、张和泉、姜宝琪、李裕人、区志扬、杨小平、赵秀荣。

本部分为首次制定。

引　言

本部分和构成 GB 19510.3～GB 19510.12 的各个部分在引用 GB 19510.1 的任一条款时规定了该条款的适用范围和各项试验的实施顺序，还规定了必要的补充要求。GB 19510.3～GB 19510.12 的各个部分是各自独立的，相互之间互不参照。

如果本部分通过“按照 GB 19510.1 的第某条要求”这一句子来引用 GB 19510.1 的某一条款要求，则这句话的意思就是按照该条款的全部要求，但其中明显不适用于 GB 19510.3～GB 19510.12 所述特定类型的灯的控制装置的内容除外。

灯的控制装置　第 2 部分:启动装置（辉光启动器除外）的特殊要求

1　范围

本部分规定了使用 50 Hz 或 60 Hz 的 1 000 V 以下交流电源的荧光灯和其他放电灯用启动装置（辉光启动器和触发器除外）的特殊要求。该启动装置能产生不大于 100 kV 的启动脉冲，并与 IEC 60081，IEC 60188，IEC 60192，IEC 60662，IEC 60901，IEC 61167，GB 18774，GB 16843，GB 19510.9，GB 19510.10 等标准所规定的灯和镇流器一起使用。

本部分不适用于辉光启动器或装入放电灯的启动装置或人工操纵的启动装置。荧光灯用预热变压器的要求由 GB 19510.9 给出。

注：辉光启动器见 IEC 60155。

本部分只涉及国际上最需要的镇流器用和灯用启动装置。

性能要求参见 GB/T 19655。

2　规范性引用文件

下列文件中的条款通过 GB 19510 的本部分的引用而成为本部分的条款。凡是注日期的引用文件，其随后所有的修改单（不包括勘误的内容）或修订版均不适用于本部分，然而，鼓励根据本部分达成协议的各方研究是否可使用这些文件的最新版本。凡是不注日期的引用文件，其最新版本适用于本部分。

本部分采用 GB 19510.1 第 2 章所述引用标准，以及下述引用标准：

GB/T 14598.15　电气继电器　第 8 部分：电热继电器（GB/T 14598.15—1998，idt IEC 60255-8:1990）

GB 16843　单端荧光灯的安全要求（GB 16843—1997，idt IEC 61199:1993）

GB 18774　双端荧光灯　安全要求（GB 18774—2002，idt IEC 61195:1999）

GB 19510.1　灯的控制装置　第 1 部分：一般要求和安全要求（GB 19510.1—2004，IEC 61347-1:2000，IDT）

IEC 60052　用球隙（一球接地）测量电压的建议

IEC 60068-2-75　环境试验　第 2-75 部分：试验　试验 Eh：锤击试验

IEC 60155　荧光灯用辉光启动器

IEC 60188　高压汞灯

IEC 60192　低压钠灯

IEC 60662　高压钠灯

IEC 61167　金属卤化物灯

ISO 3864　安全色和安全标志

3　定义

本部分采用 GB 19510.1 第 3 章所给出的定义以及下述定义。

3.1

启动装置　starting device

为启动放电灯提供所需要的适宜的电气条件的装置，这种电气条件由该装置本身或与线路中的其他元件一起产生。

3.2

启动器 starter

通常指荧光灯用的启动装置，用于为电极提供必需的预热，并和镇流器的串联阻抗一起对灯形成电压冲击。

注：能释放启动电压脉冲的启动器元件可以是触发式的，例如，相角同位式的；或者是非触发式的。

3.3

带工作时间限制的启动装置 starting device with operating time limitation

能防止长时间试图启动不能启动的灯（例如：电极已被去激活的灯）的启动装置。

注："防止试图启动"意味着在使用启动器的情况下，断开启动电流线路，和/或将启动线路中的电流限制在等于或小于灯的额定电流的程度。

在使用触发器的情况下，"防止试图启动"意味着脉冲的发生已经停止，或电压脉冲幅度明显下降。

3.4

峰值电压 peak voltage

U_p

在输出端由触发器产生的电压脉冲最大值。

3.5

短路功率（电压源的） short-circuit power（of a voltage source）

输出端（在开路状态下）产生的电压的平方与电源（同一终端）的内阻抗之比。

3.6

球形放电器 spherical spark gap

具有相同标称直径并按一定距离安装的两个金属球，用于在规定的条件下测量超过 15kV 的峰值电压。

4 一般要求

按照 GB 19510.1 第 4 章的要求。

5 一般试验说明

按照 GB 19510.1 第 5 章的要求以及下述补充要求：

5.1 用于具有不同电特性的灯的启动装置

用于不同电特性的灯的启动装置，应和处于最不利状态的灯一起进行试验。

5.2 样品数量

应提交以下数量的样品用于试验：

——第 6～12 章和第 15～22 章要求所规定的试验：一个样品；

——第 14 章要求所规定的试验：一个样品（必要时，经与制造商协商，可增加样品或部件）。

6 分类

按照 GB 19510.1 第 6 章的要求以及下述补充要求：

输出电压

根据输出电压将启动装置分类如下：

——5 kV 以下（含 5 kV）；

——5 kV～10 kV（含 10 kV）；

——10 kV～100 kV（含 100 kV）。

7 标志

7.1 强制性标志

根据 GB 19510.1 中 7.2 的要求，启动装置应清晰并持久地标有下述标志：

——GB 19510.1 中 7.1 的 a)，b)，c)和 f)所规定的内容，以及

——电压峰值的标志，该标志在电压峰值超过 1 500 V 时标出。具有这种电压的连接线应标出这种标志。对于脉冲电压超过 5 kV 的触发器，该标志应是一闪光符号(虚线箭头符号)(见 ISO 3864)。

5 kV 以上的触发器不需要接地端子标志，因为这种触发器被规定装有时间限制。

7.2 补充标志

除上述强制性标志外，必要时还应将下述内容标在启动装置上，或写入制造商的产品目录或类似文件中：

——GB 19510.1 中 7.1 的 d)，e)，h)，i)，j)，k)和 l)的内容，以及

——时间限制说明，如果启动装置具有这种时间限制的话；

——如果该种镇流器在设计上能控制脉冲电压的大小，应标出可与该启动装置配套使用的镇流器的产品目录号。

关于使用启动装置的特定条件。

8 防止意外接触带电部件的措施

按照 GB 19510.1 第 10 章的要求。

9 接线端子

按照 GB 19510.1 第 8 章的要求。

10 保护接地装置

按照 GB 19510.1 第 9 章的要求。

11 防潮与绝缘

按照 GB 19510.1 第 11 章的要求以及下述要求：

将不借助工具就能将其拆卸的电子部件、外壳以及其他部件全部拆下，如有必要，将它们与主要部件一起进行潮湿处理。

为了使试验箱达到规定条件，必须确保箱内空气循环，一般使用隔热的试验箱。

对于双重绝缘或加强绝缘，电阻应不小于 7 MΩ。

应注意在潮湿处理结束时，并且在测量绝缘电阻之前，受试样品的湿度不应有明显的变化。

为了达到这一点，建议在测量绝缘电阻时仍将样品保留在潮湿箱内，或保留在邻近的不通风并且具有与潮湿箱相类似条件的室内。

12 介电强度

按照 GB 19510.1 第 12 章的要求以及下述要求：

脉冲试验

对于装有高电压绕组的启动装置，采用下述脉冲试验检验其合格性：将该启动装置置于 110% 的额定电源电压的条件下不带灯工作，直到发生 50 次脉冲为止，必要时可断开或接通电源。

注：高压绕组指的是装在启动装置之内并能产生启动灯所必须的电压的绕组。

试验期间，该启动装置：

a) 不应有明显的或发出声音的击穿放电产生(电应力下绝缘失效的征兆)；

b) 不应有跳火或飞弧现象发生；

c) 在示波器上观测到的脉冲电压波形的前部或尾部不应有折叠或压缩现象产生。

对于不带高压绕组的启动装置，其合格性通过进行 1 min 的介电强度试验来检验。

13 绕组的耐热试验

不按照 GB 19510.1 第 13 章的要求，独立试验要求尚在研究之中。

14 故障状态

按照 GB 19510.1 第 14 章的要求以及下述补充要求：

14.1 启动装置发生故障时所引起的灯线路中电流升高的程度不应使镇流器过度发热，也就是说在异常状态下绕组温度应不超过 t_w 值。对于具备 IEC 60155 所规定的外部尺寸的启动器，如果在5 min以上期间灯线路的电流不超过 IEC 60081 和 IEC 60901 所规定的最大预热电流，则可视为符合此项要求。

14.2 独立启动装置不应超过 15.2 中要求所规定的异常工作温度值。对于预热式灯电极，当启动装置被短路而预热电流的增加值未超过上述值的 5%时，则可视为符合此要求。

如果当预热式灯电极处于额定电压的 110%的条件下，通过镇流器的电流超过短路电流的 105%并持续 5 min 以上时，则应将启动装置的机械断路器跨接。

当机械断路器符合 GB/T 14598.15 的相应条件时，则可视其符合本要求。

15 独立式启动装置的发热

独立式启动装置在正常工作期间和异常工作期间不应过度发热。

注：内装式启动装置按照 GB 7000.1 和灯具一起进行检验。

合格性采用下述试验进行检验：

正常状态是采用下述一个或一个以上情况的工作状态：

a) 灯在正常工作；

b) 额定电流通过启动装置；

c) 启动装置已连接在电源上，例如，正常工作期间出现的电源电压或灯电压；

d) b)和 c)两种状态同时存在。

将独立式启动装置安装在一由三块木纤维板构成的试验角内，这些木纤维板有深黑色漆，厚度为 15 mm～25 mm，并模拟房屋的两面墙和天花板进行组装。将启动装置固定在天花板上，并尽可能靠近墙壁，天花板超出启动装置其他各面的部分应至少为 250 mm。该试验角的位置应尽可能远离试验箱的五个内表面。

试验应按照附录 F 的规定在无空气对流风的室内或试验箱中进行。

15.1 正常工作

将启动装置按正常使用要求与适用的灯连接。

当灯处于稳定工作状态时，通过改变所施加的电压，使灯的电流调节到额定值。在此条件下，使启动装置和灯工作，直到它们的温度达到稳定状态。

零部件的温度不应超过 GB 7000.1 的表 12.1 和表 12.2 所规定之值。

所采用的镇流器应符合相应的 IEC 标准的要求，并与启动装置所启动的灯的类型相一致。

15.2 异常工作

将启动装置按正常使用要求与适用的灯连接。试验时要使用带去激活阴极的灯，或使用IEC 60081 和 IEC 60901 中灯的参数表所规定的替代电阻。还应使用启动器所适用的具有最大额定功率的灯以及通用的镇流器进行试验。

将触发器不带灯按正常使用要求连接。

在异常状态下，触发器要在110%的额定电压的条件下工作，直到达到稳定的温度状态，或者对于有工作时间限制的触发器，则直到所要求的时间限制之内或之前停止工作。在此之后，测定零部件的温度。此温度不应超过GB 7000.1中表12.3所规定之值。

启动装置完成这些试验并经过冷却之后应符合下述条件：

a) 启动装置的标志仍应清晰明了。

b) 启动装置应能承受本部分第12章所规定的介电强度试验而不被损坏，但是试验电压要降至GB 19510.1中表1所规定值的75%，但应不低于500 V。

16 触发器的脉冲电压

当触发器采用图1所示线路在额定电压下以及20 pF的负载电容下工作时，脉冲电压的最大值（正脉冲或负脉冲）应不大于5 kV。并且应将相关灯参数表中规定的最大脉冲电压考虑进去。

如果相应灯的参数表中未另作说明，对于脉冲超过5 kV的触发器，当它在额定电源电压下以及在20 pF的负载电容下工作时，脉冲电压的最大值应不超过$1.3\times U_p$（由制造商宣称）。

对于100 kV以下的峰值脉冲，用示波器或静电电压表进行测量。对于15 kV以上的峰值脉冲，可采用球形放电器进行测量，测量时采用IEC 60052所规定的方法以及本部分的附录J。

注：存储式示波器可作为图1所示静电电压表的替换品与具有下述特性的高压试验指一起在线路使用中：

——输入电阻≥100 MΩ；

——输入电容≤15 pF；

——断路频率≥1 MHz。

如有疑问，用静电电压表进行测量作为基准方法。

17 机械强度

17.1 可更换式启动装置以及不使用工具就能更换的启动装置上易被触及的部件应具有足够的机械强度。

——质量在100 g以下的启动装置和零部件以及所有具备IEC 60155所规定外形尺寸的启动器应接受附录I中I.2所规定的滚筒试验，每个样品应承受住20次跌落，并且未出现任何可能影响其安全性的损坏。

——质量在100 g以上的启动装置和零部件应接受附录I中I.1所规定的弹簧锤试验。试验装置的撞击能量为0.35 Nm，弹簧压缩值为17 mm。

试验之后，样品不应有任何可能削弱安全性的损坏。

17.2 可更换式启动装置以及不使用工具就能更换的启动装置上易被触及的部件，除了承受正常插入时的扭矩外，还应承受相对轴线的0.6 Nm的扭矩试验。

扭矩施加在金属外壳的顶部，夹紧插脚，将扭矩从零逐渐升至所规定值。

试验之后，样品不应有任何可能削弱安全性的损坏。

18 结构

按照GB 19510.1第15章的要求以及下述补充要求。

18.1 所有可更换式启动装置以及不用工具就能更换的启动装置上易被触及的部件应具备与设备的所有等级的绝缘要求（包括Ⅱ级）相一致的双重绝缘或加强绝缘。

18.2 装有断路器的启动装置的结构在出现灯未能被触发点燃的情况下，能使其断路器切断启动电流线路和/或启动电压。

断路器的替换品可以是一能限制启动电流和启动电压的装置，该装置可使通过灯的电流不大于灯的额定电流的10%。整个灯电流线路中另外的部件不必承受高于灯额定电流的负载。

合格性参照第14章或第15章所述试验进行检验。

脉冲电压超过10 kV的触发器应装有一启动工作时间限制装置。该装置在出现灯未能被触发燃点的情况下在3 s之内切断启动脉冲。在时间限制装置切断线路之后，启动脉冲只允许在触发器断开电源再接通电源时产生。

脉冲电压大于5 kV且小于等于10 kV的触发器应装有一启动工作时间限制装置。该装置应在60 s之内切断脉冲。在时间限制装置切断线路之后，启动脉冲只允许在触发器断开电源之后再接通电源时产生。

合格性通过目视及第15章所述试验进行检验。

18.3 可与IEC 60155所述辉光启动器互换的启动器应装有抗无线电干扰装置，该装置的效果应与IEC 60155中7.12所规定的抗无线电干扰电容器的效果等同。

19 爬电距离和电气间隙

按照GB 19510.1第16章的要求。

20 螺钉、载流部件和连接件

按照GB 19510.1第17章的要求。

21 耐热、防火和耐漏电起痕

按照GB 19510.1第18章的要求。

22 耐腐蚀

按照GB 19510.1第19章的要求。

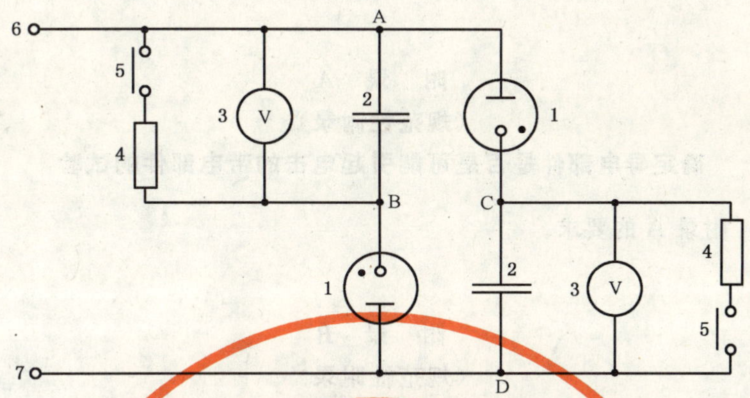

图中：

1 高压二极管

间歇电压： $U_{RM} \geqslant 25$ kV

额定电流(平均值)： $I_{FAVM} \geqslant 1.5$ mA

周期电流(峰值)： $I_{FRM} \geqslant 0.1$ A

阳极/阴极电容： $C_{a/k} \leqslant 2$ pF

注：例如，适用的部件为彩色电视机用的GY501型高压整流管。

2 高压电容器

电容： $C=500$ pF

额定电压： $U \geqslant 6.3$ kV

(10 kHz时的)介质损耗角正切值：$\tan\delta \leqslant 20 \times 10^{-3}$

3 高压测量仪

静电电压表： 0 kV～6 kV

最大偏转度时的电容 ＜15 pF

击穿电压 ＞10 kV

精度： 1级或高级

4 放电电阻 1 MΩ

5 使高压电容器放电的短路装置

6 触发器的高压引线的连接点

7 中性导体的连接点

A和B之间以及C和D之间的泄漏电阻应不小于 10^{13} Ω。

图1 触发器启动电压的测量线路

附 录 A
（规范性附录）
确定导电部件是否是可能引起电击的带电部件的试验

按照 GB 19510.1 附录 A 的要求。

附 录 B
（规范性附录）
热保护式灯的控制装置的特殊要求

不按照 GB 19510.1 附录 B 的要求。

附 录 C
（规范性附录）
带过热保护器的灯的电子控制装置的特殊要求

不按照 GB 19510.1 附录 C 的要求。

附 录 D
（规范性附录）
热保护式灯的控制装置的加热试验要求

不按照 GB 19510.1 附录 D 的要求。

附 录 E
（规范性附录）
不同于 4 500 的常数 S 在 t_w（绕组温度）试验中的应用

不按照 GB 19510.1 附录 E 的要求。

附 录 F
（规范性附录）
防对流风试验箱

按照 GB 19510.1 附录 F 的要求。

附 录 G
（规范性附录）
脉冲电压值的推导方法

不按照 GB 19510.1 附录 G 的要求。

附 录 H
（规范性附录）
试 验

按照 GB 19510.1 附录 H 的要求。

附 录 I
（规范性附录）
机械强度试验

I.1 质量在 100 g 以上的可更换式启动装置和易被触及的部件

质量在 100 g 以上的可更换式启动装置和易被触及的部件应按照下述方法进行试验：

用 IEC 60068-2-75 所规定的弹簧撞击试验装置撞击受试部件。

将撞击试验装置固定成水平状态，使其撞击体在撞击前的动能恰好是 IEC 60068-2-75 的表 E.1 所规定值，再使用撞击试验装置。

注：为了避免频繁的校正，建议对每一数值的撞击能量，各使用一单独的试验装置。

应通过用锥形释放头以垂直于启动装置表面方向撞击启动装置的方式来实施对受试点的撞击。

启动装置应被牢固支撑，引线入口要敞开，敲击孔要打开，外壳固定好，并以第 19 章所规定之值的 2/3 的扭力将类似的螺钉拧紧。

对每一个可能是薄弱的部位撞击三次，特别要注意封装带电部件的绝缘材料以及绝缘材料套管（如果有这种部件的话）这些试验完成之后，启动装置上不应有任何本部分所述损坏现象。

涂层的损坏程度及微小的压痕如果不会影响爬电距离和电气间隙，则可忽略不计。但防止潮气进入的功能不应有任何降低。

I.2 质量在 100 g 及以下的可更换式启动装置和易被触及的部件

质量在 100 g 及以下的可更换式启动装置和易被触及的部件应按照下述方法进行试验：

以每分钟五圈的速度转动滚筒，使受试部件从 500 mm 高处跌落至 3 mm 厚的钢板上，如此跌落 20 次（即每分钟 10 次）。

图 I.1 给出了该试验所适用的装置。

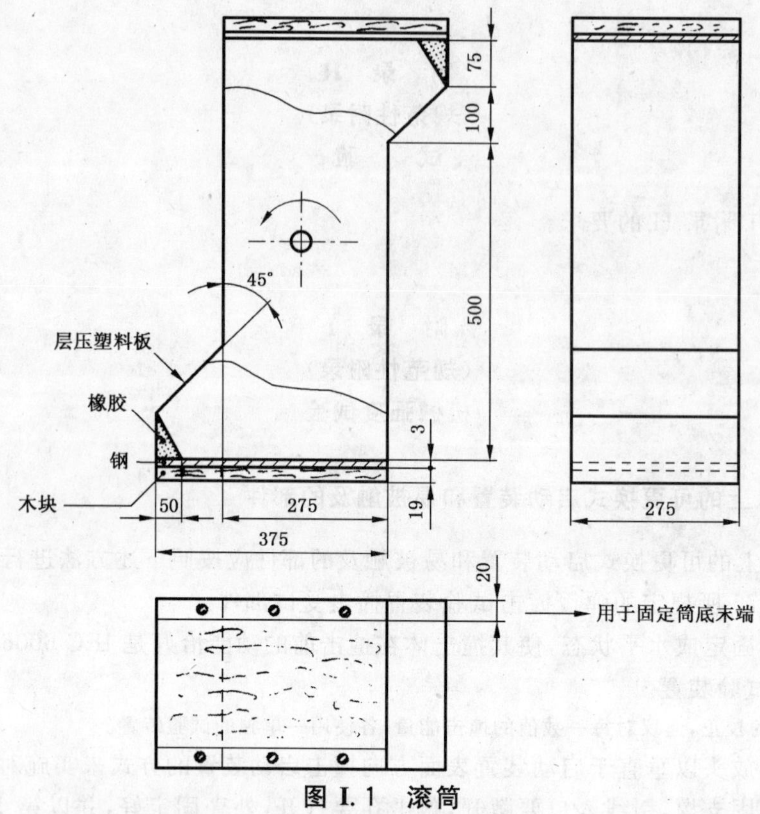

图 I.1 滚筒

附 录 J
(规范性附录)
球形放电器测量守则

由于许多触发器不具备一端处于地电位的引线输出端，所以不能直接采用 IEC 60052 标准。但是应遵守下述条款的要求以及 IEC 60052 中适用的要求。

J.1 球间隙

球间隙应大于预期击穿距离，并应逐步减少，直到击穿现象发生(也就是说，在非瞬态放电距离以下过于微小的球间隙不是确定标准电压值的有效方法)。

J.2 击穿间隙

记录下击穿间隙，并根据 IEC 60052 的表Ⅱ确定 50%峰值电压。

J.3 触发器的工作周期

为了确保零部件不产生过热或发生故障，应遵守触发器的工作周期。

J.4 试验结束

应遵守所有的安全措施，在试验结束时全部电压应放电。

参 考 文 献

[1] GB/T 19655 灯用附件 启动装置(辉光启动器除外)性能要求(GB/T 19655—2005,IEC 60927:1999,IDT)

[2] IEC 60410 计数检查抽样方案和程序

ICS 29.140.99
K 74

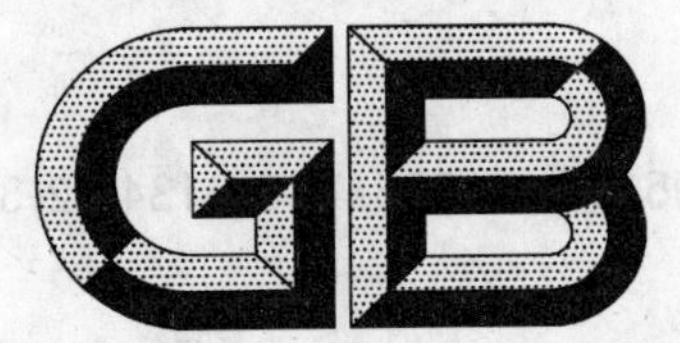

中华人民共和国国家标准

GB 19510.4—2005/IEC 61347-2-3:2000
代替 GB 15143—1994

灯的控制装置 第4部分:荧光灯用交流电子镇流器的特殊要求

Lamp controlgear—Part 4: Particular requirements for a.c. supplied electronic ballasts for fluorescent lamps

(IEC 61347-2-3:2000,IDT)

2005-01-18 发布 2005-08-01 实施

中华人民共和国国家质量监督检验检疫总局
中国国家标准化管理委员会 发布

前 言

本部分的全部内容为强制性。

GB 19510《灯的控制装置》分为 12 个部分：

——第 1 部分：一般要求和安全要求；

——第 2 部分：启动装置（辉光启动器除外）的特殊要求；

——第 3 部分：钨丝灯用直流/交流电子降压转换器的特殊要求；

——第 4 部分：荧光灯用交流电子镇流器的特殊要求；

——第 5 部分：普通照明用直流电子镇流器的特殊要求；

——第 6 部分：公共交通运输工具照明用直流电子镇流器的特殊要求；

——第 7 部分：航空器照明用直流电子镇流器的特殊要求；

——第 8 部分：应急照明用直流电子镇流器的特殊要求；

——第 9 部分：荧光灯用镇流器的特殊要求；

——第 10 部分：放电灯（荧光灯除外）用镇流器的特殊要求；

——第 11 部分：高频冷启动管形放电灯（霓虹灯）用电子换流器和变频器的特殊要求；

——第 12 部分：与灯具联用的杂类电子线路的特殊要求。

本部分为 GB 19510《灯的控制装置》的第 4 部分：荧光灯用交流电子镇流器的特殊要求；

本部分应与 GB 19510.1 一起使用，它是在对 GB 19510.1 的相应条款进行补充或修改之后制定而成的。

本部分等同采用 IEC 61347-2-3:2000《灯的控制装置　第 2-3 部分：荧光灯用交流电子镇流器的特殊要求》（英文版）。

本部分等同翻译 IEC 61347-2-3:2000。

为了便于使用，本部分做了下列编辑性修改：

a） “IEC 61347-2-3”改为“本部分”，“IEC 61347-2-3 号标准”一词改为“GB 19510.4”；

b） 删除了 IEC 61347-2-3 的前言，修改了 IEC 61347-2-3 的引言；

c） 将国际标准中的“（注：）”形式中的括号去除；

d） 用小数点“.”代替作为小数点的“,”；

e） 对于 GB 19510.1—2004 引用的其他国际标准中有被等同采用为我国标准的，本部分用引用我国的这些国家标准或行业标准代替对应的国际标准，其余未有等同采用为我国标准的国际标准，在本部分中均被直接引用（见本部分第 2 章）。

本部分代替 GB 15143—1994《管形荧光灯用交流电子镇流器一般要求和安全要求》。

本部分与 GB 15143—1994 相比主要差异如下：

a） 标志增加：

1） 对于可控式镇流器，控制端子应能识别；

2） 输出端子电压 U—OUT=... V...；

b） 接地装置：除接地端子外，增加了印刷线提供接地导线的试验（1 min 25 A 交流），电压电流比 <0.5 Ω；

c） 原“防止电击的措施”条款全部更新为“关联部件的保护措施”

1） 正常工作状态和异常工作状态下，输出端电压最大容许峰值与输出端子电压 U—OUT =... V... 有关；

2） 整流效应下，镇流器启动 30 s 后，输出端电压小于输出端子电压 U—OUT=... V...；

3） 可控式镇流器，控制线路与电源线路须隔离；

d） 防潮和绝缘：增加了高频泄漏电流的测量；

e） 原“耐热和耐火性能”条款改为“耐热、防火和耐漏电起痕”，增加了耐漏电起痕试验；

f） 增加了附录 J“应急照明用交流/直流电子镇流器的特殊补充安全要求”。

GB 19510.4 是灯的控制装置系列国家标准之一。下面列出了这些国家标准的预计结构及其对应的国际标准，以及将代替的国家标准：

GB 19510.1《灯的控制装置　第 1 部分：一般要求和安全要求》(IEC 61347-1)；

GB 19510.2《灯的控制装置　第 2 部分：启动装置(辉光启动器除外)的特殊要求》(IEC 61347-2-1)；

GB 19510.3《灯的控制装置　第 3 部分：钨丝灯用直流/交流电子降压转换器的特殊要求》(IEC 61347-2-2)；

GB 19510.4《灯的控制装置　第 4 部分：荧光灯用交流电子镇流器的特殊要求》(IEC 61347-2-3，代替 GB 15143—1994)；

GB 19510.5《灯的控制装置　第 5 部分：普通照明用直流电子镇流器的特殊要求》(IEC 61347-2-4)；

GB 19510.6《灯的控制装置　第 6 部分：公共交通运输工具照明用直流电子镇流器的特殊要求》(IEC 61347-2-5)；

GB 19510.7《灯的控制装置　第 7 部分：航空器照明用直流电子镇流器的特殊要求》(IEC 61347-2-6)；

GB 19510.8《灯的控制装置　第 8 部分：应急照明用直流电子镇流器的特殊要求》(IEC 61347-2-7)；

GB 19510.9《灯的控制装置　第 9 部分：荧光灯用镇流器的特殊要求》(IEC 61347-2-8，代替 GB 2313—1993)；

GB 19510.10《灯的控制装置　第 10 部分：放电灯(荧光灯除外)用镇流器的特殊要求》(IEC 61347-2-9，代替 GB 14045—1993)；

GB 19510.11《灯的控制装置　第 11 部分：高频冷启动管形放电灯(霓虹灯)用电子换流器和变频器的特殊要求》(IEC 61347-2-10)；

GB 19510.12《灯的控制装置　第 12 部分：与灯具联用的杂类电子线路的特殊要求》(IEC 61347-2-11)。

本部分的附录 A,B,C,D,E,F,G,H,I,J 是规范性附录。

本部分由中国轻工业联合会提出。

本部分由全国照明电器标准化技术委员会(CSBTS/TC224)归口。

本部分主要起草单位：国家电光源质量监督检验中心(上海)、飞利浦照明电子(上海)有限公司、惠州 TCL 照明电器有限公司、浙江阳光集团股份有限公司、上海光达照明有限公司、华东电子集团公司、浙江兰溪市昌盛电子有限公司、上海华源灯具有限公司、飞利浦亚明照明有限公司、北京电光源研究所。

本部分主要起草人：俞安琪、胡逢康、康敬琦、邹瑛、杭军、吴国明、李裕人、道德宁、何昌成、王建明、黄佩、董健明、屈素辉、杨小平。

本部分实施之日，GB 15143—1994 将废止。

本部分所代替标准的历次版本发布情况：

本部分于 1994 年 7 月首次发布，本次为第一次修订。

引　言

本部分和构成 GB 19510.2～GB 19510.12 的各个部分在引用 GB 19510.1 的任一条款时规定了该条款的适用范围和各项试验的实施顺序，还规定了必要的补充要求。GB 19510.2～GB 19510.12 的各个部分是各自独立的，相互之间互不参照。

如果本部分通过“按照 GB 19510.1 的第某条要求”这一句子来引用 GB 19510.1 的某一条款要求，则这句话的意思就是按照该条款的全部要求，但其中明显不适用于 GB 19510.2～GB 19510.12 所述特定类型的灯的控制装置的内容除外。

灯的控制装置　第4部分:荧光灯用交流电子镇流器的特殊要求

1　范围

本部分规定了供IEC 60081和IEC 60901所述荧光灯以及其他高频荧光灯使用的电子镇流器的特殊要求,这种电子镇流器使用50 Hz或60 Hz、1 000 V以下交流电源,但其工作频率不同于电源的频率。

带过热保护器的电子镇流器的特殊要求在附录C中给出。

应急照明用交流/直流电子镇流器的特殊要求在附录J中给出。

性能要求在IEC 60929中给出。

2　规范性引用文件

下列文件中的条款通过GB 19510的本部分的引用而成为本部分的条款。凡是注日期的引用文件,其随后所有的修改单(不包括勘误的内容)或修订版均不适用于本部分,然而,鼓励根据本部分达成协议的各方研究是否可使用这些文件的最新版本。凡是不注日期的引用文件,其最新版本适用于本部分。

本部分采用GB 19510.1第2章所述规范性引用文件以及下述规范性引用文件:

GB 7000.2　应急照明灯具安全要求(GB 7000.2—1996,idt IEC 60598-2-22:1990,Luminaires-Part 2-22:Particular requirements-Luminaires for emergency lighting)

GB 19510.1　灯的控制装置　第1部分:一般要求和安全要求(GB 19510.1—2004,IEC 61347-1:2000,IDT)

GB 19510.8　灯的控制装置　第7部分:应急照明用直流电子镇流器的特殊要求(GB 19510.8—2005,IEC 61347-2-7:2000,IDT)

3　定义

本部分采用GB 19510.1第3章所述定义以及下述定义。

3.1

交流电子镇流器　a.c. supplied electronic ballast

由电网电源供电的、并包含有稳定器件的交流-交流逆变器,其通常在高频下启动并使一支或几支管形荧光灯工作。

3.2

可控式镇流器　controllable ballast

通过在镇流器的控制输入端输入信号,将其灯功率(光输出)控制在最小值(或关闭)与最大值之间的一种电子镇流器。

3.3

(可控式镇流器的)灯功率最大值　maximum value of lamp power (of a controllable ballast)

符合IEC 60929的8.1规定的灯功率(光输出),但制造商或相关销售商另有声明时除外。

3.4

最大允许峰值电压　maximum allowed peak voltage

在开路状态下以及任何正常工作状态和异常工作状态下允许跨接在任一绝缘体上的最高容许峰值

电压。最大峰值电压与所标称的工作电压(有效值)有关,见表1。

3.5

(可控式镇流器的)灯功率最小值 minimum value of lamp power (of a controllable ballast)

由制造商或相关销售商所宣称的、并在3.3中所定义的灯功率的最小百分比。

3.6

控制端子 control terminals

电子镇流器上用来施加控制信号以改变光输出的连接件。

注:电源接线端子也可用作控制端子。

3.7

控制信号 control signal

通过模拟、数字或其他方式调制后传送给镇流器必要的信息,从而改变光输出的一种交流或直流电压信号。

3.8

可维持应急照明用交流/直流电子镇流器 a.c./d.c. supplied electronic ballast for maintained emergency lighting

由电网电源或电池供电的、并包含有稳定器件的交流/直流-交流逆变器,其通常为应急照明而在高频下启动并使一支或几支管形荧光灯工作。

3.9

阴极模拟电阻 cathode dummy resistor

由IEC 60081和IEC 60901中相应灯参数表规定的或由制造商或相关销售商声明的阴极替代电阻。

4 一般要求

按照GB 19510.1第4章的要求以及下述补充要求:

应急照明用交流/直流电子镇流器应按照附录J的要求。

5 试验说明

按照GB 19510.1第5章的要求以及下述补充要求:

样品数量

应将下述数量的样品提交试验:

g) 对于第6章~12章以及第15章~21章要求所述试验,提交一个样品;

h) 对于第14章要求所述试验,提交一个样品(必要时可与制造商协商要求补充样品)。

检验应急照明用交流/直流电子镇流器的特殊要求的试验,在附录J所规定的条件下进行。

6 分类

按照GB 19510.1第6章的要求。

7 标志

作为灯具组成部件的镇流器不必做标志。

7.1 强制性标志

镇流器(不包括整体式镇流器)应按照GB 19510.1中7.2的要求,清晰耐久地标有下述强制性标志:

a) GB 19510.1中7.1要求的a),b),c),d),e),l)和k)的内容,以及

b) 适用的接地符号；

c) 对于可控式镇流器，控制端子应能被识别；

d) 输出端子之间以及适用的任意输出端子与地线之间依据第12章要求的最大工作电压（有效值）声明。

当工作电压小于或等于500 V时，应以10 V为一级做出标志；当工作电压大于500 V时，应以50 V为一级做出标志，最大工作电压的标志参照两种情况做出，即输出端子之间的最大工作电压以及任意输出端子与地线之间的最大工作电压。并且只对这两个电压值中较高者做出标志。

标志应为U—OUT=...V...

7.2 补充标志

除上述强制性标志以外，必要时还应将下述适用的内容标志在镇流器上，或标在制造商的产品目录或类似说明书中：

i) GB 19510.1中7.1的h)，i)和j)的内容。

8 防止意外接触带电部件的措施

按照GB 19510.1第10章的要求。

9 接线端子

按照GB 19510.1第8章的要求。

10 保护接地装置

按照GB 19510.1第9章的要求。

11 防潮与绝缘

按照GB 19510.1第11章以及下述补充要求：

接触在高频下与交流电子镇流器一起工作的荧光灯可能会产生泄漏电流，此时应按照附录I来测量该泄漏电流。所测值不应超过图2中所示值，且测量值为有效值。

图2所示各频点之间的频率下的泄漏电流限值可根据该图中的公式（尚在考虑之中）计算得出。

注：频率在50 kHz以上的泄漏电流限值尚在考虑之中。

12 介电强度

按照GB 19510.1第12章的要求。

13 绕组的耐热试验

不按照GB 19510.1第13章的要求。

14 故障状态

按照GB 19510.1第14章的要求。

15 关联部件的保护措施

15.1 在经接入模拟阴极电阻验证的正常工作状态下以及在第16章所规定的异常工作状态下，输出端的电压任何时候也不允许超过表1所规定的最大容许峰值。

表 1 工作电压(有效值)和最大峰值电压的关系

输出端的电压	
工作电压(有效值)/ V	最大容许峰值电压/ V
250	2 200
500	2 900
750	3 100
1 000	3 200
注:允许在所规定的电压间隔之间实施直线插入法。	

15.2 在第 15 章所规定的正常工作状态下和异常工作状态下(整流效应除外),在接通电源或开始启动的 5 s 后,输出端的电压不应超过所宣称的镇流器最大工作电压。

15.3 在整流效应,即第 16 章 d)所规定的异常工作状态下,镇流器在接通电源或开始启动的 30 s 后,输出端的电压(有效值)不应超过镇流器的设计所要求的最大允许值。

对于试图多次启动一支失效灯的镇流器,镇流器所标记的最大工作电压值以上的电压的总持续时间应不超过 30 s。

15.4 对于 15.1,15.2 和 15.3 所述试验,所测得的输出电压应是任一输出端与地线之间的电压。此外,在该电压出现在关联部件内的绝缘隔板之间的情况下时,还应测量各输出端之间的电压。

15.5 对于可控式电子镇流器,输入控制端应至少采用基本绝缘与电源线路隔离。

注:此要求不适用于通过电源端引入控制信号的镇流器,也不适用于由红外线或无线电发射器进行远距离发射而使控制信号与镇流器完全隔离的镇流器。

如果使用安全特低电压,那么,要求采用双重绝缘或加强绝缘。

16 异常状态

镇流器在额定电源电压的 90%~110%的任何电压值下的异常状态下工作时,不应出现安全性受到损害的现象。

合格性通过下述试验进行检验:

在镇流器按照制造商的说明(如有规定,包括散热片)进行工作期间,施加下述各种异常状态,且各历时 1 h:

a) 一支灯或几支灯中的一支未被接入;

b) 灯因一个阴极损坏而不能启动;

c) 虽然阴极线路完好,但灯不能启动(去激活的灯);

d) 灯工作,但阴极中的一个是被去激活的或损坏的(整流效应);

e) 如果有启动器开关,将其短路。

对于模拟去激活灯工作状态的试验,采用连接一个电阻来代替每只灯的阴极的方法。该电阻的阻值可通过将 IEC 60081 和 IEC 60901 中相应的灯的参数表中所述的灯的标称工作电流值代入式(1)得出:

$$R = \frac{11.0}{2.1 \times I_n}\Omega \qquad \cdots\cdots(1)$$

式中:

I_n——灯标称工作电流。

对于 IEC 60081 和 IEC 60901 中未涉及到的灯,应采用由灯的制造商所给出的工作电流值。

电子镇流器的整流效应试验,采用图 1 所示线路。将灯连接在合适的等效电阻的中间点。选择整流管的极性，以便提供最不利的工作状态。必要时，使用一个合适的启动装置来启动灯。

在进行 a)～e)的试验期间和试验结束时，镇流器应无损害安全性的故障，也无任何烟雾产生。

17 结构

不按照 GB 19510.1 第 15 章的要求。

18 爬电距离和电气间隙

按照 GB 19510.1 第 16 章的要求。

19 螺钉、载流部件及连接件

按照 GB 19510.1 第 17 章的要求。

20 耐热、防火和耐漏电起痕

按照 GB 19510.1 第 18 章的要求。

21 耐腐蚀

按照 GB 19510.1 第 19 章的要求。

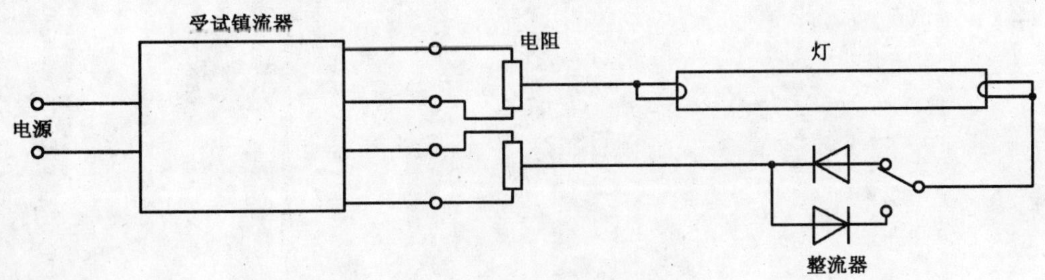

整流管的特性如下所述：

反向峰值电压　$U_{RRM} \geqslant 3\ 000$ V

反向泄漏电流　$I_R \leqslant 10\ \mu A$

正向电流　$I_F \geqslant$ 灯标称工作电流的 3 倍

反向恢复时间　$t_{rr} \leqslant 500$ ns

(最大频率：150 kHz)　（测量条件：$I_F = 0.5$ A，且 $I_R = 1$ A 至 $I_R = 0.25$ A）

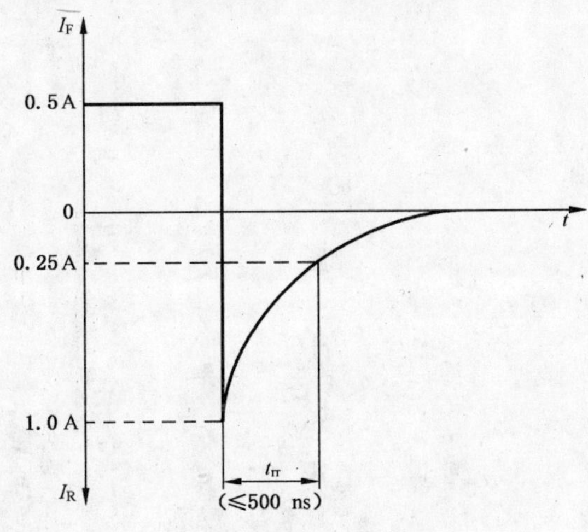

注：建议用下述类型的二极管（三个串联二极管）作为合适的整流管：RGP 30M，BYM 96E，BYV 16。

图 1　整流效应试验线路

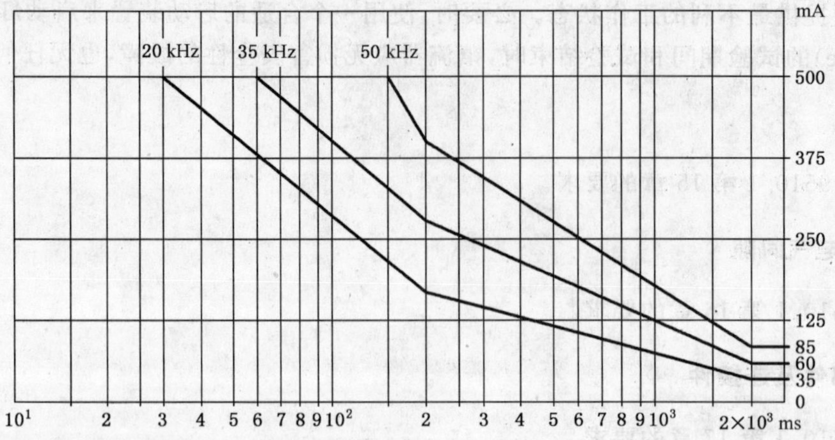

图 2 取决于工作时间的管形高频荧光灯的电容性泄漏电流(有效值)限值

附　录　A
（规范性附录）
确定导电部件是否是可能引起电击的带电部件的试验

按照 GB 19510.1 的附录 A 的要求。

附　录　B
（规范性附录）
热保护式灯的控制装置的特殊要求

不按照 GB 19510.1 的附录 B 的要求。

附　录　C
（规范性附录）
带热保护器的灯的控制装置的特殊要求

按照 GB 19510.1 的附录 C 的要求。

附　录　D
（规范性附录）
热保护式灯的控制装置的加热试验要求

按照 GB 19510.1 的附录 D 的要求。

附　录　E
（规范性附录）
不同于 4 500 的常数 S 在 t_w（绕组温度）试验中的应用

不按照 GB 19510.1 的附录 E 的要求。

附　录　F
（规范性附录）
防对流风试验箱

不按照 GB 19510.1 的附录 F 的要求。

附　录　G
（规范性附录）
脉冲电压值的推导方法

不按照 GB 19510.1 的附录 G 的要求。

附 录 H
（规范性附录）
试 验

不按照 GB 19510.1 的附录 H 的要求。

附 录 I
（规范性附录）
高频泄漏电流的测量方法

电子镇流器按照下述要求检验其电容性高频泄漏电流：

镇流器在图 I.1 所示线路中和两支常规灯一起进行试验，每支灯只有一端与线路连接（两灯呈横向状）。此种方法也会对地形成最不利的电流泄漏状态。

将两只灯中能给出最不利参数的一只灯的玻管用一宽度为 75 mm 的金属箔包裹，并在金属箔上连接一 2 000 Ω 无感电阻和试验线路所适用的测量装置。

进行试验时应用两块高 75 mm 的木块将灯加以支撑，并放置在木桌上，这样就不会造成来自金属表面的影响。

泄漏电流（即由金属箔通过 2 000 Ω±50 Ω 电阻流向大地的高频电流）应该在下述模拟工作条件下进行测量：

j) 将两支常规灯的每一支灯仅以其一端插入一对插座中，接通电源电压。

k) 为了得到最不利的状态（即为了确保测量到可能产生的最大泄漏电流），整个操作应能涵盖所有四种可能的灯座触点和灯头插脚的组合。

l) 对于带多支灯工作的镇流器，要单独测量每支灯的泄漏电流。

m) 如果提交试验的是一批镇流器，则每种型号的镇流器都应被检验，而不能只对较高功率或较低功率的镇流器进行检验。

n) 在所规定的每一种条件下，所测得的容性泄漏电流不应超过图 2 所示的限值。

注：泄漏电流值来自于 IEC 60479。

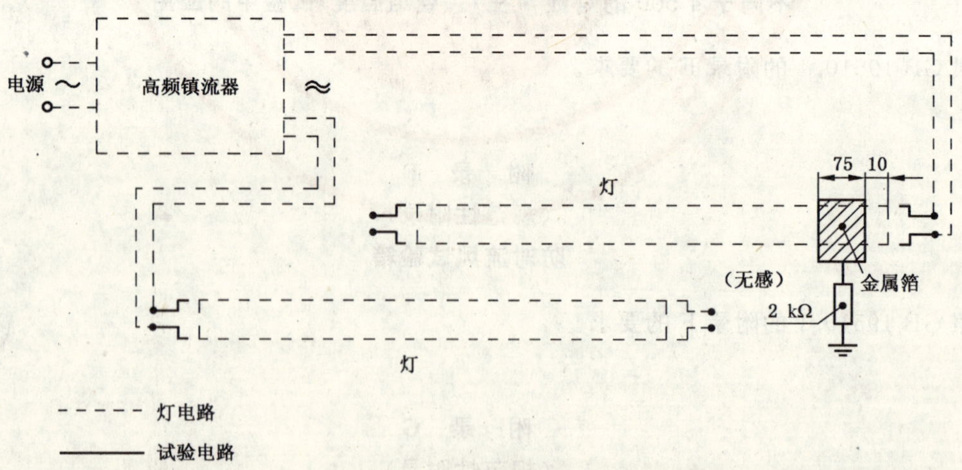

图 I.1 试验方法

附 录 J
（规范性附录）
应急照明用交流/直流电子镇流器的特殊补充安全要求

J.1 适用范围

本附录规定了持续式应急照明用交流/直流电子镇流器的特殊要求以及特定要求，这些要求在GB 7000.2中均有所涉及。

本附录适用于本身不包含电池、但与一应急供电电源相连的可维持应急照明用交流/直流电子镇流器。该应急电源可以是一个中央电池组供电系统。

本附录不适用于在自容式应急照明灯具中使用的镇流器。

本附录还包括在应急状态下使用交流电工作的电子镇流器的工作要求。

J.2 定义

采用第3章所述定义以及下述定义：

J.2.1

应急照明 emergency lighting

在正常照明的供电电源发生故障时可供使用的照明，包括太平门照明和备用照明。

J.2.2

持续式应急照明 maintained emergency lighting

需要正常照明和应急照明时所提供的照明。

J.2.3

交流/直流连续应急照明用的镇流器 a.c./d.c. maintained emergency lighting operation ballast

既能使灯使用正常开关在正常照明电源下工作，也能使灯在正常照明电源发生故障时在应急照明电源下工作的镇流器。

J.2.4

额定电池电压 rated battery voltage

由电池的制造商所宣称的电压。

J.2.5

额定应急电源电压 rated emergency power supply voltage

由制造商宣称的、供安装人员和使用者参考用的应急电源额定电压。

J.2.6

启动辅件 starting aid

帮助灯启动的装置。

注：例如，启动辅件可以是一固定在灯的外表面上的条形导体以及一装在与灯相隔适宜的距离内的片状导体。

J.2.7

镇流器的流明系数 ballast lumen factor

当受试镇流器在其额定电压和频率下工作时，与其相连的基准灯的光通量与该灯和适当的基准镇流器一起在其额定电压和频率下工作时的光通量之比。

J.2.8

基准镇流器 reference ballast

为了镇流器的检测、基准灯的筛选以及检验在标准条件下常规生产的灯而提供比对标准的目的而设计的特殊镇流器。其主要特征是在其额定频率下，具有稳定的电压/电流比，并不受在相关的镇流器标准中所提及的电流、温度和磁环境的变化的影响。

J.2.9

基准灯　reference lamp

为检测镇流器而挑选的放电灯，这种灯与基准镇流器一起在规定条件下工作时，其电参数接近于相应的灯的标准中所规定的额定值，或接近于由制造商或相关销售商对特殊灯所指定的额定值。

J.2.10

基准镇流器的校准电流　calibration current of a reference ballast

校准和调整镇流器时所依据的电流值。

J.2.11

线路总功率　total circuit power

在镇流器的额定电压和频率下，镇流器和灯共同消耗的总功率。

J.2.12

预热启动　preheat starting

一种在灯实际燃点之前使灯的电极达到发射温度的线路类型。

J.2.13

非预热启动　non-preheat starting

一种利用高的开路电压引起电极的场致发射的线路类型。

J.2.14

预启动时间　pre-start time

将 J.2.12 所述镇流器接通电源电压后灯电流≤10 mA 的时段。

J.3　标志

J.3.1　强制性标志

除按照 7.1 要求之外，镇流器还应清晰地标有下述强制性标志：

a)　交流/直流可维持应急照明用镇流器（符号尚在考虑之中）；

b)　额定应急电源电压和电压范围。

J.3.2　补充标志

除了上述强制性标志和 7.2 要求所述标志之外，还应将下述内容标在镇流器上或标在制造商的产品目录或类似说明书中：

a)　关于启动类型的明确说明，即预热式或非预热式；

b)　关于灯是否需要启动辅件的说明；

c)　能使独立式镇流器在所标称的电压（范围）下良好工作的环境温度范围的限值；

d)　应急工作模式下镇流器的流明系数。

J.4　一般说明

在额定应急电源电压的 90%～110%的条件下，符合 IEC 60929 第 6 章的规定。

而且，在由于最高的和最低的电池电压所造成的最宽的额定直流电压范围内应能保证灯的启动和工作。

注 1：由 IEC 60081 和 IEC 60901 的灯的参数表所给出的电性能以及灯在 50 Hz 或 60 Hz 频率和额定电压下使用基准镇流器时的电性能，可能与其在使用高频镇流器和采用上述 J.3.2 的 c）所述条件时的电性能有所不同。

注 2：启动辅件只在其与灯的一端存在有足够大的电位差时才会起作用。

J.5 启动条件

符合 IEC 60929 的第 7 章规定。此外，应在额定直流电源电压下进行试验，在给出交流电压最高和最低限值的情况下，试验应分别在±10%的直流电压下进行。

J.6 工作条件

符合 IEC 60929 的第 8 章规定。此外，试验应在额定直流电源电压下进行。

J.7 电源电流

按照 IEC 60929 第 10 章的要求。

J.8 导入阴极的最大电流

符合 IEC 60929 的第 11 章规定。此外，应采用额定直流电源电压进行试验，在给出了交流电压最高和最低限值的情况下，试验应分别在±10%的直流电压下进行。

J.9 灯工作电流波形

符合 IEC 60929 中 12.2 规定。此外，试验应在额定直流电源电压下进行。

J.10 电源瞬时过电压

符合 IEC 60929 的第 15 章规定。

J.11 中央电池组系统的脉冲电压

注：该脉冲电压尚在考虑之中。

镇流器应能承受由于开启同一线路中的其他设备所引起的任何脉冲而不发生故障。

合格性的检验方法是：将镇流器置于额定电压范围中的最大电压下与适当数量的灯一起在 25℃的环境温度中工作。镇流器应能承受表 J.1 中所示的规定次数的脉冲电压而不发生故障。脉冲电压以相同的极性叠加在电源电压上。

表 J.1 脉冲电压

电压脉冲的次数	脉冲电压		每次脉冲的时间间隔/s
	峰值/V	半峰值时的脉冲宽度/ms	
3	同设计电压	10	2
注：合适的测量线路见 GB 19510.1 中图 G.2。			

J.12 异常状态试验

按照本部分的第 16 章要求以及 IEC 60929 的 16.1 和 16.2 要求。此外，试验应在额定直流电源电压的±20%的条件下进行。

J.13 温度周期试验和耐久试验

符合 IEC 61347-2-7 的第 25 章规定，试验应在直流电源电压下进行。

ICS 29.140.99
K 74

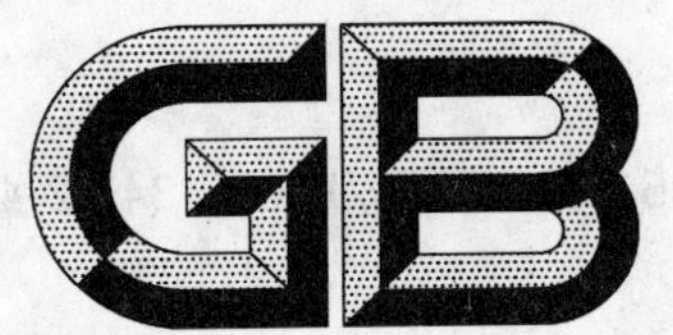

中华人民共和国国家标准

GB 19510.5—2005/IEC 61347-2-4:2000

灯的控制装置 第5部分:普通照明用直流电子镇流器的特殊要求

Lamp controlgear—Part 5: Particular requirements for d. c. supplied electronic ballasts for general lighting

(IEC 61347-2-4:2000,IDT)

2005-01-18 发布 2005-08-01 实施

中华人民共和国国家质量监督检验检疫总局
中国国家标准化管理委员会 发布

前　言

本部分的全部内容为强制性。

GB 19510《灯的控制装置》分为12个部分：

——第1部分：一般要求和安全要求；

——第2部分：启动装置（辉光启动器除外）的特殊要求；

——第3部分：钨丝灯用直流/交流电子降压转换器的特殊要求；

——第4部分：荧光灯用交流电子镇流器的特殊要求；

——第5部分：普通照明用直流电子镇流器的特殊要求；

——第6部分：公共交通运输工具照明用直流电子镇流器的特殊要求；

——第7部分：航空器照明用直流电子镇流器的特殊要求；

——第8部分：应急照明用直流电子镇流器的特殊要求；

——第9部分：荧光灯用镇流器的特殊要求；

——第10部分：放电灯（荧光灯除外）用镇流器的特殊要求；

——第11部分：高频冷启动管形放电灯（霓虹灯）用电子换流器和变频器的特殊要求；

——第12部分：与灯具联用的杂类电子线路的特殊要求。

本部分为GB 19510《灯的控制装置》的第5部分：普通照明用直流电子镇流器的特殊要求。

本部分应与GB 19510.1一起使用，它是在对GB 19510.1的相应条款进行补充或修改之后制定而成的。

本部分等同采用IEC 61347-2-4:2000《灯的控制装置　第2-4部分：普通照明用直流电子镇流器的特殊要求》（英文版）。

本部分等同翻译IEC 61347-2-4:2000。

为了便于使用，本部分做了下列编辑性修改：

a) "IEC 61347-2-4"改为"本部分"，"IEC 61347-2-4号标准"一词改为"GB 19510.5"；

b) 删除IEC 61347-2-4的前言，修改了IEC 61347-2-4的引言；

c) 将国际标准中的"（注：）"形式中的括号去除；

d) 用小数点"."代替作为小数点的"，"；

e) 对于GB 19510.1—2004引用的其他国际标准中有被等同采用为我国标准的，本部分用引用我国的这些国家标准或行业标准代替对应的国际标准，其余未有等同采用为我国标准的国际标准，在本部分中均被直接引用（见本部分第2章）。

GB 19510.5是灯的控制装置系列国家标准之一。下面列出了这些系列国家标准的预计结构及其对应的国际标准，以及将代替的国家标准：

GB 19510.1《灯的控制装置　第1部分：一般要求和安全要求》（IEC 61347-1）；

GB 19510.2《灯的控制装置　第2部分：启动装置（辉光启动器除外）的特殊要求》（IEC 61347-2-1）；

GB 19510.3《灯的控制装置　第3部分：钨丝灯用直流/交流电子降压转换器的特殊要求》（IEC 61347-2-2）；

GB 19510.4《灯的控制装置　第4部分：荧光灯用交流电子镇流器的特殊要求》（IEC 61347-2-3，代替GB 15143—1994）；

GB 19510.5《灯的控制装置　第5部分：普通照明用直流电子镇流器的特殊要求》（IEC 61347-2-4）；

GB 19510.6《灯的控制装置　第6部分：公共交通运输工具照明用直流电子镇流器的特殊要求》

(IEC 61347-2-5)；

GB 19510.7《灯的控制装置　第7部分：航空器照明用直流电子镇流器的特殊要求》(IEC 61347-2-6)；

GB 19510.8《灯的控制装置　第8部分：应急照明用直流电子镇流器的特殊要求》(IEC 61347-2-7)；

GB 19510.9《灯的控制装置　第9部分：荧光灯用镇流器的特殊要求》(IEC 61347-2-8，代替GB 2313—1993)；

GB 19510.10《灯的控制装置　第10部分：放电灯(荧光灯除外)用镇流器的特殊要求》(IEC 61347-2-9，代替GB 14045—1993)；

GB 19510.11《灯的控制装置　第11部分：高频冷启动管形放电灯(霓虹灯)用电子换流器和变频器的特殊要求》(IEC 61347-2-10)；

GB 19510.12《灯的控制装置　第12部分：与灯具联用的杂类电子线路的特殊要求》(IEC 61347-2-11)。

本部分的附录A、B、C、D、E、F、G、H为规范性附录。

本部分由中国轻工业联合会提出。

本部分由全国照明电器标准化技术委员会(CSBTS/TC224)归口。

本部分的起草单位：国家电光源质量监督检验中心(上海)、飞利浦照明电子(上海)有限公司、浙江阳光集团股份有限公司、北京电光源研究所。

本部分起草人：俞安琪、毛孝君、范红梅、杭军、屈素辉、杨小平。

本部分为首次制定。

引　言

本部分和构成 GB 19510.2～GB 19510.12 的各个部分在引用 GB 19510.1 的任一条款时规定了该条款的适用范围和各项试验的实施顺序，还规定了必要的补充要求。GB 19510.2～GB 19510.12 的各个部分是各自独立的，相互之间互不参照。

如果本部分通过“按照 GB 19510.1 的第某条要求”这一句子来引用 GB 19510.1 的某一条款要求，则这句话的意思就是按照该条款的全部要求，但其中明显不适用于 GB 19510.2～GB 19510.12 所述特定类型的灯的控制装置的内容除外。

灯的控制装置　第5部分:普通照明用直流电子镇流器的特殊要求

1　范围

本部分规定了采用无瞬态浪涌电源进行工作的直流电子镇流器的特殊安全要求,此种镇流器用于休闲设备,例如大篷车,并直接使用不带充电器的电池进行工作。

性能要求在GB/T 19656中给出。

2　规范性引用文件

下列文件中的条款通过GB 19510的本部分的引用而成为本部分的条款。凡是注日期的引用文件,其随后所有的修改单(不包括勘误的内容)或修订版均不适用于本部分,然而,鼓励根据本部分达成协议的各方研究是否可使用这些文件的最新版本。凡是不注日期的引用文件,其最新版本适用于本部分。

本部分采用GB 19510.1第2章所述引用标准以及下述引用标准:

GB 19510.1　灯的控制装置　第1部分:一般要求和安全要求(GB 19510.1—2004,IEC 61347-1:2003,IDT)

GB/T 19656　管形荧光灯用直流电子镇流器　性能要求(GB/T 19656—2005,IEC 60925:2001,IDT)

3　定义

本部分采用GB 19510.1第3章所述定义。

4　一般要求

按照GB 19510.1第4章的要求。

5　试验说明

按照GB 19510.1第5章的要求。

6　分类

不按照GB 19510.1第6章的要求。

7　标志

7.1　强制性标志

镇流器应按照GB 19510.1中7.2的要求,清晰耐久地标有下述强制性标志:

——GB 19510.1中7.1的a),b),e),f),k)和l)的内容,以及

——开路电压(仅用于警告,不做试验)。

7.2　补充标志

除了上述强制性标志之外,还应将下述适用的内容标在镇流器上或标在制造商的产品目录或类似文件中:

——GB 19510.1 中 7.1 的 h),j),n)和 i)的内容,以及
——关于镇流器是否能防止电源电压极性变换的说明;
——设计电压;
——关于“镇流器只供一般照明使用”的说明。

8 防止意外接触带电部件的措施

按照 GB 19510.1 第 10 章的要求。

9 接线端子

按照 GB 19510.1 第 8 章的要求。

10 保护接地装置

按照 GB 19510.1 第 9 章的要求。

11 防潮与绝缘

按照 GB 19510.1 第 11 章的要求,但加强绝缘的绝缘电阻应不小于 7 MΩ。

12 介电强度

按照 GB 19510.1 第 12 章的要求。

13 绕阻的耐热试验

不按照 GB 19510.1 第 13 章的要求。

14 脉冲电压

镇流器应能承受住由于开启同一线路内的其他装置所引起的任何脉冲而不发生故障。

合格性采用下述试验进行检验:将镇流器置于额定电压范围的最大电压下与适当数量的灯一起在 25℃的环境温度下工作。再使镇流器承受表 1 所规定次数的脉冲电压而不发生故障,脉冲电压按照相同极性叠加在电源电压上。

表 1 脉冲电压

电压脉冲次数	脉冲电压		每次脉冲的时间间隔/ s
	峰值/ V	半峰值时的脉冲宽度/ ms	
3	等于设计电压	10	2
注:GB 19510.1 的图 G.2 给出了适用的测量线路。			

15 异常状态

镇流器在其额定电压范围的最大值条件下,并在异常状态下工作时,其安全性不应受到损坏。

合格性通过 15.1～15.3 中所述试验进行检验。

15.1 灯被移开

镇流器在其额定电压范围的最大值的条件下与适用的灯一起工作期间,在不切断电源电压的情况下将其与灯断开并持续 1 h。

15.2 **灯无法启动(阴极在电气上完好无损)**

用电阻代替灯的每个阴极，再使灯在其额定电压范围的最大值的条件下工作 1 h。

所用电阻之值可通过 IEC 60081 和 IEC 60901 中相应灯的参数表所述灯的标称工作电流值代入式(1)导出：

$$R = \frac{11.0}{2.1 \times I_n}\Omega \quad \cdots\cdots(1)$$

式中：

I_n——灯的标称工作电流。

对于 IEC 60081 和 IEC 60901 中未提到的灯，则应采用由灯的制造商宣称的工作电流值。

15.3 **极性变换**

对于标明不受电源电压极性变换影响的镇流器，应使其在额定电压范围的最大电压下和适用的灯一起在反向电压下工作 1 h。

在 15.1,15.2 和 15.3 中所规定的试验结束时，镇流器应表明：

——没有任何带电部件成为易被触及的部件；

——与地或易被触及的部件的绝缘没有被击穿；

——外壳温度低于 200℃。

应进行 GB 19510.1 第 10 章规定的试验，以验证没有带电部件成为易被触及的部件。

应重复进行 GB 19510.1 第 12 章所规定的介电强度试验，以检验绝缘性能，但是应将试验电压降低至规定值的 75%。

为了验证外壳的温度没有超过 200℃，用两个木块支撑镇流器，木块高 75 mm，厚 10 mm，宽度等于或大于镇流器的宽度。在摆放木块时，应使镇流器的末端边沿与木块的外侧垂直对齐。

16 故障条件

按照 GB 19510.1 第 14 章的要求。

17 结构

不按照 GB 19510.1 第 15 章的要求。

18 爬电距离和电气间隙

按照 GB 19510.1 第 16 章的要求。

19 螺钉、载流部件和连接件

按照 GB 19510.1 第 17 章的要求。

20 耐热、防火和耐漏电起痕

按照 GB 19510.1 第 18 章的要求，但有关耐漏电起痕的要求除外。

21 耐腐蚀

不按照 GB 19510.1 第 19 章的要求。

附 录 A
(规范性附录)
确定导电部件是否是可能引起电击的带电部件的试验

按照 GB 19510.1 附录 A 的要求。

附 录 B
(规范性附录)
热保护式灯的控制装置的特殊要求

不按照 GB 19510.1 附录 B 的要求。

附 录 C
(规范性附录)
带过热保护器的灯的电子控制装置的特殊要求

不按照 GB 19510.1 附录 C 的要求。

附 录 D
(规范性附录)
热保护式灯的控制装置的加热试验要求

不按照 GB 19510.1 附录 D 的要求。

附 录 E
(规范性附录)
不同于 4 500 的常数 S 在 t_w(绕阻温度)试验中的应用

不按照 GB 19510.1 附录 E 的要求。

附 录 F
(规范性附录)
防对流风试验箱

不按照 GB 19510.1 附录 F 的要求。

附 录 G
(规范性附录)
脉冲电压值的推导方法

按照 GB 19510.1 附录 G 的要求。

附　录　H
（规范性附录）
试　　验

按照 GB 19510.1 附录 H 的要求。

ICS 29.140.99
K 74

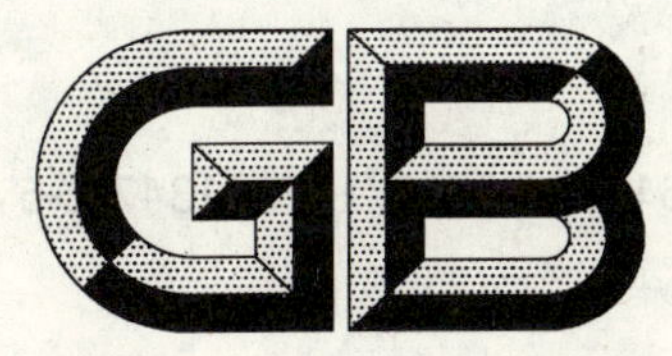

中华人民共和国国家标准

GB 19510.6—2005/IEC 61347-2-5:2000

灯的控制装置 第6部分:公共交通运输工具照明用直流电子镇流器的特殊要求

Lamp controlgear—Part 6: Particular requirements for d.c. supplied electronic ballasts for public transport lighting

(IEC 61347-2-5:2000,IDT)

2005-01-18 发布　　　　2005-08-01 实施

中华人民共和国国家质量监督检验检疫总局
中国国家标准化管理委员会　发布

前　言

本部分的全部内容为强制性。

GB 19510《灯的控制装置》分为12个部分：

——第1部分：一般要求和安全要求；

——第2部分：启动装置(辉光启动器除外)的特殊要求；

——第3部分：钨丝灯用直流/交流电子降压转换器的特殊要求；

——第4部分：荧光灯用交流电子镇流器的特殊要求；

——第5部分：普通照明用直流电子镇流器的特殊要求；

——第6部分：公共交通运输工具照明用直流电子镇流器的特殊要求；

——第7部分：航空器照明用直流电子镇流器的特殊要求；

——第8部分：应急照明用直流电子镇流器的特殊要求；

——第9部分：荧光灯用镇流器的特殊要求；

——第10部分：放电灯(荧光灯除外)用镇流器的特殊要求；

——第11部分：高频冷启动管形放电灯(霓虹灯)用电子换流器和变频器的特殊要求；

——第12部分：与灯具联用的杂类电子线路的特殊要求。

本部分为GB 19510《灯的控制装置》的第6部分：公共交通运输工具照明用直流电子镇流器的特殊要求》；

本部分应与GB 19510.1一起使用，它是在对GB 19510.1的相应条款进行补充或修改之后制定而成的。

本部分等同采用IEC 61347-2-5:2000《灯的控制装置　第2-5部分　公共运输工具照明用直流镇流器的特殊要求》(英文版)。

本部分等同翻译IEC 61347-2-5:2000。

为了便于使用，本部分做了下列编辑性修改：

a) “IEC 61347-2-5”改为“本部分”，“IEC 61347-2-5号标准”一词改为“GB 19510.6”；

b) 删除IEC 61347-2-5的前言，修改了IEC 61347-2-5的引言；

c) 将国际标准中的“(注：)”形式中的括号去除；

d) 用小数点“.”代替作为小数点的“,”；

e) 对于GB 19510.1—2004引用的其他国际标准中有被等同采用为我国标准的，本部分用引用我国的这些国家标准或行业标准代替对应的国际标准，其余未有等同采用为我国标准的国际标准，在本部分中均被直接引用(见本部分第2章)。

GB 19510.6是灯的控制装置系列国家标准之一。下面列出了这些系列国家标准的预计结构及其对应的国际标准，以及将代替的国家标准：

GB 19510.1《灯的控制装置　第1部分：一般要求和安全要求》(IEC 61347-1)；

GB 19510.2《灯的控制装置　第2部分：启动装置(辉光启动器除外)的特殊要求》(IEC 61347-2-1)；

GB 19510.3《灯的控制装置　第3部分：钨丝灯用直流/交流电子降压转换器的特殊要求》(IEC 61347-2-2)；

GB 19510.4《灯的控制装置　第4部分：荧光灯用交流电子镇流器的特殊要求》(IEC 61347-2-3，代替GB 15143—1994)；

GB 19510.5《灯的控制装置　第5部分：普通照明用直流电子镇流器的特殊要求》(IEC 61347-2-4)；

GB 19510.6《灯的控制装置　第6部分:公共交通运输工具照明用直流电子镇流器的特殊要求》(IEC 61347-2-5);

GB 19510.7《灯的控制装置　第7部分:航空器照明用直流电子镇流器的特殊要求》(IEC 61347-2-6);

GB 19510.8《灯的控制装置　第8部分:应急照明用直流电子镇流器的特殊要求》(IEC 61347-2-7);

GB 19510.9《灯的控制装置　第9部分:荧光灯用镇流器的特殊要求》(IEC 61347-2-8,代替GB 2313—1993);

GB 19510.10《灯的控制装置　第10部分:放电灯(荧光灯除外)用镇流器的特殊要求》(IEC 61347-2-9,代替GB 14045—1993);

GB 19510.11《灯的控制装置　第11部分:高频冷启动管形放电灯(霓虹灯)用电子换流器和变频器的特殊要求》(IEC 61347-2-10);

GB 19510.12《灯的控制装置　第12部分:与灯具联用的杂类电子线路的特殊要求》(IEC 61347-2-11)。

本部分的附录A、B、C、D、E、F、H为规范性附录。

本部分由中国轻工业联合会提出。

本部分由全国照明电器标准化技术委员会(CSBTS/TC224)归口。

本部分的起草单位:国家电光源质量监督检验中心(上海)、华东电子集团公司、浙江阳光集团股份有限公司、北京电光源研究所。

本部分起草人:俞安琪、道德宁、陆荣树、杭军、杨小平、赵秀荣。

本部分为首次制定。

引 言

本部分和构成 GB 19510.2～GB 19510.12 的各个部分在引用 GB 19510.1 的任一条款时规定了该条款的适用范围和各项试验的实施顺序，还规定了必要的补充要求。GB 19510.2～GB 19510.12 的各个部分是各自独立的，相互之间互不参照。

如果本部分通过“按照 GB 19510.1 的第某条要求”这一句子来引用 GB 19510.1 的某一条款要求，则这句话的意思就是按照该条款的全部要求，但其中明显不适用于 GB 19510.2～GB 19510.12 所述特定类型的灯的控制装置的内容除外。

灯的控制装置　第6部分:公共交通运输工具照明用直流电子镇流器的特殊要求

1　范围

本部分规定了用于汽车、火车、电车和船舶等公共运输工具的直流电子镇流器的特殊安全要求，这种镇流器的工作电源有可能出现瞬态变化及浪涌现象。

性能要求在GB/T 19656中给出。

2　规范性引用文件

下列文件中的条款通过GB 19510的本部分的引用而成为本部分的条款。凡是注日期的引用文件，其随后所有的修改单(不包括勘误的内容)或修订版均不适用于本部分，然而，鼓励根据本部分达成协议的各方研究是否可使用这些文件的最新版本。凡是不注日期的引用文件，其最新版本适用于本部分。

本部分采用GB 19510.1第2章所述引用标准，以及下述引用标准：

GB 19510.1　灯的控制装置　第1部分：一般要求和安全要求(GB 19510.1—2004,IEC 61347-1：2003,IDT)

GB/T 19656　管形荧光灯用直流电子镇流器 性能要求(GB/T 19656—2005,IEC 60925:2001,IDT)

3　定义

本部分采用GB 19510.1第3章所述定义。

4　一般要求

按照GB 19510.1第4章的要求。

5　试验说明

按照GB 19510.1第5章的要求。

6　分类

不按照GB 19510.1第6章的要求。

7　标志

7.1　强制性标志

镇流器应按照GB 19510.1中7.2的要求，清晰耐久地标有下述强制性标志：

——GB 19510.1中7.1的a),b),e),f),k)和l)的内容以及

——开路电压(仅用于警告，不做试验)；

——适用的熔丝类型及额定电流说明。

7.2　补充标志

除了上述强制性标志外，还应将下述适用的内容标在镇流器上或标在制造商的产品目录或类似文

件中：

——GB 19510.1 中 7.1 的 h)，i)，j)和 n)的内容，以及

——关于镇流器是否能防止电源电压的极性变换的说明；

——设计电压；

——关于镇流器只用于公共运输工具照明的说明。

8 防止意外接触带电部件的措施

按照 GB 19510.1 的第 10 章的要求。

9 接线端子

按照 GB 19510.1 的第 8 章的要求。

10 保护接地装置

按照 GB 19510.1 的第 9 章的要求。

11 防潮与绝缘

按照 GB 19510.1 的第 11 章的要求，但是加强绝缘的绝缘电阻应不小于 7 MΩ。

12 介电强度

按照 GB 19510.1 的第 12 章的要求。

13 绕组的耐热试验

不按照 GB 19510.1 第 13 章的要求。

14 脉冲电压

镇流器应能承受住由电源产生的任何脉冲而不失效。

合格性采用下述试验进行检验，该试验分为 a)和 b)两部分，均要采用：

a) 长期脉冲电压试验。使用普通的电感/电容输入滤波器通常不大可能使此种电压有明显衰减。
将镇流器置于额定电压范围的最大电压下与适宜数量的灯一起在 25℃的环境温度中工作，再使镇流器承受表 1 所规定次数的脉冲电压而不失效，脉冲电压按照相同极性叠加在电源电压上。

表 1 长期脉冲电压

电压脉冲次数	脉冲电压			每次脉冲的间隔时间/s
	峰值/V	半峰值时的脉冲宽度/ms	脉冲电压上升时间/μs	
3	设计电压的 X 倍	500	5(最大值)	2

注 1：表内值的推导过程见附录 G。

注 2：产生和施加长期脉冲电压的适用线路见 GB 19510.1 的图 G.2。

b) 短期脉冲电压试验。使用普通的电感/电容输入滤波器通常可能使此种电压衰减。
将镇流器置于额定电压范围的最大电压下与适宜数量的灯一起在 25℃的环境温度中工作，再使镇流器承受表 2 所规定次数的脉冲电压而不失效，脉冲电压按照相同极性叠加在电源电压上。

表 2 短期脉冲电压(10 μs 或更短)

电压脉冲次数	脉冲电压		每次脉冲的间隔时间/s
	峰值/V	脉冲能量/mJ	
3	设计电压的 8 倍	1	1
注 1：表内值的推导过程见附录 G。 注 2：测量脉冲能量和产生及施加短期脉冲电压的适用的线路，见 GB 19510.1 的图 G.1 和本部分的图 1。			

15 异常状态

镇流器在电压为额定电压范围的最大值条件下，并在异常状态下工作时，其安全性不应受到损坏。

异常状态是指出现下述一种或几种情况时的工作状态：

a) 未安装灯，或几只灯中有一只未安装；

b) 灯由于一个阴极被损坏而不能启动；

c) 虽然阴极线路完好，但灯仍不能启动(去激活的灯)；

d) 灯在工作，但一个阴极已被去激活或被损坏(整流效应)。

合格性通过下述试验进行检验：

将镇流器(如有规定，包括散热片)按照制造商的说明置于其设计要求的温度范围的最大极限值下工作 1 h，并施加上述规定的每一种异常状态。

对于模拟带去激活灯工作的试验，灯的每个阴极用一个电阻代替。该电阻值根据 IEC 60081 和 IEC 60901 中相应灯的参数表所示灯的标称工作电流值按照式(1)导出：

$$R = \frac{11.0}{2.1 \times I_n}\Omega \qquad \cdots\cdots(1)$$

式中：

I_n——灯的标称工作电流值。

对于 IEC 60081 和 IEC 60901 中未提及的灯，则应采用由灯的制造商所宣称的值。

在试验直流电子镇流器的整流效应时，应采用图 2 所示线路。灯应连接在适用的等效电阻的中间点。所选择的整流器的极性应能给出最不利的工作状态。必要时应使用适当的启动装置使灯启动。

e) 极性变换

对于标明不受电源电压极性变换影响的镇流器，应进行下述试验：

——对于所用工作电源可能出现瞬态变化和浪涌电流的镇流器，应使其与适用的灯一起在额定电压范围的最大电压下采用反向电压工作 1 h。

——在此期间，应使镇流器承受表 2 所示规定次数的脉冲电压而不发生故障，脉冲电压按照相同极性叠加在电源电压上。

在进行 a)～e)所规定的试验期间和试验结束时，镇流器均不应出现损害安全性的缺陷。

16 故障状态

按照 GB 19510.1 第 14 章的要求。

17 结构

不按照 GB 19510.1 第 15 章的要求。

18 爬电距离和电气间隙

按照 GB 19510.1 第 16 章的要求。

19 螺钉、载流部件和连接件

按照 GB 19510.1 第 17 章的要求。

20 耐热、防火和耐漏电起痕

按照 GB 19510.1 第 18 章的要求，但关于耐漏电起痕的要求除外。

21 耐腐蚀

不按照 GB 19510.1 第 19 章的要求。

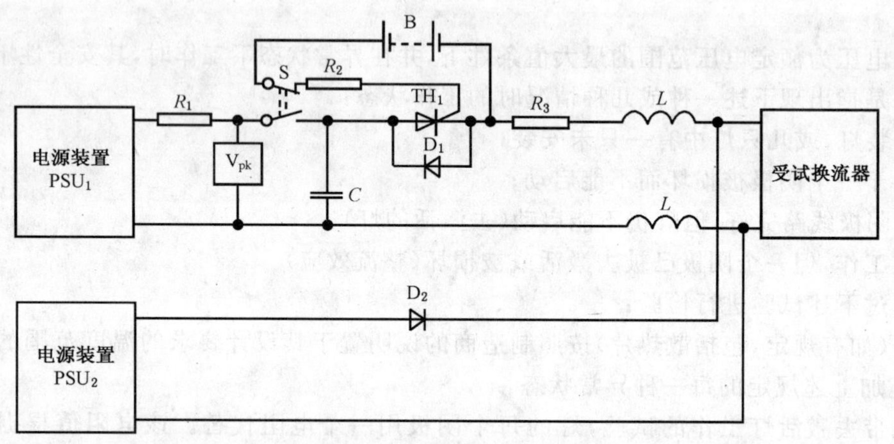

部件说明：

PSU_1——电源装置，能向 C 充电充至：电压范围的最大值与设计电压 8 倍之和。

PSU_2——电源装置，能使处于设计电压范围最大值的受试换流器工作。

注 1：两种电源装置最好都装有电流限制器，以防止其在受试换流器万一发生故障时被损坏。

B——启动主开关可控硅 TH_1 用的电池，7 V～10 V（直流）。

R_1——限制电容器 C 的启动电流的电阻。

R_2——主开关可控硅 TH_1 的整流栅电流的限制电阻。

R_3——按照 GB 19510.1 的图 G.1 的要求选择的电阻。

D_1——TH_1 用的反向电流旁路二极管，可使初始振荡瞬间起作用。接通与断开时间应与脉冲电流上升和持续时间相一致。

D_2——PSU_2 用的脉冲间歇二极管。断开时间应与瞬时脉冲宽度相一致。

TH_1——用于施加电压脉冲的主开关可控硅。接通时间应与电流上升时间相一致。

C——按照 GB 19510.1 的图 G.1 的说明选出的电容器。

L——用来模拟装有换流器的设备的线路的自感电感器。

注 2：每个电感器的值暂定为 7 μH～8 μH。

S——双极转换开关。一极用于向电容器 C 充电，另一极用于启动 TH_1，并使电容器 C 放电。

V_{pk}——内阻不小于 25 MΩ 的峰值电压表。

图 1　产生和施加短期脉冲的适用线路

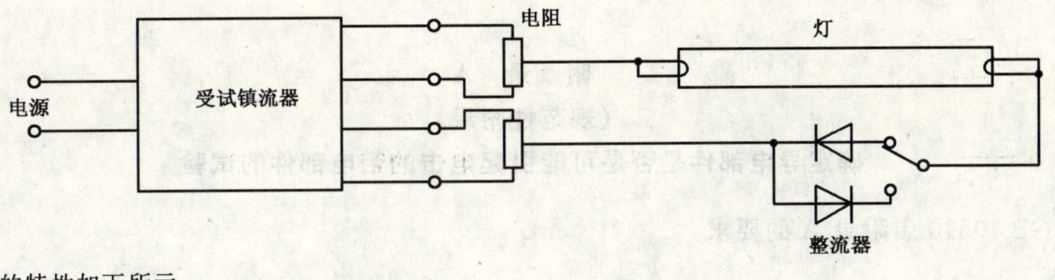

整流器的特性如下所示：

峰值反向电压：	$U_{RRM} \geqslant 3\,000$ V
反向泄漏电流：	$I_R \leqslant 10\ \mu$A
正向电流：	$I_F \geqslant$ 灯标称工作电流的三倍
反向恢复时间：	$t_{rr} \leqslant 500$ ns
（最大频率：150 kHz）	（在 $I_F = 0.5$ A，$I_R = 1$ A～$I_R = 0.25$ A 时测量。）

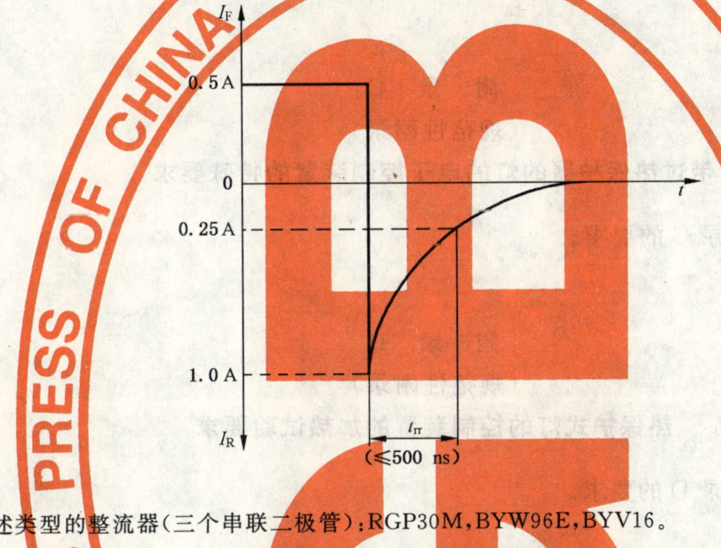

建议采用下述类型的整流器（三个串联二极管）：RGP30M，BYW96E，BYV16。

图 2 整流效应试验线路

附 录 A
(规范性附录)
确定导电部件是否是可能引起电击的带电部件的试验

按照 GB 19510.1 附录 A 的要求。

附 录 B
(规范性附录)
热保护式灯的控制装置的特殊要求

不按照 GB 19510.1 附录 B 的要求。

附 录 C
(规范性附录)
带过热保护器的灯的电子控制装置的特殊要求

不按照 GB 19510.1 附录 C 的要求。

附 录 D
(规范性附录)
热保护式灯的控制装置的加热试验要求

不按照 GB 19510.1 附录 D 的要求。

附 录 E
(规范性附录)
不同于 4 500 的常数 S 在 t_w(绕组温度)试验中的应用

不按照 GB 19510.1 附录 E 的要求。

附 录 F
(规范性附录)
防对流风试验箱

不按照 GB 19510.1 附录 F 的要求。

附 录 G
(规范性附录)
脉冲电压值的推导方法

按照 GB 19510.1 附录 G 的要求。

附　录　H
（规范性附录）
试　　验

按照 GB 19510.1 附录 H 的要求。

ICS 29.140.99
K 74

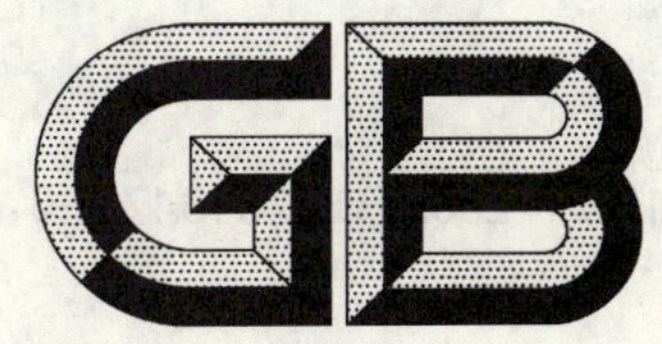

中华人民共和国国家标准

GB 19510.7—2005/IEC 61347-2-6:2000

灯的控制装置　第7部分:航空器照明用直流电子镇流器的特殊要求

Lamp controlgear—Part 7:Particular requirements for d.c. supplied electronic ballasts for aircraft lighting

(IEC 61347-2-6:2000,IDT)

2005-01-18 发布　　　　2005-08-01 实施

中华人民共和国国家质量监督检验检疫总局
中国国家标准化管理委员会　发布

前　言

本部分的全部内容为强制性。

GB 19510《灯的控制装置》分为12个部分：

——第1部分：一般要求和安全要求；

——第2部分：启动装置(辉光启动器除外)的特殊要求；

——第3部分：钨丝灯用直流/交流电子降压转换器的特殊要求；

——第4部分：荧光灯用交流电子镇流器的特殊要求；

——第5部分：普通照明用直流电子镇流器的特殊要求；

——第6部分：公共交通运输工具照明用直流电子镇流器的特殊要求；

——第7部分：航空器照明用直流电子镇流器的特殊要求；

——第8部分：应急照明用直流电子镇流器的特殊要求；

——第9部分：荧光灯用镇流器的特殊要求；

——第10部分：放电灯(荧光灯除外)用镇流器的特殊要求；

——第11部分：高频冷启动管形放电灯(霓虹灯)用电子换流器和变频器的特殊要求；

——第12部分：与灯具联用的杂类电子线路的特殊要求。

本部分为GB 19510《灯的控制装置》的第7部分：航空器照明用直流电子镇流器的特殊要求；

本部分应与GB 19510.1一起使用，它是在对GB 19510.1的相应条款进行补充或修改之后制定而成的。

本部分等同采用IEC 61347-2-6:2000《灯的控制装置　第2-6部分：航空器照明用直流电子镇流器的特殊要求》(英文版)。

本部分等同翻译IEC 61347-2-6:2000。

为了便于使用，本部分做了下列编辑性修改：

a) “IEC 61347-2-6”改为“本部分”，“IEC 61347-2-6号标准”一词改为“GB 19510.7”；

b) 删除IEC 61347-2-6的前言，修改了IEC 61347-2-6的引言；

c) 将国际标准中的“(注:)”形式中的括号去除；

d) 用小数点“.”代替作为小数点的“,”；

e) 对于GB 19510.1—2004引用的其他国际标准中有被等同采用为我国标准的，本部分用引用我国的这些国家标准或行业标准代替对应的国际标准，其余未有等同采用为我国标准的国际标准，在本部分中均被直接引用(见本部分第2章)。

GB 19510.7是灯的控制装置系列国家标准之一。下面列出了这些系列国家标准的预计结构及其对应的国际标准，以及将代替的国家标准：

GB 19510.1《灯的控制装置　第1部分：一般要求和安全要求》(IEC 61347-1)；

GB 19510.2《灯的控制装置　第2部分：启动装置(辉光启动器除外)的特殊要求》(IEC 61347-2-1)；

GB 19510.3《灯的控制装置　第3部分：钨丝灯用直流/交流电子降压转换器的特殊要求》(IEC 61347-2-2)；

GB 19510.4《灯的控制装置　第4部分：荧光灯用交流电子镇流器的特殊要求》(IEC 61347-2-3，代替GB 15143—1994)；

GB19510.5《灯的控制装置　第5部分：普通照明用直流电子镇流器的特殊要求》(IEC 61347-2-4)；

GB 19510.6《灯的控制装置　第6部分：公共交通运输工具照明用直流电子镇流器的特殊要求》

(IEC 61347-2-5)；

GB 19510.7《灯的控制装置　第7部分：航空器照明用直流电子镇流器的特殊要求》(IEC 61347-2-6)；

GB 19510.8《灯的控制装置　第8部分：应急照明用直流电子镇流器的特殊要求》(IEC 61347-2-7)；

GB 19510.9《灯的控制装置　第9部分：荧光灯用镇流器的特殊要求》(IEC 61347-2-8，代替GB 2313—1993)；

GB 19510.10《灯的控制装置　第10部分：放电灯(荧光灯除外)用镇流器的特殊要求》(IEC 61347-2-9，代替GB 14045—1993)；

GB 19510.11《灯的控制装置　第11部分：高频冷启动管形放电灯(霓虹灯)用电子换流器和变频器的特殊要求》(IEC 61347-2-10)；

GB 19510.12《灯的控制装置　第12部分：与灯具联用的杂类电子线路的特殊要求》(IEC 61347-2-11)。

本部分的附录A、B、C、D、E、F、G、H为规范性附录。

本部分由中国轻工业联合会提出。

本部分由全国照明电器标准化技术委员会(CSBTS/TC224)归口。

本部分的起草单位：国家电光源质量监督检验中心(上海)、北京电光源研究所。

本部分起草人：陆荣树、裘继红、盛惠娟、俞安琪、杨小平、赵秀荣、全红、高杉楠。

本部分为首次制定。

引 言

本部分和构成 GB 19510.2～GB 19510.12 的各个部分在引用 GB 19510.1 的任一条款时规定了该条款的适用范围和各项试验的实施顺序，还规定了必要的补充要求。GB 19510.2～GB 19510.12 的各个部分是各自独立的，相互之间互不参照。

如果本部分通过“按照 GB 19510.1 的第某条要求”这一句子来引用 GB 19510.1 的某一条款要求，则这句话的意思就是按照该条款的全部要求，但其中明显不适用于 GB 19510.2～GB 19510.12 所述特定类型的灯的控制装置的内容除外。

灯的控制装置　第7部分:航空器照明用直流电子镇流器的特殊要求

1　范围

本部分规定了航空器照明用直流电子镇流器的特殊安全要求,其工作电源有可能出现伴随的瞬态变化和浪涌电流。

性能要求在GB/T 19656中给出。

2　规范性引用文件

下列文件中的条款通过GB 19510的本部分的引用而成为本部分的条款。凡是注日期的引用文件,其随后所有的修改单(不包括勘误的内容)或修订版均不适用于本部分,然而,鼓励根据本部分达成协议的各方研究是否可使用这些文件的最新版本。凡是不注日期的引用文件,其最新版本适用于本部分。

本部分采用GB 19510.1的第2章所述引用标准,以及下述引用标准:

GB 19510.1　灯的控制装置　第1部分:一般要求和安全要求(GB19510.1—2004,IEC 61347-1:2003,IDT)

GB/T 19656　管形荧光灯用直流电子镇流器　性能要求(GB/T 19656—2005,IEC 60925:2001,IDT)

3　定义

本部分采用GB 19510.1第3章所述的定义。

4　一般要求

按照GB 19510.1第4章的要求。

5　试验说明

按照GB 19510.1第5章的要求。

6　分类

不按照GB 19510.1第6章的要求。

7　标志

7.1　强制性标志

镇流器应按照GB 19510.1中7.2的要求,清晰耐久地标有下述强制性标志:

——GB 19510.1中7.1的a),b),e),f),k)和l)的内容,以及

——适用的熔丝类型及额定电流说明。

7.2　补充标志

除了上述强制性标志之外,还应将下述适用的内容标在镇流器上或制造商的产品目录或类似文

件中：

——GB 19510.1 中 7.1 的 h)，i)，j)和 n)的内容；以及

——关于镇流器是否能防止电源电压极性变换的说明；

——设计电压；

——关于镇流器只用于航空器照明的说明。

8 防止意外接触带电部件的措施

按照 GB 19510.1 第 10 章的要求。

9 接线端子

按照 GB 19510.1 第 8 章的要求。

10 保护接地装置

按照 GB 19510.1 第 9 章的要求。

11 防潮与绝缘

按照 GB 19510.1 第 11 章的要求，但加强绝缘所要求的绝缘电阻应不小于 7 MΩ。

12 介电强度

按照 GB 19510.1 第 12 章的要求。

13 绕组的耐热试验

不按照 GB 19510.1 第 13 章的要求。

14 脉冲电压

镇流器应能承受住由电源产生的任何脉冲而不失效。

合格性采用下述试验进行检验，该试验分为 a)和 b)两部分，均要采用：

a) 长期脉冲电压试验，使用普通的电感/电容输入滤波器通常不大可能使此种电压有明显衰减。

将镇流器置于额定电压范围的最大电压下与适宜数量的灯一起在 25℃的环境温度中工作，再使镇流器承受表 1 所规定次数的脉冲电压而不失效，脉冲电压按照相同极性叠加在电源电压上。

表 1 长期脉冲电压

电压脉冲次数	脉冲电压			每次脉冲的间隔时间/s
	峰值/V	半峰值时的脉冲宽度/ms	脉冲电压上升时间/μs	
3	设计电压	500	5(最大值)	2
注：产生和施加长期脉冲电压适用的线路见 GB 19510.1 的图 G.2。				

b) 短期脉冲电压试验。使用普通的电感/电容输入滤波器通常可能使此种电压衰减。

将镇流器置于额定电压范围的最大电压下与适宜数量的灯一起在 25℃的环境温度中工作，再使镇流器承受表 2 所规定次数的脉冲电压而不失效，脉冲电压按照相同极性叠加在电源电压上。

表 2 短期脉冲电压(10 μs 或更短)

电压脉冲次数	脉冲电压		每次脉冲的间隔时间/s
	峰值/V	脉冲能量/mJ	
3	设计电压的 8 倍	1	1
注：测量脉冲能量和产生及施加短期脉冲的适用线路见 GB 19510.1 的图 G.1 和本部分的图 1。			

15 异常状态

镇流器在电压为额定电压范围的最大值条件下，并在异常状态下工作时，其安全性不应受到损坏。

异常状态是指出现下述一种或几种情况时的工作状态：

a) 未安装灯，或几只灯中有一只未装；

b) 灯由于一个阴极被损坏而不能启动；

c) 虽然阴极线路完好，但灯仍不能启动(去激活的灯)；

d) 灯在工作，但一个阴极已被去激活或被损坏(整流效应)。

合格性通过下述试验进行检验：

将镇流器(如有规定，包括散热片)按照制造商的说明置于其设计要求的温度范围的最大值下工作 1 h，并施加上述规定的每一种异常状态。

对于模拟带去激活灯工作的试验，灯的每个阴极用一个电阻代替。该电阻值根据 IEC 60081 和 IEC 60901 中相应灯的参数表所示灯的标称工作电流值按照式(1)导出：

$$R=\frac{11.0}{2.1\times I_n}\Omega \quad \cdots\cdots(1)$$

式中：

I_n——灯的标称工作电流值。

对于 IEC 60081 和 IEC 60901 中未提及的灯，则应采用灯的制造商所宣称的值。

在试验直流电子镇流器的整流效应时，应采用图 2 所示线路。灯应连接在适用的等效电阻的中间点。所选择的整流器的极性应能给出最不利的工作状态。必要时应使用适当的启动装置使灯启动。

e) 极性变换

对于标明不受电源电压极性变换影响的镇流器，应进行下述试验：

——对于所用工作电源可能出现瞬态变化和浪涌电流的镇流器，应使其与适用的灯一起在额定电压范围的最大电压下采用反向电压工作 1 h。

——在此期间，应使镇流器承受表 2 所示规定次数的脉冲电压而不发生故障，脉冲电压按照相同极性叠加在电源电压上。

在进行 a)～e)所规定的试验期间和试验结束时，镇流器均不应出现损害安全性的缺陷，也不应产生任何烟雾。

16 故障状态

按照 GB 19510.1 第 14 章的要求。

17 结构

不按照 GB 19510.1 第 15 章的要求。

18 爬电距离和电气间隙

按照 GB 19510.1 第 16 章的要求。

19 螺钉、载流部件和连接件

按照 GB 19510.1 第 17 章的要求。

20 耐热、防火和耐漏电起痕

按照 GB 19510.1 第 18 章的要求，但有关耐漏电起痕的要求除外。

21 耐腐蚀

不按照 GB 19510.1 第 19 章的要求。

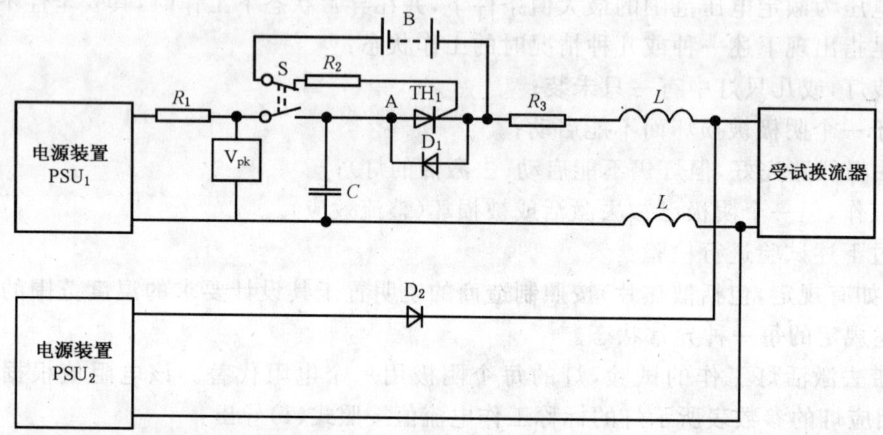

部件说明：

PSU_1——电源装置，能向 C 充电充至：电压范围的最大值与设计电压 8 倍之和。

PSU_2——电源装置，能使处于设计电压范围最大值下的受试换流器工作。

注 1：两种电源装置最好都装有电流限制器，以防止其在受试换流器万一发生故障时被损坏。

B——启动主开关可控硅 TH_1 用的电池，7 V～10 V(直流)。

R_1——限制电容器 C 的启动电流的电阻。

R_2——主开关可控硅 TH_1 的整流栅电流的限制电阻。

R_3——按照 GB 19510.1 的图 G.1 的要求选择的电阻值。

D_1——TH_1 用的反向电流旁路二极管，可使初始振荡瞬间起作用。接通与断开时间应与脉冲电流上升和持续时间相一致。

D_2——PSU_2 用的脉冲间歇二极管。断开时间应与瞬时脉冲宽度相一致。

TH_1——用于施加电压脉冲的主开关可控硅。接通时间应与电流上升时间相一致。

C——按照 GB 19510.1 中图 G.1 的说明选出的电容器。

L——用来模拟装有换流器的设备的电路的自感电感器。

注 2：每个电感器的值暂定为 7 μH～8 μH。

S——双极转换开关。一极用于向电容器 C 充电，另一极用于启动 TH_1，并使电容器 C 放电。

V_{pk}——内部电阻不小于 25 MΩ 的峰值电压表。

图 1　产生和施加短期脉冲的适用线路

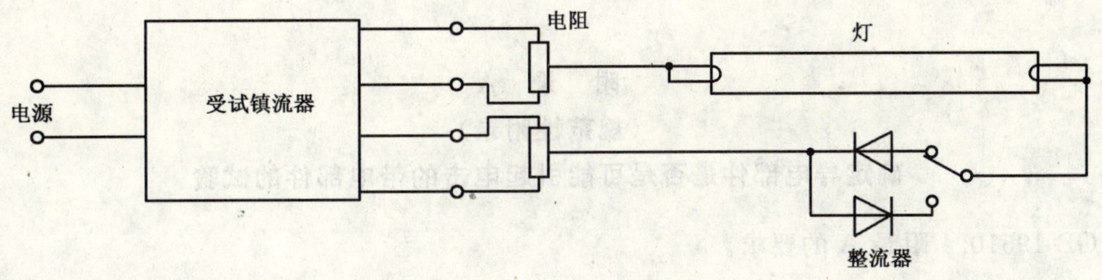

整流器的特性如下所示：

峰值反向电压：	$U_{RRM} \geqslant 3\ 000$ V
反向泄漏电流：	$I_R \leqslant 10\ \mu$A
正向电流：	$I_F \geqslant$灯的标称工作电流的三倍
反向恢复时间：	$t_{rr} \leqslant 500$ ns
(最大频率：150 kHz)	(在 $I_F = 0.5$ A，$I_R = 1$ A～$I_R = 0.25$ A 时测量)

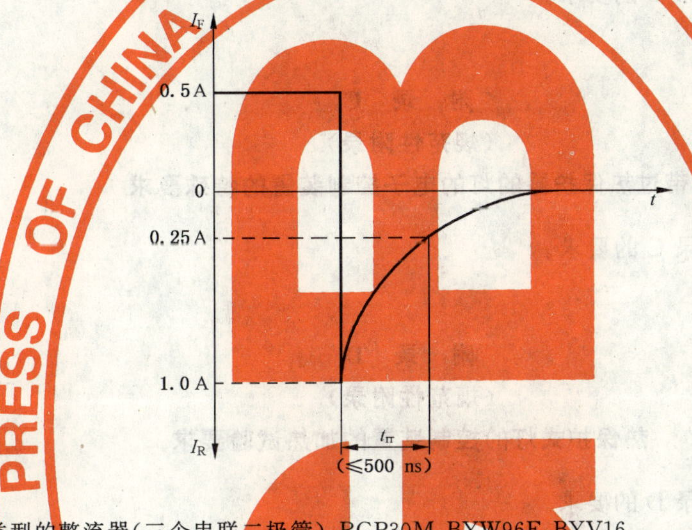

建议采用下述类型的整流器（三个串联二极管）：RGP30M，BYW96E，BYV16。

图 2 整流效应试验线路

附　录　A
（规范性附录）
确定导电部件是否是可能引起电击的带电部件的试验

按照 GB 19510.1 附录 A 的要求。

附　录　B
（规范性附录）
热保护式灯的控制装置的特殊要求

不按照 GB 19510.1 附录 B 的要求。

附　录　C
（规范性附录）
带过热保护器的灯的电子控制装置的特殊要求

不按照 GB 19510.1 附录 C 的要求。

附　录　D
（规范性附录）
热保护式灯的控制装置的加热试验要求

不按照 GB 19510.1 附录 D 的要求。

附　录　E
（规范性附录）
不同于 4 500 的常数 S 在 t_w（绕组温度）试验中的应用

不按照 GB 19510.1 附录 E 的要求。

附　录　F
（规范性附录）
防对流风试验箱

不按照 GB 19510.1 附录 F 的要求。

附　录　G
（规范性附录）
脉冲电压值的推导方法

按照 GB 19510.1 附录 G 的要求。

附 录 H
（规范性附录）
试 验

按照GB 19510.1附录H的要求。

ICS 29.140.99
K 74

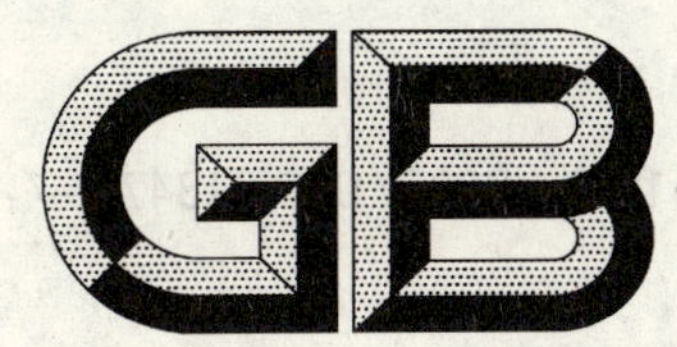

中华人民共和国国家标准

GB 19510.8—2005/IEC 61347-2-7:2000

灯的控制装置　第8部分:应急照明用直流电子镇流器的特殊要求

Lamp controlgear—Part 8: Particular requirements for d.c. supplied electronic ballasts for emergency lighting

(IEC 61347-2-7:2000,IDT)

2005-01-18 发布　　　　2005-08-01 实施

中华人民共和国国家质量监督检验检疫总局
中国国家标准化管理委员会　发布

前　言

本部分的全部内容为强制性。

GB 19510《灯的控制装置》分为12个部分：

——第1部分：一般要求和安全要求；

——第2部分：启动装置(辉光启动器除外)的特殊要求；

——第3部分：钨丝灯用直流/交流电子降压转换器的特殊要求；

——第4部分：荧光灯用交流电子镇流器的特殊要求；

——第5部分：普通照明用直流电子镇流器的特殊要求；

——第6部分：公共交通运输工具照明用直流电子镇流器的特殊要求；

——第7部分：航空器照明用直流电子镇流器的特殊要求；

——第8部分：应急照明用直流电子镇流器的特殊要求；

——第9部分：荧光灯用镇流器的特殊要求；

——第10部分：放电灯(荧光灯除外)用镇流器的特殊要求；

——第11部分：高频冷启动管形放电灯(霓虹灯)用电子换流器和变频器的特殊要求；

——第12部分：与灯具联用的杂类电子线路的特殊要求。

本部分为GB 19510《灯的控制装置》的第8部分：应急照明用直流电子镇流器的特殊要求；

本部分应与GB 19510.1一起使用，它是在对GB 19510.1的相应条款进行补充或修改之后制定而成的。

本部分等同采用IEC 61347-2-7:2000《灯的控制装置　第2-7部分：应急照明用直流电子镇流器的特殊要求》(英文版)。

本部分等同翻译IEC 61347-2-7:2000。

为了便于使用，本部分做了下列编辑性修改：

a) “IEC 61347-2-7”改为“本部分”，“IEC 61347-2-7号标准”一词改为“GB 19510.8”；

b) 删除IEC 61347-2-7的前言，修改了IEC 61347-2-7的引言；

c) 将国际标准中的“(注：)”形式中的括号去除；

d) 用小数点“.”代替作为小数点的“,”；

e) 对于GB 19510.1—2004引用的其他国际标准中有被等同采用为我国标准的，本部分用引用我国的这些国家标准或行业标准代替对应的国际标准，其余未有等同采用为我国标准的国际标准，在本部分中均被直接引用(见本部分第2章)。

GB 19510.8是灯的控制装置系列国家标准之一。下面列出了这些系列国家标准的预计结构及其对应的国际标准，以及将代替的国家标准：

GB 19510.1《灯的控制装置　第1部分：一般要求和安全要求》(IEC 61347-1)；

GB 19510.2《灯的控制装置　第2部分：启动装置(辉光启动器除外)的特殊要求》(IEC 61347-2-1)；

GB 19510.3《灯的控制装置　第3部分：钨丝灯用直流/交流电子降压转换器的特殊要求》(IEC 61347-2-2)；

GB 19510.4《灯的控制装置　第4部分：荧光灯用交流电子镇流器的特殊要求》(IEC 61347-2-3，代替GB 15143—1994)；

GB 19510.5《灯的控制装置　第5部分：普通照明用直流电子镇流器的特殊要求》(IEC 61347-2-4)；

GB 19510.6《灯的控制装置　第6部分：公共交通运输工具照明用直流电子镇流器的特殊要求》

(IEC 61347-2-5);

GB 19510.7《灯的控制装置　第7部分:航空器照明用直流电子镇流器的特殊要求》(IEC 61347-2-6);

GB 19510.8《灯的控制装置　第8部分:应急照明用直流电子镇流器的特殊要求》(IEC 61347-2-7);

GB 19510.9《灯的控制装置　第9部分:荧光灯用镇流器的特殊要求》(IEC 61347-2-8,代替 GB 2313—1993);

GB 19510.10《灯的控制装置　第10部分:放电灯(荧光灯除外)用镇流器的特殊要求》(IEC 61347-2-9,代替 GB 14045—1993);

GB 19510.11《灯的控制装置　第11部分:高频冷启动管形放电灯(霓虹灯)用电子换流器和变频器的特殊要求》(IEC 61347-2-10);

GB 19510.12《灯的控制装置　第12部分:与灯具联用的杂类电子线路的特殊要求》(IEC 61347-2-11)。

本部分的附录A、B、C、D、E、F、G、H为规范性附录。

本部分由中国轻工业联合会提出。

本部分由全国照明电器标准化技术委员会(CSBTS/TC224)归口。

本部分的起草单位:上海东升电子股份有限公司、国家电光源质量监督检验中心(上海)、广东东松三雄电器有限公司、北京电光源研究所。

本部分起草人:李裕人、俞安琪、王月丽、张贤庆、杨小平、赵秀荣、全红。

本部分为首次制定。

引　言

本部分和构成 GB 19510.2～GB 19510.12 的各个部分在引用 GB 19510.1 的任一条款时规定了该条款的适用范围和各项试验的实施顺序，还规定了必要的补充要求。GB 19510.2～GB 19510.12 的各个部分是各自独立的，相互之间互不参照。

如果本部分通过"按照 GB 19510.1 的第某条要求"这一句子来引用 GB 19510.1 的某一条款要求，则这句话的意思就是按照该条款的全部要求，但其中明显不适用于 GB 19510.2～GB 19510.12 所述特定类型的灯的控制装置的内容除外。

灯的控制装置　第8部分:应急照明用直流电子镇流器的特殊要求

1　范围

本部分规定了持续应急照明和非持续应急照明用直流电子镇流器的特殊安全要求。

本部分包括了对GB 7000.2所述应急照明灯具用的镇流器和控制装置的特定要求。

应急照明用直流电子镇流器可以装有也可以不装电池。

本部分还包括其他直流电子镇流器性能要求的所有工作条件要求。这是因为不工作的应急照明设备将会对安全造成危害。

性能要求在GB/T 19656中给出。

2　规范性引用文件

下列文件中的条款通过GB 19510的本部分的引用而成为本部分的条款。凡是注日期的引用文件,其随后所有的修改单(不包括勘误的内容)或修订版均不适用于本部分,然而,鼓励根据本部分达成协议的各方研究是否可使用这些文件的最新版本。凡是不注日期的引用文件,其最新版本适用于本部分。

本部分采用GB 19510.1的第2章所述规范性引用文件,以及下述引用文件:

GB 7000.2　应急照明灯具安全要求(GB 7000.2—1996,idt IEC 60598-2-22:1994)

GB 19510.1　灯的控制装置　第1部分:一般要求和安全要求(GB 19510.1—2004,IEC 61347-1:2003,IDT)

GB/T 19656　管型荧光灯用直流电子镇流器　性能要求(GB/T 19656—2005,IEC 60925:2001,IDT)

IEC 60742　隔离变压器及安全隔离变压器　技术要求

3　定义

本部分采用GB 19510.1的第3章所述定义以及下述定义:

3.1

应急照明　emergency lighting

在正常照明的电源发生故障时可供使用的照明,包括疏散照明和备用照明。

3.2

连续工作镇流器　continual operation ballast

既可使灯在带普通开关的正常照明电源下工作,又可使灯在正常照明电源中断时在应急照明电源下工作的镇流器。

3.3

间歇工作镇流器　intermittent operation ballast

只是在正常照明电源中断时使灯利用应急电源工作的镇流器。

3.4

控制装置　control unit

由电源转换器和电池充电器构成的装置,必要时还包括测试部件。该装置内还可装有换流器和灯的镇流器。

3.5

转换功能 changeover operation

当正常照明电源中断时，将灯自动连接在应急照明电源上的过程，反之亦然。

3.6

充电装置 recharging device

使电池保持带电状态，并可在规定的时间内对电池再次充电的装置。

3.7

过量放电保护器 protection device against extensive discharge

在电池电压降至一特定值以下时可使镇流器与电池断开的自动装置。

3.8

额定工作时间 rated duration of operation

由制造商规定的控制装置或带电池的镇流器的工作时间。

3.9

额定电池电压 rated battery voltage

由电池的制造商所宣称的电压。

3.10

遥控器 remote control

在正常照明被集中断电时（例如在夜间），用来防止灯的工作线路引起电池放电的装置。

3.11

指示器 indicator

用来显示电池正在充电的装置。

3.12

镇流器流明系数 ballast lumen factor

受试镇流器在其设计电压下工作时，灯的光输出与该灯使用适宜的基准镇流器在其额定电压和频率下工作时的光输出之比值。

3.13

启动辅助件 starting aid

一固定在灯的外表面上的条形导体或一装在与灯相隔适宜的距离内的片状导体。

注：启动辅助件只有当其与灯的一端存在足够大的电位差时才能起作用。

4 一般要求

按照 GB 19510.1 第 4 章的要求。

5 试验说明

按照 GB 19510.1 第 5 章要求以及下述补充要求：

样品数量

应将以下数量的样品提交试验：

——对于第 6～12 章，第 14～26 章以及第 28～32 章所述试验，提交一个样品；

——对于第 13 章所述试验，提交七个样品；

——对于第 27 章所述试验，提交一个样品（必要时，可与制造商协商，要求补充样品或部件）。

6 分类

不按照 GB 19510.1 第 6 章的要求。

7 标志

7.1 强制性标志

镇流器应按照 GB 19510.1 中 7.2 的要求，清晰耐久地标有下述强制性标志：

——GB 19510.1 中 7.1 的 a)，b)，e)，f)，k)和 l)的内容；以及

——开路电压(仅用于警告，不做试验)；

——适用的熔丝的类型及额定电流的说明；

——关于镇流器是否适用于不具备连续充电线路或间歇式再充电线路的电池电源的说明，此说明也可标在制造商的产品目录或类似文件中；

——额定电源电压(直流电源)的最小值和最大值，标在镇流器上或标在制造商的产品目录或类似文件中；

——镇流器、灯和灯具的组合说明，包括优先选用的电池类型和额定工作时间。这些数据可标在制造商的产品说明书中。

7.2 补充标志

除了上述强制性标志之外，还应将下述适用的内容标在镇流器上，或标在制造商的产品目录或类似文件中：

——GB 19510.1 中 7.1 的 h)，i)，j)和 n)的内容；以及

——关于镇流器是否能防止电源电压极性变换的说明；

——设计电压；

——关于镇流器只用于应急照明的说明；

——镇流器的流明系数；

——额定输出频率(在设计电压下带灯工作和不带灯工作两种状态的)；

——在预定的额定电压范围内镇流器可以使灯启动并工作的环境温度范围极限值。

8 防止意外接触带电部件的措施

按照 GB 19510.1 第 10 章的要求。

9 接线端子

按照 GB 19510.1 第 8 章的要求。

10 保护接地装置

按照 GB 19510.1 第 9 章的要求。

11 防潮与绝缘

按照 GB 19510.1 第 11 章的要求，但加强绝缘所要求的绝缘电阻应不小于 7 MΩ。

12 介电强度

按照 GB 19510.1 第 12 章的要求。

13 绕组的耐热试验

不按照 GB 19510.1 第 13 章的要求。

14 镇流器共电制的脉冲电压

镇流器应能承受住由于同一线路的其他装置的开关所引起的任何脉冲而不失效。

合格性采用下述试验进行检验：将镇流器置于额定电压范围的最大电压下与适宜数量的灯一起在25℃的环境温度中工作，再使镇流器承受表1所示规定次数的脉冲电压而不失效，脉冲电压按照相同极性叠加在电源电压上。

表1 脉冲电压

电压脉冲次数	脉冲电压		每次脉冲的间隔时间/s
	峰值/V	半峰值时的脉冲宽度/ms	
3	设计电压	10	2
注：GB 19510.1的图G.2给出了适用的测量线路。			

15 启动要求

适用的灯在额定电压范围之内以及温度范围的极限值之内应能启动。

合格性采用下述试验进行检验：

——对于连续工作件的镇流器，按照15.1和15.2所述试验；

——对于间歇工作的镇流器，按照15.3所述试验。

15.1 灯终端的开路电压

当镇流器在其额定电压范围的任一电压下工作时，它向灯的终端提供的开路电压应具有以下特性：

a) 灯两端的最小电压(有效值)至少是表2第3栏所示值；

b) 灯两端的峰值电压不超过表2的第4栏或第5栏所示值；

c) 从灯的一端至启动辅助件的最小峰值电压应至少是表2的第6栏所示值。

表2 高电阻和低电阻阴极灯的开路电压(阴极预热)

灯的额定功率/W	灯的标称尺寸/mm	灯终端的开路电压			灯终端与启动辅助件之间的电压
		最小电压(有效值)/V	最大峰值电压		
			对称式换流器/V	非对称式换流器/V	最小峰值电压/V
4	150×15	100	550	700	290
6	224×15	100	550	700	290
8	300×15	100	550	700	290
13	525×15	200	550	700	290
15T8	450×25	180	550	700	260
20	590×38	180	550	700	260
30T8	900×25	205	550	700	300
30T12	900×38	200	550	700	290
40	1200×38	205	550	700	300
65	1500×38	*	*	*	*
* 该值尚在研究之中。					

当镇流器在设计上能使几只灯在并联线路中工作时，每一只单独的灯均应符合相应的要求，这与所使用的灯的数量无关。与符合本部分要求的电子镇流器一起工作的灯应使用按照IEC 60081和IEC 60901所规定的启动辅助件，但对最大直径为16 mm的灯，启动辅助件应安装在距离其7 mm处。

在上述试验期间，灯的每个阴极应由 IEC 60081 和 IEC 60901 中相应灯的参数表所规定的替代电阻来代替。

注：由于电源电压具有较大的电压范围，所以，表 2 中的最大值大于 IEC 60081 和 IEC 60901 中的推荐值；这种现象可能导致灯的寿命降低。

15.2 预热条件

镇流器应能提供合适的阴极预热电流。

合格性按照 15.2.1 和 15.2.2 所述试验进行检验。

15.2.1 灯阴极两端的最小电压

用具有 IEC 60081 和 IEC 60901 中相应灯的参数表所规定的目标值的电阻代替灯的每个阴极，并使镇流器在额定电压范围的任一电压下工作，此时，镇流器应能向低电阻阴极灯的每个电阻提供至少 3.05 V 电压(有效值)，向高电阻阴极灯的每个电阻提供至少 6.5 V 电压(有效值)。

15.2.2 灯阴极两端的最大电压

a) 低电阻阴极灯用的镇流器

用具有 IEC 60081 和 IEC 60901 中相应灯的参数表所规定的目标值的电阻代替灯的每个阴极，并使镇流器在额定电压范围的任一电压下工作，此时，镇流器应能向每个电阻提供不超过 6.5 V 的电压(有效值)。

b) 高电阻阴极灯用的镇流器

用具有 IEC 60081 和 IEC 60901 中相应灯的参数表所规定的目标值的电阻代替灯的每个阴极，并使镇流器在额定电压范围的任一电压下工作，此时，镇流器应向每个电阻提供不超过 11.0 V 的电压(有效值)。但是，在该电压值超过 11.0 V(有效值)的情况下，应采用另一电阻进行常规检验，该电阻的值根据 IEC 60081 和 IEC 60901 中相应灯的参数表所示灯的标称工作电流值按照式(1)导出：

$$R = \frac{11.0}{2.1 \times I_n}\Omega \quad \cdots\cdots(1)$$

式中：

I_n——灯的标称工作电流。

当镇流器在其额定电压范围的任一电压下工作时，通过每个电阻的电流不得超过 IEC 60081 和 IEC 60901 中相应灯的参数表所示 I_n 标称值的 2.1 倍。

c) 高电阻阴极灯或低电阻阴极灯均可使用的镇流器

此类镇流器应符合 b)的要求。

15.3 开关功能

镇流器/控制装置在设计上应保证使适用的灯达到足够数量的开关次数。

合格性通过下述试验进行检验：

将三只新灯置于设计电压下以“开灯”30 s、“熄灯”120 s 为一个周期进行工作，每只灯应达到 200 次开关。

如果其中一只灯达不到 200 次，另取三只灯进行试验，而且每只灯均应达到 200 次开关的要求。

此试验之后，镇流器/控制装置在设计电压下以及处在环境温度范围的上下极限值时应能使一只适用的新灯在 1 s 之内启动并工作。

16 灯电流和光通量

镇流器应限制提供给基准灯的电弧电流，使该电流值不超过当该基准灯在使用基准镇流器工作时基准镇流器为其提供的电弧电流的 125%。受试镇流器应在其设计电压下工作，而适用的基准镇流器应在其额定电压和频率下工作。

在相同条件下,光通量比不应低于所规定的镇流器流明系数的95%。

注:测量可采用与图1所示试验线路相当的任何试验线路。

基准灯应按照IEC 60921进行测量和选择,并应具备IEC 60081和IEC 60901中相关的灯的参数表所规定的特性。

当按照IEC 60921给出的基准镇流器要求进行测量时,基准镇流器的特性既应符合IEC 60921的要求,也应符合IEC 60081中相关灯的参数表的规定。

17 电源电流

当镇流器在其设计电压下与基准灯一起工作时,电源电流与镇流器的标志值的误差应不大于±15%。

电源应是低阻抗和低电感的(仅对远离镇流器的电池而言)。

对于由共电制供电的镇流器,直流输入电流中的交流电流成分(有效值)应不超过10%,但是制造商另有规定时除外。该值可通过测量与镇流器的输入端串联的一无感电阻两端的电压来确定。该电阻两端的直流电压应不超过设计电压的2%。

如果制造商规定直流输入电流中交流成分允许超过10%,则应采用所宣称波形的设计电压(有效值)进行耐久性试验。

18 任一引线(带预热阴极)的最大电流

流入阴极终端的任一端引线的电流不得超过IEC 60081和IEC 60901中相应灯的参数表所规定值。

合格性的检验采用下述方法:将一适用的基准灯连接在线路中,并使镇流器正常工作,所用电源电压等于额定电压范围的最大值,再采用IEC 60921所示方法,但要使用无感电阻。

19 灯工作电流的波形

镇流器应能提供正确的电流波形。

在使用连续工作的镇流器的情况下,镇流器在其设计电压下工作时向基准灯提供的稳定状态下的电流波形应能使峰值电流不超过IEC 60081和IEC 60901中相应灯的参数表所规定的灯的标称工作电流的1.7倍。

间歇工作的镇流器应满足上述最大峰值电流的要求,或达到所测得的灯电流有效值的3倍,取其中较小值。

20 转换功能

应能按照GB 7000.2中第17章的要求将正常电源转换成应急电源以及再由应急电源转换成正常电源。

21 充电装置

充电装置应与电池系统相匹配,并应能在24 h之内给电池充电,以便使镇流器和灯的工作时间达到额定值。

合格性采用21.1和21.2所述试验进行检验。

充电装置应能防止由于电池寿终失效而可能引起的短路。例如,加装非固有式耐短路变压器。

合格性采用21.3所述试验进行检验。

安装在充电装置内的变压器的输入绕组和输出绕组应采用IEC 60742中所规定的绝缘隔离开,以便确保这些绕组之间不发生任何连接。

变压器的工作期间，在装有电池或未装有电池，其次级输出端不得超过 50 V(a.c.)(有效值)。

合作性采用 21.4 和 21.5 所述试验进行检验。

21.1 给电池充电 48 h，然后使其放电，直至达到表 3 所示电压值。

表 3 放电电压

电池类型	放电条件/单元电池/V	
	持续时间 1 h	持续时间 3 h
镍镉	1.0	1.0
铅酸	1.75	1.80

这些值适用于 20℃±5℃的环境温度，最佳持续时间为 GB 7000.2 所规定之值。

然后使充电装置在 0.9 倍的额定电源电压和所标志的环境温度范围的最小值的条件下工作 24 h，在此期间对已完全放电的电池进行充电。

接着模拟正常照明电源中断，此时电池应通过镇流器使灯工作，并持续至额定工作时间。

21.2 在 0.9 倍的额定电源电压和所标志的环境温度范围的最大值的条件下，重复 21.1 所述试验。

电池应能通过镇流器使灯工作，并持续至额定工作时间。在充电或放电期间的任一时刻，电池的温度不应超过其额定温度值。

21.3 使充电装置在 1.1 倍的额定电源电压和所标志的环境温度的最大值的条件下工作，同时将电池拆下，用一短路连接件来代替。将试验持续至达到稳定状态或保护装置(例如：熔丝或过热保护器件)开始动作。在试验期间充电装置不得有引起火灾或电击的危险，并且镇流器外壳的温度不得超过其额定最高工作温度。

在试验结束之后，将短路连接件移开，重新装上电池，必要时再换熔丝。然后，充电装置应能给电池正常充电。

21.4 输入绕组和输出绕组之间是否充分隔离，应通过目视和介电强度试验进行检验。介电强度试验就是在经过 GB 19510.1 的第 11 章所述潮湿处理之后在输入绕组和输出绕组之间施加($2U+1\ 000$ V)的电压。

21.5 充电式变压器不论是否装有电池，当在 1.1 倍的额定电源电压下工作时其输出电压应不超过 50 V(a.c.)(有效值)。

22 过量放电的保护

铅酸电池应能防止过量放电。

在过量放电保护器开始工作之后，仍在流过的电流仅使电池引起一定程度的放电，从而可按照第 21 章要求重新充电。保护器只应在正常电源电压重新接通后才能复位。

合格性按照下述方法进行检验：

使电池按预定使用方式放电，直至电池的电压降至表 3 所示值的 70%。在保护器开始工作之后，再对电池进行充电 24 h。届时，电池应能达到由制造商规定的额定工作时间。

23 指示器

如果应急照明灯具用的镇流器/控制装置组合体装有一指示器，则该指示器应显示电池正在充电。

合格性采用目视并使镇流器/控制装置组合体工作来检验。

24 遥控

遥控器只有在正常照明被集中断电时才应工作。在正常照明再次接通电源时，应急照明应自动回复至备用状态。

遥控器不得切断灯与镇流器/控制装置组合体之间的线路。

短路、与地接触或者遥控器与镇流器/控制装置组合体的连接发生中断等情况均不得影响应急照明的正常功能。

合格性通过目视进行检验。

25 温度循环试验和耐久性试验

镇流器在使用期间应能良好地工作。

合格性采用下述试验进行检验:

镇流器应按照制造商的说明安装(如有规定,包括散热片),并使其与适用的灯一起在其额定电压范围的最大值下工作,同时,接受下述温度循环试验和耐久性试验。

a) 温度循环试验在环境温度范围的最低温度值开始进行,并持续 1 h。然后,将温度升高至环境温度范围的最高温度值并保持 1 h。如此温度循环应进行五次。

b) 耐久性试验应在能产生 t_c 的环境温度下进行,试验时间如下:

——对于连续工作的镇流器:500 h;

——对于间歇工作的镇流器:50 h。

在此试验时间结束时,将镇流器冷却至室温之后,镇流器在其设计电压下应能再次使灯启动并工作。

26 极性变换

对于注明不受电源电压极性变换的影响的镇流器,应使其在额定电压范围的最大值下和适用的灯一起在反向电压下工作 1 h。

在此试验时间结束时,将电源正确连接,灯应能正常启动并工作。

27 故障条件

按照 GB 19510.1 的第 14 章要求。

28 结构

不按照 GB 19510.1 的第 15 章要求,但是必须按照下述要求:

带内装式启动器的荧光灯不得用作应急照明。

29 爬电距离和电气间隙

按照 GB 19510.1 的第 16 章要求。

30 螺钉、载流部件和连接件

按照 GB 19510.1 的第 17 章要求。

31 耐热、防火和耐漏电起痕

按照 GB 19510.1 的第 18 章要求,但关于耐漏电起痕的要求除外。

32 耐腐蚀

不按照 GB 19510.1 第 19 章的要求。

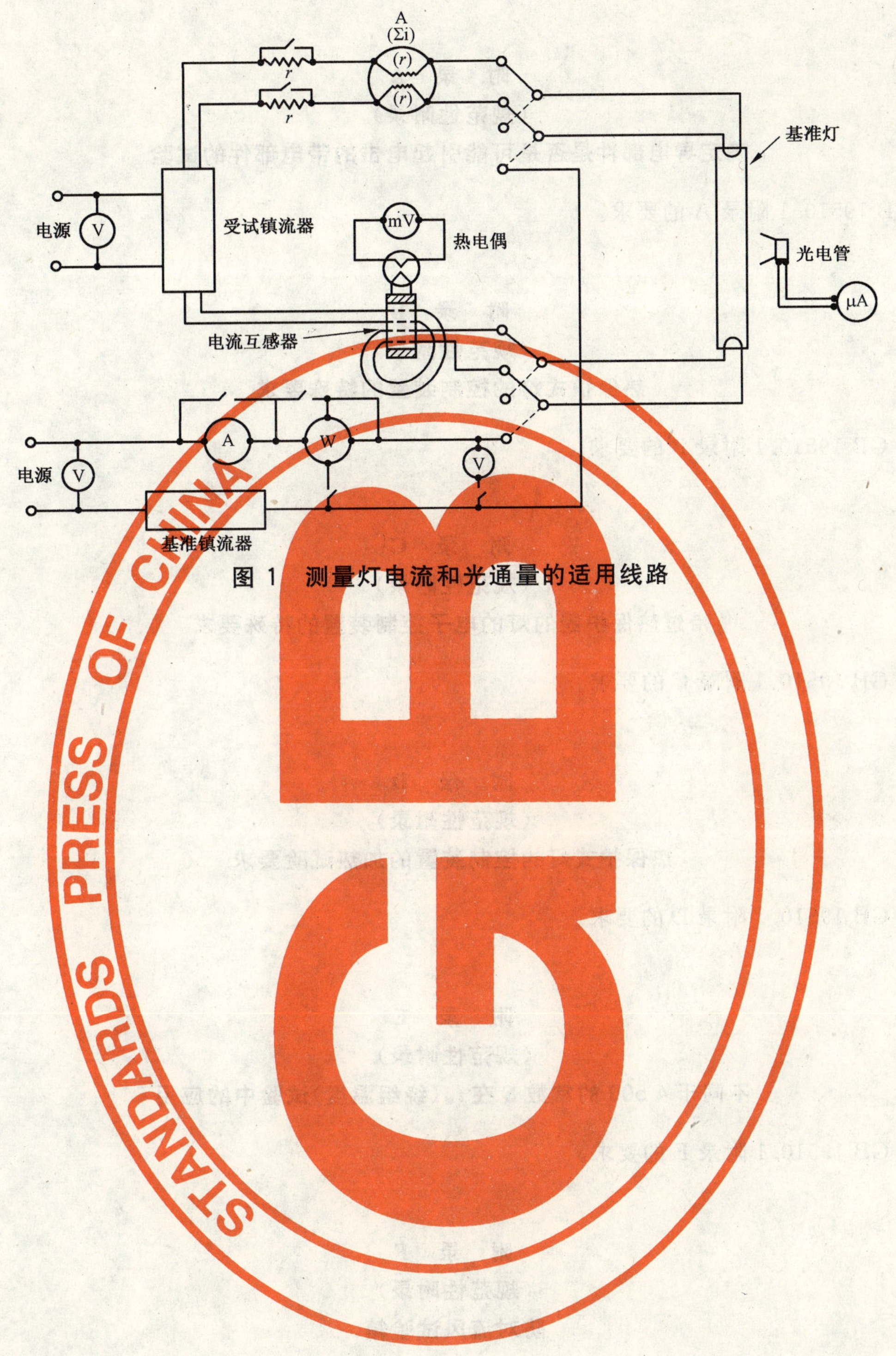

图 1　测量灯电流和光通量的适用线路

附 录 A
(规范性附录)
确定导电部件是否是可能引起电击的带电部件的试验

按照 GB 19510.1 附录 A 的要求。

附 录 B
(规范性附录)
热保护式灯的控制装置的特殊要求

不按照 GB 19510.1 附录 B 的要求。

附 录 C
(规范性附录)
带过热保护器的灯的电子控制装置的特殊要求

不按照 GB 19510.1 附录 C 的要求。

附 录 D
(规范性附录)
热保护式灯的控制装置的加热试验要求

不按照 GB 19510.1 附录 D 的要求。

附 录 E
(规范性附录)
不同于 4 500 的常数 S 在 t_w(绕组温度)试验中的应用

不按照 GB 19510.1 附录 E 的要求。

附 录 F
(规范性附录)
防对流风试验箱

按照 GB 19510.1 附录 F 的要求。

附 录 G
(规范性附录)
脉冲电压值的推导方法

按照 GB 19510.1 附录 G 的要求。

附　录　H
（规范性附录）
试　　验

按照 GB 19510.1 附录 H 的要求。

ICS 29.140.99
K 74

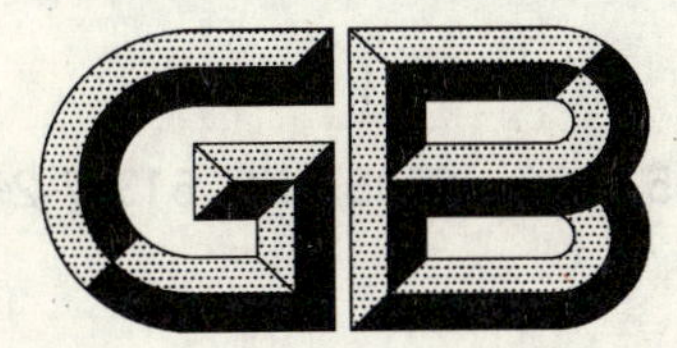

中华人民共和国国家标准

GB 19510.12—2005/IEC 61347-2-11:2001

灯的控制装置　第12部分：与灯具联用的杂类电子线路的特殊要求

Lamp controlgear—Part 12:
Particular requirements for miscellaneous electronic circuits used with luminaires

(IEC 61347-2-11:2001, IDT)

2005-01-18 发布　　　　2005-08-01 实施

中华人民共和国国家质量监督检验检疫总局
中国国家标准化管理委员会　发布

前　言

本部分的全部技术内容为强制性。

GB 19510《灯的控制装置》分为12个部分：

——第1部分：一般要求和安全要求；

——第2部分：启动装置(辉光启动器除外)的特殊要求；

——第3部分：钨丝灯用直流/交流电子降压转换器的特殊要求；

——第4部分：荧光灯用交流电子镇流器的特殊要求；

——第5部分：普通照明用直流电子镇流器的特殊要求；

——第6部分：公共交通运输工具照明用直流电子镇流器的特殊要求；

——第7部分：航空器照明用直流电子镇流器的特殊要求；

——第8部分：应急照明用直流电子镇流器的特殊要求；

——第9部分：荧光灯用镇流器的特殊要求；

——第10部分：放电灯(荧光灯除外)用镇流器的特殊要求；

——第11部分：高频冷启动管形放电灯(霓虹灯)用电子换流器和变频器的特殊要求；

——第12部分：与灯具联用的杂类电子线路的特殊要求。

本部分为GB 19510《灯的控制装置》的第12部分：与灯具联用的杂类电子线路的特殊要求。

本部分应与GB 19510.1一起使用，它是在对GB 19510.1的相应条款进行补充或修改之后制定而成的。

本部分等同采用IEC 61347-2-11:2001《灯的控制装置　第2-11部分：灯具用杂类电子线路的特殊要求》(英文版)。

本部分等同翻译IEC 61347-2-11:2001。

为了便于使用，本部分做了下列编辑性修改；

a) “IEC 61347-2-11”改为“本部分”，“IEC 61347-2-11号标准”一词改为“GB 19510.12”；

b) 删除了IEC 61347-2-11:2001的前言，修改了IEC 61347-2-11:2001的引言；

c) 将国际标准中的“(注:)”形式中的括号去除；

d) 用小数点“.”代替作为小数点的“,”；

e) 对于GB 19510.1—2004引用的其他国际标准中有被等同采用为我国标准的，本部分用引用我国的这些国家标准或行业标准代替对应的国际标准，其余未有等同采用为我国标准的国际标准，在本部分中均被直接引用(见本部分第2章)。

GB 19510.12是灯的控制装置系列国家标准之一。下面列出了这些国家标准的预计结构及其对应的国际标准，以及将代替的国家标准：

GB 19510.1《灯的控制装置　第1部分：一般要求和安全要求》(IEC 61347-1)；

GB 19510.2《灯的控制装置　第2部分：启动装置(辉光启动器除外)的特殊要求》(IEC 61347-2-1)；

GB 19510.3《灯的控制装置　第3部分：钨丝灯用直流/交流电子降压转换器的特殊要求》(IEC 61347-2-2)；

GB 19510.4《灯的控制装置　第4部分：荧光灯用交流电子镇流器的特殊要求》(IEC 61347-2-3，代替GB 15143—1994)；

GB 19510.5《灯的控制装置　第5部分：普通照明用直流电子镇流器的特殊要求》(IEC 61347-2-4)；

GB 19510.6《灯的控制装置　第6部分：公共交通运输工具照明用直流电子镇流器的特殊要求》

(IEC 61347-2-5)；

GB 19510.7《灯的控制装置　第7部分：航空器照明用直流电子镇流器的特殊要求》(IEC 61347-2-6)；

GB 19510.8《灯的控制装置　第8部分：应急照明用直流电子镇流器的特殊要求》(IEC 61347-2-7)；

GB 19510.9《灯的控制装置　第9部分：荧光灯用镇流器的特殊要求》(IEC 61347-2-8，代替GB 2313—1993)；

GB 19510.10《灯的控制装置　第10部分：放电灯(荧光灯除外)用镇流器的特殊要求》(IEC 61347-2-9，代替GB 14045—1993)；

GB 19510.11《灯的控制装置　第11部分：高频冷启动管形放电灯(霓虹灯)用电子换流器和变频器的特殊要求》(IEC 61347-2-10)；

GB 19510.12《灯的控制装置　第12部分：与灯具联用的杂类电子线路的特殊要求》(IEC 61347-2-11)。

本部分由中国轻工业联合会提出。

本部分由全国照明电器标准化技术委员会(CSBTS/TC 224)归口。

本部分的起草单位：国家电光源质量监督检验中心(上海)、北京电光源研究所。

本部分的起草人：韩蔚、李妹、杨越、俞安琪、屈素辉、杨小平。

本部分为首次制定。

引　言

本部分和构成 GB 19510.2～GB 19510.12 的各个部分在引用 GB 19510.1 的任一条款时规定了该条款的适用范围和各项试验的实施顺序,还规定了必要的补充要求。GB 19510.2～GB 19510.12 的各个部分是各自独立的,相互之间互不参照。

如果本部分通过“按照 GB 19510.1 的第某条要求”这一句子来引用 GB 19510.1 的某一条款要求,则这句话的意思就是按照该条款的全部要求,但其中明显不适用于 GB 19510.2～GB 19510.12 所述特定类型的灯的控制装置的内容除外。

灯的控制装置　第12部分:与灯具联用的杂类电子线路的特殊要求

1　范围

本部分规定了使用50 Hz或60 Hz 1 000 V以下交流电和/或250 V以下直流电的灯具用的杂类线路的一般要求和安全要求。本部分不适用于已有专用标准的线路或装置。

注:与灯具联用的杂类电子线路的实例如下所示:

——电子镇流器的控制线路;

——与昼光传感器和/或内存式传感器一起使用的开关线路;

——有助于电磁兼容性能发挥的线路;

——灯串用的中断器和类似装置;

——霓虹灯变压器用的接地漏电保护装置或开路保护装置。

2　规范性引用文件

下列文件中的条款通过GB 19510的本部分的引用而成为本部分的条款。凡是注日期的引用文件,其随后所有的修改单(不包括勘误的内容)或修订版均不适用于本部分,然而,鼓励根据本部分达成协议的各方研究是否可使用这些文件的最新版本。凡是不注日期的引用文件,其最新版本适用于本部分。

本部分采用GB 19510.1的第2章所述引用标准:

GB 19510.1—2004　灯的控制装置　第1部分:一般要求和安全要求(IEC 61347-1:2003,IDT)

3　定义

本部分采用GB 19510.1第3章所述定义以及下述定义:

3.1

与灯具联用的杂类电子线路　miscellaneous electronic circuits used with luminaires

供灯具使用的电子线路,该线路会有助于灯的控制装置的功能的发挥,并可为灯具提供诸如开关和/或线路监控等辅助功能。

注:本定义不包括已被其专用的标准所涵盖的电子线路。

4　一般要求

按照GB 19510.1第4章的要求。

5　试验说明

按照GB 19510.1第5章的要求以及下述补充要求:

5.1　样品数量

应提交下述数量的样品进行试验:

——对于第6章～第13章和第15章～第19章要求所述试验,提交一个样品;

——对于第14章所述故障状态试验,提交一个样品(必要时,可与制造商协商,要求补充样品或部件。)

6 分类

按照 GB 19510.1 第 6 章要求。

7 标志

作为灯具的一个整体式部件的杂类电子线路不必作标志。

7.1 强制性标志

杂类电子线路(整体式的除外)应按照 GB 19510.1 中 7.1 的要求,清晰耐久地标有下述强制性标志:

——GB 19510.1 中 7.1 的 a),b),d),e),f),k)和 l)的内容,以及

——对于可控线路,应标明控制端;

——对于独立式杂类线路,t_a 额定值标志可代替 t_c 额定值标志。

所有的标志均应符合 GB 19510.1 中 7.2 的要求。

7.2 补充标志

除上述强制性标志之外,还应将下述适用的标志内容标在杂类电子线路上,或标在制造商的产品目录或类似文件中:

按照 GB 19510.1 中 7.1 所示 h),i)和 j)的内容。

所有标志均应满足 GB 19510.1 中 7.2 的要求。

8 防止意外接触带电部件的措施

按照 GB 19510.1 第 10 章的要求。

9 接线端子

按照 GB 19510.1 第 8 章的要求。

10 保护接地装置

按照 GB 19510.1 第 9 章的要求。

11 防潮与绝缘

按照 GB 19510.1 第 11 章的要求。

12 介电强度

按照 GB 19510.1 第 12 章的要求。

13 绕组的耐热试验

不按照 GB 19510.1 第 13 章的要求。

14 故障状态

按照 GB 19510.1 第 14 章的要求。

15 结构

按照 GB 19510.1 第 15 章的要求。

16 爬电距离和电气间隙

按照 GB 19510.1 第 16 章的要求。

17 螺钉、载流部件和连接件

按照 GB 19510.1 第 17 章的要求。

18 耐热、防火及耐漏电起痕

按照 GB 19510.1 第 18 章的要求。

19 耐腐蚀

按照 GB 19510.1 第 19 章的要求。

20 附录

按照 GB 19510.1 中适用的附录的要求。

ICS 13.300
C 66

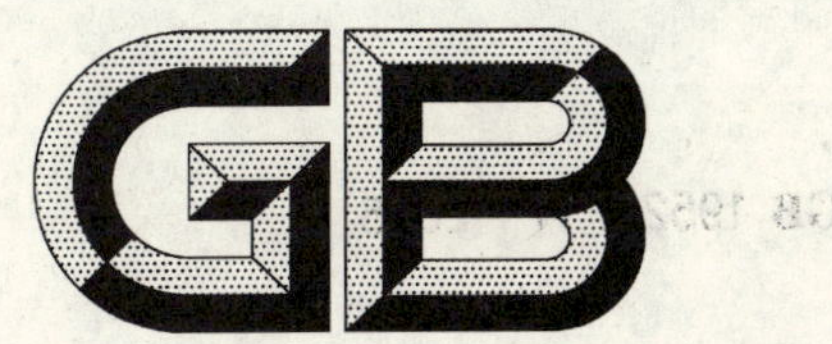

中华人民共和国国家标准

GB 19521.11—2005

锂电池组危险货物危险特性检验安全规范

Safety code for inspection of hazardous properties for dangerous goods of lithium batteries

2005-10-19 发布

2006-05-01 实施

中华人民共和国国家质量监督检验检疫总局
中国国家标准化管理委员会 发布

前言

本标准第4章和第5章为强制性的，其余为推荐性的。

本标准与联合国《关于危险货物运输的建议书 规章范本》（第13修订版）和联合国《关于危险货物运输的建议书 试验和标准手册》（第4修订版）的一致性程度为非等效，其有关技术内容与上述规章一致，在标准文本格式上按GB/T 1.1—2000做了编辑性修改。

本标准由全国危险化学品管理标准化技术委员会（SAC/TC 251）提出并归口。

本标准负责起草单位：国家质量监督检验检疫总局危险品中心实验室。

本标准参加起草单位：天津出入境检验检疫局、亚太地区危险品协会、江南大学。

本标准主要起草人：王利兵、高伟平、李宁涛、刘军、李德泉、赵好力宝。

本标准为首次制订。

锂电池组危险货物危险特性检验安全规范

1 范围

本标准规定了锂离子电池或电池组危险货物的要求、试验和检验规则。

本标准适用于锂离子电池或电池组危险货物危险特性的检验。

2 规范性引用文件

下列文件中的条款通过本标准的引用而成为本标准的条款。凡是注日期的引用文件，其随后所有的修改单(不包括勘误的内容)或修订版均不适用于本标准，然而，鼓励根据本标准达成协议的各方研究是否可使用这些文件的最新版本。凡是不注日期的文件，其最新版本适用于本标准。

GB 19458 危险货物危险特性检验安全规范 通则

IEC 60050(482) 国际电工词汇 第482部分：原电池和蓄电池及蓄电池组

联合国《关于危险货物运输的建议书 规章范本》(第13修订版)

联合国《关于危险货物运输的建议书 试验和标准手册》(第4修订版)

3 术语和定义

联合国《关于危险货物运输的建议书 试验和标准手册》(第4修订版)及IEC 60050(482)确立的以及下列术语和定义适用于本标准。

3.1

合计锂含量 aggregate lithium content

指组成电池组的各个电池的锂含量克数之和。

3.2

循环 cycle

指对可再充电电池或电池组完全充电和完全放电的一个程序。

3.3

解体 disassembly

指泄漏或破裂使电池或电池组任何部分的固体物质穿过放在离电池或电池组25 cm处的丝网筛(直径0.25 mm的软铝丝，铝丝网络密度6～7条/cm)。

3.4

流出物 effluent

指电池或电池组排气或渗漏时释放出的液体或气体。

3.5

第一个交替充电放电循环 first cycle

指完成所有制造工序之后的起始充电放电周期。

3.6

完全充电 fully charged

指可再充电的电池或电池组被充电到其设计起始条件。

3.7

完全放电　fully discharged

指下述两种情况之一：

——原电池或电池组被放电到失去其额定电容量的100%；

——可再充电的电池或电池组被放电到负荷电压小于其起始开路电压的2/3。

3.8

大型电池　large cell

指完全充电时其阳极的锂含量大于12 g的电池。

3.9

大型电池组　large battery

指完全充电时其所有阳极的合计锂含量大于500 g的电池组。

3.10

锂含量　content of lithium

指锂金属或锂合金电池阳极中的锂质量。对于原电池，锂含量是在电池未放电的状态下测量的；对于可再充电电池，锂含量是在电池完全充电的状态下测量的；但如果是锂离子电池，锂含量则是按当量锂含量测量的，其以克为单位的数值按以A·h为单位的额定电容量乘以0.3计算。

3.11

锂离子电池或电池组　lithium-ion cell or battery

含有有机溶剂电解质，利用储锂的层间化合物作正极和负极的蓄电池。

3.12

原电池或电池组　primary cell or battery

指设计成不能充电或再充电的电池或电池组。

3.13

保护装置　protective device

指切断电流流动、阻止电流往一个方向流动或限制电流在一个电路上流动的装置，如保险丝、二极管和电流限制器。

3.14

额定电容量　rated capacity

指电池或电池组经受制造商给定的负荷、温度和电压截断点后测得的电容量，单位为A·h。

3.15

短路　short circuit

指电池或电池组的正极和负极之间直接连接，为电流提供一个几乎零阻力的通路。

3.16

小型电池组　small battery

指由小型电池组成的、完全充电时其所有电池阳极的合计锂含量不大于500 g的电池组。

3.17

小型电池　small cell

指完全充电时其阳极的锂含量不大于12 g的电池。

4　要求

4.1　一般要求

4.1.1　锂电池组危险货物包装上铸印、印刷或粘贴的标记、标志和危险货物彩色标签应准确清晰，符合GB 19458有关规定要求。

4.1.2 每一锂电池和电池组装有安全排气装置,或其设计方式能防止在正常运输条件下猛烈破裂。

4.1.3 每一锂电池和电池组装有防止外部短路的有效装置。

4.1.4 包含并联多个锂电池或电池组系列的每一锂电池组都应有为防止危险发生的反向电流装置(例如二极管、保险丝等)。

4.2 试验要求

锂电池和电池组的试验要求见表1。

表1 试验项目和试验要求

序号	试验项目	试验要求
T1	高度模拟、极端温度和短路试验	1)在试验T1至T6中,没有发生解体或起火; 2)在试验T1、T2和T5中没有发生目测可观察到或导致质量损失超过表2中所示的排气或渗漏,且流出物为毒性、易燃或腐蚀性物质; 3)在试验T3和T6中没有发生目测可观察到或导致质量损失超过表2中所示的排气或渗漏,且流出物为毒性或腐蚀性物质。
T2	振动、冲击和短路试验	
T3	振动、冲击和充电试验	
T4	内短路试验	
T5	振动、冲击和低电容电池试验	
T6	强制放电试验	

表2 质量分数损失标准

电池或电池组质量/g	最大质量损失/%
≤1.0	0.5
>1.0,≤5.0	0.2
>5.0	0.1

5 试验

5.1 高度模拟、极端温度和短路试验

5.1.1 试验设备

本试验需要下列设备:天平、真空室、电炉、冷冻箱、总电阻不大于0.05 Ω的导线、热电偶和自动记录毫伏表。

5.1.2 试样准备

按联合国《关于危险货物运输的建议书 试验和标准手册》(第4修订版)第38.3.4.1.2要求准备试验样品。

5.1.3 试验方法

5.1.3.1 高度模拟

电池和电池组在绝对压力11.6 kPa和温度20℃下至少存放6 h。

5.1.3.2 极端温度暴露

电池和电池组在温度75℃下存放至少48 h,之后立即在温度−20℃下存放至少6 h,然后马上在室温下存放至少24 h。存放在75℃和存放在−20℃之间的时间不得超过10 min。

5.1.3.3 短路

在试验温度55℃下,电池和电池组用一根导线连接正极和负极使其经受短路电流。电池和电池组应当用导线连接,直到表壳温度回到55℃之后至少1 h。

5.2 振动、冲击和短路试验

5.2.1 试验设备

本试验需要下列设备:振动机、冲击试验装置、总电阻不大于0.05 Ω的导线、热电偶和自动记录毫伏表。冲击试验装置应符合联合国《关于危险货物运输的建议书 试验和标准手册》(第4修订版)

38.3.4.2.2.1的要求。

5.2.2 试样准备

按联合国《关于危险货物运输的建议书 试验和标准手册》(第4修订版)第38.3.4.2.2要求准备试验样品。

5.2.3 试验方法

5.2.3.1 振动

电池和电池组固定地夹在振动机平台上,紧紧地夹住而没有任何一面变形。施加振幅0.8 mm(总偏移1.6 mm)的简谐振动。频率在10 Hz~55 Hz之间按1 Hz/min变化。对三个互相垂直的电池或电池组安装方位都施加来回的全部振动频率范围,每一方向所需时间为95 min±5 min。如果电池或电池组只有两个对称轴,则对与每一对称轴垂直的方向进行试验。其中一个振动方向与电极面垂直。

5.2.3.2 冲击

电池和电池组用坚硬支架紧固在冲击试验装置上,支架支撑着所有安装面。每个电池和电池组经受三次同等大小的冲击,这些冲击沿着与电池或电池组表面正交的三个互相垂直的方向施加。在每次冲击中,电池或电池组的加速方式为:

a) 对于小型电池和小型电池组,在开头3 ms内最小平均加速度是局部重力加速度的75倍,最大加速度是局部重力加速度的125~175倍;或

b) 对于大型电池和大型电池组,在最多11 ms内达到不小于局部重力加速度50倍的最大加速度。

5.2.3.3 短路

同5.1.3.3。

5.3 振动、冲击和充电试验

5.3.1 试验设备

本试验需要下列设备:振动机、冲击试验装置、电阻器和伏特计。冲击试验装置应符合联合国《关于危险货物运输的建议书 试验和标准手册》(第4修订版)38.3.4.2.2.1的要求。

5.3.2 试样准备

按联合国《关于危险货物运输的建议书 试验和标准手册》(第4修订版)第38.3.4.3.2要求准备试验样品。

5.3.3 试验方法

5.3.3.1 振动

同5.2.3.1。

5.3.3.2 冲击

同5.2.3.2。

5.3.3.3 充电试验

一个试验电池或电池组在串联电池串中与同一型号的未放电原电池或电池组或者完全充电的可再充电电池或电池组连接起来,试验电池或电池组的电极是反向连接。对于标称电压小于2 V的电池和其组成电池的标称电压都小于2 V的电池组来说,串联电池串中的电池或电池组总数,包括试验电池或电池组,等于“18 V/V”,四舍五入至最近的整数,V是一个电池或电池组的标称电压。对于标称电压等于或大于2 V的电池和其组成电池的标称电压都等于或大于2 V的电池组来说,串联电池串中的电池或电池组总数,包括试验电池率电池组,等于“12 V/V”,四舍五入至最近的整数,V是一个电池或电池组的标称电压。在串联的电池或电池组串中加一电阻负荷。如电池或电池组不含保护装置,电阻负荷应能使平均电流消耗等于制造商给定的最大连续放电电流。当大型电池使用这一试验程序不能够取得这一平均电流消耗量时,所需的电流消耗是按照这一试验程序在试验进行的环境温度下能够得到的最大电流。如果电池或电池组含有一个或多个保护装置,电阻负荷应比其中一个保护装置在充电试验过

程中可能启动的最高电阻负荷稍微大些(不超过10%)。把电路接通,使试验电池或电池组充电。试验从电路接通时开始一直进行到串联电池串的电压达到其起始开路电压的10%,或进行24 h,以时间较长者为准。

5.4 内短路试验

5.4.1 试验设备

本试验需要下列设备:有绝缘夹板的夹紧装置(虎钳、液力压头等)、有硬绝缘表面的直径至少为最小电池总尺寸50%或6 mm(取较大者)的棒和伏特计。

5.4.2 试样准备

按联合国《关于危险货物运输的建议书 试验和标准手册》(第4修订版)第38.3.4.4.2要求准备试验样品。

5.4.3 试验方法

使每个电池变形直到开路电压突然下降或至少降到1/3,或直到施加1 000倍电池重量但不小于10 kN的最大压力。变形是通过将棒放在夹紧装置的一个钳口和电池之间然后施加压力实现的。如果是棱柱形电池,压力应施加在与端面垂直的每个面上。电池电压一下降,或达到最大压力10 kN或1 000倍电池重量时,以较早发生者为准,即不再施加压力。

5.5 振动、冲击和低电容电池试验

5.5.1 试验设备

本试验需要下列设备:振动机、冲击试验装置、电阻器和伏特计。冲击试验装置应符合联合国《关于危险货物运输的建议书 试验和标准手册》(第4修订版)38.3.4.2.2.1的要求。

5.5.2 试样准备

按联合国《关于危险货物运输的建议书 试验和标准手册》(第4修订版)第38.3.4.5.2要求准备试验样品。

5.5.3 试验方法

5.5.3.1 振动

同5.2.3.1。

5.5.3.2 冲击

同5.2.3.2。

5.5.3.3 低电容电池

电池组在有一电阻负荷下放电。如装有保护装置,电阻负荷应比其中一个保护装置在强制放电试验过程中可能启动的最高电阻负荷稍微大些(不超过10%)。如没有装保护装置,对于全部用未放电的或未交替充电放电的电池组装的电池组来说,电阻负荷应使平均耗电量等于制造商给定的最大放电量。当大型电池使用这一试验程序不能够取得这一平均电流消耗量时,所需的电流消耗是按照这一试验程序在试验进行的环境温度下能够得到的最大电流。放电应在电池组极电压等于或小于起始开路电压的10%时终止。电池组应在电阻负荷除去后再观察24 h。

5.6 强制放电试验

5.6.1 试验设备

电阻器和伏特计。

5.6.2 试样准备

按联合国《关于危险货物运输的建议书 试验和标准手册》(第4修订版)第38.3.4.6.2要求准备试验样品。

5.6.3 试验方法

每个电池和电池组都须进行以下的试验程序。一个试验电池或电池组在串联电池串中与同一型号的未放电原电池或电池组或者完全充电的可再充电电池或电池组连接起来。对于标称电压小于2 V的

电池和其组成电池的标称电压都小于2 V的电池组来说,串联电池串中的电池或电池组总数,包括试验电池或电池组,等于“18 V/V”;四舍五入至最近的整数,V是一个电池或电池组的标称电压。对于标称电压等于或大于2 V的电池和其组成电池的标称电压都等于或大于2 V的电池组来说,串联电池串中的电池或电池组总数,包括试验电池或电池组,等于“12 V/V”,四舍五入至最近的整数,V是一个电池或电池组的标称电压。在串联的电池或电池组串中加一电阻负荷。如电池或电池组不含保护装置,电阻负荷应能使平均电流消耗等于制造商给定的最大放电电流;当大型电池使用这一试验程序不能够取得这一平均电流消耗量时,所需的电流消耗是按照这一试验程序在试验进行的环境温度下能够得到的最大电流。如果电池或电池组装有保护装置,电阻负荷应比其中一个保护装置在强制放电试验过程中可能启动的最高电阻负荷稍微大些(不超过10%)。把电路接通,使试验电池或电池组放电。试验从电路接通时开始一直进行到串联电池串的电压达到其起始开路电压的10%,或进行24 h,以时间较长者为准。

5.7 类别判定

锂电池和电池组应分别进行5.1~5.6要求的系列试验,在每一系列试验中应按顺序进行。如锂电池和电池组全部满足表1的试验要求,则判定该锂电池和电池组为第9类危险货物。联合国《关于危险货物运输的建议书　规章范本》(第13修订版)第3章的特殊规定188中涉及运输的锂电池和电池组不适用本标准。

6 检验规则

6.1 检验项目:按本标准第4章和第5章的要求逐项进行检验。

6.2 危险特性的检验条件:

有下列情况之一时,应进行危险特性检验:

——新产品投产或老产品转产时;

——正式生产后,如材料、工艺有较大改变,可能影响产品性能时;

——在正常生产时,每半年一次;

——产品长期停产后,恢复生产时;

——出厂检验结果与上次危险特性检验结果有较大差异时;

——国家质量监督机构提出进行危险特性检验。

6.3 判定规则:

按照本标准5.1~5.6进行试验,依据试验结果与本标准5.7对锂电池组危险货物危险特性进行判定。

ICS 03.120.20
A 00

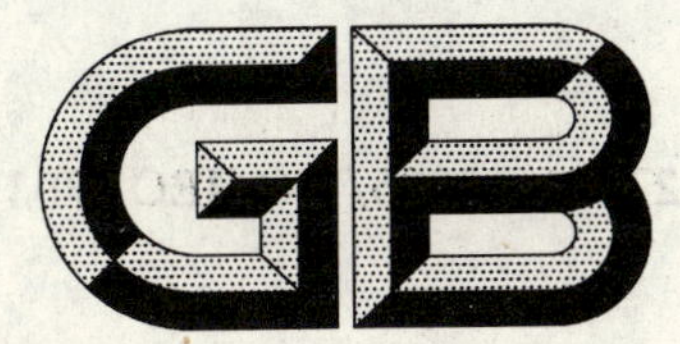

中华人民共和国国家标准

GB/T 27011—2005/ISO/IEC 17011:2004
废止 GB/T 15486—1995

合格评定　认可机构通用要求

Conformity assessment—General requirements for accreditation bodies accrediting conformity assessment bodies

(ISO/IEC 17011:2004,IDT)

2005-06-02 发布　　　　2005-12-01 实施

中华人民共和国国家质量监督检验检疫总局
中国国家标准化管理委员会　发布

前 言

本标准等同采用 ISO/IEC 17011:2004《合格评定——认可机构通用要求》。

ISO/IEC 17011 第 1 版取消并代替 ISO/IEC 指南 58《校准和检验实验室认可体系 运作和承认的通用要求》,ISO/IEC 指南 61《对认证机构的认可机构的通用要求》和 ISO/IEC 技术报告 17010《对检查机构的认可机构的通用要求》。

本标准实施之日起,GB/T 15486—1995 同时废止。

本标准由全国认证认可标准化技术委员会(SAC/TC261)提出并归口。

本标准起草单位:国家认证认可监督管理委员会、中国合格评定国家认可中心

本标准主要起草人:薄昱民、赵宗勃、宋桂兰、李燕、张明霞、费杨、王凤泰、谢澄。

ISO/IEC 前言

国际标准化组织(ISO)和国际电工委员会(IEC)构建了全球标准化的专业体系。ISO 或 IEC 的国家成员机构,通过 ISO 或 IEC 为特定领域或技术活动设立的技术委员会参与国际标准的制定。ISO 和 IEC 的技术委员会在有共同兴趣的领域进行合作。其他与 ISO 和 IEC 保持联系的政府和非政府的国际组织也参与工作。在合格评定领域,ISO 合格评定委员会(CASCO)负责国际标准和指南的制定工作。

国际标准根据 ISO/IEC 导则第 2 部分的规则起草。

技术委员会的主要任务是制定国际标准。技术委员会通过的国际标准草案被提交各成员机构表决。国际标准草案需至少获得 75%的参加表决的成员机构同意,才能作为国际标准发布。

本标准的某些内容可能涉及专利权问题,对此应引起注意。ISO 不应负责识别任何此类专利权。

ISO/IEC 17011 由 ISO 合格评定委员会(CASCO)制定。

ISO/IEC 17011 第 1 版取消并代替 ISO/IEC 指南 58,ISO/IEC 指南 61 和 ISO/IEC 技术报告 17010。由于许多认可机构在非常相近的活动中,不得不遵循性质相同、内容上大同小异的这三份文件的要求,所以他们请求做出这样的修订。

引　言

在强制性领域，政府采用法律法规对产品(包括服务)予以批准，以保障安全与健康、保护环境、防止欺诈和维护市场公平。在自愿性领域，许多行业为了达到最基本的技术水平、实现可比性和确保公平竞争，在本经济体乃至全球范围内建立了合格评定与批准的体系。

公平贸易的一个先决条件是，任何产品(包括服务)只要在某一经济体内获得正式接受，就应能在其他经济体自由流通，而不必经过大量的重复检测、检查或认证等。无论产品(包括服务)是否全部或部分在强制性领域范围之内，也应当如此。

当今社会经常需要产品(包括服务)与规定要求的符合性的客观声明。合格评定机构能客观地作出这种符合性声明。合格评定机构从事的合格评定活动包括认证、检查和检测，在本标准中还包括校准。

对于采购方、监管部门或机构和公众，重要的是获知合格评定机构有能力胜任其工作。因此，对合格评定机构能力进行公正验证的需求日益增加。这种验证由权威的认可机构作出(见图1)。认可机构在与合格评定机构及其客户的关系中保持公正，并通常以不分配利润的方式运作。

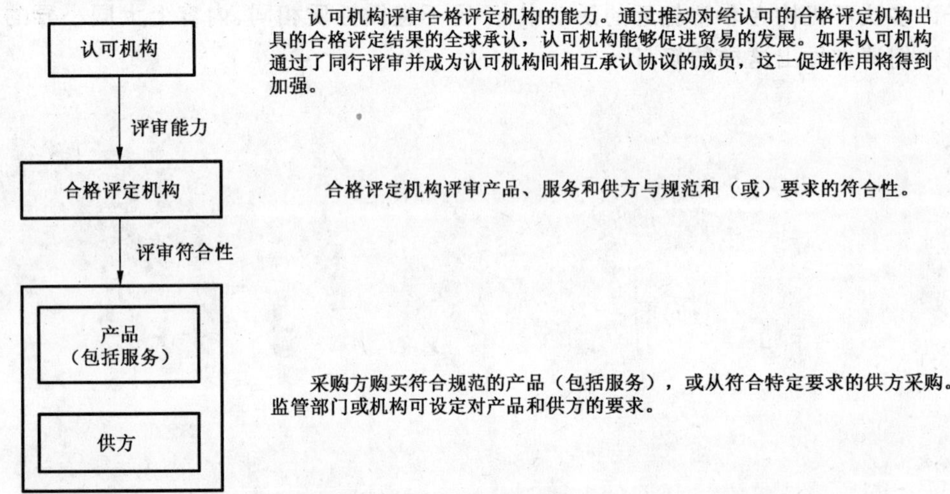

注："供方"一词指产品(包括服务)的提供者。

图1　流程图

对合格评定机构的合格评定服务实施认可的体系应当为采购方和监管部门或机构提供信心。正如贸易管理机构和贸易组织所期望的，这一体系应当促进跨境贸易，并最终实现"一站式"认可和"一站式"合格评定的目标。

如果认可机构和合格评定机构都按全球公认的要求以等效的方式运作，并且考虑所有相关方的利益，促进跨境贸易的体系就能良好地运转。

本标准规定了对认可机构的通用要求。已经建立的区域和国际同行评审机制为认可机构依照本标准运作提供了保证。认可机构在通过同行评审后能够成为相互承认协议的成员，并通过定期复评以确保其持续符合本标准。

相互承认协议的成员通过承认、促进和接受彼此所认可的合格评定，推动"一站式"目标的实现。这意味着某个经济体中的合格评定机构不必就同一认可范围被不同的认可机构多次认可。

合格评定 认可机构通用要求

1 范围

本标准规定了对评审和认可合格评定机构的认可机构的通用要求。本标准也可作为一个要求性文件，用于为签署认可机构相互承认协议而实施的同行评审过程。

按照本标准运作的认可机构不必为所有类型的合格评定机构提供认可。

本标准所称的合格评定机构是指提供下列合格评定服务的组织：检测、检查、管理体系认证、人员认证和产品认证，在本标准中还包括校准。

注：对这些合格评定机构的通用要求已在诸如国际标准和指南(示例见参考文献)的文件中作了规定。

2 规范性引用文件

下列文件中的条款通过本标准的引用而成为本标准的条款。凡是注日期的引用文件，其随后所有的修改单(不包括勘误的内容)或修订版均不适用于本标准，然而，鼓励根据本标准达成协议的各方研究是否可使用这些文件的最新版本。凡是不注日期的引用文件，其最新版本适用于本标准。

GB/T 19000—2000 质量管理体系 基础和术语(idt ISO 9000:2000)

ISO/IEC 17000:2004 合格评定——词汇和通用原则

VIM:1993 国际通用计量学基本术语[1)]

3 术语和定义

下列术语和定义以及 ISO/IEC 17000 中确立的术语和定义适用于本标准。对于本标准和 ISO/IEC 17000 没有包括的术语和定义，GB/T 19000 或国际通用计量学基本术语(VIM)的术语和定义适用于本标准。如果对特定计量学术语有不同定义，以 VIM 的定义为准。

3.1

认可 accreditation

正式表明合格评定机构具备实施特定合格评定工作的能力的第三方证明。

3.2

认可机构 accreditation body

实施认可的权威机构。

注：认可机构的权力通常源自于政府。

3.3

认可机构徽标 accreditation body logo

认可机构用来识别自己的徽标。

3.4

认可证书 accreditation certificate

表明所确定的活动范围已被认可的一份或一组正式文件。

---

1) 由国际计量局(BIPM)，国际电工委员会(IEC)，国际临床化学和实验医学联合会(IFCC)，国际标准化组织(ISO)，国际理论化学和应用化学联合会(IUPAC)，国际理论物理和应用物理联合会(IUPAP)和国际法制计量组织(OIML)发布。

3.5

认可标识 accreditation symbol

认可机构颁发的,供认可的合格评定机构使用的,表示其认可资格的标志。

注:“标志(mark)”一词专用于表示某个实体与一组要求的直接符合性。

3.6

申诉 appeal

合格评定机构对认可机构做出的,与其期望的认可状态有关的不利决定所提出的重新考虑的请求。

注:不利决定包括:

—— 拒绝接受申请;
—— 拒绝继续进行评审;
—— 要求采取纠正措施;
—— 变更认可范围;
—— 不予认可,暂停或撤销认可;
—— 阻碍获得认可的任何其他措施。

3.7

评审 assessment

认可机构依据特定标准和(或)其他规范性文件,在确定的认可范围内,对合格评定机构的能力进行评价的过程。

注:对合格评定机构能力的评审是对合格评定机构整体运作能力的评审,包括对人员能力、合格评定方法的有效性和合格评定结果的有效性的评审。

3.8

评审员 assessor

认可机构指派的,单独或作为评审组成员对合格评定机构实施评审的人员。

3.9

投诉 complaint

任何组织或个人向认可机构表达的,有别于申诉并希望得到答复的,对认可机构或已认可的合格评定机构的活动的不满。

3.10

合格评定机构 conformity assessment body (CAB)

提供合格评定服务并可作为认可对象的机构。

注:除非另有规定,本标准中的“合格评定机构”既指申请认可的合格评定机构,也指已认可的合格评定机构。

3.11

咨询 consultancy

参与合格评定机构以获得认可为目的的任何活动。

示例

—— 为合格评定机构准备或编制手册或程序;
—— 参与合格评定机构体系的运行或管理;
—— 就某个合格评定机构管理体系的建立与实施和(或)能力的开发与运用提供特定的建议或培训;
—— 为某个合格评定机构运作程序的制订与实施提供特定的建议或培训。

3.12

专家 expert

认可机构指派的,就被评审的认可范围提供专门知识与技能的人员。

3.13

扩大认可 extending accreditation

扩展认可范围的过程。

3.14

利益相关方　interested parties

与认可有直接或间接利益关系的各方。

注：直接利益指被认可方的利益；间接利益指使用或依赖已认可的合格评定服务的各方的利益。

3.15

评审组长　lead assessor

对特定的评审活动全面负责的评审员。

3.16

缩小认可　reducing accreditation

取消部分认可范围的过程。

3.17

认可范围　scope of accreditation

寻求认可或已获得认可的特定的合格评定服务。

3.18

监督　surveillance

除复评外，监视已认可的合格评定机构持续满足认可要求的一组活动。

注：监督包括现场监督评审和其他监督活动，如：

a) 就与认可有关的事宜询问合格评定机构；

b) 审查合格评定机构就认可覆盖的范围所做的声明；

c) 要求合格评定机构提供文件和记录（如审核报告、用于验证合格评定机构服务有效性的内部质量控制结果、投诉记录、管理评审记录）；

d) 监视合格评定机构的表现（如参加能力验证的结果）。

3.19

暂停认可　suspending accreditation

使部分或全部认可范围暂时无效的过程。

3.20

撤销认可　withdrawing accreditation

取消全部认可的过程。

3.21

见证　witnessing

对合格评定机构在其认可范围内实施合格评定服务的观察。

4　认可机构

4.1　法律责任

认可机构应是经注册的法律实体。

注：政府认可机构因其政府身份而被视为法律实体。当政府认可机构是更大的政府实体的一部分时，政府负责以与政府合格评定机构不发生利益冲突的方式来确立认可机构。这类认可机构在本标准中被视为“经注册的法律实体”。

4.2　结构

4.2.1　认可机构的结构和运作应为其认可提供信心。

4.2.2　认可机构应有做出包括批准、保持、扩大、缩小、暂停和撤销认可在内的认可决定的权力，并对认可决定负责。

4.2.3　认可机构应有其法律地位的说明，适用时，包括所有者的名称，如果控制者与所有者不同，还应包括控制者的名称。

4.2.4 认可机构应将最高管理者及与认可机构有联系的可能影响认可质量的其他人员的职责和权限形成文件。

4.2.5 认可机构应明确对下列每一事项全权负责的最高管理者：

a) 认可机构运作政策的制定；

b) 政策和程序实施的监督；

c) 认可机构财务的监督；

d) 认可决定；

e) 合同安排；

f) 需要时，授权委员会或个人代表最高管理者开展规定的活动。

4.2.6 认可机构应有获取必要的专业知识与技能的渠道，以就与认可直接有关的事宜得到建议。

注：认可机构可以通过一个或多个有明确职责范围的顾问委员会(临时的或常设的)获取必要的专业知识与技能。

4.2.7 对参与认可过程的委员会，认可机构应有其任命、权限和运作的正式规则，并应明确委员会的参加方。

4.2.8 认可机构应将其整体结构形成文件，并表示出权限与责任的层次和关系。

4.3 公正性

4.3.1 认可机构的组织结构和运作应保证其活动的客观性和公正性。

4.3.2 为保证公正性，以及为制定和保持认可体系运作的原则与主要政策，认可机构应建立并运行形成文件的组织结构，该结构应为利益相关方的有效参与提供机会。认可机构应确保利益相关方的代表均衡，任何一方不处于支配地位。

4.3.3 认可机构的政策和程序应是非歧视的，并应以非歧视的方式管理。在认可机构的政策和规则所确定的活动(见4.6.1)与限定的范围内，认可机构的服务应向所有认可申请人开放。认可机构不应以申请人的规模或是否具有某协会或集团的成员资格作为向其提供服务的限制条件，也不应以已认可的合格评定机构的数量作为认可的限制条件。

4.3.4 所有可能影响认可过程的认可机构人员和委员会应客观地履行职责，且不应受任何可能损害公正性的不正当的商业、财务和其他压力。

4.3.5 认可机构应确保每项认可决定由具备能力的且未参与评审的人员或委员会做出。

4.3.6 认可机构不应提供任何影响其公正性的服务，如：

a) 合格评定机构从事的合格评定服务；

b) 咨询。

认可机构的活动不应与咨询活动有联系。认可机构不应做出任何下述表示或暗示：如果使用某一特定的人员或咨询，认可会更简单、更容易、更迅速或更经济。

4.3.7 认可机构应确保其相关机构的活动不损害认可的保密性、客观性和公正性。但是，当某个相关机构(相对于认可机构)满足下列要求时，可以开展咨询或提供认可机构所认可的合格评定服务：

a) 对于4.2.5所述的活动，有不同的最高管理者；

b) 人员没有参与认可决定过程；

c) 没有可能影响认可评审结果；

d) 有明显不同的名称、徽标和标识。

在4.3.2所述的利益相关方的参与下，认可机构应识别和分析与相关机构的关系并形成文件，以确定潜在的利益冲突，不论这些关系是产生于认可机构内部，还是来自相关机构的活动。当识别出利益冲突时，认可机构应采取适当的措施。

注1：相关机构是指通过共同的所有权或合同安排与4.1所述的认可机构相联系的不同法律实体。

注2：政府中除4.1所述的政府认可机构之外的其他部分视为相关机构。

4.4 保密

认可机构应做出充分的安排,以保证认可机构的各个层次,包括委员会以及代表认可机构从事活动的外部机构或个人,对从认可活动中获取的信息予以保密。未经合格评定机构书面同意,认可机构不应对外透露有关该合格评定机构的保密信息,法律法规另有要求的除外。

4.5 责任和财力

4.5.1 认可机构应对其活动引发的责任做出安排。

4.5.2 认可机构应有开展其活动所需的财力资源,并通过记录和(或)文件予以证实。认可机构应有其收入来源的说明。

4.6 认可活动

4.6.1 认可机构应清楚地描述其依据相关标准、指南或其他规范性文件开展的认可活动。

4.6.2 认可机构可以采用应用性文件或指南性文件和(或)参与其制定。认可机构应确保上述文件由具备必要能力的委员会或人员制定,适当时,应有利益相关方的参与。如有国际应用性文件或指南性文件,则应当采用。

4.6.3 认可机构应建立扩展其活动以及对利益相关方需求做出反应的程序,其中可能包含:

a) 针对新领域分析现有能力、拓展的适宜性、资源等;

b) 获取和运用外部的专业知识与技能;

c) 评估对应用性文件或指南性文件的需求;

d) 评审员的初选和培训;

e) 针对新领域培训认可机构工作人员。

5 管理

5.1 总则

5.1.1 认可机构应按照本标准的要求建立、实施和保持管理体系,并持续改进体系的有效性。5.2 至 5.9 规定的管理体系要求考虑了认可机构的特性。

5.1.2 当本标准要求认可机构具有或建立程序时,是指这些程序应形成文件并得到实施和保持,且只要适宜就应以既定政策为基础。

5.2 管理体系

5.2.1 认可机构的最高管理者应为其活动制定方针和目标并形成文件,其中包括质量方针,且应提供证据证明其对质量及遵循本标准的承诺。认可机构的最高管理者应确保利益相关方需求的有效沟通,以及认可机构的方针在认可机构的各个层次上得到理解、实施和保持。认可机构的目标应当是可测量的,并应与认可机构的方针一致。

注:签署了相互承认协议的认可机构可以在其政策中引用相互承认协议所规定的义务。

5.2.2 认可机构应运行与其工作类型、范围和工作量相适应的管理体系。认可机构应在手册或关联文件中落实本标准中所有适用的要求。认可机构应确保其人员能够得到手册和相关文件,并应确保体系程序的有效实施。

5.2.3 认可机构的最高管理者应指定管理层的一名成员,不论他的其他职责如何,他应有包括下列方面的职责和权限:

a) 确保建立管理体系所需的程序;

b) 向最高管理者报告管理体系的运行状况以及任何改进需求。

5.3 文件控制

认可机构应对与认可活动有关的所有文件(内部的和外部的)建立控制程序。这些程序应明确下列方面的控制要求:

a) 文件在发布前得到批准,以确保文件的充分性和适宜性;

b) 对文件进行评审,必要时更新并重新批准;

c) 确保文件的更改和现行修订状态得到识别;

d) 确保认可机构的人员、分包方、评审员和专家以及合格评定机构在使用时能够获得适用文件的相关版本;

e) 确保文件保持清晰,易于识别;

f) 防止作废文件的非预期使用,如因任何原因保留作废文件时,对这些文件进行适当的标识;

g) 相关时,保证文件得到保密。

5.4 记录

5.4.1 认可机构应建立记录的标识、收集、编目、调阅、归档、贮存、维护和处置程序。

5.4.2 认可机构应建立记录保存程序,记录保存期限应符合合同及法律义务。记录的调阅应符合保密安排。

5.5 不符合与纠正措施

认可机构应建立对自身运作中的不符合进行识别和管理的程序。必要时,认可机构应采取措施消除不符合的原因,以避免再次发生。纠正措施应与所遇到问题的影响相适应。程序应包括:

a) 识别不符合(如通过投诉和内部审核发现不符合);

b) 确定不符合原因;

c) 纠正不符合;

d) 为确保不符合不再发生,评估对措施的需求;

e) 及时确定和实施所需的措施;

f) 记录所采取措施的结果;

g) 评审纠正措施的有效性。

5.6 预防措施

认可机构应建立程序以识别改进机会和采取预防措施消除潜在不符合原因。采取的预防措施应与潜在问题的影响相适应。预防措施的程序应规定下列要求:

a) 识别潜在不符合及其原因;

b) 确定和实施所需的预防措施;

c) 记录所采取措施的结果;

d) 评审所采取的预防措施的有效性。

5.7 内部审核

5.7.1 认可机构应建立内部审核程序,以验证认可机构符合本标准要求,且管理体系得到实施和保持。

注:GB/T 19011 为实施内部审核提供了指南。

5.7.2 内部审核通常应每年至少进行一次。如果认可机构能够证实其管理体系已按照本标准得到有效实施并具有经证实的稳定性,可以降低内部审核频次。认可机构应策划内部审核方案,策划时应考虑被审核的过程和区域的重要性及以往审核的结果。

5.7.3 认可机构应确保:

a) 内部审核由具有认可、审核及本标准要求知识的有资格的人员实施;

b) 实施内部审核的人员未参与被审核的活动;

c) 将审核结果通知被审核区域的负责人员;

d) 以及时和适当的方式采取措施;

e) 识别出任何改进机会。

5.8 管理评审

5.8.1 认可机构的最高管理者应建立按照计划的时间间隔对其管理体系进行评审的程序,以确保管理体系在满足包括本标准及规定方针和目标在内的相关要求方面,具有持续的充分性和有效性。管理评审通常应当至少每年进行一次。

5.8.2 可获得时,管理评审的输入应包括与下列方面有关的现状和改进机会:

a) 审核结果;

b) 相关时,同行评审结果;

c) 相关时,参与国际活动的情况;

d) 来自利益相关方的反馈;

e) 新的认可领域;

f) 不符合的趋势;

g) 预防和纠正措施的状况;

h) 以往管理评审的后续措施;

i) 目标的实现情况;

j) 可能影响管理体系的变化;

k) 申诉;

l) 对投诉的分析。

5.8.3 管理评审的输出应包括与下列方面有关的措施:

a) 管理体系及其过程的改进;

b) 对服务和认可过程的改进,以满足相关标准要求和利益相关方期望;

c) 对资源的需求;

d) 确定或重新确定方针和目标。

5.9 投诉

认可机构应建立投诉处理程序。认可机构应:

a) 判定投诉的有效性;

b) 适用时,确保涉及已认可的合格评定机构的投诉首先由该合格评定机构作出处理;

c) 采取适当的措施,并评价其有效性;

d) 记录所有的投诉和所采取的措施;

e) 答复投诉人。

6 人力资源

6.1 认可机构的人员

6.1.1 认可机构应有足够的有能力的人员(内部的、外部的、临时的或固定的,全日制的或非全日制的),这些人员应具有与其所从事工作的类型、范围和工作量相适应的教育、培训、技术知识、技能和经验。

6.1.2 认可机构应有足够数量的评审员(包括评审组长)和专家实施其所有活动。

6.1.3 认可机构应使所有相关人员清楚其职责范围和权限。

6.1.4 认可机构应要求所有人员通过签字或等效形式正式承诺遵守认可机构制定的规则。这一承诺应考虑以下方面:保密、不受商业和其他利益影响以及不受现在或以前与拟评审的合格评定机构的联系的影响。

6.2 参与认可过程的人员

6.2.1 认可机构应就认可过程涉及的每项活动说明:

a) 所需人员的资格、经验和能力;

b) 所需的初始培训和继续培训。

6.2.2 认可机构应建立评审过程使用的评审员和专家的选择、培训和正式批准程序。

6.2.3 认可机构应确定每位评审员和专家经证实的具备评审能力的特定范围。

6.2.4　认可机构应确保评审员，适用时包括专家：

a)　熟悉认可程序、认可准则和其他相关要求；

b)　接受了相关的认可评审员培训；

c)　熟练掌握相关评审方法；

d)　能够使用要求的语言进行有效的书面和口头沟通；

e)　具备适当的个人素质。

注：对个人素质的指南可参见 GB/T 19011 这类文件。

6.3　监视

6.3.1　认可机构应通过建立监视有关人员的表现和能力的程序，来确保评审和认可决定过程的状况令人满意。认可机构尤其应评价其人员的表现和能力，以便确定培训需求。

6.3.2　认可机构应对评审员进行监视(如：通过现场观察，或采用其他方式，比如审查评审报告、收集合格评定机构反馈和评审员的同行监督)以评价其表现，并提出适当的后续改进措施。认可机构应定期对每位评审员进行现场观察，通常每三年一次，除非有足够证据表明其具有持续的令人满意的表现。

6.4　人员记录

6.4.1　认可机构应保持认可过程涉及的每个人员的相关资格、培训、经历和能力的记录。培训、经历和监视记录应保持更新。

6.4.2　认可机构应保持评审员和专家的最新记录，这些记录至少应包含下列内容：

a)　姓名和地址；

b)　职务，以及外部评审员和专家在自身组织中的职务；

c)　教育程度和专业状况；

d)　工作经历；

e)　管理体系、评审与合格评定活动方面的培训；

f)　承担特定评审任务的能力；

g)　评审经历和定期监视的结果。

7　认可过程

7.1　认可准则和信息

7.1.1　用于对合格评定机构进行认可的通用准则应是相关规范性文件中的规定，如与合格评定机构运作有关的标准和指南。

7.1.2　认可机构应公开下列信息，并按适当的时间间隔更新：

a)　认可评审和认可过程的详细信息，包括对批准、保持、扩大、缩小、暂停和撤销认可的安排；

b)　包含认可要求的文件或引用文件，适用时，包括每个认可领域的特定技术要求；

c)　认可费用的基本信息；

d)　合格评定机构权利和义务的说明；

e)　8.2.1 所述的已认可的合格评定机构的信息；

f)　投诉和申诉的提出与处理程序的信息；

g)　认可制度实施的授权信息；

h)　认可机构权利和义务的说明；

i)　认可机构获取财务支持方式的基本信息；

j)　认可机构活动及其运作范围的信息；

k)　适用时，4.3.7 所述的相关机构的信息。

7.2　认可申请

7.2.1　认可机构应要求由申请认可的合格评定机构充分授权的代表提出正式申请，内容包括：

a) 合格评定机构的基本状况,包括法人实体、名称、地址、法律地位及人力与技术资源;

b) 合格评定机构的基本信息,如:合格评定机构的活动;当其是更大法人实体的一部分时,两者的关系;及认可范围覆盖的所有场所的地址;

c) 界定清晰的申请认可范围;

d) 遵守认可要求和履行合格评定机构义务(见8.1)的承诺。

7.2.2 评审开始前,认可机构应要求申请认可的合格评定机构至少提供下列与认可有关的信息:

a) 所从事的合格评定服务的描述,以及申请认可的标准、方法或程序的清单,适用时,包括能力的限制范围;

b) 质量手册(纸质或电子形式的)及相关的支持性文件和记录,如在适用时,参加7.15所述的能力验证的信息。

7.2.3 认可机构应审查合格评定机构所提供信息的充分性。

7.3 资源评估

7.3.1 认可机构应从自身政策、能力及是否有适用的评审员和专家等方面评估对申请人实施评审的能力。

7.3.2 资源评估还应评估认可机构及时实施初次评审的能力。

7.4 评审分包

7.4.1 认可评审通常应由认可机构承担。认可机构不应分包认可决定。如果将评审分包,则认可机构应有说明分包条件的政策。认可机构应与分包方就各项安排签订适当的书面协议,协议应就保密和利益冲突作出安排。

注:与外部评审员和专家个人签订合同不视作分包。

7.4.2 认可机构

a) 应对所有分包的评审负全部责任,且自身有能力做出认可决定;

b) 应保留其对批准、保持、扩大、缩小、暂停或撤销认可的职责;

c) 应确保参与评审过程的分包机构及其人员具备能力,且遵守本标准中适用的要求以及认可机构的规定和指导文件;

d) 应就使用特定的分包方征得合格评定机构的书面同意。

7.4.3 认可机构应列出评审使用的分包方,并应有评价和监视分包方能力并记录结果的方法。

7.5 评审准备

7.5.1 初次评审前,经合格评定机构同意,可以进行预访。预访可能发现申请认可的合格评定机构在体系或能力方面的不足。认可机构应有明确的规则并注意避免在这类活动中的咨询。

7.5.2 认可机构应正式指派一个评审组,评审组应由一名评审组长和根据需要确定的、数量适当的、覆盖每一特定范围的评审员和(或)专家组成。认可机构应确保为每次任务所选择的评审组具备适当的专业知识与技能。评审组作为一个整体,尤其应:

a) 在申请认可的特定范围内有相应的知识;

b) 有足够的理解力,以对合格评定机构在认可范围内的运作能力实施可靠的评审。

7.5.3 认可机构应确保评审组成员行为的公正性和非歧视性。特别是:

a) 评审组成员不应为合格评定机构提供过可能危及认可过程和认可决定的咨询;

b) 根据6.1.4的规定,评审组成员应在评审前告知认可机构其自身或其所属组织与接受评审的合格评定机构之间现在的、过去的或可预见的任何联系或竞争关系。

7.5.4 认可机构应提前足够的时间将评审组成员姓名及所属组织告知合格评定机构,使合格评定机构可以对指派的评审员或专家提出异议。认可机构应有处理上述异议的政策。

7.5.5 认可机构应明确地规定评审组的任务。评审组的任务是审查从合格评定机构收集的文件和实施现场评审。

7.5.6 如果合格评定机构的范围覆盖了多种特定的合格评定服务，认可机构应建立抽样程序（适用时）。该程序应确保评审组对一定数量的、有代表性的样本进行见证，以确保对合格评定机构能力的适当评价。

7.5.7 初始评审时，除访问主要办公室或总部外，还应访问合格评定机构认可范围覆盖的、开展一项或多项关键活动的所有其他场所。

注：关键活动包括：政策的制定，过程或程序的建立，以及适用时，合同评审，合格评定的策划，合格评定结果的审查、批准和决定。

7.5.8 认可机构应对多场所合格评定机构的监督和复评建立抽样程序，以确保进行适当的评审。认可机构应当在规定期限内评审所有开展一项或多项关键活动的场所。

7.5.9 认可机构应就评审日期和日程与合格评定机构及指派的评审组达成一致。然而认可机构有责任按照计划的日期实施监督或复评。

7.5.10 认可机构应确保评审组获得适当的准则文件、以往评审的记录及合格评定机构的相关文件和记录。

7.6 文件和记录的审查

7.6.1 评审组应审查合格评定机构提供的所有相关文件和记录（见 7.2.1 和 7.2.2），以评价文件化的体系与相关标准和其他认可要求的符合性。

7.6.2 认可机构根据文件和记录审查发现的不符合，可以决定不实施后续的现场评审。在此情况下，认可机构应将不符合书面通报合格评定机构。

7.7 现场评审

7.7.1 评审组应以首次会议开始现场评审，会上应明确评审目的、认可准则，确认评审范围和日程。

7.7.2 评审组应在合格评定机构从事一项或多项关键活动的场所评审其合格评定服务，相关时，还应选择合格评定机构的其他运作地点进行见证，以获取合格评定机构在适用范围内具备能力和符合相关标准与其他认可要求的客观证据。

7.7.3 评审组应见证合格评定机构一定数量的、有代表性的工作人员的表现，为确认合格评定机构在整个认可范围内的能力提供保证。

7.8 评审发现的分析和评审报告

7.8.1 评审组应分析在文件和记录的审查及现场评审中收集的所有相关信息和证据，该分析应足以使评审组确定合格评定机构的能力范围和程度及与认可要求的符合性。评审组还可以向合格评定机构就有可能改进的方面提出观察意见，但不应提供咨询。

7.8.2 评审组不能就某项评审发现形成结论时，应当提请认可机构予以澄清。

7.8.3 认可机构的报告程序应确保满足下列要求：

a) 评审组在离开现场前应与合格评定机构召开会议，书面和（或）口头报告通过分析（见 7.8.1）得到的评审发现，并应给予合格评定机构就评审发现（包括不符合）及其依据提出问题的机会。

b) 应及时提请合格评定机构关注评审结果的书面报告。评审报告应包括对能力和符合性的评价，还应明确为满足所有认可要求而需要解决的不符合（如有）。

c) 应请合格评定机构对评审报告做出回应，并说明在规定时间内为解决已识别的不符合采取或计划采取的特定措施。

7.8.4 认可机构应对包括不符合在内的评审报告内容负责，即使评审组长不是认可机构的固定工作人员。

7.8.5 认可机构应确保审查合格评定机构为解决不符合所作出的回应，以判断所采取措施的充分性和有效性。如发现其回应不充分，应要求提供进一步的信息。此外，可以要求提供所采取措施得到有效实施的证据，或进行跟踪评审以验证纠正措施实施的有效性。

7.8.6 提供给认可决定人员的信息至少应包括：

a) 合格评定机构的唯一识别信息；

b) 现场评审日期；

c) 参加评审的评审员和(或)专家的姓名；

d) 所有已评审场所的唯一识别信息；

e) 建议的经过评审的认可范围；

f) 评审报告；

g) 对合格评定机构为对其能力树立信心而采用的内部组织结构和程序的充分性与适宜性的陈述,该陈述是根据合格评定机构与认可要求的符合性确定的；

h) 所有不符合的解决情况；

i) 任何有助于确定合格评定机构满足要求及其能力的进一步信息；

j) 适用时,合格评定机构参加能力验证或其他比对的结果及相应措施的概述；

k) 适当时,就建议的范围提出批准、缩小或扩大认可的推荐意见。

7.9 认可的决定和授予

7.9.1 认可机构在做出决定前,应有充分的信息(见 7.8.6)来判断认可要求已得到满足。

7.9.2 认可机构应根据获得的所有信息(见 7.8.6)和任何其他相关信息决定是否批准或扩大认可,不应有不当延误。

7.9.3 认可机构使用另一认可机构的评审结果时,应确保该认可机构按本标准的要求运作。

7.9.4 认可机构应向已认可的合格评定机构提供认可证书。认可证书应标明(可能时,在首页上):

a) 认可机构的身份标识与徽标；

b) 获得认可的合格评定机构的唯一身份标识；

c) 认可覆盖的所有开展一项或多项关键活动的场所；

d) 获得认可的合格评定机构唯一的认可编号；

e) 认可的生效日期,适用时,认可的终止日期；

f) 对认可范围的简要说明或参见说明；

g) 对符合性以及评审采用的标准或其他规范性文件(包括版次或修订)的说明。

7.9.5 认可证书还应标明：

a) 对于认证机构：

——认证的类型；

——对产品、人员、服务或管理体系进行认证所依据的适用的标准、规范性文件、法规要求或此类依据；

——相关时,行业领域；

——相关时,产品类别；

——相关时,人员类别；

b) 对于检查机构：

——检查机构的类型(如 GB/T 18346 中规定的)；

——获得认可的检查领域和范围；

——实施检查所依据的适用的法规、标准、规范或此类文件；

c) 对于校准实验室:所从事的校准(包括测量的类型)、测量范围以及最佳测量能力(BMC)或等效的指标[1)]；

d) 对于检测实验室:所从事的检测项目或检测类型,检测的材料或产品,适用时,使用的方法。

1) 最佳测量能力的概念目前正被考虑纳入 VIM。

7.10 **申诉**

7.10.1 认可机构应建立处理合格评定机构申诉的程序。

7.10.2 认可机构应：

a) 指派具有能力、独立于申诉事项的个人或小组调查申诉；

b) 确定申诉的有效性；

c) 将认可机构的最终决定告知合格评定机构；

d) 需要时，采取后续措施；

e) 保留所有申诉、最终决定和后续措施的记录。

7.11 **复评和监督**

7.11.1 复评与7.5到7.9所述的初始评审相似，不同之处在于复评应考虑以往评审取得的经验。复评比现场监督评审更全面。

7.11.2 为监视已认可的合格评定机构持续满足认可要求的状况，认可机构应建立程序并制定计划，以按照适宜的时间间隔实施定期现场监督评审、其他监督活动以及复评。

7.11.3 认可机构应针对每个已认可的合格评定机构制定复评和监督计划，以定期对认可范围的代表性样本实施评审。

现场评审(不论是复评还是监督)的时间间隔取决于合格评定机构服务达到的经证实的稳定性。

认可机构无论仅采用复评还是采用复评与监督结合的方式，均应满足下列要求：

a) 如仅采用复评的方式，则复评的时间间隔不应超过2年；

b) 如采用复评与监督相结合的方式，则认可机构应至少每5年进行一次复评。但现场监督评审的时间间隔不应当超过2年。

但是，建议第一次现场监督评审不应当超过初始认可日期12个月。

7.11.4 策划现场监督评审时应考虑其他监督活动。

7.11.5 监督或复评中发现不符合时，认可机构应对纠正措施的实施规定严格的时限。

7.11.6 认可机构应根据上述监督和复评的结果确认认可的保持或决定认可的更新。

7.11.7 认可机构根据投诉或变更(见8.1.2)等情况，可以实施非常规评审。认可机构应告知合格评定机构这种可能性。

7.12 **扩大认可**

对于已认可的合格评定机构提出的扩大范围的申请，认可机构应实施必要的活动，以确定是否批准扩大范围。适用时，评审和批准程序应遵循7.5到7.9的规定。

7.13 **暂停、撤销或缩小认可**

7.13.1 认可机构应建立暂停、撤销或缩小认可范围的程序。

注：对不同类型的合格评定，认可机构可制定不同的规则。

7.13.2 如果已认可的合格评定机构一再不能满足认可要求或认可规则，认可机构应决定暂停和(或)撤销认可。

注：合格评定机构可以提出暂停或撤销认可的要求。

7.13.3 合格评定机构在部分认可范围内总是不能满足认可要求(包括能力要求)时，认可机构应决定缩小其认可范围以撤销对这些部分的认可。

注：合格评定机构可提出缩小认可范围的要求。

7.14 **合格评定机构记录**

7.14.1 认可机构应保持关于合格评定机构的记录，以证明认可要求(包括能力要求)得到有效满足。

7.14.2 认可机构应确保关于合格评定机构的记录的安全和保密，并以5.4所述方式妥善管理。

7.14.3 关于合格评定机构的记录应包括：

a) 相关的来往信函；

b) 评审记录和报告；

c) 委员会的审议记录(适用时)以及认可决定记录；

d) 认可证书复印件。

7.15 实验室能力验证和其他比对

7.15.1 认可机构应建立程序，以便在评审和认可决定过程中考虑实验室参加能力验证的情况及其在能力验证中的表现。

7.15.2 认可机构可以自己组织能力验证或其他比对，也可以让其他被认为有能力的机构参与组织，认可机构应保持适当的能力验证计划和其他比对计划的清单。

注：GB/T 15483.1 和 GB/T 15483.2 为能力验证的运作和选择提供了指南，并给出了相关的定义。

7.15.3 对于可获得的且适当的能力验证或其他比对计划，认可机构应确保其认可的实验室参加，并确保实验室在必要时采取纠正措施。认可机构应与利益相关方协商规定参加能力验证的最低数量和频次，该规定应与其他监督活动相适应。

注 1：众所周知，在一些特殊领域开展能力验证是不切实际的。

注 2：能力验证也可用于许多类型的检查。应当基于这种认识来理解 7.15。

8 认可机构与合格评定机构的责任

8.1 合格评定机构的义务

8.1.1 认可机构应要求合格评定机构符合下列要求：

a) 合格评定机构应承诺在申请认可或已认可的领域内持续满足认可要求，包括同意在认可要求变更时(见 8.2.4)做出相应的调整。

b) 合格评定机构应根据认可机构的要求，提供对满足认可要求的情况进行验证所需的便利条件与合作。本条适用于所有实施合格评定服务的场所。

c) 合格评定机构应向认可机构提供评审和保持认可所需的信息、文件和记录的渠道。

d) 适用时，合格评定机构应向认可机构提供获得有关文件的渠道，使其深入了解合格评定机构相对其相关机构的独立和公正程度。

e) 合格评定机构应按照认可机构的要求安排认可机构见证其服务。

f) 合格评定机构应仅就已获得的认可范围申明认可资格。

g) 合格评定机构不应以有损认可机构声誉的方式使用其认可资格。

h) 合格评定机构应支付认可机构所规定的费用。

8.1.2 认可机构应要求已认可的合格评定机构，将其下列方面与认可相关的状态或运作上的重大变化及时通知认可机构：

a) 其法律、商业、所有权或组织方面的状况；

b) 组织结构、最高管理者和关键人员；

c) 主要政策；

d) 资源和场所；

e) 认可范围；

f) 可能影响合格评定机构满足认可要求的能力的其他事宜。

8.2 认可机构的义务

8.2.1 认可机构应公开已认可的合格评定机构的认可状态信息。该信息应定期更新，并应包括：

a) 已认可的合格评定机构的名称和地址；

b) 认可的批准日期；适用时，认可终止日期；

c) 简要和(或)详尽的认可范围。只提供简要范围时，应说明如何获得详尽范围。

8.2.2 认可机构应向合格评定机构提供与认可范围有关的、适宜的测量结果溯源途径的信息。

8.2.3　适用时，认可机构应提供其参与的国际安排的信息。

8.2.4　认可机构应及时公告认可要求的任何变更。认可机构在决定变更的具体形式和生效日期之前，应考虑利益相关方的观点。认可机构在决定并公布认可要求变更后，应验证已认可的合格评定机构做出了必要的调整。

8.3　认可资格的引用和标识的使用

8.3.1　认可标识由已认可的合格评定机构使用，认可机构作为该认可标识的所有者，应有保护和使用认可标识的政策。认可标识应含有或附带清晰的标示，以表明所认可的合格评定服务(如第1章所述)。已认可的合格评定机构可在认可范围内的报告或证书上使用认可标识。

8.3.2　认可机构应采取有效措施确保已认可的合格评定机构：

a)　在互联网、文件、宣传册或广告等传播媒介中使用认可资格时，完全符合认可机构对引用认可资格的要求；

b)　只在认可范围明确覆盖的合格评定机构场所使用认可标识；

c)　不能做出认可机构认为具有误导性或未经授权的认可资格声明；

d)　对报告或证书及其任何部分的使用给予应有的关注，以免产生误导；

e)　暂停或撤销认可的决定一经作出(无论如何决定的)，立即停止一切引用认可资格的宣传；

f)　引用认可资格时，不得暗示认可机构批准了某一产品、过程、体系或人员。

8.3.3　当认可机构发现在广告、目录等宣传材料中错误使用认可资格或以误导方式使用认可标识时，应采取适当措施予以处理。

注：适当的措施包括：要求采取纠正措施，撤销认可资格，公告违规行为，必要时，采取其他法律措施。

参 考 文 献

[1] GB/T 19001:2000 质量管理体系 要求(idt ISO 9001:2000)

[2] GB/T 24024—2001 环境管理 环境标志和声明 Ⅰ型环境标志 原则和程序(idt ISO 14024:1999)

[3] GB/T 19011—2003 质量和(或)环境管理体系审核指南(idt ISO 19011:2002)

[4] GB/T 18346—2001 各类检查机构能力的通用要求(idt ISO/IEC 17020:1998)

[5] GB/T 27024—2004 合格评定 人员认证机构通用要求(idt ISO/IEC 17024:2002)

[6] GB/T 15481—2000 检测与校准实验室能力的通用要求(idt ISO/IEC 17025:1999)

[7] GB/T 15483.1—1999 利用实验室间比对的能力验证 第1部分:能力验证计划的建立和实施(idt ISO/IEC 指南 43-1:1997)

[8] GB/T 15483.2—1999 利用实验室间比对的能力验证 第2部分:实验室认可机构对能力验证计划的选择和使用(idt ISO/IEC 指南 43-2:1997)

[9] GB/T 27065—2004 产品认证机构通用要求(idt ISO/IEC 指南 65:1996)

[10] ISO/IEC 指南 62:1996 质量管理体系认证机构通用要求

[11] ISO/IEC 指南 66:1999 环境管理体系认证机构通用要求

后 记

2005年共发布国家标准1321项，其中18项标准由于文本延迟未被收入本汇编，其余全部收入在《中国国家标准汇编》第312～326分册和2005年修订-1～修订-20分册中，未收入的标准编号及名称如下：

1 GB 3033.1—2005 船舶与海上技术管理系统内含物的识别颜色 第1部分：主颜色和介质

2 GB 16487.1—2005 进口可用作原料的固体废物环境保护控制标准 骨废料

3 GB 16487.2—2005 进口可用作原料的固体废物环境保护控制标准 冶炼渣

4 GB 16487.3—2005 进口可用作原料的固体废物环境保护控制标准 木、木制品废料

5 GB 16487.4—2005 进口可用作原料的固体废物环境保护控制标准 废纸或纸板

6 GB 16487.5—2005 进口可用作原料的固体废物环境保护控制标准 废纤维

7 GB 16487.6—2005 进口可用作原料的固体废物环境保护控制标准 废钢铁

8 GB 16487.7—2005 进口可用作原料的固体废物环境保护控制标准 废有色金属

9 GB 16487.8—2005 进口可用作原料的固体废物环境保护控制标准 废电机

10 GB 16487.9—2005 进口可用作原料的固体废物环境保护控制标准 废电线电缆

11 GB 16487.10—2005 进口可用作原料的固体废物环境保护控制标准 废五金电器

12 GB 16487.11—2005 进口可用作原料的固体废物环境保护控制标准 供拆卸的船舶及其他浮动结构体

13 GB 16487.12—2005 进口可用作原料的固体废物环境保护控制标准 废塑料

14 GB 16487.13—2005 进口可用作原料的固体废物环境保护控制标准 废汽车压件

15 GB 18466—2005 医疗机构水污染物排放标准

16 GB/T 19625—2005 职业经理人资质

17 GB/T 19681—2005 食品中苏丹红染料的检测方法 高效液相色谱法

18 GB 19821—2005 啤酒工业污染物排放标准

除以上18项国家标准请读者购买单行本外，其余全部标准可配套购买35个分册的《中国国家标准汇编》，则可收齐2005年发布的所有国家标准。

中国标准出版社总编室

2006年9月